Grimmeisen
Implementierungscontrolling

I0004443

GABLER EDITION WISSENSCHAFT

Information – Organisation – Produktion

Herausgegeben von Professor Dr. Hans Corsten,
Professor Dr. Michael Reiß, Professor Dr. Claus Steinle
und Professor Dr. Stephan Zelewski

Die Schriftenreihe präsentiert Konzepte, Modelle und Methoden zu
drei zentralen Domänen der Unternehmensführung. Information,
Organisation und Produktion werden als Bausteine eines integriert
angelegten Managementsystems verstanden. Der Erforschung dieses
Bereiches dienen sowohl theoretische als auch anwendungsorientierte
Beiträge.

Markus Grimmeisen

Implementierungs-controlling

Wirtschaftliche Umsetzung von Change-Programmen

Mit einem Geleitwort
von Prof. Dr. Michael Reiß

DeutscherUniversitätsVerlag

Die Deutsche Bibliothek - CIP-Einheitsaufnahme

Grimmeisen, Markus:
Implementierungscontrolling : wirtschaftliche Umsetzung von Change-Programmen
/Markus Grimmeisen. Mit einem Geleitw. von Michael Reiß.
- Wiesbaden : Dt. Univ.-Verl. ; Wiesbaden : Gabler, 1998
  (Gabler Edition Wissenschaft : Information – Organisation – Produktion)
  Zugl.: Stuttgart, Univ., Diss., 1997

D 93

Der Deutsche Universitäts-Verlag und der Gabler Verlag sind Unternehmen der
Bertelsmann Fachinformation.

Gabler Verlag, Deutscher Universitäts-Verlag, Wiesbaden
© Betriebswirtschaftlicher Verlag Dr. Th. Gabler GmbH, Wiesbaden 1998

http://www.gabler-online.de

Höchste inhaltliche und technische Qualität unserer Produkte ist unser Ziel. Bei der Produktion und
Auslieferung unserer Bücher wollen wir die Umwelt schonen: Dieses Buch ist auf säurefreiem und
chlorfrei gebleichtem Papier gedruckt.

Die Wiedergabe von Gebrauchsnamen, Handelsnamen, Warenbezeichnungen usw. in diesem
Werk berechtigt auch ohne besondere Kennzeichnung nicht zu der Annahme, daß solche Namen
im Sinne der Warenzeichen- und Markenschutz-Gesetzgebung als frei zu betrachten wären
und daher von jedermann benutzt werden dürften.

Lektorat: Ute Wrasmann, Brigitte Knöringer

ISBN 978-3-8244-6731-0   ISBN 978-3-322-99468-4 (eBook)
DOI 10.1007/978-3-322-99468-4

Meinen Eltern

GELEITWORT

Die explorative Untersuchung von Markus Grimmeisen ist an der Schnittstelle zwischen Führungsforschung und Controlling angesiedelt. In methodischer Hinsicht handelt es sich um eine entscheidungsorientiert angelegte Studie, die fundierte Empfehlungen für die Praxis formuliert. Im Mittelpunkt steht die Anwendung von Instrumenten des Controlling auf zentrale Tätigkeitsbereiche der Implementierung. Dadurch gelingt sowohl eine Weiterentwicklung dieser Controllingmethoden als auch der Implementierungsmethodik.

Die empirische Basis für die Argumentation wird geschaffen anhand einer größeren Anzahl von Fallstudien, Fallbeispielen und anhand des Rückgriffs auf vorliegende Stichprobenuntersuchungen. Die theoretische Fundierung der Arbeit ist vor dem Hintergrund der Tatsache zu sehen, daß es eine geschlossene Theorie des Wandels bzw. der Implementierung nicht gibt und wohl auch nie geben wird. Markus Grimmeisen realisiert die vor diesem Hintergrund machbare zweitbeste Lösung, indem er seiner Argumentation wesentliche Partialtheorien der Implementierung zugrundelegt. Hierzu zählen die Organisationstheorie, die Führungs- und Motivationstheorie, die Evolutionstheorie (z.B. Lebenszyklusmodelle, Diffusionsmodelle), die Institutionenökonomie (Agency-Theorie, Transaktionskostentheorie) und Bereiche der Theorie des Rechnungswesens (Unternehmenswertorientierte Modelle, Investitionstheorie).

Den Kern der Arbeit bildet die Beschäftigung mit zentralen Anwendungsfeldern des Implementierungscontrolling. Hierbei handelt es sich um das Controlling von Marketingaktivitäten im Einführungsprozeß, von Schulungsprogrammen bei der Implementierung, von Partizipationsmodellen für Implementierungsvorhaben, das Controlling der Implementierungsorganisation (Projektorganisation), das Controlling von Make or Buy-Lösungen im Implementierungsprozeß (externe/interne Berater), das Controlling von Implementierungsslack sowie von Personalfreisetzungsmaßnahmen im Zuge von Restrukturierungen.

Alle Implementierungsmaßnahmen müssen Wirtschaftlichkeitskriterien genügen, die Effektivität und Effizienz gleichermaßen berücksichtigen. Verglichen mit den vorliegenden, auf Akzeptanzerzielung fokussierten Ansätzen der Implementierung stellt dieses wirtschaftlichkeitsfokussierte Implementierungscontrolling eine theoretisch und praktisch wichtige Ergänzung des Implementierungsmanagements dar. Als Instrumente des Implementierungscontrolling werden intensiver behandelt Kennzahlen-Modelle, Optionspreismodell, Investitionsrechnungen, Kostenschätzung und Kostenrechnung, Lebenszykluskostenkonzept und Shareholder Value-Analyse. Der Verfasser erörtert nicht nur die Möglichkeiten, sondern auch die Grenzen dieser Sparte des Implementierungsmanagements, ein "Muß" angesichts des "negativen" Con-

VIII

trolling-Image und der einseitigen Routineorientierung von Controllinginstrumenten. Er entwickelt dabei kein Sonder-Controllingsystem, sondern einen integrierten Baustein des vorhandenen Controllingsystems.

Die Arbeit überzeugt sowohl durch ihre Innovativität als auch durch die Breite der Behandlung von weichen und harten Implementierungsansätzen. Grundsätzlich betritt der Verfasser mit seinem Ansatz Neuland, welches bisher nur in Ansätzen bearbeitet wurde. Zur Lösung dieser neuartigen Probleme setzt er selbstentwickelte Lösungskonzepte ein. In einigen Fällen nimmt er eine innovative Übertragung von vorhandenen Ansätzen auf den Implementierungsprozeß vor. Dies macht die Arbeit nicht nur für Wissenschaftler, sondern auch für Praktiker lesenswert.

Michael Reiß

VORWORT

Der Zugang zu dieser Arbeit ist denkbar simpel: Auch Veränderungsprozesse in Unternehmen müssen sich dem Postulat der Wirtschaftlichkeit unterwerfen. Die Realität zeigt jedoch, daß viele Veränderungen diesem Anspruch nicht gerecht werden. Das Veränderungskonzept, sei es TQM oder Reengineering, wird oft sehr sorgfältig geplant und ausgewählt, die Umsetzung allerdings wird als bereits durch das Konzept determiniert betrachtet. Dabei bestehen auch in der Umsetzungsphase eine Vielzahl von Optimierungsmöglichkeiten, die letztendlich nicht nur über den Erfolg, sondern eben auch über die Kosten der Veränderung entscheiden. Welche Optimierungsmöglichkeiten in der Change-Praxis immer wieder vorkommen und wie diese zu handhaben sind, ist ein zentraler Baustein dieses Buches. Es soll damit Veränderungsprozesse gestaltbarer und damit auch ein Stückweit mehr zur Routine machen; in der heutigen und zukünftigen Umwelt sicherlich eine Voraussetzung für Erfolg und Wachstum von Unternehmen.

Zu besonderem Dank bin ich meinem Doktorvater, Herrn Prof. Dr. Michael Reiß, verpflichtet, der mit seiner fachlichen und nicht zuletzt persönlichen Unterstützung einen maßgeblichen Beitrag am Gelingen der Arbeit hat. Gerne denke ich an die vielen Gespräche in ungezwungener Atmosphäre zurück. Mein besonderer Dank gilt auch Herrn Prof. Dr. Karl-Friedrich Ackermann für die Übernahme des Zweitgutachtens.

Für die fachlich fundierten, kritischen Anmerkungen und natürlich auch für den angenehmen Ausklang so manchen Arbeitstages danke ich Herrn Dipl.-Kfm. Thilo C. Beck und Herrn Dipl.-Kfm. Hermann Schuster, der zudem bei (fast) jeder Frage eine passende Literaturquelle oder Untersuchung "hervorzauberte" und mich so immer wieder beeindruckte. Dank gilt auch allen wissenschaftlichen Hilfskräften des Lehrstuhls für Organisation, die an der Entstehung dieser Arbeit mitgewirkt haben und für die ich stellvertretend Herrn Dipl.-Kfm Harald Schedl und Herrn Mladen Ilak erwähnen möchte.

Nicht vergessen möchte ich, der University of Wales, Swansea, und insbesondere Dr. E.E. Bischoff (EBMS) Dank zu sagen, die mich bei der Fertigstellung der Arbeit großzügig unterstützten sowie beim Land Baden-Württemberg, das den Aufenthalt in Wales mitfinanzierte.

Schließlich und endlich ist es mir ein besonderes Anliegen, meiner Freundin Leticia Medina Andrés auch auf diesem Wege meinen Dank auszusprechen. Ihr unermüdliches Korrekturlesen vor Abgabe und erneut vor Drucklegung waren mir eine unschätzbare Hilfe. Auch ihre überzeugende moralische Unterstützung in den "schwierigen" Phasen einer Dissertation soll nicht unerwähnt bleiben. Mit großer Freude denke ich an die Zeit zurück, in der ich bei ihr in Madrid an meiner Dissertation arbeiten konnte.

Markus Grimmeisen

INHALTSÜBERSICHT

TEIL II   ENTSCHEIDUNGSORIENTIERTE BAUSTEINE EINES
          IMPLEMENTIERUNGSCONTROLLING

     II.1.1 Ziele für die Implementierung vs. Ziele der Implementierung 51

     II.1.2 Wertsteigerung als Unternehmungsziel 53

     II.1.3 Kostenziele 54

     II.1.4 Zeitziele 57

     II.1.5 Flexibilität und Unsicherheit 60

     II.1.6 Akzeptanz 61

II.2 BEDINGUNGSRAHMEN FÜR EIN IMPLEMENTIERUNGSCONTROLLING 67

II.3 INSTRUMENTE EINES IMPLEMENTIERUNGSCONTROLLING 75

     II.3.1 Spektrum der Instrumente 75

     II.3.2 Kostenschätzung und Kostenrechnungssystem 76

     II.3.3 Kennzahlen und Kennzahlensysteme 85

     II.3.4 Lebenszyklus-Modelle 93

     II.3.5 Investitionsrechnung und Shareholder Value-Analyse 100

     II.3.6 Optionspreismodell 106

TEIL III ANWENDUNGSFELDER EINES IMPLEMENTIERUNGSCONTROLLING

TEIL IV GRENZEN UND ENTWICKLUNGSMÖGLICHKEITEN FÜR EIN IMPLEMENTIERUNGSCONTROLLING

INHALTSVERZEICHNIS

TEIL I   GRUNDLAGEN EINES IMPLEMENTIERUNGSCONTROLLING

TEIL III ANWENDUNGSFELDER EINES IMPLEMENTIERUNGSCONTROLLING

ABBILDUNGS- UND TABELLENVERZEICHNIS

KAPITEL III

KAPITEL IV

TABELLEN

ABKÜRZUNGSVERZEICHNIS

Abb.	Abbildung
ABM	Arbeitsbeschaffungsmaßnahme
Abs.	Absatz
ABS	Arbeitsförderung, Beschäftigung und Strukturentwicklung
AFG	Arbeitsförderungsgesetz / Arbeitsförderungsgesellschaft
AG	Aktiengesellschaft
AK	Arbeitskreis
Art.	Artikel
ASQ	Administrative Science Quarterly
BAG	Bundesarbeitsgericht
BDU	Bundesverband Deutscher Unternehmensberater
BetrVG	Betriebsverfassungsgesetz
BFuP	Betriebswirtschaftliche Forschung und Praxis
BPR	Business Process Reengineering
bspw.	beispielsweise
bzgl.	bezüglich
bzw.	beziehungsweise
CAPM	Capital Asset Pricing Model
CIM	Computer Integrated Manufacturing
CIP	Continuous Improvement Process
c.p.	ceteris paribus (unter gleichen Bedingungen)
DBW	Die Betriebswirtschaft
d.h.	das heißt
DM	Deutsche Mark
DV	Datenverarbeitung
EDV	Elektronische Datenverarbeitung

f.	folgende
FAZ	Frankfurter Allgemeine Zeitung
FB/IE	Fortschrittliche Betriebsführung/Industrial Engineering
ff.	fortfolgende
FFC	Fit For Customer
FuU	Fortbildung und Umschulung
F&E	Forschung und Entwicklung
GM	General Motors
GmbH	Gesellschaft mit beschränkter Haftung
grds.	grundsätzlich
HdA	Humanisierung der Arbeit
HGB	Handelsgesetzbuch
HIM	Human Integrated Manufacturing
hrsg.	herausgegeben
Hrsg.	Herausgeber
i.a.	im allgemeinen
i.d.R.	in der Regel
IHK	Industrie- und Handelskammer
IuK	Information und Kommunikation
IV	Informationsversorgung
JfB	Journal für Betriebswirtschaft
JiT	Just in Time
Kap.	Kapitel
KSchG	Kündigungsschutzgesetz
KVP	Kontinuierlicher Verbesserungsprozess
LZ	Lebenszyklus

MA	Mitarbeiter
MbO	Management by Objectives
MC	Mass Customization
MoB	Make or Buy (Eigenfertigung oder Fremdbezug)
max.	maximal
o.ä.	oder ähnliche(s)
OE	Organisationsentwicklung
oHG	offene Handelsgesellschaft
OL	Organisationales Lernen
PC	Personal Computer
PPS	Produktionsplanung und -steuerung
PR	Public Relations
QFD	Quality Function Deployment
RKW	Rationalisierungs-Kuratorium der Deutschen Wirtschaft e.V., Eschborn
ROI	Return on Investment
s.	siehe
S.	Seite
SMR	Sloan Management Review
SVA	Shareholder Value-Analyse
sog.	sogenannte(r,n)
TBM	Time Based Management
TPS	Toyota Production System
u.a.	unter anderem (auf Quellen bezogen: und andere)
u.ä.	und ähnliche(s)
u.E.	unseres Erachtens

usw.	und so weiter
u.U.	unter Umständen
v.a.	vor allem
Verf.	Verfasser
vgl.	vergleiche
vs.	versus
WiSt	Wirtschaftswissenschaftliches Studium
WISU	Das Wirtschaftsstudium
WS	Wertschöpfung
z.B.	zum Beispiel
ZfB	Zeitschrift für Betriebswirtschaft
ZfbF	Zeitschrift für betriebswirtschaftliche Forschung
ZfO/ZFO	Zeitschrift für Organisation / Zeitschrift Führung + Organisation
ZfP	Zeitschrift für Personalforschung
Ziff.	Ziffer
z.T.	zum Teil

TEIL I   GRUNDLAGEN EINES IMPLEMENTIERUNGSCONTROLLING

I.1   EINLEITUNG

I.1.1   Problemstellung

An Veränderungskonzepten und Managementwellen leidet die Unternehmenspraxis wahrlich keinen Mangel. Angetrieben durch eine sich selbst verstärkende Vermarktungsspirale harren immer neue und immer mehr Trends ihrer Umsetzung in den Verwaltungen und Betrieben.[1] Parallel dazu hat sich in den letzten Jahren herausgestellt, daß die Schwierigkeiten der deutschen Wirtschaft zum größten Teil nicht konjunktureller, sondern struktureller Natur sind, was dazu führte und immer noch führt, daß die Unternehmen mit den unterschiedlichsten Veränderungskonzepten in zunehmender Zahl versuchen, ihre internationale Wettbewerbsfähigkeit zu sichern, zurückzugewinnen oder gar auszubauen. Kaum ein größeres Unternehmen, das nicht bei der "Schlankheitsbewegung" der letzten Jahre mitmachte, seine Geschäftsprozesse "re-engineert", Qualität in allen Bereichen zu jedermanns Sache erklärt oder die Vision von einem Lernenden Unternehmen hat. Das Angebot an Change-Ansätzen ist folglich durchaus auf eine entsprechende Nachfrage der Unternehmen gestoßen.

Gleichwohl hat die Umsetzung (Implementierung) dieser Konzepte nicht immer den gewünschten und erwarteten Erfolg gezeigt. Dies wohl nicht zuletzt deshalb, weil die gängigen Veränderungskonzepte und die ihnen zugrunde liegenden Bestseller dem Thema "Implementierung" nur einen sehr untergeordneten Platz einräumen.[2] Es überrascht daher nicht, daß Implementierung immer häufiger zum "kritischen Erfolgsfaktor"[3] für Veränderungsprozesse avanciert.[4]

Die geschilderten Entwicklungen haben auch zur Folge, daß die Aufwendungen der Unternehmen für Restrukturierungsmaßnahmen inzwischen exorbitante Größenordnungen angenommen haben. Abb. I.1-1 gibt einen groben Einblick in die im Jahresabschluß veröffentlichten Zahlen ausgewählter Unternehmen. Selbst wenn z.B. bei *Siemens* in den "Umstrukturierungs- und Stillegungsaufwendungen" Beträge für die sicher teure Schließung von Atomanlagen (z.B. Hanau) enthalten sind, schwanken allein die Aufwendungen für Personalmaßnahmen um die 2 Milliarden DM pro Jahr. Dabei muß noch berücksichtigt werden, daß für eine Vielzahl von Kosten für Restrukturierungen gar keine Rückstellungen gebildet werden

---

1   vgl. Kieser (1996), S. 23 ff.
2   vgl. Kieser (1997), S. 85 f.
3   Reiß (1995a), S. 293
4   vgl. ebenda sowie Scharfenberg (1997), S. 11 ff.

können (z.B. Beraterkosten) und wieder andere in den meisten Fällen gar nicht erfaßt werden (z.B. Opportunitätskosten bei restrukturierungsbedingtem Produktionsausfall).

Ausgewählte Firmen:	Angaben in Mio. DM		
	1993	1994	1995
Continental AG			
Abfindungen	-	43,1	23,1
Übrige Rückstellungen enthalten Vorsorgen für Restrukturierungsmaßnahmen	-	141,4	246,8
Mitarbeiter (in Tausend)	50,3	48,6	47,9
Abfindung / Mitarbeiter (in DM)	-	886,8	482,3
Rückstellungen / Mitarbeiter (in DM)	-	2909,5	5152,4
Henkel Konzern			
Sonstige Rückstellungen enthalten Vorsorgen für Restrukturierungsmaßnahmen	944,0	961,0	949,0
Mitarbeiter (in Tausend)	40,0	40,6	41,7
Rückstellungen / Mitarbeiter (in DM)	23600,0	23670,0	22757,8
Henkel KGaA			
Sonstige Rückstellungen enthalten Vorsorgen für Restrukturierungsmaßnahmen	449,0	351,0	333,0
Mitarbeiter (in Tausend)	10,9	10,1	9,5
Rückstellungen / Mitarbeiter (in DM)	41192,7	34752,5	35052,6
Siemens AG			
(a) Aufwendungen für Umstrukturierungs- und Stillegungsmaßnahmen	-	2678,0	2173,0
(b) davon für Personalmaßnahmen	-	2299,0	1823,0
Mitarbeiter (in Tausend)	391,0	376,0	373,0
Aufwendungen (a) / Mitarbeiter (in DM)	-	7122,3	5825,7
Aufwendungen (b) / Mitarbeiter (in DM)	-	6114,4	4887,4
AEG			
Sonstige Rückstellungen enthalten für Strukturmaßnahmen	704,0	620,0	523,0
Mitarbeiter (in Tausend)	58,9	52,4	49,4
Rückstellungen / Mitarbeiter (in DM)	11952,5	11832,1	10587,0

Abb. I.1-1: Restrukturierungsaufwendungen ausgewählter Unternehmen

Führt man sich dies vor Augen, wird klar, daß nicht das jeweilige Konzept der zentrale Kostentreiber von Veränderungsprozessen ist, sondern dessen Implementierung, für die ein Mehrfaches der Konzeptkosten angesetzt werden muß.[5] Allein schon die hohen Kosten legen es nahe, daß im Rahmen eines Implementierungsmanagements neben den vielfach bekannten

---

5   vgl. Reiß (1993a), S. 551

"weichen" Instrumenten (Moderation, Schulung, Motivation) auch "harte" Managementinstrumente, wie Planung, Marketing und Controlling zum Einsatz kommen.[6]

Auch über die reinen Restrukturierungskosten hinaus läßt sich bei den Unternehmen ein Bedarf nach einer besseren, v.a. auch quantitativeren Steuerung von Veränderungsprozessen und deren Implementierung erkennen. In einer Umfrage der Beratungsgesellschaft *Hay* stuften 33% der befragten Manager die Messung von Implementierungsfortschritt und -ergebnis in ihrem jeweiligen Change-Programm als "schlecht" oder "sehr schlecht" ein und nur 21% waren damit "zufrieden" bzw. "sehr zufrieden".[7] Damit war die Steuerung der Veränderung der größte Kritikpunkt in der Befragung. Der Bedarf nach einer verbesserten, wirtschaftlichkeitsorientierten Steuerung von Implementierung ergibt sich zusammenfassend theorieseitig aus der zunehmenden Bedeutung von Veränderungsprozessen und deren Implementierung und von seiten der Praxis durch das Kostenniveau und die wahrgenommenen Steuerungsdefizite bei bereits durchgeführten Change-Projekten.

I.1.2   Zielsetzung und Methodik

Ausgehend von der dargestellten Problemlage soll in dieser Arbeit ein Ansatz entwickelt werden, der die Steuerung von Veränderungsprozessen in Unternehmungen controllingseitig unterstützt. Das Controlling hat in den letzten 20 Jahren in Deutschland und weltweit einen rasanten Aufstieg als Führungsunterstützungssystem erlebt. Es beschränkte sich dabei aber im wesentlichen auf die Begleitung von Routineprozessen, wie die Ermittlung der Herstellkosten, die Koordination der Planungsprozesse, die Kalkulation des Verkaufspreises eines Produktes usw. Zielsetzung ist es dabei immer, die Einzelprozesse und die Gesamtunternehmung am Ergebnisziel auszurichten, das eine spezifische Ausprägung des allgemeinen Rationalprinzips "Wirtschaftlichkeit" darstellt.[8] Dieser **Ansatz der wirtschaftlichkeitsorientierten Steuerung** soll in dieser Arbeit auf die zunehmend vorkommenden **organisationsbezogenen Veränderungsprozesse** übertragen werden. Der Organisationsbezug soll dabei deutlich machen, daß Veränderungen des Produkt- und Produktionsprogramms bereits durch das Controlling unterstützt werden; Target Costing und Make or Buy-Entscheidungen gehören bei vielen Unternehmen bereits zum Repertoire des Controlling. Da auch diese Problemstellungen in der Regel

6   vgl. Reiß (1995a), S. 300 sowie Reiß (1993a), S. 553 ff.
7   vgl. Haygroup (1996)
8   vgl. Horváth (1996), S. 134 ff. sowie Dellmann/Pedell (1994), S. 2

sporadisch anfallen, gleichwohl aber von außerordentlicher, oft auch strategischer Bedeutung
sind, liegt eine Übertragung auf organisationsbezogene Veränderungen[9] nahe.

Der Ansatz eines Implementierungscontrolling soll **generisch** sein. Dies bedeutet zum einen,
daß keine grundsätzlichen Einschränkungen auf bestimmte Arten von organisatorischen Veränderungskonzepten (z.b. besonders weitreichende oder tiefgreifende) oder bestimmte Unter-
nehmungstypen (privatwirtschaftliche, öffentliche) vorgenommen werden. Gleichwohl soll
damit nicht angedeutet werden, daß ein Implementierungscontrolling immer und in jedem Fall
wirtschaftlich sinnvoll eingesetzt werden kann.

Die Zielsetzung eines generischen Implementierungscontrolling impliziert einen **ganzheitlichen** Entwurf dieses Ansatzes. Die Ganzheitlichkeit erfaßt dabei sowohl die Berücksichtigung
strategischer und operativer Fragestellungen und eine weite Auslegung des Implementie-
rungsbegriffs (Implementierung als phasenübergreifendes Phänomen im Entscheidungsprozeß) als auch die Darstellung des Einsatzes von Controllinginstrumenten an einem möglichst
breiten Spektrum implementierungsinduzierter Fragestellungen (z.b. welche Kommunikationskanäle eingesetzt werden können, welche Partizipationsform für die Betroffenen vorgesehen werden kann, welche Art von Beratungsunterstützung zu wählen ist, welche Implementierungsorganisation eingerichtet werden kann usw.).

Der Problemaufriß hob bereits in starkem Maße auf die Steuerungserfordernisse der Unternehmenspraxis ab, so daß es nur folgerichtig ist, den Ansatz eines Implementierungscontrolling möglichst **praxisnah** auszurichten. Hierfür werden im **Teil II** dieser Arbeit (nachdem
in **Teil I** die Grundlagen gelegt wurden) entscheidungsorientierte Modellbausteine des Implementierungscontrolling entwickelt. Dem gleichen Ziel der Praxisnähe dient **Teil III**, der
u.a. die Anwendung des Controllingansatzes auf die einzelnen Implementierungsinstrumente
zum Inhalt hat und damit das Implementierungscontrolling "in Aktion" darstellt. **Teil IV**
schließt die Arbeit mit einer Zusammenfassung und einem Ausblick ab.

Gemäß dieser Zielsetzungen ist es Aufgabe dieser Arbeit, theoretische Orientierungshilfen zur
Lösung praktisch relevanter Entscheidungsprobleme zu liefern. Somit wird in erster Linie ein
pragmatisches Wissenschaftsziel verfolgt, das nach praxeologischen Aussagensystemen ver-

---

9   Organisationsbezogene Veränderungen werden im weiteren auch als Restrukturierungen bezeichnet. Sie
    setzen zwar bei Veränderungen der Aufbau- und Ablaufstrukturen an, beschränken sich aber keinesfalls auf
    diese. Vielmehr zeichnen sich die meisten aktuellen Veränderungskonzepte dadurch aus, daß es ausgehend
    von den organisatorischen Strukturen zu einem Wandel auch bei den Programmen (Marktstrategien, Pro-
    dukte ...) und Ressourcen (oftmals auch über die Unternehmungsgrenzen hinweg) kommt.

langt.[10] Diese geben an, wie vorgegebene Ziele erreicht werden können[11] und stehen damit im Gegensatz zum theoretischen Wissenschaftsziel, das unabhängig von konkreten Zielsetzungen nach wahren Aussagensystemen mit einem möglichst hohen Informationsgehalt sucht.[12] Gleichwohl bedeutet die genannte pragmatische Ausrichtung der Arbeit nicht, daß jede einzelne Aussage immer in die Unternehmungspraxis umgesetzt werden können muß, sondern vielmehr, daß die theoretischen Überlegungen keinen Selbstzweck darstellen und somit im Sinne der Betriebswirtschaftslehre als Realwissenschaft[13] einen wirtschaftlichen und sozialen Nutzen stiften sollten.[14]

Das Implementierungscontrolling als ein zusätzlicher Ansatz zur Steuerung von organisatorischen Veränderungsprozessen wird in dieser Arbeit als ein neuer konzeptioneller Bezugsrahmen entworfen, der darüber hinaus bereits mit ersten Präzisierungen, d.h. zum Beispiel mit Gesetzeshypothesen in Form von funktionalen Zusammenhängen zwischen Variablen ausgefüllt wird. Die Arbeit liefert somit den Ausgangspunkt, durch weitere theoretische und empirische Studien zu einer sukzessiven Verfeinerung der praxeologischen Aussagensysteme zu gelangen. Diese könnten dann schließlich zu detaillierten Empfehlungen zur wirtschaftlichkeitsorientierten Steuerung von Veränderungsprozessen führen (Gestaltungsempfehlungen). In der hier erarbeiteten ersten Stufe dieses Forschungsprozesses sind die dargestellten Zusammenhänge von genereller Natur. Gleichwohl handelt es sich um empirische Aussagen, die sowohl wahrheitsfähig als auch falsifizierbar[15] sind und somit den Anforderungen des kritischen Rationalismus entsprechen.[16]

Zur Fundierung des konzeptionellen Ansatzes eines Implementierungscontrolling wird auf bekannte Theorieansätze und Modelle zurückgegriffen, die in der Vergangenheit bereits Falsifizierungsversuche "überstanden" haben und daher als bewährt bezeichnet werden können[17] (z.B. die Erfolgswirkung des Controllingansatzes, die zeitlichen Zusammenhänge im Rahmen von Lebenszyklus-Modellen sowie einige Teilgebiete der Implementierungsforschung). Um bereits in dieser ersten Phase des Forschungsprozesses ein hohes Maß an Realitätsbezug sicherzustellen, wird in dieser Arbeit auf Praxisbeispiele und kleinere Fallstudien zurückgegriffen. Die einzelnen Beispiele sind das Ergebnis von narrativen Interviews mit Vertretern der Unternehmenspraxis sowie der Auswertung von Primär- und Sekundärliteratur. Sie dienen

---

10   vgl. Chmielewicz (1994), S. 184
11   vgl. Kosiol (1972), S. 17
12   vgl. ebenda
13   vgl. Schweitzer (1997), S. 45 f.
14   vgl. Grochla (1978), S. 54
15   Zur zentralen Wissenschaftsmethode des kritischen Rationalismus, zu der auch der stetige Versuch zur Falsifizierung einer Aussage gehört, vgl. Popper (1962), S. 235 ff. Vgl. auch Lakatos (1974).
16   vgl. Lingnau (1995), S. 125
17   Allerdings kann sämtliches menschliches Wissen nur als vorläufig angesehen werden, da es eine sichere Verifikation von Aussagen nicht geben kann, vgl. Popper (1987), S. 43 ff.

allerdings allesamt nicht zur empirischen Beweisführung der konzeptionellen Aussagen[18], sondern vielmehr zu deren Erläuterung und Illustration.[19] Sie ersetzen damit nicht die in Zukunft noch zu leistenden Versuche der Falsifizierung sowohl des gesamten Ansatzes eines Implementierungscontrolling als auch seiner einzelnen Bestandteile.

---

18 Diese induktive Vorgehensweise, vom Speziellen (dem Fallbeispiel) auf das Allgemeine (die konzeptionellen Aussagen) zu schließen, entspräche nicht dem Ansatz des Kritischen Rationalismus, vgl. Lingnau (1995), S. 126 f.

19 In einer Klassifikation von Fallstudien nach Keating (1995), S. 70 ff. sind die verarbeiteten Beispiele als "theory refinement cases", und zwar sowohl "specifiction cases" als auch "illustration cases", zu bezeichnen und somit gegenüber den "theory discovery" und "theory test cases" abzugrenzen.

I.2   IMPLEMENTIERUNG ALS KOORDINATIONSPROZESS

I.2.1   Managementfunktion "Implementierung"

2.1.1   Implementierung im Phasenschema

Ein erster Zugang zum Thema Implementierung bzw. Implementation[20] ergibt sich über das traditionelle Phasenschema des Managements.[21] Implementierung wird dabei als der Planung und Entscheidung nachgelagerte und der Realisierung vorgelagerte Phase verstanden, in der "etwas 'eingeführt', 'durchgeführt' bzw. 'durchgesetzt' oder 'zur Anwendung' gebracht wird"[22]. Funktional kann Implementierung dann definiert werden als "Durchsetzung organisatorischer Änderungen"[23] bzw. als "Prozeß der Verwirklichung eines gestaltenden organisatorischen Konzepts"[24]. Die sukzessive Abarbeitung einzelner Managementfunktionen wird der Tätigkeit eines Managers in der angedeuteten Stringenz nicht gerecht. Die komplexen Sachverhalte, die durch das Management zu lösen sind, lassen keine lineare Abfolge von Managementtätigkeiten zu, sondern erfordern Rückkopplungsprozesse, Vorwärtsschleifen und Iterationen.[25] Folgerichtig darf die Implementierung auch funktional nicht mehr mit der einseitigen Durchsetzung des Konzepts im betroffenen Kontext gleichgesetzt werden. Diese Funktion bleibt zwar eine Kernaufgabe; sie muß aber durch die teilweise Anpassung des Konzepts an den spezifischen Kontext ergänzt werden (vgl. unten). Dennoch muß das geschilderte Phasenschema nicht seine Relevanz verlieren. In einer zeitgemäßeren Interpretation bedeuten die Phasen identifizierbare Tätigkeitsschwerpunkte, ohne dadurch eine Ausschließlichkeit zum Ausdruck bringen zu wollen. Um jedoch Interpretationsschwierigkeiten zu vermeiden, kann der in Abb. I.2-1 dargestellte Problemlösungskreislauf zur Einordnung der Implementierung herangezogen werden.

Dabei sind Schleifen jeglicher Form explizit möglich. Das zuvor genannte Phasenschema findet sich dabei im einmaligen Durchlaufen des äußeren Kreislaufes wieder. Eine exponierte Stellung nimmt in dieser Abbildung zu Recht die Diagnosetätigkeit ein, die im Prinzip zu jedem Zeitpunkt eine Iteration oder einen Vorwärtssprung auslösen kann und daher als permanentes "Monitoring" des Problemlösungsprozesses verstanden werden sollte. Einen Spezifi-

---

20 Beide Begriffe werden in Theorie und Praxis synonym verwendet; vgl. Bleicher (1979), S. 179 ff.
21 vgl. Wild (1974), S. 33 ff., der statt von Implementierung von "Durchsetzung" spricht.
22 Marr/Kötting (1992), Sp. 827. Vgl. auch die diesem Zitat zugrunde liegenden Quellen bei Kirsch/Esser/Gabele (1979), Grochla (1995), Laux/Liemann (1993) sowie Wollnik (1986).
23 Bleicher (1979), S. 179; vgl. zu diesem Verständnis auch Agthe (1961), S. 482 ff.; Köster (1969), S. 112 ff.; Weltz (1972), S. 1453 ff.
24 vgl. Wild (1974), S. 37
25 vgl. z.B. Irle (1971), S. 48: Wild (1974), S. 37

zierungsverlust erleidet dieses Schema notgedrungen durch die Aufgabe der eindeutigen Pha-
sensequenz. Entsprechend erhöht sich jedoch die Validität des Modells durch das Erfassen
auch "exotischer" Problemlösungsdurchläufe.

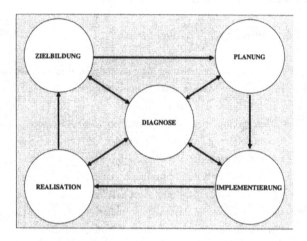

Abb. I.2-1: Kreislauf des Managementprozesses[26]

Von besonderer Bedeutung ist nun aber, daß die Implementierung und ihr Management "nicht
erst da einsetzen sollte, wo ein politisches Programm formuliert vorliegt. Die Prozesse der
Programmformulierung sind von nicht zu unterschätzender Erklärungskraft für die Um-
setzungsprobleme eines Programms oder Gesetzes. Die Phasen der Programmformulierung
und Implementation stehen in einem engen Verhältnis zueinander und sind separat - aus sich
heraus - schwer vollständig zu erklären."[27] Demzufolge muß das Implementierungsmanagement und dessen Forschung eine ex-ante Orientierung anstreben, "indem die strukturellen und
prozessualen Bedingungen für die Durchsetzung politischer Entscheidungen durch Identifizierung von institutionellen Engpässen, Hindernissen und Anreizstrukturen der Programmdurch-
führung in Form einer 'implementation estimate'[28] berücksichtigt werden."[29] Aus diesem
Grunde ist bereits in der Konzipierungsphase ein "Design for Implementation"[30] unabdingbar.

Für die Implementierung bedeuten die vorgestellten Modelle in jedem Fall eine zeitliche Ausdehnung auf sämtliche vor- und nachgelagerten Aktivitäten. Daraus resultiert eine Verzah-

26   vgl. Reiß (1997a), S. 40
27   Bohnert/Klitzsch (1980), S. 211
28   Allison (1975), S. 371
29   Manz (1983), S. 76
30   AK Organisation der Schmalenbach-Gesellschaft/Deutsche Gesellschaft für Betriebswirtschaft e.V. (1996),
     S. 625

nung der Problemlösungsphasen, die als Folge davon auch das Aufgabenspektrum des Implementierungscontrolling betrifft. Implementierung muß daher alle Aufgaben, Methoden und
Techniken umfassen, die sicherstellen, daß die Konzeptziele durch Anwendung und Nutzung
der Konzeptergebnisse erreicht oder übertroffen werden, "gleichgültig zu welchem Zeitpunkt
oder in welcher Phase des (Restrukturierungs-; Anm. d. Verf.) Prozesses entsprechende Aktivitäten erfolgen."[31]

Besonders wichtig für ein erfolgreiches Implementierungsmanagement ist die Integration von
Implementierungsarbeit in die Planungsphase. Der Implementator hat den Kontext und dessen
Änderungsbereitschaft und -fähigkeit sowie die vorhandenen Implementierungsinstrumente
(z.B. Kommunikations- oder Qualifikationsinfrastruktur) als Implementierungsparameter in
die Planung einzubringen. Deren Veränderung muß natürlich zur Disposition stehen, wenn
nicht eine einseitige Adaption des Konzepts an den Kontext erfolgen soll. Die an Optimali-
tätszielen orientierte Konzeptplanung muß bereits in einem frühen Stadium mit der Realität
konfrontiert werden, um ein notwendiges Mindestmaß an Kompatibilität zu erreichen. Bei
dieser Thematik stößt man recht schnell auf den seit langem andauernden Expertenstreit nach
der geeigneten Veränderungsstrategie.[32] Radikale "Revolutionen" sollten über eine lange Zeit
der Konzepterstellung nicht mit der Realität konfrontiert werden, um den dabei erforderlichen
Kreativprozeß nicht zu bremsen oder gar abzubrechen. Beispiel für diese Vorgehensweise ist
das Business Reengineering, das in Brainstorming-Manier auf innovative und bisher als un-
praktikabel verworfene Lösungen angewiesen ist. Bei evolutionären, schrittweisen Veränderungen muß die Einbeziehung der realen Gegebenheiten viel früher erfolgen. Beide Extremformen der Veränderungsstrategie haben denn auch unterschiedliche Akzeptanz- bzw. Kom-
patibilitätsgrade aufzuweisen.[33] In zeitlicher Hinsicht bedeutet dies jedoch lediglich ein Verschieben des Einsatzpunktes von Implementierung innerhalb der Planungsphase. Während
dieser bei radikalem Vorgehen sehr nahe bei der eigentlichen Implementierungsphase liegt,
muß er bei evolutionärem Vorgehen in der Planungsphase sehr viel früher erfolgen.

Auch in der Realisierungsphase ist das Thema Implementierung keineswegs überflüssig. Obwohl die Akzeptanz und Kompatibilität des neuen Konzepts bereits gewährleistet sind, muß
Implementierungsarbeit immer noch dann erfolgen, wenn aufgrund von Lernprozessen kleinere Konzeptanpassungen notwendig sind, oder wenn neue Mitarbeiter die Arbeit aufnehmen

31 Krüger (1994a), S. 198
32 vgl. Perich (1992), S. 456 ff.; Krüger (1994b), S. 216 ff. Vgl. außerdem die Gegenüberstellung von
    "revolutionary" und "evolutionary change" bei Miller/Friesen (1984), S. 208 ff.; Miller/Mintzberg (1983)
    sowie Gersick (1991); Tushman/Romanelli (1985); Pettigrew (1988); Quinn (1980).
33 vgl. Nippa (1997), S. 31 ff.

und die Betroffenen die Änderungen zwar bereits akzeptiert, aber noch nicht so weit interna-
lisiert haben, daß ein Wissens-, Erfahrungs- oder Motivationstransfer erfolgen kann. Letztendlich dürfte sich jedoch, wie die Beispiele zeigen, die Überlappung der Phasen von Implementierung und Realisierung in engen Grenzen halten, so daß hier keine besondere Sensibilität für eine Parallelisierung beider Aktivitäten geschaffen werden muß. Dies resultiert daraus,
daß es sich bei der Realisierung um keine Führungsphase mehr handelt, sondern um das
"Leben" des implementierten Konzepts durch das "operative" System.

Ein Implementierungscontrolling muß zusammenfassend einerseits eine Koordinationsfunktion innerhalb der Implementierungsphase wahrnehmen, andererseits durch die Verzahnung
der in Abb. I.2-1 genannten Managementphasen auch die Wirtschaftlichkeit des Gesamtpro-
zesses der Restrukturierung sicherstellen.

Ein weiteres Phasenschema, das spezifisch auf den Ablauf von geplantem Wandel ausgerichtet ist, wurde von *Lewin* entwickelt. Dieser stark verhaltenswissenschaftlich geprägte Ansatz
unterscheidet drei Phasen:[34]

- Unfreeze: Die Beharrungskräfte einer Organisation sollen verringert werden. Dies kann
  z.B. durch eine Gegenüberstellung von erforderlicher Performance und momentan erbrach-
  ter Performance geschehen, wodurch die Mitarbeiter zu einem Umdenken veranlaßt werden. Bei *Lufthansa* wurde dies in der für das Unternehmen existenzbedrohenden Situation
  1993 dadurch erreicht, daß den Mitarbeitern mitgeteilt wurde, daß die Löhne und Gehälter
  nicht mehr aus dem laufenden Fluggeschäft bezahlt werden können, sondern Kredite aufgenommen werden müssen.[35]
- Move: Die eigentliche Veränderung des Mitarbeiterverhaltens, der Strukturen, Prozesse
  usw. erfolgt in dieser Phase. Sie muß auf die Konzeptziele ausgerichtet sein. *Lufthansa*
  setzte beispielsweise eine radikale Neuausrichtung der Konzernstruktur (mit Ausgründung
  von Unternehmensteilen) um.[36]
- Freeze: In dieser Phase erfolgt eine erneute Stabilisierung der nunmehr veränderten Organisation. Oftmals geschieht dies durch Unterstützungsmechanismen, wie eine veränderte
  Personalrekrutierung, -entwicklung oder modifizierte DV-Strukturen, welche die neuen
  Organisationsstrukturen widerspiegeln. Auch *Lufthansa* setzte nach Abschluß des geglück-
  ten Turnaround auf eine Fortsetzung der neu gewonnen Dynamik des Unternehmens, u.a.
  durch eine Internationalisierung sowie Neuausrichtung der Personalentwicklung.[37]

---

34   vgl. Lewin (1951) sowie Cummings/Huse (1989), S. 19 f.
35   vgl. Mölleney/Beck/Grimmeisen (1995), S. 10
36   vgl. ebenda, S. 10 ff.
37   vgl. Mölleney/Grimmeisen (1997), S. 303 ff.

Diese Vorgehensweise nimmt den Kontext, vor allem die Humanressourcen, als Ausgangspunkt sämtlicher Veränderungsüberlegungen und kann daher auch im Vergleich zu dem sehr
sach-rationalen Phasenschema der Abb. 1.2-1 als die realistischere Vorgehensweise gewertet
werden. Überträgt man darauf das in dieser Arbeit vertretene Implementierungsverständnis, so
ist Implementierung wiederum in allen Phasen vorhanden, wobei die Schwerpunkte in der
Unfreezing-Phase (z.b. Kommunikation der Dringlichkeit von Veränderungsmaßnahmen an
die Mitarbeiter) und in der Move-Phase (z.b. Qualifikation der Mitarbeiter mit neuen Ar-
beitstechniken) liegen.

2.1.2 Bedeutung der Implementierung in betriebswirtschaftlichen Modellansätzen

Implementierung als Koordinationsprozeß bedeutet die Abstimmung von zu implementierendem Konzept und demjenigen Kontext, innerhalb dessen die Implementierung stattfindet. Der
Vorgang und die damit verbundenen Problemstellungen der Implementierung tauchen im
kybernetischen Systemansatz und der auf ihm aufbauenden betriebswirtschaftlichen Pla-
nungstheorie[38] nicht auf.[39] Diese basiert auf den Annahmen einer unendlichen Informations-
aufnahme- und -verarbeitungskapazität einer Unternehmung sowie deren vollkommener Flexibilität hinsichtlich der Durchsetzbarkeit von Handlungen.[40] Der Übergang von einem Orga-
nisationszustand in einen anderen geht daher immer problemlos vonstatten; eine Beschäftigung mit Implementierung ist nicht erforderlich. Gleichwohl kann die Grundlagentheorie der
Kybernetik, insbesondere in Zusammenhang mit Erkenntnissen des Komplexitätsmanage-
ments, zum Verstehen von Funktionszusammenhängen zwischen Konzept und Kontext beitragen[41], indem bspw. aus der Elementen- und Relationenzahl (Zahl der Beteiligten, Zahl der
Interessen, Zahl der zu implementierenden Teilkonzepte usw.) die Konsequenzen auf die
Komplexität der Implementierung beurteilt werden.[42]

Im Gegensatz zum kybernetischen Systemansatz nimmt die Implementierung im Rahmen des
verhaltenswissenschaftlichen Systemansatzes eine bedeutende Rolle ein, wird doch die
Notwendigkeit erkannt, die Betroffenen als relevante Elemente eines "sozio-technischen"[43]
Systems zu betrachten.[44] Kritiker dieses Verständnisses verweisen darauf, daß einige - auch
für Fragestellungen dieser Arbeit relevante - Implementierungsprobleme auf dem Verständnis

---

38 vgl. z.B. Rieger (1967); Oberkampf (1976)
39 vgl. auch Bendixen (1980), S. 190 ff.
40 vgl. Pfeiffer/Randolph (1981), S. 7 ff.
41 vgl. Luhmann (1970), S. 78 ff.: Günther (1968), S. 334 ff.
42 vgl. Reiß (1993a), S. 57 f.
43 Trist/Bamforth (1951)
44 vgl. z.B. Kirsch (1971), S. 27; Bleicher (1979), S. 4 f.

eines behavioristisch geprägten, deterministischen Verhaltensbildes des Menschen basieren[45], da dieses in sozial-psychologischen "Persuasionstechniken" zur zwangsfreien Durchsetzung eines zentralen Willens endet.[46] Abhilfe wird darin gesehen, daß bei Implementierungsmaß-nahmen die Betroffenen nie als nur einem sozialen System voll und ganz zugehörig betrachtet werden (Prinzip der Partialinclusion[47] bzw. der Interpenetration[48]). Implementierung als Ko-ordinationsprozeß bedeutet daher bezüglich der Humanressourcen nicht nur das "Handling" der verschiedenen Betroffeneninteressen, die aus der Zugehörigkeit zum Sozialsystem "Unter-nehmung" resultieren, sondern auch derjenigen Interessen, die ihre Basis in der Zugehörigkeit zu anderen Sozialsystemen haben. Nur durch ein so gefaßtes Implementierungsverständnis werden z.B. Widerstände erfaßt, die beim Abbau einer Hierarchieebene bei denjenigen Betrof-fenen zu erwarten sind, die "nach unten fallen". Denn selbst bei einer materiellen Besitz-standswahrung kann die neue Position zu einem gesellschaftlichen Abstieg (z.B. im Verein, der Nachbarschaft ...) führen, welcher den Betroffenen ebenso Widerstand leisten läßt wie unternehmungsinterne (und damit dem Implementierungsmanagement zugänglichere) Gründe. Nur durch die Berücksichtigung auch solcher Implementierungsprobleme, z.B. durch eine offensive Berichterstattung über die Restrukturierung in den regionalen Medien, werden alle potentiellen Instrumente zur Implementierung auch als solche erkannt. Konkret muß daher das Implementierungscontrolling bei der Auswahl der geeigneten Kommunikationsinstrumente die genannte Problemstellung bei der Bewertung berücksichtigen.

2.1.3   Implementierungsstrategien

Große Teile des Implementierungsnutzens und der Kosten werden nicht durch einzelne ope-rative Implementierungsinstrumente, sondern durch die Gesamtstrategie der Implementierung determiniert. Darauf weisen bereits frühere Untersuchungen zur Implementierungsperfor-mance von "partizipativer Implementierung" (Bottom up-Strategie) und "Bombenwurfstra-tegie" (Top down-Strategie) hin.[49] Im Zentrum dieser Strategieentscheidung steht der Grad der

---

45   z.B. die Frage nach Partizipation in Implementierungsprozessen (Kap. III 1.1.4). So kann eine
     (grundsätzlich implementierungsförderlich eingeschätzte) Partizipation die Betroffenen in einigen Fällen
     auch überfordern und damit zu einer stärkeren Verunsicherung beitragen als ein autoritäres Vorgehen; vgl.
     Hill/Fehlbaum/Ulrich (1992), S. 481. Dies rührt oftmals nicht zuletzt daher, daß der Zugehörigkeit zu
     einem anderen Sozialsystem (z.B. der eigenen Familie) eine im Vergleich zum System "Unternehmung"
     deutlich höhere Priorität beigemessen wird und daher Entscheidungen in der Unternehmung eher mit
     Gleichgültigkeit betrachtet werden.
46   vgl. Bendixen (1980), S. 199 ff.
47   Dieses auf Allport (1969) zurückgehende Konzept sieht das einzelne Individuum unterschiedlichen Sozial-
     systemen zugehörig, in denen es unterschiedliche Rollen wahrnimmt; vgl. auch Etzioni (1961), S. 139
48   vgl. dazu Luhmann (1977), der - im Gegensatz zur Partialinclusion - den Menschen nicht als ein von der
     Organisation involvierte Systemelement erfaßt, sondern vielmehr als eine zu freien Entscheidungen befä-
     higte Persönlichkeit, "die durch konkrete Handlungen in verschiedene Sozialsysteme hineingeflochten ist,
     als System jedoch außerhalb des jeweiligen Sozialsystems steht"; Luhmann (1964), S. 25.
49   vgl. Kirsch/Esser/Gabele (1979), S. 180 ff.

Einflußnahme durch die Betroffenen auf die Implementierung sowie die daraus ableitbare Dauer der Implementierung. Die Abschätzung der Kosten-/Nutzeneffekte dieser Strategien fällt in den Aufgabenbereich des Implementierungscontrolling, wobei in besonderem Maße auch auf Optimierungsmöglichkeiten durch die Kombination beider Implementierungsstrategien (z.B. "Down-up") geachtet werden muß.[50]

Eine oftmals mit Bombenwurf und Partizipation in Verbindung gebrachte Unterscheidung in "revolutionäre" und "evolutionäre Implementierungsstrategie"[51] soll hier nicht weiter vertieft werden, da das Ausmaß der "Radikalität der Veränderungen" in der Regel einen Bestandteil des zu implementierenden Konzepts darstellt (vgl. in diesem Kap. I.2.2; vgl. zu der geschilderten Problematik auch die Zeitaspekte der Implementierung in Kap. II.1.4).

Von großer praktischer Bedeutung für das Implementierungsmanagement sind diejenigen Strategien und deren Zwischenlösungen, die sich hinsichtlich der Anpassungsrichtung von Kontext und Konzept unterscheiden. Entsprechende Bewertungen durch ein Implementierungscontrolling müssen die Strategiewahl unterstützen. Zum einen handelt es sich um die **Assimilationsstrategie**[52], wenn ein problemgerechtes Konzept soweit verändert wird, daß es sich letztendlich einseitig an den Kontext anpaßt, der dadurch reinen Bedingungscharakter erhält. Das dazu notwendige Instrumentarium soll in der Folge kurz besprochen werden. Durch **Individualisierung** des Konzepts erfolgt eine kontextspezifische Entwicklung der Veränderungsabsichten. Während dieses "Customizing" in der Regel die Akzeptanz durch die Betroffenen erhöht, besteht gleichzeitig die Gefahr einer zu sehr am Status Quo orientierten Konzeptgestaltung. Die Effektivität der Veränderung kann auf der Strecke bleiben. Durch ein Aufspalten oder **Modularisieren** des Konzepts kann eine Überforderung der Betroffenen vermieden werden. So können die einzelnen Betroffenen nach und nach mit der Gesamtveränderung konfrontiert werden, wenn z.B. als Einstieg Gruppenarbeit und erst nach Abschluß dieses Implementierungsmoduls ein umfassender KVP-Ansatz realisiert wird. Es handelt sich dabei um eine recht häufig eingesetzte Strategie zur Verringerung der Komplexität von Umstellungsprozessen. Gefährlich ist dabei aber die Vernachlässigung von Integrationswirkungen (Synergieeffekten), die oftmals gerade als der Hauptvorteil von ganzheitlichen Programmen wie Lean Management oder Total Quality Management (TQM) beschrieben werden.[53] Durch **Approximieren** wird nur eine Näherungslösung des Idealkonzepts zu implementieren ver-

---

50 vgl. Reiß (1995b), S. 278
51 vgl. z.B. Zeyer (1996), S. 142 ff.
52 Zu den Begriffen Assimilation und Akkomodation, vgl. auch Reiß (1994), S. 409 ff.; Reiß (1993b), S. 120; Oppelland (1989), S. 666.
53 vgl. z.B. Zeyer (1996), S. 31 ff.

sucht.[54] Empirische Untersuchungen haben allerdings gezeigt, daß das Setzen von wenig herausfordernden Zielen letztendlich auch zu schlechteren Resultaten der Implementierung führt als besonders ehrgeizige Ziele.[55] Ähnliches gilt wohl auch für die Anpassungsstrategie der **Reduktion** des Konzeptes. Dies führt leicht dazu, daß die besonders notwendigen, und daher "schmerzhaften" Konzeptteile zuerst gestrichen werden, um sich dann auf den kleinsten gemeinsamen Nenner zu einigen, der allerdings oft auch als "fauler Kompromiß" qualifiziert werden muß, da es nur in Randbereichen zu Veränderungen kommt. Wichtig bei den dargestellten Assimilationsinstrumenten ist das Wissen um deren Existenz und die damit gegebenen Möglichkeiten einer über die reine Durchsetzung hinausgehenden Implementierung.

Der zweite Strategietyp kann auch als **Akkomodationsstrategie** bezeichnet werden.[56] Für die Implementierung nimmt dabei das Konzept, von dem unterstellt wird, daß es in optimaler Weise zu einer spezifischen Problemlösung beiträgt, die Rolle des "constraint" ein, während die Implementierungsvariablen und damit die Gestaltungsfelder im Kontext angesiedelt sind. Es handelt sich mithin um das bereits beschriebene "klassische" Implementierungsverständnis, das von einer Durchsetzung eines festgelegten Konzepts ausgeht (vgl. oben). Die Umsetzung der Akkomodationsstrategie erfolgt durch die im nächsten Abschnitt kurz zu beschreibenden Implementierungsinstrumente, die als "typischer Werkzeugkasten" einer besonderen Aufmerksamkeit des (operativen) Implementierungscontrolling bedürfen.

Eine Differenzierung des Kontexts ist für ein Implementierungscontrolling von wesentlicher Bedeutung, weil sich daraus unterschiedliche Zielkategorien ableiten lassen. *Reiß* weist darauf hin, daß die bei einer Implementierung vorfindbaren Gegebenheiten sich einerseits als realisierter Status Quo erfassen lassen können, andererseits sich jedoch der relevante Kontext auch auf die Wünsche der Betroffenen und deren Vorstellungen von einer akzeptablen Lösung beziehen kann.[57] Angesprochen wird damit eine Situation, die in den Unternehmen so selten gar nicht vorkommt. Denn wie oft sind die Mitarbeiter mit dem Arbeitsumfeld, das sie umgibt, restlos zufrieden? Die Situation kann dann oft mit Aussprüchen, wie "daran haben wir uns gewöhnt" oder "das ist zwar nicht ideal, aber wir haben es schon immer so gemacht", illustriert werden. Die Unzufriedenheit kann alle Elemente des Umfeldes einschließen, also z.B. die augenblickliche EDV-Ausstattung, das gültige Berichtssystem, die Zuständigkeitsregelungen oder das Arbeitsklima. Daher sollte statt des undifferenzierten Begriffs "Kontext" besser von einer kontextgerechten Lösung gesprochen werden.[58] Damit kann vermieden werden, daß das Konzept an einen Kontext angepaßt wird, der zwar der Realität, aber nicht den Betroffe-

---

54 vgl. Reiß/Zeyer (1994a), S. 41 f.
55 vgl. Nippa (1997), S. 29 ff.
56 vgl. Reiß (1994a), S. 409 ff.
57 vgl. Reiß (1995a), S. 294
58 vgl. ebenda

neninteressen entspricht, und damit nicht den Assimilationsvorteil der hohen Akzeptanz ausschöpft. Von nun an jedoch im Rahmen der Assimilationsstrategie nur noch die Wünsche und Vorschläge der Betroffenen als Bedingung zu betrachten, wäre zu einseitig und legt zudem bereits a priori ein Zielsystem zugrunde, das der **sozio-emotionalen Rationalität**[59] im Sinne der Bedürfnisbefriedigung der Implementierungsbetroffenen entspricht. Doch selbst wenn der Schwerpunkt des Zielsystems auf die **instrumentale Rationalität**[60] als Effizienz der Implementierungsbemühungen gelegt wird, muß der Kontext einer Umstrukturierung unter Umständen nach wie vor als vorgefundene Realität des Arbeitsumfeldes (realisierter Status Quo) begriffen werden. Die technologische Ausstattung oder die lokalen Gegebenheiten eines Betriebes stellen oftmals Realitäten dar, die zwar weder den Mitarbeiterwünschen entsprechen (und somit auch nicht als kontextgerechte Lösung fungieren) noch als problemgerecht bezeichnet werden können. Dennoch haben solche Determinanten in vielen Fällen Bedingungscharakter und können nur unter beachtlichem Aufwand von Zeit und Geld verändert werden.

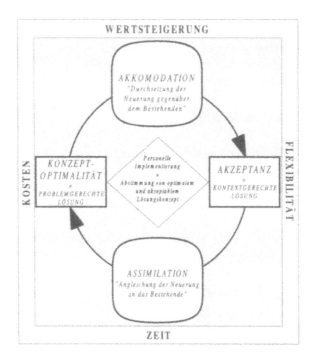

Abb. I.2-2: Implementierung als Ausgleich von Akzeptanz und Konzeptoptimalität[61]

---

59   vgl. Hill/Fehlbaum/Ulrich (1994), S. 160 ff.
60   vgl. ebenda
61   vgl. dazu auch Reiß (1997b), S. 25 sowie Reiß/Zeyer (1994a), S. 38

Chin/Benne unterscheiden akzeptanzschaffende Strategien (Akkomodationsstrategien) in empirisch-rationale, normativ-reedukative sowie Macht- und Zwangsstrategien.[62]

Akkomodation und Assimilation stellen jedoch lediglich die Extrempunkte eines Kontinuums dar. Damit wird klar, daß in der Realität praktisch immer eine gegenseitige Anpassung von Konzept und Kontext stattfindet (vgl. Abb. I.2-2), so daß Implementierung auch als Koordinationsvorgang in einer spezifischen Phase eines Transformationsprozesses verstanden werden kann.[63] Für ein Implementierungscontrolling ist es zudem von enormer Wichtigkeit festzustellen, daß der beschriebene Koordinationsvorgang nicht im "luftleeren Raum" stattfindet, sondern unter Restriktionen und Zielsetzungen, die über den eigentlichen Implementierungsvorgang hinausreichen. In Abb. I.2-2 sind daher gängige Zielgrößen von Unternehmungen als Rahmen der Implementierung dargestellt; das Implementierungscontrolling hat die Einhaltung und die Ausrichtung der Implementierungsaktivitäten an diesem Rahmen als Kernaufgabe.

Durch die Einbeziehung von Akzeptanz und Konzeptoptimalität als Erfolgsgrößen der Implementierung in beiden Anpassungsstrategien muß das Implementierungscontrolling Informationen über eine insgesamt optimale Implementierungsgestaltung (Kombination von Angleichung und Durchsetzung) liefern.

2.1.4   Implementierungsinstrumente

Die "klassischen" Implementierungsinstrumente setzen an den personalen Implementierungsproblemen an und versuchen, durch eine Steigerung der Änderungsfähigkeit und der Änderungsbereitschaft der Betroffenen[64] dem Wandel zu einer größeren Akzeptanz zu verhelfen (vgl. Abb. I.2-3).[65]

Folgende vier Instrumentenkomplexe, die allesamt als "universell einsetzbar"[66] bezeichnet werden können[67], sind zu unterscheiden:[68]

• Informationsinstrumente: Voraussetzung für den Einsatz sämtlicher Implementierungsinstrumente ist die Unterrichtung der Betroffenen. Ein Mindestmaß an Informationsvermitt-

---

62   vgl. Chin/Benne (1975)
63   vgl. Reiß (1995a), S. 295
64   *Witte* trennt inhaltlich gleich in Fähigkeits- und Willensbarrieren, vgl. Witte (1973), S. 6 ff sowie
      Thom (1980), S. 364 ff.
65   vgl. Bleicher (1979), S. 180 ff.
66   Reiß (1995a), S. 296
67   vgl. Reiß (1993b), S. 462; Probst (1992), S. 599 ff. sowie z.B. auch Feggeler/Schumann (1993), S. 13 ff.;
      Nieder (1985), S. 487 f.
68   vgl. Wild (1974), S. 43 f.

lung wird durch das BetrVG vorgeschrieben. Die gesetzlichen Regelungen sehen aber zu einem großen Teil nur die Unterrichtung der Arbeitnehmervertreter vor, so daß die Informationsinhalte lediglich indirekt die Betroffenen erreichen. Teil des Implementierungsmanagements müssen daher alle Parameter der Informationspolitk sein, die über dieses Informationsminimum hinausgehen: Informationsinhalte, Zielgruppen, Zeitpunkte der Information, Informationskanäle und -medien usw. Entsprechend vielfältig gestalten sich die Optimierungsmöglichkeiten und -aufgaben des Implementierungscontrolling.

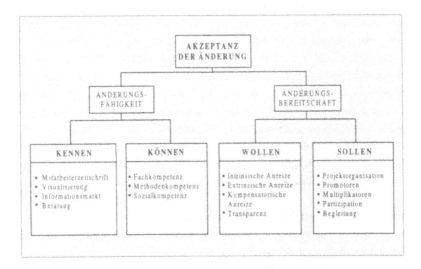

Abb. I.2-3: Kategorien von "klassischen" Implementierungsinstrumenten[69]

- Qualifikationsinstrumente: Die mit einer Veränderung und deren Implementierung verbundenen Neuerungen für die Betroffenen gehen in aller Regel auch mit neuen Anforderungen an diese einher. Dabei kann es sich um Änderungen der relevanten Fach-, Methoden- und Sozialkompetenz handeln. Während technische Innovationen meist mit einer Weiterentwicklung der Fachkompetenz implementiert werden können, erfordern gerade breit und tief angelegte Change-Prozesse bei allen drei Kompetenzsparten Qualifikationsbemühungen - wobei ein deutlicher Schwerpunkt auf der Methoden- und Sozialkompetenz liegt.[70]

- Motivationsinstrumente: Vor dem Hintergrund von mehr oder weniger einschneidenden Veränderungen des Arbeitsumfelds oder -inhalts für die von der Implementierung Betroffenen gilt es, nicht nur eventuell vorhandene Fähigkeitsbarrieren, sondern auch Willens-

---

69   Reiß (1997c), S. 93 sowie Reiß (1996a), S. 263
70   vgl. Reiß (1995a), S. 297 f., der dies am Beispiel von TQM und der Einführung der Mikroelektronik aufzeigt.

barrieren abzubauen. Da die Veränderungen in der Regel Gewinner und Verlierer unter den betroffenen Mitarbeitern hervorbringen, muß das Implementierungsmanagement einen entsprechend differenzierten Instrumenteneinsatz vornehmen. Kompensationsregelungen oder "Besitzstandswahrung" können auch bei mutmaßlichen Verlierern zu einer größeren Akzeptanz der Veränderung beitragen. Die "Gewinner" müssen in erster Linie durch intrinsische Anreize, teilweise auch durch extrinsische Anreize so motiviert werden, daß sie zu aktiven Multiplikatoren und Promotoren der Veränderung werden.

• Organisationsinstrumente: Diese Instrumentenkategorie dient dazu, dem Implementierungsprozeß das notwendige "Momentum" zu verleihen, indem z.b. spezielle Organisationseinheiten eingerichtet werden (z.b. Projektgruppen, Gremien), welche die Implementierung begleiten oder steuern. Ebenso ist es erforderlich, das Change-Projekt mit der notwendigen Promotions-"Power" auszustatten, wobei üblicherweise Macht-, Fach- und Prozeßpromotoren[71] zum Einsatz kommen. Die Organisationsinstrumente dürfen allerdings nicht auf aufbauorganisatorische Überlegungen reduziert werden. Die Organisation der gesamten mit der Veränderung befaßten Entscheidungsprozesse ist festzulegen. Eine herausragende Rolle spielt dabei, inwieweit und zu welchem Zeitpunkt die Mitarbeiter in die Entscheidungsprozesse integriert werden. Der Mitarbeiterpartizipation wird bei Change-Vorhaben ein unmittelbar positiver Einfluß auf die Akzeptanz der Betroffenen unterstellt.[72]

Je nach Menschenbild und dem darauf ausgerichteten Ansatz zur Akzeptanzschaffung haben die Instrumentenkategorien eine unterschiedliche Bedeutung für die Implementierung. **Empirisch-rationale** Veränderungsansätze gehen davon aus, daß Wandel von (rational denkenden und handelnden) Mitarbeitern dann akzeptiert wird, wenn er auch rational gerechtfertigt ist.[73] Informations- und Kommunikationsinstrumente müssen dabei den Schwerpunkt der Implementierungsaktivitäten bilden. **Normativ-reedukative** Ansätze stellen die Qualifikations- und Motivationsaspekte der Implementierung ins Zentrum des Interesses. Verhaltensänderungen bei den Betroffenen werden nur dann erreicht, wenn Werte, Einstellungen und Fertigkeiten verändert werden.[74] Die von *Chin/Benne* ebenfalls analysierte **Macht- oder Zwangsstrategie** zur Veränderung sozialer Systeme[75] basiert nicht mehr auf dem Grundanliegen des hier vertretenen Implementierungsansatzes, nämlich der Akzeptanzschaffung, sondern vielmehr auf der einseitigen Durchsetzung eines einmal verabschiedeten Konzepts. Aber auch der Unterscheidung in empirisch-rational und normativ-reedukativ wird heutzutage weder in der Theorie noch in der Praxis eine große Relevanz beigemessen. Es muß bei der Implementierung von

---

71   vgl. Hauschildt/Chakrabarti (1988), S. 379 ff. bzw. zum ursprünglichen Promotoren-Modell, Witte (1973)
72   vgl. z.B. Reiß (1995a), S. 296
73   vgl. Chin/Benne (1975), S. 45 ff.
74   vgl. ebenda, S. 57 ff.
75   vgl. ebenda, S. 68 ff.

Change-Konzepten grundsätzlich davon ausgegangen werden, daß sämtliche verfügbaren Implementierungsinstrumente auch zum Einsatz gelangen müssen.[76]

Aufgrund der hohen Relevanz, welche die vorgestellten Implementierungsinstrumente in der Theorie und Unternehmenspraxis haben[77], dienen sie als Leitlinie für die in Teil III darzustellenden Anwendungsfelder eines Implementierungscontrolling. Dessen Aufgabe ist es ja gerade, zum optimierten Einsatz der Instrumente beizutragen.

2.1.5   Implementierung und Akzeptanz

Auch wenn bereits mehrfach das Implementierungsziel "Akzeptanzschaffung" angesprochen wurde, ist der Zusammenhang zwischen Akzeptanz und Implementierung so zentral, daß das Verhältnis der beiden Phänomene zueinander an dieser Stelle vertieft angesprochen wird:

- Sind es getrennt zu untersuchende Forschungsgebiete, wie die Trennung von Implementierungs- und Akzeptanzforschung vermuten läßt?[78]
- Ist Akzeptanz die entscheidende Zielgröße für die Implementierung?
- Findet ohne Akzeptanz eines Konzepts keine Implementierung statt?

Die auch heute noch in weiten Teilen der Wissenschaft vorgenommene Trennung von Akzeptanz- und Implementierungsforschung[79], die lediglich in Teilbereichen Gemeinsamkeiten aufweisen, basiert auf einer sehr spezifischen Auslegung des Akzeptanzbegriffs. *Reichwald* stellt die Annahme bzw. Ablehnung technischer Neuerungen durch einzelne Betroffene in den Mittelpunkt der Akzeptanzforschung, wenn er sie als ein empirisches Forschungsprogramm bezeichnet, "das vom Anwender neuer Technik ausgeht"[80]. Diese Eingrenzung auf den Bereich technikbasierter Wandelprozesse im Unternehmen, die in jüngster Zeit eine weitere Einschränkung auf Informationstechnologien[81] (unter Ausschluß der Fertigungstechnologien) erfahren hat[82], läßt sich allenfalls historisch begründen.[83] *Kühlmann* macht darauf aufmerksam, daß sich die Frage nach Annahme und Ablehnung für die Betroffenen auch bei einer Reorganisation stellt[84], zumal technische Neuerungen im Unternehmen meist auch mit organi-

---

76   vgl. Reiß (1993a), S. 552 f.
77   vgl. die Vielzahl von Praxisbeispielen, die den einzelnen Instrumentenkategorien zugeordnet sind, bei Zeyer (1996), S. 294 ff.
78   vgl. Kühlmann (1988), S. 39 ff.
79   vgl. Manz (1983); Reichwald (1982); Schönecker (1980); Thom/Bayard (1997), S. 159
80   Reichwald (1982), S. 36
81   vgl. exemplarisch Joseph/Knauth/Gemünden (1992) und die dortige Literaturübersicht zur CAD-Einführung
82   vgl. Wiendieck (1992), Sp. 92
83   vgl. Kühlmann (1988), S. 43
84   vgl. ebenda

satorischen Veränderungen verbunden sind.[85] Darüber hinaus können die Begriffe, die Erkenntnisse und die Methodik der Akzeptanzforschung für Implementierungsvorhaben und
gerade auch für deren wirtschaftlichkeitsorientierte Steuerung von großem Nutzen sein, wenn
z.B. die Akzeptanz von Restrukturierungen als Effektivitätskennzahl erfaßt wird (vgl. Kapitel
II.3.3). Obschon also in dieser Arbeit eine Ausweitung des Akzeptanzbegriffs auf verschie-
denste Arten von Veränderungsprozessen (technische, organisatorische, soziale) vorgenommen wird, bleibt das Akzeptanzproblem selbstverständlich weiterhin auf Personen oder Personengruppen beschränkt.[86] Diese müssen aber nicht unbedingt die unmittelbar Betroffenen
sein, sondern umfassen alle in irgendeiner Form am Veränderungsprozeß Beteiligten. Bei groß
angelegten Restrukturierungen sind das regelmäßig viele, wenn nicht alle Unternehmenssta-
keholder. Deren Akzeptanz ist in unterschiedlichem Maße für den Erfolg der Implementierung
bzw. der gesamten Restrukturierung relevant.

Akzeptanz bei Betroffenen und Beteiligten gehört also zu den wichtigsten Zielgrößen der Implementierung[87], wobei auch das zu implementierende Konzept oder Modell selbst zu einem
großen Teil akzeptanzschaffend oder -verhindernd wirken kann.[88] Allerdings darf die Betrof-
fenenakzeptanz gerade nicht das Maß aller Dinge sein, wenn es um die Bewertung von Implementierungsstrategien und -instrumenten geht. Zum einen kann durch eine unterschiedliche
Vorgehensweise in der Implementierung die ungefähr gleiche Akzeptanz bei den Betroffenen
erreicht werden - allerdings zu signifikant unterschiedlichen Kosten. Zum anderen stellt ein
hohes Akzeptanzniveau nicht in jedem Fall eine "conditio sine qua non" für eine erfolgreiche
Implementierung dar, wenn man sich vor Augen führt, daß die Implementierungsstrategie des
Bombenwurfs in bestimmten Situationen durchaus ihre Berechtigung hat, und zwar erst recht,
wenn die Kosten in die Bewertung einfließen. In der Regel muß es daher zur bereits erwähnten Form des Ausgleichs von problemgerechter (und in diesem Sinne auch wirtschaftlicher)
sowie kontextgerechter Implementierung kommen, wie bereits in Abb. I.2-2 angedeutet wird.

---

85   vgl. Wiendieck (1992), Sp. 92
86   Der Begriff wird folglich nicht dadurch vom normalen Sprachgebrauch entfernt, daß mit Akzeptanz jegliche
     Form von kontextgerechter Lösung gemeint wäre, also z.B. auch eine Implementierung von Gruppenarbeit
     innerhalb einer gegebenen Maschinenanordnung.
87   vgl. Manz (1983), S. 74 ff.
88   vgl. z.B. Hamel (1981), der als implementierungserleichternde Konzeptanforderungen "Modellflexibilität",
     "Modellformulierung" und "Modellzerlegbarkeit" nennt. Vgl. auch den Decision Calculus-Ansatz nach
     Little (1970), der die Einbeziehungen der Anwendererfahrung in die Konstruktion eines Modells fordert,
     um dessen Akzeptanz zu erhöhen (Partizipation).

Im Gegensatz zur **akzeptanzschaffenden** Implementierung ist mit der reinen Optimierung von **Umstellungsmaßnahmen** der geringste funktionale Implementierungsumfang erforderlich, der mit einem entsprechend kleineren Zeitaufwand einhergeht. Ziel ist die möglichst geringe Beeinträchtigung des Tagesgeschäfts (vgl. Abb. I.2-4).

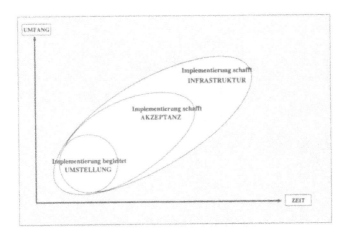

Abb. I.2-4: Aufgaben der Implementierung

Beispiele hierfür sind die Softwareimplementierung (z.B. Release-Wechsel in der EDV) oder bauliche Veränderungen im Unternehmen, die z.B. für die Mitarbeiter keine weiteren Umstellungen mit sich bringen. Diese Art von zu implementierenden Neuerungen ist jedoch für die Mehrzahl der organisatorischen Veränderungsprozesse wenig relevant, weil es sich dabei nicht um die erfolgskritischen Projektteile des Wandels handelt. Das enge Implementierungsverständnis greift daher für die vorliegende Arbeit zu kurz.

Aber auch die lediglich akzeptanzschaffende Implementierung, die natürlich auch die reine Umstellungsaufgabe mit einschließt, ist nicht weitreichend genug, da sich die Schaffung von Akzeptanz nur auf einen Teil des Systems bezieht, in das ein neues Konzept implementiert werden soll, nämlich auf die Humanressourcen. Zwar kann man davon ausgehen, daß es sich dabei um das bedeutendste, weil erfolgskritischste und komplexeste Teilsystem handelt, dennoch müssen auch die Informationsressourcen sowie z.B. die Unternehmensstrategien oder -prozesse als Implementierungskontext berücksichtigt werden. Daher bedeutet ein umfassendes Verständnis von Implementierungsarbeit nicht nur die Schaffung von Akzeptanz, sondern die Schaffung einer Infrastruktur für den Wandel (vgl. Abb. I.2-4 und I.2-5; vgl. auch die Kapitel I.2.2 sowie I.3.4).

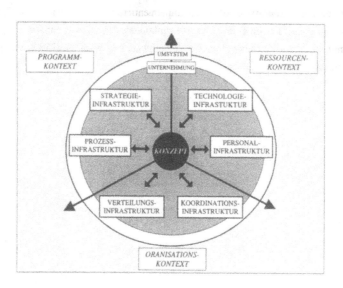

Abb. I.2-5: Implementierung als Gestaltung einer Infrastruktur[89]

2.1.6   Forschungsansätze zur Implementierungsperformance

Der **präskriptive** Ansatz der Implementierungsforschung gibt normative Ratschläge für eine effektive Implementierung. *Bourgeois/Brodwin* empfehlen unter verschiedenen Bedingungen alternative Implementierungsansätze, die sie mit den Attributen "commander, change, collaborator, cultural, and coercive" belegen.[90] In die gleiche Richtung geht ein Kontingenzmodell von *Nutt*, das 16 Implementierungssituationen unterscheidet.[91] Allerdings basieren die präskriptiven Ansätze in erster Linie auf logischen Ableitungen und weniger auf empirischem Material.

In den Mittelpunkt des **instrumentellen** Ansatzes werden die unterschiedlichen Implementierungsinstrumente gestellt. Dazu gehören Promotoren ebenso wie bspw. die aus der Organisationsentwicklung bekannten T-Gruppen.[92] Eine zu starke Orientierung an den Instrumenten unterschätzt allerdings die besonderen Herausforderungen einer Implementierung, z.B. daß die Betroffenen je nach Situation vollkommen unterschiedlich auf die Instrumente reagieren.

---

89   Reiß (1995a), S. 294
90   vgl. Bourgeois/Brodwin (1984)
91   vgl. Nutt (1983)
92   vgl. z.B. Cummings/Huse (1989), S. 95 ff.

Der **Erfolgsfaktorenansatz** untersucht einzelne Parameter der Implementierung hinsichtlich ihres Einflusses auf den Implementierungserfolg. Die empirische Basis der diesem Ansatz zugrunde liegenden Untersuchungen besteht in erster Linie aus Befragungen von Implementierungspraktikern, so z.b. die Untersuchung von *Zand/Sorenson*[93]. Allgemeingültige Aussagen sind jedoch auch von diesem Ansatz kaum zu erwarten, da die Komplexität der Implementierung keine Reduktion auf wenige ausschlaggebende Erfolgsfaktoren zuläßt.[94] Die Problematik dieses Ansatzes wird deutlich, wenn z.b. *Greiner* in einer Untersuchung die Erfolgsfaktoren dadurch gewinnt, daß er die Gründe für das Scheitern verschiedener Implementierungsinitiativen (Mißerfolgsfaktoren) umgekehrt "polt".[95]

Alle genannten Ansätze haben eine gewisse Relevanz für das Implementierungscontrolling, weil sie - wenn auch in unterschiedlicher Form und mit unterschiedlicher Fundierung - Aussagen über "optimale" Implementierungsprozeduren oder -instrumente machen bzw. die Parameter zu identifizieren versuchen, die die Effektivität der Implementierung am stärksten beeinflussen. Die Effizienz der Einführungsarbeit wird allerdings - wenn überhaupt - lediglich implizit in die Überlegungen mit aufgenommen. Dies bedeutet, daß die Ansätze zwar Anhaltspunkte für eine effektive und u.U. effiziente Implementierung beinhalten, das zugrunde liegende Zielsystem jedoch unklar oder einseitig (z.B. nur Akzeptanz) ist. Außerdem ist umgekehrt keine direkte Bewertung einzelner Implementierungsmaßnahmen möglich, sondern nur Aussagen über adäquate Implementierungskonfigurationen in speziellen Situationen oder typischerweise zu berücksichtigende Chancen und Risiken in der Einführung.[96]

I.2.2 Restrukturierungskonzepte als Implementierungsobjekte

Phasenseitig sind Restrukturierungs-, Veränderungs- oder Change-Konzepte das Ergebnis der Konzipierungsphase und damit je nach Spezifizierungsgrad und Stringenz mehr oder weniger[97] für die Implementierung vorgegeben. Ohne detaillierte Beschreibungen einzelner Konzepte vornehmen zu wollen, muß doch klargestellt werden, welche Zusammenhänge zwischen den unterschiedliche Veränderungsansätzen und dem Implementierungsmanagement bestehen. Change Management als Oberbegriff für Konzepte, wie Business Process Reengineering, Lean Management, Total Quality Management, Lernende Organisation usw., bedeutet immer einen globalen Wandel, der für eine Unternehmung tiefgreifende Veränderungen in den

---

93 vgl. Zand/Sorensen (1975)
94 vgl. Ginzberg (1975); Lucas (1975)
95 vgl. Greiner (1970)
96 vgl. zu einem Überblick der Ansätze auch Nutt (1986)
97 im Sinne der Unterscheidung "reine Umsetzung eines festgelegten Konzepts" versus "konzeptorientierte Implementierung"

Strukturen, Prozessen, Potentialen und Ressourcen mit sich bringt.[98] Des weiteren impliziert Change Management auch stets die (zumindest bedingte) Plan- und Steuerbarkeit der Veränderungen. Die ständig ablaufenden Prozesse in einer Unternehmung, die Erfolge und Mißerfolge, die Handlungen Einzelner, die Integration neuer Mitarbeiter usw. verändern die Unternehmung täglich in einem bestimmten (meistens sehr geringen) Maße. Diese "natürliche Entwicklung" oder Evolution unterliegt im Normalfall keiner unmittelbaren Steuerung.[99] Die aus der Eigendynamik von sozialen Systemen entstehende Evolution ist somit nicht als Teil eines Change Managements anzusehen.[100] Wird jedoch in diesen Prozeß planend und steuernd, z.B. mit Hilfe von Visionen, Kulturwandel usw., eingegriffen, soll eine solcherart "geplante Evolution" ebenso als Change- oder Veränderungskonzept betrachtet werden wie "von oben" verordnete "Revolutionen".[101] Implementierung trägt nun insoweit etwas zur Verwirklichung von Konzepten bei, als sie normalerweise einzelne Bestandteile eines Change-Konzepts durch den bereits beschriebenen Anpassungsprozeß von Kontext und Konzept in einem Unternehmensbereich einführt.

Reiß weist zwar darauf hin, daß Implementierung in der Regel eher mit kleineren Veränderungen in Verbindung gebracht wird[102], was allerdings die Bedeutung des Implementierungsansatzes für die Umsetzung globaler Veränderungskonzepte in keiner Weise schmälert, da der globale Wandel nur durch konkrete, lokale Teilprojekte und deren Implementierung gemeistert werden kann.[103] Wenn daher im weiteren Verlauf der Arbeit auf das zu implementierende Konzept Bezug genommen wird, liegen zwar den Ausführungen regelmäßig teils implizit, teils explizit globale Veränderungskonzepte (Change-Konzepte) zugrunde, ohne daß dies jedoch einen Ausschluß lokal begrenzter Veränderungsprojekte implizieren soll.[104]

Durch die Planung eines Veränderungskonzepts ergibt sich der Abstimmungs- bzw. Anpassungsbedarf zwischen Konzept und Kontext und damit der Implementierungsbedarf. Etwas

---

98 Diese sollen auch als Restrukturierungen oder Reorganisationen bezeichnet werden, vgl. z.B. die fast identische Definition von "Reorganisation" als umfassende, tiefgreifende Veränderung bei Gabele (1992), Sp. 2197 ff.
99 Gestaltung bedeutet für Evolutionstheoretiker zunächst nur Variation, bis die Auslese durch die Umwelt schließlich über den Erfolg der Variation entscheidet; vgl. Kieser (1995), S. 238.
100 Im Gegenteil: Solche Programme "unterbrechen die kontinuierliche Entwicklung bzw. Evolution des Unternehmens.", Gabele (1992), Sp. 2197
101 vgl. Reiß (1995a), S. 292 f.
102 vgl. ebenda, S. 293
103 vgl. ebenda
104 Durch die Umsetzung globaler Konzepte in lokalen Teilprojekten handelt es sich bei ersteren um die für unsere Zwecke generischeren, weiter gefaßten Veränderungen, welche die lokalen Projekte mit einschließen.

differenzierter analysiert, haben folgende Konzeptparameter Einfluß auf den Implementierungsbedarf:[105]

- Breite der Veränderung: Ausgehend von der Interpretation der Implementierung als Gestaltung einer Infrastruktur, nimmt die Breite einer Veränderung mit der Zahl der anzupassen-
  den Infrastruktursektoren (z.B. Strategieinfrastruktur, Personalinfrastruktur, Verteilungs-
  und Koordinationsinfrastruktur, vgl. Abb. I.2-5) zu und mit ihr auch der Implementierungsbedarf.

- Weite der Veränderung: Je mehr Werke, Unternehmens- oder Funktionsbereiche betroffen
  sind (bis hin zu unternehmungsübergreifenden Veränderungen), desto größer der Implementierungsbedarf.

- Tiefe der Veränderung: Mit dem "Misfit" von geplantem Konzept und vorgefundenem
  Kontext steigt der Implementierungsbedarf.

- Rigidität von Konzept und Kontext: Je weniger flexibel das Konzept (z.B. durch rigide
  Detailplanung statt flexibler Rahmenplanung) bzw. der Kontext ist (z.B. durch geringe
  Veränderungsbereitschaft der Mitarbeiter oder nur starr einsetzbare Produktionsanlagen),
  um so größer ist der Implementierungsbedarf.

- Geschwindigkeit: Je schneller die Anpassung von Kontext und Konzept vollzogen sein
  muß, um so größer sind die Herausforderungen an die Implementierung.

Wie konkret nun diesem Implementierungsbedarf begegnet werden muß, dazu geben die gängigen Change Management-Konzepte unterschiedlich detaillierte Hinweise.[106] Während einige sich fast ausschließlich auf das "Was" der Veränderungen konzentrieren[107], richten andere
ihren Fokus darauf aus, eine Infrastruktur für Veränderung zu schaffen und damit Implementierungen von Change-Ansätzen zu erleichtern (vgl. Abb. I.2-6).

Für die Implementierung bedeutet dies, daß für die Konzepte unterhalb der Winkelhalbieren-
den in Abb. I.2-6 konkret Akzeptanz für das entsprechende Konzept geschaffen werden muß,
während mit der Implementierung der oberhalb liegenden Ansätze ein dauerhaftes Verände-
rungspotential des Kontexts geschaffen werden kann.

---

105 vgl. Reiß (1997b), S. 18 f. oder Reiß (1995a), S. 295; vgl. im Grundsatz auch die Parameter bei
    Gabele (1992), Sp. 2197
106 vgl. Kieser (1997), S. 85 f., der bei aktuellen Managementkonzepten und deren "Erfindern" generell kaum
    Anhaltspunkte für die Implementierung findet.
107 Dies bezieht sich auf die "Basisliteratur" der Konzepte, d.h. die ersten oder standardsetzenden Quellen für
    ein Konzept. Im Laufe der Zeit erfahren alle Ansätze eine Konkretisierung auch im Hinblick auf deren Im-
    plementierung in einzelnen Unternehmen. Es handelt sich bei solchen Spezifizierungen also nicht mehr um
    originäre Konzeptinhalte, sondern bereits um das Einbringen von Erfahrungswissen im Einsatz der Change-
    Ansätze.

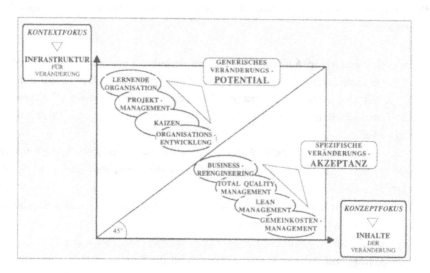

Abb. I.2-6: Konzept- und kontextfokussierte Veränderungskonzepte[108]

Das **Gemeinkostenmanagement** stellt die Effizienz von Prozessen vor allem der indirekten Bereiche in den Mittelpunkt der Veränderungsbemühungen.[109] Verbesserungen sollen durch die Beseitigung nicht notwendiger Aufgaben, durch das Ausschöpfen von Leistungsreserven sowie durch die Reduktion der unverzichtbaren Aufgaben auf ein notwendiges Maß realisiert werden.[110] Ansatzpunkte zur Akzeptanzschaffung werden nur rudimentär gegeben.[111]

Das **Lean Management**-Konzept vereinigt ganzheitlich mehrere Ansatzpunkte zur Vermeidung von Verschwendung und damit zur Steigerung der Kosten- und Zeiteffizienz von Prozessen. Zu diesen Ansatzpunkten gehören Gruppenarbeit, Dezentralisation, Unternehmertum, Zuliefererintegration und Kontinuierlicher Verbesserungsprozeß.[112] Mit Ausnahme dieses

---

108 vgl. Reiß (1997b), S. 23
109 vgl. z.B. Jehle (1992), S. 1516 ff.
110 vgl. Gramoll/Lisson (1989), S. 2
111 vgl. z.B. Huber (1987), S. 257 - 260. In der DIN-Norm 69910 folgt auf den Grundschritt 5 "Lösungen fest-
     legen" unmittelbar der Grundschritt 6 "Lösungen verwirklichen", der die Realisation und deren Überwa-
     chung zur Aufgabe hat. Vgl. auch Meyer-Piening (1990), S. 16, der in seinem Stufenprozeß des Zero Base
     Planning keine Implementierungsphase vorsieht, sondern ebenfalls von einer unmittelbaren Realisierung der
     einmal getroffenen Entscheidungen ausgeht.
112 vgl. Reiß (1997a), S. 48 ff.; Zeyer (1996), S. 51 ff.; Reiß (1992b), S. 57 ff; Corsten/Will (Hrsg., 1993)

letzten Bausteins werden implementierungsspezifische Fragestellungen ebenfalls nicht thematisiert.[113]

Das **Total Quality Management** stellt den Kundennutzen in den Mittelpunkt seiner Philosophie und verankert hierzu den Qualitätsgedanken flächendeckend für alle Prozesse in einer Unternehmung.[114] Ansatzpunkte für die Implementierung werden zwar gegeben, die konkrete Ausgestaltung von Moderatorentrainings oder Auditoren-Schulungen bleibt jedoch etwas vage.[115]

Das **Business Process Reengineering** sucht Quantensprünge in der Unternehmungsperformance durch eine radikale Neugestaltung der Kernprozesse einer Unternehmung.[116] Hinweise zur Ausgestaltung der Reengineering-Projektstruktur werden gegeben. Der Umsetzungsprozeß bleibt jedoch sehr allgemein.[117]

Die **Organisationsentwicklung** ist ein "Klassiker" unter den Veränderungsprozessen[118], bei dem langfristig durch direkte Mitwirkung aller Betroffenen ein Entwicklungs- und Veränderungsprozeß umgesetzt wird, der zu einer gleichzeitigen Verbesserung der Leistungsfähigkeit der Unternehmung und der Qualität des Arbeitslebens führen soll.[119] Die Umsetzung dieses Ansatzes ist bereits ein großer Teil des Wandels[120], so daß Konzept und Implementierung große Überschneidungen aufweisen.

Kaizen oder Kontinuierlicher Verbesserungsprozeß hat letztendlich die Implementierung der stetigen Suche nach Verbesserungsmöglichkeiten und deren Realisierung zum Inhalt.[121] Es

---

113 vgl. z.B. im deutschsprachigen Bereich Pfeiffer/Weiß (1994), S. 256 ff. oder Bösenberg/Metzen (1995), S. 245 ff., die jeweils nur auf wenigen Seiten einige Implementierungsfragen ansprechen. Implementierungsanregungen kommen daher erst nach dem Einsatz in der Praxis, so z.B. die Änderungen im Trainingsprogramm nach der Einführung des Lean-Ansatzes bei *Opel* in Eisenach, vgl. Hemmie/Dionisus (1994), S. 80

114 vgl. Reiß (1997a), S. 59 ff.; Frehr (1994), Zink (1994)

115 vgl. z.B. Oakland (1995). Zink (1995), S. 888 ff. gibt hingegen schon recht konkrete Implementierungshinweise.

116 vgl. Reiß (1997a), S. 34; Hammer/Champy (1993); Hammer/Stanton (1995); Morris/Brandon (1994)

117 vgl. z.B. exemplarisch Farrell (1994), wo trotz "Implementing" im Titel äußerst dürftige Hinweise dazu gegeben werden. Ähnlich jedoch auch Hammer/Champy (1993), S. 190 ff.; Harrington (1991); Davenport (1994). Vgl. hierzu auch ironisch Kieser (1997), S. 85

118 vgl. Beckhard (1969); Bennis (1969); Huse/Beer (1971); French/Bell (1978)

119 vgl. GOE (1980) sowie Cummings/Huse (1989); Einsiedler/Streich (1995), S. 101 ff.

120 vgl. Comelli (1995), der den Prozeßfokus der Organisationsentwicklung hervorhebt (S. 597).

121 vgl. Imai (1994); Shingo (1993) oder als Praxisbeispiel Hinkel (1993), der den *CIP* (Continuous Improvement) Process bei *Bosch* beschreibt. Kaizen wird oftmals als Bestandteil eines TQM- oder auch Lean Management-Ansatzes verstanden. Für die in Abb. I.2-6 dargestellte Konzeptanalyse wurde der Kaizen-Baustein aus diesen Ansätzen herausgelöst, weil er als einziger als veränderungsumsetzend bezeichnet werden kann.

kommt durch die Implementierung bereits zu (schrittweisen) Veränderungen in der Unternehmung.

Projektmanagement und **Lernorganisation** werden in Teil III dieser Arbeit als Implementierungsinstrumente behandelt. Gerade für die Lernorganisation ist der Weg in ausgeprägter Weise das Ziel. Schließlich steht am Ende keine neue Soll-Organisation, sondern ähnlich dem Kaizen-Prinzip die ständige Wissensgenerierung und -akquisition, der permanente Wissenstransfer und die Wissensumsetzung in Verhaltensänderungen aller Organisationsmitglieder.[122] Radikale oder inkrementale Anpassungsprozesse werden zukünftig im Idealfall ohne oder mit nur geringen Implementierungsanstrengungen umgesetzt. Die "Initial-Implementierung" einer Lernorganisation ist jedoch eine in besonderem Maße komplexe, kosten- und zeitaufwendige Aufgabe.[123]

Zusammenfassend kann festgehalten werden, daß die Art des umzusetzenden Konzepts dessen Implementierung in unterschiedlichem Maße beeinflußt. Im Extremfall handelt es sich beim Veränderungskonzept um eine Bedingungsgröße für die Implementierung, die nicht mehr "zur Disposition steht" (vgl. Kapitel II.2). Die Vermutung, daß es beim Management von Veränderungen letztendlich nur auf die Implementierungsarbeit ankommt[124], das zu implementierende Konzept folglich zweitrangig oder gar belanglos wäre, muß als überzeichnet gewertet werden. Selbst wenn die Ergebnisse unterschiedlicher Veränderungskonzepte keine großen Differenzen zwischen den Change-Ansätzen aufweisen[125], so sind die Differenzen in den erforderlichen Implementierungsprozessen und deren Kosten- und Zeitbedarfe in jedem Fall erheblich.

---

122 vgl. z.B. Senge (1997), S. 284 ff.; Garvin (1993); Nonaka (1992); Sattelberger (Hrsg., 1996); Hedberg (1981)

123 vgl. auch AK Organisation der Schmalenbach-Gesellschaft/Deutsche Gesellschaft für Betriebswirtschaft e.V. (1996), S. 655. Einige der darin vertretenen Firmen sprechen von sich über Jahrzehnte erstreckenden Prozessen des Versuchs und Irrtums (vgl. ebenda).

124 vgl. Nippa (1997), S. 45 ff.

125 vgl. ebenda

I.3   CONTROLLINGBEDARFE IN IMPLEMENTIERUNGSPROZESSEN UND KONZEPTUALISIERUNG EINES IMPLEMENTIERUNGSCONTROLLING

I.3.1   Implementierungsziele und Optimierungsprobleme

Optimierungsprobleme, die im Rahmen von Implementierungsprozessen auftauchen und mit Hilfe von Controlling-Ansätzen und -instrumenten transparenter und greifbarer gemacht und schließlich unter Kenntnis eines spezifischen Zielsystems gelöst werden können, stellen die originäre Begründung für ein Implementierungscontrolling dar. Daneben kann es bei Bedarf auch als Instrument zur Rechenschaftslegung über bereits abgeschlossene Implementierungsprojekte dienen.

Das grundlegendste Optimierungsproblem ist der Gegensatz von Effektivität und Effizienz in der Implementierungsarbeit. So ist z.B. die Implementierung von Gruppenarbeit in neuen Werken vergleichsweise einfach, und damit effizient zu bewerkstelligen, während unter Effektivitätsgesichtspunkten der Einsatz in den festgefahrenen Strukturen eines alten Werkes weitaus ratsamer wäre. Damit stellt sich auch die Frage nach den Effektivitäts- und Effizienzzielen für die Implementierung.

Bei einem engen Implementierungsverständnis, das lediglich die Umsetzung eines zuvor festgelegten Konzepts beinhaltet, beschränkt sich Effektivität im wesentlichen auf die Erzielung von **Akzeptanz** für das zu implementierende Konzept bei den Betroffenen bzw. auf die Schaffung eines "Fit" mit den betroffenen Ressourcen, Programmen und Strukturen. Bei einem breiteren Verständnis von Implementierung, das dieser Arbeit zugrunde liegt, ist es deren phasenunabhängige Aufgabe, zur Erfüllung der Konzeptziele beizutragen, indem die Implementierungsanforderungen bereits (ansatzweise) in die Konzepterstellung eingehen, und so die Ergebnisse später leichter umgesetzt werden können. Damit weitet sich das Spektrum der Effektivitätsziele der Implementierung auf Innovativität und Qualität aus. **Innovativität** soll ausdrücken, daß durch neuartige Verfahren der Implementierung ein Zusatznutzen für den Veränderungsprozeß möglich ist. Die Implementierung kann bspw. so geplant werden, daß in einem ersten Schritt nur generisches Sozial- und Methoden-Know how an die Mitarbeiter vermittelt, und damit zunächst kulturelle Veränderungen, wie die Fähigkeit, in Teams zusammenarbeiten zu können, implementiert werden. Die Vermittlung von zusätzlichem Fachwissen stellt erst den zweiten Schritt dar. So erhält man sich die Möglichkeiten, den Veränderungsprozeß selbst zu verändern. Selbst bei erforderlichen Modifikationen am Konzept, z.B. durch unerwartete Marktgegebenheiten oder neue Maßgaben aus der Konzernzentrale, kann dann auf der alten Implementierungsarbeit aufgesetzt werden und so das modifizierte Konzept schneller implementiert werden (vgl. Kap. III.1.6 zum Konzeptslack). Hierzu ist es allerdings erforderlich, daß Implementierungsüberlegungen bereits in die Konzepterstellung einfließen, damit auf diese Weise innovative Implementierungsformen im Veränderungsmanagement zum Einsatz kommen.

Mit der **Qualität** der Implementierung, dem dritten Effektivitätsziel neben Akzeptanz und Innovativität, wird darauf hingewiesen, daß die frühe Einbeziehung des Implementierungsmanagements dazu führt, daß das Erreichen der Konzeptziele auch zur Zielgröße der Implementierung wird. Unter Qualität der Umsetzung soll daher im folgenden der Erreichungsgrad der Konzeptziele verstanden werden, wie z.B. die Verkürzung von Durchlaufzeiten, die Senkung von Lagerbeständen, der Abbau der Personalkosten oder auch die Verbesserung der Produkt- oder Prozeßqualität. Da es sich bei der Zielgröße "Qualität der Implementierung" und - in abgeschwächter Form - auch bei "Innovativität" um unternehmensspezifisch zu konkretisierende Zielsetzungen handelt (und darüber hinaus der Umfang der folgenden Ausführungen nicht "ausufern" soll), wird das Effektivitätsziel "Akzeptanz der Betroffenen" im Zentrum der Arbeit stehen, was die beiden anderen Effektivitätsziele aber ausdrücklich nicht ausschließt.

Die **Effizienz** der Implementierung wird anhand der beiden Zielgrößen "Zeit" und "Kosten" gemessen. Auch zwischen diesen beiden Größen bestehen oftmals Optimierungsbedarfe, wie sie z.B. aus der Logistik bekannt sind, wo den Vorteilen einer schnellen Kundenbelieferung die Kostennachteile eines Lagers gegenüberstehen. Für die Implementierung läßt sich ein solches Spannungsfeld für die Frage der Vorgehensweise erkennen. Einerseits verursachen zeitlich schnell ablaufende Projekte höhere Kosten, andererseits kann eine bewußt kostengünstig geplante Implementierung, bei der das Tagesgeschäft Vorrang hat, schnell zur "unendlichen Geschichte" werden oder ganz "versanden".[126]

Schließlich muß die dem Konzept und den Implementierungsmaßnahmen inhärente **Flexibilität** in die Optimierungsüberlegungen integriert werden. Kurzfristig kostengünstigere Konzepte können sich auf längere Sicht als unwirtschaftlich erweisen, wenn ihre Inflexibilität keine Anpassung an veränderte Rahmenbedingungen zuläßt. Investitionen mit dem Ziel der Implementierung einer Lernorganisation stellen sich oftmals nur durch die Berücksichtigung der damit verbundenen Flexibilität vorteilhaft dar.

Das Implementierungscontrolling muß daher die möglichen Effekte einzelner Implementierungsmaßnahmen auf die verschiedenen Zielgrößen darstellen und bewerten. Die Entschei-

---

126 vgl. Reiß (1995b), S. 281 f.

dung selbst, ob einem effektiveren, aber weniger effizientem Implementierungsinstrument, einem eher zeiteffizienten oder kosteneffizienten Verfahren der Vorzug zu geben ist, soll nicht mehr Teil des Implementierungscontrolling sein, sondern muß die Aufgabe der zuständigen Entscheidungsinstanzen, wie z.b. des Lenkungsgremiums oder der Geschäftsführung sein.

Die im folgenden anzusprechenden Optimierungsprobleme im Rahmen von Restrukturierungsprozessen sollen einen ersten Eindruck von den Herausforderungen geben, denen sich ein Implementierungscontrolling stellen muß. Sie orientieren sich an den bereits dargestellten Strategien und Instrumenten der Implementierung. Im Teil III werden die einzelnen Optimierungsprobleme aufgegriffen und die Unterstützungsmöglichkeiten durch ein Implementierungscontrolling aufgezeigt.

Hinsichtlich der **Organisation** des Implementierungsprozesses stellt sich das Entscheidungsproblem, wie z.b. die Projektorganisation möglichst effektiv und effizient gestaltet werden kann. Verschiedene Formen der Projektorganisation unterscheiden sich beträchtlich in ihren Kostenstrukturen. Die autonome Projektorganisation zeichnet sich durch einen geringen Teil an Gemeinkosten aus und läßt sich aus diesem Grund leichter ergebnisabhängig steuern. Gleichzeitig ist aber mit einer Zunahme an Fixkosten zu rechnen, die zu Lasten der Einsatzflexibilität dieser Organisationsform geht. Durch die Integration der Projektarbeit in die bestehende Linienorganisation ("linienintegrierte Projektorganisation") wird dem Effektivitätsziel "Akzeptanz" am besten Rechnung getragen. Die Überlastung der Beteiligten durch gleichzeitige Tages- und Projektarbeit kann aber zu stressbedingten Ineffizienzen führen und gleichzeitig zu Lasten der Projektziele (z.B. durch halbherzige Umsetzung des zu implementierenden Konzepts) gehen.[127] Schließlich muß auch die Möglichkeit in Erwägung gezogen werden, eine permanente Lernorganisation in der Unternehmung zu etablieren, um damit die bei jedem Implementierungsprozeß wiederkehrende Einrichtung einer Projektorganisation zu vermeiden. Dem steht allerdings hohe Einmalaufwendungen für die Installation einer Lernorganisation gegenüber, die durch den häufig hohen Veränderungsbedarf im Bereich der Unternehmungskultur und des sozialen und methodischen Know how der Mitarbeiter bedingt sind.

Damit eng verknüpft ergibt sich das Optimierungsproblem "**Lernprozesse** in der Implementierung". Im Rahmen der Implementierung können unterschiedliche Formen des Lernens eingesetzt werden.[128] Während das Imitieren eines Konzepts oder einer Vorgehensweise ("Lernen am Modell") als besonders effizient einzuschätzen ist, weil aus den Fehlern des Pioniers kostenlos gelernt werden kann, ist die Lerneffektivität dieser Methode als vergleichsweise gering einzustufen. Zum einen fehlen die lernpsychologisch wichtigen Erfahrungen und Folgerungen,

---

127 vgl. Reiß/Grimmeisen (1996), S. 50; Grimmeisen (1995a), S. 292; Reiß (1995b), S. 280 f.
128 vgl. Reiß (1995b), S. 279 f.; Reiß (1997d), S. 125

die man aus selbst gemachten Fehlern zieht (Lerneffektivität), zum anderen paßt in der Regel das imitierte Objekt nicht vollständig zur betrachteten Unternehmung, so daß z.B. bei der Imitation des *Toyota Production System* in einem Automobilunternehmen nicht von vergleichbaren Erfolgen ausgegangen werden kann wie bei *Toyota*. Auch die Akzeptanz von solchen Übertragungen bei den Mitarbeitern ist im Vergleich zu anderen Lernformen geringer einzuschätzen. Das Gegenstück hierzu mit einer relativ hohen Effektivität, aber einer geringeren Effizienz ist das Lernen durch Tun. Aufbauend auf dem Versuch- und Irrtum-Prinzip ist es sowohl hinsichtlich der Zeit- als auch der Kosteneffizienz anderen Lernformen unterlegen. "Dagegen bildet die hohe Unternehmensspezifität der Praxiserfahrungen die Stärke dieses Lerntyps, die zugleich für die hochgradige Akzeptanz der Lernergebnisse sorgen kann."[129] Zwischen diesen beiden Extremformen liegt das Prototyping ("Lernen durch Testen") und das Simulieren von Veränderungen und Implementierungen ("Lernen im Modell"). Sie nehmen auch bezüglich der Zielkriterien Mittelstellungen ein (vgl. ausführlich Kap. III.1.2).

Marketing-Aktivitäten im Rahmen von Implementierungsprozessen haben in den meisten Unternehmen Tradition. Von der Telefon-Hotline bei Mitarbeiterfragen und -sorgen im Zusammenhang mit der Implementierung über Sonderausgaben von Mitarbeiterzeitschriften bis hin zu einer möglichst akzeptanzschaffenden "Verpackung" der Implementierung (wohlklingender Name, Maskottchen usw.) sowie dem Abschluß von Gegengeschäften mit negativ betroffenen Mitarbeitern (Besitzstandswahrung gegen Toleranz der Implementierung) reicht das Spektrum der angewandten Marketing-Aktivitäten. Ähnlich der klassischen Werbeanalyse sollten auch bei dieser Form des internen Marketing die einzelnen Maßnahmen auf ihre Werbewirksamkeit untersucht sowie hinsichtlich Effektivität und Effizienz miteinander verglichen werden. Die Abstimmung der einzelnen Maßnahmen zu einem stimmigen Marketing-Mix für Implementierungsprozesse erweist sich damit als ein äußerst komplexer Optimierungsvorgang, der durch das Implementierungscontrolling geleistet werden muß.

Ebenfalls ein "Klassiker" bei der Gestaltung von Implementierung ist die **Partizipation** der von der Implementierung betroffenen Mitarbeiter. Eine Kurzfristbetrachtung wäre es, wenn Partizipation mit geringer Effizienz gleichgesetzt würde, weil die zusätzlichen Abstimmprozesse mit den Mitarbeitern über das gesetzlich vorgeschriebene Maß hinaus zu weiteren Kosten und zu Verzögerungen in der Umsetzung führen. Oftmals beschleunigt die Partizipation sogar die Implementierung, weil das Commitment der Betroffenen in frühen Phasen der Konzepterstellung zu einer vereinfachten und schnelleren Implementierung führt.[130] Auf der anderen Seite bedeutet ein Mehr an Partizipation nicht automatisch eine bessere Qualität in der Erreichung der Konzeptziele und u.U. noch nicht einmal eine höhere Akzeptanz bei den Be-

---

129 Reiß (1995b), S. 279
130 vgl. Grimmeisen (1995a), S. 292

troffenen.[131] Es muß daher im Sinne einer Optimierung eine mehrfache Differenzierung des Partizipationsphänomens vorgenommen werden, um die jeweiligen Auswirkungen auf das Zielsystem der Implementierung überprüfen und die auch unter Wirtschaftlichkeitsgesichtspunkten optimale Partizipationskonfiguration bestimmen zu können (vgl. Kap. III 1.3).

Viele der Unternehmen greifen in Veränderungsprozessen auf die **Unterstützung von Beratern** zurück. Das mögliche Spektrum reicht dabei von Gutachtern bis zu den Gesamtprozeß begleitenden Moderatoren, die jeweils unternehmensintern oder -extern rekrutiert werden können. Das Streben nach Kosteneffizienz drückt sich in diesem Optimierungsfeld nicht zuletzt als Variation der Make or Buy-Problematik aus, so daß z.B. auch Transaktionskostenüberlegungen in den Entscheidungsprozeß Eingang finden müssen. Die Effektivität von interner und externer Beratung muß hingegen vor den spezifischen Zielkriterien gewertet werden. Externe bringen häufig die innovativeren Ideen in den Implementierungsprozeß ein, während in manchen Fällen die Internen über eine höhere Akzeptanz verfügen, weil sie mit den Unternehmensspezifika vertraut sind. In anderen Fällen stoßen interne Berater auf besonders großen Widerstand, weil ihnen keine Unparteilichkeit zugetraut wird. Ergebnis dieser Spannungsfelder sind des öfteren Kombinationen von internen und externen Beratern[132], die ihrerseits wieder unter Wirtschaftlichkeitsgesichtspunkten konfiguriert werden müssen (vgl. Kap. III.1.5).

Ein roter Faden durch fast alle Optimierungsfelder, in denen das Implementierungscontrolling agieren muß, ist der Gegensatz von **Standardisierung vs. Spezifizierung** oder Individualisierung[133] von Implementierung bzw. einzelnen Implementierungsinstrumenten, seien es nun vorhandene Informationskanäle vs. neu einzurichtende Medien oder standardisierte (gesetzlich exakt geregelte) Formen des Personalabbaus vs. innovative Strategien zur Personalanpassung. Dabei sind jedoch nicht immer die standardisierten Module die effizienten und die spezifischen Module die effektiven. Bei der Anwendung einer dynamischen Betrachtungsweise (z.B. durch die Lebenszykluskostenanalyse) können solcherart Kurzschlußüberlegungen vermieden werden. Genau dies ist Aufgabe des Implementierungscontrolling zur Optimierung von Implementierungsprozessen.

Das folgende kurze Fallbeispiel *"Lufthansa"* beschreibt, wie eine Projektstruktur zur Implementierung von bereits konzipierten Sanierungsmaßnahmen in diesem Unternehmen aussah. Daraus lassen sich leicht einige Hinweise ableiten, welche Optimierungsfragen durch ein Implementierungscontrolling zu unterstützen sind. In den eckigen Klammern werden manche der bereits erwähnten Problemfelder genannt.

---

131 vgl. Hill/Fehlbaum/Ulrich (1992), S. 481
132 vgl. Grimmeisen (1995a), S. 292
133 bezogen auf eine einzelne Unternehmung oder den einzelnen Unternehmungsteil

Fallbeispiel Lufthansa[134]

Im Rahmen des Turnaround der *Lufthansa* in den Jahren 1992 bis 1995 mußte in einem ersten Schritt die Sanierung des Unternehmens mit Kosteneinsparungen von über 600 Millionen DM bei gleichzeitigen Erlössteigerungen angegangen werden. Der Vorstand wählte hierzu ein Sanierungsteam aus, das aus 18 Mitarbeitern bestand und dessen Aufgabe die Steuerung und Umsetzung der Maßnahmen zur Ertragssteigerung waren (vgl. Abb. I.3-1). Der Gruppenumfang stellte sich schnell als zu groß heraus, da mit einer Sitzungsfrequenz von 2 Wochen das Team praktisch handlungsunfähig war [Ausgestaltung der Implementierungsorganisation; hier konkret der Umfang der Basisstruktur eines Projekts; Kap. III.1.4]. An eine Erhöhung der Sitzungsfrequenz war jedoch nicht zu denken, da die Angehörigen des Sanierungsteams ausnahmslos Angehörige des Top Managements waren. Externe Berater empfahlen daher, ein weiteres Team von 3-5 Personen ins Leben zu rufen, die nun allerdings "full-time" für die Umsetzung der Maßnahmen arbeiten sollten.

Ebenfalls hochrangig mit Führungskräften der Linie sowie je einem internen und externen Berater ausgestattet [Ausmaß und Form der Beratungsunterstützung; Kap. III.1.5], verstand sich das sog. OPS-Team zunächst als Steuerungsausschuß des Sanierungsteams (Sitzungsvorbereitung, Moderation, Vorschläge für weitere Einsparungen, Umsetzungsarbeit). Das Sanierungsteam entwickelte sich mit der Zeit zu einem Gremium, das in erster Linie für die Aufrechterhaltung des Commitment der obersten Führungsebene zu sorgen hatte (Suprastruktur, vgl. Abb. I.3-1).

Die Aufgabe der Strukturgruppen war die Sicherstellung der Mitarbeiterpartizipation im gesamten Veränderungsprozeß. Dazu wurden die Gruppen paritätisch mit je drei von den Gewerkschaften benannten Mitarbeitern und einer gleichen Anzahl von Vertretern des Managements besetzt [Art und Ausmaß der Mitarbeiterpartizipation; Kap. III.1.3]. Für jedes Vorstandsressort wurde eine Strukturgruppe eingerichtet, die vom Management über die ressortspezifischen Sanierungsmaßnahmen informiert wurde und selbst beratende Funktion hatte. Allerdings fungierten die Strukturgruppen nicht als Mitbestimmungsinstrument, da weder das Management noch der Betriebsrat bereit waren, mitbestimmungsrelevante Fragen an sie zu delegieren. Die Strukturgruppen sahen sich in erster Linie als Beratungsgremium und Ideenlieferant. Durch diese Art der Partizipation wurde bei den Gruppenmitgliedern Akzeptanz für die Sanierungsmaßnahmen erreicht und so versucht, einen Multiplikatoreffekt innerhalb der Gesamtbelegschaft zu erzielen [Diffusion der Akzeptanz im Rahmen des Implementierungsmarketing; Kap. III.1.1].

---

134 vgl. im folgenden Mölleney/Beck/Grimmeisen (1995), S. 7 ff.

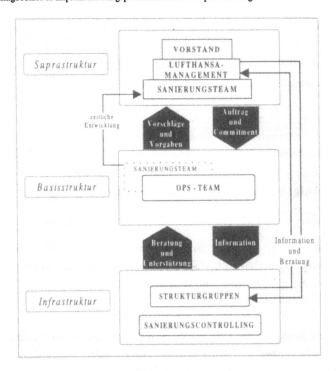

Abb. I.3-1: Projektstruktur während des "Turnaround" bei Lufthansa[135]

Zur effizienten Abwicklung der Sanierung, vor allem aber zur Steuerung der Personalab-baumaßnahmen, stand dem OPS-Team ein institutionalisiertes Sanierungscontrolling zur Seite. Die Kosten für den geplanten Beschäftigungsabbau wurden zu Beginn der Maßnah-men auf 270 Millionen DM budgetiert. Dabei handelte es sich z.B. um Abfindungszahlun-gen an "freiwillig" ausscheidende Mitarbeiter oder Kosten für Frühpensionierungen [optimale Formen der Personalanpassung im Rahmen der Implementierung; Kap. III.2]. In diesem Zusammenhang ließ das *Lufthansa*-Management keinen Zweifel daran, daß bei Ab-lehnung der Abfindungsangebote betriebsbedingte Kündigungen erforderlich gewesen wä-ren. Das Sanierungscontrolling mußte die Einhaltung des Abbaubudgets überwachen und Daten zum Stand der Abbaubemühungen liefern. Dazu wurde für die Ressortverantwortli-chen ein monatlicher 20-Seiten-Personalbericht erstellt, der folgende Informationen und Kennzahlen enthielt:

---

135 Mölleney/Beck/Grimmeisen (1995), S. 8; in Anlehnung an Reiß (1993c), S. 118; Reiß/Grimmeisen (1994), S. 318

- Personalabbau nach Gründen sowie der dafür erforderliche Abfindungsaufwand
- Entwicklung der Neueinstellungen (z.B. Rückkehrer aus dem Sonderurlaub)
- Entwicklung der Beendigung von Arbeitsverhältnissen
- Entwicklung der Beschäftigung und Grundvergütung

Dieses Controlling der Sanierungsmaßnahmen wurde vom Konzerncontrolling als zusätzliche Aufgabe übernommen und war durch den Leiter dieser Abteilung im Sanierungsteam vertreten, und somit in die Projektstruktur integriert.

I.3.2 Aufgaben des Implementierungscontrolling und Controllingkonzeption

Aus dem Globalziel der wirtschaftlichkeitsbasierten Optimierung von Implementierungsprozessen müssen konkrete Funktionen des Implementierungscontrolling ableitbar sein. Dabei ist es von Bedeutung, welches Controllingverständnis dem Ansatz zugrunde liegt, weil darauf die auszuübenden Funktionen beruhen.

Küpper unterscheidet auf der Basis einer Synopsis deutschsprachiger Controllingansätze[136] vier ausreichend abgrenzbare Controlling-Konzeptionen, wobei tendenziell der einzelne Ansatz die jeweils zuvor genannten Ansätze einschließt:

- Gewinnzielorientierte Controlling-Konzeption. Das Controlling muß zur Sicherung der Gewinnerreichung beitragen. Durch die rein quantitative Gewinngröße bleibt das Tätigkeitsgebiet des Controlling aber auf den operativen und taktischen Bereich begrenzt.[137] Durch das Ausklammern strategischer Fragestellungen ist dieser Ansatz für das Implementierungscontrolling zu eng. Schließlich ist der strategische Charakter von radikalen Veränderungsprogrammen, wie "TOP" bei *Siemens* oder "Customer Focus" bei *ABB*, unübersehbar.
- Informationsorientierte Controlling-Konzeption. Controlling wird dabei zu einem zentralen Element der betrieblichen Informationswirtschaft.[138] Die Bereitstellung von Informationen muß auch für das Implementierungscontrolling einen überaus großen Stellenwert besitzen, weil bei einer Vielzahl von Entscheidungsproblemen im Zusammenhang mit Implementierung diejenigen Informationen, die bei Routineentscheidungen jederzeit z.B. aus dem Rechnungswesen oder der Betriebsstatistik abgerufen werden können, gar nicht vorhanden

---

136 vgl. Küpper (1997), S. 8 ff.
137 vgl. Pfohl/Zettelmeyer (1987), S. 150 ff.
138 vgl. Müller (1974), S. 683

sind und somit erst noch erhoben werden müssen. Würde man das Implementierungscontrolling jedoch ausschließlich mit dieser Funktionen betrauen, würde es als eine Art "Hand-
langer" fungieren, der die Implementierung dokumentiert und den Informationsinput für
Entscheidungsprozesse liefert, ohne allerdings die auswertenden Instrumente (Planungs-
und Kontrollinstrumente) einsetzen zu können.

- Planungs- und kontrollorientierte Konzeption. Zusätzlich zur Informationsversorgung
  kommt bei diesem Ansatz die Koordination der Planungs- und Kontrollsysteme und die
  jeweilige Abstimmung mit dem Informationsversorgungssystem hinzu.[139] Controlling wird
  damit zu einem Konzept, das dadurch Führungsunterstützung leistet, daß es einzelne Führungsteilsysteme untereinander koordiniert.[140]

- Koordinationsorientierte Controlling-Konzeption. Der bislang am weitesten gefaßte Begriff
  dehnt die Koordination und die Führungsunterstützung auf weitere Führungsteilsysteme
  aus.[141] Da damit Controlling aber letztlich mit jeglicher Koordinationstätigkeit im dispositiven System der Unternehmung gleichgesetzt wird, verschwimmen die Konturen des
  Controlling und damit auch des Implementierungscontrolling zu sehr. Außerdem ist Implementierung selbst als Koordinationsprozeß aufzufassen, der Implementierungskonzept
  und -kontext aufeinander abstimmt, so daß ein Implementierungscontrolling quasi gleichzusetzen wäre mit Implementierungsmanagement.

Auf der Basis des hier gewählten **planungs- und kontrollorientierten** Ansatzes heißt die
unmittelbar daraus abzuleitende Grundaufgabe des Implementierungscontrolling "Aufbau
bzw. Modifikation und Sicherstellung der Versorgung von Entscheidungsträgern mit implementierungsrelevanten Informationen". Im Mittelpunkt stehen dabei natürlich die Informationen, die Aufschluß über die Wirtschaftlichkeit von Implementierungsstrategien und -instru-
menten geben oder die zumindest die Basis für entsprechende Analysen legen. Die Informationsversorgung muß dazu vor dem Hintergrund der bereits in der Unternehmung bestehenden
Planungs- und Kontrollsysteme (PuK) (z.B. Budgetierungssystem, Planungskalender, Investitionsrechnungen ...) erfolgen. In manchen Fällen bedarf es darüber hinaus einer Weiterentwicklung dieser PuK-Systeme, um entscheidungsrelevante Informationen liefern zu können
(z.B. Einbeziehung von Lebenszyklusüberlegungen). Generell muß das Implementierungscontrolling allerdings bestrebt sein, ein möglichst hohes Maß an Kompatibilität von vorhandenen PuK-Systemen und dem spezifisch auf die jeweilige Implementierung zugeschnittenen
Informationsversorgungssystem zu erreichen.

---

139 vgl. Horváth (1996), S. 139; Horváth (1978)
140 vgl. Horváth (1996), S. 141
141 vgl. Küpper (1987); S. 99; Küpper/Weber/Zünd (1990), S. 282 ff.; Weber (1995a)

Aus diesem Controllingverständnis heraus lassen sich drei Funktionen konkretisieren, die durch das Implementierungscontrolling erfüllt werden müssen.[142] Das Implementierungscontrolling muß eine deutlich verbesserte **Zielausrichtung** (1) der Implementierung bewirken. Es muß zunächst das Bewußtsein geschaffen werden, daß ein zunehmend bedeutsamer werdendes Teilsystem der Unternehmung, nämlich das Management von Veränderungsprozessen, nur in Ansätzen denselben Planungs-, Kontroll- und Steuerungsinstrumentarien unterworfen wird wie andere Unternehmungsprozesse. In einem zweiten Schritt muß für die Transparenzschaffung von Veränderungs- bzw. Implementierungsprozessen hinsichtlich ihrer Effizienz- und Effektivitätswirkungen gesorgt werden sowie nachfolgend eine konsequente Ausrichtung auf die unternehmungs- und implementierungsspezifischen Zielsysteme erfolgen.

Zusätzlich muß die Unterstützungs- oder **Servicefunktion** (2) betont werden, die das Implementierungscontrolling zu erbringen hat. Es kann dadurch eine eindeutige Abgrenzung von den Entscheidungsträgern in Implementierungsprozessen erfolgen: Implementierungscontroller entscheiden nicht über die Implementierung, wohl aber liefern sie die relevanten Informationen zur Entscheidungsvorbereitung und -unterstützung.

Handelt es sich bei der Implementierung bereits selbst um einen Anpassungsprozeß von Konzept und Kontext, so hat das Implementierungscontrolling darin noch einmal Anpassungsarbeit zu leisten, nämlich die einzelnen Implementierungsstrategien und -maßnahmen ständig gemäß den veränderten Gegebenheiten des Kontexts (Stimmungen der Mitarbeiter, negative Presseinformationen über die Veränderungen, Eingriffe des Aufsichtsrats) zu modifizieren (**Anpassungsfunktion**, (3)). Oftmals können dadurch Anpassungen am Veränderungskonzept verhindert werden, das sonst oft durch Kompromisse an Wirksamkeit verliert.

Aus all den genannten Funktionen und unter Berücksichtigung der zeitlichen Dimension ergeben sich für das Implementierungscontrolling zwei handlungsleitende Aufgabentypen:

Die ex post-orientierte **Dokumentationsaufgabe**, die die Basis für ein implementierungsspezifisches Informationsversorgungssystem darstellt und gleichzeitig die Voraussetzung für Lernprozesse in der Implementierung ist. Ebenso befriedigt sie den Bedarf nach Rechenschaftslegung über ein abgeschlossenes Veränderungsprojekt, wie ihn z.B. bei groß angelegten Change-Programmen der Aufsichtsrat hat oder zumindest haben sollte.

Die für ein entscheidungsorientiertes Implementierungsmanagement jedoch wichtigere Aufgabe ist die ex ante-ausgerichtete **Gestaltungsaufgabe**. Ausgehend von ihr muß das Imple-

---

142 vgl. z.B. Küpper (1997), S. 17 ff.

mentierungscontrolling Aussagen zu geplanten und laufenden Implementierungsprozessen machen und den Entscheidungsgremien fundierte Informationen für die Optimierung der Implementierung liefern. Bei allen Anwendungen des Implementierungscontrolling muß daher immer klar werden, was die jeweils eingesetzten Controllinginstrumente und -methoden im Rahmen der hier vertretenen Controlling-Konzeption zur Erfüllung dieser beiden zentralen Aufgaben beitragen.

I.3.3 Anforderungskriterien an ein Implementierungscontrolling

Es sind im wesentlichen zwei Herausforderungen, denen sich das Implementierungscontrolling stellen muß, wenn es sich als ein sinnvoller und zukunftsweisender Teil des Controllingsystems etablieren will:

- Das Implementierungscontrolling muß die Bedingungen für einen eigenständigen Zweig in der Betriebswirtschaftslehre bzw. innerhalb des Controlling erfüllen.

- Das Implementierungscontrolling muß der Praxis Ideen, Einsichten, Handlungsempfehlungen und Verfahren liefern, die nachvollziehbar, verständlich und realisierbar sind. Mit anderen Worten müssen die Voraussetzungen gegeben sein, damit die Konzeption auf die Akzeptanz der Unternehmungs- bzw. Implementierungspraxis stößt (Modellakzeptanz).[143]

Bezüglich des ersten Punktes muß es sich beim Implementierungscontrolling um eine Konzeption handeln, die als eigenständige Disziplin innerhalb des Controlling bezeichnet werden kann. Dies bedeutet, daß es sich bei dem vorzustellenden Ansatz nicht nur um "alten Wein in neuen Schläuchen" handeln darf, und damit nicht nur lediglich eine Umetikettierung bereits bekannter Ideen erfolgt. Dies könnte z.B. dann der Fall sein, wenn im wesentlichen Erkenntnisse des Projektcontrolling aufgegriffen würden, die dann für einen konkreten Projekttypus, nämlich Projekte zur Implementierung organisationaler Veränderungen, neu dargestellt würden; das Schicksal aller Modewellen wäre dem Implementierungscontrolling in kurzer Zeit beschieden.

Auch eine lediglich systematisierende Funktion des Implementierungscontrolling als "integrativer Ansatz" bereits bekannter Phänomene, Instrumente und Aussagen wäre für eine dauerhafte Etablierung der Konzeption zu wenig, weil kein echter Erkenntnisfortschritt für das Implementierungsmanagement erfolgen würde. Um als wirklich eigenständige Konzeption gelten zu können, muß das Implementierungscontrolling (ähnlich übrigens wie das Controlling selbst

---

143 vgl. hierzu auch den Ansatz des "Decision Calculus", Mazanec (1975), S. 317 ff.; Little (1970), S. 466 ff.

auch) eine eigenständige Problemstellung, eine theoretische Fundierung und die Bewährung in der Praxis aufweisen.[144]

Daß es sich bei den durch das Implementierungscontrolling zu behandelnden Fragen um für Theorie und Praxis zum größten Teil **neue Problemstellungen** handelt, wurde bereits in Kap. I.3.1 dargelegt. Neben Fragen, die sich in der Implementierungspraxis stellen, die aber von der Theorie bislang noch nicht aufgegriffen wurden, gehören dazu auch Optimierungsprobleme, die als solche explizit von der Praxis noch gar nicht gestellt wurden.

Um das Implementierungscontrolling auch **theorieseitig** zu fundieren, dürfen nicht lediglich Beschreibungen von Problemen oder singulären Problemlösungen dargestellt werden. Das erfordert die Nutzung bereits bestehender Kenntnisse auf den Gebieten der Implementierung und des Controlling sowie weiterer Teilgebiete der Betriebswirtschaftslehre. Diese sind auf ihre Adäquanz für das Implementierungscontrolling zu überprüfen und gegebenenfalls auf die Problemstellungen anzuwenden. Gleichzeitig sollen durch das Implementierungscontrolling auch neue Einsichten und damit ein wissenschaftlicher Fortschritt ermöglicht werden. Sonst bedürfte es keiner wissenschaftlichen Beschäftigung mit dieser Thematik.

Die Bewährung des Implementierungscontrolling im betrieblichen Alltag ist bereits ein Teil der Forderung nach **Praxisrelevanz** der Konzeption. Diese setzt voraus, daß es sich bei den behandelten Fragestellungen um Probleme handelt, die in der realen Unternehmungssteuerung von Bedeutung sind, und daß die theoretische Fundierung so stabil ist, daß in ausreichender Form allgemeingültige oder konkrete, situative Aussagen gemacht werden können. Neben möglichen empirischen Belegen der Richtigkeit einzelner Aussagen, die naturgemäß in einem frühen Stadium der Konzeption "Implementierungscontrolling" schwerfallen, müssen auch die modelltheoretischen Anforderungen erfüllt sein, um überhaupt zu praktisch anwendbaren Aussagen zu gelangen. Unter **praktisch anwendbaren Aussagen** wird verstanden, daß diese darüber informieren müssen,

• welche Handlungen zur Lösung eines Problems durchgeführt werden können oder
• welche Handlungen zur Lösung eines Problems durchgeführt werden sollen.[145]

Es muß also von derlei Aussagen geklärt werden, wie ein Sachverhalt oder ein Ziel zu erreichen ist. Darüber hinaus müssen diese Aussagen begründet werden können, sei es theoretisch oder auch empirisch, sofern dies theoretischem Wissen nicht widerspricht.

---

144 vgl. Küpper (1997), S. 4
145 vgl. Nienhüser (1989), S. 44

Praktische Aussagen, wie sie gerade beschrieben wurden, liefern **technologische Modelle**[146] (Technologien[147]) und **Entscheidungsmodelle**[148]. Insofern muß das vorzustellende Konzept eines Implementierungscontrolling quasi zwangsläufig auf dieser Art von komplexen Aussagen aufgebaut werden, wenn es praxisrelevant sein und damit der Zielsetzung dieser Arbeit entsprechen soll. Beide Modellvarianten, die auch als Entscheidungsmodelle im weiteren Sinne verstanden werden, zeichnen sich durch die gleichen Elemente zur Modellkonstruktion aus: Ziele, Bedingungen und Instrumente. Unterschiede zeigen sich jedoch im Konstruktionsverfahren. Technologien haben folgenden generellen Aufbau:

"Soll das Gestaltungsziel Z unter Beachtung der Restriktion R erreicht werden, dann sind die Aktionsparameter A zu beeinflussen."[149]

Solche auch als Hypothesen bezeichneten Aussagen stellen den Kern eines technologischen Modells dar, das zur Lösung eines Problems bzw. zum Erreichen eines Ziels führen soll. Hierfür müssen die Ursachen des Problems (die Einflußfaktoren) ermittelt werden, indem nichtbeeinflußbare Sachverhalte (Bedingungen) und beeinflußbare Sachverhalte (Instrumente) unterschieden werden.[150]

Entscheidungsmodelle, die sich oft in Form von Ergebnismatrizen oder Entscheidungsbäumen darstellen lassen, haben einzelne, unbedingte Aussagen über Ereignisse (Alternativen und Situationen) als zentrale Modellbasis. Die durch Daten spezifizierten Ziele, Bedingungen und Instrumente werden erst zu Ende der Modellkonstruktion über eine Zielfunktion, die Hypothese, verknüpft.

Da beide Modelltypen aber letztlich zu praktischen Aussagen führen, soll keine Einschränkung bzgl. der weiteren Verwendung dieser Modelle getroffen werden, auch wenn, wo möglich, der technologische Ansatz bevorzugt wird, da er durch die explizitere Berücksichtigung der Bedingungen einen "größeren Beitrag zum Entdeckungszusammenhang"[151], eine höhere

---

146 zur Begründung der Relevanz von Technologien bzw. zur Irrelevanz anderer Aussagentypen, vgl. Nienhüser (1989), S. 48 ff.
147 Technologien werden hier als Aussagensysteme auf der Grundlage von Theorien verstanden (vgl. z.B. Radnitzky 1981, S. 61 ff.) und damit unterschiedlich zu den - teilweise umgangssprachlichen - Verwendungen (z.B. Technologie als Synonym für Technik oder als die Lehre von der Technik)
148 vgl. z.B. Reiß (1982), S. 186 f.
149 Grochla (1980), S. 111; ähnlich wird dies auch von anderen Vertretern der Betriebswirtschaftslehre gesehen, wie z.B. Kosiol (1964), S. 743 ff. oder Chmielewicz (1994), S. 11
150 vgl. Nienhüser (1989), S. 46 ff.
151 Reiß (1982), S. 189

praktische Aussagekraft des Implementierungscontrolling, einen robusteren Umgang mit Unsicherheit und schließlich auch eine vereinfachte (Meta-)Implementierung des Implementierungscontrolling verspricht.[152]

I.3.4   Konzeptualisierung des Implementierungscontrolling

In dieser ersten Zusammenfassung wird ein Überblick über das Grundkonzept eines Implementierungscontrolling gegeben. Basierend auf einem Implementierungsbegriff, der die gegenseitige Abstimmung von zu implementierendem Konzept und betroffenem Kontext in den Mittelpunkt stellt, erstreckt sich die Implementierungsarbeit bei Veränderungsprozessen auf eine Vielzahl von Unternehmungssubsystemen. In Abb. I.4-1 sind in der oberen Hälfte einige der für die Implementierung relevantesten Subsysteme dem Programm-, Ressourcen- und Organisationssektor einer Unternehmung zugeordnet.

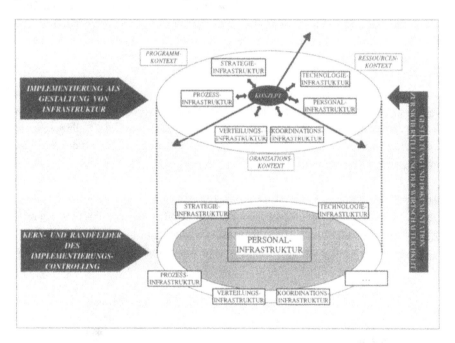

Abb. I.4-1: Gestaltungsfelder der Implementierung und des Implementierungscontrolling

Beispielhaft wurde ein Konzept gewählt, das alle Unternehmungssektoren betrifft, was jedoch programm-, ressourcen- oder organisationsspezifische Veränderungskonzepte nicht aus-

---

152 vgl. zur Begründung dieser Bewertung, Reiß (1982), S. 189 f.

schließt. Andererseits bestehen bei einer Vielzahl von momentan in der Praxis verfolgten Change-Ansätzen immer auch Interdependenzen zu auf den ersten Blick nicht betroffenen Sektoren.

So verlangt das prima vista humanressourcenorientierte Konzept der Gruppenarbeit auch Veränderungen in den Aufbau- und Ablaufstrukturen sowie u.U. Anpassungen in den Produktstrategien, um die mit Gruppenarbeit verbundenen Vorteile ausschöpfen zu können. Darüber hinaus ist zu beachten, daß bei einigen Veränderungskonzepten, Folgen für vor- und nachgelagerte Unternehmungen der Wertschöpfungskette entstehen. In diesem Fall ist auch die Implementierungsaufgabe über die Unternehmungsgrenzen auszudehnen. Da die Implementierung als phasenübergreifende Funktion beschrieben wurde, ist es auch Teil ihrer Aufgabe, die Koordination von Konzept und Kontext nicht nur reaktiv vorzunehmen, sondern bereits im Vorfeld der eigentlichen Umsetzungsarbeit eine Infrastruktur für den Wandel in den Unternehmungssubsystemen zu schaffen.

Das Implementierungscontrolling ist ein Subsystem der Implementierung. Die Aufgabe ist die Sicherstellung der Wirtschaftlichkeit von Implementierungsprozessen, die zu einem großen Teil auch die Wirtschaftlichkeit der gesamten Veränderungsbemühungen determiniert. Hierfür hat sie die Bemühungen zur Gestaltung einer veränderungsfreundlichen Infrastruktur mit Controllinginstrumenten zu unterstützen. Sowohl theoretische als auch empirische Erkenntnisse legen es nahe, den Unterstützungsschwerpunkt auf die Gestaltung der Personalinfrastruktur zu legen (vgl. Abb. I.4-1). Das Controlling von Implementierungsstrategien und -instrumenten, welche die betroffenen Mitarbeiter zur Akzeptanz des Veränderungskonzepts bewegen sollen, stellt somit die Kernaufgabe des Implementierungscontrolling dar. Es wird zu untersuchen sein, welche Controllinginstrumente hierfür zum Einsatz kommen können. Für die in Abb. I.4-1 dargestellten Randgebiete kann oftmals auf bestehende Controllingsysteme zurückgegriffen werden, z.B. auf das Investitionscontrolling zur Entscheidungsunterstützung über implementierungsbedingte Veränderungen bei Maschinen, Anlagen oder Gebäuden.[153]

Ausgehend von einem planungs- und kontrollorientierten Controllingansatz besteht die Aufgabe des Implementierungscontrolling in der Bereitstellung von implementierungsspezifischen Informationen, die mit Hilfe bereits angewandter oder ebenfalls implementierungsspezifisch einzusetzender Planungs- und Kontrollsysteme für die Wirtschaftlichkeit der Implementierung bzw. des gesamten Veränderungsprozesses sorgen. Hierfür ist dem Bereitstellung rungscontrolling eine Dokumentations- und Gestaltungsaufgabe in Implementierungsprozessen zuzuweisen.

---

153 Im folgenden Kap. I.4 ist zu prüfen, ob mit Hilfe des Investitioncontrolling oder anderer ob mite nicht auch die Kernaufgabe des Implementierungscontrolling abgedeckt ist.

I.4   VORHANDENE ANSÄTZE FÜR EIN IMPLEMENTIERUNGSCONTROLLING

Ob die angesprochenen Herausforderungen und Problemstellungen tatsächlich einer eigenen Controllingsparte bedürfen, muß durch Abgleich der herausgearbeiteten Anforderungen an ein Implementierungscontrolling mit der Leistungsfähigkeit bereits bekannter Controllingansätze verglichen werden. Durch diese Art der Konfrontation läßt sich neben dem **Innovationsgehalt** des Implementierungscontrolling auch erkennen, welche konzeptionellen und welche instrumentellen Bestandteile anderer Ansätze in das Implementierungscontrolling Eingang finden können.

I.4.1   Projektcontrolling

Das Projektcontrolling entstand nicht zuletzt durch die bei vielen Projekten geradezu sprichwörtlichen Unwirtschaftlichkeiten, die durch vielfache Budgetüberschreitungen, Verschiebung von Fertigstellungsterminen und - in geringerem Umfang - durch nicht realisierte Leistungsspezifikationen des Projekts gekennzeichnet sind.[154] Zu hohe Kosten, zu lange (manchmal auch zu schnelle) Umsetzungszeiten und teilweise Ernüchterung über die Effekte der implementierten Konzepte charakterisieren auch die Implementierungssituation, so daß neben dem eher trivialen Hinweis, daß jede Implementierung auch ein Projekt darstellt, auch von gemeinsamen Problemstellungen ausgegangen werden kann.

Die wichtigste Gemeinsamkeit stellt jedoch dar, daß der relevante **Betrachtungszeitraum** episoden- und nicht periodenorientiert ist. Dies bedeutet, daß sich das "traditionelle" Controlling an der Einteilung in gleich lange Zeitperioden ausrichtet, die vom betrieblichen Rechnungswesen, als einem der wesentlichen Informationslieferanten des Controlling, nicht zuletzt aus gesetzlichen Gründen vorgegeben wird. Kosteninformationen werden daher einem Geschäftsjahr zugerechnet oder einem bestimmten Monat im Rahmen der kurzfristigen Erfolgsrechnung. Nicht vorgesehen sind jedoch Betrachtungszeiträume, die z.B. je nach Projektdauer unterschiedlich lang sein können und deren Ende nicht mit Bilanzstichtagen u.ä. zusammenfällt.[155] Eine periodengerechte Zuweisung von Projektaufwand und -ertrag löst dabei zwar das Problem des sachgerechten Erfolgsausweises, für die Ermittlung des Projekterfolges handelt es sich bei der Periodisierung aber um keine taugliche Vorgehensweise.[156] Der Fokus auf den

---

154 vgl. Bürgel (1989), S. 5 ff.
155 Dabei wird eine Unternehmung unterstellt, deren "normale" Geschäftstätigkeit nicht in der Abwicklung von Projekten besteht (also keine Großanlagenbauer, Unternehmensberatungen o.ä.), sondern vielmehr z.B. Hersteller von Serienprodukten, die gelegentlich auch Projekte durchführen.
156 vgl. Bürgel (1989), S. 5

gesamten Projektlebenszyklus ist daher ein wesentliches Kennzeichen des Projektcontrolling, das genauso für das Implementierungscontrolling zutreffen muß.

Ein Unterschied zwischen beiden Controllingsparten ergibt sich aber bereits daraus, daß beim Implementierungscontrolling das Steuerungsobjekt (nämlich das Implementierungsprojekt) enger gefaßt ist. Daraus aber zu schließen, daß Ansatz und Instrumentarium des Projektcontrolling lediglich einer Verfeinerung und Konkretisierung bedürften, hieße den bisherigen Projektcontrolling-Ansatz zu überschätzen. Das größte Manko liegt im Fehlen einer klaren strategischen Ausrichtung.[157] Nur selten werden einige strategische Fragestellungen ins Projektcontrolling zu integrieren versucht.[158] Der überwiegende Teil des Ansatzes und daher auch des Instrumentariums befaßt sich mit der Optimierung der operativen Projektsteuerung. Eine hochgradige Überschneidung von Projekt- und Implementierungscontrolling würde sich daher nur dann ergeben, wenn ein enger Implementierungsbegriff (vgl. I.2) gewählt würde, der die reine Durchsetzung eines determinierten Konzepts umfassen würde. In diesem Fall würde es auch für das Implementierungscontrolling fast ausschließlich um das Aufstellen und Verfolgen von Kostenbudgets oder von Meilensteinen gehen sowie um die Überwachung der Einhaltung von Projekt- bzw. Konzeptspezifikationen. Entsprechend würde das Instrumentarium ähnlich dem des Projektcontrolling Soll-Ist-Vergleiche, Soll-Wird-Vergleiche, Meilenstein-Trendanalysen, Abweichungsanalysen, Projektdokumentationen u.ä. umfassen.[159]

Für den dieser Arbeit zugrunde liegenden weiten Implementierungsbegriff und den daraus abgeleiteten Optimierungsproblemen, die zu einem großen Teil auch strategischer Natur sind[160], greift das genannte Instrumentarium zu kurz. Schließlich müssen auch die Implementierungsstrategien einer Wirtschaftlichkeitsbewertung unterzogen werden.

Schlußfolgernd kann festgehalten werden, daß das Implementierungscontrolling bezüglich der operativen Steuerung des Implementierungsprozesses auf die bewährten Projektcontrolling-Instrumente zurückgreifen kann, wie sie z.B. für die Koordination von Projektplanung (Strukturplanerstellung, Netzplantechniken) und Projektkontrolle erforderlich sind. Die Einflußmög-

---

157 vgl. z.B. Franke (1993); Schmitz/Windhausen (1986); Fuchs (1985); Rademacher (1984)
158 vgl. z.B. Reiß/Grimmeisen (1994), die eine Berücksichtigung von Kostenstruktureffekten bei der Wahl einer Projektorganisationsform fordern. Oftmals tauchen unter dem Begriff des strategischen Projektcontrolling aber lediglich die bereits aus der strategischen Planung bekannten Instrumente auf und es geht in erster Linie um Projekte, die im Rahmen des strategischen Managements behandelt werden, wie z.B. Akquisitionen oder Diversifikation, vgl. Michel/Koehler (1996), S. 238 ff. Ebenso wenig bedeutet die lediglich langfristige Projektprognose und -verfolgung bereits die Beschäftigung mit strategischen Optimierungsproblemen eines Projekts, vgl. z.B. das Formblatt bei Bürgel (1989), S. 6
159 vgl. Michel/Michel/Koehler (1996), S. 148 ff.; vgl. auch die Instrumente zur Projektplanung und Projektkontrolle bei Burghart (1995), S. 115 ff. bzw. 281 ff.
160 Dies sind z.B. alle Entscheidungen, die Einfluß auf die generelle Kostenstruktur der Unternehmung, auf das Unternehmungsimage bei den Stakeholdern, auf die langfristige Motivation der Belegschaft, die Unternehmenskultur usw. haben.

lichkeiten auf die Projektperformance sind in diesem Stadium allerdings bereits recht beschränkt. Das Implementierungscontrolling bedarf daher in besonderem Maße zusätzlicher
Instrumente, die die Performance des gesamten Veränderungsprozesses (Konzept- und Implementierungsphase) im Auge haben und daher auch als "strategisch" bezeichnet werden
können.

In einem weiteren Punkt sollte das Implementierungscontrolling versuchen, auf die Erkenntnisse und Erfahrungen des Projektcontrolling zurückzugreifen, nämlich hinsichtlich möglicher
Ansätze der Integration des "Sonder"-Controlling in das meist recht ausgefeilte System des
"Routine"-Controlling. Bei *Buch* wird die Integration des Projektcontrolling durch den Rückgriff auf die Einzelkosten- und Deckungsbeitragsrechnung erreicht[161], die sich auf diese Weise
auch für das Implementierungscontrolling als "Routine-Controllingumgebung" empfiehlt (vgl.
Kap. II.3.2).

Nur am Rande soll hier abschließend angemerkt werden, daß die Ergänzung des Projektcontrolling um Fragen der strategischen Optimierung wünschenswert wäre und durch das Implementierungscontrolling vorangetrieben werden kann.

I.4.2   F&E-Controlling

Das F&E-(Forschungs- und Entwicklungs-)Controlling hat viele Gemeinsamkeiten mit dem
Projektcontrolling aufzuweisen und die Vermutung liegt nahe, daß es sich um einen Sonderfall davon handeln könnte, weil eine Spezifikation des zu steuernden Objekts vorgenommen
wird: F&E-Projekte. Eine gängige Klassifizierung des F&E-Controlling unterscheidet:[162]

- Strategisches F&E-Controlling
- F&E-Bereichscontrolling
- F&E-Projektcontrolling

Bei den beiden letztgenannten Formen handelt es sich um Teilbereiche des operativen F&E-
Controlling.[163] Dabei sind die im Rahmen des F&E-Projektcontrolling bei *Schmelzer*, aber
auch bei *Horváth* genannten Instrumentarien quasi deckungsgleich mit dem generellen Pro-
jektcontrolling-Instrumentarium.[164] Es wird lediglich auf den speziellen Fall "F&E-Projekte"

---

161 vgl. Buch (1991)
162 vgl. Schmelzer (1992), S. 264; ähnlich auch Horváth (1996), S. 829
163 vgl. auch Eilhauer (1993), S. 100 ff.
164 vgl. neben Schmelzer (1992) und Horváth (1996) auch die wesentlich detailliertere Darstellung bei
     Thoma (1989), S. 29 ff., der eine Klassifikation für Beurteilungsverfahren für F&E-Projekte aufstellt.

angewandt. Genau wie das Implementierungscontrolling kann also auch das F&E-Controlling auf die operativen Planungs-, Kontroll- und Dokumentationsinstrumente des Projektcontrolling zurückgreifen. Beim ebenfalls operativen F&E-Bereichscontrolling geht es um die Steuerung einer aufbauorganisatorischen Einheit (dem F&E-Bereich), die sich im Grundsatz kaum von der Steuerung anderer Bereiche oder Kostenstellen unterscheidet (Budgetierungsverfahren, Prozeßaudits, Prozeßkostenrechnung u.ä.).

Das strategische F&E-Controlling weist jedoch einige signifikante Gemeinsamkeiten zum Implementierungscontrolling auf. Bezüglich des Controllingobjekts fällt auf, daß vergleichbar mit Implementierungsprojekten auch F&E-Projekte eine sehr hohe Unsicherheit aufweisen, vor allem wenn die Projekte im Bereich der Grundlagenforschung und teilweise auch wenn sie in der angewandten Forschung angesiedelt sind.[165] Diese Projekte bestimmen wesentlich die Wettbewerbsfähigkeit einer Unternehmung in der Zukunft und wirken sich über das einzelne Projekt hinaus auf die ganze Unternehmung und ihre Erfolgspotentiale aus.[166] Dies ist vergleichbar mit groß angelegten Veränderungsprojekten, bei denen z.B. ein Projektabbruch in der Implementierungsphase nicht nur das Scheitern eines Konzeptes bedeutet, sondern gleichzeitig Auswirkungen auf die längerfristige Bereitschaft der Mitarbeiter hat, sich auf Neuerungen einzustellen und diese zu akzeptieren - einem der wichtigen Erfolgsfaktoren für Unternehmen in einem turbulenten Umfeld. Von einer grundsätzlichen Übertragbarkeit des strategischen F&E-Controllinginstrumentariums[167] (Life Cycle Costing[168], Portfolio-Methodik[169], Shareholder Value-Analyse[170]) auf das Implementierungscontrolling kann daher ausgegangen werden.

Daß der F&E-Controllingansatz und sein Instrumentarium nicht zu einer vollständigen Substitution des Implementierungscontrolling führen können, liegt an der Tatsache, daß das F&E-Controlling den Faktor "Mensch" gar nicht oder nur am Rande berücksichtigt. Im Mittelpunkt stehen Technologien, Techniken, Prozesse oder Produkte und nur höchst selten verhaltenswissenschaftliche, soziologische oder psychologische Fragestellungen wie sie bei Implementierungsvorhaben im Mittelpunkt stehen müssen, um Aussagen zum zentralen Effektivitätsindikator "Akzeptanz" machen zu können.

---

165 Die dritte Säule der Forschung und Entwicklung stellt die Entwicklung dar, die die vorgelagerten Forschungsergebnisse aufnimmt und diese versucht in Produkte, Dienstleistungen oder Verfahren umzusetzen; vgl. ZVEI (1982), S. 9.
166 vgl. Schröder (1995), S. 255 f.
167 vgl. Horváth (1996), S. 829 sowie Horváth (1995), S. 707
168 vgl. Kap. II.3.3
169 vgl. z.B. Brockhoff (1994), S. 160 ff.
170 vgl. Kap. II.3.4

Zusammenfassend unterscheiden sich F&E-Controlling und Implementierungscontrolling im operativen Bereich im Grunde lediglich hinsichtlich des zu steuernden Objekts. Im strategischen Bereich sind Gemeinsamkeiten insofern vorhanden, als auch das Implementierungscontrolling die Schaffung einer technologischen Infrastruktur für die Veränderung steuern muß und zudem unter Instrumentalgesichtspunkten Implementierungsvorhaben in weiten Teilen ähnlich strategisch untersucht werden können wie F&E-Projekte. Der für die meisten Implementierungsprojekte im Vergleich zur Schaffung einer technologischen Infrastruktur wesentlich wichtigere Punkt der Akzeptanzschaffung bei den Betroffenen erfordert jedoch einen eigenständigen Ansatz "Implementierungscontrolling" mit eigenen Zielsetzungen, einem im Vergleich zum F&E-Controlling stark unterschiedlichen Bedingungsrahmen und teilweise auch unterschiedlichen Instrumenten (wie z.B. Mitarbeiterbefragungen).

I.4.3   Investitionscontrolling

Die hohen Investitionen, die bei großen Veränderungskonzepten für die Implementierung aufzuwenden sind, könnten vermuten lassen, daß durch den Einsatz des Investitionscontrolling ein Implementierungscontrolling nicht mehr erforderlich ist. In der Tat sind sämtliche investitionsbezogenen Aktivitäten in den unterschiedlichen Teilbereichen der Unternehmung Gegenstand des Investitionscontrolling[171], also auch die Implementierungsinvestitionen. Die dafür aufzuwendenden Finanzmittel stellen einen Vermögensaufbau dar, der zum größten Teil die Humanressourcen betrifft. Viel finanzieller Aufwand im Rahmen einer Implementierung muß als "Nebenkosten"[172] verstanden werden, die ähnlich den Anschaffungs- und Anschaffungsnebenkosten die Nutzung des Investitionsobjekts überhaupt erst ermöglichen.[173] Das Investitionscontrolling ist sowohl strategisch als auch operativ ausgerichtet und entspricht damit in diesem Punkt dem Implementierungscontrolling. Eine Übereinstimmung ist darüber hinaus bei der generellen Zielsetzung festzustellen, nämlich der Sicherstellung der Wirtschaftlichkeit einer Investition[174] bzw. einer Implementierung. Das zentrale, aber keineswegs einzige Instrument des Investitionscontrolling ist die Investitionsrechnung, die sowohl vor, als auch während und - zur Auswertung - nach der Investition durchgeführt wird bzw. werden sollte.

Durch den starken Investitionscharakter von Implementierungsprojekten, ist die Investitionsrechnung auch ein wichtiges Instrument für das Implementierungscontrolling, wobei das

---

171 vgl. Schaefer (1996), S. 378 f.
172 Wobei der Begriff nicht dazu verleiten darf, darunter nebensächliche oder gar vernachlässigbare Kosten zu verstehen.
173 So z.B. sämtliche Qualifikationskosten der Mitarbeiter, die für die Investition im engeren Sinn (z.B. neues EDV-System) erforderlich sind.
174 vgl. Reichmann/Lange (1985), S. 455 ff.

Spektrum der Investitionsrechnungsvarianten recht groß ist und die besondere Unsicherheit bei Implementierungsprojekten im Kapitalisierungszinsfuß (oder auch durch entsprechende Korrekturen bei den Einnahme- und Ausgabebeträgen) berücksichtigt werden sollte (vgl. Kap II.3.4). Schließlich gilt die Aussage, daß sich Unternehmen, die "selbst aus guten strategischen Gründen fortlaufend in Projekte investieren, deren Renditen niedriger sind als die Kapitalkosten, ... auf dem Weg in den Konkurs"[175] befinden, auch für den Spezialfall Implementierungsprojekte.

Dennoch sind beide Controllingformen nicht deckungsgleich. Zum einen umfaßt das Investitionscontrolling auch und gerade die Bestandsveränderungen bei den Produktionsinput- und -outputgütern[176] und damit auch den wichtigen Bereich des Anlagencontrolling. Zum anderen liegt der Fokus des Investitionscontrolling sowohl konzeptionell als auch instrumentell im finanzwirtschaftlichen Bereich. "Weiche" Aspekte der Akzeptanz- oder Kulturveränderung werden in der Regel durch das Investitionscontrolling und vor allem durch die Investitionsrechnung nicht erfaßt, weil häufig genug keine eindeutig quantifizierbaren oder zurechenbaren Einnahmen einer Implementierung vorliegen. Nichtsdestotrotz sind diese "weichen Faktoren" aber für Optimierungsüberlegungen in Implementierungsprozessen von elementarer Bedeutung. Das Implementierungscontrolling hat in diesen häufigen Fällen die Aufgabe, so weit wie möglich quantifizierbare und monetär bewertbare Größen aus diesen "soft factors" abzuleiten und vor allem die Investitionsrechenverfahren um zusätzliche Instrumente der Steuerung und Bewertung zu ergänzen (z.B. Kostenstrukturanalysen oder Lebenszykluskostenanalysen).

Zusammenfassend handelt es sich beim Investitionscontrolling um einen wichtigen Baustein des Implementierungscontrolling, weil er die Wirtschaftlichkeit der Gesamtimplementierung konzeptionell in den Mittelpunkt stellt. Der Ansatz stößt aber vor allem instrumentell durch die besonders schwierige Gewinnung von quantitativen und erst recht von finanziellen Größen bei Implementierungsprozessen deutlich an seine Grenzen. Die Beurteilungs- und Steuerungsgrößen aus den Investitionsrechenverfahren, wie "Pay off-Periode" oder Rentabilitätsgrößen, sind zu hoch aggregiert und können durch die eingeschränkten Implementierungsinformationen meistens nicht unmittelbar berechnet werden. Das Implementierungscontrolling muß daher im Vergleich zum Investitionscontrolling um spezifische Zielsetzungen und Instrumente erweitert werden.

---

175 Kaplan (1986), S. 78
176 Für Horváth (1996), S. 500 ist dies sogar die Investitionsdefiniton.

TEIL II **ENTSCHEIDUNGSORIENTIERTE BAUSTEINE EINES IMPLEMENTIERUNGSCONTROLLING**

II.1 **ZIELGRÖSSEN EINES IMPLEMENTIERUNGSCONTROLLING**

Eine verbesserte und verstärkte Zielausrichtung von Implementierungsprozessen wurde in Kapitel I.3 als eine zentrale Funktion des Implementierungscontrolling gefordert, und zwar unabhängig vom konkreten Zielsystem einer Unternehmung. Die im folgenden generisch behandelten Ziele von Implementierungsvorhaben sind diejenigen, deren Zielerreichung das Implementierungscontrolling durch seine Arbeit verfolgen muß, wenn die Umsetzungsarbeit erfolgreich verlaufen soll. Wie die Ziele einzeln zu gewichten sind, kann nur in Abhängigkeit von den Unternehmenszielen festgelegt werden.

Daß dem Implementierungscontrolling in seiner eigenen Arbeit ebenfalls Ziele wie Kosten- und Zeiteffizienz (schnelle Lieferung der entscheidungsunterstützenden Informationen), Verläßlichkeit der Daten usw. gesetzt werden, ist wichtig, soll aber an dieser Stelle nicht nochmals thematisiert werden.

II.1.1 Ziele für die Implementierung vs. Ziele der Implementierung

Entsprechend den Unternehmungszielen können zwei Arten von Zielsetzungen für die Implementierung unterschieden werden. Ziele für die Implementierung bzw. Zwecke der Implementierung sind diejenigen Anforderungen, die von unterschiedlichen Anspruchsgruppen an das Unternehmungsteilsystem Implementierung herangetragen werden.[1] Regelmäßig handelt es sich dabei um teilweise konkurrierende Ziele einzelner Anspruchsgruppen. Bei Implementierungsvorhaben, die lediglich unternehmungsintern angelegt sind, können zumindest zwei Gruppen ausgemacht werden, die ihre eigenen Ansprüche an die Implementierung haben: Arbeitgeber- und Arbeitnehmerseite. Eine differenziertere Analyse ergibt jedoch selbst bei begrenzten Veränderungsprojekten weitere Anspruchsgruppen, wie z.B. die leitenden Angestellten, der Betriebsrat oder die Gewerkschaften. In der Regel gibt es unter den Betroffenen ganz unterschiedliche Ansprüche an die Implementierung, z.B. je nach Art oder Ausmaß der Betroffenheit. So verlangen der oder die Eigentümer ein möglichst schnelles, kostengünstiges und vollständiges Umsetzen des Konzepts, das in irgendeiner Form die Performance verbessern soll. Arbeitnehmervertreter hingegen sind für einen möglichst "weichen" Übergang, durch den Nachteile für die Betroffenen verzögert und gemildert werden, womit sich aber gleichzeitig die erwarteten positiven Konzeptauswirkungen verzögern oder verringern. Bei

---

1   vgl. Ulrich (1970), S. 161 für das Gesamtsystem "Unternehmung"

großen, unternehmungsübergreifenden Projekten kommen darüber hinaus weitere Anspruchsgruppen, wie Zulieferer, Kooperationspartner, Kunden oder die Öffentlichkeit hinzu, je nachdem wer durch die Veränderungen betroffen wird. So kann es z.b. ein Ziel der Öffentlichkeit für die Implementierung sein, daß die Steuereinnahmen in der Region gesichert werden, wodurch sich eine gewisse Zielharmonie mit den Kapitalgeberinteressen ergeben würde (möglichst schnelle und umfassende Umsetzung des gewinn- und damit steuererhöhenden Konzepts), während sich bei der Möglichkeit des Arbeitsplatzabbaus durch die Implementierung die Interessen eher mit denen der Arbeitnehmer und deren Vertreter decken dürften.

Aus dieser Konkurrenzsituation der Zielsetzungen für die Implementierung muß durch Kooperation der Anspruchsgruppen, in Aushandlungsprozessen oder - falls überhaupt möglich - durch einseitige Festsetzung ein Zielsystem **der** Implementierung abgeleitet werden, indem z.b. die Prioritätensetzung hinsichtlich Zeit- und Kostenzielen definiert wird.[2] Das auf die eine oder andere Weise entstandene Zielsystem wird damit zum Orientierungspunkt für die Arbeit des Implementierungscontrolling. Das Zielsystem der Implementierung ist somit immer auch ein Teil bzw. ein Subsystem des Unternehmungszielsystems. Im Rahmen der Zielbildung für Implementierungsprozesse muß das Implementierungscontrolling in zweifacher Hinsicht Koordinationsarbeit leisten. Erstens gilt es, aus den Zielen **für** die Implementierung der einzelnen Anspruchsgruppen ein Zielsystem **der** Implementierung hervorzubringen. Zweitens muß eine Integration der Implementierungsziele in das Gesamtzielsystem der Unternehmung vorgenommen werden.

Ein Implementierungscontrolling, das Zielsetzungen **für** die Implementierung als Maßgabe seiner Arbeit hätte, würde ins Leere laufen, weil auf der Basis der konkurrierenden Ansprüche keine aggregierbaren Entscheidungsunterstützungsinformationen geliefert werden könnten, sondern lediglich kasuistische, anspruchsgruppenbezogene Aussagen über die Zielerreichung einzelner Implementierungsstrategien und -maßnahmen. Die Herausbildung eines Zielsystems **der** Implementierung ist darüber hinaus Teil der betrieblichen Entscheidungsfindung, wie sie auch in anderen Fällen (z.b. Standortentscheidungen) stattfindet und aufgrund des (sozial-)marktwirtschaftlichen Wirtschaftssystem auch vorgesehen ist (z.b. durch die Einbeziehung des Betriebsrats). Im weiteren werden die generischen Ziele **der** Implementierung vorgestellt und die Möglichkeiten der Förderung dieser Ziele durch das Implementierungscontrolling erläutert.

---

2   vgl. Kupsch (1979), S. 3

II.1.2   Wertsteigerung als Unternehmungsziel

Es muß klar sein, welcher Indikator oder welche Indikatoren die obersten Zielgrößen für eine Unternehmung darstellen, um daraus ein konsistentes Zielsystem für die Unternehmung und damit auch für die Implementierung ableiten zu können. Neben produktionswirtschaftlich geprägten Ansätzen, welche die oberste Zielsetzung einer Unternehmung darin sehen, aus Produktionsfaktoren (Inputs) Güter (Outputs) zu produzieren und damit auf die Versorgungs-funktion gegenüber Dritten mit Gütern und Dienstleistungen abheben[3], wird des öfteren auch die Weiterexistenz der Unternehmung als oberste Zielgröße betrachtet.[4] Dabei handelt es sich allerdings um einen wenig faßbaren und operationalisierbaren Begriff, der zur Voraussetzung hat, daß es zu einer fruchtbaren Zusammenarbeit aller an der Unternehmung beteiligten An-spruchsgruppen[5] kommt. Deren Zufriedenheit ist aber erst dann sichergestellt, wenn deren Ansprüche in dem Maße erfüllt sind, daß es zur Fortführung der Kooperation ausreichend ist. Allen Forderungen liegen vertragliche Verpflichtungen bzw. gesetzliche Erfordernisse zu-grunde, die einer Erfüllung bedürfen. Die Eigenkapitalgeber erhalten allerdings die Verzin-sung ihres eingesetzten Kapitals aus der Residualgröße, die nach Erfüllung aller festen ver-traglichen und gesetzlichen Verpflichtungen noch zur Verfügung steht. Diesen Residualwert zu vergrößern heißt allerdings nichts weiter als den Unternehmungswert zu steigern.[6] Die Kontroversen über die Wertsteigerung der Unternehmung als oberste Zielsetzung bzw. den sog. Shareholder Value entstehen in erster Linie durch die einseitige Fokussierung auf den Verteilungsaspekt dieser Wertsteigerung.[7] Das einseitige Profitieren der Eigenkapitalgeber stößt auf Widerspruch, weil vermutet wird, daß die Residualgröße nicht zuletzt dadurch stei-gen kann, daß die vertraglichen oder gesetzlichen Verpflichtungen gegenüber anderen An-spruchsgruppen reduziert werden.

Wichtiger für die Wahl der obersten Zielgröße ist jedoch der Entstehungs- oder Erzeu-gungsaspekt des Unternehmungswertes. Der auf abdiskontierten freien Cash flows beruhende Unternehmungswert ist zur Steuerung einer Unternehmung weit besser geeignet als traditio-nelle Indikatoren, wie z.B. verschiedene Rentabilitätsgrößen (Return on Investment, Return on Equity, Return on Sales), die in der Regel auf buchhalterischen Größen beruhen und somit für Bewertungs- und Methodenwahlrechte der Rechnungslegung zugänglich sind.[8] Wie sich die

---

3   vgl. Böventer (1995), S. 141
4   vgl. z.B. Macharzina (1995), S. 175 und die dort angeführten empirischen Untersuchungen
5   vgl. zum Anspruchsgruppen- bzw. Stakeholder-Konzept, Janisch (1993) oder auch
      Pümpin (1990), S. 260 ff.
6   vgl. z.B. Hahn (1996), S. 246 ff.
7   vgl. die gegenteiligen Interpretationen eines Gewerkschafts- und Unternehmensvertreters in o.V. (1996a),
      S. 88
8   vgl. die aufgeführten Beispiele bei Herter (1994), S. 32 ff.; vgl. auch Rappaport (1986), S. 19 ff.

abdiskontierten freien Cash flows steigern lassen, läßt sich mathematisch-deduktiv einfach ermitteln und mündet in die sog. Werttreiber oder auch Wertgeneratoren (Dauer der Wertsteigerung, Umsatzwachstum, Gewinnmarge, Gewinnsteuersatz, Investitionen ins Anlage- und Umlaufvermögen, Kapitalkosten).[9]

Wie die erzielte Wertsteigerung im nächsten Schritt an die unterschiedlichen Stakeholder ausgeschüttet wird bzw. ob dies ausschließlich zum Nutzen der Eigenkapitalgeber geschehen sollte (Shareholder Value-Ansatz), kann und muß an dieser Stelle nicht weiterverfolgt werden. Festgehalten werden muß, daß der Unternehmungswert eine sinnvolle, oberste Zielsetzung für eine Unternehmung ist, aus der sich das weitere Zielsystem ableiten sollte, so daß auch die Implementierung letzten Endes daran gemessen werden muß, was sie zur Verbesserung dieser obersten Zielsetzung beigetragen hat. Für das Implementierungscontrolling bedeutet dies, daß es die Auswirkungen der zu bewertenden Implementierungsinstrumente und -strategien auf den Unternehmenswert oder - operationalisierbarer - auf die einzelnen Wertgeneratoren zu untersuchen hat. Führt man sich die Wertgeneratoren allerdings noch einmal vor Augen, wird auch klar, daß eine Vielzahl von Implementierungsinstrumenten keine unmittelbaren Rückschlüsse auf diese zuläßt, weil direkte Effekte bereits in vorgelagerten Kennzahlen ihren Niederschlag finden. Die im folgenden noch zu besprechenden generellen Zielgrößen Kosten, Zeit sowie Flexibilität und Risiko finden sich hingegen sehr wohl in den Wertgeneratoren wieder und ermöglichen daher durchaus eine durch das Implementierungscontrolling gesteuerte Ausrichtung der Implementierungsaktivitäten am Wertsteigerungsprinzip.

II.1.3　Kostenziele

Die traditionell enge Verknüpfung von Controlling und Kostenrechnung läßt das Ausrichten des Implementierungscontrolling an den Kostenzielen der Implementierung nur folgerichtig erscheinen. Gleichwohl kann es für das Implementierungscontrolling nicht nur darum gehen, die Einhaltung des dem Implementierungsvorhaben zugewiesenen Budgets zu überwachen. Zur Wahrnehmung seiner Steuerungs- und Gestaltungsfunktion muß ein Kostenmanagement[10] für die Implementierung zur Anwendung kommen. Dabei sind es im Zusammenhang mit den Implementierungskosten zwei Zielsetzungen, denen das Implementierungscontrolling (neben den anderen Zielen) verpflichtet sein muß, weil sie sich aus den beschriebenen Unzulänglichkeiten realer Implementierungsprozesse (vgl. I.1) ergeben:

9　Auf das eigentliche Controlling-Instrument "Shareholder Value Analysis" (SVA) wird im Rahmen des Kapitels II.3.5 eingegangen.

10　vgl. dazu und zur folgenden Dreiteilung des Kostenmanagements in Kostenniveau-, Kostenverlaufs- und Kostenstrukturmanagement, Reiß/Corsten (1992)

- Möglichst geringe Gesamtkosten der Implementierung und des gesamten Veränderungsprozesses sowie
- eine möglichst große Transparenz über anfallende Kosten.

Für das dafür erforderliche Kostenmanagement bedeutet dies, daß sowohl Kostenniveauvergleiche zwischen unterschiedlichen Implementierungsalternativen angestellt werden müssen als auch nach der Entscheidung für eine Maßnahme Möglichkeiten zu eruieren sind, wie das Mengen- und Wertgerüst so beeinflußt werden kann, daß es zu einem minimalen Kostenanfall kommt.[11] Aber auch Untersuchungen über unterschiedliche Kostenverläufe einzelner Maßnahmen müssen angestellt werden, wobei vor allem die unterschiedliche Reagibilität der Kosten auf die jeweiligen Kosteneinflußgrößen gemeint ist (proportionaler, progressiver, degressiver Verlauf).[12] Werden bspw. verschiedene Kommunikationsinstrumente miteinander verglichen, so ist zu berücksichtigen, daß je nach eingesetztem Medium eine Ausdehnung der anzusprechenden Betroffenen (z.B. durch die Einbeziehung eines zusätzlichen Werks in ein Veränderungsprogramm) zu unterschiedlichen Kostenreaktionen führt. Bei der Steigerung der Auflage einer Publikation sind lediglich das zusätzlich benötigte Papier sowie die verlängerte Nutzung der Druckmaschinen als Grenzkosten zu berücksichtigen (degressiver Kostenverlauf). Bei der Ausdehnung von Gesprächsrunden, Work shops oder "Town meetings" ist jedoch mit einer weit höheren Kostenreagibilität zu rechnen. Im Rahmen der Untersuchungen zum Kostenverlauf ist auch der zeitliche Anfall der Kosten zu berücksichtigen. Hierbei sind oftmals Phänomene von Lebenszykluskosten zu erkennen, die dadurch gekennzeichnet sind, daß die Investition in frühe Phasen zu geringeren begleitenden und/oder Folgekosten führt. Ein solcher Zusammenhang läßt sich z.B. bei der Frage des Zeitpunkts der Mitbestimmung von Betroffenen vermuten: ein frühes Commitment der Betroffenen, das aufgrund der erforderlichen Abstimmprozesse einen höheren Aufwand verursacht, führt in der Folge zu geringeren Kosten der Umsetzung.[13] Das Management von Kostenverläufen stellt selbstverständlich keinen Selbstzweck dar, sondern muß deswegen in die Analyse miteinbezogen werden, um das Kostenniveau über die Zeit der Implementierung hinweg und auch im Anschluß daran so niedrig wie möglich zu halten. Vermeintlich günstige Implementierungsformen können sich bei Einbezug der Folgekosten oder bei einer Ausdehnung des Implementierungskontexts schnell als nachteilhaft herausstellen. Schließlich ist ebenfalls zu berücksichtigen, ob mögliche Implementierungsalternativen zu Kostenremanenzen oder -präkurrenzen führen und daher einen nachteiligen Kostenverlauf aufweisen.[14] Dies ist z.B. dann der Fall, wenn Mitarbeiter aus der Linie für ein Projekt abgestellt werden, dessen Beginn sich verzögert (Präkurrenz)

---

11   vgl. Reiß/Corsten (1992), S. 1480 f.
12   vgl. Adam (1979)
13   vgl. Grimmeisen (1995a), S. 292
14   vgl. Reiß/Corsten (1992), S. 1483 f.

bzw. die nach Beendigung des Projektes aus (meist) organisatorischen Gründen nicht nahtlos in die Linie zurückwechseln können (Remanenz).

Besonders wichtig für das Erzielen von Kostentransparenz in Implementierungsprozessen ist die Berücksichtigung der Kostenstrukturen. Von großer Bedeutung ist hier die Zusammensetzung der Kosten aus Gemein- und Einzelkostenanteilen auf der einen und aus fixen und variablen Kosten auf der anderen Seite. Hierbei bedarf es jedoch einer implementierungsspezifischen Definition des Gemein- bzw. Einzelkostenbegriffs, der sich in der Regel auf die Zurechenbarkeit auf ein oder mehrere Produkte bezieht.[15] Hier liegen jedoch - je nach Analyseobjekt - dann Gemeinkosten vor, wenn Ressourcen sowohl für die Implementierung als auch für das "Routinegeschäft" abgestellt sind. Aber auch der gleichzeitige Ressourcengebrauch für mehrere Implementierungsprojekte verursacht Gemeinkosten, die eine Zurechnung zu den eigentlichen Kostenverursachern gar nicht oder nur über eine (mehr oder weniger nachvollziehbare) Schlüsselung erlauben. Damit steht man vor genau den Problemen wie z.B. der nicht eindeutig zuweisbaren Kostenverantwortung und der mangelnden Transparenz des Ressourcenverbrauchs, die das Gemeinkostenmanagement bereits aus den Routineprozessen kennt.[16] Maßnahmen, wie die Dedizierung von Ressourcen für einzelne Implementierungsprojekte, sind daher auch durch das Implementierungscontrolling zu prüfen und gegebenenfalls umzusetzen. Oft müßten dafür allerdings Kapazitäten vorgehalten werden, die dann durch ein einzelnes Projekt nicht mehr ausgelastet und damit zu Leerkosten führen würden. Daher steht auch ein Fixkostenmanagement, das die bessere Nutzung freier Kapazitäten bzw. eine bessere Teilbarkeit der Potentiale zum Ziel hat[17], auf dem Programm eines Implementierungscontrolling.

Zusammenfassend kann festgehalten werden, daß es mit der Verfolgung von Kostenbudgets nicht getan ist, sondern daß auch proaktiv Kostensenkungspotentiale aufgespürt und daß zudem auch Kostenverlaufsziele und Kostenstrukturziele durch das Implementierungscontrolling verfolgt werden müssen.

---

15 vgl. z.B. Hummel/Männel (1995), S. 97
16 vgl. z.B. Jehle (1982); Reiß/Corsten (1992), S. 1485 f.
17 vgl. Oecking (1993), S. 82 ff. sowie Layer (1992), S. 69 ff.

II.1.4   Zeitziele

In fast allen Bereichen der Unternehmungsführung haben Zeitvorgaben als Steuerungsgrößen Einzug gehalten.[18] Zum einen weil sie Ausdruck von Markterfordernissen sind (Termintreue, schnelle Auslieferung an den Kunden) und zum anderen, weil sie auch bei rein unternehmungsinternen Prozessen ein Indikator für deren Effizienz darstellen.[19] Eine kürzere Prozeßdauer bedeutet eine geringere Zeit der Ressourceninanspruchnahme und damit geringere Kosten, wenn die Prozeßqualität konstant gehalten wird.

Für die Implementierung gelten diese grundsätzlichen Aussagen genauso. Die Dauer der Implementierung ist aber gerade in Implementierungsprozessen von besonderer Relevanz, weil durch sie die Geschwindigkeit der Veränderungsumsetzung und damit das Inkrafttreten des Veränderungskonzepts determiniert wird[20], vorausgesetzt es werden keine Konzeptmodifikationen vorgenommen.[21] Zeitkennzahlen sind daher nicht nur Ausdruck der Implementierungseffizienz, sondern sind auch Bestimmungsgrößen für die Effektivität der Implementierung, z.B. durch deren Einfluß auf die Akzeptanz der Mitarbeiter.

Ist die Beendigung der Implementierung zeitlich "fest" vorgegeben, weil sich eine Unternehmung in einer Krisensituation befindet, dann bleibt dem Implementierungscontrolling die Kontrollaufgabe, die Einhaltung von Meilensteinen und damit des rechtzeitigen Implementierungsendes zu verfolgen (vgl. Kap. II.2). Gibt es jedoch keine unmittelbaren Zeitrestriktionen für die Implementierung, stellt sich das bereits beschriebene Optimierungsproblem (vgl. Kap. I.3.1), ob die Implementierung möglichst schnell oder eher langsam durchgeführt werden sollte, woraus sich dann die Zeitziele der Implementierung ableiten lassen (vgl. auch Abb. II.1-1).

Bei der Frage, wie weit der Zeithorizont für die Implementierung gesteckt werden sollte, muß das Implementierungscontrolling in jedem Fall mitwirken. Schließlich hat das skizzierte Problem Auswirkungen auf alle anderen Zielgrößen der Implementierung, wie z.B. die Akzeptanz durch die Betroffenen und die Qualität der Implementierung (Verinnerlichung des Neuen,

18   So sind die wichtigsten Kennzahlen für Produktentwicklungsprozesse bei *Hewlett Packard* zeitbasierte Kennzahlen, wie Return Factor, Break-Even-After-Release u.a., vgl. House/Price (1991), S. 95 ff.; vgl. auch Horváth/Gentner (1992), S. 180 ff. Vgl. z.B. auch Abt/Tschirky/Kohler (1992).
19   vgl. dazu Knyphausen (1993), S. 148 ff.
20   Bei *Ciba-Geigy* dauerte z.B. die Einführung von Gleitzeit, die im Vergleich zu den meisten Restrukturierungen eine eher geringe Komplexität aufweist, mehr als 6 Monate, die für die umfassende Information der Mitarbeiter, den Schulungen und die Verhandlungen mit dem Betriebsrat benötigt wurden, vgl. Droege (1995), S. 33
21   vgl. Zeyer (1995)

Dauer des Wettbewerbsvorsprungs ...). In Abb. II.1-1 wird deutlich, daß sich sowohl eine zügige als auch eine langsame Umsetzung positiv oder negativ auf die Akzeptanz auswirken können. Im ersten Fall ist eine positive Resonanz dann gegeben, wenn die Mitarbeiter zu weitreichenden Veränderungen bereit sind, aber nach einer möglichst kurzen Zeit der Verunsicherung wieder ein stabiles Arbeitsumfeld fordern.[22]

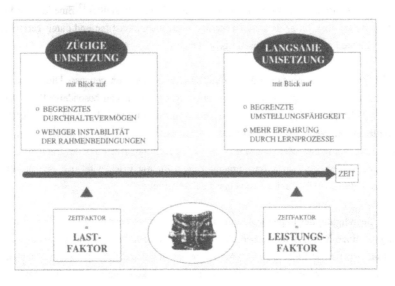

Abb. II.1-1: Zeitbedarfe für die Implementierung[23]

Negativ könnte es sich dann auswirken, wenn die schnellen Veränderungen die Mitarbeiter überfordern. Bei langsamer Implementierung kommt dieser letzte Punkt in der Regel nicht zum Tragen, allerdings müssen die Betroffenen über eine lange Zeit mit "Change Management" leben. Der von *Stalk/Hout* bekannte Zusammenhang, daß möglichst kurze Reaktions- und Entscheidungszeiten zu einer besseren Qualität der Entscheidungen und darüber hinaus zu geringeren Kosten führen[24], kann auch für Implementierungsprozesse gelten. Dies kommt daher, daß die Entscheidungsgrundlagen (Rahmenbedingungen, Prognosen ...) mit der Länge des zu schätzenden Zeitraums unsicherer werden.[25] Mit anderen Worten: Wird eine Implementierung schnell durchgeführt, ist die Wahrscheinlichkeit größer, daß das implementierte Konzept überhaupt seine Effekte entfalten kann und nicht durch eine bereits schon wieder

---

22 vgl. Kloubert (1995), S. 7, der das maximal mögliche, zeitliche Engagement der an Wandel Beteiligten für die Firma *Claas oHG* auf 12 Monate schätzt. Längerfristig angelegte Projekte erfordern deshalb eine zeitliche Dekomposition.
23 Reiß (1996b)
24 vgl. Stalk/Hout (1992), S. 45 ff.
25 vgl. Wildemann (1992), S. 15 f.

veränderte Situation obsolet geworden ist. Andererseits sind gerade bei großen Veränderungsprojekten die Lernprozesse während der Implementierung von herausragender Bedeutung,
weil diese Vorhaben durch so viele Unwägbarkeiten charakterisiert sind, daß es unmöglich
scheint, bereits zu Beginn der Implementierung einen endgültigen Implementierungsplan vor-
legen zu können, der im Laufe der Zeit keiner Anpassung mehr bedarf. Je mehr Zeit man sich
daher für die Implementierung nimmt, um so eher sind die wichtigen erfahrungsbasierten Anpassungen der Implementierungsarbeit möglich.

Das Implementierungscontrolling muß also die verschiedenen Implementierungsaktivitäten
dahingehend analysieren und bewerten, ob durch die Dauer der jeweiligen Maßnahme ein Ak-
zeptanzfortschritt (oder allgemeiner eine Verbesserung der Implementierungseffektivität) zu
erzielen ist. Sollte dies der Fall sein (z.B. bei einer Ausweitung von Work shops, die der Information und Qualifikation der Betroffenen dienen), muß ein Kosten-/Nutzenvergleich vorgenommen werden. In vielen Fällen ist dies aber nicht zu erwarten (z.B. wenn eine Informationskampagne sehr lange läuft, obwohl bereits fast jeder Betroffene das Anliegen mitbekom-
men hat), so daß das Implementierungscontrolling auf eine Verkürzung des entsprechenden
Instrumenteneinsatzes drängen muß, um die Effizienz des Implementierungsvorhabens zu
verbessern.

Um die Zeitziele der Implementierung steuern zu können, muß das Implementierungscontrolling die "Zeittreiber"[26] der einzelnen Strategien und Instrumenten ermitteln. Dies sind bei
vielen Maßnahmen z.B. die Kooperationsbereitschaft der Mitbestimmungsorgane, die Zahl
der betroffenen Mitarbeiter, die Zahl der betroffenen Hierarchieebenen, die Zahl der betroffenen Stakeholder, der Ausbaustand der Kommunikations- oder Qualifikationsinfrastuktur usw.
Nur wenn die einzelnen Zeittreiber erkannt sind, können Zeitpläne aufgestellt, Alternativen
bewertet und Verbesserungsmöglichkeiten angegangen werden, wie z.B. die Parallelisierung
einzelner Implementierungsaktivitäten. Zusätzlich zu den informatorischen Voraussetzungen,
die für das Implementierungscontrolling hinsichtlich der Erreichung der Zeitziele erforderlich
sind, müssen auch neue Steuerungsmethoden in den Controlling-Werkzeugkasten Einzug halten. Ein Beispiel dafür ist die Anwendung des Half Life-Konzepts, das auf Lernprozesse in
Implementierungsvorhaben übertragen werden kann (vgl. III.1.2).

Durch den weiten Implementierungsbegriff, der dieser Arbeit zugrunde liegt, ist es zudem
erforderlich, das Implementierungscontrolling auf eine phasenübergreifende Zeitoptimierung
auszurichten. Werden bereits in der Konzeptphase Implementierungsgesichtspunkte in starkem Maße berücksichtigt, kann davon ausgegangen werden, daß sich die dadurch ergebenden

---

26   vgl. Hamprecht (1995), S. 117 ff.

Zeitverzögerungen später in der eigentlichen Umsetzungsphase überkompensieren lassen und damit ein höheres Maß an Zeiteffizienz im Gesamtveränderungsprozeß realisierbar ist.

II.1.5   Flexibilität und Unsicherheit

Zur Wertgenerierung tragen Veränderungskonzepte nur bei, wenn sie selbst und deren Implementierung nicht das Geschäftsrisiko[27] steigen lassen. Dies wäre z.b. dann der Fall, wenn durch eine zu radikale und/oder weitreichende Veränderung eine gefährliche Innenorientierung in einem Unternehmen erkennbar würde, die zur Vernachlässigung der Geschäftstätigkeit führen könnte. Auf der anderen Seite können Restrukturierungen in hohem Maße dazu beitragen, daß sich das unternehmensspezifische Risiko verringert, indem durch Change Management z.b. die Anfälligkeit gegenüber konjunkturellen Verwerfungen vermindert wird.[28]

Bei Implementierungsvorhaben handelt es sich immer um mit besonders vielen Unsicherheiten ausgestattete Unterfangen. Abbruchraten von Change-Initiativen sowie enttäuschte Hoffnungen über deren positive Auswirkungen geben einen Eindruck davon.[29] Eine Klassifizierung von Unsicherheit in der strategischen Planung, die auch für Implementierungsprozesse gilt, läßt folgende Ursachen erkennen:[30]

- Verschiedene Formen der Datenunsicherheit, d.h. einzelne Informationen können mit überhaupt keiner Wahrscheinlichkeit, nur mit einer subjektiven oder mit einer objektiven Wahrscheinlichkeit versehen werden.
- Unvollständiger Zustandsraum, d.h. es können völlig unerwartete Ereignisse eintreten.
- Fehlerhafte oder unbekannte Handlungsergebnisse, d.h. die Folgen der eingeleiteten Aktivitäten können nicht mit Sicherheit vorausgesagt werden.
- Unvollständiger Aktionsraum, d.h. man ist sich gar nicht aller Handlungsalternativen in einer gegebenen Situation bewußt.

Während die Datenunsicherheiten entscheidungstheoretisch handhab- und quantifizierbar sind, trifft dies auf das Informationsrisiko der beiden letztgenannten Unsicherheitsquellen nicht zu.[31] Eine durch das Implementierungscontrolling durchgeführte Bewertung einzelner

---

27   vgl. zum Risikobegriff im Capital Asset Pricing Model z.B. Rappaport (1986), S. 55 ff. oder
      Spremann (1992), S. 377 ff.
28   vgl. z.B. Gomez (1993), S. 81 f.
29   vgl. Grant Thornton (1993)
30   vgl. Voigt (1992), S. 485 ff.
31   vgl. ebenda, S. 485

Implementierungsstrategien und -instrumente muß deren vielfältige Unsicherheitsquellen untersuchen. So sind unter Unsicherheitsgesichtspunkten z.b. Marketingmaßnahmen im Vergleich zur Partizipation der Vorrang zu geben, weil zwar die erwarteten Effekte aus den Marketingbemühungen durchaus unsicher sind, dennoch meistens subjektive Expertenschätzungen über den Werbeerfolg des internen Marketing möglich sind. Bei der Partizipation hingegen ist die Unsicherheit deswegen noch größer, weil nicht nur ebenfalls eine Datenunsicherheit vorliegt, sondern zusätzlich die Ergebnisse der Partizipation (Handlungsergebnisse) unsicherheitsbehaftet sind; schließlich können die partizipativ beschlossenen Handlungen von den Vorstellungen der Geschäftsleitung abweichen.

Ein Mittel, wie der Unsicherheit in Implementierungsprozessen begegnet werden kann, ist der Aufbau von Flexibilitätsreserven durch eine entsprechende Strategien- und Instrumentenwahl. Bereits angesprochen wurde das Flexibilitätspotential, das in einer langsamen Umsetzung steckt, die durch neue Erkenntnisse und Erfahrungen modifiziert werden kann. Weitere Beispiele sind flexible Formen der Personalanpassung statt definitiver Kündigungen oder alle Implementierungsmaßnahmen, die gleichzeitig eine Infrastruktur für Wandel schaffen, wie z.b. die Einrichtung einer flexibel einsetzbaren Einigungsstelle oder ein zur Verfügung stehendes Netz an Multiplikatoren. Bei diesen Flexibilitätsreserven handelt es sich um Organizational Slack, der in aller Regel zusätzliche Kosten verursacht (vgl. III.1.6). Bei einer korrekten Erfassung der einzelnen Zielwirkungen durch das Implementierungscontrolling ist es jedoch nicht dessen Aufgabe, zu einer abschließenden Bewertung und damit Entscheidung für oder gegen eine Maßnahme zu kommen.

Mehr noch als bei den Zeitzielen sind auch für die Erfassung und Steuerung der Flexibilitätswirkungen einzelner Maßnahmen zusätzliche Methoden erforderlich. Mehr deshalb, weil bereits die Operationalisierung von Flexibilität und damit auch die Vergleichbarkeit zu anderen Zielgrößen äußerst schwierig ist. Das Konzept "strategischer Optionen" kann dabei teilweise weiterhelfen (vgl. II.3.6).

II.1.6 Akzeptanz

Akzeptanz wird gemeinhin als die zentrale Zielgröße für Implementierungsprozesse angesehen.[32] Nur am Rande soll hier erwähnt werden, daß es in Implementierungsprozessen durchaus auch ein Übermaß an (vorauseilender) Akzeptanz bzw. einen Mangel an Widerstand geben kann, der seinen Grund in einem Desinteresse der Betroffenen am Unternehmensgesche-

32 vgl. z.B. Reiß (1995b), S. 278; Krüger (1994a), S. 205; Reiß (1993a), S. 551; Hentze (1987); Picot/Reichwald (1986), S. 159 ff.; Bleicher (1979), S. 179 ff.; Steiger (1987), S. 144 ff.

hen oder in einem Klima der Unterdrückung und Bevormundung hat und sich durch Abwesenheit von "produktiven" Konflikten negativ auf die Implementierungsperformance auswirken kann.[33]

Der weitaus häufigere Fall und daher auch Mittelpunkt der Ausführungen ist jedoch eine ablehnende Haltung gegenüber Veränderungsbemühungen und deren Implementierung, die sich in unterschiedlichen, konkreten Handlungen der Betroffenen manifestiert, die wiederum negative Effekte auf die Implementierungsperformance nach sich ziehen (z.b. höhere Kosten, Abbruch der Implementierung ...).

Die Beschäftigung mit Akzeptanz bzw. personellem Widerstand hat in der Betriebswirtschaftslehre und Managementforschung eine recht lange Tradition. Dabei taucht selbstverständlich auch immer wieder die Erfordernis auf, den abstrakten Tatbestand der Akzeptanz bzw. des Widerstandes mit Indikatoren abzubilden, zu systematisieren oder zu messen. Der überwᵒᵃ ᵧende Teil der Literatur beschränkt sich allerdings auf die Nennung von Formen des personellen Widerstands gegen Veränderungen. Zu den wichtigsten zählen:[34]

- Erhöhung der Fluktuationsrate,
- Erhöhung der Absentismusrate,
- Verminderung der Arbeitsleistung (z.B. Dienst nach Vorschrift, Streik),
- scheinbare Akzeptanz mit späterer Rückkehr zum alten Zustand,
- Diffamierung von Personen, welche die Veränderung betreiben,
- Gruppenbildung gegen die Veränderung.

Coch/French messen den Widerstand gegen Veränderungen mittels der Veränderung der Kündigungsrate oder auch durch die Anzahl der Aggressionsakte.[35] *Lewin* hingegen analysiert die Entwicklung des Produktionsniveaus, das bei sonst gleichbleibenden Bedingungen ein Maß für den Widerstand der Betroffenen gegen die Implementierung einer Veränderung darstellen soll. Nimmt man allerdings solche für die Unternehmung relevanten Output-Größen, wie das Produktionsvolumen oder den Umsatz, dann ist eine eindeutige Kausalität zwischen Ursache und Wirkung nicht mehr gegeben (vgl. auch die unter Kap. II.3.3 behandelte Kennzahlenproblematik). "There are a number of signs of resistance - but this doesn't mean that

---

33 vgl. z.B. auch Witte (1976); Klein (1975). Außerdem sind diese Erkenntnisse auch aus der Forschung zum Konfliktmanagement bekannt, die von einer optimalen Konfliktintensität ausgeht, welche nicht durch eine Minimierung von Konflikten erreicht wird, vgl. Krüger (1981), S. 938 ff.; Hill/Jones (1995); S. 418 f.; Glasl (1997).
34 vgl. Hermann (1984), S. 185. Vgl. im einzelnen z.B. auch Fischer (1971), S. 13 ff.; Lawrence (1954), S. 49
35 vgl. Coch/French (1948), S. 513 ff.

these symptoms always indicate resistance. Sometimes they may be indicators of other difficulties in the organizations."[36]

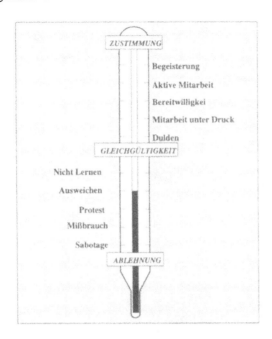

Abb. II.1-2: Akzeptanz-Barometer[37]

Eine sehr oft übernommene Typisierung von möglichen Betroffenenreaktionen auf Restrukturierungen kommt in der Darstellung eines Akzeptanz-"Barometers" zum Ausdruck (vgl. Abb. II.1-2). Um entscheidungsrelevante Informationen zur Erreichung des Implementierungsziels "Akzeptanz" liefern zu können, muß das Implementierungscontrolling die Akzeptanzentwicklung bei den Betroffenen verfolgen. Hierzu ist zweierlei erforderlich:

- Eine Abstufung von Akzeptanzniveaus, die ausreichend detailliert und dennoch praktikabel, d.h. mit vertretbarem Aufwand zu untersuchen ist.
- Die Erhebung der Akzeptanz bei den Betroffenen und eine Zuordnung zu den festgelegten Klassen, wobei die Operationalisierung der Akzeptanz in Form von beobacht- bzw. beschreibbaren und meßbaren Größen eine besondere Herausforderung darstellt.[38]

---

36   Tannenbaum/Weschler/Massarik (1961), S. 80; vgl. z.B. auch Zander (1967), S. 200
37   in Anlehnung an Stahlknecht (1995), S. 497
38   vgl. z.B. die Untersuchung von Müller-Böling/Müller (1986) zur Bürokommunikation.

Ein Beispiel für die Ermittlung von Akzeptanz sind die in Abb. II.1-3 dargestellten Fragen, die im Rahmen der Evaluierung von Gruppenarbeit bei *Mercedes-Benz* an die betroffenen Mitarbeiter gestellt wurden.

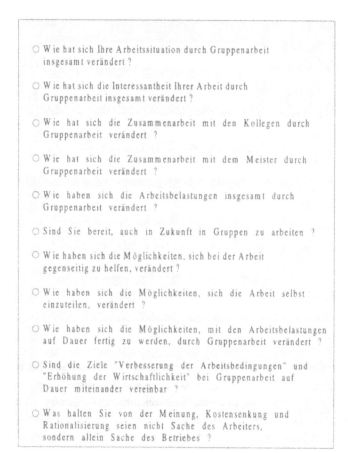

○ Wie hat sich Ihre Arbeitssituation durch Gruppenarbeit insgesamt verändert?

○ Wie hat sich die Interessantheit Ihrer Arbeit durch Gruppenarbeit insgesamt verändert?

○ Wie hat sich die Zusammenarbeit mit den Kollegen durch Gruppenarbeit verändert?

○ Wie hat sich die Zusammenarbeit mit dem Meister durch Gruppenarbeit verändert?

○ Wie haben sich die Arbeitsbelastungen insgesamt durch Gruppenarbeit verändert?

○ Sind Sie bereit, auch in Zukunft in Gruppen zu arbeiten?

○ Wie haben sich die Möglichkeiten, sich bei der Arbeit gegenseitig zu helfen, verändert?

○ Wie haben sich die Möglichkeiten, sich die Arbeit selbst einzuteilen, verändert?

○ Wie haben sich die Möglichkeiten, mit den Arbeitsbelastungen auf Dauer fertig zu werden, durch Gruppenarbeit verändert?

○ Sind die Ziele "Verbesserung der Arbeitsbedingungen" und "Erhöhung der Wirtschaftlichkeit" bei Gruppenarbeit auf Dauer miteinander vereinbar?

○ Was halten Sie von der Meinung, Kostensenkung und Rationalisierung seien nicht Sache des Arbeiters, sondern allein Sache des Betriebes?

Abb. II.1-3: Fragebogen zur Akzeptanzermittlung "Gruppenarbeit" bei *Mercedes-Benz*[39]

Eine recht grobe Unterscheidung der Betroffenen nach ihrer Akzeptanz für die Implementierung einer Veränderung ist die auf *Witte* zurückgehende Zweiteilung in Promotoren und Opponenten.[40] Erweitert man diesen Ansatz noch um die in den meisten Fällen für eine lange Zeit größte Gruppe, nämlich die Unentschlossenen oder Indifferenten, geht man einen prakti-

---

39   vgl. Springer (1994), S. 26 ff.
40   vgl. Witte (1973)

kableren Weg als bei einer feinen Differenzierung, die sich z.B. an den Abstufungen des Akzeptanzbarometers aus Abb. II.1-2 orientiert. Wichtiger ist vielmehr eine möglichst häufige Erfassung der Betroffenenzahlen, die den einzelnen Akzeptanzklassen zuzuordnen sind. Damit läßt sich die zeitliche Akzeptanzentwicklung analysieren, die eine Voraussetzung für Rückschlüsse auf die Effektivität einzelner Implementierungsinstrumente darstellt und daher auch für Optimierungsüberlegungen durch das Implementierungscontrolling unentbehrlich ist.

Verläßlichste Quelle für die Akzeptanzermittlung sind direkte Befragungen der Mitarbeiter, die in den meisten Fällen allerdings anonym erfolgen müssen, um valide Angaben zu erhalten. Mitarbeiterbefragungen haben allerdings den Nachteil, daß sie zu beträchtlichen Kosten führen, weil sie konzipiert, durchgeführt und ausgewertet werden müssen und last not least mitbestimmungspflichtig sind.[41] Gibt allerdings z.B. nur das mittlere Management eine Art Situationsbeschreibung über die Akzeptanz einer Veränderung an der "Basis" ab, ist die Gefahr von "geschönten" Zahlen im eigenen Verantwortungsbereich recht groß. Hier taucht folglich ein Problem auf, bei dem es um die Wirtschaftlichkeit des Implementierungscontrolling selbst geht (vgl. auch IV.2). Basiert die Einordnung der Betroffenen allerdings auf Sekundärmaterial über Verhaltens- und Einstellungsgrößen, die als Akzeptanzindikatoren eingeschätzt werden (z.B. Fluktuation oder Absentismus), taucht das bereits erwähnte Problem der Kausalität auf. Zudem sind diese Größen in der Regel für die Steuerung von Implementierungsmaßnahmen ungeeignet, weil sie bereits das Resultat von mangelnder Akzeptanz darstellen. Zur effektiven Steuerung müssen hingegen bereits mehr oder weniger "schwache" Signale erfaßt werden, wie z.B. Unmutsäußerungen über eine konkrete Qualifikationsmaßnahme.

Am effektivsten und effizientesten für die Akzeptanzermittlung ist eine offene, von Vertrauen geprägte Unternehmungskultur, in der die Mitarbeiter ohne Angst vor negativen Sanktionen ihre Meinung zu einzelnen Maßnahmen sagen und dies auch dann tun, wenn sie nicht ausdrücklich danach gefragt werden.[42] Hotlines oder "Kummerkästen" sind hier mögliche Erhebungsquellen. Allerdings dienen diese eher zur Artikulation von Unzufriedenheit und decken daher meistens lediglich herausragende Schwachstellen der Implementierung auf. Generelle Skepsis sowie eine Unterscheidung von Duldung bzw. Indifferenz und erklärter positiver Akzeptanz der Veränderung lassen sich auf diese Weise kaum ermitteln. Abhilfe kann hier ein sehr enger und vertrauensvoller Kontakt mit dem Betriebsrat bzw. den Vertretern der leitenden Angestellten und den Vertrauensleuten der Belegschaft leisten. Sind sie in den Change-Prozeß involviert und daher den Veränderungen gegenüber nicht prinzipiell negativ eingestellt, können diese meistens ein recht fundiertes Bild über die Akzeptanz in der Belegschaft

---

41 vgl. Scholz (1994), S. 621 ff.
42 vgl. Hill/Jones (1995), S. 356 f.

oder sogar in einzelnen Belegschaftsgruppen abgeben. Mitarbeiterbefragungen können dann auf punktuelle Statuserhebungen zu Beginn, zum Abschluß und eventuell bei wichtigen Meilensteinen der Implementierung begrenzt werden. Entsprechend hat auch *Alcatel SEL* seine Befragungen zum Restrukturierungskonzept *Fit for Customer* (FFC) angelegt, wobei nach Abschluß wichtiger Teilschritte, sowohl vergangenheitsorientiert gefragt wurde, ob FFC zur Bewältigung der Probleme der richtige Ansatz war und ob - zukunftsorientiert - das Programm noch verstärkt werden sollte.[43]

Das Implementierungscontrolling muß berücksichtigen, daß zu den Betroffenen einer Veränderung nicht notwendigerweise nur Mitarbeiter der implementierenden Unternehmung gehören, sondern unter Umständen auch andere Stakeholder, wie z.B. die Zulieferer bei Initiativen der Just-in-Time-Logistik, des Simultaneous Engineering oder des unternehmensübergreifenden Prozeßmanagements. Ein der langfristigen Wertsteigerung der Unternehmung verpflichtetes Implementierungsmanagement muß für Akzeptanz bei allen betroffenen Stakeholdern sorgen. Maßnahmen, die z.B. die Implementierung im eigenen Unternehmen erleichtern, gleichzeitig aber zu größeren Belastungen bei den Zulieferern führen, können sich als Kurzfristoptimierungen herausstellen, wenn der Zulieferer als Reaktion darauf den Geschäftskontakt abbricht. Auch die Kapitalgeber müssen tiefgreifende und/oder weitreichende Veränderungen der Unternehmung akzeptieren, da es sonst zu einem höheren Risikozuschlag auf die marktüblichen Renditeerwartungen oder zu einem schlechteren Rating der Bonität kommt. Beides führt zu höheren Kapitalkosten für die Unternehmung. Genauso bedeutsam ist auch die Akzeptanz der Kunden und der Öffentlichkeit, wenn diese direkt durch Veränderungen betroffen sind. Je nach Stakeholder können unterschiedliche Möglichkeiten der Akzeptanzbeurteilung zur Anwendung kommen, die meistens über die vorhandenen Kommunikationskanäle gewonnen werden können, so z.B. im Rahmen von Zulieferer-Tagen, Treffen mit institutionellen Investoren oder Kundenbefragungen. Zur Auswertung und Einschätzung der Relevanz einzelner Anspruchsgruppen bietet sich die Stakeholder-Analyse an, die Art und Umfang der potentiellen Konsequenzen einzelner Maßnahmen auf die verschiedenen Stakeholder untersucht sowie deren mögliche Reaktionen abschätzt.[44]

---

43   vgl. Dörle/Grimmeisen (1995), S. 314
44   vgl. Janisch (1993); Dyllick (1984), S. 78

II.2   BEDINGUNGSRAHMEN FÜR EIN IMPLEMENTIERUNGSCONTROLLING

Gerade weil es für ein Restrukturierungskonzept, das in eine Unternehmung eingeführt werden soll, einen spezifischen Bedingungsrahmen (Kontext) gibt, lohnt sich überhaupt erst die Beschäftigung mit Implementierung als eigenständiger Managementfunktion. Ansonsten würde die Entscheidung als Auswahlakt einer Alternative unmittelbar die Realisierung dieser Alternative bedeuten (vgl. Kap. I.2.1.2). Obwohl Implementierung zu einer mehr oder weniger weitreichenden Veränderung des Kontextes führen soll, bleiben Umweltzustände unverändert, weil auf sie entweder kein unmittelbarer Einfluß genommen werden kann (z.B. gesetzliche Regelungen zum Personalabbau) oder soll (z.B. Beibehaltung der Unternehmenskultur). In einem weiten Sinne können auch die Implementierungsziele als Bedingungen verstanden werden, da sie präskriptiv bewertet oder bewußt gesetzt wurden[45] und für die Implementierung zunächst einmal als gegeben hingenommen werden müssen.[46] Der hier zugrunde gelegte (enge) Bedingungsbegriff ist allerdings deskriptiver Natur und erfaßt diejenigen Umweltzustände, die für die Implementierung als gegeben hinzunehmen sind und auch keiner "handlungsmotivierenden Bewertung"[47] unterliegen.

Für das Implementierungscontrolling als Subsystem des Implementierungsmanagements bedeutet dies, daß die generellen Bedingungen der Implementierung auch für die controllingseitige Unterstützung gelten, zum Teil jedoch noch ergänzt um controllingspezifische Bedingungsgrößen, wie z.B. die Controllingkultur im Unternehmen.

Exkurs: Antezedenzbedingungen und Präzedenzwirkungen

Antezedenzbedingungen bedeuten für das Implementierungscontrolling, daß das Möglichkeitsspektrum der Strategien und Instrumente der Implementierung bereits im vorhinein begrenzt ist. Es kann somit analog zum Innovationsmanagement von einem "eingeschränkten Lösungsraum"[48] gesprochen werden. Beispiele hierfür können sein:

- Methodische und/oder instrumentelle Präferenzen der Entscheider,
- strukturelle und/oder kulturelle Vorgaben der Unternehmung,
- gesetzliche und/oder rechtlich-vertragliche Vorgaben, so z.B. das eingeschränkte Alternativenspektrum bei der Personalanpassung in den Unternehmen, die sich beim Erwerb

---

45   vgl. Reiß (1982), S. 186
46   Wobei Implementierung in einem pragmatischeren Verständnis zu einem Abgleich von kontext- und konzeptgerechter Lösung beitragen soll (vgl. Kap. I.2.1.3), so daß auch die zunächst mit der Konzepteinführung verbundenen Ziele einem Anpassungsprozeß unterliegen können.
47   Reiß (1982), S. 186
48   Hauschildt (1997), S. 190

von "Treuhand-Unternehmen" zur Unterlassung betriebsbedingter Kündigungen verpflichtet haben.

Gleichzeitig muß ein proaktiv ausgerichtetes Implementierungscontrolling allerdings auch
die Präzedenzwirkungen heutiger Implementierungsentscheidungen berücksichtigen. Durch
diese wird ein Bedingungsrahmen für die Zukunft gesteckt, der zu einem späteren Zeitpunkt wiederum Antezedenzcharakter für die dann zu treffenden Entscheidungen hat. Der
Entscheidungsträger ist jedoch in Implementierungsprozessen - parallel zu Innovationsprozessen[49] - durch deren hohe Komplexität und Unsicherheit nicht in der Lage, die Konsequenzen seiner heute zu treffenden (Teil-)Entscheidungen in einem Zustands- oder Ent-
scheidungsbaum exakt abzubilden. Damit wächst die Gefahr einer (unbewußt eingegange-
nen) inkrementalen Vorgehensweise, die jedoch nicht Schritt für Schritt auf das Endziel
zuläuft, sondern sich von den momentan naheliegendsten Teilproblemen treiben läßt, ohne
sich dabei über den Antezedenzcharakter der augenblicklichen Entscheidungen bewußt zu
sein. Diese Wirkungen begründen u.a. die Notwendigkeit des Einsatzes von Lebenszyklus-
betrachtungen im Rahmen des Implementierungscontrolling, die eine langfristige Perspektive einnehmen und so die zukünftigen Effekte von in der Gegenwart zu treffenden Entscheidungen transparent und damit einer Bewertung zugänglich machen.

Bedingungen müssen keineswegs immer zu Einschränkungen oder "Schwierigkeiten" für die
Implementierung führen. Vielmehr können gewisse Bedingungsgrößen und -konstellationen
besonders "günstige Gelegenheiten" darstellen.[50] Das Ausnutzen solch vorteilhafter Imple-
mentierungsbedingungen ist durch ein Implementierungscontrolling herbeizuführen.

Besonders relevante Bedingungsgrößen des Implementierungscontrolling werden im folgenden eingehender behandelt. Abb. II.2-1 gibt einen Überblick über den Bedingungsrahmen, der
sich aus dem Gesamtsystem "Unternehmung" ergibt. Wie bereits angesprochen, sind im Einzelfall noch zusätzliche Umweltkonstellationen zu berücksichtigen, insbesondere eventuelle
gesetzliche Regelungen oder Restriktionen von einer oder mehreren Anspruchsgruppen (z.B.
Vorgabe eines Mehrheitsaktionärs, auf betriebsbedingte Kündigungen zu verzichten).

Unternehmungskultur und -struktur
Ob und in welchem Ausmaß die Unternehmungskultur und -struktur Bedingungscharakter für
die Implementierung hat, ist abhängig vom konkreten Restrukturierungsprojekt. Die Gesamtheit oder Teile der Struktur werden ja gerade einer Veränderung unterzogen. Getrennt oder
damit einher steht sehr oft auch ein "culture change" im Mittelpunkt der Neuausrichtung, so

---

49   vgl. Hauschildt (1997), S. 191
50   vgl. Reiß/Zeyer (1994b)

z.B. bei Unternehmen wie *Daimler-Benz* oder *Siemens*, die u.a. durch Aufbrechen verkrusteter Strukturen zu mehr Eigenverantwortung und Unternehmertum gelangen wollen. Jedoch ist es selbst bei Konzepten wie Lean Management, das nicht zuletzt einen Abbau von Hierarchieebenen vorsieht[51], und Reengineering, das eine vollkommen neue Gestaltung der Unternehmensprozesse zum Ziel hat, unmöglich sämtliche Strukturen zur gleichen Zeit zu verändern, da parallel dazu das Tagesgeschäft weitergeführt werden muß.

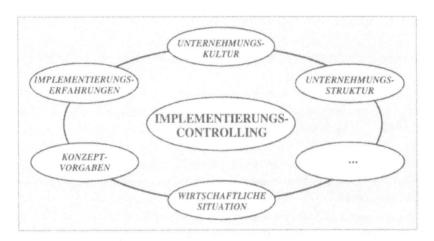

Abb. II.2-1: Bedingungsgrößen für ein Implementierungscontrolling

Ein Implementierungsprozeß findet daher, selbst wenn er die Veränderung von Struktur und/ oder Kultur zum Ziel hat, zu einem gegebenen Zeitpunkt immer in einem in Teilen unveränderten Struktur-/Kulturkontext statt.[52] Hierzu kann - je nach Veränderungskonzept - ein unveränderter Dezentralisierungsgrad ebenso zählen wie der vorherrschende Führungsstil, der erst einer weiteren Stufe des Wandelprozesses verändert werden soll. Wichtig ist, daß ein Implementierungscontrolling sich des Bedingungscharakters solcher (vorübergehenden) Konstanten bewußt ist. Eine starke Dezentralisierung der Entscheidungsbefugnisse auf die Geschäftsbereiche eines Unternehmens determiniert zu einem großen Teil auch die Einflußmöglichkeiten eines Implementierungscontrolling[53] bzw. gibt Hinweise für eine adäquate Institutionalisierung dieser Einheit. Ein den Gesamtprozeß unterstützendes zentrales Implementie-

---

51   vgl. z.b. die Befragung zu Lean Management im Vertriebsbereich bei Hanser (1993), S. 38
52   Unter Kultur sind dabei nicht nur die offenkundigen Normen und Werthaltungen zu verstehen, sondern auch
      die versteckten Spielregeln (vgl. Scott-Morgan 1995), die besonders schwer einem Veränderungsprozeß zu-
      gänglich sind.
53   vgl. z.b. die geschilderten Probleme bei dezentralen Strukturen und starken Verbundbeziehungen zwischen
      den Geschäftsbereichen, wenn eine dieser Einheiten in "Eigenregie" eine Restrukturierung beginnt, die dann
      auch auf die anderen Bereiche Auswirkungen hat; Hill/Jones (1995), S. 430

rungscontrolling kann in dezentralen Strukturen nur noch als Dienstleister fungieren. Auch für die Steuerungsaufgabe selbst müssen aus den Struktur-/Kulturbedingungen Konsequenzen gezogen werden.[54] Ist z.B. der Führungsstil eines Unternehmens partizipativ geprägt, so werden (ohne akuten Anlaß) in der Regel autoritäre Bombenwurfstrategien außerhalb des Alternativenraums liegen, um die Kultur nicht nachhaltig zu schädigen. Auf eine in Mindestmaßen[55] konsistente Auslegung der Implementierungs-Kommunikationspolitik zum üblichen Kommunikationsverhalten sollte ebenfalls geachtet werden, immer vorausgesetzt, der Sachverhalt ist nicht selbst Bestandteil der Change-Bemühungen.

Von besonderer Bedeutung als Bedingungsgröße ist in vielen Fällen die "Veränderungskultur" eines Unternehmens, d.h. welchen Stellenwert "Wandel" für die Unternehmung als Ganzes und für die Mitarbeiter im einzelnen hat bzw. wie aufgeschlossen sie gegenüber Neuerungen in ihrem Unternehmen und in ihrem Arbeitsumfeld sind.[56] Zur Diagnose solcher Bedingungskonstellationen liegen zum Teil standardisierte Erhebungsbögen vor.[57]

Neben diesen Struktur-/Kulturbedingungen, die für die Implementierung als Gesamtprozeß von großer Bedeutung sind, ist für das Implementierungscontrolling die Struktur und Kultur des bestehenden Unternehmungssubsystem "Controlling" von zusätzlicher Relevanz. Allein die Frage, ob sich das Controlling seit seiner Einführung in einer Unternehmung in den Entscheidungsprozessen, den Aufbaustrukturen und den Werthaltungen fest etabliert hat, ist selbstredend von existentiellem Interesse für das Implementierungscontrolling. Konkret muß beim Einsatz dieser Funktion klar sein, ob die am Veränderungsprozeß Beteiligten wissen, wie mit Kennzahlen umgegangen werden muß oder ob der Controlling-Funktion bereits im Tagesgeschäft mit Mißtrauen begegnet wird. Diese Faktoren müssen keineswegs zur Unterlassung eines Implementierungscontrolling führen, es muß jedoch dann frühzeitig in angemessener Weise in dessen Akzeptanz investiert werden (Implementierung des Implementierungscontrolling), so daß diese für ein funktionsfähiges Implementierungscontrolling hinderliche Ausgangssituation ihren Bedingungscharakter verlieren würde.

---

54 vgl. hierzu auch Bullinger/Stiefel (1997), die auf den Zusammenhang und die Abstimmung von Unternehmenskultur und Implementierungsstrategien hinweisen.

55 Dies bedeutet im Gegenzug jedoch selbstverständlich nicht die simple Übernahme des "Routineverhaltens" einer Organisation auf Implementierungsprozesse. "Mindestmaß" soll hier andeuten, daß bislang autoritär geführte Mitarbeiter in aller Regel nicht plötzlich effektiv in einer Art "Direktdemokratie" mitarbeiten können und wollen (vgl. Hill/Fehlbaum/Ulrich (1992), S. 481).

56 Change-Projekte mit der Zielsetzung ein Lernendes Unternehmen zu etablieren, machen u.a. diese Bedingungsgröße zur Zielsetzung des Konzepts; vgl. Probst/Büchel (1994), S. 6 ff.

57 So z.B. die Analyseinstrumente der Firma *Organizational Development Research* (ODR), Atlanta/Georgia.

Implementierungserfahrungen

Hierunter sind alle diejenigen Bedingungen zu fassen, die aus der "Vorgeschichte" der augenblicklichen Implementierung resultieren. In erster Linie sind dies Implementierungsprozesse, die entweder erfolgreich oder erfolglos abgeschlossen wurden. Häufig werden von Unternehmen im Laufe der Zeit immer wieder Restrukturierungen angestoßen, die entweder im Resultat nicht die gewünschten Ergebnisse brachten oder aber bereits während der Implementierung "versandeten". Über den momentanen Mißerfolg hinaus wirken sich solche Vorkommnisse auch auf spätere Vorhaben aus (Präzedenzwirkung). Die Mitarbeiter verlieren das Vertrauen in die eingesetzten Konzepte und Implementierungsmaßnahmen und reagieren auf neuerliche Implementierungsprozesse mit einem Verhaltensspektrum, das von Unverständnis für den neuerlichen Versuch über Spott bis zur offenen Ablehnung unter Hinweis auf die gescheiterten Versuche reicht. Mit anderen Worten ist die Wahrscheinlichkeit der Akzeptanz unter Betroffenen und sonstigen Mitarbeitern weit geringer einzuschätzen, wenn bereits schlechte Erfahrungen mit neuen Konzepten und deren Implementierung gemacht wurden.

Bei erfolgreichen Implementierungen der Vergangenheit kann sich das Problem ergeben, daß das Implementierungsmanagement und -controlling ebenfalls nicht das Gesamtspektrum an Maßnahmen zur Verfügung hat, weil erwartet wird, den neuerlichen Implementierungsprozeß in der bereits bewährten Manier durchzuführen ("der Erfolg der Vergangenheit birgt den Mißerfolg der Zukunft"). Die Beharrung auf die bislang eingesetzten Implementierungsmaßnahmen kann dabei sowohl von einer oder mehreren Managementebenen oder den Mitarbeitern bzw. deren Vertretungen ausgehen. Sind die einzuführenden Konzepte hinsichtlich ihrer Komplexität weitgehend miteinander vergleichbar (vgl. auch Kap. I.2.2), ist der Rückgriff auf erprobte Maßnahmen selbstverständlich nachvollziehbar. Problematisch wird es nur, wenn die verschiedenen Komplexitätsdimensionen eines Restrukturierungskonzepts kaum oder gar nicht mehr in die Auswahl der Implementierungsmaßnahmen einfließen.

Zusätzlich kann auch die bloße Zahl an Implementierungsvorhaben - unabhängig von Erfolg oder Mißerfolg - zu einer "Sättigung" und damit zu steigender Reaktanz der Mitarbeiter führen, weil ihre Fähigkeit und Bereitschaft zum Wandel erschöpft ist. Ist diese Bedingung für das Implementierungsmanagement und -controlling gegeben, sollten z.B. keine Maßnahmen mehr ergriffen werden, die die Implementierung auf ungewisse Zeit verlängern, sondern vielmehr der begonnene Wandel zu einem zügigen Ende gebracht werden, wobei gleichzeitig für jedermann sichtbare Erfolge eintreten sollten.

Allerdings wirken nicht nur abgeschlossene Implementierungsprozesse auf ein Implementierungscontrolling ein. Auch die bereits getätigten Maßnahmen und Investitionen einer laufenden Implementierung haben zu einem gewissen Grad Bedingungscharakter für die weiteren Entscheidungen. Zwar gilt generell auch für das Implementierungscontrolling, daß bereits entstandene "sunk costs" keine Begründung für Folgeinvestitionen sein dürfen[58], gleichzeitig muß im Gegensatz zu sonstigen Investitionen auch beachtet werden, daß ein vorzeitiger Projektabbruch sowohl für die Unternehmenskultur[59] als auch für zukünftige Implementierungsvorhaben negative Auswirkungen haben kann. Eine entsprechende (qualitative) Korrektur des Projektabbruchkriteriums ist daher durch das Implementierungscontrolling vorzunehmen.

Konzeptvorgaben

Auch wenn Implementierung in dieser Arbeit als der Ausgleich von kontext- und problemgerechter Lösung verstanden wird, stehen nicht alle Konzeptbestandteile und die mit ihnen verbundenen Zielsetzungen zur Disposition. Ein revolutionär angelegtes und verabschiedetes Reengineering-Konzept wird wohl selbst bei einer durch das Implementierungscontrolling nachweisbar wirtschaftlicheren evolutionären Implementierung auf die ursprünglich geplante Art und Weise durchgeführt werden. Entsprechend überflüssig sind Optimierungsüberlegungen, die an dieser Bedingungsgröße ansetzen. Rational sollte das Implementierungscontrolling in der Phase einer Restrukturierung eingesetzt werden, in der die entscheidenden Parameter noch keinen Bedingungscharakter haben (Konzipierungsphase, vgl. Kap. I.2.1). Bei Kenntnis der Vorteilhaftigkeit einer evolutionären Vorgehensweise hätte sich das Unternehmen vielleicht für ein ganz anderes Restrukturierungskonzept entschieden.

Je nach Zeitpunkt der Einbeziehung des Implementierungscontrolling in den Restrukturierungsprozeß muß es mit einem "set of constraints" rechnen, das aus dem zu implementierenden Konzept selbst rührt.

Eine spezielle Vorgabe für das Implementierungscontrolling sind Konzepte oder Konzeptbestandteile, die zu Restrukturierungen über die Unternehmungsgrenzen hinweg führen. Ein Reengineering entlang einer Wertschöpfungskette oder Restrukturierungen in Kooperationen (z.B. Reallokation der Aufgaben und der von den Kooperationspartnern eingebrachten Ressourcen) stellen insofern besondere Herausforderungen dar, als ein einzelnes Unternehmen - je nach Kooperationsbereitschaft der restlichen Unternehmen - nur den im eigenen Hause ablaufenden Implementierungsprozeß "controllen" kann. Die Potentiale, die sich durch eine

---

58   vgl. Wieandt (1994), S. 1028 ff.
59   Sowohl Individuen als auch Organisationen versuchen die Rationalität und Kompetenz ihres Handelns stets unter Beweis zu stellen, weswegen "versunkene" Investitionen psychologisch noch lange nicht "versunken" sind, vgl. hierzu Reber (1992), Sp. 1249 f. in Anlehnung an Staw (1981) und Staw (1980).

ganzheitliche Optimierung ergeben würden, bleiben dabei natürlich unausgeschöpft. Die Übertragung der Implementierungscontrollingaufgaben auf eines der beteiligten Unternehmen scheitert in der Regel am eingeschränkten Zugang zu internen Informationen der übrigen Unternehmen. Es sollte daher angestrebt werden, durch eine unternehmensübergreifend besetzte Task Force zu einer Optimierung des gesamten Implementierungsprozesses über die einzelnen Unternehmungsgrenzen hinweg zu gelangen.

Wirtschaftliche Situation der Unternehmung

Wie sämtliche Entscheidungsprozesse in einer Unternehmung stehen auch diejenigen im Rahmen der Implementierung unter den jeweiligen Bedingungen der ökonomisch-marktlichen Situation einer Unternehmung zu einem gegebenen Zeitpunkt. Von besonderer Bedeutung ist hierbei die Liquiditätssituation sowie ganz allgemein die Einschätzung, ob sich die Unternehmung in einer - wie auch immer gearteten - Krise befindet. Es ist unmittelbar einsichtig, daß diese Umstände z.B. zu Einschränkungen hinsichtlich der Möglichkeiten zum Personalabbau führen. In Krisensituationen sind es externe Zwänge, die zu schnellen und radikalen Restrukturierungen zwingen. Im Falle der Versicherungsgesellschaft *Lloyd's of London*, die Anfang der 90er Jahre vor dem Konkurs stand, mußte in kürzester Zeit ein "Recovery& Reconstruction" (R&R)-Programm erarbeitet und umgesetzt werden, um die Teilhaber ("names") und die Kunden (Erstversicherer) von den Zukunftschancen des Unternehmens zu überzeugen. Hierzu mußte die gesamte Geschäfts-, Finanz- und Eigentümerstruktur von Grund auf neu gestaltet werden. Durch die Krise mußte eine Umsetzungsgeschwindigkeit gewählt werden, die trotz des traditionell guten Einvernehmens zwischen der Geschäftsleitung und den "names" zu einer Konfrontation der beiden Gruppen führte, da Entscheidungen ohne die übliche Partizipation der "names" getroffen wurden.[60] Da diese gleichzeitig ihre Einlage bei *Lloyd's* erhöhen sollten, war das Vorgehen sicher aus Controllingsicht nicht ideal.

Optimierungsüberlegungen durch ein Implementierungscontrolling sind dennoch auch und gerade in solch kritischen Situationen von besonderer Bedeutung, um die knappen Mittel möglichst effektiv und effizient einzusetzen - allerdings lediglich im sehr eng gefaßten, kriseninduzierten Bedingungsrahmen, der bspw. die Implementierungsgeschwindigkeit oder den Partizipationsgrad der Betroffenen bereits im voraus festlegt. Aber auch Unternehmen, die sich nicht in einer akuten Krise befinden, müssen u.a. ihr marktliches Umfeld unter Implementierungsgesichtspunkten im Auge behalten. Für einen Luxusgüterhersteller, dessen Image ein entscheidender Erfolgsfaktor für den Markterfolg ist, sind Restrukturierungsmeldungen, die mit Personalabbau oder Produktionsverlagerungen einhergehen, äußerst kritisch und können in einer "Abwärtsspirale" enden, in deren Verlauf auch das Produkt mit einem Negativ-

---

60   vgl. Kelly/Cohen (1996), S. 9

oder "Verliererimage" versehen wird. Zu einer solchen Entwicklung kam es in den letzten Jahren auch bei der Firma *Rosenthal* in Selb, die sowohl Personalabbau als auch Produktionsverlagerungen nach Osteuropa bekanntgeben mußte und deren zuvor hervorragendes Image nicht zuletzt dadurch beträchtliche "Kratzer" bekam.[61] Für manche Unternehmen können folglich Effekte von Implementierungsmaßnahmen prohibitiv wirken und deren Nichtanwendung damit Bedingungscharakter erhalten.

Fazit: Unumgänglicher Bestandteil für den Einsatz eines Implementierungscontrolling ist neben der expliziten Festlegung der Implementierungsziele eine möglichst detaillierte Beschreibung der Bedingungsgrößen, um innerhalb des dadurch gegebenen Rahmens zu einer Festlegung der relevanten Optimierungsprobleme zu gelangen und zu deren Lösung die geeigneten Controllinginstrumente einzusetzen.

---

61   vgl. Salz/Fischer (1997), S. 38 f.

II.3   INSTRUMENTE EINES IMPLEMENTIERUNGSCONTROLLING

II.3.1   Spektrum der Instrumente

Um den in Teil I genannten Aufgabenstellungen gerecht zu werden, braucht das Implementierungscontrolling ein Instrumentarium, das sowohl theoretisch fundiert als auch praktisch erprobt ist. Grundsätzlich sind alle Diagnose-, Bewertungs- und Steuerungsinstrumente der Führung auf ihre Relevanz für das Implementierungscontrolling zu prüfen. Diese müssen nicht zwangsläufig aus dem engeren Bereich des (traditionellen) Controlling stammen. Vielmehr spielen gerade auch die Ansätze und Instrumente der strategischen Planung sowie soziologisch geprägte Evaluationstechniken eine bedeutende Rolle.

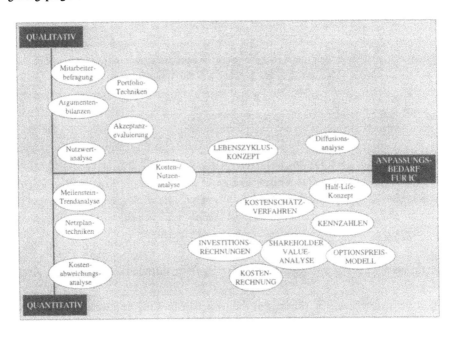

Abb. II.3-1: Spektrum relevanter Instrumente eines Implementierungscontrolling

Die Vielfalt der potentiellen Instrumente macht deren abschließende Aufzählung und Bewertung an dieser Stelle unmöglich. Eine grobe Klassifizierung besonders relevanter Instrumente für ein Implementierungscontrolling zeigt Abb. II.3-1. Während einige Instrumente keine oder nur geringe Anpassungen für die spezifischen Zwecke eines Implementierungscontrolling erfordern, müssen andere unterschiedlich umfangreichen Modifikationen unterzogen werden, z.B. bezüglich der Begriffsinhalte, der Interpretation von Parametern oder der möglichen Schlußfolgerungen aus den Analyseergebnissen. Von letzteren werden im folgenden diejenigen Instrumente, die besonders grundlegend sind (z.B. Kostenrechnung) oder die in Teil III mehrfach zum Einsatz kommen, ausführlicher auf ihre Anpassungserfordernisse hin untersucht (in Abb. II.3-1 mit Großbuchstaben gekennzeichnet). Die Diffusionsanalyse wird im Rahmen des Kapitels III.1.1 (Controlling von Implementierungsmarketing) und das Half Time-Konzept innerhalb des Kapitels III.1.2 (Controlling von Qualifikationsprogrammen für die Implementierung) im sie spezifisch betreffenden Kontext näher dargestellt.

II.3.2 Kostenschätzung und Kostenrechnungssystem

Kostenschätzung

Die Ermittlung der Kosten ist - wie bei anderen Projekten - auch bei der Implementierung abhängig vom Planungsstand. Ist das Implementierungsprojekt bereits vollständig determiniert, kann auch eine mehr oder weniger genaue Kostenprognose erfolgen. Schließlich sind z.B. die wichtigen Personalkosten als Produkt aus der aufgewendeten Zeit der Mitarbeiter (z.B. Stundenaufschriebe der Beteiligten) und ihren jeweiligen Kostensätzen (Kosten pro Zeiteinheit) zu ermitteln. Da Implementierungsprojekte aber unmöglich im voraus in der erforderlichen Genauigkeit geplant werden können (sonst würden sie vollkommen inflexibel), kann die beschriebene analytische Vorgehensweise erst ex post eine Kostenermittlung ermöglichen. Ex ante hingegen sind Kostenschätzverfahren erforderlich, die dem Implementierungscontrolling und letztlich den Entscheidern eine solide Informationsgrundlage liefern. "Das Dilemma besteht ... darin, daß zu Anfang des Lebenszyklus die wichtigsten Entscheidungen getroffen werden müssen, der Informationsstand aber am geringsten ist."[62] Aus dem Projektcontrolling sind drei Klassen von Kostenschätzverfahren bekannt:[63]

- Beurteilungsmethoden (Expertenmeinungen, einfache Erfahrungswerte, einfache Analogien u.a.)
- Parametrische Methoden (Kostenschätzbeziehungen/Cost Estimating Relationships (CER), Mathematische Modelle u.a.)
- Detaillierte Methoden (z.B. auf der Basis von Arbeitspaketen oder von Informationen der Arbeitsvorbereitung u.ä.)

---

62 Pfohl/Wübbenhorst (1982), S. 564
63 vgl. dazu und zu einer Bewertung dieser Methoden Jones/Niebisch (1975), zitiert nach Madauss (1994), S. 263 ff.

Bei den Beurteilungsmethoden werden nicht-quantitative Meinungen und Erfahrungen zur Schätzung hinzugezogen.[64] Die parametrischen Methoden stellen eine funktionale Beziehung zwischen einem oder mehreren Projektmerkmalen und deren Einfluß auf den Kostenanfall dar.[65] Die detaillierten Methoden setzen bereits konkrete Vorgehensweisen voraus (z.B. Existenz eines Projektstrukturplans), für die dann detailliert Kosten ermittelt werden können. Da dann ebenfalls wieder eine analytische Kostenermittlung (auf niedrigerem Niveau) versucht wird, eignen sich auch die detaillierten Methoden nicht für die Kostenschätzung in frühen Projektphasen. Bei den auch für die Implementierung relevanten Verfahren der Beurteilung und den parametrischen Methoden kann es nur durch Einsatz von Erfahrungswissen einzelner Personen oder Organisationseinheiten (z.B. auch durch eine adäquate Datenbank mit Kosteninformationen über frühere Projekte) zu validen Ergebnissen kommen, wobei bei den ersten Grobschätzungen erfahrungsgemäß mit einem Unsicherheitskorridor von +/- 30% bis +/- 40% um den geschätzten Wert zu rechnen ist.[66]

Zur Konkretisierung werden zwei Verfahren zur Aufwandsschätzung bei Software-Projekten[67] dargestellt und auf ihre Relevanz für das Implementierungscontrolling untersucht.

Der Gegenstand der Schätzung bei allen Verfahren ist das Mengengerüst des betreffenden Projekts und nicht der Aufwand an sich.[68] Im wesentlichen versucht man Aussagen über den Personaleinsatz im Projektverlauf zu gewinnen. Die geschätzten Zeitgrößen werden dann mit

---

64 vgl. z.B. die dargestellten Verfahren bei Burghardt (1995), S. 134 f. (EDB-, Data Point-, Relationsmethode).

65 vgl. Fürnrohr (1992), S. 26 ff. Vgl. konkret z.B. auch die COCOMO-Methode (vgl. Boehm 1981), die PRICE-Schätzmodelle, SLIM-Methode, Jensen-Methode (vgl. jeweils Burghardt 1995, S. 132 ff. und 148 ff.).

66 vgl. Wübbenhorst (1996), S. 494 f.

67 Kostenschätzungen für Software-Projekte werden bereits seit den 70er Jahren durchgeführt. Im Gegensatz zu anderen Projektinhalten weist die Entwicklung von Software einige Gemeinsamkeiten zu Implementierungsvorhaben auf, weshalb unter Versuch einer Übertragung der Schätzverfahren naheliegt:
Ähnlich der gegenläufigen Entwicklung von Hardwarekosten (Absinken) und Softwarekosten (Ansteigen) läßt sich vermuten, daß die Konzeptentwicklung für Restrukturierungen in der Regel weit problemloser und damit auch kostengünstiger verläuft als die Implementierung, die zunehmend als eigentliches Problemfeld von Restrukturierungen empfunden wird. Eine weitere Parallelität ist in dem hohen Personalkostenanteil zu sehen, der sowohl für Software- als auch Implementierungsprojekte charakteristisch ist. Daraus ergibt sich zum einen die Relevanz einer Kostenkontrolle aufgrund der Kostenhöhe und zum anderen ergeben sich Einsparpotentiale durch einen effizienteren Personaleinsatz. Schließlich stellt auch der Projektcharakter beider Vorhaben eine Gemeinsamkeit dar.
Der große Unterschied besteht allerdings in der unterschiedlichen Komplexität beider Projekte. Während die Kosten für die Softwareentwicklung zwar ex ante ohne weitere vorherzusagen sind, sie doch nach Abschluß des Projekts recht eindeutig zu ermitteln (Entwicklungszeit multipliziert mit den Stundensätzen der beteiligten Entwickler). Im Unterschied dazu ist bei Implementierungsprojekten noch nicht einmal das Beteiligtenspektrum genau abgrenzbar oder aber so weitläufig, daß es sich einer exakten Erfassung verschließt. Auch das Zielsystem und die zu berücksichtigenden Bedingungen (vgl. Teil II) sind bei Restrukturierungen weitaus komplexer (z.B. Berücksichtigung des Betriebsrats, Auswirkungen auf alle Stakeholder) als bei der Softwareentwicklung.

68 vgl. Kurbel/Dornhoff (1993), S. 1048

mehr oder weniger differenzierten Wertansätzen (in der Regel ausschließlich für die beteiligten Mitarbeiter) multipliziert.

Die eigentliche Schätzung erfolgt durch Verfahren, die sich in zwei grundlegende Ansätze unterscheiden lassen: die **Multiplikatormethode** und die **Faktormethode**. Beide sind den parametrischen Methoden zuzurechnen. Bei den Multiplikatormethoden erfolgt im wesentlichen eine Abschätzung des Leistungsumfangs für das neue Projekt. Das 1974 vorgestellte *Wolverton*-Verfahren spaltet den Leistungsumfang auf in die Anzahl der Programmzeilen, deren Schwierigkeitsgrad und in die programmtechnische Funktion (z.B. Dateneingabe, Algorithmus), und zwar differenziert nach einzelnen Komponenten des gesamten Softwareprojekts.[69] Durch die Multiplikation der geschätzten Programmzeilen mit einem spezifischen Kostenfaktor erhält man die Kosten der einzelnen Komponenten bzw. die Gesamtkosten der Entwicklung als Summe der Einzelkomponenten. Der Kostenfaktor wiederum muß aus einer empirisch gewonnen Tabelle ermittelt werden. Dies zeigt, daß bereits ein umfangreicher Fundus an Erfahrungen über vergangene Projekte vorliegen muß. Darüber hinaus kann die geforderte Zerlegung des Gesamtprojekts in Komponenten erst erfolgen, wenn die "Entwurfsphase bereits so weit fortgeschritten ist, daß sich eine programmtechnische Modularisierung spezifizieren läßt"[70]. Zudem wird unterstellt, daß sich Projektumfang und Entwicklungskosten proportional verhalten. Werden Erfahrungseffekte genutzt, muß dies allerdings keineswegs so sein.

Die Konstruktion eines Zusammenhangs zwischen einigen wenigen Konzeptparametern und den Implementierungskosten kann Hinweise für das Implementierungscontrolling geben. Statt der programmtechnischen Funktionen "Leistungsumfang" und "Schwierigkeitsgrad" bei einem Software-Projekt könnten im Falle der Umsetzung einer Restrukturierung die Parameter Größe, Breite und Tiefe des Veränderungskonzepts als Kostentreiber fungieren (vgl. Kap. I.2.2).

Das zunächst bei *IBM* eingesetzte Function Point-Verfahren (als Vertreter der Faktormethoden) greift ebenfalls auf drei Kernparameter eines Konzepts zurück: Umfang des Projekts (Quantität), Schwierigkeitsgrad (Qualität) und die verwendete Entwicklungsumgebung. In einem ersten Schritt werden die unterschiedlichen Funktionen des Konzepts bzw. seiner späteren Anwendung ermittelt und mit einem Komplexitätsgrad (einfach, mittel, komplex) gewichtet. Das Ergebnis, die Function Points als Indikator für den Funktionsumfang, wird erneut gewichtet, und zwar mit dem "Degree of Influence", der den Schwierigkeitsgrad anhand sieben verschiedener Einflußfaktoren mißt.[71] Die Entwicklungsumgebung schließlich findet ihren

---

69   vgl. Wolverton (1974) sowie Noth/Kretzschmar (1984), S. 76 ff.
70   Wolverton (1974), S. 620
71   vgl. Kurbel/Dornhoff (1993), S. 1049

Niederschlag in der Function Point-Kurve, die einen funktionalen Zusammenhang zwischen den gewichteten Function Points und dem zu erwartenden Entwicklungsaufwand darstellt. Die Kurve kann letztlich nur auf Basis von Erfahrungen ermittelt werden.[72]

Dieses Verfahren kann aus folgenden Gründen besser durch das Implementierungscontrolling übernommen werden als das *Wolverton*-Verfahren:

- Das Function Point-Verfahren gelangt durch seine differenzierte Berücksichtigung von Parametern zu empirisch nachgewiesenen, besseren Ergebnissen.[73]
- Die Ermittlung der Parameter orientiert sich in erster Linie an den Anwendungsfunktionen und nicht an konzeptinternen Größen.[74] Auch für die Schätzung des Implementierungsaufwands ist es von essentieller Bedeutung, nicht allein Konzeptparameter zu berücksichtigen, sondern gerade auch den "Konzept-Kontext-Fit" zu analysieren. Schließlich kann selbst ein wenig revolutionäres Konzept auf erbitterten Widerstand der Betroffenen stoßen.
- Durch die nicht ausschließliche Orientierung am Konzept kann die Schätzung (auch ohne genaue Kenntnisse der einzelnen Module) früher als beim *Wolverton*-Verfahren erfolgen.[75]

Die Schwierigkeit der Kostenschätzung für Implementierungsprojekte liegt bei den meisten Unternehmen zu Beginn die Verwendung eines Implementierungscontrolling an der mangelnden Erfahrungsbasis, was den Einsatz parametrischer Methoden erschwert. Zu einem späteren Zeitpunkt kann allerdings das Function Point-Verfahren einen wertvollen Beitrag zur Schätzung von Implementierungskosten leisten. Bis dahin muß auf Experten zurückgegriffen werden, die anhand von Analogienbildungen zu früheren Veränderungsprojekten Größenordnungsschätzungen zum Implementierungsaufwand abgeben.

Wie sich im weiteren Verlauf der Arbeit noch herausstellen wird, entzieht sich ein gewisser Teil der Implementierungskosten den ausgefeiltesten Schätzverfahren, weil sie - ähnlich einem Eisberg - unsichtbar "unter der Wasseroberfläche" liegen (vgl. Kapitel III.1.4 und III.2.4.2), so daß bei den Kostenschätzungen oftmals gar nicht alle relevanten Kostenarten geschätzt werden. Auch hier muß im Laufe der Zeit Erfahrungswissen angesammelt werden, das idealerweise in eine Erfahrungsdatenbank einfließt.[76]

---

72   vgl. Noth (1987), S. 188
73   vgl. Noth/Kretzschmar (1984), S. 115 ff.
74   vgl. Kurbel/Dornhoff (1993), S. 1050
75   vgl. ebenda
76   vgl. Riedl/Wirth/Kretschmer (1985), S. 1004 f. sowie Noth (1987)

Kostenrechnungssystem

Dem Kostenrechnungssystem als wichtigem Bestandteil des betrieblichen Rechnungswesens kommt eine zentrale Rolle für die Informationsversorgung einer Unternehmung zu. Die Aufgabe der Kostenrechnung ist die "vorwiegend mengen- und wertmäßige Erfassung von ökonomisch relevanten Daten über vergangene, gegenwärtige und zukünftige wirtschaftliche Tatbestände und Vorgänge"[77] einer Unternehmung. Hierbei werden neben der möglichst objektiven Abbildung des Unternehmungsgeschehens auch zunehmend die **Verhaltenssteuerungseffekte** von Kostenrechnungsinformationen (z.B. auch Kennzahlen, vgl. in diesem Kap. II.3.3) auf die Mitarbeiter berücksichtigt.[78] Für die Implementierung mit ihrer Zielsetzung der Akzeptanzschaffung bei den Betroffenen kann eine Kostenrechnung, die sich ihrer Verhaltenswirkungen bewußt ist, zusätzliche Steuerungsmöglichkeiten aufzeigen.

Allgemein hat die Kostenrechnung eine Instrumental- oder Unterstützungsfunktion für das Controlling und damit auch für dessen Subsystem Implementierungscontrolling.[79] Dabei stellen sich zwei grundlegende Fragen hinsichtlich des Verhältnisses von Kostenrechnung und Implementierungscontrolling:

1. Inwieweit kann für ein Implementierungscontrolling auf die bereits im Unternehmen bestehenden Systeme der Kostenrechnung zurückgegriffen werden?
2. Wie muß eine eventuelle Modifikation oder Weiterentwicklung des Kostenrechnungsinstrumentariums aussehen, um den spezifischen Ansprüchen eines Implementierungscontrolling gerecht zu werden?

Aus den Aufgaben eines Implementierungscontrolling (Kap. I.3.2) ergibt sich ein doppelter Bedarf an einem für seine Zwecke funktionsfähigen Kostenrechnungssystem:

• Die ständige Überwachung der durch die Implementierungsmaßnahmen begründeten Kosten während der entsprechenden Phase der Restrukturierung (Kosten als Steuerungsinstrument).

• Kostendaten als "Rohstoff" für einen der Hauptzwecke des Implementierungscontrolling, nämlich die Ermittlung der Wirtschaftlichkeit der Implementierung (Kosten als Input für die Investitionsrechnungen).

---

77 Coenenberg/Fischer (1996), S. 456
78 vgl. Pfaff (1995), S. 442 ff.; Weber (1994); Hiromoto (1988)
79 vgl. Horváth (1996), S. 343 ff.

Entsprechend unterschiedlich gestalten sich auch die Anforderungen an die Kostenrechnung. Die laufende Überwachung des Implementierungsprozesses erfordert, ähnlich dem Routine-Controlling, eine möglichst zeitnahe Bereitstellung der Kostendaten, um kurze Reaktionszeiten des Implementierungscontrolling zu ermöglichen. Hierzu ist in erster Linie eine implementierungsspezifische Erfassung der relevanten Bezugsobjekte und Kostendeterminanten erforderlich. Die in der überwiegenden Zahl der Unternehmen eingesetzten Kostenrechnungssysteme erfassen die Kosten nach Kostenarten, Kostenstellen und Kostenträgern. Eine Erweiterung bzw. Flexibilisierung des Systems ist bspw. dadurch möglich, daß einzelne Projektgruppen oder Implementierungs(teil-)projekte als Kostenstellen aufgenommen werden. Durch die Vielzahl der möglichen Einflußfaktoren auf die Implementierungskosten sollte ähnlich dem System der Prozeßkostenrechnung eine differenzierte Struktur von Kostentreibern ermittelt werden, da sonst ein sehr großer Teil der Implementierungskosten Gemeinkostencharakter hat. Die Kosten für die zentrale Mitarbeiterinformation könnten z.b. nach Werksgröße differenziert werden, wodurch sich für die Steuerung dieses Implementierungsinstruments möglicherweise insofern neue Einsichten ergeben, als die Informationspolitik je nach Werksgröße einen unterschiedlichen Einsatz an Kommunikationsmaßnahmen planen sollte.

Das Implementierungscontrolling erfordert also eine zeitnahe und möglichst flexible Erfassung und Zurechnung der Kosten auf die Implementierung als Ganzes oder auf Teile davon durch das Kostenrechnungssystems. Wird die implementierungsspezifische Zurechnung in Form von Sonderrechnungen aus den vorhandenen, anders systematisierten Kosteninformationen gewonnen, ist die Zeitnähe dieser Daten meistens nicht mehr zu gewährleisten. Hinsichtlich der Aufgabe eines Kostenrechnungssystems, Daten für die Wirtschaftlichkeitsanalyse von Implementierungsstrategien und -instrumenten zu generieren, sind die Herausforderungen identisch mit denen, die bereits bei der Integration von Investitions- und Kostenrechnung eine Rolle spielen.[80] Erste Ansätze hierzu existieren bereits[81], auch wenn bei deren Umsetzung in den Unternehmen immer wieder Praktikabilitätsprobleme auftreten.[82]

Da es sich bei den durch das Controlling zu unterstützenden Implementierungsentscheidungen um langfristige und strategisch bedeutende Fragestellungen handelt (vgl. die Präzedenzwirkungen von Implementierungsentscheidungen, Kap. II.2), verwundert es nicht, daß sich die beiden implementierungsspezifischen Kostenrechnungsaufgaben näherungsweise in die von *Ossadnik/Maus* aufgestellten Anforderungen an eine "strategische Kostenrechnung" überfüh-

80   so z.B. die unterschiedliche Fristigkeit, ein unterschiedlicher Erfolgsbegriff und die oftmals unterschiedlichen Bezugsobjekte, vgl. Küpper (1997), S. 114
81   vgl. z.B. Küpper (1997), S. 106 ff.; Ewert/Wagenhofer (1995)
82   So neigt z.B. die investitionstheoretische Kostenrechnung bei konsequenter Anwendung zum Totalmodell, vgl. Ewert (1996), S. 455 f.

ren lassen. Demnach muß diese Kostenrechnung entscheidungsrelevante Informationen in
standardisierter Form erzeugen (Kosteninformationen zur Steuerung), Ergebniskonsequenzen
von Alternativen entsprechend ihres zeitlichen Anfalls und ihrer Unsicherheit abbilden und
unter Berücksichtigung sachlicher Verbundbeziehungen darstellen[83], wobei diese Anforderungen noch über diejenigen hinausgehen, die der Einsatz von Kostendaten als Input für Wirt-
schaftlichkeitsrechnungen mit sich bringt.[84]

Ausgehend von der als sehr flexibel geltenden **Einzelkosten- und Deckungsbeitragsrechnung** sollen Möglichkeiten der Modifikation von Kostenrechnungssystemen für Zwecke des
Implementierungscontrolling untersucht werden. *Riebels* Teilkostenrechnung baut darauf auf,
daß "jede Kostenart .. irgendwo den Charakter von Einzelkosten"[85] hat. Entscheidend ist lediglich die Wahl der passenden Bezugsgröße. Die relativen Einzelkosten beziehen sich daher
auf einzelne Aufträge, Projekte, Kostenstellen o.ä. Theoretische Basis für diese Sichtweise ist
das ebenfalls von *Riebel* geprägte Identitätsprinzip, welches eine Weiterentwicklung des Ver-
ursachungsprinzip darstellt. Dabei dürfen Kosten nur und ausschließlich den Entscheidungen
zugerechnet werden, welche die Kostenentstehung ausgelöst haben.[86] Durch die konsequente
Einhaltung des Identitätsprinzips ist ein hohes Maß an Steuerungs- und Entscheidungsorientierung gegeben[87], eine Grundvoraussetzung für das Implementierungscontrolling. Folgerichtig
wird jegliche Schlüsselung von echten Gemeinkosten als ökonomisch nicht zu begründen und
daher willkürlich abgelehnt. Vielmehr wird eine Erfassung der relativen Einzelkosten in einer
"möglichst zweckneutralen und universell auswertbaren Grundrechnung"[88] vorgeschlagen, die
durch eine zweidimensionale Kostenerfassung gekennzeichnet ist. Es erfolgt einerseits die
Zuordnung zu einer unternehmensspezifisch zu erstellenden Bezugsgrößenhierarchie und andererseits eine Klassifizierung in leistungsmengenabhängige Kosten (Leistungskosten) und
Kosten der Betriebsbereitschaft (Bereitschaftskosten).

Wichtig für die Beurteilung der *Riebel*schen Teilkostenrechnung auf Basis relativer Einzelkosten als eine Kostenrechnung, die das Implementierungscontrolling unterstützt, ist die ausschließliche Betrachtung pagatorischer Kosten, d.h. von Ausgaben im Sinne von Zahlungs-
verpflichtungen oder Auszahlungssummen.[89] Dadurch findet auch keine Kostenschlüsselung

---

83   vgl. Ossadnik/Maus (1995), S. 145 f.
84   Die Untersuchung einiger neuer Konzepte der Kostenrechnung bei Ossadnik/Maus (1995) zeigt denn auch,
     daß keines davon alle Anforderungen erfüllt, so daß der Anspruch, direkt aus der Kostenrechnung eine
     unmittelbare Entscheidungsunterstützung für strategische Problemstellungen zu erhalten, überzogen er-
     scheint.
85   Riebel (1994), S. 15
86   vgl. ebenda, S. 25 f.
87   vgl. Ewert (1996), S. 454
88   Riebel (1979), S. 786
89   vgl. Riebel (1984), S. 216

auf Perioden und damit z.b. keine Berücksichtigung von Abschreibungen statt. Vielmehr werden Investitionen in der Periode verbucht, in der auch die investitionsauslösende Entscheidung erfolgte.[90] Dies deckt sich mit den Ansätzen in den gängigen Formen der Investitionsrechnung, so daß diese Besonderheit des *Riebel*schen Kostenrechnungssystems den Zwecken der Investitionsrechnung und damit der zweiten Anforderung des Implementierungscontrolling entgegenkommt. Besonders geeignet für einen Einsatz eines Implementierungscontrolling in der Praxis ist die bereits erwähnte zweckneutrale Grundrechnung und die darauf aufbauenden Sonderrechnungen. Dies würde bedeuten, daß nach Einführung der Teilkostenrechnung nach *Riebel* keine besonderen Probleme mehr für die von seiten des Implementierungscontrolling erforderlichen Sonderrechnungen bestünden. Eine Anpassung und Gestaltung der Sonderrechnungen gemäß den Anforderungen eines Implementierungscontrolling ist in jedem Fall möglich. Selbstverständlich verursachen diese Sonderrechnungen einen Kosten- und Zeitaufwand, der nicht unterschätzt werden darf, der allerdings durch die zweckneutrale Kostenerfassung immer noch geringer ist als bei vergleichbaren Analysen aus "traditionellen" Systemen.

Trotz des einperiodigen Planungszeitraums dieses Kostenrechnungssystems können durch die Vielzahl möglicher Bezugsobjekte sehr gute Kosteninformationen für Investitionsrechnungen von Implementierungsvorhaben geliefert werden. Darüber hinaus liegt der pagatorische Kostenbegriff auch dem Lebenszykluskosten-Konzept zugrunde, bei dem die Kosten in dem Moment oder in der Phase berücksichtigt werden, in dem es zum Kostenanfall kommt.[91] Zu schlüssigen Periodenergebnissen kommt man im Falle einer Implementierung mit ihrem Episodencharakter mittels der relativen Einzelkostenrechnung nicht, was allerdings nur dann zum Problem wird, wenn sich fälschlicherweise die Zielvorgaben oder Anreizsysteme an Kalenderperioden orientieren. In diesem Fall muß z.b. mit einer Kurzfristorientierung des Entscheiders gerechnet werden, weil er bei einem absehbaren Arbeitsplatzwechsel sein letztes Periodenergebnis nicht durch hohe Anfangsinvestitionen für die Implementierung verschlechtern will.

Negativ an der relativen Einzelkostenrechnung ist der enorme Aufwand, der durch die Erstellung einer Bezugsobjektsystematik und die anschließende Erfassung und Verteilung der Kosten auf eben diese Bezugsobjekte entsteht. Mit Hilfe relationaler Datenbanken und einer entsprechenden dv-technischen Unterstützung ist eine Umsetzung dieses Systems inzwischen realisierbar.[92] Auch neigt dieses Kostenrechnungssystem dazu, die Kosten für den innerbetrieblichen Leistungstransfer, der gerade auch für Implementierungsvorhaben von großer Be-

---

90 vgl. Riebel (1994), S. 60 ff.
91 vgl. Zehbold (1996), S. 35
92 vgl. Riebel/Sinzig/Heesch (1992)

deutung ist, zu unterschätzen. Die Personalkosten der Projektmitarbeiter sind z.B. als Bereitschaftskosten zu klassifizieren. Da die Mitarbeiter aber für ihre Kostenstelle "in der Linie" und für das Implementierungsprojekt arbeiten, eine Schlüsselung aber oftmals schwierig ist (weil Verbundbeziehungen zwischen Projekt- und Linienarbeit bestehen) und nach *Riebel* nicht vorgenommen werden darf, muß das Bezugsobjekt eine Ebene "höher" liegen. Dies könnte dann z.B. das Werk sein, in dem Routine- und Projektarbeit stattfinden. Damit können aber auch die Kosten nicht mehr unmittelbar der Implementierung zugerechnet werden. Durch das Rechnen mit pagatorischen Kosten ist schließlich auch die Berücksichtigung von Opportunitätskosten nicht oder nur sehr umständlich möglich.

Zusammenfassend kann festgehalten werden, daß sich die Kostenrechnung einer Unternehmung zur Unterstützung des Implementierungscontrolling insofern in Richtung *Riebels* "Relative Einzelkosten- und Deckungsbeitragsrechnung" entwickeln sollte, als die zweckneutrale Grundrechnung mit ihrem sehr flexiblem System der Bezugsobjekte einen guten Ausgangspunkt für die Versorgung des Implementierungscontrolling und seiner vielfältigen Fragestellungen (einzelne Implementierungsinstrumente, unterschiedliche Strategien) mit Kosteninformationen darstellt. Schritte in diese Richtung sind eine **Verbreiterung** der möglichen Bezugsobjekte sowie eine differenziertere Erfassung der Fixkosten nach ihrer konkreten Abbaufähigkeit und damit eine flexiblere Kostenaufspaltung hinsichtlich der zeitlichen Veränderbarkeit von Kosten (**Verfeinerung**). Ein Zugrundelegen eines pagatorischen Kostenbegriffs ist u.E. nicht erforderlich, weil Ausgaben in der Regel sowieso im Rahmen des Rechnungswesens erfaßt werden und durch die Nichtberücksichtigung von Opportunitätskosten in vielen Fällen eine relevante Kostenkategorie unterschlagen würde.

Neben der "**Complex**"-Lösung einer weiteren Verfeinerung der Kostenrechnung, z.B. im oben genannten Sinn, sollte auch der "**Simplex**"-Ansatz einer radikalen Verschlankung der Kostenrechnung in Anbetracht der Anforderungen eines Implementierungscontrolling ins Auge gefaßt werden. Da sich bei jedem Implementierungsprozeß die Kostendeterminanten und die Bezugsobjekte mehr oder weniger unterschiedlich darstellen werden, ist folgerichtig eine Standardisierung der Kostenrechnungsinformationen zu Zwecken des Implementierungscontrolling nicht unbedingt erforderlich bzw. entstehen hohe Kosten durch die bei jedem Implementierungsprozeß notwendigen Anpassungen. Eine Verschlankung des gesamten Kostenrechnungssystems könnte nach *Weber* so aussehen, daß eine wenig differenzierte Basisrechnung durchgeführt wird, die für "bilanzielle Vorarbeiten" ausreicht und von jedermann nachvollzogen werden kann, um ein entsprechendes Kostenbewußtsein zu fördern.[93] Alle anderen Informationsbedarfe, also auch die eines Implementierungscontrolling, sind durch relativ un-

---

93   vgl. Weber (1995b), S. 579 f.

verbundene Teilrechnungen zu befriedigen. Welche Entwicklung für die Unterstützung eines Implementierungsmanagements und -controlling die geeignetere ist, hängt von der Zahl der zu "controllenden" Implementierungsprozesse und deren Ähnlichkeit untereinander ab.

II.3.3   Kennzahlen und Kennzahlensysteme

Unter Kennzahlen versteht man besonders wichtige Zahleninformationen, die einen quantitativ meßbaren, mehrdimensionalen bzw. facettenreichen Sachverhalt in komprimierter Form wiedergeben.[94] Entsprechend der Aufgabenstellung des Implementierungscontrolling müssen auch Kennzahlen stets als Informations- und Steuerungsinstrument eingesetzt werden. Sie können der Darstellung von Informationen über Entscheidungsprämissen der Implementierung (z.b. anzustrebende Zielrenditen) dienen, helfen Sachverhalte zu beurteilen (z.b. durch Benchmarking-Vergleiche einzelner Kennzahlen), Ursachen aufzudecken (durch Zerlegung einer Kennzahl in ihre Determinanten) und haben eine Indikationsfunktion, z.b. im Rahmen von Prognosen oder Früherkennungssystemen. Darüber hinaus kann das Implementierungscontrolling Kennzahlen auch als Instrument zur Steuerung von beteiligten organisatorischen Einheiten heranziehen[95] (Budget für Projektleitung, Flächendeckung der Implementierung in einem Werk u.ä.).

Die besondere Herausforderung für das Implementierungscontrolling ist es jedoch nicht, eine möglichst große Zahl an Kennzahlen zu überwachen, sondern die Nutzung oder auch Festlegung von Kennzahlen, die sich auf die wesentlichen Implementierungsdeterminanten beziehen und die vor allem ein hohes Maß an Führungsrelevanz bezüglich des Implementierungsprozesses besitzen. Schließlich werden bereits heute eine Vielzahl von Kennzahlen in Veränderungsprozessen erfaßt (Gesamtdauer, Zahl der Beteiligten, Flächendeckungsgrad einer Veränderung).[96] Die wirtschaftlichkeitsorientierte Steuerung der Implementierung bedarf aber zusätzlicher und in manchen Fällen auch anderer Kennzahlen, als der bisher ermittelten.

Die bereits erwähnte Forderung nach quantitativer Meßbarkeit bedeutet nicht, daß die Steuerung der Implementierung allein auf der Basis von mathematisch-technokratisch ermittelten Kennzahlen erfolgen soll. Abb. II.3-2 stellt mögliche Formen des Umgangs mit Kennzahlen dar.

"Weiche" Kennzahlen können (in Unterscheidung zu den "harten" Kennzahlen) mittels Evaluierungstechniken (z.B. zur Akzeptanzermittlung) eruiert werden, statt eindeutiger Werte auch

---

94   vgl. Reichmann (1997), S. 16; Küpper (1997), S. 317; Botta (1996a), S. 405
95   vgl. dazu auch die Steuerung von Center-Einheiten, z.B. bei Reiß (1996a), S. 293 ff.
96   vgl. auch Zeyer (1996), S. 68

Wertspannen enthalten sowie von objektiv gemessenen Werten abweichen, weil zur Verhaltensbeeinflussung einzelner oder aller Informationsempfänger Korrekturen vorgenommen werden.[97] Der Umgang mit und Einsatz von "harten" Kennzahlen ist hingegen noch die Domäne dessen, was klassischerweise in den Unternehmen als Controlling bezeichnet wird. An diesem Punkt entzündet sich auch immer wieder die Kritik an der Praxis[98], wobei des öfteren fernöstliche Unternehmen als Beispiele dafür dienen, daß Informationen der Kostenrechnung und damit auch die daraus generierten Kennzahlen nicht unbedingt möglichst exakt und objektiv sein müssen.[99]

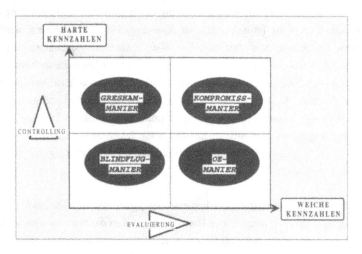

Abb. II.3-2: Umgang mit Kennzahlen[100]

Die starre Orientierung an Kennzahlen unter Verdrängung sonstiger Bewertungskriterien (in Abb. II.3-2 als "Gresham-Manier"[101] bezeichnet) entspricht vor diesem Hintergrund nicht dem Kennzahlenumgang, wie er durch das Implementierungscontrolling erfolgen sollte. Vielmehr muß zu den harten Kennzahlen, die nach wie vor als verläßliche und feste Grundlage z.B. für Projektabbruchentscheidungen u.ä. erforderlich sind, der Einsatz von "weichen" Kennzahlen treten, da gerade in Implementierungsprozessen soziologische und psychologische Einflußgrößen von Bedeutung sind und diese in der Regel nicht völlig eindeutig und unzweifelhaft ermittelt werden können. Der Controllingbegriff umfaßt also für das Implementierungscontrolling auch die Ermittlung und Steuerung von weichen Kennzahlen.

---

97   vgl. auch den Ansatz des Behavioral Accounting, z.B. Petersen/Patzke (1986); Caplan (1988), S. 3 sowie neuere Erkenntnisse bei Wagenhofer/Riegler (1994)
98   vgl. z.B. Schorb (1994), S. 72; Höller (1978), S. 3 f.
99   vgl. Hiromoto (1989), S. 129 ff.
100 Reiß (1996b); auf den Achsen wird jeweils die Einsatzintensität der Kennzahlentypen abgetragen.
101 vgl. McLaren (1982), S. 58 f.

Die sog. Balanced Scorecard kann hierfür als Klassifizierungsraster und Visualisierungsinstrument dienen.[102]

Fallbeispiel General Electric (GE) Motors

Ein Erfolgsfaktor bei der Sanierung von *GE Motors* waren nachvollziehbare Meßgrößen, die über reine Finanzkennzahlen hinausgingen.[103] Im Rahmen des Verbesserungsprogramms TBQ (time-based qualitivity) wurden die zentralen Wettbewerbselemente (Kundendienst, Geschwindigkeit, Qualität, Produktivität und Einbindung der Mitarbeiter) für alle Teams, Manager und Werke einheitlich vorgegeben und ständig kommuniziert. Diese Elemente sind es, die nach unternehmensweiter Auffassung über den Erfolg der *GE*-Tochter entscheiden. Die zentrale Herausforderung im Rahmen von Veränderungsinitiativen ist aber immer die konkrete Übersetzung der grundsätzlich anzustrebenden Ziele in meßbare und akzeptierte Größen für die einzelnen organisatorischen Einheiten (Zielentfaltung, policy deployment). Abb. II.3-3 zeigt das Beispiel einer Kennzahlen-"Übersetzung" für *GE Motors*. Neben der Operationalisierung ist die Bewußtmachung der Kennzahlen bei allen betroffenen Mitarbeitern die zweite große Herausforderung für eine kennzahlengestützte Steuerung von Veränderungsinitiativen. Bei *GE Motors* waren die in Abb. II.3-3 genannten Größen auf meterhohen Tafeln präsent, auf denen der zeitliche Verlauf der abteilungsrelevanten Kennzahlen abgetragen wurde.

TBQ-ELEMENTE	MESSGRÖSSEN FÜR MARKT-TEAMS	MESSGRÖSSEN FÜR FERTIGUNGS-TEAMS
KUNDENDIENST	· Erhebungen über Kundenzufriedenheit · Erfüllte Kundenwünsche · Eingehaltene Zusagen	· Eingehaltene Zusagen
GESCHWINDIGKEIT	· Auftragsdurchlaufzeit · Lagerumschlag	· Fertigungsdurchlaufzeit · Materialumschlag
QUALITÄT	· Kundenbezogene Meßgrößen · Gesamte Qualitätskosten (Teile pro Million)	· Qualitätskosten im Werk · Simulationstest Kundenakzeptanz

PRODUKTIVITÄT	· Gesamte Produktivitätskosten
	  - variabel
	  - fix
		· Gesamte Produktivitätskosten im Werk

EINBINDUNG DER MITARBEITER	· Umfrageergebnisse · Qualitätsschulung	· Umfrageergebnisse · Umweltschutz-, Gesundheitsschutz- und Sicherheitsmaßnahmen

Abb. II.3-3: Kennzahlen im Rahmen des TBQ-Programms bei *GE Motors*[104]

---

102 vgl. z.B. Kaplan/Norton (1996)
103 vgl. Katzenbach (1996), S. 72
104 vgl. ebenda, S. 74

Darüber hinaus waren die TBQ-Ergebnisse auch ein regelmäßiges Thema bei den wöchentlichen Treffen von Mitarbeitern und Führungskräften. Schließlich wurden die Zahlen unternehmensintern sowie sogar den Kunden gegenüber kommuniziert. "Mit TBQ verfügen alle Funktionen und Bereiche über eine gemeinsame Sprache für Diskussionen über alles, was sich bei Kunden und Wettbewerbern ereignet."[105]

Generell gilt für *GE Motors* ein dreidimensionales Zielsystem (Aktionäre, Kunden und Mitarbeiter). Die Messung der Mitarbeiterzufriedenheit dient dabei nicht nur als Subziel für bessere wirtschaftliche Ergebnisse, sondern ist eine den anderen Anspruchsgruppen-Zielen gleichgestellte Größe. Dies führt dazu, daß durchaus auch finanziell erfolgreiche Führungskräfte abgelöst werden, wenn sich die Kennzahl der Mitarbeiterzufriedenheit verschlechtert.[106] Diese wird vierteljährlich mit einer sehr simplen Dreiteilung (dem "Wetterbericht") erfaßt und die Werte bzw. deren Entwicklung fließen in die Leistungsbeurteilung der verantwortlichen Führungskräfte ein. Folgende "plastische" Erhebung wurde und wird durchgeführt:[107]

1. Die Sonne scheint: "Mein Job ist super; ich arbeite wirklich gerne hier."
2. Es ist heiter bis wolkig: "Mein Job ist okay, Bezahlung und Nebenleistungen sind in Ordnung - ich werde wohl bleiben."
3. Es regnet, nie scheint die Sonne: "Mein Job ist gräßlich, es stinkt mir hier."

Diese Umfrage wurde zu Zeiten initiiert, als sich das Unternehmen in einer existenzbedrohenden Krise befand. In einer Zeit also, in der die meisten Unternehmen aus Zeitdruck auf die Befindlichkeiten der Mitarbeiter nur noch wenig Rücksicht nehmen können.

Am Beispiel *GE Motors* kann auch die Unterscheidung in Implementierungskennzahlen im engeren und weiteren Sinne dargestellt werden. Bei den in Abb. II.3-3 genannten Größen handelt es sich um Implementierungskennzahlen im weiteren, nicht aber im engeren Sinn, weil die Messung im wesentlichen Ergebnisgrößen umfaßt, die das gesamte Konzept oder einzelne Elemente daraus erfassen. Sicher ist für eine Verbesserung dieser Werte eine erfolgreiche Implementierung des Konzepts eine Voraussetzung (deshalb Implementierungskennzahlen im weiteren Sinn). Eine Steuerung der Implementierung und deren Instrumente ist mit den genannten Zahlen (mit Ausnahme der Mitarbeiterbefragung) aber nicht möglich. Denn beim Verfehlen von Zielwerten kann die Ursache sowohl im Konzept selbst begründet sein als auch in einer mangelhaften Implementierung (z.B. ungenügende Information). Implementierungs-

---

105 Katzenbach (1996), S. 73
106 vgl. ebenda, S. 75
107 vgl. ebenda

kennzahlen im engeren Sinn müssen daher die in den Implementierungsprozeß eingehenden Potentialfaktoren sowie die dadurch erzielten unmittelbar auf die Implementierung zurückzuführenden Effekte abbilden.

Die Messung der **Performance** einer Handlung ist mit einer Vielzahl von Maßgrößen möglich, die nach folgenden Dimensionen klassifiziert werden können (vgl. Abb. II.3-4):

- Zeitbezug,
- Spezifität,
- Bezug zu den organisationalen Zielen.

Der **Zeitbezug** gibt an, auf welchen Zeitpunkt oder welche Zeitspanne sich die Maßgröße bezieht und wie weit diese im Moment der Messung zurückliegt. Dabei ergibt sich oft ein Spannungsfeld aus schneller Verfügbarkeit und Aussagefähigkeit einer Kennzahl. Die Ermittlung der augenblicklichen Mitarbeiterzufriedenheit mit einem implementierten Objekt kann zwar eine unmittelbare Handlungsorientierung aufweisen, weil z.B. aufgrund des Ergebnisses weitere Bemühungen zur Akzeptanzschaffung unternommen werden müssen; über den generellen Erfolg der Implementierung kann jedoch keine Aussage gemacht werden. Andererseits kann für eine Entscheidungsunterstützung verständlicherweise nicht das Ende einer Implementierung abgewartet werden. Implementierungskennzahlen müssen folglich äußerst unterschiedliche Ausprägungen der Dimension "Zeitbezug" aufweisen, um sowohl der Dokumentations- als auch der Handlungsunterstützungsfunktion gerecht zu werden.

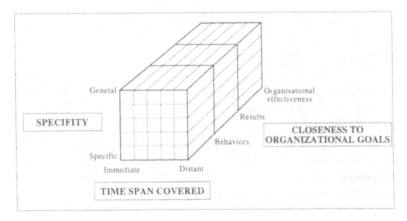

Abb. II.3-4: Klassifizierung von Performance-Maßen[108]

---

108 vgl. Smith (1976), S. 749

Der **Spezifitätsgrad** einer Kennzahl gibt an, ob sie sich nur auf einen speziellen Aspekt der Implementierung bezieht oder mehrere Aspekte darin enthalten sind. Man kann versuchen, die Motivationswirkung einer Informationskampagne getrennt nach den einzelnen Kommunikationsinstrumenten oder als Gesamtergebnis der Kommunikationsbemühungen zu erfassen. Der Spezifizierung von Kennzahlen sind jedoch in aller Regel Grenzen gesetzt: zum einen durch Verbundeffekte, wie sie z.b. zwischen verschiedenen Implementierungsinstrumenten auftreten können, die es unmöglich machen, eine stichhaltige, eindeutige Zuordnung von Effekten auf die einzelnen Maßnahmen vorzunehmen. Zum anderen sprechen in der Praxis auch wirtschaftliche Gründe gegen eine zu starke Spezifizierung der Kennzahlen. Selbst wenn theoretisch die Zurechnung gelingt, wird sie unter Verweis auf die hierdurch entstehenden Kosten in der Praxis nicht durchgeführt, wenn der durch die Spezifizierung erwartete Nutzen gegenüber den Kosten als nicht ausreichend empfunden wird. Umgekehrt kann auch die Aggregation spezifischer Kennzahlen zu einer Gesamtgröße erhebliche Probleme aufwerfen. Als Regel sollte versucht werden, möglichst spezifische Zahlen zu ermitteln, um konkrete Ansatzpunkte für eventuell nötige Korrekturen im Instrumenteneinsatz zu bekommen, denn je allgemeiner die Kennzahlen sind, um so geringer ist ihr Aussagegehalt. In einem Kennzahlensystem muß darauf geachtet werden, daß die spezifischen Größen möglichst umfassend ermittelt und durch klare Aggregationsregeln zu generischen Maßgrößen verdichtet werden können. Schließlich basieren eine Vielzahl von Entscheidungen, wie z.b. der Projektabbruch, auf Kennzahlen, die über die Gesamtperformance der Implementierung unterrichten.

Die Dimension **Zielbezug** unterscheidet Performance-Größen, die das Verhalten, die (objektiv meßbaren oder subjektiv geschätzten) konkreten Implementierungseffekte oder die organisationale Zielerreichung abbilden. Je nach dem zugrunde liegenden Objekt kann es sich bei allen drei Ausprägungen um individuelle oder kollektive Größen handeln. Die vollzogene Verhaltensänderung bei einzelnen Mitarbeitern oder ganzen Abteilungen wird durch eine Kennzahl der Verhaltensperformance dargestellt, das konkrete Ergebnis, wie z.b. eine schnellere Auftragsbearbeitung innerhalb einer Abteilung, wird auf der Resultatsebene erfaßt und die Kombination bzw. Aggregation der Resultatsgrößen ergibt schließlich eine Performance-Größe, die eine Aussage über die Zielerreichung auf der Gesamtunternehmungsebene macht, so z.b. die Verbesserung der Auftragsdurchlaufzeiten. Als Kennzahlen zur Messung der Implementierungsperformance können folglich auf der Ebene der organisationalen Ziele oftmals nur Veränderungsgrößen (Verbesserung der Produktqualität durch die Implementierung, Verschlechterung der Kostensituation durch die Implementierung) herangezogen werden und nicht etwa die davon beeinflußten Absolutzahlen (z.b. gesamter Aufwand im Geschäftsjahr).

Gerade letztgenanntes macht noch einmal die Tatsache deutlich, daß es sich bei der Implementierung nur um einen Teilbereich des Unternehmungsgeschehens handelt und somit auch das implementierungsspezifische Kennzahlensystem nur eine Teilmenge des gesamten Kennzahlensystemes der Unternehmung darstellt.

Die spezifischen Anforderungen an ein Implementierungscontrolling zusammen mit den oftmals beträchtlichen Schwierigkeiten der Ergebnismessung, -operationalisierung und/oder -zuordnung einzelner Implementierungsmaßnahmen machen eine kennzahlenseitige Erfassung auch der Inputgrößen für den Implementierungsprozeß zwingend notwendig.

Ein Kennzahlensystem, das die für die Implementierung relevanten Dimensionen (einschließlich der angesprochenen Modifikationen) der in Abb. II.3-4 dargestellten Performance-Kennzahlenklassifikation sowie eine Erweiterung um Input-Größen in sich vereint, ist in Abb. II.3-5 dargestellt.

In vertikaler Richtung wird nach den **Implementierungsparametern,** welche die Inputgrößen darstellen, eine Unterscheidung nach dem Zielbezug vorgenommen, ohne daß im Einzelfall die dargestellten Ebenen eindeutig den bereits genannten Dimensionsausprägungen (Verhalten, Resultat, Gesamtunternehmensziele) zuzuordnen wären.

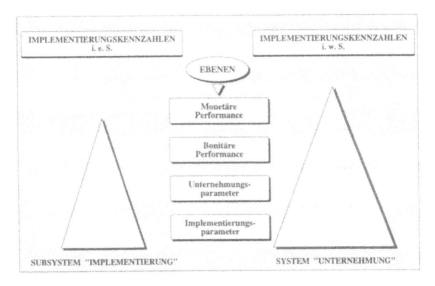

Abb. II.3-5: Kennzahlensystem für die Implementierung[109]

---

109 Grimmeisen (1997), S. 149

Tendenziell liegt allerdings diese Klassifikationsdimension dem vertikalen Systemaufbau zugrunde. Durch die Gestaltung der Implementierungsparameter wird versucht, Veränderungen im Implementierungskontext (den betroffenen **Unternehmungsparametern**) zu bewirken. Die eigentlichen Implementierungseffekte werden in Abb. II.3-5 in Veränderungen der **bonitären** und **monetären** Performance klassifiziert. Diese Unterscheidung trägt den Schwierigkeiten bei der Ermittlung von finanziellen Implementierungseffekten Rechnung. Während sich z.B. die implementierungsbedingte Verbesserung des Lieferservice noch auf einzelne Implementierungsmaßnahmen zurückführen läßt, ist ein eindeutiger Zusammenhang mit einem Umsatzanstieg nicht mehr unmittelbar herzustellen (vgl. auch die Beispiele in Abb. II.3-6).

Dem Spezifitätsgrad muß bei dem in Abb. II.3-5 vorgeschlagenen Kennzahlensystem durch eine entsprechende Objektfokussierung Rechnung getragen werden. Das bedeutet, daß bei einem zu erfassenden Objekt "Implementierung" auch die Kennzahlen auf den einzelnen Ebenen einen eher generischen Charakter haben, wenn das System nicht durch die Vielzahl an (spezifischen) Kennzahlen "gesprengt" werden soll. Es wird daher eher eine Kennzahl erfaßt werden, die in irgendeiner Form die implementierungsbedingten Verhaltensänderungen der Mitarbeiter ausdrückt, anstatt diese Kennzahl noch einmal nach allen Implementierungsmaßnahmen zu differenzieren. Andererseits können und müssen bei einem Meßobjekt "Implementierungsmarketing" mit spezifischen Kennzahlen die Verhaltens-, Resultats- und Zieleffekte ermittelt werden. Eine umfassende Kennzahlenanalyse des Implementierungsprozesses erfordert daher die Erfassung der Parameter und der dargestellten Effekte für unterschiedlich spezifische Meßobjekte.

Der Zeitbezug der Kennzahlen schlägt sich in Abb. II.3-5 nicht explizit nieder, da dieser wie bereits erwähnt stark von der Funktion des Kennzahlensystems (Steuerungs- oder Dokumentationsfunktion) abhängt. Die zumeist erforderliche "Bifunktionalität" des Implementierungscontrolling und damit auch des unterstützenden Kennzahlensystems erfordert jedoch eine entsprechende Auswahl von Kennzahlen, die sowohl kurzfristigen Handlungsbedarf aufdecken als auch mittel- bis langfristige Bewertungen zulassen.

Beispiele für implementierungsrelevante Kennzahlen, deren Beziehungen untereinander z.T. kausal-logischen Charakter haben (z.B. Zusammenhang von Kosten eines Instruments mit dessen Einsatzzeit), z.T. aber auch empirisch-induktiv mit Hilfe von Plausibilitätsüberlegungen gewonnen wurden (z.B. der Zusammenhang von Leitungsspanne und Flexibilität)[110], sind in Abb. II.3-6 aufgeführt. Konkretisierungen der Kennzahlen werden im Rahmen der einzel-

---

110 vgl. zur Entwicklung eines Kennzahlensystem auch die Differenzierungen bei Küpper (1997), S. 327

nen Anwendungsfelder (Teil III) vorgenommen, da - wie bei F&E-Kennzahlen[111] - ein standardisiertes System aufgrund der mehrdimensionalen Verknüpfung zwischen den einzelnen Kennzahlen sowie aufgrund der unterschiedlichen Implementierungsprojekte, die den Kennzahlen zugrunde liegen, nicht praktikabel erscheint.

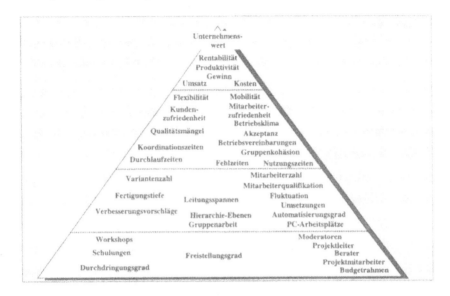

Abb. II.3-6: Beispiele für Implementierungskennzahlen[112]

II.3.4 Lebenszyklus-Modelle

Das Denken in Lebenszyklen (LZ) und in den phasenspezifischen Kosten stellt einen der zentralen Ansätze für ein Implementierungscontrolling dar. Diese Bedeutung resultiert aus der mehrperiodigen Bewertungsperspektive, die eingenommen werden muß, wenn entsprechend dem bereits beschriebenen Zielsystem eine nachhaltige Wertsteigerung durch die Konzeptimplementierung erzielt werden soll. Kurzfristige Optimierungsansätze könnten auf Lebenszykluskostenüberlegungen verzichten. Dynamische, mehrperiodige Aspekte in einer Entscheidungssituation können zwar auch durch andere betriebswirtschaftliche Instrumente (wie z.B. die dynamische Investitionsrechnung oder mehrperiodig angelegte Nutzwertanalysen) berücksichtigt werden.[113] Diese sind dann allerdings bereits so operational, daß die grundsätzli-

111 vgl. Gentner (1994), S. 17 ff.
112 vgl. zu einer ähnlichen Darstellung von Kennzahlen des Customer Focus-Prozesses bei *ABB*, Grimmeisen (1997), S. 150
113 vgl. Wübbenhorst (1984)

che Steuerungsmechanik in den lebenszyklusbezogenen Kostenstrukturen nicht mehr erkennbar wird. Zudem besteht der Unterschied zwischen Investitionsrechnung und Life Cycle Costing darin, daß bei letzterem nicht die Ressourcenbeschaffung in Gestalt einer Investition,
sondern die Ressourcennutzung durch ein Implementierungsprojekt im Mittelpunkt steht.[114]
Dennoch kann auch die bloße Einbeziehung des Lebenszyklus-Gedankenguts in die Entscheidung über die Auswahl von Implementierungsinstrumenten keine ausreichende Fundierung
darstellen, da die Zeitabhängigkeit wichtiger Entscheidungsvariablen (persönliche Zeitpräferenzen des Entscheiders, Zeitwertigkeit des Geldes ...) nicht in das Lebenszyklus-Modell einfließt. Auf der anderen Seite stellen Erkenntnisse aus der Analyse des Lebenszyklus Hilfestel-
lungen, wenn nicht gar Vorbedingungen für fundierte Aussagen in einer Investitionsrechnung
dar. Lebenszyklus-Modelle sind daher Instrumente des strategischen Managements und damit
auch Instrumente für die strategische Planung des Implementierungsprozesses. Die Modelle
dienen in erster Linie der Gestaltungsfunktion des Implementierungscontrolling[115] (vgl. Kap.
I.3.2).

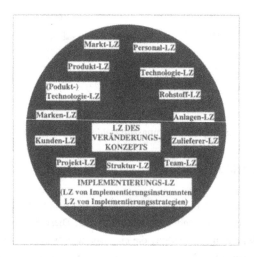

Abb. II.3-7: Klassifizierender Überblick über Lebenszyklus-(LZ-)Modelle

Die Grundidee des Lebenszykluskonzepts ist die Darstellung eines Ordnungsmusters für so
unterschiedliche Dinge wie Branchen, einzelne Unternehmen, Beziehungen, Technologien
oder Kunden. Charakteristisch für dieses Ordnungsmuster ist die Ansicht, daß die betrachteten

---

114 vgl. Horváth (1995), S. 719, der die Aussage, dem Ursprung des Life Cycle Costing entsprechend, auf Pro-
     dukte statt auf Projekte bezieht.
115 vgl. Back-Hock (1992), die es als Ziel des Life-Cycle-Cost-Concepts betrachtet, daß "die Gesamtkosten
     eines Systems unter Einbeziehung der Folgekosten aktiv zu gestalten" (S. 704) sind.

Objekte nur für eine begrenzte Zeit "existieren" oder für den Analysten Relevanz besitzen. Bei manchen Lebenszyklen, wie denen von Branchen oder Unternehmen, handelt es sich um übergreifende bzw. aggregierte Zyklen. Der Branchenzyklus z.b. ist abhängig von der Entwicklung der einzelnen Unternehmenszyklen. Diese wiederum sind abhängig von einer Vielzahl unternehmensspezifischer Zyklen, wie Kundenlebenszyklen, Produktlebenszyklen oder Potentiallebenszyklen. Abb. II.3-7 gibt einen klassifizierenden Überblick über verschiedene potentielle Objekte einer Lebenszyklusanalyse innerhalb einer Unternehmung. In Abb. II.3-7 wird durch die Zuordnung der Lebenszyklus-Modelle zu den Unternehmungssektoren die gegenseitige Verflechtung und Überlagerung der Lebenszyklen in einer Unternehmung deutlich. Gerade der Lebenszyklus eines Veränderungskonzepts wird stark durch Marktgegebenheiten (Kunden-LZ, Markt-LZ), durch die einzelnen Ressourcen-Lebenszyklen sowie natürlich durch den Implementierungs-Lebenszyklus beeinflußt.

Zwei Typen von Lebenszyklen sind für das Implementierungscontrolling von besonderer Bedeutung (in Abb. II.3-7 mit Großbuchstaben dargestellt). Das eine Analyseobjekt ist die Performance-Entwicklung des zu implementierenden Konzepts, d.h. inwieweit sich im Laufe der Zeit die gewünschten Effekte des Konzepts einstellen. Der zweite Fokus des Implementierungscontrolling liegt auf den Lebenszyklen der einzelnen Implementierungsinstrumente und -strategien, die sich zu einem Implementierungs-Lebenszyklus aggregieren lasen. Bei allen Lebenszyklus-Modellen basieren die dazugehörigen Überlegungen auf erwarteten Sättigungsgrenzen. Entsprechend wird eine Verlaufsdarstellung mittels S-Kurve gewählt, wie sie z.B. auch bei Technologie-Lebenszyklen verwendet wird.[116] Abb. II.3-8 macht den typischen Verlauf des Implementierungsnutzens (= Realisierung der gewünschten Konzepteffekte) deutlich und zeigt, wie das Implementierungscontrolling eine bedarfsgerechte Budgetsteuerung zu unterstützen hat. Mit einem ausreichenden Vorlauf müssen die Implementierungsinstrumente finanziert werden, die zur Milderung der verschiedenen Nutzenverzögerungen oder "Nutzendellen" (abnehmender Nutzen des zu implementierenden Konzepts) beitragen.

Üblicherweise folgt auf den massiven Instrumenteneinsatz zu Beginn der Implementierung ein entsprechender Nutzen, der sich z.B. in ersten positiven Ergebnissen des eingeführten Konzepts oder auch in einer recht großen Akzeptanz einer Veränderung durch die Betroffenen ausdrücken kann. Diese schnellen Erfolge sind bei komplexen Vorhaben auch psychologisch äußerst wichtig, weil sie zunächst die Kritiker und Opponenten verstummen lassen und den Betroffenen in der Umbruchphase Hoffnung signalisieren. Aus den verschiedensten Gründen läßt sich im Anschluß an die ersten Erfolge in der Praxis immer wieder ein Absinken der Implementierungsperformance ausmachen.[117] Dies kann z.B. daher rühren, daß bei den Betroffe-

---

116 vgl. z.B. Foster (1982), S. 22 ff.; Foster (1986), S. 17 ff. sowie Krubasik (1982), S. 28 ff.
117 vgl. Bridges (1995)

nen nach und nach Konfusion aufkommt, weil nach der Euphorie mit den Tücken des implementierten Konzepts im Alltag zu kämpfen ist, weil die Unterstützung durch die Implementierungsarbeit zu früh reduziert wurde, weil zu sehr auf oberflächliche Zustimmung statt auf Überzeugung der Mitarbeiter gesetzt wurde usw.

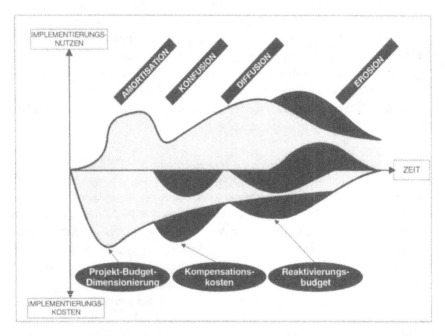

Abb. II.3-8: Typischer Verlauf der Implementierungsperformance[118]

Jedenfalls muß darauf das Implementierungsmanagement erneut mit Maßnahmen gegensteuern, die dann (hoffentlich) zu einer nachhaltigen Diffusion des zu implementierenden Konzepts beitragen. Im Bewußtsein, daß die Begeisterung für ein neues Konzept auch bei den vehementesten Befürwortern mit der Zeit nachläßt oder das Konzept selbst bereits wieder verändert werden muß, ist früher oder später von einer Erosion des Implementierungsnutzens auszugehen. Es kann dann mit Hilfe von Auffrischungs- oder Aktualisierungsmaßnahmen zu einer Reaktivierung von Implementierungsmaßnahmen kommen, welche die Obsoleszenz des eingeführten Konzepts noch einmal verschieben können.

Der zweite Einsatz des Lebenszyklus-Gedankenguts im Rahmen des Implementierungscontrolling ist die Analyse einzelner Implementierungsstrategien und -instrumente hinsichtlich

---

118 in Anlehnung an Reiß (1994b), S. 450

ihrer Lebenszykluskosten. Ausgangspunkt dafür ist die Überlegung, daß unterschiedliche Instrumente eine unterschiedliche zeitliche Kostenstruktur aufweisen. Es handelt sich bei der Einbeziehung der Lebenszyklusphasenabhängigkeit der Implementierungskosten um ein zusätzliches Kostenaufspaltungs- bzw. -zurechnungskriterium, neben der Beschäftigungsgradabhängigkeit (fixe und variable Kosten) und der Kostenträger- bzw. Bezugsobjektabhängigkeit.[119] Einzelne Implementierungsmaßnahmen zeichnen sich durch unterschiedliche Kosten für ihre Konzipierung im Vorlauf ihres Einsatzes aus. Des weiteren kommt es zu Kostenunterschieden während und in der Folge ihrer Anwendung. Im Rahmen einer Erfassung der integrierten Lebenszykluskosten von Implementierungsstrategien und -instrumenten muß daher in jedem Fall die angedeutete Dreiteilung von Lebenszyklusphasen vorgenommen werden: Vorlauf- oder Anfangskosten, begleitende Kosten, Folgekosten.[120] Eine differenziertere Einteilung ist zwar grundsätzlich möglich, erschwert aber das zeitbezogene Zurechnungsproblem.[121]

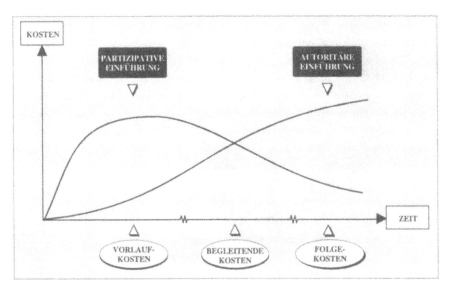

Abb. II.3-9: Lebenszykluskosten für Implementierungsstrategien

Es wurde bereits angedeutet, daß die Analyse der Lebenszykluskosten Objekte ganz unterschiedlichen Aggregationsgrades erfassen kann, da generell nur die zeitlich eingeschränkte Analyserelevanz von Bedeutung ist. Die Entscheidung, ob die Implementierung mittels "Bombenwurf" oder in partizipativer Manier stattfindet, kann dabei ebenso anhand von Lebenszy-

---

119 vgl. Reichmann/Fröhling (1994), S. 286
120 vgl. Back-Hock (1988), S. 22 ff. sowie Hahn (1996), S. 283
121 vgl. Zehbold (1996), S. 190; Reichmann/Fröhling (1994), S. 286 ff.

klusüberlegungen analysiert werden (vgl. Abb. II.3-9) wie die Entscheidung über die Auswahl von alternativen Qualifizierungsinstrumenten im Rahmen der Implementierung (vgl. Kapitel III.1.2) oder die Frage nach einer permanenten oder fallweisen Einrichtung einer Einigungsstelle im Rahmen der betrieblichen Mitbestimmung (vgl. Kap. III 1.3.5).

Die Lebenszyklusphasenabhängigkeit ist gerade in Implementierungprozessen ein wichtiges **Kostenaufspaltungs-** und in der Folge auch **Kostenzurechnungskriterium,** da die zu implementierenden Restrukturierungskonzepte aufgrund ihres Veränderungsvolumens sehr zeitaufwendig sind und damit die herrschende Kurzfristorientierung im Controllinginstrumentarium (mit Ausnahme der Investitionsrechenverfahren) keine hinreichende Entscheidungsfundierung liefert. Die bezüglich der Humanressourcen entscheidende Größe für den Implementierungserfolg, die Mitarbeiterakzeptanz, hat darüber hinaus einstellungsprägenden Charakter und damit mittel- bis langfristig relevante Auswirkungen auf das Mitarbeiterverhalten, und zwar über die Implementierungsarbeit hinaus. So läßt bspw. die Bombenwurfstrategie Zweifel an einem ansonsten partizipativen Führungsstil aufkommen, worunter die Motivation der Mitarbeiter auch im Tagesgeschäft (also ganz unabhängig von der Implementierung) leiden kann (vgl. Abb. II.3-9). Im Gegensatz dazu sind bei partizipativer Implementierung höhere Kosten vor oder auch während der Implementierung zu erwarten, die durch die Anzahl und Schwierigkeit der Abstimmprozesse zwischen den Beteiligten (z.B. zwischen Geschäftsführung, Betriebsrat und betroffenen Mitarbeitern) bedingt sind. Der beispielhaft geschilderten Mechanik liegen generell vier Hypothesen (auch "Basisstrategien"[122] genannt) zugrunde, die durch Kombinatorik entstanden sind und unterschiedliche Relevanz besitzen:[123]

* Sinkende Anfangskosten führen zu steigenden Folgekosten
* Steigende Anfangskosten führen zu sinkenden Folgekosten
* Sinkende Anfangskosten führen zu sinkenden Folgekosten
* Steigende Anfangskosten führen zu steigenden Folgekosten

Die zuletzt genannte "Strategie" widerspricht dem Wirtschaftlichkeitsprinzip und ist nur dann festzustellen, wenn bereits eindeutige Implementierungsfehler gemacht wurden. Der Fall könnte z.b. dann eintreten, wenn in der Festlegung der Implementierung mit großem Aufwand ein sehr detaillierter und deterministischer Implementierungsplan ausgearbeitet wird, der keine Flexibilität in sich birgt und bei veränderten Bedingungen gar nicht oder nur sehr kostspielig angepaßt werden kann.

---

122 vgl. Wübbenhorst (1992), S. 253 ff.
123 vgl. Wübbenhorst (1984)

Ziel des Implementierungscontrolling muß es immer sein, ceteris paribus zu möglichst geringen Kosten über den Lebenszyklus zu kommen, weswegen die vorletzte Strategie (sinkende
Anfangs- und Folgekosten) auch als Optimalstrategie bezeichnet werden kann. Dieser Fall
kommt allerdings in Implementierungsprozessen vergleichsweise selten zum Tragen. Der Ansatz des Time based-Management baut darauf auf.[124] Kürzere Planungszeiten sichern gleichzeitig die Aktualität der Prämissen und des Konzepts zum Zeitpunkt der Durchführung.

Die ersten beiden "Mechanismen" hingegen sind die immer wieder vorzufindenden zeitlichen
Zusammenhänge des Kostenanfalls bei einzelnen Implementierungsmaßnahmen. Eine generelle Entscheidung über die im Einzelfall zu präferierende Basisstrategie kann nicht gegeben
werden, sondern hängt in ganz besonderer Weise vom Zielsystem und den Präferenzen der
Entscheider oder Entscheidungsgruppen ab. Die Bedeutung dieser Zusammenhänge wird auch
durch den mehrmaligen Einsatz der Analyse von Lebenszykluskosten im Rahmen der Anwendungsfelder (Teil III dieser Arbeit) evident. Zur Entscheidungshilfe kann das Lebenszyklus-
Instrumentarium aber nur in Verbindung mit der Berücksichtigung von Zeitpräferenzen der
Entscheider und der Berücksichtigung der Zeitwertigkeit von Kosten- und Nutzengrößen werden. Dies geschieht mit Hilfe der (dynamischen) Investitionsrechnung.

Oft wird an den Lebenszyklus-Modellen kritisiert, daß der Lebenszyklus erst ex post erkennbar ist.[125] Konkret bedeutet diese Kritik, daß das Implementierungscontrolling zu einem bestimmten Zeitpunkt nicht feststellen kann, ob der sinkende Implementierungsnutzen (Abb.
II.3-8) zur Implementierungsdelle zu rechnen ist oder bereits als ein Zeichen der Erosion gewertet werden muß. Hiergegen muß eingewendet werden, daß die Bezeichnung des Phänomens letztlich nur von akademischer Bedeutung ist. Das Implementierungscontrolling und die
Entscheidungsinstanzen müssen jedoch in jedem Fall prüfen, wie es zum Rückgang des Nutzens kommt und darauf aufbauend, ob weitere Implementierungsaktivitäten unternommen
oder ob die Bemühungen eingestellt werden sollen. Die Entscheidungssituation stellt sich
folglich für die Implementierungsdelle und die Erosionsphase in identischer Weise. Richtig ist
allerdings, daß immer auch ein gewisser Erfahrungshintergrund erforderlich ist, wenn es darum geht abzuschätzen, welche Lebenszyklus-"Mechanik" für welche Strategie oder welches
Instrument zu erwarten ist. Teil III dieser Arbeit wird nicht zuletzt hierzu einen Beitrag leisten.

124 vgl. Stalk/Hout (1992)
125 vgl. hierzu in erster Linie Dhallah/Yuspeh (1976), S. 102 ff.; vgl. auch Höft (1992), S. 40; Arbeitskreis Hax
      der Schmalenbachgesellschaft (1983), S. 102

II.3.5   Investitionsrechnung und Shareholder Value-Analyse

Die Ausgaben im Zusammenhang mit Implementierungsvorhaben haben zu einem großen Teil investiven Charakter, weil sie zur Schaffung einer Infrastruktur für Veränderungen eingesetzt werden und damit relativ langfristig gebunden sind. Darüber hinaus handelt es sich regelmäßig um relativ hohe Kapitalbeträge, die zur Erzielung bestimmter geplanter Konsequenzen eingesetzt werden.[126] Das Instrument zur Ermittlung und Bewertung der Wirtschaftlichkeit von Investitionen ist die Investitionsrechnung. Sie gehört damit in den Instrumentenkasten des Implementierungscontrolling.

Zu unterscheiden sind statische und dynamische Verfahren der Investitionsrechnung.[127] Die statischen Verfahren ignorieren den Zeitablauf, da sie alle Zahlungen auf die Periode der Investition beziehen.[128] Die **Pay off-Methode** (auch Methode der Amortisationsdauer oder Kapitalrückflußrechnung genannt) kann daher ebenso wie die Gewinnvergleichsrechnung als Sonderform eines einfachen Kosten-/Nutzenvergleichs gesehen werden, bei der der Nutzen monetär quantifizierbar ist.

Bei den dynamischen Verfahren erfolgt ein Auf- oder Abzinsen der Ein- und Auszahlungen auf einen bestimmten Zeitpunkt. Unterschiedlich lange Auszahlungsreihen werden so vergleichbar gemacht, da die Zeitwertigkeit der Zahlungen berücksichtigt wird. Die bekanntesten Verfahren sind die **Kapitalwertmethode**, die Annuitätenmethode sowie die Methode des internen Zinsfusses. Die Verfahren liefern im Normalfall eindeutige Ergebnisse, wie z.B. daß eine Investition dann von Vorteil ist, wenn sie einen positiven Kapitalwert hat bzw. diejenige Investition zu präferieren ist, deren Kapitalwert höher ist. Dennoch sind diese Verfahren nur auf einige Bereiche des Implementierungsvorhabens anwendbar, nämlich auf diejenigen Investitionen, die denen im Rahmen des "normalen" Betriebsgeschehens entsprechen, also z.B. der Kauf neuer (flexibler) Maschinen, welche die Implementierung von Gruppenarbeit unterstützen sollen. Allerdings sind selbst in diesem Fall meistens die positiven Effekte auf die Implementierungsarbeit gar nicht berücksichtigt. Nutzwertanalysen können dann als Ergänzung zur Investitionsrechnung deren Aussagefähigkeit verbessern.[129]

Die Investitionsrechnung allein kann nicht ausreichend sein, die Wirtschaftlichkeit der Implementierung zu bewerten. Es lassen sich nämlich immer nur einzelne Investitionsprojekte

---

126 vgl. zu den Charakteristika einer Investition, Kern (1976)
127 vgl. für eine ausführliche Darstellung der im folgenden behandelten Verfahren, Perridon/Steiner (1997), S. 34 ff.
128 vgl. Horváth (1996), S. 500 f.
129 vgl. Blohm/Lüder (1995), S. 175

beurteilen und diese nur auf der Basis eines Zielkriteriums. Das gravierendste Manko der angesprochenen Verfahren ist jedoch, daß sie die Unsicherheit der zukünftigen Zahlungen nicht berücksichtigen. Für ex ante-Untersuchungen ist dies allerdings erforderlich. Grobe Korrekturverfahren, die z.b. mit Wahrscheinlichkeiten der Zahlungen oder pauschalen Zahlungskorrekturen arbeiten[130], sind wenig hilfreich, da sie letztlich nur eine Art Schätzung bedeuten. Das Capital Asset Pricing Model (CAPM) integriert die Unsicherheit in die Renditeerfordernisse einer Investition. Dieses Kapitalmarktmodell ist gleichzeitig die Basis der Shareholder Value-Analyse.

Shareholder Value-Analyse (SVA)

Mit der SVA steht dem Implementierungscontrolling ein Instrument zur Verfügung, daß genau für die Zielsetzung entwickelt wurde, die in Kap. II.1.2 auch als **oberste Zielsetzung** der Implementierung genannt wurde: die Steigerung des Unternehmenswertes. Das Instrument, das vor allem im Rahmen der strategischen Planung, Steuerung und Kontrolle eingesetzt wird[131], ist aus drei Gründen auch für die Bewertung von Implementierungprozessen geeignet:

- Es nimmt die erforderliche langfristige Bewertungsperspektive ein. Schließlich beeinflussen Implementierungsstrategien noch über Jahre positiv oder negativ z.B. die Unternehmungskultur.

- Die Unsicherheiten, die von der Implementierung ausgehen und auf die unterschiedlichsten Weisen die Unternehmung berühren, können durch einen veränderten Kapitalkostensatz berücksichtigt werden.

- Der Shareholder Value wird nicht aus manipulierbaren Bilanzkennzahlen ermittelt, sondern mit Hilfe von Cash flow-Größen. Diese sind unabhängig von der Abschreibungs- und Kapitalisierungspolititk. Da die Investitionen in die Implementierung und damit zu einem großen Teil in die Humanressourcen nicht aktiviert werden, sondern gänzlich zu Lasten des Jahresüberschusses gehen, könnten Implementierungsvorhaben bei Steuerung mit einer Bilanzkennzahl wie dem ROI im Vergleich mit Investitionen ins Anlage- und Umlaufvermögen zu negativ bewertet werden. Eine direkte Ermittlung des Cash flows als Zahlungsüberschuß in einer Periode ist nicht erforderlich, da im Rahmen der SVA ein Netz von **Wertgeneratoren**, Werttreibern oder auch "value drivers" (vgl. Abb. II.3-10, untere Reihe) existiert, die dahingehend untersucht werden können, ob sie von den zu bewertenden Implementierungsmaßnahmen beeinflußt werden.[132]

---

130 vgl. z.B. Perridon/Steiner (1997), S. 95 ff.
131 vgl. Schmidt (1996), S. 683
132 vgl. Rappaport (1995), S. 53; Unzeitig/Köthner (1995), S. 115 ff.; Koller (1994), S. 91; Gomez (1993), S. 77

Auch die Unternehmenspraxis gesteht dem Shareholder Value-Ansatz einen überdurchschnitt-
lichen bis starken Einfluß auf Entscheidungen zu, die sich auf Unternehmensrestrukturierungen beziehen. Nach "Verteilung der finanziellen Ressourcen", der "Beurteilung von Strate-
giealternativen" und der "Investitionsbeurteilung" stehen "Restrukturierungen" des Unternehmens bereits an vierter Stelle der Entscheidungsrelevanz unternehmenswertorientierten Ge-
dankenguts - und dies z.B. noch vor Entscheidungen zu Portfolio-Optimierungen.[133] Dabei
muß berücksichtigt werden, daß auch die in der Praxis noch stärker mit dem Shareholder Value-Ansatz analysierten Entscheidungstatbestände eine unmittelbare Relevanz für die Implementierung besitzen. Schließlich ist gerade die Auswahl (bzw. die Auswahlvorbereitung) von
alternativen Implementierungsstrategien eine der Hauptaufgaben des Implementierungscontrolling. Auch die Einschätzung der Implementierungsausgaben als Investition wurde bereits
mehrfach als Ansatzpunkt des Implementierungscontrolling erwähnt. Zwar dürften sich in der
genannten Studie die entsprechenden Entscheidungskomplexe in erster Linie auf unterneh-
mensextern gerichtete Strategien (Markt-, Akquisitionsstrategien u.ä.) oder "klassische" Investitionen, wie z.B. ins Anlage- und Umlaufvermögen beziehen. Dennoch kann festgehalten
werden, daß die Praxis einer unternehmenswertorientierten Implementierung das Wort redet,
wenn davon ausgegangen wird, daß sich interne und nach außen gerichtete Strategien nicht in
ihrem Wesen unterscheiden, ebensowenig wie Investitionen ins Anlage- oder Umlaufvermögen von denen, die das Humankapital betreffen (z.B. Qualifizierung im Rahmen der Implementierung).

Anhand der Abb. II.3-10 wird ein Überblick über die einzelnen Einflußfaktoren auf den Unternehmenswert gegeben und im Anschluß im Zusammenhang mit der Erklärung der Einzel-
begriffe näher erläutert.

Zum betrieblichen **Ertragswert**, der sich aus den abdiskontierten, freien Cash flows und dem
ebenfalls abdiskontierten Endwert ergibt, wird das nicht-betriebsnotwendige Vermögen hin-
zugerechnet, um als Ergebnis den Unternehmenswert zu erhalten. Durch Subtraktion des
marktbewerteten Fremdkapitals bleibt der Aktionärswert bzw. Shareholder Value übrig. Im
Mittelpunkt des Instruments SVA steht allerdings nicht der Verteilungsaspekt (welcher An-
spruchsgruppe kommen die erzielten Wertzuwächse zugute), sondern der Entstehungsaspekt[134]
(vgl. auch Kap. II.1.2).

---

133   vgl. Deutsch (1996), S. 86, der eine Studie der Universität Mannheim zu den Einsatzfeldern der Share-
      holder Value-Analyse zitiert.
134   vgl. zu dieser Unterscheidung auch Zettel (1994), S. 17 ff.

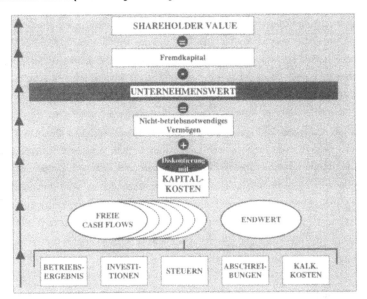

Abb. II.3-10: Übersicht über die Shareholder Value-Analyse

Die SVA hat drei "Säulen", die auch für das Implementierungscontrolling von Bedeutung sind:

- Kapitalkosten auf Basis des Capital Asset Pricing Model (CAPM)
- Freie Cash Flows
- Endwert

Zur Abzinsung der freien Cash Flows (siehe unten) wird der gewichtete Kapitalkostensatz einer Unternehmung oder Unternehmungseinheit als Diskontierungszinsfuß herangezogen. Der Fremd- und Eigenkapitalkostensatz wird mit dem Anteil des Fremd- bzw. Eigenkapitals am Gesamtkapital multipliziert und dann addiert. Zur Bestimmung des Fremd- und Eigenkapitalkostensatzes wird auf Marktwerte zurückgegriffen. Während dies beim Fremdkapital einfach ist, muß für die Bestimmung der Eigenkapitalkosten das CAPM[135] herangezogen werden, um sie auf der Basis der Renditeerwartungen der Eigenkapitalgeber ermitteln zu können.

Grundsätzlich geht die Annahme des CAPM bezüglich des Verhaltens der Kapitalanleger davon aus, daß dieser die möglichen Risiken einer Anlage soweit wie möglich diversifiziert.

---

135 Auch die Arbitrage Price Theory wird zuweilen als Ansatz genannt. Die Unterschiede sind jedoch nicht fundamentaler, sondern eher marginaler Natur, vgl. Roll/Ross (1980), S. 1073 ff.

Wenn man in ein Portfolio investiert, das in etwa den Gesamtmarkt repräsentiert, so ist es möglich, das **unsystematische Risiko** (z.B. Brand in den Fabrikanlagen, Tod des Vorstandsvorsitzenden) fast vollständig auszuschalten. Das **systematische Risiko** ist nicht weiter diversifizierbar und muß daher durch eine entsprechende Risikoprämie abgegolten werden (Marktrisikoprämie des Gesamtmarktes und das Finanz- und Geschäftsrisiko der Einzelunternehmung). Die zu erwartende Rendite μ einer risikobehafteten Anlage einer Einzelunternehmung muß mit zunehmendem systematischen Risiko (Finanzrisiko und Geschäftsrisiko) um so mehr über dem Zinssatz für risikolose Kapitalanlagen (z.B. risikolose Staatsanleihen) liegen. Dies bildet die Kernaussage des 1964 von *Sharpe* und 1965 von *Lintner* entwickelten Capital Asset Pricing Models[136]. Das nicht diversifizierbare Risiko wird durch den sog. β-Faktor dargestellt. Der je nach Unternehmen abweichende Faktor nimmt in der Realität Werte zwischen 0,7 und 1,5 an, wobei 1,0 dem Risiko des Standardportfeuilles (z.B. DAX-Werte) entspricht. Ein $\beta < 1$ ($\beta > 1$) bedeutet, daß das systematische Risiko geringer (größer) als das des Standardportfeuilles ist. Dies bedeutet zusammenfassend:

Eigenkapitalkosten   =   Risikofreier Zinssatz

+ β * (erwartete Marktrendite - risikofreier Zinssatz)

Zur Wertsteigerung durch das Implementierungsprojekt kann es nur kommen, wenn entweder das spezifische (Geschäfts-)Risiko c.p. verringert wird oder ebenfalls c.p. die freien *Cash flows* gesteigert werden. Mit Hilfe des freien *Cash flow* können die Ausschüttungen an die Kapitalgeber vorgenommen werden. Er muß für die Dauer der Planungsperiode ermittelt und daraufhin mit dem gewichteten Kapitalkostensatz abdiskontiert werden. Die freien *Cash flows* sind vor allem deswegen so wichtig für die Implementierungsbewertung, weil sie die ökonomische Rendite besser als andere Steuerungsgrößen darstellen[137] und daher auch einen korrekten Vergleich mit aktivier- und abschreibbaren Investitionen ermöglichen.

In der Regel werden die freien *Cash flows* indirekt ermittelt, indem vom Betriebsergebnis die Investitionen sowie die Vermögens- und Gewerbesteuer abgezogen, kalkulatorische Kosten addiert und schließlich der Betrag um die Veränderungen bei den Pensionsrückstellungen korrigiert wird.[138] Möglich ist auch eine direkte Ermittlung[139] (als Differenz von Auszahlungen und Einzahlungen), wobei aus Praktikabilitätsgründen (die erforderlichen Informationen werden vom Rechnungswesen meistens nicht bereitgehalten) meistens die indirekte Ermittlung

136 vgl. Spremann (1992), S. 378
137 vgl. Rappaport (1986), S. 40
138 vgl. hierzu Ballwieser (1993), S. 164; Copeland/Koller/Murrin, (1995), S. 130 f.; Meyersiek (1991), S. 235; Gomez/Weber (1989), S. 31; Leutiger (1987), S. 129
139 vgl. z.B. Siegwart (1994), S. 29 ff.

gewählt wird.[140] Durch Aufspaltung der genannten Einflußfaktoren auf die freien Cash flows
entsteht das Netz der Wertgeneratoren. Da sich die Implementierungseffekte selten eindeutig
in den hoch aggregierten Kennzahlen wie Betriebsergebnis nachweisen lassen, ist dem Implementierungscontrolling mit den Wertgeneratoren die Möglichkeit gegeben, systematisch
mögliche Einflüsse auf diese zu erfassen und bereits dadurch Aussagen über Implementierungseffekte auf den Unternehmenswert zu machen.[141] Da zudem immer wieder verlangt wird,
die Wertgeneratoren mittels **Sensitivitätsanalysen** auf die Stärke ihres Einflusses hin zu untersuchen[142], muß dem Implementierungscontrolling auch bekannt sein, wie sich z.B. ein höherer Kapitalkostensatz bei gleichzeitig höheren freien Cash flows auf den Unternehmenswert
auswirkt.

Bereits im Rahmen der Überlegungen zu den Lebenszykluskosten wurde auf die Bedeutung
der Folgekosten hingewiesen. Ebenso kann es aber auch sein, daß der Nutzen einer Strategie
erst lange nach der Implementierung eines Konzepts zum Tragen kommt. Dies beides macht
die Relevanz des End- oder **Residualwertes** für ein Implementierungscontrolling deutlich. Er
bildet den Einfluß einer Strategie auf den Cash flow jenseits der Planungsperiode ab. Üblicherweise werden zwei Formen des Endwerts unterschieden: der Fortführungswert und der
Liquidationswert. In der Regel wird das Implementierungscontrolling vom Fortführungswert
ausgehen können, da Restrukturierungen dazu beitragen sollen, daß das Unternehmen überleben kann. In diesem Fall wird die Methode der "ewigen Rente" zur Anwendung gebracht, die
davon ausgeht, daß die Unternehmung im Anschluß an die Prognoseperiode im Durchschnitt
nur noch die Kapitalkosten auf neue Investitionen verdient. Der Quotient aus "ewigem" Cash
flow und dem gewichteten Kapitalkostensatz ergibt dann den Endwert[143], der oftmals den
größten Teil des Unternehmenswerts ausmacht.[144]

Der Liquidationswert oder Verkaufswert einer Unternehmung kann in einer bestimmten Situation auch für das Implementierungscontrolling relevant werden, nämlich z.B. dann, wenn
ein Personalabbau kurz vor einem geplanten Verkauf bewertet werden soll. Bei Überkapazitäten der Unternehmung ist es sehr wahrscheinlich, daß der Verkaufswert durch den Abbau signifikant gesteigert werden kann, da der Käufer nicht mehr selbst die entsprechenden Maßnahmen vornehmen muß. Den cash flow-senkenden Ausgaben für Sozialpläne, Abfindungen
usw. muß also gegebenenfalls der höhere (abdiskontierte) Verkaufswert gegenübergestellt

140 vgl. zu einem kritischen Vergleich der beiden Ermittlungsverfahren, Kirsch/Krause (1996), S. 801 ff.
141 vgl. auch die potentiellen Effekte von Restrukturierungskonzepten auf den Unternehmenswert bei
     Zettel (1994)
142 vgl. z.B. Rappaport (1986), S. 157 ff.; Bühner (1990)
143 vgl. zu den verschiedenen Methoden der Endwert- oder auch Restwertabschätzung, Fickert (1992);
     Helbling (1991), S. 107 ff.
144 vgl. Unzeitig/Köthner (1995), S. 129

werden, um einen Personalabbau im Rahmen einer Implementierung richtig beurteilen zu können.

II.3.6   Optionspreismodell

In jüngster Zeit werden vermehrt Überlegungen angestellt, die unterschiedlichen Flexibilitäts-potentiale von potentiellen Handlungsalternativen zu operationalisieren. Ausgehend von der in II.1.5 dargelegten Implementierungszielsetzung, c.p. möglichst flexible, d.h. "unsicherheits-absorbierende" Implementierungsstrategien und -instrumente zu präferieren, muß die Erfas-sung und Quantifizierung der Flexibilität von besonderem Interesse für ein Implementierungs-controlling sein. Unter Rückgriff auf die Finanztheorie[145] werden Optionspreismodelle zur Ergänzung des Investitionscontrolling vorgeschlagen.[146] Hintergrund hierfür ist die Erkenntnis, daß die einer Investition inhärente Flexibilität einen **zusätzlichen** Wert darstellt, der erfaßt werden muß, um Vergleiche zwischen alternativen Investitionen (hier: Implementierungsak-tivitäten) anstellen zu können.

Der mit einer Investition verbundene Erwerb von einer oder mehreren "realen" Option schafft Handlungsmöglichkeiten, die in der Zukunft genutzt werden können, aber nicht unbedingt genutzt werden müssen. In der Regel handelt es sich bei den mit Implementierungsalternati-ven in Zusammenhang stehenden Spielräumen um "amerikanische Optionen", die sich da-durch auszeichnen, daß sie während einer bestimmten Laufzeit ausgeübt werden können, wo-hingegen die "europäische Option" nur zu einem bestimmten Zeitpunkt, dem Laufzeitende, ausgeübt werden darf. Durch die Schaffung einer implementierungsförderlichen Infrastruktur wird aber gerade das Ziel erreicht, zu einem beliebigen Zeitpunkt diese Infrastruktur für weite-re Implementierungsaktivitäten zu nutzen. Der Abschluß einer sehr generell gehaltenen Be-triebsvereinbarung über den Nachteilsausgleich der Betroffenen bei Restrukturierungen stellt die Verhandlungspartner zwar möglicherweise vor größere Abstimmungsprobleme als bei einer konkreten Verhandlungsgrundlage (ein spezifisches Implementierungsprojekt), gleich-zeitig beinhaltet eine solche Betriebsvereinbarung aber auch die Möglichkeit, eine Ausdeh-nung der Implementierung z.B. auf zusätzliche Werke oder Hierarchieebenen vorzunehmen, ohne daß erneut Verhandlungskosten anfielen. Die so geschaffene Infrastruktur ist vergleich-bar mit einer amerikanischen Kaufoption und kann entsprechend bewertet werden. Die Unter-scheidung von Kauf- und Verkaufsoptionen beruht darauf, daß erstere es ermöglicht, eine Handlung zu tätigen, letztere hingegen die Möglichkeit einräumt, eine Aktivität zu unterlas-sen. Die Inanspruchnahme eines externen Beraters beinhaltet im Vergleich zum Aufbau un-

---

145 vgl. Black/Scholes (1973); Merton (1973); Brealey/Myers (1996)
146 vgl. Herter (1994), S. 82 ff.; Herter (1992); Teisberg (1994); Sanchez (1991)

ternehmungsinterner Beraterkapazität eine (amerikanische) Verkaufsoption, da - ein entsprechender Beratervertrag vorausgesetzt - beim Abbruch der Implementierung auch die Beratungsbeziehung gelöst werden kann. Unternehmungsinterne Kapazität führt hingegen zu Kostenremanenzen und ist daher im direkten Vergleich weniger flexibel.

Die wichtigsten Handlungsspielräume, die Optionen in der Regel eröffnen, sind im folgenden zusammengefaßt[147] und anhand von für das Implementierungscontrolling relevanten Sachverhalten dargestellt:

- **Abbruchmöglichkeit**: Sie liegt bei einer Verkaufsoption vor, die es ermöglicht, die Implementierung mit geringeren Kosten abzubrechen als ohne diese Option (vgl. obiges Beispiel). Oft wird allerdings auch versucht, diese Option bewußt zu vermeiden, um Rückzugsmöglichkeiten auszuschließen. Das ist dann der Fall, wenn Veränderungen möglichst schnell an einen "Point of No Return" getrieben werden, der einen Rückfall in "alte Zeiten" unmöglich macht. Dies ist unter psychologischen Gesichtspunkten sicher zu rechtfertigen. Allerdings kann es auch passieren, daß eine Implementierung ab einem bestimmten Punkt in jedem Fall "durchgezogen" wird, ohne die wirtschaftlichen Konsequenzen zu berücksichtigen. Ein solches "escalating commitment"[148] sollte durch ein Implementierungscontrolling vermieden werden.
- **Lernmöglichkeit**: Dieser Vorteil ergibt sich regelmäßig durch ein proaktives Vorgehen. Werden die Stakeholder bereits vor der eigentlichen Konzeptentwicklung mit Restrukturierungsplänen eines Unternehmens konfrontiert, können die unterschiedlichen Interessen im Konzept berücksichigt bzw. Argumente für deren Nichtberücksichtigung entwickelt werden. Durch diese proaktive Informationsstrategie gewinnt das Unternehmen folglich Zeit für Lernprozesse und kann die Konzept- und Implementierungsentscheidungen auf einer besseren Informationsbasis treffen.
- **Erweiterungsmöglichkeit**: Dieser Handlungsspielraum besteht immer dann, wenn eine kontext-unspezifische Implementierungsinfrastruktur aufgebaut wird. Wird z.B. der Betriebsrat in die Konzeptplanung miteinbezogen, obwohl der betroffene Unternehmensteil aus Größengründen gar nicht der Mitbestimmung unterworfen ist, schafft sich das Unternehmen eine Erweiterungsoption auf zusätzliche Mitarbeitergruppen und Unternehmensteile. Ansonsten könnte es sein, daß die im Pilotbereich gewonnenen Erfahrungen nicht übertragen werden können, weil der Betriebsrat wesentliche Veränderungen am Ausgangskonzept fordert.

---

147   vgl. Copeland/Koller/Murrin (1995), S. 353 ff.
148   Staw (1981)

- **Wechselmöglichkeit**: Eine Veränderungsstrategie, die in hohem Maße Wechseloptionen besaß, war die Implementierung des *Fit For Customer*-Programms (FFC) bei *Alcatel SEL*.[149] Zunächst wurde anhand von Strukturen und Regeln zur verbesserten Zusammenarbeit über Hierarchie- und Funktionsbereiche hinweg eine Plattform für Veränderungen geschaffen, die zur Implementierung von unterschiedlichen Konzepten diente. Sowohl sich ständig ändernde externe Umweltanforderungen als auch sich wandelnde Zielsetzungen aus dem französischen Mutterhaus machten fortlaufend Anpassungen und Wechsel im einzuführenden Konzept erforderlich.[150] Daß im Rückblick dennoch alles als "in sich stimmig" erscheint[151], ist der ausgeprägten Wechseloption zu verdanken, die im Aufbau von generischer Veränderungskompetenz zu Beginn des Change-Prozesses lag.

- **Konsolidierungsmöglichkeit**: Hierbei handelt es sich ähnlich der Abbruchmöglichkeit um eine Verkaufsoption, die den Rückzug aus einzelnen Konzeptbestandteilen oder Implementierungskontexten (z.B. einzelne Werke) ermöglicht. Ein stufenweises Vorgehen bei der Implementierung der Konzeptmodule beinhaltet diese Option. Wird erkannt, daß die Betroffenen in einem Bereich durch die Vielzahl an Veränderungen überlastet werden, können z.B. weniger veränderungsintensive Konzeptmodule vorgezogen oder die Implementierungsphase für eine Zeit lang unterbrochen werden. Dies ist bei einer integrativ angelegten, simultanen Implementierungsstrategie nicht möglich.

Auf die konkrete Quantifizierung und finanzmathematische Ermittlung eines Optionswertes wird hier verzichtet und statt dessen auf die einschlägige Literatur verwiesen.[152] Es sei lediglich angemerkt, daß es sich dabei um verhältnismäßig komplexe mathematische Operationen handelt, die zudem eine Vielzahl von Parameter-Schätzungen erfordert, z.B. die Wahrscheinlichkeit für das Eintreten derjenigen Situation, die zur Ausübung der Option führt, oder die "Laufzeit" der Option. Unter Praktikabilitäts- und Wirtschaftlichkeitsgründen kann ein Implementierungscontrolling allerdings auch gut auf die exakte Quantifizierung von Optionswerten verzichten und statt dessen ein diskretionäres "Spielen" mit verschiedenen Handlungsalternativen und deren Optionen vornehmen.[153] Dies kann dadurch geschehen, daß eine qualitative Abschätzung von Optionswerten erfolgt, die dann eine komparative Analyse von alternativen Implementierungsaktivitäten zuläßt und als Ergänzung zur Investitions- bzw. Shareholder Value-Rechnung dient.

---

149 vgl. Dörle/Grimmeisen (1995), S. 311 ff.
150 vgl. ebenda
151 vgl. ebenda, S. 314
152 vgl. Brealy/Myers (1996); Herter (1992), S. 322 ff.
153 vgl. Trigeorgis (1993), S. 210

Solch eine qualitative Bestimmung von Optionswerten kann anhand folgender **Determinanten** vorgenommen werden:[154]

- Planungsrisiko: Je größer das Planungsrisiko ist, desto wertvoller ist eine Option.
- Ausübungszeitpunkt und Laufzeit der Option: Kann die Option zu jedem Zeitpunkt der Laufzeit ausgeübt werden (amerikanische Option), ist sie wertvoller, als wenn sie nur zum Laufzeitende ergriffen werden kann. Gleichzeitig nimmt ihr Wert mit der Laufzeit zu.
- Höhere Informationssicherheit nach der Optionslaufzeit: Je eher sich eine größere Informationssicherheit während der Laufzeit ergibt, um so höher ist der Optionswert anzusetzen. Die endgültige Entscheidung kann durch die Option verzögert werden und zu einem späteren Zeitpunkt mit einer verbesserten Informationsbasis getroffen werden.
- Höhe der Kapitalkosten: Mit einer Erhöhung der Kapitalkosten ergibt sich durch den dadurch bedingten höheren Kalkulationszinsfuß eine Verringerung des zukünftigen, durch die Option erzielbaren Vorteils. Auf der anderen Seite ergibt sich durch die höhere Abzinsung aber auch ein geringerer Kapitaleinsatz zur Ausübung der Option. Der daraus resultierende Gesamteffekt muß daher im Einzelfall abgeschätzt werden.
- Exklusivität der Option: Je stärker eine Option an eine spezifische Handlungsalternative gebunden ist, um so wertvoller ist sie einzuschätzen. So ist z.B. die beschriebene Ausstiegsoption bei Fremdbezug von Beratungsleistungen nicht ausschließlich dieser Alternative zu eigen, sondern eine vergleichbare Option besteht, wenn interne Beratungsdienste von einer bereits bestehenden Einheit bezogen werden und damit kein Kapazitätsaufbau induziert wird.

Ausgehend von den genannten Wertdeterminanten einer Option kann ein Profil entwickelt werden, das einen Vergleich der einzelnen Alternativen hinsichtlich ihrer Optionen zuläßt.[155] Durch die Berücksichtigung von Optionen, die unterschiedlichen Implementierungsaktivitäten anhaften, kann zusammenfassend eine Integration von Flexibilitätsgesichtspunkten in die Alternativenbewertung erfolgen. Es kann damit verhindert werden, zur Entscheidungsbegründung auf vage Argumente, wie die "strategische Bedeutung" einer Alternative, zurückgreifen zu müssen.

---

154 vgl. Sharp (1991), S. 73 f. oder Kester (1984), S. 156 f.
155 vgl. z.B. ein Formblatt bei Herter (1994), S. 86

TEIL III ANWENDUNGSFELDER EINES IMPLEMENTIERUNGSCONTROLLING

III.1 CONTROLLING VON IMPLEMENTIERUNGSINSTRUMENTEN

Nachdem die einzelnen Bausteine eines Implementierungscontrolling erläutert wurden, muß dessen Dokumentations- und Steuerungsfunktion auf die in Kap. I.2.1.4 erwähnten Implementierungsinstrumente angewandt werden, um so zu einer Optimierung der Implementierungsaktivitäten beizutragen. Während die Anwendung des Controlling auf das *Implementierungsmarketing* die Instrumente "Kommunikation" und "Motivation" abdeckt, wird dem Controlling von *Qualifikationsprogrammen* ein eigenes Kapitel gewidmet. Die Optimierung der organisationalen Implementierungsparameter wird aufgrund der vielfältigen Aspekte differenziert untersucht werden. Die ablauforganisatorische *Einbindung der Betroffenen* in den Entscheidungsprozeß der Implementierung muß ebenso untersucht werden wie die aufbauorganisatorische *Strukturierung* einer "Sonderorganisation" zur Erledigung der Implementierungsaufgaben. Weitere Aspekte der Implementierungsgestaltung sind die Art und das Ausmaß der *Integration von Beratern* in die Implementierung sowie die *Dimensionierung von Reserven* unterschiedlicher Art (Slacks), die einen reibungslosen Implementierungsprozeß sicherstellen sollen.

Im zweiten Kapitel dieses Teils wird auf *Personalanpassungen* im Rahmen von Implementierungsprozessen näher eingegangen. Dabei handelt es sich einerseits um einen zentralen Konzeptbestandteil vieler Restrukturierungen und andererseits um ein häufig eingesetztes Implementierungsinstrument, das statt der von den übrigen Instrumenten angestrebten Kontextanpassung eine teilweise Substitution des personellen Kontextes zum Ziel hat.

III.1.1 Controlling von Implementierungsmarketing

1.1.1 Gründe für ein Implementierungsmarketing

Eine intensive und breit angelegte Kommunikation wird oft als der Schlüssel zu einer erfolgreichen Implementierung angesehen. Versucht man allerdings Parallelen zur Produkt- oder Dienstleistungsvermarktung zu ziehen, stellt sich die Frage, warum lediglich der Kommunikationssektor und nicht vielmehr das gesamte Marketing-Instrumentarium für das "Verkaufen" des zu implementierenden Konzepts eingesetzt wird. Folgerichtig werden hier zunächst Möglichkeiten der Übertragung von Marketing-Gedankengut auf Implementierungsprozesse untersucht, in erster Linie hinsichtlich der sich daraus ergebenden Konsequenzen für das Implementierungscontrolling. Der größere, zweite Teil dieses Kapitels wird sich dann mit dem Teilbereich Kommunikation näher beschäftigen, da dies bereits zum Standardrepertoire der Implementierungspraxis gehört und sich hierbei einige Optimierungsprobleme ergeben, deren Lösung durch das Implementierungscontrolling unterstützt werden muß. Den Abschluß des Kapitels bilden Fragen der Gestaltung von sogenannten Implementierungsawards sowie die Abbildung von Diffusionsprozessen zu Controllingzwecken.

Für den Einsatz von Marketinginstrumenten in unternehmungsinternen Implementierungsprozessen gibt es zumindest zwei Argumentationslinien. Die eine baut auf den sich zunehmend verbreitenden Center-Konzepten auf, die andere auf einer weiten Auslegung der Marketing-Philosophie. Die Anwendung von Center-Konzepten macht eine Begründung für den Marketingeinsatz recht einfach. Ausgehend von der Annahme, daß das Unternehmen in unternehmerisch tätige Center segmentiert ist, bietet ein Center, z.B. der interne Consulting-Bereich oder auch die Personalabteilung als Service-Center, den Business Centern als internem Markt ein zentral entworfenes Konzept und die dazugehörigen Implementierungsleistungen an. Die Business-Center sind dabei keineswegs verpflichtet, dieses Angebot anzunehmen. Entsprechend dem Gedankengut des Entrepreneuring müssen daher die Service-Center versuchen, potentielle Abnehmer für ihre Dienstleistungen zu gewinnen. Damit liegt der Einsatz des Marketinggedankenguts bereits auf der Hand. Das gesamte Spektrum des Marketinginstrumentariums, der Marketing-Mix, kann mit kleinen Modifikationen zur Anwendung kommen. Je marktwirtschaftlicher sich die internen Leistungsbeziehungen darstellen, um so eher können Produkt-, Kontrahierungs-, Distributions- und Kommunikationsmix übernommen werden. Ein Beispiel für solch eine Center-Lösung ist die *ABB Management Consulting GmbH*, die die Implementierung der breit angelegten Change-Initiative "*Customer Focus*" in ihrem Leistungsangebot hat. Sie kann zwar auf die Unterstützung der *ABB*-Geschäftsleitung als Verkaufsargument verweisen, letztendlich sind die Center-Leiter (in erster Linie die der Business-Center), aber autonom in ihrer Entscheidung, den Customer Focus-Prozeß einzukaufen, solange ihre Ergebnisse im Vergleich zu anderen Gesellschaften nicht schlechter ausfallen. Bei gutgehenden Centern kommt es einzig auf die Überzeugungskraft und damit auch auf das Marketing der Consulting GmbH an. Der Trend in Richtung Entrepreneurship und Marktwirtschaft im Unternehmen dürfte sich zwar fortsetzen, dennoch kann die Frage gestellt werden, ob unternehmerische Center eine zwingende Voraussetzung für den sinnvollen Marketingeinsatz in Implementierungsprozessen sind.

Dies muß verneint werden, weil die Marketing-Philosophie in den letzten Jahrzehnten Ausweitungen erfahren hat, die nun auch unternehmungsinterne Transaktionen abdecken. Während das "Old Concept of Marketing" noch durch eine Produktionsorientierung gekennzeichnet war, rückte das "New Concept of Marketing" die Nachfragerinteressen in den Mittelpunkt und fördert daher die Kundenorientierung.[1] Über die Ausweitung des Marketing auf nichtkommerzielle (Non profit-Marketing) und insbesondere auf soziale Einsatzgebiete (Social Marketing) wurde ein Marketing-Verständnis erzielt, das auch darauf ausgerichtet ist, die "Akzeptierbarkeit sozialer Ideen zu beeinflussen"[2]. Ähnlich wie bei der Implementierung steht dabei die Akzeptanz von Ideen im Vordergrund, wenn auch die Perspektive extern orientiert ist (Akzeptanz sozialer Ziele in der Gesellschaft). Durch das "Generic Concept of Marketing" wird der Rahmen dann allerdings so weit gesteckt, daß auch unternehmungsinterne Austauschprozesse mit einbezogen werden.[3] Bei der Implementierung eines Konzepts in einem (sozialen) Teilsystem der Unternehmung kommt es genau zu solchen Austauschprozessen zwischen Vorgesetzten und Mitarbeitern oder zwischen Betriebsleitung und Abteilungen, letztlich zwischen dem implementierenden System und dem, in welches das Konzept implementiert werden soll.[4] So wenden denn auch bereits *Kirsch/Esser/Gabele* die Marketing-Philosophie und die entsprechenden Instrumente auf Prozesse des geplanten Wandels von Organisationen an.[5]

Des weiteren gilt es zu prüfen, inwieweit es sich beim Implementierungsmarketing und den verschiedenen Ansätzen des internen Marketing[6] um deckungsgleiche Konzepte handelt und inwieweit damit auch auf die Kenntnisse und Erfahrungen von Theorie und Praxis auf dem Gebiet des internen Marketing zurückgegriffen werden kann. Bei einer Übertragung des bekannten Marketing-Gedankenguts müssen die Ziele des Implementierungsmarketing folgende sein:

- Verbesserung des Informationsstandes der internen Abnehmer, d.h. der von der Implementierung Betroffenen,
- Akzeptanzsteigerung für das zu implementierende Konzept,
- Imagesteigerung für das Gesamtprojekt (z.B. ein Change-Konzept), und zwar nicht nur bei den Betroffenen, sondern idealerweise bei allen Stakeholdern der Unternehmung.

Die Akzeptanz bei den Betroffenen ist vergleichbar mit dem Kaufwunsch im externen Marketing, die marketingseitige Promotion des Wandels kann als Teil der Public Relations-Be-

1 vgl. Nieschlag/Dichtl/Hörschgen (1997), S. 20 ff.; Kotler (1972)
2 Kotler/Zaltman (1972), S. 557
3 vgl. Kotler (1972), S. 48 f.
4 Dabei ist allerdings zu beachten, daß keineswegs nur unternehmungsintern Implementierungsarbeit zu leisten ist. Andere Stakeholder müssen ebenso in den Ansatz integriert werden.
5 vgl. Kirsch/Esser/Gabele (1979), S. 307 ff.
6 vgl. z.B. Bruhn (Hrsg., 1995); Stauss (1995); Bruhn (1995a)

mühungen des Unternehmens gesehen werden. Die Zielsetzung des Implementierungsmarketing kann zu folgender Definition verdichtet werden:

Durch die Berücksichtigung der Bedürfnisse und Wünsche der von Implementierungsaktivitäten Betroffenen wird versucht, deren Informationsstand, Qualifikation und Motivation zu erhöhen und somit deren Akzeptanz für das zu implementierende Konzept und die erforderlichen Implementierungsmaßnahmen zu steigern.

1.1.1.1   Abgrenzung zum internen Marketing

Anhand dieser Definition des Implementierungsmarketing kann nun eine Einordnung in das zunehmend propagierte Konzept des internen Marketing vorgenommen werden. Gemeinhin wird unter internem Marketing die "Optimierung unternehmungsinterner Prozesse mit Instrumenten des Marketing- und Personalmanagements"[7] verstanden. Ziel ist es dabei, die Bedürfnisse der Mitarbeiter stärker zu berücksichtigen und so die marktbezogenen Unternehmensziele effizienter zu erreichen.[8] Daß also Austauschprozesse[9] innerhalb der Unternehmung mit Hilfe des Marketinginstrumentariums gestaltet werden, entspricht der Zielsetzung des Implementierungsmarketing. Die angestrebte Akzeptanz der Mitarbeiter (als Ziel der Implementierung) kann, wie Abb. III.1-1 in der ersten Zeile zeigt, sowohl durch den internen als auch durch den externen Einsatz von Marketinginstrumenten erreicht werden, wobei der Schwerpunkt der Aktivitäten auf dem internen Einsatz beruht (Mitarbeiterbroschüren, Multiplikatoren, Implementierungsanreize usw.).

Beispielhaft für den externen Instrumenteneinsatz, der zwar in erster Linie interne Zielsetzungen verfolgt (Schattierung in der ersten Zeile rechts der Abb. III.1-1), gleichzeitig aber auch die externe Akzeptanz (Schattierung in der zweiten Zeile) steigern soll, sind positive Darstellungen der Implementierung in der Öffentlichkeit, so z.B. durch einschlägige Veröffentlichungen, Zeitungs- oder Fernsehberichte u.ä. Die angesprochenen Zielgruppen bei diesen Maßnahmen erstrecken sich zunächst einmal auf alle Stakeholder. Somit können dadurch sowohl die Mitarbeiter der Unternehmung als auch Aktionäre, Kunden, Lieferanten und sonstige Anspruchsgruppen angesprochen werden.

---

7   Bruhn (1995b), S. 22
8   vgl. ebenda sowie Hillebrecht (1996), S. 121
9   Dies sind im hier betrachteten Zusammenhang die Implementierungsaktivitäten.

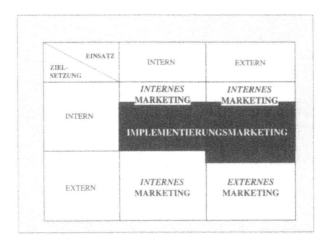

Abb. III.1-1:   Zusammenhang zwischen internem Marketing und
Implementierungsmarketing[10]

Was in Abb. III.1-1 als Teilgebiet des internen Marketing, jedoch nicht des Implementierungsmarketing ausgewiesen wird (linker unterer Quadrant), ist die Erreichung von rein externen Zielsetzungen mittels internen Marketingeinsatzes (z.b. Schulungen von Außendienstmitarbeitern). Die Implementierung und damit auch deren Marketing trägt dagegen nur mittelbar
(durch die Umsetzung des zu implementierenden Projekts) zur Erreichung externer Ziele bei.
Innerhalb der aufgezeigten Grenzen kann das Implementierungsmarketing auf die Ergebnisse
und Erfahrungen des internen Marketing aufbauen.

Beim Controlling des Implementierungsmarketing geht es um die Optimierung des Marketinginstrumentariums unter Wirtschaftlichkeitsgesichtspunkten. Voraussetzung dafür ist z.b.
eine Segmentierung der Betroffenen (ähnlich der Marktsegmentierung), um die unterschiedlichen Instrumente effektiv und effizient einsetzen zu können. Dies ist ebenso Aufgabe des
Implementierungscontrolling wie eine am Lebenszyklus der Implementierung orientierte
Ausgestaltung des Implementierungs-Marketingbudgets und die laufende Steuerung des (Im-
plementierungs-)Marketing-Mix anhand geeigneter Kennzahlen.

Zunächst wird eine konkrete Ausgestaltung des Implementierungsmarketing-Mix vorgestellt
sowie eine Gegenüberstellung von Marketing und Partizipation in der Implementierung vorgenommen, bevor dann ausgewählte Optimierungsprobleme dargestellt werden.

---

10   in Anlehnung an Bruhn (1995b), S. 38

1.1.1.2   Instrumentarium des Implementierungsmarketing

Entsprechend der Klassifikation von Instrumenten im klassischen Marketing kann auch beim Implementierungsmarketing eine Einteilung in vier Sparten[11] vorgenommen werden (vgl. Abb. III.1-2).

Die **Kommunikationspolitik** versucht, sowohl das Konzept als auch die einzelnen Implementierungsmaßnahmen den Betroffenen nahezubringen. Bei der Kommunikationspolitik handelt es sich um diejenige Sparte, die bereits heute in unterschiedlich ausgeprägter Form von jedem Unternehmen im Rahmen der Implementierung eingesetzt wird.

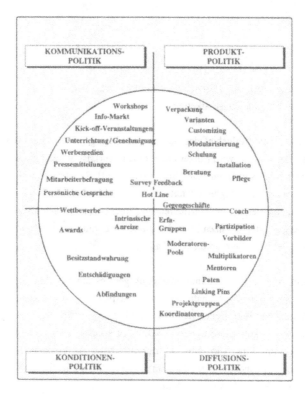

Abb. III.1-2: Ausgewählte Instrumente im Rahmen von Implementierungsmarketing[12]

---

11   vgl. Marketing-Mix, z.B. bei Meffert (1991), S. 115 ff.; Kotler/Bliemel (1995), 140 ff.
12   Reiß (1993a), S. 552

Dennoch ergab eine Umfrage unter *Siemens*-Mitarbeitern, daß sich ein überwältigender Teil der Belegschaft über das konzernweite Change-Projekt *"TOP"* schlecht informiert fühlt (76%). Ausreichend informiert fühlten sich lediglich 20%.[13]

Instrumente	Zielgruppen	Häufigkeit	Zuständigkeit
Direkte, persönliche Kommunikation			
Dialog-Veranstaltung	OFK und Vorstand	1 mal/Jahr	Vorstand
Bilanzkonferenz	OFK und Vorstand	1 mal/Jahr	Vorstand
Herbstkonferenz	OFK und Vorstand	1 mal/Jahr	U. P
Frühjahrsklausur d. OFK	OFK	1 mal/Jahr	UK
Filialleiter-Tagung	FK d. örtl. Ressorts	2 mal/Jahr	Ressortchef
Fachabt.leiter-Tagung	Fachabt.leiter d. Ressorts	2-4 mal/Jahr	Ressortchef
Ressort-Besprechung	OFK/FK eines Ressorts	lt. Komm.plan	Ressortchef
GB-Besprechung	FK eines GB	lt. Komm.plan	L/GB
Filial-Besprechung	MA/FK einer Filiale	lt. Komm.plan	Filialleiter
Abteilungs-Besprechung	MA einer Abteilung	lt. Komm.plan	Abteilungsleiter
Gruppen-Besprechung	MA einer Gruppe	lt. Komm.plan	Gruppenleiter
Mitarbeiter-Gespräch	einzelner Mitarbeiter	bei Bedarf	Vorgesetzter
Seminare/Trainings	verschieden	unterschiedlich	P und Fachressorts
Bildungsstellen-Veranst.	MA eines GB/Filiale	bei Bedarf	L/GB, L/Filiale, L/Fachabt
Unternehmensversamml. 1	alle MA	bei Bedarf	Vorst. bzw L/GB, L d b E.Z
Klausuren	verschieden	bei Bedarf	
Teamentwicklungsveranst.	MA einer Org.Einheit	bei Bedarf	Vorges. m. Unterst. v. P
Info durch Papier-Medien			
Führungsbrief	OFK bzw. alle FK	bei Bedarf	Vorstandsprecher
Vorstandshausbrief 2	FK	bei Bedarf	Vorstand
IWD 3	alle MA	bei Bedarf	O/Org.-AO/Fachstellen
HYPOPRESS	alle MA	9 mal/Jahr	UK/M
HYPOPRESS aktuell 3	alle MA	bei Bedarf	UK/M
HYPOPRESS spezial 3	alle MA	bei Bedarf	UK/M
Stellenmarkt	alle MA	wöchentlich	P
Mitarbeiter-Broschüren 3	alle MA oder	bei Bedarf	UK/M
(z. B. „Weiße Reihe")	Funktionsgruppen		
Publik. der Fachressorts 3	alle MA d. Fachressorts	bei Bedarf	Ressortchef
Blaues Brett	alle MA einer räuml. Einh.	bei Bedarf	verschieden
Info durch elektr. Medien			
Info-Terminal 4	alle MA der Linie	bei Bedarf	Ressortchef O
Lautsprecher-Anlage	alle MA der Z 2	bei Bedarf	O/Org
Telefon-Konferenz 5	z.B. FK der Linie	bei Bedarf	
Info-Telefon 6	alle MA	laufend	UK/M
Info durch AV-Medien			
AV-Medien	nach Bedarf	bei Bedarf	AV-Ausschuß

1) auch selektiv für bestimmte Unternehmensbereiche
2) auch selektiv an bestimmte FK-Gruppen möglich
3) auch selektiv an bestimmte MA-Gruppen möglich
4) Kundengeschäft hat Vorrang
5) Teilnehmer sind individuell festzulegen
6) nur Informationsvermittlung

Abb. III.1-3: Kommunikationspolitik im *"Noch Besser-Prozeß"* (*Hypo-Bank*)[14]

Bereits aus den einschlägigen Mitbestimmungsgesetzen erwachsen dem Unternehmen bei Implementierungsprojekten gewisse Informationspflichten, in erster Linie gegenüber dem Betriebsrat und den unmittelbar Betroffenen.[15] Dem Marketingaspekt des "Verkaufens" wird

---

13 vgl. Siemens (1995), S. 8 ff.
14 Hypo-Bank (1991)
15 vgl. §§ 110 f. BetrVG

diese reaktive Minimallösung jedoch nicht gerecht und läßt somit auch keine hohe Akzeptanz bei den Betroffenen erwarten. Als Beispiel für eine Maximallösung kann die Vielzahl und Vielfalt der Kommunikationsmedien gelten, die im Rahmen des *"Noch Besser-Prozesses"* bei der *Bayerischen Hypotheken- und Wechselbank AG (Hypo-Bank)* Anwendung finden (vgl. Abb. III.1-3). Unterschiedliche Medien für unterschiedliche Zielgruppen mögen zu einer größeren Effektivität der Marketingbemühungen führen, jedoch muß in solch einem Fall auch die Frage nach der Effizienz gestellt werden. Dieser Zielkonflikt wird an anderer Stelle noch weiter zu thematisieren sein (vgl. in diesem Kapitel 3.1).

Die **Produktpolitik** determiniert zum einen die Art und Weise, wie Konzept und Implementierung "verpackt" werden. Dies betrifft die Namensgebung genauso wie die konkrete Zusammenstellung von einzelnen Konzept- bzw. Implementierungsmodulen für einzelne Unternehmenseinheiten (Funktionsbereiche, Werke, Tochterfirmen). Dadurch kann eine Anpassung an die spezifischen Erfordernisse der "Kunden" erfolgen. Zum anderen bedeutet Produktpolitik auch die Ergänzung des Implementierungsobjekts durch entsprechend unterstützende Dienstleistungen. Was beim klassischen Marketing als Systemangebot bezeichnet wird, nämlich nicht nur das eigentliche Produkt (Hardware), sondern auch den dazugehörigen Service (Software), wie z.B. Schulung und Wartung, zu liefern, kann auch auf das Implementierungsmarketing übertragen werden. Es handelt sich dabei um Beratungs- und Schulungsangebote, wie sie auch durch die *ABB Management Consulting* den operativen *ABB*-Einheiten angeboten werden.

Als besonders erfolgskritisch kann die **Diffusionspolitik** gelten, da Veränderungsinitiativen in der Praxis immer wieder "versanden", d.h. ohne konkrete Ergebnisse langsam in Vergessenheit geraten. Es wird nicht genügend getan, um das neue Wissen in die Gesamtbelegschaft oder zumindest in den betroffenen Teil diffundieren zu lassen. Allein durch Schulungsmaßnahmen ist eine Wissensdiffusion nicht sicherzustellen. Ein gemeinsamer Einsatz verschiedener Instrumente aus der Diffusionspolitik, wie Mentoren, Multiplikatoren, Projektgruppen und Erfahrungsgruppen, ist dazu notwendig.

Das Pendant zur Preis- oder Kontrahierungspolitik im Absatzbereich ist im Implementierungsmarketing als **Konditionenpolitik** zu bezeichnen.[16] Hier sind drei Stoßrichtungen zu unterscheiden:

---

16   Wird die Implementierung von einem unternehmungsinternen Center "vermarktet", so daß auch die internen Kunden dafür zahlen, kann selbstverständlich auf das bereits bekannte (Absatz-)Marketinginstrumentarium zurückgegriffen werden. Die Ausführungen beziehen sich dann auf das "Weiterverkaufen" der abnehmenden Center-Leitung an ihre eigenen Mitarbeiter.

- Erstens sind die "Verlierer" zu entschädigen. Dies sollte sich nicht nur auf diejenigen beschränken, die das Unternehmen verlassen (Abfindungen, Sozialplan), sondern muß sich
gerade auch auf die im Unternehmen verbleibenden Mitarbeiter beziehen. So kann beim
Streichen von Hierarchieebenen den Betroffenen bspw. der Titel belassen werden oder es
können kostengünstige Statussymbole weiterhin zugestanden werden, so daß kein sozialer
Abstieg befürchtet wird. Ziel kann realistischerweise in solchen Fällen nicht unbedingt die
Akzeptanz der Veränderungen sein, sondern vielmehr das Ausbleiben von Opposition, Reaktanz und innerer Kündigung. Denn man muß sich darüber im klaren sein, daß auch
"Verlierer" der Implementierung Multiplikatoren oder Meinungsführer sein können, die
somit über ein beträchtliches Widerstandpotential verfügen.

- Die zweite Stoßrichtung sind die "Gewinner", denen man "die Vorteile der Neuerung klar
vor Augen führen sollte, um sie so intrinsisch zu motivieren."[17] Sie werden somit in die
Pflicht genommen, die Implementierung aktiv zu unterstützen und für sie einzutreten.

- Drittens können Anleihen beim Betrieblichen Vorschlagswesen gemacht werden, das Verbesserungen für die Routinearbeit (Produkte und Prozesse) anregt und umzusetzen versucht. Für die Implementierung haben einige Firmen unterschiedliche Arten von Implementierungsawards etabliert. Ziel ist es dabei immer, einen besonderen Anreiz für eine effektive oder zügige Umsetzung der Veränderungsaufgaben zu schaffen und damit auch
Vorbilder für das Restunternehmen aufzubauen, die zu dessen zusätzlicher Motivierung
beitragen.

Bei einigen Instrumenten in Abb. III.1-2 wird die Gefahr deutlich, daß Marketing in der Implementierung manipulativ eingesetzt werden kann. Gerade "Verpackungen", so z.B. wohl-
klingende Namen für reine Rationalisierungsprojekte, bergen diese Gefahr in besonderem
Maße in sich. In diese Richtung entwickelte sich im Laufe der Zeit zunehmend der Begriff des
"Lean Management", der in vielen Unternehmen letztlich nur euphemistisch für Stellenabbau
eingesetzt wurde. Im Gegensatz dazu kann die Namensgebung der *DASA* für ihr Kostensen-
kungsprogramm "*Dolores*" (Dollar Low Rescue) als ehrlich bezeichnet werden, weil es die
Schmerzhaftigkeit nicht verschweigt. Leicht kommt jedenfalls der Vorwurf auf, daß die Mitarbeiter durch die Marketingaktivitäten nur "geblendet" und "ruhiggestellt" werden sollen,
statt sie an den Entscheidungen teilhaben zu lassen und auf diese Weise deren Akzeptanz zu
erringen. In diesem Sinne würden sich Partizipation und Marketing in der Implementierung
frontal gegenüberstehen.

---

17   Reiß (1993a), S. 552

1.1.1.3   Marketing versus Partizipation?

Sowohl Marketing als auch Partizipation (vgl. Kap. III.1.3) lassen sich als Instrumente zur Implementierung von Organisationskonzepten einsetzen. Es stellt sich die Frage, ob es sich um komplementäre oder konfliktäre Ansätze handelt. Letzteres implizieren im großen und ganzen die Aussagen bei *Kirsch/Esser/Gabele*. Marketing unterstellt danach, "daß eine Partizipation der von dem beabsichtigten Wandel Betroffenen nicht möglich oder nicht wünschenswert ist."[18] Eine Einbeziehung der Bedürfnisse der Betroffenen erfolgt beim Marketingansatz mittels deren Erforschung (ähnlich der Marktforschung), nicht jedoch über die Teilhabe am Entscheidungsprozeß selbst. Durch das "selektive Forschungsinteresse"[19] erfolgt in erster Linie eine Ergebnispromotion (Verkaufen der unter Ausschluß der Betroffenen gefaßten Entscheidungen). Die Gefahr ist daher groß, daß Marketing in Implementierungsprozessen zu einem Manipulationsinstrument degeneriert.[20] Genau dies wird durch die Partizipation der Betroffenen vermieden, die allerdings je nach Ausprägungsgrad zu einer hohen Komplexität und den damit verbundenen Zeit- und Kostennachteilen führt. Etwas abgemildert wird die dargestellte Dichotomie bei *Kirsch/Esser/Gabele* aus pragmatischen Überlegungen. Unter Verweis auf situative Besonderheiten wird ein fallweiser Einsatz der beiden Instrumentenkategorien "Marketing" und "Partizipation" vorgeschlagen.[21] Bei einer großen Zahl von Betroffenen ist es praktisch kaum möglich, alle an den Entscheidungsprozessen partizipieren zu lassen. Für die "Nicht-Erreichbaren" bzw. diejenigen, die gar nicht partizipieren wollen, kann dann auf Marketinginstrumente zurückgegriffen werden.[22] Andererseits wird als Einwand gegen den Ausschluß von Partizipation die Verbesserung der Entscheidungsqualität angeführt, die durch die Einbeziehung des Know how von (unternehmungs-)internen Experten erzielt werden kann.

Die Polarität der Ansätze, die letztlich vereinfachend auf dem Gegensatz von Effektivität (Partizipation) und Effizienz (Marketing) beruht, kann sowohl durch die genannten pragmatischen als auch durch theoretische Überlegungen überwunden werden.[23] Abb. III.1-4 macht deutlich, daß idealerweise beide Ansätze zur Anwendung kommen sollten, um auf alle klassischen Implementierungsinstrumente (Information, Qualifikation, Motivation und Organisation) Einfluß nehmen zu können. Kernpunkt der Marketing-Aktivitäten ist die Kommunikation, die unmittelbar zum Informationstransfer über das Veränderungsprojekt eingesetzt wird.

---

18   Kirsch/Esser/Gabele (1979), S. 308
19   ebenda, S. 309
20   vgl. ebenda, S. 308
21   vgl. ebenda, S. 310
22   vgl. ebenda
23   vgl. hierzu auch Reiß (1994c), S. 38 ff., der darauf hinweist, daß sich auch innerhalb des externen Marketing Tendenzen erkennen lassen, die auf eine größere Partizipation des Kunden z.B. während der Produktentstehung hindeuten. Vgl. auch Ansätze eines Beziehungsmarketing, z.B. Diller (1995), S. 443 ff.

Die Kenntnis der Veränderungen bei den Betroffenen kann als erster notwendiger Schritt in Richtung Akzeptanz verstanden werden. Aber auch andere Teilbereiche des noch näher zu beschreibenden Marketing-Mix in der Implementierung wirken auf den Informationsstand der Betroffenen ein. Durch entsprechend ausgestaltete Anreizsysteme (Konditionenpolitik) wird eine wohlwollende Informationsaufnahme oft überhaupt erst möglich. Und schließlich ist im Rahmen der Diffusionspolitik nicht nur die Verbreitung der reinen Implementierungsmaßnahmen anzustreben, sondern eben auch die Informationsdiffusion über Gründe und Folgen der Implementierung. Im Grunde ist es leicht nachvollziehbar, daß ebenso wie im Produktmarketing die einzelnen Bestandteile des Marketing-Mix nicht isoliert zielführend sind, sondern nur deren "konzertierter" Einsatz.

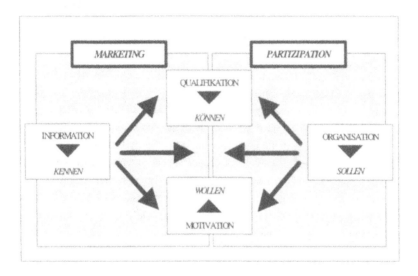

Abb. III.1-4: Komplementarität von Marketing und Partizipation[24]

Nun wirkt das gesamte Marketinginstrumentarium nicht nur zur Verbesserung des Informationsstandes der Mitarbeiter, sondern hat, wie Abb. III.1-4 zeigt, auch Auswirkungen auf deren Qualifikation und Motivation. Die Einrichtung von Hotlines oder das Abhalten von Work shops hat bereits ex definitione nicht nur informativen Charakter, sondern befaßt sich meistens mit fachlichen Fragestellungen einzelner Implementierungsmaßnahmen und dient somit auch der Qualifikation. Eine Konditionenpolitik als Marketinginstrument hat als explizite

---

24   in Anlehnung an Reiß (1993a), S. 552

Zielgröße die Steigerung der Motivation, genau wie der gesamte Mix "Lust an der Veränderung" schaffen und so zu Akzeptanz führen soll.

Auf der anderen Seite hat die Partizipation ihren Ansatzpunkt zwar in der unmittelbaren Involvierung der Betroffenen, die so zu aktiven Promotoren werden sollen, aber gleichzeitig ist dies nur durch deren Motivation zu erreichen, die durch die Teilhabe an Entscheidungsprozessen nachweislich zu steigern ist.[25] Schließlich hat die Partizipation auch einen qualifikatorischen Effekt, indem die Auslöser und die Restriktionen der Implementierung für die beteiligten Mitarbeiter transparent werden. Implementierungsmarketing als Gegensatz zur Mitarbeiterpartizipation verkennt daher die Einflußmöglichkeiten auf und die Zusammenhänge zwischen den zentralen Implementierungsinstrumenten (Information, Qualifikation, Motivation und Organisation) zur Schaffung von Akzeptanz. Effektive Implementierung kann es nur durch den gemeinsamen Einsatz von Marketing und Partizipation geben.

Die Berücksichtigung von Marketing-Gedankengut in der Implementierung muß jedoch nicht nur gegenüber der Partizipation abgegrenzt werden, sondern auch gegenüber der hoheitlichen Anordnung[26] von Implementierungsaktivitäten, z.B. durch die Geschäftsführung oder die Projektleitung. Dies entspricht inhaltlich weitgehend der Bombenwurf-Strategie, die in besonderen Situationen (extremer Zeitdruck, Desinteresse der Belegschaft) durchaus ihre Berechtigung besitzt.[27] Obwohl auf diese Weise ein hohes Maß an kurzfristiger Effizienz (kurze Implementierungszeit und geringe unmittelbare Implementierungskosten) erzielt werden kann, spricht die Effektivität in den allermeisten Fällen gegen dieses Vorgehen. Die entstehende Verunsicherung der Mitarbeiter in Verbindung mit dem Gefühl ein neues Konzept aufoktroyiert bekommen zu haben, kann schnell eine Ablehnung des Konzepts und seiner Implementierung bewirken.[28] Vor- und Nachteile des Bombenwurfs im Vergleich zu marketingbegleiteter und/oder partizipativer Implementierung abzuwägen, muß zu den Aufgaben des Implementierungscontrolling gehören. Hat man sich allerdings für die Bombenwurfstrategie entschieden, gibt es nur noch wenig Steuerungsaufgaben, die ein Implementierungscontrolling erfordern würden.

---

25   vgl. Miller/Monge (1986)
26   vgl. Reiß/Schuster (1996), S. 162
27   vgl. Kunesch (1993), S. 108
28   vgl. Kirsch/Esser/Gabele (1979), S. 180 ff.; Marr/Kötting (1992), Sp. 835

1.1.2   Dimensionierung und Fokussierung

1.1.2.1   Das Budget des Implementierungsmarketing

Voraussetzung für einen effizienten Einsatz des Marketinginstrumentariums in der Implementierung ist die Budgetierung der dafür anfallenden Ausgaben. Sowohl das gesamte Marketingbudget für die Implementierung als auch das der einzelnen Sektoren des Marketing-Mix muß sich an den speziellen, zeitabhängigen Bedarfen des Implementierungskontextes ausrichten. Entsprechend dem bereits bekannten Verlauf der Implementierungsperformance-Kurve (obere Kurve der Abb. III.1-5, die in diesem Fall als Prämisse für die untere Kurve dient) muß das Marketingbudget mit einem Vorlauf ("lead") dimensioniert werden, so daß das Marketing antizyklisch zum Einsatz kommt. Wurden in der Vergangenheit allerdings unternehmensspezifisch andere Erfahrungen mit Performance-Verläufen gemacht, muß der Marketingbudgetierung eine entsprechende Modifikation der in Abb. III.1-5 gemachten Aussagen zugrunde gelegt werden.

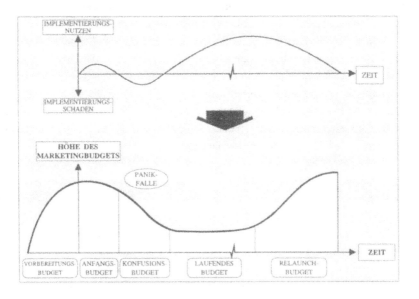

Abb. III.1-5: Zeitliche Dimensionierung des Marketingbudgets

Da nicht davon ausgegangen werden kann, daß die Marketing-Aktivitäten zu einer zeitlich unmittelbaren Verbesserung der Akzeptanz führen, darf nicht erst bei Eintreten der Implementierungsdelle eine Ausweitung der Marketing-Aktivitäten erfolgen. Zum einen läßt sich die

Performance-Verschlechterung dann bestenfalls etwas abmildern, statt sie weitgehend zu vermeiden. Zum anderen kann in dieser Phase der zusätzliche Marketing-Einsatz Reaktanz bei den Betroffenen auslösen, da der Verdacht einer verstärkten Manipulation verbunden mit einem größeren Druck auf die Betroffenen naheliegt.

Dies wäre das typische Beispiel für eine Nichtbeachtung der "**Panikfalle**"[29], die einen Kreislauf aus ungenügender Performance, verstärktem Druck, zunehmendem Widerstand der Mitarbeiter und daraus resultierend einer weiter verschlechterten Performance bezeichnet. Daraus läßt sich ableiten, daß eine zeitlich differenzierte Dimensionierung des Implementierungsmarketing-Budgets nicht nur Effizienzgesichtspunkten Rechnung trägt, sondern gleichzeitig auch der Effektivität dienen kann. Dies kann dadurch geschehen, daß in kritischen Phasen die Aktivitäten bewußt reduziert werden, um Manipulationsverdachte und Reaktanzeffekte innerhalb der Belegschaft zu vermeiden. Zur Sicherstellung eines genügend langen Vorlaufs bedarf es daher eines funktionierenden Frühwarnsystems. Da bei größeren Veränderungsprojekten mit einer gewissen Regelmäßigkeit eine anfängliche Verschlechterung der Performance droht, kann von einer entsprechenden Sensibilität des Implementierungscontrolling ausgegangen werden. Die unterschiedliche zeitliche Schwerpunktsetzung für die einzelnen Marketing-Mix-Sektoren kann nur vereinfachend dargestellt werden, da im konkreten Fall auf situative Erfordernisse der Implementierung eingegangen werden muß. Daher sollte die Aufteilung des Marketingbudgets auf die einzelnen Instrumente unbedingt flexibel erfolgen. Dennoch kann die vereinfachte Darstellung der Budgetaufteilung als "Faustregel" für die Praxis herangezogen werden. Um Mißverständnissen vorzubeugen, sei angemerkt, daß die absolute Höhe des Marketingbudgets entsprechend der Abb. III.1-5 schwanken wird, es sich also bei den ausgewiesenen 100% in Abb. III.1-6 nicht um einen konstanten Betrag handelt.

Die marketinggerechte Gestaltung des Veränderungskonzepts sollte sinnvollerweise bereits in der Konzeptionsphase erfolgen. Eine spätere Anpassung des Konzepts an die jeweiligen Bedarfe einzelner Implementierungseinheiten ist zwar meistens auch möglich, jedoch nicht ohne Einbußen bei der Effektivität oder der Effizienz. Bei einer nachträglichen Modularisierung eines zunächst integriert konzipierten Restrukturierungskonzepts muß mit schwer handhabbaren Schnittstellen gerechnet werden, die nur zeit- und kostenaufwendig gemanagt werden können oder sonst zu Lasten des Restrukturierungserfolgs gehen. Das zunächst integriert geplante *Mercedes-Benz-Erfolgsprogramm* wurde bspw. zu einem späteren Zeitpunkt "zwangsflexibilisiert", weil die Einführung einer Center-Organisation dazu führte, daß anschließend

---

29   vgl. Reiß (1997e), S. 115

die Center-Leiter ihre eigenen Vorstellungen von KVP und Gruppenarbeit verwirklichten und nicht auf die entsprechenden, zentral konzipierten Module zurückgriffen.

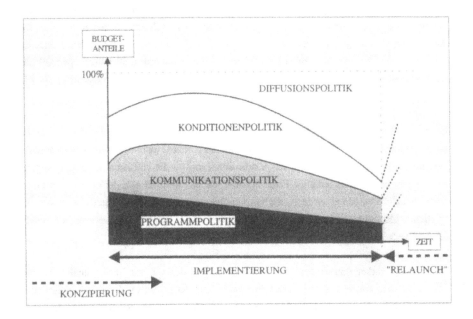

Abb. III.1-6: Relative Entwicklungen der Marketing-Teilbudgets

Die Programmpolitik im Rahmen des Implementierungsmarketing stellt somit eine Form der Überlappung von Konzipierungs- und Implementierungsphase in Veränderungsprojekten dar. Zu einem relativ frühen Zeitpunkt muß dann auch die Kommunikationspolititk einsetzen. Einerseits um die gesetzlichen Vorgaben, wie die "rechtzeitige und umfassende Unterrichtung"[30] des Betriebsrats, zu erfüllen, andererseits aber auch um zu verhindern, daß Betroffene von Veränderungen über Dritte (z.B. die Presse) erfahren. Dies könnte als Geringschätzung der Mitarbeiterinteressen gedeutet werden und so zu Widerstand führen. Eine Übertragung von Kommunikationsstrategien aus der Markteinführung neuer Produkte muß kritisch geprüft werden. Das frühe Informieren über Grundzüge eines neuen Produkts mag Interesse bei den potentiellen Käufern wecken, in Implementierungsprozessen wird die gleiche Strategie in den meisten Fällen zu Unruhe und Unsicherheit unter den Betroffenen führen, wenn noch keine Detailinformationen bekannt sind. Generell muß also geraten werden, bis zu einem hohen Reifegrad des Konzepts mit der Information der Betroffenen zu warten, sofern diese nicht an der Konzeptentwicklung selbst partizipieren sollen. Der spätest mögliche Zeitpunkt der Un-

---

30   § 111 Satz 1 BetrVG, vgl. außerdem §110 BetrVG (Unterrichtung der Arbeitnehmer)

terrichtung ist jedoch dann, wenn unbefugte Dritte Kenntnis vom geplanten Projekt erlangen. Um die Verunsicherung nach Bekanntgabe der Restrukturierungspläne möglichst gering zu halten, muß die Förderung der Gewinner und die Entschädigung der Verlierer des Projekts bereits mitkommuniziert werden, um so möglichst früh Rückhalt unter denen zu erhalten, für die sich das Projekt positiv auswirkt und denen, die sich damit schlechter stellen, frühzeitig "den Wind aus den Segeln" zu nehmen. Die Konditionenpolitik muß nahezu parallel zur Kommunikationspolitik ablaufen, wobei sich beide Sektoren gegenseitig ergänzen.

Die Diffusionspolitik muß erst zu einem etwas späteren Zeitpunkt massiv als Marketing-instrument eingesetzt werden. Das Konzept muß dann bereits bekannt sein und es müssen erste Ergebnisse vorliegen, welche Eigendynamik das Konzept unter den Mitarbeitern entwik-kelt, um so die Art und die Menge des Instrumentariums für die Diffusion des Neuen bestim-men zu können. Werden lediglich Paten benötigt, die das Commitment der oberen Führungs-ebene signalisieren und einen gewissen Vorbildeffekt ausüben, wäre die Qualifikation von zu-sätzlichen Multiplikatoren, die ihrerseits ihr Wissen an die Betroffenen weiterreichen sollen, als Zeit- und Geldverschwendung einzuschätzen.

Die übrigen Marketinginstrumente müssen zwar auch in den späteren Phasen begleitend ein-gesetzt werden, aber mit deutlich geringerer Intensität. Der Grund für deren kontinuierlichen Einsatz liegt in den während der Implementierung ständig erforderlichen Konzeptanpassun-gen. Läßt sich z.B. erkennen, daß "entmachtete" Führungskräfte trotz Besitzstandswahrung Widerstand gegen die Veränderungen leisten und sie zudem noch über eine gewisse "Gefolg-schaft" in den Reihen der Mitarbeiter verfügen, müssen die Konditionen auch in späteren Pha-sen noch entsprechend angepaßt werden. Es ist dann zu prüfen, inwieweit den Führungskräf-ten weitere Zugeständnisse (z.B. deren Reintegration in Entscheidungsprozesse oder höhere Abfindungen) gemacht werden können, ohne den Erfolg und die Effizienz des Gesamtprojekts zu gefährden. Die Kündigung aufgrund der gestörten Vertrauensbeziehung zwischen Leiten-dem Angestellten und Unternehmen ist in solchen Fällen auch eine Option ("Kontextsubstitu-tion"), die allerdings andeutet, daß die entsprechenden Marketingbemühungen gescheitert sind.

Bei großen und langfristig angelegten Change-Projekten ist nach einiger Zeit die Wiederauf-nahme verstärkter Kommunikationsaktivitäten erforderlich. Abnutzungs- oder Versandungs-erscheinungen des Projektnamens und - gravierender - der Projektinhalte bedürfen gezielter "Nachfaßaktionen", die mit "Relaunches" im Produktbereich zu vergleichen sind (vgl. auch die Lebenszyklus-Darstellung des Implementierungsverlaufs in Abb. II.3-8). In den Vorder-grund müssen dann Erfolgsstories, Ergebnisverbesserungen und der konkrete Nutzen für die

Betroffenen (z.B. gesicherte Arbeitsplätze) gestellt werden. Ähnlich den Relaunches kann es auch zu Konzeptmodifikationen kommen, zu einer Anpassung der Anreizinstrumente oder zu neuen Formen der Wissensdiffusion. Generell kann davon ausgegangen werden, daß solche Nachfaßaktionen relativ kostengünstig realisiert werden können, so daß sie bereits zu Beginn der Restrukturierung in die Planung mit einbezogen werden sollten.

Innerhalb der einzelnen Marketing-Mix-Sektoren steht eine Vielzahl von Instrumenten zur Verfügung, so daß das Implementierungscontrolling neben der Koordination der einzelnen Sektoren im Rahmen der Budgetdimensionierung auch einen Beitrag zur Optimierung des Einsatzes der Einzelinstrumente leisten muß. Beispielhaft wird im folgenden die Kommunikationspolitik näher betrachtet.

1.1.2.2   Zielgruppen-Segmentierung

Voraussetzung für eine Optimierung der Kommunikationsmaßnahmen ist eine Segmentierung der Betroffenen in möglichst homogene Zielgruppen. Solch eine Segmentierung wird im Rahmen der innerbetrieblichen Kommunikation in den meisten größeren Unternehmen bisher bereits vorgenommen, d.h. unterschiedliche Gruppen der Belegschaft erhalten unterschiedlich genaue und weitreichende Informationen. Das einzige Segmentierungskriterium stellt in den meisten Fällen die Zugehörigkeit zu einer Hierarchieebene dar. Gründe für diese Segmentierung dürften zum einen Effizienzüberlegungen darstellen und zum anderen auch Geheimhaltungsaspekte. Der Detaillierungsgrad, mit dem mittlere und obere Führungskräfte informiert werden, kann aus zeitlichen und finanziellen Gründen nicht für alle Mitarbeiter bereitgestellt werden. Doch auch ohne diese Restriktionen würde eine unternehmensweit einheitliche Informationspolitik in vielen Firmen auf Widerstand stoßen, da die Konkurrenz zu früh Kenntnis von neuen Entwicklungen erlangen könnte oder sich gegen manche Maßnahmen innerbetrieblicher Widerstand formieren würde. Schließlich wird oft davon ausgegangen, daß bei vielen Fragen der Unternehmenspolitik das Fachwissen der "normalen" Mitarbeiter ohnehin nicht ausreichen würde, um die gelieferten Informationen zu verstehen und verwerten zu können.

Das letztgenannte Argument ist in praktisch allen Fällen des Implementierungsmarketing abzulehnen, weil die Mitarbeiter, die durch Implementierungsmaßnahmen betroffen sind, sehr wohl fundiert über die sie betreffenden Veränderungen urteilen können und man ihnen auch das Recht zugestehen sollte, vor der Presse oder anderen Dritten über diese Veränderungen informiert zu werden. Das Kosten- und Zeitproblem einer flächendeckenden Kommunikationspolitik existiert jedoch weiterhin. Es ist bei beschränkten zeitlichen und finanziellen Ressourcen nicht möglich, alle Beteiligten und Betroffenen sowie sämtliche Stakeholder der

Unternehmung gleichmäßig extensiv und intensiv zu unterrichten. Deren Segmentierung in Zielgruppen für das Implementierungsmarketing ist daher in aller Regel unter Effizienzgesichtspunkten geboten. Da jedoch das Geheimhaltungs- und Kompetenzargument keine Berechtigung mehr hat, sollten auch die Segmentierungskriterien an die veränderte Situation angepaßt werden. Zur Verbesserung der Effektiviät der Kommunikationspolitik muß an die Stelle des Kriteriums "Hierarchie" ein dreidimensionales "Kriterienmix" treten. Die einzelnen Dimensionen lauten "Beeinflussungspotential der Zielgruppe", "Ausmaß der Betroffenheit" und die "Art der Betroffenheit". Hieraus sollten möglichst homogene Zielgruppen[31] ermittelt werden (vgl. Abb. III.1-7).

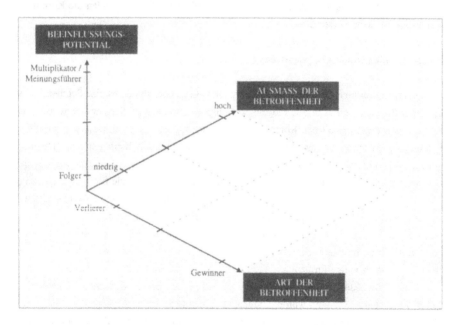

Abb. III.1-7: Zielgruppensegmentierung für die Implementierungskommunikation

Am ehesten deckt sich die Dimension "Beeinflussungspotential" mit dem vertrauten Kriterium "Hierarchie". Unter der sicher oft richtigen Annahme, daß die Möglichkeiten zur Beeinflussung von anderen durch mit der Hierarchie in Zusammenhang stehende Machtbasen, wie Sanktionsmacht oder Legitimationsmacht, wächst, ist die genannte Dimension mit Hierarchie gleichzusetzen. Allerdings gibt es auch Vorgesetzte, die z.B. wegen Führungsschwäche dieses

---

31   Die generellen Anforderungen an eine möglichst ideale Segmentierung und die aus ihr entstehenden Zielgruppen (intern möglichst homogen, im Vergleich zu anderen Segmenten möglichst heterogen) gelten ebenso wie im externen Marketing auch im Implementierungsmarketing; vgl. dazu Meffert (1991), S. 244 f. Zur Marktsegmentierung allgemein Abell (1980); Freter (1983).

Beeinflussungspotential auf ihre Mitarbeiter nicht haben. Relevanter ist jedoch die große Zahl von Personen in Unternehmungen, die z.B. als Interessenvertreter (Vertrauensleute, Gewerkschafter, Betriebsräte) oder einfach in der Funktion als Meinungsführer einen starken Einfluß auf das Verhalten anderer Personen haben und somit deren Akzeptanz von Veränderungen wesentlich mitprägen. In der Konsequenz ist diesen Mitarbeitern und Managern eine größere Aufmerksamkeit im Rahmen der Kommunikationspolitik zu schenken. Naheliegend ist auch eine Unterscheidung von Zielgruppen nach dem Ausmaß ihrer Betroffenheit. Wenig betroffene Stakeholder können in geringerem Maße, mit weniger Detaillierung und auch zu einem späteren Zeitpunkt informiert werden, als dies bei den unmittelbar Betroffenen der Fall sein sollte.

Während sich die ersten beiden Dimensionen vor allem auf die Intensität, die Extensität und den Zeitpunkt der Kommunikation bezogen, hebt das dritte Kriterium (Art der Betroffenheit) zu allererst auf die Gestaltung des Informationsinhalts und dessen Darstellung ab. Zu beachten ist dabei, daß den Verlierern die Kompensationsmöglichkeiten "schmackhaft" gemacht werden müssen, während den Gewinnern immer wieder die Vorteile, die sich aus den Veränderungen für sie ergeben, vor Augen geführt werden sollten.

Wenn es sich bei den genannten Kriterien um voneinander unabhängige Dimensionen handeln sollte, ergebe sich dadurch eine Vielzahl von Zielgruppen, die kaum mehr effizient einzeln bedient werden könnten. In der Realität wird die vorgeschlagene Klassifikation wohl fünf bis zehn hinreichend homogene Segmente als Zielgruppen der Kommunikation ergeben. Dies kann z.B. eine Gruppe sein, die als Verlierer des Wandels in starkem Maße betroffen ist, ohne ein besonders großes Potential zur Beeinflussung anderer Mitarbeiter zu haben.

Ein anderes Segment bilden z.B. engagierte Betriebsräte, die eine Multiplikatorfunktion besitzen, zudem durch die Implementierung in ihrer Rolle zwar grundsätzlich negativ[32], aber auf der anderen Seite weder besonders stark noch besonders schwach betroffen sind.[33] Auch die häufige Einteilung der Betroffenen in Befürworter, Zauderer und Gegner kann als ein Versuch gewertet werden, durch Cluster-Bildung im dreidimensionalen Raum der Abb. III.1-7 homogene Zielgruppen zu ermitteln. Daraus lassen sich folgende Handlungsempfehlungen ableiten:

---

32 Als Individuum ("einfacher" Mitarbeiter) sind sie vielleicht überhaupt nicht betroffen. Der Einsatz ihres Beeinflussungspotential hängt jedoch von der rollenspezifischen Betroffenheit (als Arbeitnehmervertreter) ab.

33 Da eine Implementierung nicht die ganze Arbeitszeit eines Betriebsrats in Anspruch nimmt und dieser auch die Interessen der Nicht-Betroffenen vertreten muß, ist es realistisch, von keinem allzu hohen Grad an Betroffenheit auszugehen.

- Für die Kommunikation in Implementierungsprozessen dürfen nicht die gleichen Kriterien für die Zielgruppensegmentierung gelten wie im Tagesgeschäft.

- Personen mit einem hohen Beeinflussungspotential sollten besonders umfassend und detailliert unterrichtet werden, da sie hinsichtlich der Kommunikation eine Multiplikatorfunktion einnehmen können.

- Durch die Implementierung stark betroffene Mitarbeiter sollten möglichst detailliert über die sie unmittelbar betreffenden Vorgänge informiert werden. Über die sie nicht unmittelbar betreffenden (Teil-)Projekte brauchen sie nur grobe Informationen, so wie andere unbeteiligte Stakeholder auch.

- Eine Differenzierung der Implementierungskommunikation hinsichtlich des Inhalts sollte in bezug auf die Dimension "Art der Betroffenheit" vorgenommen werden. Dies bedeutet, daß z.B. zwei verschiedene Podiumsdiskussionen veranstaltet werden; aber nicht, wie bisher, in Abhängigkeit von der hierarchischen Stellung, sondern eine für die "Gewinner" der Implementierung und die andere für die "Verlierer".

1.1.3   Controlling der Implementierungskommunikation

1.1.3.1   Effektivität und Effizienz der Kommunikationspolitik

Bei der Kommunikation handelt es sich um die Schwerpunktaktivität der meisten aktuellen Veränderungsbemühungen. Wie das Beispiel *Hypo-Bank* in Abb. III.1-3 zeigt, herrscht allein bei den Printmedien geradezu ein Wildwuchs, der hauptsächlich aus der Vielzahl der unternehmungsinternen Adressaten resultiert.

Einen konkreten Entscheidungsbedarf gibt es z.B. bei der Frage, ob die Berichterstattung über die Implementierung von einer eigens ins Leben gerufenen Zeitschrift oder im Rahmen der bereits vorhandenen Mitarbeiterzeitschrift vorgenommen wird. Die erste Variante wird z.B. von *Alcatel SEL* angewandt, die im Rahmen des Change-Programms *"Fit For Customer"* die Zeitschrift *"FFC Aktuell"* aufgelegt hat oder auch von *ABB* mit ihren *"Customer Focus News"*. Der Integration in eine bestehende Publikation gab man bei *Siemens* den Vorzug, wo die *"Siemens Welt"* als permanente Unternehmenszeitschrift laufend über das Veränderungsprojekt *TOP* berichtet und bei Bedarf Sonderausgaben zu diesem Thema publiziert. Allerdings ließ die Effektivität dieser Vorgehensweise, wie bereits erwähnt, Anfang 1995 noch zu wünschen übrig.

Abb. III.1-8 klassifiziert gängige Kommunikationsinstrumente, die im Rahmen von Implementierungsprozessen eingesetzt werden können. Bei der Verteilung über die Ordinate entscheidet die Spezifität des Instruments, d.h. ob es sich um ein für den spezifischen Veränderungsprozeß eingerichtetes oder neu entwickeltes Instrument handelt oder ob ein bereits be-
stehendes Kommunikationsmedium für die neue Zielsetzung "Implementierungsmarketing"
eingesetzt wird. Es ist leicht einsichtig, wie stark die Kosten, vor allem die Vorlaufkosten,
durch diese Entscheidung beeinflußt werden. Aber auch den Einfluß auf die Zeiteffizienz gilt
es zu berücksichtigen, da mit einer Informationskampagne mit Hilfe bereits bestehender Instrumente wesentlich früher gestartet werden kann, als mit Instrumenten, die zunächst noch
konzipiert und hergestellt werden müssen (z.B. Videos, spezielle Broschüren ...).

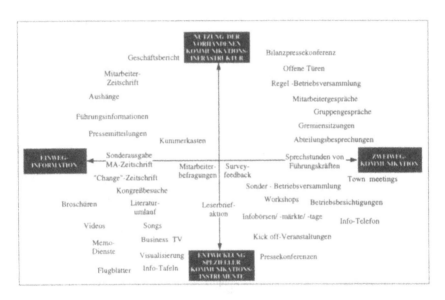

Abb. III.1-8: Spektrum der Kommunikationsinstrumente[34]

Des weiteren sind für die Positionierung entlang der Dimension "Neuentwicklung - Weiter-
verwendung" Effektivitätskriterien relevant. Glaubwürdigkeit, Ernsthaftigkeit, Engagement
der Geschäftsleitung werden bei neu entwickelten Medien höher eingeschätzt als bei bereits
bekannten.[35] Im Zusammenhang mit ihrem Veränderungsprojekt "Optimierte Arbeitsstruk-
turen" beeindruckte beispielsweise die *BMW AG* ihre Mitarbeiter mit einem Video, in dem
Thomas Gottschalk die Moderatorenrolle übernahm. Die vermuteten hohen Honorarkosten

---

34 Reiß (1997c), S. 99
35 vgl. Brandstätter (1991), S. 95

wurden als Ausdruck der Ernsthaftigkeit des Unternehmens gewertet. Natürlich ist zu beachten, daß solch eine überwiegend positive Reaktion auch eine gewisse positive Ertragslage voraussetzt, die nicht zu Sparappellen an anderer Stelle zwingt. Ein weiteres Effektivitätskriterium ist der Aufmerksamkeitseffekt (vgl. in diesem Kapitel 1.1.3.3) bei den Betroffenen, der durch neue Informationsträger (z.B. Kommunikation im Intranet des Unternehmens) sicher höher ist als bei bereits bekannten. Letztlich ergibt sich bei der Wahl der einzusetzenden Kommunikationsinstrumente ein Spannungsfeld zwischen Effektivität und Effizienz (vgl. Abb. III.1.9).

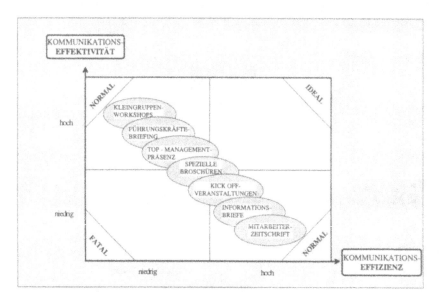

Abb. III.1-9: Dilemma der Kommunikationspolitik[36]

Eine ähnliche Beobachtung kann bezüglich der zweiten Klassifikationsdimension in Abb. III.1-8 gemacht werden. Instrumente, die auf dem Prinzip der "Zweiweg-Kommunikation" basieren, können als die effektiveren gelten. Der "Sender" kann auf Rückfragen oder Anmerkungen des Empfängers reagieren und so die Information auf den oder die Empfänger anpassen. Die Wahrscheinlichkeit, daß Informationen ankommen, ist wesentlich höher, weil sämtliche Instrumente dieser Kategorie entweder die physische Anwesenheit der Empfänger erfordern oder gar deren aktive Informationsnachfrage (z.B. Hotline), während bei Videos oder Broschüren über deren tatsächliche Verwendung und Verbreitung nur spekuliert werden kann. Auf der anderen Seite muß unter Kostengesichtspunkten berücksichtigt werden, daß zu

---

36 Reiß (1997d), S. 126

einer Zweiweg-Kommunikation immer auch ein oder mehrere Mitarbeiter als unmittelbare
"Sender" zur Verfügung stehen müssen, was die Personalkosten nach oben treibt. Dem stehen
die diversen "Massenkommunikationsmittel" gegenüber, die für ihren Entwurf und Erstellung
zwar höhere Einmalkosten erfordern, dann jedoch - als laufende Kosten - nur noch den Aufwand für die Vervielfältigung verursachen, wodurch es zu Effekten der Fixkostendegression
kommen kann.

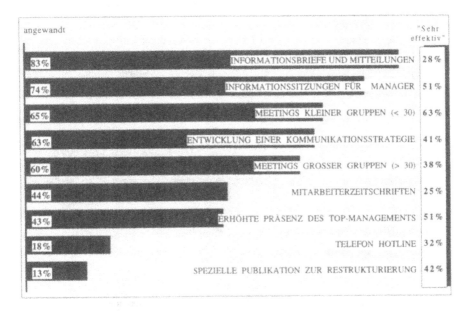

Abb. III.1-10: Effektivität von Kommunikationsinstrumenten[37]

Abb. III.1-10 gibt einen Überblick über die Häufigkeit des Einsatzes ausgesuchter Kommunikationsinstrumente in der Praxis und deren Effektivität in Implementierungsprozessen. In
Übereinstimmung mit den obigen Erkenntnissen bzgl. der Effektivität von Ein- und Zweiweg-
Kommunikation wird die Informationsweitergabe via kleinere Gruppen und Top Management
als die effektivste Form der Kommunikation beurteilt. Das Effektivitäts-Effizienz-Spannungsfeld gilt jedoch bezüglich dieser Dimension nicht so eindeutig, wie bei der Frage nach der In-
strumentenspezifität. Dies kommt daher, daß die Zweiweg-Kommunikationsinstrumente oft
die zeiteffizientere Alternative darstellen - zumindest im Bereich der implementierungsspezifisch eingerichteten Medien. Eine Hotline oder Betriebsversammlungen können schneller ein-

---

37   vgl. Wyatt (1993)

gesetzt und einberufen werden als Broschüren, Videos oder Projektzeitungen, die einer Vorlaufzeit für Konzeption und Herstellung bedürfen.

In aller Regel setzen Unternehmen bei besonders bedeutenden Implementierungsprojekten auf
eine breite Palette an Kommunikationsinstrumenten. Im Rahmen der Umsetzung des Zusam-
menschlusses von *Schweizerischer Kreditanstalt (SKA)* und *Schweizer Volksbank (SVB)* ab
dem Jahr 1993 wurde sowohl eine in loser Folge erscheinende, spezifische Publikation
("Match News") eingesetzt als auch eine eigene Telefon-Hotline eingerichtet. Letztere war vor
allem für die persönlichen Anliegen der Mitarbeiter während der Umbruchsphase gedacht.
Zusätzliche Kosten entstanden für das Unternehmen dadurch, daß die Hotline mit deutsch-,
französich- und italienischsprachigen Mitarbeitern besetzt werden mußte. Darüber hinaus kam
auch die bereits installierte Kommunikationsinfrastruktur zum Tragen, so z.B. der "Memo"-
Dienst der *SKA* bzw. das sog. "Bulletin Board" bei der *SVB*.[38]

Letztendlich stellt sich für das Implementierungsmarketing die Auswahl der "Werbemedien"
als ein Dilemma dar, das in ähnlicher Form auch beim Marketing von Produkten existiert.
Man denke hier nur an den Effektivitäts-/Effizienzgegensatz von persönlichen Verkaufsge-
sprächen und der Werbung in Massenmedien.[39] Oft wird jedoch bei der produktbezogenen
Kommunikationspolitik eine die andere Alternative ausschließende Entscheidung getroffen,
um das Produkt oder die Marke fest mit der Kommunikations- oder Diffusionsstrategie zu
verbinden (z.B. die Abstinenz einiger Versicherungsunternehmen hinsichtlich der Massen-
werbung zugunsten eines verstärkten Einsatzes von Außendienstmitarbeitern). Das Implementierungsmarketing sollte hingegen die gesamte Breite des Spektrums an Kommunikationsinstrumenten nutzen. Während die Instrumente der Einweg-Kommunikation geeignet sind, generell ein positives Klima für die Veränderung und somit eine Art kollektive Basis für die
individuelle Akzeptanz zu schaffen, bedarf es immer auch der Zweiweg-Kommunikation, um
die Akzeptanz des Einzelnen tatsächlich zu erreichen, indem speziell seine Ängste oder Unsicherheiten aufgegriffen und dann abgebaut werden können. Zusätzlich ist es denkbar, daß
ohne eine Zweiweg-Kommunikation auch die übrigen Kommunikationsinstrumente keinen
oder sogar einen negativen Effekt bei den Betroffenen hervorrufen, weil bei der Einweg-Kommunikation in besonderem Maße manipulative Tendenzen vermutet werden.[40]

Zusammenfassend kann festgehalten werden, daß hinsichtlich der Spezifität der eingesetzten
Kommunikationsinstrumente ein eindeutiges Spannungsfeld zwischen Effizienz und Effek-

---

38   vgl. eine ausführliche Schilderung der Implementierung des Banken-Zusammenschlusses bei
     Grimmeisen (1995b)
39   vgl. Böcker (1996), S. 332 ff.
40   vgl. Brandstätter (1991), S. 110

tivität besteht, wie Abb. III.1-9 an einigen verbreiteten Instrumenten veranschaulicht. Welche Instrumente schließlich gewählt werden, hängt von den konkreten Zielsetzungen der Marketingstrategie und natürlich vom dafür vorgesehenen Budget ab. Generell kann empfohlen werden, bei Meilensteinen der Implementierung (z.B. Kick-off oder Relaunch) auf spezifisch für das konkrete Veränderungsprojekt entwickelte Kommunikationsmedien zurückzugreifen, um so die Bedeutung der Implementierung in diesen wichtigen Phasen zu unterstreichen. Die permanente Information über Stand und Entwicklung des Projekts kann innerhalb der bereits bestehenden Infrastruktur der innerbetrieblichen Kommunikation (Mitarbeiterzeitschrift, Vorgesetztengespräche) erfolgen. Bei der Entscheidung, ob Instrumente der Einweg- oder Zweiweg-Kommunikation bevorzugt werden sollen, ist neben Effizienz- und Effektivitätsgesichtspunkten auch die zeitliche Entwicklung der Kostenstruktur zu berücksichtigen.

1.1.3.2   Vergleich der Kostenstrukturen von Kommunikationsinstrumenten

Über die absoluten Kosten von Kommunikationsinstrumenten sind nur unternehmensspezifische Aussagen möglich, wohingegen die Kostenstrukturen der einzelnen Instrumente allgemeingültige Aussagen erlauben. Bei den Instrumenten der Einweg-Kommunikation muß mit einem im Vergleich zu den Gesamtkosten erhöhten Anteil von Konzipierungskosten gerechnet werden, der allerdings nur einmal zu Beginn der Kampagne aufgewendet werden muß. Sie stellen daraufhin "sunk costs" dar und beeinflussen in der Folgezeit die Entscheidungen, z.B. über Projektabbruch oder Anpassungen der Kommunikationsstrategie, nicht mehr. Die laufenden (variablen) Kosten hingegen sind bei dieser Instrumentenkategorie gering. Sie beschränken sich z.B. auf die Druckkosten für Broschüren oder die Vervielfältigung von Videos oder CDs. Die Instrumente der Zweiweg-Kommunikation bedürfen generell eines geringeren Konzipierungsaufwands, was darauf zurückzuführen ist, daß die Kommunikationsinhalte in gewissem Rahmen in Interaktion zwischen Betroffenen und Informationsgebern festgelegt werden können. Die variablen Kosten sind allerdings ungleich höher einzuschätzen als bei der Einweg-Kommunikation. Die genannte Interaktion bedingt immer auch die Anwesenheit von Mitarbeitern, die Auskunft geben, so daß entsprechend Personalkosten anfallen.

Entlang der Spezifitätsdimension in Abb. III.1-8 kommt es zu Veränderungen hinsichtlich des Anteils von Einzel- und Gemeinkosten. Die Integration des Implementierungsthemas in die vorhandene innerbetriebliche Kommunikationsinfrastruktur bedingt quasi zwangsweise die Entstehung von Gemeinkosten. So sind die Konzipierungskosten für die bereits vorhandenen Medien zu einem früheren Zeitpunkt angefallen. Auch die laufenden Kosten können oft nur teilweise der Implementierung eindeutig zugerechnet werden (z.B. eigener Redakteur für Implementierungsthemen), während z.B. Druckkosten entweder nur mit unverhältnismäßigem Aufwand oder willkürlich dem Implementierungsmarketing zurechenbar sind.

1.1.3.3   Kennzahlen für die Kommunikationspolitik

Die Zusammenhänge zwischen Effektivität und Effizienz einzelner Kommunikationsinstrumente des Implementierungsmarketing erfordern für die praktische Anwendung eine Unter-
mauerung mit inter-subjektiv nachvollziehbaren Informationen, die in Form von Kennzahlen
dargestellt werden können. Diese stellen einen Teil des Gesamtsystems von Implementierungskennzahlen dar. Daher kann das bereits bekannte Implementierungs-Kennzahlensystem
(vgl. Abb. II.3-5) als Klassifikationsschema herangezogen werden (vgl. Abb. III.1-11).

Grundsätzlich lassen sich die Kennzahlen für das Implementierungsmarketing genauso unter-
teilen wie die anderer Implementierungsaktivitäten auch. Neben den als Inputgrößen in den
Implementierungsprozeß eingehenden Kennzahlen (Implementierungsparameter; unterste
Ebene in Abb. III.1-11) lassen sich auch die durch die Aktivitäten beeinflußten Outputgrößen
(Unternehmungsparameter und Performance-Kennzahlen; mittlere Ebenen in Abb. III.1-11)
als Unterziele der Implementierung in Kennzahlenform erfassen. Aggregiert ergeben diese
nutzenseitig die Akzeptanz des Implementierungsobjekts und kostenseitig den Implementierungsaufwand.

Die Zielsetzung der Kommunikationspolitik ist im Gegensatz dazu etwas diffuser. Im gün-
stigsten Fall erreicht man durch die Kommunikationsaktivitäten allein bereits die erwünschte
Akzeptanz. Im Regelfall werden jedoch eher die Voraussetzungen geschaffen: Interesse,
Aufmerksamkeit und ein positives Image für das geplante Restrukturierungskonzept sind die
realistischeren Zielgrößen der Kommunikationspolitik. Dementsprechend müssen auch die
Kennzahlen festgelegt werden, die bei der Planung und Steuerung der Kommunikationsaktivitäten in Implementierungsprozessen Anwendung finden sollen.

Auf der Ebene der Implementierungsparameter tauchen die Größen auf, die als Input für den
Kommunikationsprozeß bezeichnet werden können. Die Erfassung von Zahlen, wie "Auflage
der Projektzeitung", "Zahl der Hotline-Telefone" oder auch die Zahl und Freistellung der mit
Implementierungsmarketing (hier der Kommunikationspolitik) betrauten Mitarbeiter, dürfte in
den meisten Fällen keine großen Schwierigkeiten bereiten. Oft findet bereits eine Erfassung
dieser Kennzahlen statt[41], wenn auch so gut wie nie zu Steuerungs- und Optimierungs-
zwecken.

---

41   So z.B. im Rahmen des *Customer Focus*-Prozesses bei *ABB*, Reiß/Grimmeisen (1995).

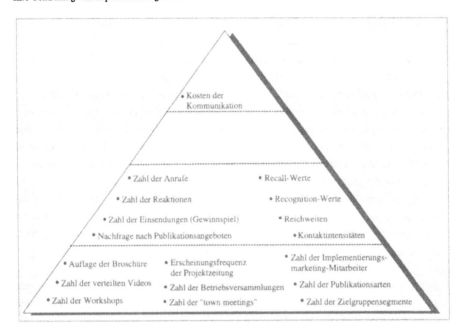

Abb. III.1-11: Kennzahlen der Kommunikationspolitik im Implementierungsmarketing

Der unmittelbare Erfolg der Kommunikationsbemühungen läßt sich durch Kennzahlen der nächst höheren Ebene darstellen. Kennzahlen, wie "Zahl der Hotline-Anrufe", lassen erkennen, inwieweit die Kommunikation zu Aufmerksamkeit oder gar bereits zu einer Bewußtseinsänderung der Zielgruppen geführt hat, mithin also eine Veränderung der Unternehmungsparameter (im Falle der Kommunikationspolitik: der Humanressourcen) stattgefunden hat. In Anbetracht des Transfers von externen Marketinginstrumenten auf das Implementierungsmarketing ist es möglich, daß auch eine Vielzahl von Kennzahlen übertragen werden kann.[42] So erfaßt der "Recognition-Wert"[43], wieviel Prozent der angesprochenen Mitarbeiter Begriffe, Symbole o.ä. der Implementierung wiedererkennen. Gemessen wird somit bei Recognition-Tests, ob Werbemittel überhaupt wahrgenommen oder gar intensiv betrachtet werden.[44] Im Gegensatz dazu geht es beim "Recall-Wert"[45] um die aktive Assoziation von Aussagen, Slogans oder Symbolen mit den Implementierungsinhalten. Schließlich können auch im Implementierungsmarketing Reichweiten der eingesetzten Kommunikationsmittel[46]

---

42   vgl. auch die Messung der Qualität interner Dienstleistungen durch einen Methodentransfer aus dem externen Marketing bei Bruhn (1995c), S. 613 ff.
43   vgl. Nieschlag/Dichtl/Hörschgen (1997), S. 578
44   vgl. Böcker (1996), S. 385
45   vgl. ebenda
46   vgl. Nieschlag/Dichtl/Hörschgen (1997), S. 533

ermittelt werden oder die Kontaktqualität und Kontaktwahrscheinlichkeit[47] der Mitarbeiter mit diesen Medien. Durch die genannten Kennzahlen kann die Effektivität der eingesetzten Kommunikationsinstrumente nachgewiesen und dann zu den entstehenden Kosten ins Verhältnis gesetzt werden. Es ist zu erwarten, daß die Ermittlung dieser Werte innerhalb der Unternehmung einfacher durchzuführen ist als bei externem Einsatz, da die primären Zielobjekte, die Mitarbeiter, keine gänzlich anonyme "Masse" darstellen. Dennoch entsteht bei einer Übertragung des Marktanalyseinstrumentariums auf Implementierungsprozesse ein so beachtlicher Zusatzaufwand für das Implementierungscontrolling, daß der Ausbau eines umfangreichen Kennzahleninstrumentariums für Implementierungszwecke kritisch hinterfragt und vor allem mit der Höhe des geplanten Budgets für das Implementierungsmarketing konfrontiert werden muß. Es läßt sich z.B. bereits durch kleine Stichproben feststellen, ob und wie intensiv die implementierungsspezifischen Publikationen gelesen werden. Bei anderen Aktionen (vor allem im Rahmen der Zweiweg-Kommunikation) erfordert die Erfassung von Beteiligungsquoten, Anwesenheitszeiten oder Gesprächsdauern kaum einen nennenswerten Zusatzaufwand.

Die Einflußmessung der Kommunikationspolitik auf die bonitäre Unternehmungsperformance ist im allgemeinen nicht möglich, da auch durch Verfahren der Werbewirkungsprognose und der Werbeerfolgskontrolle eine Zurechnung auf die Kommunikation oder gar auf einzelne Instrumente nicht möglich ist.[48] Letztendlich besteht auch bezüglich dieser Erkenntnis eine Parallele zum externen Marketing, wo relativ einfach die psychischen und physische Reaktionen auf Werbebotschaften gemessen werden können, jedoch selten der ökonomische Werbeerfolg, der sich in zusätzlich verkauften Produkteinheiten widerspiegeln müßte. Auf der obersten Kriterienebene, der monetären Unternehmungsperformance, gehen die Kosten der Marketingaktivitäten in die Implementierungskosten und damit schließlich auch in den Unternehmungserfolg ein. Ein Teil der Kostenarten wird bereits auf eigenen Kostenstellen und -trägern erfaßt, so z.B. Druckkosten und Designkosten für Publikationen. Ein anderer Teil bleibt jedoch im Normalfall intransparent, weil es sich um fixe Gemeinkosten handelt (Gehalt eines Vorstands, der im Rahmen von "town meetings" zahlreiche Nachmittage den Betroffenen Rede und Antwort steht, wie z.B. bei der *Lufthansa*). Ein weiterer Teil der Kommunikationskosten geht als Gemeinkosten der Marketingabteilung "unter", die im Rahmen ihrer regulären (externen) Arbeit bestimmte Aufgaben des Implementierungsmarketing übernommen hat. Geht man von der realistischen Annahme aus, daß bei vielen Implementierungsprozessen keine eigens für das Marketing zuständigen Mitarbeiter eingestellt werden, so kann leicht ein Großteil des Marketingaufwands für Implementierungszwecke "übersehen" werden. Eine entsprechende Aufmerksamkeit und Problemsensibilität bei der Kostenerfassung und, wo mög-

---

47 vgl. Böcker (1996), S. 385
48 vgl. Pepels (1996), S. 132 ff.

lich, dedizierte Ressourcen für das Implementierungsmarketing können für mehr Klarheit und damit für eine bessere Informationsbasis des Implementierungscontrolling sorgen.

Abschließend soll noch darauf hingewiesen werden, daß vor allem unter Vergleichbarkeitsgesichtspunkten (Benchmarking) Verhältniskennzahlen gebildet werden sollten. Vom "Verhältnis der Gesamtkosten zu den Betroffenen der Implementierung" bis zu "Leser pro Ausgabe der Projektzeitung"[49] können eine Vielzahl von Kennzahlen gebildet werden, die es ermöglichen, in erster Linie interne (wenn Vorgänger- oder Parallelprojekte in anderen Werken oder Geschäftsbereichen existieren) und - wenn möglich - auch externe Betriebs- und Zeitvergleiche im Hinblick auf Effektivität und Effizienz der Kommunikationspolitik anzustellen.

1.1.4 Gestaltung von Implementierungsawards

Das Anreizsystem eines Unternehmens für seine Mitarbeiter enthält neben der Entlohnung für die geleistete Arbeit weitere Elemente, wie immaterielle Anreize (Belobigungen, Auszeichnungen) oder Anreize für Aktivitäten und Leistungen außerhalb des arbeitsvertraglich geregelten Rahmens. Werden diese im Wettbewerb zwischen verschiedenen Personen oder Gruppen **kompetitiv** vergeben, sollen sie als Awards bezeichnet werden. Abb. III.1-12 gibt einen Überblick über das Spektrum solcher Belohnungsformen in einem Unternehmen. Das (traditionelle) Betriebliche Vorschlagswesen (BVW) stellt keinen Award dar, da die Prämie lediglich nach der Qualität des eingebrachten Vorschlags bemessen wird und keine Konkurrenz zwischen den verschiedenen Personen oder Gruppen besteht, die einen Vorschlag einreichen. Das BVW fordert die Mitarbeiter auf, durch Vorschläge, die über ihr eigenes Arbeitsumfeld hinausreichen, zur Verbesserung der Leistungserfüllung oder Ressourcennutzung beizutragen. Ansatzpunkt für die Verbesserungen sind die Routineprozesse des Unternehmens, in denen z.B. Kosteneinsparungen oder Qualitätsverbesserungen realisiert werden können. Mit Hilfe des BVW wurde und wird versucht, das Ideenpotential der Mitarbeiter zu erschließen und bei den Arbeitnehmern gleichzeitig ein gewisses Verantwortungsgefühl für "ihren" Arbeitsplatz, "ihr" Produkt bzw. "ihr" Unternehmen zu wecken, das Monotonie, Anonymität und das Gefühl der Fremdbestimmung vermeiden soll. Die Unternehmen lassen sich die Ideen ihrer Mitarbeiter einiges kosten. Bei *BMW* waren es 1994 insgesamt 7 Millionen DM an Prämien, die an die Belegschaft bezahlt wurden.[50] Hinzu kommen allerdings noch die beträchtlichen Kosten für die Verwaltung und Bewertung der Vorschläge.

---

49 Wobei bei einem Kennzahlenvergleich zwischen Unternehmen die Zahlen entsprechend der Belegschaft relativiert werden müssen.
50 vgl. BMW (1995), S. 46

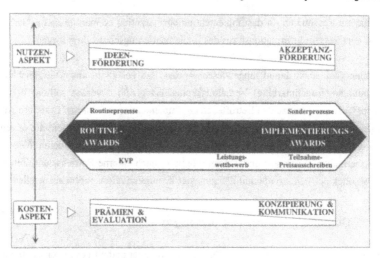

Abb. III.1-12: Spektrum unternehmungsinterner Awards

In vielen Großunternehmen beschäftigen sich eigene Abteilungen oder BVW-Beauftragte mit
dem Vorschlagswesen. Kosten für die Prämienzahlungen, die Evaluierung und Abwicklung
der Vorschläge stellen daher auch die Hauptkostenelemente eines BVW dar (vgl. Abb.
III.1-12). Bei *BMW* beliefen sich im Gegenzug die Einsparungen in den Jahren 1994 und 1995
auf jeweils 35 Millionen DM.[51] Beim Kontinuierlichen Verbesserungsprozeß (KVP) stehen
zwar nach wie vor die Routineprozesse im Mittelpunkt der Verbesserungsbemühungen, allerdings ist zusätzlich die Philosophie bedeutsam, in der eigenen Arbeitsumgebung ständig nach
Verbesserungen zu suchen, auch wenn diese nur geringe Einsparvolumina besitzen. Neben der
Ideengenerierung hat KVP auch den Zweck, die Akzeptanz der Mitarbeiter bezüglich eines
verbesserten Qualitätsbewußtseins oder einer verstärkten Kundenorientierung zu fördern. Der
finanzielle Anreiz tritt in vielen Unternehmen hinter symbolische Gesten (Essensschecks,
Auto für ein Wochenende[52] u.ä.) zurück. Solche Prämien für die höchste Zahl an Verbesse-
rungsvorschlägen machen den kompetitiven Charakter der KVP-Anreize deutlich.

Implementierungsawards haben in erster Linie die Mitarbeiterakzeptanz für die Implementierungsmaßnahmen zum Ziel. Allerdings können auch Ideen für eine Verbesserung dieser Maßnahmen belohnt werden (Leistungswettbewerb bzgl. der Implementierung), wie es z.B. bei
Festo im Rahmen des Projekts "*Lernunternehmen*" praktiziert wird. Dabei werden unternehmensinterne "Best practices" von der *Festo-Akademie* als Seminarbaustein aufgenommen.[53]

---

51 vgl. BMW (1995), S. 46 sowie BMW (1996), S. 59
52 So z.B. bei der *Porsche AG*, die dadurch eine häufige Teilnahme am KVP-Prozeß prämiert.
53 vgl. Reiß/Grimmeisen (1995), S. 6 ff.

Des weiteren werden besonders erfolgreiche und innovative Umsetzungen des Projekts Lern-unternehmen auf der "Planungskonferenz" (bei der die Geschäftsleitung sowie die Geschäfts-führer der Auslandsgesellschaften und weitere Führungskräfte beteiligt sind) besprochen. Der Anreiz ist in diesen Fällen also immaterieller Natur, durch die hochrangige Besetzung aller-dings dennoch ausreichend motivierend. Generell richtet sich der Hauptnutzen von Awards auf die Verbesserung des Sonderprozesses Implementierung. Die Belohnungen sollen einen Anreiz schaffen, für die Informationen über die Implementierung offen zu sein und sie sollen gleichzeitig motivieren, die erforderlichen Maßnahmen im eigenen Bereich möglichst schnell und effektiv umzusetzen. Regelmäßig sind die Anreize nicht-monetärer Natur, sondern haben symbolischen Wert.

Die Kosten von Implementierungsawards ergeben sich durch den zeitlichen Aufwand für die Konzipierung sowie die Kommunikation ("Auslobung") der "Teilnahmebedingungen" und der Preise (vgl. Abb. III.1-12). Sie sind im allgemeinen gegenüber dem Prämienaufwand von grö-ßerer Bedeutung. Ohne jeglichen Leistungs- bzw. Verbesserungsbezug sind die von einigen Unternehmen veranstalteten Preisausschreiben, mit deren Hilfe das Implementierungsprojekt oder einzelne Elemente (wie der Name, das Maskottchen o.ä.) bekannter gemacht und mit einer gewissen Sympathie besetzt werden sollen. Abb. III.1-13 zeigt neben weiteren Award-Determinanten die Art des Anreizes zweier unterschiedlich dimensionierter Implementie-rungsaward-Systeme bei *Alcatel SEL* und *ABB*.[54]

Bei *Alcatel SEL* wird der Verwaltungs- und Bewertungsaufwand dadurch klein gehalten, daß die Zuteilung der Preise auf Basis einer Verlosung vorgenommen wird. Wie gut der Vorschlag war, ist unwichtig. Wichtig ist lediglich die aktive Teilnahme am Implementierungsprozeß *Fit For Customer*.

Beim *ABB-Award* in Abb. III.1-13 hingegen ist die Preisvergabe immer abhängig von einer besonders hervorzuhebenden Implementierungsleistung. Die Gewinner werden für ihre schnelle und weitgehende Akzeptanz belohnt und sollen gleichzeitig Vorbild und Ansporn für andere Mitarbeiter oder Unternehmenseinheiten sein. Der Leistungsaspekt ("erfolgreichste Umsetzung") bedingt jedoch eine Evaluierung aller dafür in Frage kommenden Teilnehmer. Die Kosten, die eine hochrangig besetzte Jury wie bei *ABB* verursacht, sind nicht zu vernach-lässigen.

---

54   vgl. zu dieser Gegenüberstellung auch die Darstellungen bei Dörle/Grimmeisen (1995), S. 312 ff. (hinsicht-
      lich *Alcatel SEL*) sowie bei Reiß/Grimmeisen (1995), S. 6 ff. (hinsichtlich *ABB*)

Mit Hilfe der Vorbereitung durch das *CF-Team* können sie allerdings in Grenzen gehalten werden. Gleichzeitig drückt die Jury-Besetzung mit Mitgliedern der Geschäftsführung sowie die Patronage durch den Vorstandsvorsitzenden der *ABB Deutschland* die Bedeutung des Wettbewerbs und damit auch die Wertschätzung für die zu belohnende Leistung aus.

MINI - LÖSUNG Alcatel SEL: "Fit For Customer"		MAXI - LÖSUNG ABB: "Customer Focus"
-	NAME	Customer Focus Award
FFC - Projektteilnehmer	TEILNEHMERKREIS	ABB - Gesellschaften
Freikarten für gesponsorte Sportveranstaltungen	ANREIZ	Symbolisch, z. B. zeitgenössische Radierung
Teilnahme am FFC	BELOHNUNGSGRUND	Erfolgreichste Umsetzung von Customer Focus
Auslosung	ZUTEILUNG	Leistungsbewertung
Inhouse Consulting Team	ABWICKLUNGSBÜRO	Customer Focus Team
-	PATEN / SPONSOR	Vorstandsvorsitzender von ABB Deutschland
-	GUTACHTER	5 Geschäftsführer von ABB - Gesellschaften
Zweimal pro Jahr	HÄUFIGKEIT	Einmal pro Jahr
Bericht in FFC - Aktuell	PUBLIZITÄT	Sonderausgabe Customer Focus News

Abb. III.1-13: Arten von Implementierungsawards

Unter dem Gesichtspunkt des Implementierungscontrolling muß daher auch für Implementierungsawards im Spannungsfeld von Effektivität und Effizienz nach Optimierungsmöglichkeiten gesucht werden. Die Sinnhaftigkeit eines eigenen Motivationsinstruments im Rahmen des betrieblichen Anreizsystems steht allerdings außer Frage, da der Aufwand dafür im Extremfall auf einem vernachlässigbaren Niveau gehalten werden kann (z.B. *Alcatel SEL* in Abb. III.1-13) und dennoch auch mit einer "Mini-Lösung" die Bedeutung des Implementierungsprozesses unterstrichen und die Notwendigkeit der Akzeptanz der damit verbundenen Maßnahmen hervorgehoben werden kann. Für einen Kostenvergleich ist es entscheidend, alle relevanten Kostenbestandteil des Awardkonzeptes zu erfassen.

Abb. III.1-14 zeigt die über den Lebenszyklus eines Award auftretenden Kostenblöcke. Die Gesamtkosten, die dem Award zuzurechnen sind, erhält man als Summe der aufgeführten Kostenarten. Der erste Block, Kosten der **Konzipierung** (Vorlaufkosten), enthält den erforderlichen Einmalaufwand, mit dem die "Spielregeln" und Zuständigkeiten für die Einreichung, Bewertung und Preisvergabe definiert werden. Je länger und intensiver das konzipierte

Awardsystem angewendet wird, desto geringer fallen die anteiligen Fixkosten der Konzipierungsphase für jeden einzelnen "Award-Durchlauf" aus. Außerdem kann geprüft werden, inwieweit bereits vorhandene Belohnungskonzepte auf die neue Anwendung im Implementierungsprozeß übertragen werden können. Kostenbestimmend sind bei den Vorlaufkosten die
Medien für die Publizierung des Award-Konzepts sowie die Frage, wer mit der Konzipierung
beauftragt wird (Make or Buy des Konzepts).

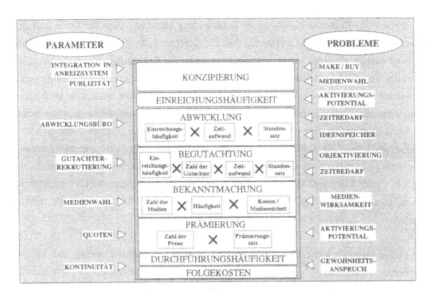

Abb. III.1-14: Kostenstruktur und -determinanten von Implementierungsawards

Die **Einreichungshäufigkeit** ist bei determinierten Award-Vergaben durch ein Implementierungscontrolling steuerbar (z.B. einmal im Jahr im Falle des *CF-Award).* Bei freier Möglichkeit zur Einreichung, wie etwa beim KVP-Vorgehen, hängt diese Kostendeterminante von der
Motivation und vom Ideenreichtum der Mitarbeiter ab. Die Einreichungshäufigkeit stellt
somit quasi das Summenzeichen dar, das den nachfolgenden Kostenblock (die laufenden Kosten) zusammenfaßt.

Bei einer nicht festgelegten Einreichungshäufigkeit kann es dazu kommen, daß die verwalten-
den und bewertenden Stellen regelrecht mit Einreichungen "zugeschüttet" werden und einen
kurzfristig kaum zu steuernden Kostenanfall verursachen. Für die **Abwicklung** der eingereich-
ten Vorschläge oder Teilnahmekarten kann z.B. ein eigenes Abwicklungsbüro eingerichtet
werden oder die Aufgabe kann von einem Beauftragten übernommen werden, der die

Einreichungen sammelt, klassifiziert und verwaltet. Der zeit- und damit auch kostenaufwendigste Block ist die **Bewertung** der Einreichungen, sofern es sich nicht um ein reines Teilnahme-Preisausschreiben handelt. So fällt z.B. bei *Alcatel SEL* dieser Block komplett weg, weil die Gewinner des Award ausgelost werden. Parameter für die Kostenbeeinflussung sind das Wertgerüst, mithin also die Frage, aus welcher Hierarchieebene die Gutachter kommen sollen (hier sind die Opportunitätskosten der Gutachter anzusetzen) und das Mengengerüst. Dabei stellt sich die Frage von wieviel Gutachtern die Einreichung wie lange bewertet werden soll. Neben den Kosten wird von dieser Entscheidung allerdings auch die Gerechtigkeit der Bewertung bestimmt, welche wiederum über die Akzeptanz des Award-Systems mitentscheidet. Sehr wichtig für einen Implementierungsaward ist die **Bekanntmachung** der Vergabe, da damit der Vorbildcharakter und eine zusätzliche Akzeptanz für die Implementierung geschaffen werden kann. Eine weitgehend unbemerkte Vergabe des Preises stellt mehr als bei klassischen Anreizen (denen ja immer noch eine konkrete Verbesserungsleistung gegenübersteht) die Sinnhaftigkeit des Implementierungsaward in Frage, weil ein Großteil seiner positiven Effekte weitgehend verpufft. Die Kosten für die **Prämie** selbst sind am transparentesten, gleichzeitig allerdings auch wesentlich geringer als bei klassischen Anreizsystemen. Eine Beschränkung der Kostenerfassung auf diesen Kostenblock erfaßt somit im Falle von Implementierungsawards in noch geringerem Maße als bei den "Routineprämien" die relevanten Größen.

Die **Folgekosten** als letzter Block in Abb. III.1-14 können dadurch entstehen, daß bei Implementierungsawards ähnlich wie bei KVP-Prämien ein "Gewöhnungseffekt" der Mitarbeiter eintritt, für die es zur Selbstverständlichkeit wird, daß besonderes Engagement oder Offenheit gegenüber Neuerungen immer in irgendeiner Form belohnt oder entgolten wird. Ein Absenken der Prämienzahlungen oder die Einschränkung sonstiger Belohnungen könnten zu einem deutlichen Rückgang der Begeisterung und Motivation bei den Mitarbeitern führen. Durch eher symbolische Prämien, wie in den beiden Beispielen der Abb. III.1-13, kann eine zu hohe Erwartungshaltung und damit der Aufbau potentieller Folgekosten vermieden werden.

1.1.5   Diffusionsprozesse in der Implementierung

1.1.5.1   Diffusion und Implementierung

Die Herkunft von Diffusionsmodellen liegt in der Marketing- und Innovationstheorie. Es wird dabei versucht, mit Hilfe mathematischer Modelle den Verbreitungsprozeß von Innovationen bei Anwendern oder Konsumenten abzubilden und zu erklären. Bei der Implementierung eines neuen Konzepts kann grundsätzlich von Parallelen zu absatzwirtschaftlichen Vorgängen ausgegangen werden. Denn ganz allgemein wird unter Diffusion "die Ausbreitung einer Neuigkeit (Innovation) in einem sozialen System von der Quelle bis zum letzten Übernehmer verstanden. Die Neuigkeit kann ein neues Produkt oder eine neue Dienstleistung sein"[55], und damit auch ein unternehmungsinternes Veränderungskonzept. Implizit wurde außerdem bereits bei sämtlichen Lebenszyklusüberlegungen ein absatzwirtschaftlicher Diffusionsprozeß zugrunde gelegt. Dieser dient als Erklärungsansatz für das Zustandekommen der bekannten Produktlebenszyklen. Der Diffusionsprozeß grenzt sich dadurch von Adoptionsprozessen ab, daß letztere Erklärungen für die Übernahme bzw. Akzeptanz einer Neuerung auf der Individualebene liefern, während die Diffusion das Ergebnis der aggregierten individuellen Adoptionsprozesse ist.[56] Da jedoch ein großer Teil der gesamten Implementierungsarbeit gerade dazu eingesetzt wird, die individuelle Akzeptanz zu steigern (durch Informationen, Qualifikation und Partizipation), wird der Adoptionsprozeß hier nicht mehr gesondert dargestellt. Der Diffusionsprozeß hingegen erlaubt Aussagen über die Entwicklung der Akzeptanz bezüglich der relevanten Betrachtungsgröße, nämlich der Gesamtheit aller betroffenen Mitarbeiter. Dazu kommt, daß sich durch eine solche Gesamtbetrachtung des personellen Implementierungskontexts die Palette der Steuerungsmöglichkeiten um den Parameter "Sozialer Übernahmedruck" erweitern läßt, der bei einem Ansatz auf individueller Ebene nur als exogene Variable berücksichtigt werden kann. Das Implementierungscontrolling muß folglich versuchen, anhand der verhaltenswissenschaftlichen Modellannahmen und der Modelle selbst Informationen zu liefern, die es ermöglichen, den erforderlichen Diffusionsprozeß im Rahmen der Implementierung effektiv und effizient ablaufen zu lassen.

1.1.5.2 Grundstruktur des absatzwirtschaftlichen Diffusionsmodells und Übertragung auf die Implementierung

Der Ansatz jedes Diffusionsmodells ist, daß Personen (oder Personengruppen), die zu einem bestimmten Zeitpunkt die Innovation noch nicht übernommen haben ("Restpotential") in einer darauffolgenden Periode t mit einer Kaufwahrscheinlichkeit h_t zu "**Adoptern**" werden, d.h. die Innovation für sich übernehmen.

---

55 Kroeber-Riel (1996), S. 656
56 vgl. Schmalen/Binninger (1994), S. 7

Daraus läßt sich dann der (Produkt-)Absatz in der Periode t folgendermaßen ermitteln:[57]

$$S_t = h_t * (M - X_{t-1})$$

dabei ist:

S$_t$:   Periodenabsatz
X$_{t-1}$:   kumulierter Periodenabsatz bis zur Periode t-1
M   :   Marktpotential
h$_t$:   Kaufwahrscheinlichkeit

Die absatzwirtschaftlichen Diffusionsmodelle unterscheiden sich untereinander in erster Linie im Hinblick auf die Operationalisierung der Kaufwahrscheinlichkeit. Das bekannteste Diffusionsmodell, das *Bass*-Modell[58], geht von einer Kaufwahrscheinlichkeit h$_t$ aus:

$$h_t = a + b * X_{t-1} / M \qquad \text{mit } h_t > 0 \text{ und } h_t <= 1$$

Die Koeffizienten a und b gehen als exogene Variable in das Modell ein. Der Marktsättigungsgrad X$_{t-1}$ / M ist die Summe aller diffusionsendogenen Variablen und steht daher für den sozialen Übernahmedruck der Neuerung.[59] Ein wachsender Marktsättigungsgrad führt daher auch zu einer steigenden Kaufwahrscheinlichkeit.

Dem Marktpotential entspricht bei Implementierungsprozessen die Gesamtheit der von einem zu implementierenden Konzept Betroffenen B. Die Nicht-Betroffenen spielen zwar modelltheoretisch keine unmittelbare Rolle im Diffusionsprozeß, nehmen in der Realität aber dennoch einen gewissen Einfluß auf die Adoptionswahrscheinlichkeit des Einzelnen und damit auf die Akzeptanz aller Betroffenen. Die Haltung und Akzeptanz der Nicht-Betroffenen fließt somit als diffusionsexogene Variable in das Modell ein. Daher muß auch dieser Personenkreis als eine (zwar weniger wichtige, aber dennoch relevante) Zielgruppe für das Implementierungsmarketing und hier vor allem für die Kommunikationspolitik begriffen werden. Während in Zusammenhang mit absatzwirtschaftlichen Überlegungen die Summe der Kaufentscheidungen bzw. die Käufe selbst den unmittelbaren meßbaren Periodenabsatz liefern, ist die Übertragung auf ein immaterielles Konzept schwieriger, sofern es nicht unternehmungsintern marktwirtschaftlich gehandelt wird. Der Adoptionsakt drückt sich in der Akzeptanz des Konzepts oder einer konkreten Implementierungsmaßnahme aus. Da es allerdings unterschiedliche Ausprägungen (Grade) von Akzeptanz gibt, stellt die Operationalisierung ein zentrales Pro-

---

57   Schmalen/Binninger, S. 5
58   vgl. Bass (1969)
59   vgl. Schmalen/Binninger (1994), S. 6

blem dar. Außerdem handelt es sich bei der individuellen Akzeptanz um einen intrapersonalen Prozeß, der nur schwer von außen zu messen ist. So bleibt dem Implementierungscontrolling nichts anderes übrig, als durch Befragungen (u.U. auch mit Kontrollfragen, die unwahre Aussagen aufdecken) die Akzeptanz zu ermitteln. Ob die Abwesenheit von Widerstand oder erst die begeisterte Motivation für das Projekt als Akzeptanz gewertet wird, ist eine Frage der Zieldefinition. Es muß daher Teil der Implementierungsziele sein, den erforderlichen Akzeptanzgrad für die Umsetzung festzulegen. Somit definiert dieses Anspruchsniveau, welcher Betroffenenanteil den Adoptern und welcher den (Noch-)Nicht-Adoptern zuzurechnen ist. Entsprechend wird sich dann auch der Diffusionsverlauf (in erster Linie dessen Dauer) verändern.

Der Kaufwahrscheinlichkeit kann als Äquivalent in Implementierungsprozessen die Akzeptanzwahrscheinlichkeit gegenübergestellt werden. Es ist nachvollziehbar, daß der psychische, aber unter Umständen auch der materielle Druck auf die ablehnenden Betroffenen steigt, wenn bereits die Mehrzahl das neue Konzept akzeptiert hat.[60] Unter psychischem Druck kann man sich die Furcht vor einer sozialen Marginalisierung oder gar Isolation vorstellen, während der materielle Druck zum Beispiel auf einer Unvereinbarkeit von Handlungsweisen, Formularen o.ä. basiert oder die Sanktionsmacht von Vorgesetzten eingesetzt wird. Ob nun tatsächlich das ursprüngliche *Bass*-Modell als Abbild von Diffusionsprozessen in der Implementierung betrachtet werden kann, hängt von der Einschätzung ab, ob die unternehmungsinterne Nachfrage als homogener Markt eingestuft werden kann, denn nur in diesem Fall gilt das Ursprungsmodell. Als homogen gilt ein Markt in diesem Zusammenhang dann, wenn bei allen potentiellen Nachfragern von einer einheitlichen Kaufwahrscheinlichkeit ausgegangen werden kann.

Dies wäre bei Implementierungsprozessen mit Sicherheit eine unzulässige Vereinfachung. In der Realität sind bei Veränderungsprozessen immer innovationsbereite Promotoren (Förderer, Befürworter), relativ indifferente Zauderer, die zunächst einmal abwarten und bei Erfolg quasi eine Imitationsstrategie anwenden und schließlich die Verhinderer (Bremser, "Lähmschicht"), die Widerstand gegen die Neuerung leisten, zu unterscheiden. Durch eine Erweiterung des ursprünglichen *Bass*-Modells mit Hilfe segmentspezifischer Kaufwahrscheinlichkeiten läßt sich die festgestellte Heterogenität abbilden.[61] Die Gesamtheit B der von der Implementierung Betroffenen setzt sich folglich aus verschiedenen Segmenten zusammen:

---

60 vgl. auch das Modell des Social Comparison Level, Kruglanski/Mayseless (1987); Festinger (1954)
61 vgl. Schmalen (1989), S. 218

$$B = \sum_{i=1}^{n} B_i$$

Der absolute Zuwachs an akzeptierenden Betroffenen A_t in Periode t läßt sich dann ausdrükken als:

$$A_t = \sum_{i=1}^{n} A_{it} = \sum_{i=1}^{n} h_{it} (B_i - X_{it-1})$$

dabei ist:

A_t :   Zuwachs an akzeptierenden Betroffen in Periode t
h_{it} :   Segmentspezifische Akzeptanzwahrscheinlichkeit in der Periode t
X_{it-1} :   Bisherige Adopter des i-ten Segments
B_i :   Betroffene des i-ten Segments

Die Akzeptanzwahrscheinlichkeit h_i kann entweder in jedem einzelnen Segment empirisch erhoben werden oder sie wird mittels oben aufgeführter Formel ($h = a + b * X_{t-1} / B$) ermittelt, sofern Werte für die exogenen Variablen a und b bekannt sind. Letzteres bedeutet nichts anderes, als daß aus der Vergangenheit Erfahrungswerte über den Verlauf der Diffusionskurve (z.B. logistischer Verlauf bei $a = 0$[62] oder exponentieller Verlauf bei $b = 0$[63]) vorliegen und aufgrund von Projektähnlichkeiten von einem entsprechenden Diffusionsverlauf ausgegangen werden kann.

Wichtig ist schließlich, daß der Anpassungsdruck nicht segmentspezifisch betrachtet werden muß, sondern daß dieser Druck von allen Betroffenen ausgeht, die aktuell die Implementierung akzeptieren. Daher hängt die Diffusion in jedem Segment (neben der segmentspezifischen Akzeptanzwahrscheinlichkeit) vom Akzeptanzverbreitungsgrad (X_{t-1} / B) ab.

1.1.5.3   Handlungsempfehlungen

Die bislang rein theoretischen Überlegungen sollen im folgenden zu konkreten Handlungsempfehlungen für das Implementierungscontrolling verdichtet werden. Ziel einer Instrumentalisierung der Erkenntnisse ist die Abbildung des zeitlichen Implementierungsverlaufs und daraus abgeleitete Ansätze zur Gestaltung dieses Verlaufs. Ausgehend von dem Wissen um

---

62   vgl. Mainsfield (1961); Fisher/Pry (1971)
63   vgl. Fourt/Woodlock (1960); Haines (1964)

unterschiedliche Akzeptanzwahrscheinlichkeiten einzelner Betroffenengruppen, erfolgt eine Segmentierung aller Betroffenen in (akzeptanzwahrscheinlichkeits-)homogene Gruppen als Voraussetzung für die Ermittlung von Wahrscheinlichkeitswerten. Diese Segmentierung wird aus pragmatischen Überlegungen gröber ausfallen als in diesem Kapitel unter 1.1.2.2 angedeutet. Gleichwohl kann die Zielgruppensegmentierung für die Kommunikationspolitik als Ausgangspunkt für die diffusionsrelevante Segmentierung dienen. Es liegt nahe, daß ein starker Zusammenhang zwischen den Dimensionen "Art der Betroffenheit" (Gewinner, Verlierer) sowie "Ausmaß der Betroffenheit" und der Akzeptanzwahrscheinlichkeit besteht. Determiniert durch die drei Dimensionen der Abb. III.1-7 lassen sich Betroffene zu den oft verwendeten Clustern "Befürworter", "Zauderer" und Verhinderer" zusammenfassen.

Nach der Segmentierung ermittelt das Implementierungscontrolling in für die drei Segmente repräsentativen Gruppen die entsprechende Akzeptanzneigung, also die Wahrscheinlichkeit der Akzeptanz einer Maßnahme. Daraus lassen sich die segmentspezifischen Akzeptanzverläufe und aggregiert die Gesamtentwicklung der Implementierung ermitteln.

Bereits damit kann das Implementierungscontrolling zwei äußerst relevante Informationen liefern:

• Erstens kann eine realistische Beurteilung von zeitlichen Zielsetzungen für die Implementierung erfolgen. Zeitpläne, die in aller Regel "vom Schreibtisch aus" erstellt werden, können so mit den realistischen Bedingungen des Implementierungskontexts konfrontiert werden. Intuitive Aussagen über die Durchsetzbarkeit einer Maßnahme "vor Ort" weichen nachvollziehbaren Modellableitungen.

• Zweitens wird es dem Implementierungscontrolling ermöglicht, während der Implementierung Frühwarninformationen zu generieren. Veränderungen der Akzeptanzwahrscheinlichkeiten bzw. der Segmentanteile können hinsichtlich ihrer Auswirkungen auf die Zeitziele untersucht werden. Verzögerungen des Gesamtprojekts aufgrund einer gesunkenen Akzeptanzwahrscheinlichkeit in einem Segment können so ermittelt werden.

Die Überwachung der Veränderungen in den Segmentgrößen durch das Implementierungscontrolling kann entsprechend der Darstellung in Abb. III.1-15 geschehen. Neben der Erfassung des Status (prozentuale Aufteilung der Betroffenen auf die drei Segmente) sollte die zeitliche Entwicklung in Form von "Wanderungsbewegungen zwischen den Segmenten" ermittelt und analysiert werden. Denn Veränderungen der Akzeptanzwahrscheinlichkeiten und der

Segmentgrößen[64] sollten im Sinne eines gestaltungsorientierten Implementierungscontrolling nicht nur dokumentiert, sondern als Parameter verstanden werden.

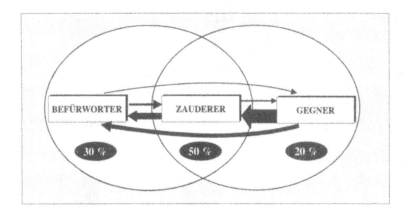

Abb. III.1-15: "Akzeptanzdiffusion" und Diffusionsstatus

Sämtliche Implementierungsinstrumente, welche die Akzeptanzschaffung bei den Betroffenen zum Ziel haben, versuchen genau diese beiden Parameter zu verändern. Während die Veränderung der Akzeptanzwahrscheinlichkeit eines Segments aus der personenübergreifenden Wirkung des Instrumentariums resultiert, finden Veränderungen in der Segmentgröße durch den Wechsel einzelner Personen von einem zum anderen Segment statt. Damit kann die Nutzenseite von Marketinginstrumenten differenzierter untersucht werden. PR-Aktivitäten für die Implementierung erhöhen bestenfalls die segmentspezifische Akzeptanzwahrscheinlichkeit, während Direktansprachen der einzelnen Betroffenen durch Vorgesetztengespräche in Verbindung mit anreizseitigen Versprechungen durchaus aus einem "Bremser" einen "Förderer" machen können. Die Auswirkungen beider Alternativen auf den Implementierungsverlauf ergeben sich aus dem Diffusionsmodell. Dem Nutzen, z.B. in Form schnellerer konzeptbedingter Einsparungen, können so die entsprechenden Kosten gegenübergestellt werden.

Generell gesagt, ermöglicht das Diffusionsmodell der Implementierung eine am Engpaß ausgerichtete Allokation der Implementierungsressourcen, z.B. des Implementierungsmarketing-Budgets. Mit Hilfe einer Sensitivitätsanalyse kann eine fundierte Abschätzung des zeitlichen Implementierungsverlaufs bei unterschiedlichem Ressourceneinsatz erfolgen. Ebenso wird

---

klar, daß eine Steigerung der Akzeptanzwahrscheinlichkeit bei den "Befürwortern" den Engpaß, der z.B. bei den Gegnern der Implementierung liegt, nicht behebt und somit u.U. auch
nicht zur schnelleren Implementierung beiträgt. Gleichwohl ist auch der Fall denkbar, daß die
Zahl der Befürworter bereits so stark angewachsen ist ("kritische Masse"), daß die Implementierung bereits als abgeschlossen betrachtet werden kann, auch wenn einige Gegner noch dagegen rebellieren. Weitere Bemühungen um Akzeptanzsteigerung bei dieser Gruppe sind dann
nicht mehr erforderlich, weil sie sich entweder der "Macht des Faktischen" beugen oder das
Unternehmen verlassen.

Auf die gleiche Weise können die Auswirkungen von "Katalysatoren" (Multiplikatoren, Paten, Vorbilder ...) ermittelt werden, d.h. von Personen oder Personengruppen, die den Implementierungsverlauf mit einem verhältnismäßig geringen Ressourcenaufwand beschleunigen
(vgl. III.1.2.5.1). Neben einer reinen Kostenvergleichsrechnung kann mittels der Diffusions-
modell-Aussagen eine Abschätzung der Veränderungen von Akzeptanzwahrscheinlichkeiten
und Segmentgrößen über den zeitlichen Verlauf des Implementierungsprojekts gemacht werden. Die Nutzenseite dieser diffusionspolitischen Instrumente (vgl. auch Abb. III.1-2) wird
somit wesentlich transparenter und deren Adäquanz für ein konkretes Implementierungsvorhaben besser beurteilbar.

III.1.2   Controlling von Qualifikationsprogrammen für die Implementierung

1.2.1   Mitarbeiterqualifikation als Implementierungsinstrument

Eine der zentralen Aufgaben im Rahmen der Implementierung eines Projekts ist die "die Aufklärung und Unterweisung über Zweck, Bedeutung, Inhalt und Voraussetzungen der Pläne (der Planung) sowie der Wege, Mittel und der Art der Planerfüllung"[65]. Damit ist sowohl die Notwendigkeit der Information als auch der Instruktion der beteiligten Mitarbeiter angesprochen. Qualifikation hat immer auch einen Informationsversorgungsaspekt.[66] Die Informationspolitik im Rahmen der Implementierung, also die Vermittlung von kognitivem Wissen über das Implementierungsobjekt, wurde bereits im vorausgehenden Abschnitt behandelt, so daß im folgenden der Schwerpunkt auf den Instruktionsaspekt der Qualifikation gelegt wird. Im Mittelpunkt wird die Vermittlung von Fähigkeiten und Fertigkeiten[67] an die Mitarbeiter stehen, die für das zu implementierenden Objekt benötigt werden.

Bereits bei wenig revolutionären Veränderungen im Arbeitsbereich eines Mitarbeiters ergeben sich in aller Regel Qualifikationsbedarfe, die sich meistens auf funktionale Aspekte begrenzen. Damit sind "spezifisch technisch-fachliche, prozeßgebundene Qualifikationen"[68] gemeint. Die Einführung einer neuen Abrechnungssoftware für Vertriebsmitarbeiter setzt z.B. die rein technische Kenntnis der Funktionsweise des Computerprogramms voraus. Im Bereich der Verbesserung bzw. Anpassung der fachlichen Qualifikationen der Mitarbeiter spielt sich der Großteil der betrieblichen Aus- und Weiterbildung ab.

Bei tiefgreifenderen Veränderungen reicht jedoch regelmäßig die rein fachliche Qualifikation nicht aus. Prozeßunabhängiges Methoden- und Sozial-Know how (extrafunktionale Qualifikation) gewinnen hingegen an Bedeutung.[69] Man stelle sich nur das Beispiel "Einführung von Gruppenarbeit" vor, bei dem unbestritten die Qualifizierung der Betroffenen in Gruppensitzungstechniken, Konfliktlösungsmethoden u.ä. Vorrang vor der fachlichen Wissensverbreitung haben muß.[70] Qualifikationsmaßnahmen, insbesondere die extrafunktionalen sind daher

---

65   Wild (1974), S. 43
66   vgl. Kirsch/Esser/Gabele (1979), S. 58; vgl. hierzu auch Staehle (1994), S. 164 ff.
67   Die Unterscheidung *Staehles* in Fähigkeiten und Fertigkeiten soll an dieser Stelle nicht weiter thematisiert werden, ist aber für gewisse Analysezwecke sinnvoll, vgl. Staehle (1994), S. 165.
68   ebenda
69   vgl. Feige/Feige (1995). Vgl. dort auch verschiedene Qualifikationsinstrumente hinsichtlich ihres Beitrags zur Prozeß- und zur Interaktionskompetenz in einem "Lean-Weiterbildungsportfolio", Feige/Feige (1995), S. 146.
70   vgl. z.B. die vielfältigen Qualifizierungsmaßnahmen im Rahmen der Implementierung von Gruppenarbeit bei Ford, Schmaling (1993) sowie Schmaling (1992), zitiert nach Zeyer (1996), S. XLVIII

von zentraler Bedeutung für den Erfolg einer Implementierung.[71] Entsprechend selten greifen Unternehmen, die groß angelegte Veränderungen implementieren wollen, auf die vorhandene Struktur der internen Qualifizierung zurück. Durch die implementierungsspezifische Ausrichtung der Qualifizierungsbemühungen lassen sich diese nur selten in das Routineprogramm der betrieblichen Bildungsarbeit integrieren. Einen besonders zentralen Punkt nimmt die Qualifikation im Rahmen des Implementierungsobjekts "Organisationsentwicklung" ein. Hier ist die Aus- und Weiterbildung nicht nur ein **Instrument** der Implementierung, sondern einer der **Implementierungsinhalte** selbst.[72] Ob Instrument oder Inhalt, die Mitarbeiterqualifikation ist ein wesentlicher Schritt im Implementierungsprozeß, da im Falle ihrer Vernachlässigung die erwarteten Ergebnisse der Implementierungsbemühungen nicht zu erzielen sind und darüber hinaus mit einer sehr hohen Wahrscheinlichkeit vom Entstehen fähigkeitsbasierter Widerstände ausgegangen werden kann.

1.2.2   Controllingbedarfe

Daß es sich bei der implementierungsinduzierten Qualifikation tatsächlich um einen **Schwachpunkt** vieler Restrukturierungsprozesse handelt, macht z.B. eine Studie der Zeitschrift *Capital* deutlich. Darin rangierte das Implementierungsproblem "Qualifikationsdefizite der Mitarbeiter" an erster Stelle.[73] Trotz der beträchtlichen Summen, die bereits heute für Weiterbildung eingesetzt werden, ist eine ausreichende Qualifikation der Mitarbeiter also keineswegs gewährleistet.

Dies kommt sicherlich zum einen daher, daß kleine und mittelständische Unternehmen oftmals über gar keine Steuerungssysteme für diese Investitionen in die Humanpotentiale verfügen.[74] Zum anderen geben aber auch die eingesetzten Controllingsysteme oftmals keine klaren Hinweise zu Optimierungsmöglichkeiten der Weiterbildung, schon gar nicht bezüglich der eher selten vorkommenden implementierungsinduzierten Qualifikation. Abb. III.1-16 nennt mögliche Qualifikationsinhalte in Implementierungsprozessen. Eine ex post-Bewertung der Effektivität dieser Inhalte für den Implementierungserfolg zeigt, daß die mutmaßlich "teuren" Instrumente "flächendeckendes Training" und die "Management-Weiterbildung" in verhältnismäßig geringem Maße als "sehr effektiv" eingeschätzt werden, während das "gegenseitige

---

71 vgl. z.B. Reiß (1997c), S. 99
72 vgl. z.B. Perich (1994), S. 35 ff. sowie Thom (1992)
73 vgl. Capital (1993). In dieser Studie antworteten 118 Großunternehmen zu Fragen der Implementierung von Lean Management. Zu einem vergleichbaren Ergebnis kommt auch Howaldt (1994), S. 30 f. sowie Diebold (1994), in deren Untersuchungen "Qualifikationsdefizite" als dritthäufigstes Restrukturierungshindernis genannt wird (S. 8).
74 vgl. Ackermann/Blumenstock (1993)

Training" der Mitarbeiter am Arbeitsplatz und das Lernen in Arbeitsgruppen und Projektteams
- als vermutlich kostengünstige Weiterbildungsformen - sich als besonders effektiv herausstellen.

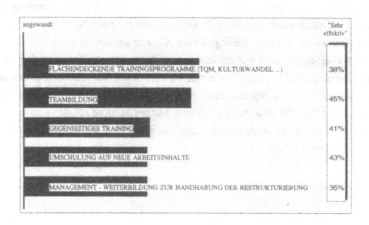

Abb. III.1-16: Qualifikationsinhalte in der Implementierung[75]

Ein Implementierungscontrolling muß daher die Strategien und Instrumente der Mitarbeiterqualifikation im Rahmen von Implementierungsprozessen abbilden, bewerten und Anhaltspunkte für ihre Optimierung liefern.

Die Lernbedarfe bei Restrukturierungen sind von besonderer Bedeutung, da im Gegensatz zur
"regulären" Mitarbeiterqualifizierung von fast allen Konzepten auch **Einstellungsänderun-
gen** der Mitarbeiter erwartet werden. Bei diesen ist der Umfang und die Tragweite der von
jedem betroffenen Mitarbeiter zu realisierenden Veränderungen am größten. Nicht nur Strukturen und Beziehungen ändern sich, sondern die mentalen Modelle, wie die Arbeitsleistung
erbracht werden soll. Eine zusätzliche Maschine bedienen zu können (Verhaltenserweiterung),
selbstverantwortlich für die Wartung der Maschinen zu sorgen, statt auf den Meister zu warten (Einstellungsflexibilisierung), sowie mit einer neuen Software umzugehen (Verhaltensänderung), stellen Lern- und Entlernbedarfe dar, die bei großen Restrukturierungen häufig zur
Einstellungsänderung hinzukommen (vgl. Abb. III.1-17).

Die Qualifikationsbedarfe sind bei umfassenden Restrukturierungen in aller Regel extrem
groß. Die Hälfte aller (erfaßten) Kosten zur Einführung von Gruppenarbeit bei *Alcatel SEL*

---

75   vgl. Wyatt (1993)

(Werk Stuttgart) wurden für Qualifikationsmaßnahmen aufgewandt.[76] *Siemens* bezifferte die Kosten einer KVP-Implementierung in einem Werk mit ungefähr 1000 Mitarbeitern auf 1 Million DM, in erster Linie für Schulungen, Work shops und die dadurch entstehenden Ausfallzeiten.[77] Entsprechend groß ist die Notwendigkeit für eine Steuerung und Optimierung dieser Investitionen.

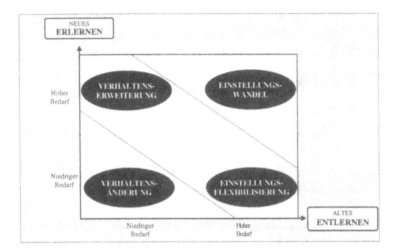

Abb. III.1-17: Lernbedarfe in der Implementierung

1.2.3 Bildungscontrolling als Ansatz für das Implementierungscontrolling

Durch das Bildungscontrolling existiert bereits ein Controlling-Subsystem, das auf die wirtschaftlichkeitsorientierte Steuerung von Bildungsaktivitäten in der Unternehmung fokussiert ist. Daher stellt sich die Frage, inwieweit dieses in einigen Firmen bereits bestehende Subsystem zu Zwecken des Implementierungscontrolling eingesetzt werden kann. Unter **betrieblicher Bildungsarbeit** sollen alle zielgerichteten, bewußten und planmäßigen personalpolitischen Maßnahmen und Tätigkeiten verstanden werden, die auf eine Vermehrung der Kenntnisse, der Fertigkeiten sowie der Verhaltensweisen der Belegschaftsmitglieder ausgerichtet sind.[78] Darunter fallen folglich Ausbildung und Weiterbildung der Mitarbeiter, wobei der Begriff **Fortbildung** oft als Synonym der Weiterbildung benutzt wird.[79]

---

76 vgl. Müller/Zeyer (1994), S. 35
77 vgl. o.V. (1993a), S. 10
78 vgl. Hentze (1994), S. 330
79 vgl. Thom/Blunck (1995), S. 36

Das Bildungscontrolling als Teil des Personalcontrolling-Systems hat dafür zu sorgen, daß dem Unternehmen bedarfsgerecht die erforderlichen menschlichen Qualifikationen und Potentiale zur Verfügung stehen.[80] Konkret stellen sich daher die **Aufgaben**

- der systematischen Ermittlung des quantitativen und qualitativen Bedarfs,
- der strategieorientierten Steuerung der Qualifikationsmaßnahmen und -prozesse,
- der systematischen Erfolgskontrolle zur Steigerung der Effektivität und Effizienz der Bildungsarbeit.[81]

Dabei ist noch zu berücksichtigen, daß das Bildungscontrolling drei **Zielrichtungen** für seine Arbeit kennt:[82]

- Messung und Beurteilung des Wertschöpfungsbeitrags von Bildung zur Unternehmensleistung,
- individuelle und betriebliche Kosten-/Nutzenanalyse der Bildungsaufwendungen,
- pädagogische Input-Output-Analyse von Lehr- und Lernarrangements.

Daß in diesen Zielrichtungen lediglich die Unternehmensperspektive eingenommen wird und nicht auch eine **mitarbeiterbezogene** Evaluierung erfolgt, läßt sich durch die gegenseitige Bedingtheit von Qualifikationseffekten auf die Mitarbeiter und auf das Unternehmen erklären. Nur bei einer aus Mitarbeitersicht erfolgreichen Qualifikation kann und will dieser sein Potential auch der Unternehmung zur Verfügung stellen. Ansonsten kommt es durch nicht eingetretene Lerneffekte oder mißglückte Transferversuche aus der Lernsituation in das Arbeitsumfeld zu keinem oder nur zu einem sehr geringen Nutzen der Bildungsbemühungen. Mit anderen Worten kommt es zum Bildungserfolg für das Unternehmen nur via mitarbeiterbezogenem Qualifikationserfolg. Andererseits garantiert der persönliche Nutzen des Mitarbeiters noch nicht den Unternehmensnutzen, da Qualifikationen am Bedarf des Unternehmens vorbeigehen können.

Vergleicht man die Aussagen zu den Zielsetzungen und Aufgaben des Bildungscontrolling sowie zur Interdependenz von Unternehmens- und Mitarbeitereffekten bei Qualifikation mit den Steuerungsbedarfen für die Qualifikation in Implementierungsprozessen, erkennt man ein hohes Maß an Ähnlichkeit. Dies nimmt nicht weiter Wunder, da ein generisches Bildungs-

---

80   vgl. Meier/Schindler (1992), Sp. 521; vgl. hierzu auch Frankenreiter (1996)
81   vgl. ebenda
82   vgl. Becker, M. (1995), S. 63

controlling auch ein spezifischeres Subsystem, nämlich das Controlling der Implementierungsqualifikation, umfassen muß.

Dies bedeutet, daß das Implementierungscontrolling für Qualifikation im wesentlichen auf das in einigen Unternehmen bestehende Bildungscontrolling zurückgreifen kann. Dennoch gibt es einige Unzulänglichkeiten, die im weiteren gesondert herausgearbeitet werden. Diese beruhen zum einen auf prinzipiellen Problemen des Bildungscontrolling und zum anderen auf den - in diesem Kontext interessanteren - Besonderheiten von Qualifikationen in der Implementierung. Die Gefahr eines Bildungscontrolling ist immer eine zu starke Quantifizierung nicht oder nur schlecht quantifizierbarer Größen. Durch einen zu starken Fokus auf die "hard facts" können leicht Qualifizierungschancen verspielt werden, weil sie sich nach einem speziellen Evaluierungsschema "nicht rechnen". In dieses Bild paßt, daß in einer Studie 43,5% der befragten Bildungsexperten angaben, in Weiterbildungsfragen ausschließlich ein Kostencontrolling zu betreiben.[83] Weiterbildung ist dann in der Rolle eines Kostentreibers und nicht in der einer Investition ins Humanressourcenpotential.

Das andere Extrem, das ebenfalls häufig in der Unternehmenspraxis vorzufinden ist, ist der Einsatz des Bildungscontrolling als **Alibifunktion** für diejenigen Einheiten, welche die entsprechenden Maßnahmen zu verantworten haben (z.B. Personalentwicklung, Training-Center ...). Konkret wird dabei lediglich die Zufriedenheit von Seminarteilnehmern ermittelt oder sogar nur eine rein statistische Rechenschaftslegung vorgenommen.[84] Schließlich werden in vielen Fällen den Rentabilitätsrechnungen für die Weiterbildung "Ursache-Wirkungs-Zusammenhänge" zugrunde gelegt, deren Gültigkeit sehr stark auf Annahmen beruht. Einer rein quantitativen Erfassung von Erfolgsgrößen der Bildungsarbeit sind daher Grenzen gesetzt.

Für Qualifizierungsbemühungen im Rahmen von Change-Programmen sind darüber hinaus folgende **Unzulänglichkeiten** bisheriger Bildungscontrolling-Ansätze zu erkennen:

• Das Bildungscontrolling nimmt in aller Regel die **Periodenbetrachtung** anderer Controlling-Subsysteme ein. Bildungsausgaben werden daher selten z.B. dem Lebenszyklus von Mitarbeitern oder Mitarbeitergruppen zugerechnet. Auch die Folgekosten von Qualifizierungsmaßnahmen werden der entsprechenden Periode, in der sie anfallen, zugewiesen, statt sie als Teil eines Qualifikations-Lebenszyklus zu betrachten. Eine integrierte Beurteilung von Bildungsmaßnahmen hinsichtlich Effektivität und vor allem Effizienz über die

---

83   vgl. Maisberger (1993), S. 1
84   vgl. Scholz, J.M. (1995), S. 95

Zeit hinweg ist daher nur durch umfangreiche Zusatzanalysen möglich. Gerade bei groß angelegten Change-Programmen und den mit ihnen verbundenen Qualifikationsmaßnahmen, die sich in vielen Fällen über mehrere Perioden der Rechnungslegung erstrecken, kommt diese Unzulänglichkeit deutlicher zum Tragen als bei punktuellen, kurzfristig angelegten Maßnahmen in der "Routine-Qualifikation".

• Nicht zuletzt aus diesem Punkt resultieren zu geringe Möglichkeiten der **Steuerung** und der Optimierung von Qualifikation. Werden nicht die Gesamtkosten über den Qualifikations-Lebenszyklus in die Überlegungen miteinbezogen, kann keine fundierte Qualifikationsoptimierung stattfinden. Bei Qualifikationsbedarfen aus der Routinetätigkeit des Mitarbeiters stellen sich allerdings vielfältige Optimierungsprobleme gar nicht oder nur in sehr beschränktem Maße. Während das Einlernen in die Bedienung einer neuen Maschine (als Beispiel für eine Routine-Qualifikation) sinnvollerweise vor Ort, d.h. "on the job" erfolgen muß, sind gerade bei der Weiterbildung hinsichtlich Sozial- und Methoden-Know how, wie es regelmäßig bei Change-Programmen erforderlich ist, noch eine ganze Reihe anderer Lernformen denkbar (vgl. in diesem Kapitel III.1.5.3). Und erst durch die Vielzahl der zu qualifizierenden Mitarbeiter im Rahmen von breit und tief angelegten Restrukturierungen ergibt sich bspw. die Problematik der Gestaltung von Multiplikatorenkonzepten (vgl. in diesem Kapitel III.1.5.1).

Durch die spezifischen Ausprägungen der Qualifikation im Rahmen der Implementierung von Veränderungskonzepten ergeben sich folglich Fragestellungen, die das traditionelle Bildungscontrolling bislang nicht beantwortete.

Geht man von der häufig vollzogenen Differenzierung von **ökonomischem** und **pädagogischem** Bildungscontrolling[85] aus, liegen die Besonderheiten des Implementierungscontrolling im Bereich der ökonomischen Evaluierung, die - wie oben erwähnt - für ihre Entscheidungsprobleme manch anderer Ansätze als das herkömmliche (ökonomische) Bildungscontrolling bedarf. Die pädagogische Evaluierung im Sinne einer Lernkontrolle während und unmittelbar nach der Weiterbildungsmaßnahme (Ergebniskontrolle im Lernfeld) oder die darauf aufbauende Kontrolle des Lerntransfers am Arbeitsplatz unterscheidet sich auch für das Implementierungscontrolling nicht. Es kann daher auf die Erfahrungen und Instrumente des Bildungscontrolling zurückgreifen.[86]

---

85 vgl. Wilkening (1986). Dieterle (1983) belegt die beiden Sparten mit den Begriffen "quantitativ" und "qualitativ", was jedoch insofern Verwirrung stiften könnte, als auch im Rahmen der ökonomischen Evaluierung nicht in jedem Fall eine Quantifizierung der Größen möglich ist und dennoch z.B. mittels Entscheidungsregeln die ökonomisch sinnvollste Maßnahme ermittelt werden kann. Vgl. zu dieser Unterscheidung auch Feige (1993), S. 516.

86 vgl. den Instrumentenüberblick bei Thierau/Stangel-Meseke/Wottawa (1992), S. 242

Es sollte folglich nicht darum gehen, eine Grenzlinie zwischen Implementierungscontrolling für die Qualifikation in Change-Vorhaben und dem bekannten Bildungscontrolling zu ziehen. Ebenso wie das Implementierungscontrolling hinsichtlich der pädagogischen und Teilen der ökonomischen Evaluierung auf vorhandenen Methoden und Instrumenten des Bildungscontrolling aufbauen kann, sollte auch umgekehrt die Chance genutzt werden, das traditionelle Bildungscontrolling um Erkenntnisse des Implementierungscontrolling zu bereichern, wodurch einige der genannten Unzulänglichkeiten abgemildert werden könnten. Fachlich und institutionell sollte also in jedem Fall eine Integration des Implementierungscontrolling für Qualifikationsbemühungen in das in vielen Unternehmen bereits bestehende Bildungscontrolling versucht werden.

1.2.4   Instrumentarium zur Steuerung von Qualifikation in Implementierungsprozessen

Bei den im folgenden dargestellten Instrumenten handelt es sich beispielhaft um Möglichkeiten, den spezifischen Herausforderungen im Rahmen der Optimierung von Qualifikationsmaßnahmen bei der Implementierung von Change-Konzepten zu begegnen.

Wie die im letzten Abschnitt genannten Unzulänglichkeiten zeigen, handelt es sich bei den Herausforderungen in erster Linie um eine weiter als bisher reichende Quantifizierung von Erfolgsgrößen der Weiterbildung und um die Erfassung von Kosten, die - im Sinne eines Life Cycle-Costing - der eigentlichen Qualifikation zeitlich vor- und nachgelagert sind.

1.2.4.1   Kennzahlen

Zum **Standardinstrumentarium** zur Evaluierung von Bildungsmaßnahmen zählt die Ermittlung von Kennzahlen. Dabei muß es sich keineswegs immer nur um die Erfassung des Kosten- oder Effizienzaspekts handeln.[87]

Aus der Vielzahl der in der Praxis verwendeten absoluten und relativen Zahlen werden in Abb. III.1-18 einige Größen dargestellt, die speziell für Implementierungsprozesse eine besondere Relevanz besitzen.[88] Entsprechend der Kennzahlensystematik, wie sie in Kap. II.3.3 beschrieben wurde, sind die Kennzahlen, die Qualifizierungsparameter darstellen, die unmit-

---

87   vgl. Feige (1993), S. 517
88   vgl. auch die bislang besonders häufig erfaßten Kostenkennzahlen (Kosten/Mitarbeiter, Kosten/Teilnehmer, Kosten je Teilnehmerstunde usw.), z.B. bei Weiß (1996), S. 148 ff.

telbaren Qualifizierungseffekte und die sich daraus ergebenden Veränderungen der bonitären und monetären Implementierungsperformance zu unterscheiden.

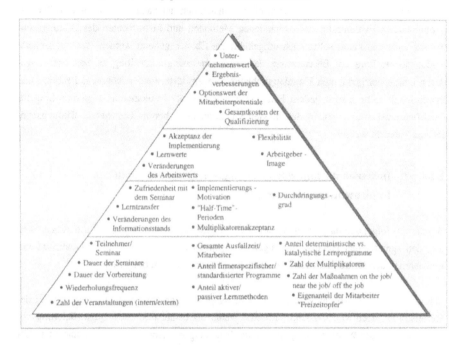

Abb. III.1-18: Kennzahlen für die Implementierung – Qualifizierungsmaßnahmen

Wichtig bei allen Kennzahlen ist, daß sie nicht um ihrer selbst willen erfaßt werden, sondern hinsichtlich der relevanten Optimierungsfelder. Stellt die Zeit der Konzeptimplementierung einen der entscheidenden Erfolgsfaktoren dar (z.B. bei revolutionär angelegten Reengineering-Programmen), sind "Vorbereitungsdauer" (Konzeption und administrative Vorarbeiten) und "Veranstaltungsdauer" relevante Kennzahlen. Dem "Anteil firmenspezifischer bzw. standardisierter Qualifizierungsprogramme" kommt hingegen unter Gesichtspunkten des Fixkostenmanagements große Bedeutung zu. Entscheidend ist daher, daß die Auswahl der relevanten Kennzahlen für das Implementierungscontrolling in Kenntnis des Implementierungszielsystems bzw. eines Erfolgsfaktorenmodells für die Implementierung erfolgt.

Je nach Ausprägung der Qualifizierungsparameter ergeben sich Qualifizierungseffekte, die ihrerseits wiederum eine Veränderung der Implementierungsparameter darstellen. So stellt die Erweiterung der Wissensbasis, ein verbesserter Informationsstand und ein möglichst hohes Maß an Lerntransfer eine positive Veränderung des (personellen) Implementierungskontexts dar, von der eine höhere Effektivität und Effizienz der Implementierung erwartet werden kann. Die bonitären Kennzahlen stellen bereits globale Erfolgsgrößen des Unternehmens dar, deren Veränderungen oft nur noch zum Teil auf die Qualifizierungsbemühungen zurückzuführen sind. Werden durch die Qualifizierung Verhaltens- und Fähigkeitspotentiale bei den Mitarbeitern aufgebaut, steigt damit auch (ceteris paribus) die generelle Anpassungsfähigkeit des Unternehmens. Wird der höheren Flexibilität ein Optionswert beigelegt, kann eine Berücksichtigung im Unternehmenswert als dem letztendlichen Ziel unternehmerischen Handelns erfolgen.

1.2.4.2 Kosten-/Nutzen-Vergleich

Der Kosten-/Nutzen-Vergleich als klassische Form der Wirtschaftlichkeitsermittlung ist für das Bildungscontrolling eines der Standardinstrumente. So sehr über das Instrumentarium Konsens besteht, so unterschiedlich sind doch die darin eingehenden Daten und Informationen.

Folgende **Problemfelder** ergeben sich bei diesem Instrument:

- Sind alle relevanten Kosten erfaßt?
- Wird der relevante Nutzen erfaßt?
- Gelingt es, eine Nutzenquantifizierung vorzunehmen?

Bereits bei der Kostenerfassung ergeben sich bei den in Theorie und Praxis vorgeschlagenen Konzepten Unzulänglichkeiten. Regelmäßig beschränkt sich die Betrachtung auf die unmittelbar in der Qualifizierungsphase anfallenden Kosten.[89] Vorlaufkosten werden ebenso wenig angesetzt wie Folgekosten. Selbst Opportunitätskosten werden manchmal übersehen oder bewußt aus dem Kalkül herausgehalten.[90] Dabei kommen einige Studien zu dem Ergebnis, daß die Lohnfortzahlung[91] ca. 50% der gesamten Weiterbildungskosten ausmacht.[92]

Mögliche Mechanismen zwischen Vorlaufkosten, begleitenden Kosten und Folgekosten werden im nächsten Kapitel angesprochen. Jedenfalls ist unbestritten, daß es Konzipierungskosten gibt, die z.B. durch das Aufstellen eines Anforderungsprofils oder eines "Pflichtenhefts"

---

89 Ein sicher typisches Beispiel für die genannte Kostenerfassung und den Kostenvergleich von Alternativen stellt das Formblatt bei Bronner/Schröder (1983), S. 116 dar.
90 vgl. Feige (1993), S. 516
91 Wobei die Lohnfortzahlung noch der günstigste Ansatz für Opportunitätskosten ist. Andere - schwerer zu ermittelnde - Kostensätze könnten sich auf Auftragsverluste, Qualitätsverschlechterungen u.ä. bei Abwesenheit eines oder mehrerer Mitarbeiter beziehen.
92 vgl. Grünewald/Moraal (1995), S. 20; Weiß (1994); Weiß (1990), S. 154 f.

für den externen oder internen Qualifikations-Dienstleister entstehen. Daneben kommt es zu weiteren Transaktionskosten durch die Erstellung eines Vertrags oder einer Leistungsvereinbarung (z.B. Service Level Agreements). Für eine möglichst genaue Analyse der Durchführungskosten müssen die Kostentreiber der Qualifizierung in dieser Phase ermittelt werden. Neben der Berücksichtigung von Konzipierungs-, Opportunitäts- und Folgekosten spaltet Abb. III.1-19 den oftmals monolithisch betrachteten Block der Durchführungskosten in seine einzelnen Determinanten auf.

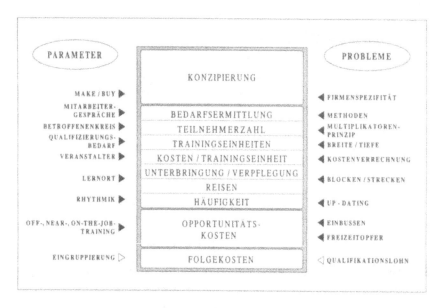

Abb. III.1-19: Kostenstruktur von Qualifizierungsmaßnahmen[93]

Auf der linken Seite der Abbildung sind mögliche Parameter der einzelnen Kostendeterminanten angeführt, die zur Bewältigung der Steuerungsaufgabe des Implementierungscontrolling relevant sind. Zusammen mit den ebenfalls zugeordneten Problemen oder Entscheidungstatbeständen auf der rechten Seite von Abb. III.1-19 ergeben die Parameter die Optimierungsmöglichkeiten bei der Mitarbeiterqualifikation in Implementierungsprozessen, von denen einige in diesem Kapitel unter III.1.2.5 angesprochen werden.

Der **Nutzen** von Weiterbildungsmaßnahmen läßt sich selbstverständlich nur konkret auf der Basis der mit ihnen verfolgten Zielsetzungen bewerten. Klassifizierend kann zwischen den

---

93   Grimmeisen (1997), S. 156

unmittelbar aus der Weiterbildung resultierenden Erträgen (Umsatzsteigerung durch Verkäuferschulung), den schlecht rechenbaren Erträgen (z.b. verbessertes Arbeitsklima durch Konflikttechniken) und dem kaum faßbaren Ausbau von Potentialen (z.b. Gruppentechniken im Vorfeld der Einführung von Gruppenarbeit) unterschieden werden. Auch bei der Implementierung von Restrukturierungen können die beschriebenen Nutzentypen erwartet werden. Implementierungen bringen fast immer einen Bedarf an konkreter Schulung mit sich, der, wenn er nicht ausreichend gedeckt wird, zu "Implementierungsdellen"[94] oder allgemein zu Anlaufschwierigkeiten führt, die sich in Kosten- und Zeitnachteilen ausdrücken lassen. Als Erträge sind daher Opportunitätsleistungen anzusetzen, also vermiedene Kosten. Gleichwohl sind für Implementierungsprozesse auch in besonderem Maße Qualifizierungen typisch, die zu Verhaltensänderungen ("Kulturwandel") führen sollen und ergänzend die Mitarbeiter in spezifisches Methoden-Know how einführen, wie es z.b. spezielle TQM-Techniken (FMEA, 6σ ...) darstellen. Darüber hinaus wurde bereits angesprochen, daß Qualifikationsmaßnahmen zwangsläufig immer auch Informationsvermittlungscharakter haben (über die eigentlichen Qualifizierungsinformationen hinaus) und sich zusätzlich bei vielen (wenn auch nicht allen) Betroffenen Motivationseffekte einstellen.

Beim nicht direkt rechenbaren Nutzen muß ausgehend von der Zielsetzung einer Qualifikationsmaßnahme eine spätere Evaluierung stattfinden, die ähnlich einer Ex-post-Nutzwertanalyse für einzelne (gewichtete) Zielsetzungen eine Zielerreichung pro Teilnehmer feststellt. So stellt die Firma *Miele* die von ihren Mitarbeitern besuchten Seminare in einem Weiterbildungs-Portfolio mit den Achsen "Aufwand je Teilnehmer" und "Nutzen für das Unternehmen (Transferwert)" dar[95], obwohl es sich bei letzterer "um eine nicht-meßbare Größe"[96] handelt.

Dennoch kann eine Quantifizierung versucht werden. Eine Unterscheidung zwischen der Erreichung der unmittelbaren Lernziele (**Lernwert**) und der Erreichung der damit letztendlich angestrebten Implementierungsziele (**Transferwert**), die durch einen Lerntransfer der Qualifizierung erreicht werden sollen, ergibt eine differenziertere Aussage über den Weiterbildungserfolg. Ein aggregierter "**Weiterbildungswert**" kann z.b. durch Addition von Lernwert und Transferwert ermittelt werden (vgl. Abb. III.1-20). Hier kann selbstverständlich auch eine andere Gewichtung der beiden Teilwerte vorgenommen werden. Die Erreichung der Transferziele ist oftmals schwer oder gar nicht durch einzelne Personen zu erreichen; vielmehr muß die Gesamtqualifikation erfolgreich verlaufen sein. In Abb. III.1-20 muß daher davon ausgegangen werden, daß die maximal möglichen Transferwerte, die bei jedem einzelnen Mitarbei-

---

94   vgl. hierzu auch Hild/Schwarzgruber/Rombach (1997), S. 216 sowie die Schilderungen zum Management der (vergleichbaren) "Neutral Zone" bei Bridges (1995), S. 34 ff.
95   vgl. Werner (1995), S. 50
96   ebenda

ter auf dem Formblatt erscheinen, proportionalisiert wurden. Anders ausgedrückt muß zu Beginn der Evaluierung klar sein, was die Zielsetzung "Kürzere Projektbesprechungen" (in Abb. III.1-20) dem Unternehmen insgesamt wert ist und dieser Betrag dann durch die Zahl der Qualifikationsteilnehmer geteilt werden. Andernfalls würde der Transferwert bereits durch die bloße Steigerung der Teilnehmerzahl erhöht werden können.

Bildungsmaßnahme: Besprechungstechnik					Name: Nau				Datum:
Lernziele (LW = Lernwert)	Max. LW TDM	Erreichungsgrad 1.0 / 0.6 / 0.2		Ist- LW TDM	**Transferziele** (TW = Transferwert)	Max. TW TDM	Erreichungsgrad 1.0 / 0.6 / 0.2		Ist- TW TDM
Teilnehmer soll:					Angestrebt wird:				
• Besprechungen vorbereiten können	0.5	0.6: x		0.3	• Kürzere Projektbesprechung	1	1.0: x		1.0
• Besprechungen leiten können	0.8	1.0: x		0.8	• Weniger Teilnehmer (keine Konferenzen)	3	0.6: x		1.8
• Als Besprechungsteilnehmer Werdegang der Besprechung beeinflussen können	0.5	0.6: x		0.3	• Konkrete Ergebnisse mit Maßnahmen und Zuständigkeiten	3	0.6: x		1.8
• Simultan protokollieren können	0.4	0.2: x		0.1	• Umsetzungsverfolgung und Kontrolle	2	0.2: x		0.4
	2,2			**1,5**		**9**			**5,0**

Summe aller Teilnehmer

Teilnehmer	Lernwert (LW) TDM	Transferwert (TW) TDM	Weiterbildungswert (WW) TDM
Herr Nau	1,5	5,0	6,5
Herr Zinn	0,2	0,3	0,5
Herr Kiel	0,3	0,4	0,7
Herr Meier	0,6	0,7	1,3
...			...
Summe	**7,9**	**12,9**	**20,8**

Weiterbildungsmaßnahme	6,5	
+ Kosten für bezahlte Arbeitszeit	7,0	
= Weiterbildungskosten (WK)	13,5	13,5

Weiterbildungserfolg (WE) = WW - WK Summe TDM	7,3
in Prozent (WW von WK)	154

Abb. III.1-20: Beispiel für ein Formblatt zum statischen Kosten-/Nutzenvergleich[97]

---

97   vgl. Walsh (1987)

Voraussetzung für die Ermittlung einer konkreten Bildungsrendite[98] als Quotient aus monetär bewertetem Nutzen und den Qualifizierungskosten (anteilige Konzeptionskosten bei mehrmaliger Durchführung + begleitende Kosten + Folgekosten) ist das Vorliegen objektiv nachvollziehbarer Erträge oder Kosteneinsparungen oder wie im Beispiel der Abb. III.1-20 eine monetäre Bewertung der Lern- und Transferziele. In diesem Fall kann aber der Wirtschaftlichkeitskennzahl kein absoluter Wert beigemessen werden, der z.b. einen Vergleich mit anderen Investitionen erlauben würde. Gleichwohl kann durch eine Quantifizierung (monetärer oder ordinaler Art, z.b. mit Punktwerten) des Nutzens die Effektivität von Qualifizierungsmaßnahmen gesteuert werden und alternative Qualifizierungsmethoden oder -anbieter miteinander auf Kosten- **und** Nutzenbasis verglichen werden.

1.2.4.3   Lebenszykluskonzept

Bereits in Abb. III.1-19 wurden im Rahmen der Kostenstruktur von Qualifizierungsprogrammen bereits Konzipierungs- und Folgekosten angesprochen, denn der tatsächlich durch Mitarbeiterqualifikation verursachte Aufwand wird durch Kennzahlen, wie Schulungskosten pro Tag und Mitarbeiter, nur sehr ungenügend abgebildet. Damit ist der Grundstein für eine dynamische Betrachtung und Optimierung der Qualifizierungskosten gelegt. Abb. III.1-21 stellt den generellen Verlauf von Qualifizierungskosten über die Zeit hinweg dar.

Als "**voraus laufend**" sind die Kosten der Konzipierung einzustufen. Für unternehmensintern entwickelte Programme sind diese getrennt zu ermitteln, während beim Zukauf von Personalentwicklungsmaßnahmen diese Kosten bereits in die Kostensätze kalkuliert wurden. Wichtig ist, daß es sich bei den Konzipierungskosten um Fixkosten handelt, die daher nicht zwangsläufig für jede Schulungsrunde neu anfallen müssen. Wurden Restrukturierungen bereits an anderer Stelle des Unternehmens umgesetzt und entsprechende Qualifizierungsbedarfe gedeckt, fallen unter Umständen nur noch geringe Kosten für Anpassungsmaßnahmen des Schulungskonzepts an. Somit kann bei breit angelegten Restrukturierungs- und Qualifizierungsinitiativen von Effekten der Fixkostendegression ausgegangen werden, die oftmals eine unternehmensinterne Durchführung der Weiterbildungsmaßnahmen favorisieren. Im Umkehrschluß bedeutet dies, daß für sehr begrenzte Veränderungsinitiativen oder für solche, die einen sehr spezifischen Qualifikationsbedarf induzieren, die Eigenentwicklung von Schulungen nicht angeraten erscheint. Beim "Buy" von Weiterbildungsleistungen stellt sich die Frage der Konzipierungskosten in der Regel nicht, da der beauftragenden Unternehmung meistens variable Kosten in Rechnung gestellt werden. Der externe Veranstalter hat seine Konzipierungskosten bereits in seinen Angebotspreis einkalkuliert. In der Regel werden allerdings in diesen

---

98   vgl. Wilkening (1986), S. 313

Fällen keine unternehmensspezifischen Konzipierungsanstrengungen unternommen. Dies kann sich negativ auf die Effektivität der Qualifizierung niederschlagen.

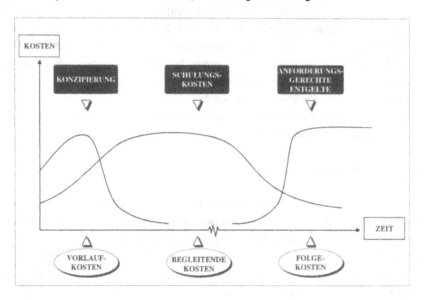

Abb. III.1-21: Lebenszykluskosten von Qualifikationsprogrammen[99]

Die **begleitenden** Kosten der Qualifizierung haben auch bei unternehmensintern entwickelten Programmen variablen Charakter. Die Kostentreiber sind dabei in aller Regel die Zahl der Teilnehmer, die Dauer der Seminare, die Zahl der Trainer und der Ort der Qualifikation. Sinn der Lebenszyklusüberlegungen ist in besonderer Weise das Auffinden von Mechanismen, die zu Kostensteigerungen in der einen und zu Kostenverringerungen in einer anderen Phase führen und die Entdeckung von Möglichkeiten zur Minimierung der Kosten über alle Phasen des Lebenszyklus hinweg. Werden beispielsweise in der Konzipierungsphase umfangreiche Erhebungen zum Qualifikationsbedarf einzelner Betroffenengruppen getätigt (Diagnose), können die einzelnen Schulungen zielgerichteter und daher kürzer und mitarbeiterorientierter abgehalten werden. Bereits eine überschlägige Rechnung macht in einem solchen Fall klar, daß die höheren Kosten der wenigen Mitarbeiter, die mit einer längeren Bedarfsermittlung und Konzipierung beschäftigt sind, durch die Kosteneinsparungen überkompensiert werden, die durch die geringere Abwesenheit einer Vielzahl von zu schulenden Mitarbeitern erzielbar sind.

---

99   Grimmeisen (1997), S. 155

Die **Folgekosten** sind insofern als besonders bedeutend einzustufen, als sie in Zusammenhang mit vielen Qualifikationsinitiativen zeitlich unbegrenzt anfallen. Grund dafür kann eine Höherstufung im betrieblichen Lohngefüge sein. Vor allem bei tariflichen Mitarbeitern wirken sich Weiterbildungen schnell lohnsteigernd aus.[100] Allerdings gilt dies praktisch ausschließlich für die Weiterentwicklung der Fach- und einiger Formen der Methodenkompetenz, während die gerade für die Implementierung von Change-Konzepten so wichtige Sozialkompetenz in der Regel nicht die entsprechenden Folgekosten induziert. Da die Qualifizierung bedarfsorientiert erfolgen muß, gibt es für Optimierungsüberlegungen zur Reduktion der Folgekosten - ohne Veränderung der Struktur des Entgeltsystems - kaum Spielraum. Allerdings muß man sich an dieser Stelle noch einmal über die Bedeutung der Bedarfsermittlung klar werden. In manchen Fällen werden Widerstände der Mitarbeiter gegen Veränderungen auf rein fähigkeitsbedingte Schwierigkeiten zurückgeführt und es wird daher massiv in den Aufbau von Fach- oder Methodenkompetenz investiert. Je nach Art des Anreizsystems ("Qualifikationslohn") führt dies zu Folgekosten durch höhere Entgelte der Geschulten. Tiefergehende Analysen würden jedoch in vielen Fällen verhaltensbedingte Widerstände gegen die Implementierung zu Tage fördern, so z.B. Spannungen zwischen Mitarbeitern, die zukünftig ein Team bilden sollen oder einfach Angst vor Verlust des Arbeitsplatzes. Bei entsprechender Qualifikation der Konflikt- oder Kommunikationsfähigkeit der Mitarbeiter würden dann nicht nur die wahren Ursachen des Widerstandes angegangen, sondern zusätzlich die genannte Art von Folgekosten vermieden werden.

Bei einer Evaluierung häufig übersehen wird auch der Block der Opportunitätskosten. Diese fallen nur dann nicht an, wenn die Mitarbeiterkapazitäten durch das Tagesgeschäft nicht vollständig ausgelastet sind oder wenn die Betroffen überzeugt werden, sich außerhalb der Arbeitszeit weiterzubilden. Ein Grund für die Vernachlässigung dieses Kostenblocks stellt vielfach sicher die schlechte Quantifizier- und Meßbarkeit dar. Bei einer Abwesenheit vom Arbeitsplatz sollten jedoch zumindest die Kosten der Arbeitszeit angesetzt werden. Der tatsächlich entgangene Gewinn kann dabei noch weitaus größer sein.

1.2.4.4   Half Life-Konzept

Ein entscheidender Punkt während der gesamten Zeit der Implementierung von tiefgreifenden Restrukturierungen ist die **Lerngeschwindigkeit** innerhalb der Unternehmung bzw. des betroffenen Teilbereichs. Sie muß daher neben den Kosten als zentraler Effizienzmaßstab für Qualifikationsprozesse gelten. Die Lerngeschwindigkeit eines zu qualifizierenden Systems darf allerdings nicht gleichgesetzt werden mit der zeitlichen Entwicklung und Verteilung von

---

100 vgl. Grimmeisen (1997), S. 155

Input-Größen. Die Dauer einer Seminarreihe gibt also nicht zwangsläufig Aufschluß über die tatsächliche Lerngeschwindigkeit. Der aus dem Qualitätsmanagement stammende Ansatz des Half Time-Konzepts kann die bisherige Meßproblematik bei der Bestimmung der Lerngeschwindigkeit verringern.[101] Es dient - wie noch zu zeigen sein wird - dem Implementierungscontrolling weniger als Instrument zur Entscheidungsfindung im Vorfeld der Qualifikation, sondern vielmehr als begleitendes Steuerungsinstrument sowie zur nachträglichen Bewertung von Qualifikationsbemühungen.

Der Half Time-Ansatz stützt sich auf die empirisch festgestellte Beobachtung, daß Fehlerquoten in konstanten Raten verbessert werden können, mithin also ein Maß für die Lerngeschwindigkeit im Rahmen eines kontinuierlichen Verbesserungsprozeß gegeben ist.[102] Daß die Anwendung dieses Ansatzes nicht auf die Verringerung von Fehlerraten beschränkt sein muß, wird deutlich, wenn er im Rahmen der Lernorganisation zum Einsatz kommt. Die Halbwertszeit bezieht sich dann auf jede meßbare Größe, die verbessert werden soll oder muß.[103] "A half-life curve measures the time it takes to achieve a 50% improvement in a specified performance measure."[104] Der Wahl der entsprechenden Kennzahl kommt daher entscheidende Bedeutung zu.

Für das Implementierungscontrolling bei Qualifikationsmaßnahmen kann eine solche Maßgröße z.B. der Anteil der Mitarbeiter sein, der aufgrund von Qualifikationsdefiziten dem Implementierungsvorhaben ablehnend gegenübersteht und daher aktiv oder passiv Widerstand leistet. Die Halbwertszeit beschreibt daher diejenige Periode, die zur Halbierung dieses Anteils benötigt wird.

Es ist offensichtlich, daß die Maßgröße und das gesamte Half Time-Konzept nicht sinnvoll für diejenigen Phasen der Implementierung eingesetzt werden können, in denen aktive Qualifizierungsmaßnahmen durchgeführt werden. Denn dann sinkt die qualifikationsbedingte Ablehnungsrate in Sprüngen - einen positiven Lern- und Transfererfolg vorausgesetzt. Realistischerweise begleiten die Weiterbildungsmaßnahmen die Mitarbeiter aber nicht während der gesamten Implementierungsdauer. Vielmehr durchläuft der einzelne Betroffene wenige, manchmal sogar nur eine Qualifizierungsveranstaltung und ein beträchtlicher Schulungsanteil verbleibt für die Zeit nach dem Veranstaltungsbesuch. Denn dann heißt es den Lerntransfer zu vollziehen, am Arbeitsplatz stetig noch über das implementierte Konzept dazuzulernen und dadurch nach und nach - durch positive Rückkopplung hinsichtlich seiner veränderten Arbeitsweise -

101 vgl. Wildemann (1995), S. 18
102 vgl. Stata (1989), S. 72; vgl. auch Schneiderman (1988), S. 52 f.
103 vgl. Schneiderman (1988), S. 53
104 Garvin (1993), S. 89

zu einer zunehmenden Akzeptanz des implementierten Konzepts zu gelangen. Genau dieser entscheidende letzte Schritt in der **Nach-Schulungsphase** läßt sich mit Hilfe des Half Time-Konzepts "controllen". Er stellt daher ein neues und entscheidendes Instrument dar, das die veranstaltungsfokussierten Controllinginstrumente ergänzt.

Wurde bereits ein **Halbwertszyklus** mit der **Halbwertszeit** t_H durchlaufen, ergibt sich ein Anteil des qualifikationsbedingten Widerstands unter den Betroffenen (alternativ auch die absolute Zahl) von: [105]

$$Y_t = \frac{1}{2} Y_t 0$$

bzw. allgemein nach i durchlaufenen Halbwertszyklen:

$$Y_t = \left(\frac{1}{2}\right)^i Y_t 0 \qquad (1)$$

mit $\quad i = \dfrac{t - t0}{t_H} \quad$ ergibt sich:

$$Y_t = \left(\frac{1}{2}\right)^{\frac{t-t0}{t_H}} Y_t 0 \qquad (2)$$

Die Variablen haben folgende Bedeutung:

Y: Mitarbeiteranteil mit qualifikationsbedingtem Widerstand

t: Erhebungs- oder Beobachtungszeitpunkt

t_0: Ausgangszeitpunkt

t_H: Halbwertszeit

i: Anzahl der bereits durchlaufenen Halbwertszyklen.

Mit Gleichung (2) läßt sich nach Berechnung der Halbwertszeit t_H der zu einem bestimmten Zeitpunkt t zu erwartende Anteil an Mitarbeitern feststellen, der aus Qualifikationsdefiziten mit Widerstand reagiert.

---

105 vgl. im weiteren die Darstellung bei Fischer/Schmitz (1995), S. 139 sowie für eine mathematisch detaillier-
     tere Herleitung, Fischer/Schmitz (1994), S. 197 f.

Durch Logarithmieren und Auflösen der Gleichung nach der gesuchten Halbwertszeit t_H erhält man:

$$\ln Y_t = \left(\frac{t-t0}{t_H}\right)\ln\left(\frac{1}{2}\right) + \ln Y_{t0} \qquad (3)$$

$$t_H = \frac{(t-t0)\left(\ln\frac{1}{2}\right)}{\ln Y_t - \ln Y_{t0}} = \frac{(t-t0)\left(\ln\frac{1}{2}\right)}{\ln\left(\frac{Y_t}{Y_{t0}}\right)} \qquad (4)$$

Die Anzahl der Halbwertszyklen i erhält man durch Umformen:

$$i = \frac{t-t0}{t_H} = \frac{\ln Y_t - \ln Y_{t0}}{\ln\frac{1}{2}} = \frac{\ln\left(\frac{Y_t}{Y_{t0}}\right)}{\ln\frac{1}{2}} \qquad (5)$$

Es lassen sich auf der Basis der Gleichungen (1) - (5) praxisrelevante Aussagen zu folgenden **Problemstellungen** machen:

- Wie lang dauert es, bis sich der Anteil der qualifikationsbedingten Ablehnung halbiert (Halbwertszeit)?
- Wie lange wird es noch dauern, bis ein vorher festgelegtes Zustimmungsniveau erreicht wird?
- Wie hoch ist zu einem bestimmten Zeitpunkt zwischen einzelnen Meßpunkten der Anteil der qualifikationsbedingten Ablehnung?

Um diese und damit verbundene Fragen beantworten zu können, kann folgende **Vorgehensweise** empfohlen werden:[106]

- Präzisierung des Qualifikationsbedarfs und der betrachteten Gruppe betroffener Mitarbeiter
- Bestimmung der Maßgröße (Prozent oder absolute Zahl der Mitarbeiter)
- Ermittlung des Ausgangswertes
- Ermittlung eines Zielwertes
- Ermittlung eines weiteren Meßwertes zu einem späteren Zeitpunkt
- Ermittlung der Halbwertszeit
- Bestimmung der Half Life-Funktion

---

106 in Anlehnung an die generelle Vorgehensweise bei Fischer/Schmitz (1994), S. 198

Beispiel

In einem Unternehmen, das Gruppenarbeit in seiner Produktion verwirklichen will, wurden bereits alle betroffenen Mitarbeiter den dafür erforderlichen Qualifikationsveranstaltungen unterzogen. Dennoch sind die Verbesserungen aus der neuen Arbeitsorganisation noch sehr gering. Die Geschäftsführung möchte daher wissen, ob überhaupt und wenn ja, wann endlich mit Verbesserungen der Arbeitsperformance zu rechnen ist. Aus diesem Grund wird von der mit der Implementierung betrauten Projektgruppe in Zusammenarbeit mit dem Betriebsrat eine Erhebung der Schwierigkeiten bei der Konzeptumsetzung durchgeführt. Diese ergibt, daß grundsätzlich das Verständnis und die Bereitschaft vorherrscht, in Gruppen zusammenzuarbeiten. Allerdings ergeben sich Probleme bei der Bewältigung der zusätzlichen Aufgaben einer Gruppe, wie z.B. der Zeiteinteilung, der Gruppensprecherwahl und ähnlichen Dingen. Bei der ersten Befragung gaben denn auch 65% der Betroffenen eine kritische bis ablehnende Haltung gegenüber der Gruppenarbeit an, und zwar gerade wegen den Unzulänglichkeiten in Zusammenhang mit den gruppeninternen Abstimmprozessen. Zwei Monate später wurde erneut eine Erhebung durchgeführt, die bereits konkret auf die Ermittlung des qualifikationsbedingten Widerstands bei den Betroffenen ausgerichtet war. Das Ergebnis war ein Absinken der Quote auf 52%. Erfahrungswerte zeigen, daß bei einem Absinken dieser Quote auf unter 10% von einer flächendeckenden Akzeptanz der neuen Arbeitsformen ausgegangen werden kann.

Daraus ergibt sich:

$$V_{t0} = 65\%$$
$$V_t = 52\%$$
$$V_{tZ} = 10\%$$
$$t = 2 \text{ Monate.}$$

Eingesetzt in Gleichung (4):

$$t_H = \frac{2\left(\ln\frac{1}{2}\right)}{\ln\frac{52}{65}} = 6{,}2$$

Die Halbwertszeit t_H im vorgegebenen Beispiel beträgt also 6,2 Monate.

Unter Anwendung der Gleichung (5) erhält man, daß 2,8 Halbwertszyklen durchlaufen werden müssen, um zu einem Anteil von unter 10% Mitarbeiter mit qualifikationsbedingtem Widerstand zu kommen. Bei einer errechneten Halbwertszeit von 6,2 Monaten bedeutet dies, daß die angestrebte "Flächendeckung" in ungefähr 17 Monaten erreicht werden kann.

Ähnlich den Erfahrungskurven-Effekten stellen sich auch die im Rahmen des Half Life-Konzepts beschriebenen Effekte nicht automatisch ein. In beiden Fällen handelt es sich vielmehr um Potentiale, die durch entsprechende Unterstützung der Qualifikationsanstrengungen ausgeschöpft werden müssen. Konkret kann dies z.b. durch Bereitstellung einer Qualifikations-Serviceinfrastruktur geschehen, die vom Betroffenen in Zweifels- oder Problemfällen genutzt werden kann. Durch Hot Lines oder flexibel einsetzbare Trainer, die bei Bedarf zur Problemlösung direkt an den Arbeitsplatz hinzugezogen werden können, ist dies zu gewährleisten. Eine Verbesserung solch einer Infrastruktur kann darüber hinaus selbstverständlich auch die Halbwertszyklen verkürzen.

Gibt es schließlich Möglichkeiten zu einem unternehmensinternen oder -externen **Benchmarking** über die Halbwertszeiten beim Abbau von qualifikationsbedingtem Widerstand, kann spezifisches Know how entwickelt werden, wie es zum Aufbau und vor allem zur Steuerung eines Lernunternehmens erforderlich ist. Über verschiedene Implementierungen hinweg sind dann nämlich Aussagen möglich, wie Lernprozesse zu organisieren sind und - entsprechende Informationen vorausgesetzt - wie der zukünftige Erfolgsfaktor "Lerngeschwindigkeit" bei Wettbewerbern ausgeprägt ist.

Nachteilig am beschriebenen Half Time-Konzept ist die ausschließliche Orientierung an einer Zielgröße, nämlich der Zeit. Eine Verknüpfung mit einem Kennzahlensystem, wie es unter 4.1 beschrieben wurde, kann für die erforderlich Mehrdimensionalität des Zielsystems sorgen. Ebenfalls ähnlich dem Erfahrungskurvenkonzept liefert der Half Time-Ansatz keine unmittelbaren Steuerungsinformationen (Was konkret muß anders gemacht werden?), sondern "nur" Steuerungsunterstützung. Damit einher geht auch ein **Selbstimmunisierungseffekt** des Ansatzes, da beim Ausbleiben der erwarteten Verbesserungen darauf verwiesen werden kann, daß eben die gegebenen Verbesserungspotentiale nicht ausgeschöpft wurden, z.B. durch nachlässige Unterstützung der Mitarbeiter am Arbeitsplatz.

Dennoch trägt das Half Time-Konzept dazu bei, Qualifikationsprozesse und dabei vor allem die Prozesse des **Lerntransfers** transparenter zu machen und damit zur Beherrschbarkeit dieses zentralen Implementierungsinstruments beizutragen. Die erforderlichen Informationen sollten daher ermittelt und dem Implementierungscontrolling zur Verfügung gestellt werden.

1.2.5   Optimierungsmöglichkeiten der Qualifikation in Implementierungsprozessen

Bislang wurden in erster Linie die Bedarfe und das potentielle Instrumentarium für das Implementierungscontrolling im Rahmen von Qualifikationsprozessen für die Implementierung aufgezeigt. Basierend auf dem Implementierungszielsystem muß aber durch das Implementierungscontrolling eine konkrete Entscheidungsunterstützung hinsichtlich zentraler Parameter der Qualifikation gegeben werden. Dabei ist es von besonderer Bedeutung, wer die Qualifikationsbemühungen durchführt, ob diese zentral oder dezentral ablaufen sollen und schließlich, welche Performance-Wirkungen unterschiedliche Lernformen aufweisen.

1.2.5.1   Multiplikatorenkonzept

Der Einsatz von Multiplikatoren bei der Qualifikation von Mitarbeitern basiert auf einer mindestens zweistufigen Vorgehensweise. In der ersten Phase werden einige Mitarbeiter ausgewählt, die an Qualifizierungsveranstaltungen teilnehmen sollen. Sie erhalten die notwendige inhaltliche Vorbereitung auf die zweite Stufe, in der sie selbst zu Trainern werden und somit zur Weiterbildung ihrer Kollegen beitragen.[107] Diese Vorgehensweise wird inzwischen von einer Vielzahl von Unternehmen angewandt.[108] So setzte die Firma *Colgate-Palmolive* zur Implementierung ihres Restrukturierungskonzepts "High Commitment Work System" (HCWS) insgesamt 15 ausgesuchte Mitarbeiter ein, die nach einer immerhin einjährigen Qualifikationsphase die übrigen gut 190 Mitarbeiter aus dem Produktionsbereich in Qualitätssicherungs-, Gruppenarbeits- und Konflikttechniken schulen konnten.[109] Der Multiplikatoreinsatz war nicht zuletzt eine Maßnahme zum Kulturwandel bei *Colgate-Palmolive* (mehr Motivation und Eigenverantwortung bzw. - entsprechend des Konzeptnamens - mehr Commitment). Auch die *Lufthansa* bediente sich des Multiplikatorenkonzepts, um in möglichst kurzer Zeit die Führungskräfte im Bereich Marketing in den Themen "Zielvereinbarung" und "Neues Mitarbeitergespräch" im Rahmen ihres neu implementierten Systems zur Potentialbeurteilung der Mitarbeiter weiterzubilden.[110]

107 vgl. zur Funktionsweise auch die Ausführungen von Helle (1995), S. 182 ff.
108 Neben den noch folgenden Beispielen wird zunächst die Umsetzung einer neuen Vision bei der *Metallgesellschaft* betrachtet, die gleich drei Ebenen von Multiplikatoren im hier verstandenen Sinne einsetzte. Um alle nach der Sanierung des Unternehmens noch verbliebenen gut 26.000 Mitarbeiter zu erreichen, wurden 10 Visionspaten aus der obersten Führungshierarchie bestimmt, die die Steuerung des Prozesses in den jeweiligen Teilkonzernen und Gesellschaften zu verantworten hatten. Darüber hinaus wurden weitere 50 Multiplikatoren ausgewählt, die für die Koordination der Umsetzungsaktivitäten in den Bereichen zuständig waren und schließlich 330 Moderatoren geschult, die Durchführung konkreter Maßnahmen, wie Workshops oder Projektgruppen zur Aufgabe hatten; vgl. Grimmeisen (1996), S. 14 f.
109 vgl. Meyer (1994)
110 vgl. Mölleney/Grimmeisen (1997), S. 306 f.

Der entscheidende **Vorteil** von Multiplikatoren ist nach Ansicht der Unternehmenspraxis die im Vergleich zu externen Trainern weitaus höhere Akzeptanz der Internen sowie die damit vermittelte Glaubwürdigkeit eines partizipativen Ansatzes.[111] Da der Multiplikator selbst an einer "professionellen", externen Schulung teilgenommen hat, wird in der Regel auch nicht befürchtet, daß die inhaltliche Qualität bei einem Internen geringer ist. Unterschiede lassen sich allerdings hinsichtlich der pädagogischen Aufbereitung des Lehrstoffes vermuten. Allerdings sollte nicht von vornherein davon ausgegangen werden, daß der Multiplikator in jedem Fall die "schlechteren Karten" hat. Schließlich ist die höhere Akzeptanz oftmals gerade auf die weniger perfekte, "verschulte" Verpackung der Lerninhalte zurückzuführen. Die **Effektivitätsfrage** läßt sich bei beiden Alternativen (extern vs. intern) folglich nicht generell klären.

Effizienzseitig spricht allerdings einiges für die Multiplikatorlösung. Bei den Mitarbeitern, die zu Multiplikatoren geschult werden, kann in den meisten Fällen von im Vergleich zu externen Beratern weit geringeren **Stundensätzen** ausgegangen werden[112]. Denn diese beinhalten weder Gemeinkostenzuschläge noch Gewinnanteile, wie dies bei professionellen Trainern der Fall sein muß. Werden die Multiplikatoren aus der Betroffenengruppe selbst rekrutiert, ist darüber hinaus auch deswegen von geringeren Arbeitskosten auszugehen, weil es sich dann um Fabrikarbeiter oder Sachbearbeiter im Angestelltenbereich handelt, im Gegensatz zu hochspezialisierten, akademischen Trainern. Besonders attraktiv ist dieses Modell dann, wenn sich das Unternehmen oder der betreffende Teilbereich in einer Phase der Unterauslastung befindet und in diesem Fall keine Opportunitätskosten für die eigenen Mitarbeiter anzusetzen sind, wie dies ansonsten geschehen müßte. Bei manchen Veränderungsprojekten werden auch Fachexperten als Multiplikatoren herangezogen, die nicht Teil der Betroffenengruppen sind. Handelt es sich z.B. um DV-Experten, die ihr Wissen für die Implementierung einer neuen Personalverwaltungssoftware bereitstellen, kommt u.U. der Kostenvorteil nur in geringem Maße zum Tragen, vor allem durch die auch hier erforderliche Einbeziehung der Opportunitätskosten.

Auch unter **Zeitaspekten** liegt der Vorteil zwar nicht zwangsläufig, aber dennoch regelmäßig beim Multiplikatoreneinsatz, wie Abb. III.1-22 illustriert. Es wird angenommen, daß insgesamt 100 von einer Restrukturierung betroffene Mitarbeiter zusätzlich qualifiziert werden müssen. In der ersten Alternative der Abb. III.1-22 dauern die Schulungsmaßnahmen insgesamt 5 Wochen, wobei weiter angenommen wird, daß eine Trainingseinheit maximal 20 Personen aufnehmen kann. Die Mitarbeiter erhalten das erforderliche Know how direkt von ei-

---

111 vgl. Kloubert (1995)
112 Dies lassen auch Vergleiche zwischen internen und externen Weiterbildungsveranstaltungen erkennen, vgl. Weiß (1996), S. 149 ff.; Weiß (1990); von Bardeleben/Böll/Kühn (1986), die zu Kostenunterschieden zwischen 15% und 20% je Teilnehmerstunde kommen.

nem professionellen Trainer, der die gesamten 5 Wochen im Einsatz ist. Bei der zweiten Alternative werden von den 100 Mitarbeitern 20 als Multiplikatoren ausgewählt und zwei Wochen sowohl intensiv fachlich als auch in der Wissensvermittlung ausgebildet. Im Anschluß daran stehen für die verbleibenden 80 Mitarbeiter 20 Multiplikatoren zur Verfügung, so daß die Gruppengröße auf nur noch 4 Personen pro Gruppe schrumpft.

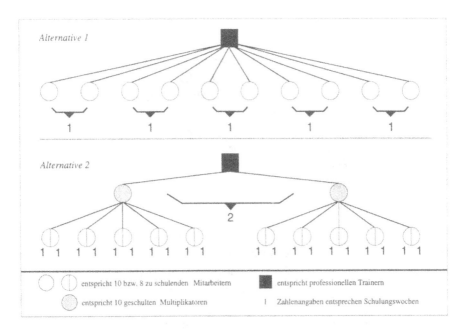

Abb. III.1-22: Vereinfachtes Beispiel des Multiplikatoransatzes

Selbst bei einer deutlich geringeren Lehreffektivität der Multiplikatoren im Vergleich zu den "Profis", die sich dadurch ausdrückt, daß die Qualifikationsdauer trotz stark gesunkener Gruppengröße immer noch eine Woche pro Gruppe beträgt, beschleunigt sich der gesamte Qualifikationsprozeß für alle 100 Mitarbeiter von 5 auf 3 Wochen. Die Ursache liegt selbstverständlich in der durch die Multiplikatoren möglich gewordenen Parallelisierung der Schulungsaktivitäten.

Eine Kreativitäts- und Qualifizierungsmethodik, die inhaltlich dem Multiplikatoransatz entspricht, ist das z.B. bei *BASF*, *Daimler-Benz* und der *Deutschen Bank* eingesetzte "**Action Multiplier System**".[113] Das Prinzip ist, daß sich in einem kreativen Gruppenprozeß vier Mit-

---

113 vgl. Rieker (1995), S. 152

arbeiter eines Unternehmens mit Hilfe von "Lernlandkarten" oder "Aktionstafeln" Gedanken über unternehmensspezifische Veränderungsprozesse machen, so z.b. über TQM, Kundenorientierung oder Marktveränderungen. Einer der vier Beteiligten ist der Moderator, wenn auf den Faltplänen stilisierte Männchen, Fabrikschlote, manchmal auch Kuchendiagramme und leere Sprechblasen stehen, in welche die Teilnehmer z.b. Fragen zu "Wer sind Ihre Kunden?", "Was erwarten sie von Ihnen?" oder "Welche Leistungen sind besonders relevant für sie?" beantworten müssen. Jeder der Teilnehmer einer Runde ist in der Folge ein Moderator für weitere Runden. Durch dieses Schneeballsystem erhöht sich mit jedem Schritt die Reichweite um den Faktor vier. Auch hier muß neben den Arbeitsausfallzeiten von beträchtlichem Aufwand für die Vorbereitung unternehmensspezifischer "Lernlandkarten" und der Abwicklung des Programms ausgegangen werden. So hat diese Methodik den bayrischen Büroproduktehersteller *Zweckform* allein für die Konzipierung der Tafeln und der Veranstaltung einen Zeitaufwand von einem Jahr erfordert.[114] Die Akzeptanz und der Lernerfolg werden aber überwiegend sehr positiv eingeschätzt, da der Ansatz durch die spielerische Art der Gruppendiskussion die Aufmerksamkeit der Mitarbeiter weckt und sich diese konkret in Fragen des Change Managements und dessen Implementierung einbringen können (Partizipationseffekt, vgl. Kap. III.1.3).

Da die **Akzeptanz** und daher letztendlich auch zu einem großen Teil der Qualifikationserfolg von der Befähigung der Multiplikatoren abhängt, muß mit besonderer Sorgfalt eine Auswahl unter den Betroffenen stattfinden. Der Vorbereitungsaufwand ist daher in jedem Fall beträchtlich und muß bei einer Entscheidung für oder gegen Multiplikatoren berücksichtigt werden.

1.2.5.2   Zentralisierte versus dezentralisierte Qualifikation

Die Frage nach zentralisierter oder dezentralisierter Bereitstellung von personellen und räumlichen Trainingskapazitäten[115] geht sehr stark mit der Qualifikationsweise einher, nämlich ob die Weiterbildung "on the job", "near the job" oder "off the job" erfolgen soll.[116] Mit den Begriffen "on" und "near the job" meint man ja gerade, daß die Qualifikation dezentral, direkt am Arbeitsplatz bzw. in Zirkel- oder in Projektgruppen erfolgt. Unter "off the job" wird hingegen der Besuch eines Seminars oder einer Trainingseinheit an einem Ort verstanden, der zwar nicht zwangsläufig zentral für verschiedene Gruppen eingerichtet sein muß, aber dies in vielen Beispielen der Unternehmenspraxis eben doch der Fall ist (z.B. Haus Lämmerbuckel als zentrale Weiterbildungseinrichtung der *Daimler-Benz AG*, *Lufthansa*-Weiterbildungszen-

114 vgl. Rieker (1995), S. 155
115 vgl. hierzu und zur funktionalen Differenzierung Gaugler/Mungenast (1992), Sp. 241 ff.
116 vgl. dazu die Klassifikation hinsichtlich der Arbeitsweise von Gruppen bei Reiß (1993c), S. 116 f. sowie die
     entsprechend unterschiedenen Trainingsmaßnahmen bei Meier/Schindler (1992), Sp. 520

trum Seeheim). Gemeint ist hier also nicht, ob Weiterbildungsprogramme auf Konzernebene oder auf Geschäftsbereichsebene konzipiert und verantwortet werden sollten, weil die Qualifikation innerhalb eines Implementierungsprozesses auch vom Träger dieses Prozesses (also entweder Konzern oder Geschäftsbereich oder Werk) gesteuert werden muß. Der thematisierte **Zentralisationsgrad** bezieht sich auf die **Organisation der einzelnen Veranstaltungen** und Trainingsmaßnahmen.

Zentrale Schulungsmaßnahmen sind oftmals nicht nur eine räumliche Verlagerung weg vom Arbeitsplatz, sondern finden häufig als "gepoolte" Veranstaltungen statt, die sich mit einem bestimmten Thema an Mitarbeiter unterschiedlichster Unternehmensbereiche und Funktionen wenden. Da es zu einem Fach- und Erfahrungsaustausch zwischen diesen Mitarbeitern unterschiedlicher "Herkunft" kommt, kann sich die Zentralisierung von Weiterbildungsmaßnahmen effektivitätssteigernd auswirken. Es wird eine Wissensdiffusion auf informellem Weg möglich, die ein Implementierungscontrolling nur schwer quantifizieren kann, deswegen bei einer Bewertung aber dennoch nicht vernachlässigt werden darf. Gleichwohl kann es auch passieren, daß zwar kulturell-kommunikative Verbesserungen erwartet werden dürfen, der Nutzen für die Implementierung aber nicht zwangsläufig steigt, weil sich der Wissensaustausch überhaupt nicht auf implementierungsrelevante Sachverhalte bezieht. Spezielle Workshops und die Einrichtung von "Erfahrungsbörsen" auf Seminarveranstaltungen können dies vermeiden. Nicht zu unterschätzen ist der Motivationseffekt, der von zentralen Veranstaltungen ausgeht (Incentive-Effekt), vor allem wenn diese außerhalb des Unternehmensgeländes stattfinden. Der oftmals damit einhergehende Klausur-Charakter sollte die Lerneffektivität verbessern. Schließlich kann es durch zentrale Maßnahmen zu Synergieeffekten in der Qualifikation kommen, wenn z.B. Schulungen der Fach- und Sozialkompetenz als Block angeboten werden und damit die Interdependenzen zwischen den einzelnen Lerninhalten deutlicher wahrgenommen werden können. Schulungen über Lean Management können als effektiver bezeichnet werden, wenn die tragenden Elemente des Konzepts nicht gesplitet vermittelt werden.

Jedoch sprechen auch etliche Effektivitätsgründe für eine dezentrale Bereitstellung von Qualifikationsdiensten. So kann der Trainer im spezifischen (dezentralen) Arbeitsumfeld der zu schulenden Mitarbeiter besser auf die jeweiligen Wünsche und Erwartungen eingehen, die außerdem im Vergleich zu zentralen Veranstaltungen im Normalfall homogener sind. Dadurch kann auch ein schnellerer und einfacherer Lerntransfer erwartet werden.

Die **Hauptvorteile** der dezentralen Lösung liegen allerdings bei den Effizienzwirkungen, die sich in einer größeren Kostenflexibilität und teilweise auch in absoluten Kosten- und Zeitvorteilen manifestieren.[117] Im Gegensatz zur zentralen Bereitstellung müssen in geringerem Maße Kapazitäten aufgebaut werden, was sich in entsprechend geringeren Fixkosten niederschlägt. Es bedarf keiner zentralen Schulungsräume oder Tagungsstätten, die dann oftmals mit Kapazitätsauslastungsproblemen und damit Leerkosten zu kämpfen haben. Statt dessen reichen die dezentralen Gruppenarbeitsräume oder Besprechungszimmer aus. Der Vorteil liegt nicht nur in der besseren Kapazitätsnutzung aus Unternehmenssicht, sondern durchaus auch aus Implementierungssicht, da zumeist Fixkostenanteile der Räumlichkeiten auf Qualifikations-Verrechnungspreise umgelegt werden und damit die Implementierungskosten ansteigen lassen. Des weiteren können die Opportunitätskosten geringer gehalten werden, indem die Qualifizierungsaktivitäten so flexibel gestaltet werden, daß sie während der Zeiten stattfinden, in denen nur eine schwache Belastung durch das Tagesgeschäft gegeben ist.

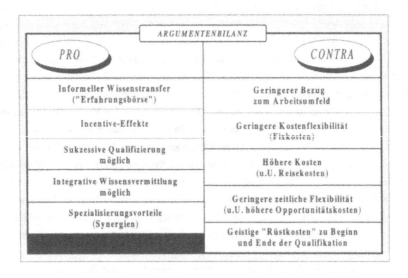

Abb. III.1-23: Argumentenbilanz: Zentrale Qualifikationsbereitstellung

Dieser Kostenunterschied kann ganz erheblich sein, wenn als Alternative dazu die Mitarbeiter-Freistellung in Spitzenzeiten für ein bereits länger geplantes, zentral durchgeführtes Seminar gegenübergestellt wird. Da allerdings die dezentralen Schulungen in der Regel mit allen Betroffenen vor Ort durchgeführt werden, können solche Veranstaltungen während der Ar-

---

117 Dies wird auch deutlich, wenn man den relativ hohen Anteil allein der Raum- und Raumnebenkosten für zentrale interne Weiterbildungseinrichtungen im Verhältnis zu den gesamten Weiterbildungskosten betrachtet, vgl. Weiß (1990); Falk (1982) sowie IW-Institut der deutschen Wirtschaft (1994).

beitszeit zu einem "Totalausfall" einer oder mehrerer Einheiten in einem Bereich führen. Die zentrale Lösung mit einem sukzessiven Schulungsablauf, an dem immer nur einzelne Mitarbeiter teilnehmen, würde dann zu geringeren Opportunitätskosten führen, weil z.b. die Produktion trotz einiger Abwesenheiten in Gang gehalten werden könnte. Ist der Qualifizierungsort bei zentraler Abwicklung nicht innerhalb des Betriebsgeländes, sprechen effizienzseitig zusätzlich die Vermeidung von Reisekosten für die dezentrale Lösung. Auch das geistige "Umstellen" oder "Umrüsten" von Tagesarbeit auf "Lernarbeit" (Grund für "mentale Fluktuationskosten") fällt bei möglichst arbeitsplatznaher Qualifizierung leichter. Dies ist letztlich auch der Grund für die bereits erwähnte Erwartung eines besseren Lerntransfers ins Tagesgeschäft.

Als zusammenfassende Argumentenbilanz lassen sich die beschriebenen Effektivitäts- und Effizienzüberlegungen wie in Abb. III.1-23 darstellen. Für die Unterstützung einer konkreten Entscheidungssituation muß das Implementierungscontrolling bei dieser Fragestellung eine möglichst weitgehende (aber unter Berücksichtigung des Wirtschaftlichkeitspostulats, unter dem das Implementierungscontrolling selbst auch steht) Quantifizierung der Kosten und Nutzen beider Alternativen vornehmen und die dann noch nicht berücksichtigten Kriterien aus Abb. III.1-23 im Rahmen einer Nutzwertanalyse ebenfalls in die Bewertung integrieren.

1.2.5.3 Einsatz unterschiedlicher Lernformen

Weiterbildung im Rahmen von Implementierung muß immer der Anpassung des personellen Kontexts an das zu implementierende Konzept dienen. Damit sind Implementierungsprozesse immer zugleich auch **Lernprozesse**.[118] Die Art und Weise, wie gelernt wird, ist damit aber noch nicht spezifiziert und muß im Spannungsfeld zwischen Lerneffektivität und Lerneffizienz entschieden werden (vgl. Abb. III.1-24).

Die **Imitationsstrategie** des Lernens am Modell ist sowohl unter Zeit- als auch unter Kostengesichtspunkten am effizientesten. Der Rückgriff auf Benchmarks und Best Practices führt zur Übernahme bereits bewährter Konzepte und läßt sich dadurch relativ schnell, kostengünstig und unter vergleichbaren Bedingungen auch verhältnismäßig risikolos einführen.[119] Konkret heißt das für die Qualifikation, daß die Konzipierungsphase und deren Kosten zu einem großen Teil entfallen können, weil auf bereits Bekanntes zurückgegriffen wird. Diese Form der Standardisierung bringt allerdings bekannte Nachteile mit sich, wie eine mangelnde Unter-

---

118 vgl. Reiß (1995b), S. 279
119 vgl. Reiß (1997d), S. 125

nehmensspezifität, mangelnde Akzeptanz bei den Betroffenen ("Wir sind doch nicht in Japan!") und unter Umständen nur geringe Fortschritte für das Unternehmen im Kampf um die Wettbewerbsfähigkeit, weil andere Unternehmen mit dem gleichen Konzept bereits Erfolg haben und sich daraus oftmals regelrechte Modewellen ergeben, die kaum geeignet sind, anhaltende Wettbewerbsvorteile zu sichern. Die Effektivität dieser Lernform ist daher äußerst kritisch zu beurteilen.[120]

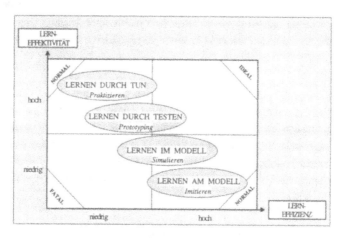

Abb. III.1-24: Spektrum der Lernformen[121]

Durch Lernen im Modell wird versucht, Ergebnisse und Effekte gewisser Vorgehensweisen zu simulieren. Durch eine entsprechende Software-Unterstützung (z.B. Bonapart, Aris, Aeneis) werden selbst komplexe Zusammenhänge (z.B. eines Prozeß-Redesign) einer **Simulation** zugänglich. Zeit- und Kostenaufwand sind als gering zu bezeichnen und sind meistens auf den Einmalaufwand für die Software, die Modellkonzipierung, die Arbeitszeit für die eigentliche Simulation und die anschließenden Auswertungen begrenzt.[122] Auf der anderen Seite steht und fällt diese Lernmethode mit der Validität des zugrunde gelegten Modells. Da durch das Modell ein Abbild der Realität geschaffen werden soll, wird der direkte Gegensatz zwischen Effektivität und Effizienz offensichtlich: Durch aufwendige Konzipierung verbessert sich der "Wert" des Modells bei gleichzeitigem Ansteigen des Zeit- und Kostenaufwands. So hat z.B. auch die Fahrzeugsimulation nur dann Sinn, wenn in sehr aufwendige Technik investiert wird und damit der Unterschied zur Realität fast vollständig verschwindet. Werden hingegen nur wenige Parameter und Abhängigkeiten im Modell erfaßt, kann die Konzipierung zwar schnell

---

120 vgl. Reiß (1997d), S. 125
121 Reiß (1995b), S. 279
122 vgl. ebenda

und kostengünstig ablaufen, die Aussagefähigkeit und Anwendbarkeit auf verschiedene Situationen und Problemstellungen leiden jedoch darunter. Ein Beispiel für das Lernen im Modell ist die Szenario-Technik, wie sie z.b. auch bei *Shell* eingesetzt wird.[123] So wurden bereits in den 60er Jahren verschiedene Szenarien entworfen, die auf einer unterschiedlichen Entwicklung des Ölpreises beruhten. Daraus abgeleitet wurden Maßnahmen entwickelt, wie sich das Unternehmen an die einzelnen Szenarien anzupassen hätte. Beim starken Anstieg des Ölpreises in den Jahren 1973/74 konnten die beteiligten Mitarbeiter auf die im Rahmen des Szenarios entwickelten Maßnahmen und Erfahrungen zurückgreifen. Durch die hohe Reaktionsgeschwindigkeit und das problemadäquate Vorgehen ging *Shell* als einziger Wettbewerber der Branche gestärkt aus der Krise hervor.[124]

Das Lernen durch Testen zeichnet sich dadurch aus, daß in der Realität gelernt wird - aber eben nur in einem Ausschnitt der Realität. Ein solcher **Pilotbereich** ist sachlich und/oder zeitlich abgegrenzt, so daß auch bei einem Fehlschlag der Lernprozesse nur begrenzt negative Effekte zu erwarten sind. Die Kosten sind durch die hohe Wirklichkeitsnähe bereits um einiges höher als bei modellbasierten Lernformen. Wird der Realitätsausschnitt "richtig" gewählt, ist allerdings die Lerneffektivität fast genauso hoch wie beim Lernen durch Tun, dem Praktizieren. Es besteht aber die Gefahr, daß der ausgewählte Prototyp sich als kein geeigneter Stellvertreter für die "Rest-Realität" herausstellt, weil z.B. die Umfeldbedingungen nicht übereinstimmen. So wurde bei *Festo* der Bereich *Tooltechnic* als Pilotbereich für die Umsetzung des Konzepts "Lernunternehmen" ausgewählt. Bei einer versuchten Übertragung des erfolgreich getesteten Konzepts auf andere Bereiche des Unternehmens stellten sich aber Probleme heraus, die daraus resultierten, daß der Bereich *Tooltechnic* nicht repräsentativ für das Gesamtunternehmen *Festo* war. Der Auswahl des Pilotbereichs kommt daher bei dieser Lernform eine Schlüsselrolle zu.

Nichts sorgt jedoch für eine höhere Lerneffektivität als das sog. **Trial-and-Error**-Verfahren am konkreten Implementierungsobjekt und -kontext. Es besteht jedoch die Gefahr, daß durch irrtümliches Verändern und Implementieren hohe Kosten entstehen.[125] Der Anwendung dieser Lernform kommt daher unter risikopolitischen Gesichtspunkten in Implementierungsprozessen kaum Bedeutung zu.

---

123 vgl. DeGeus (1988)
124 vgl. ebenda, S. 74
125 vgl. Reiß (1995b), S. 279

1.2.5.4   Optimierung des Lernprozesses

Mit dem Begriff Lernprozeß ist in erster Linie die zeitliche Abfolge der Qualifikationsbemü-
hungen angesprochen und damit auch die Frage nach der Rechtzeitigkeit der Weiterbildung in
Implementierungsprozessen. Hinsichtlich der prinzipiellen Frage nach dem Vorhalten von
Qualifikationsreserven bei den Mitarbeitern wird noch im Rahmen des Kap. III.1.6, das sich
mit Slack für Implementierungsvorhaben beschäftigt, näheres auszuführen sein. An dieser
Stelle wird hingegen auf die Reihenfolge der Übermittlung von Sozial-, Methoden- und Fach-
Know how sowie auf die Bedeutung der Berücksichtigung von Entlernprozessen eingegangen.

Bei geplanten Veränderungen, die auch der Implementierung einen gewissen Vorlauf zugestehen, sollte bei Bedarf möglichst früh, also z.B. noch während der Konzeptionsphase mit der
Vermittlung der notwendigen Sozialkompetenz begonnen werden. In den meisten Fällen läßt
sich hier der Bedarf bereits abschätzen, auch wenn nur grobe Eckpunkte des zukünftigen
Konzepts bekannt sind. Es kann bei fast allen modernen Restrukturierungskonzepten damit
begonnen werden, die Betroffenen darin zu schulen, wie Probleme und Konflikte innerhalb
einer Gruppe zu lösen sind oder wie man mit Ängsten vor Veränderungen umgehen kann.
Auch "Sensitivity Trainings" zur Bewußtmachung eigener Handlungsweisen und Denkstruk-
turen bieten sich als erster Schritt für Qualifikationsbemühungen an. Mit zunehmender Konkretisierung des zu implementierenden Konzepts kann in einem zweiten Schritt dann die
Vermittlung des Methoden-Know how angegangen werden. Dies kann z.B. der Erwerb von
Kenntnissen zur Prozeßanalyse sein, wenn klar ist, daß ein Reengineering-Programm implementiert werden soll. Im letzten Schritt schließlich ist die Entwicklung der erforderlichen
Fachkompetenz an der Reihe, die die unmittelbaren Veränderungen am Arbeitsplatz und dessen Umfeld erfaßt. Kleinere Implementierungsvorhaben kommen oftmals nur mit der Schulung von Fachkompetenz aus.

Nun ist die dargestellte Reihenfolge sicherlich logisch leicht nachvollziehbar, weil die Qualifikationsbemühungen von den generischen zu den spezifischen Schulungsinhalten wechseln.
Damit bleiben Handlungsspielräume, wenn im Laufe der Konzepterstellung noch Modifikationen vorgenommen werden, die einen unterschiedlichen Bedarf an Fach-Know how nach
sich ziehen.

Nicht üblich ist hingegen die Berücksichtigung von **Entlernprozessen** im Rahmen der Qualifizierung. So paradox dies zunächst klingen mag, so wichtig ist doch die Entfernung von obsolet gewordenem Wissen aus der Wissensbasis. Dies gilt in allererster Linie für individuelle
und organisationale Verhaltensroutinen. Vorgänge und Handlungen, die in der Vergangenheit

für den einzelnen Mitarbeiter und für das Unternehmen von Vorteil waren, müssen planmäßig "verlernt" werden, um dem neuen Wissen überhaupt erst zur Anwendung zu verhelfen. Sätze, wie "Das haben wir mit Erfolg schon immer so gemacht", zeigen den Handlungsbedarf. Das Implementierungscontrolling muß zur Berücksichtigung der Entlernprozesse beitragen, indem die Kosten des Entlernens explizit erfaßt werden. Bei deren Berücksichtigung stellt sich auch die Frage nach den Kompetenzarten neu, in denen die Betroffenen bei einer Implementierung geschult werden sollen. Wurde zunächst davon ausgegangen, daß bei einem gegebenen, begrenzten Veränderungskonzept die Schulung von Fach-Know how ausreicht, kann eine Integration der Entlernkosten weitere Qualifikationsanstrengungen rechtfertigen. Müssen z.B. im Rahmen der Implementierung eines neuen Betriebssystems für die EDV einer Unternehmung Schulungen der Mitarbeiter durchgeführt werden, so muß entschieden werden, ob lediglich die reine Handhabung (Fachkompetenz) oder ein "Systemverständnis" (Methodenkompetenz) geschult wird.

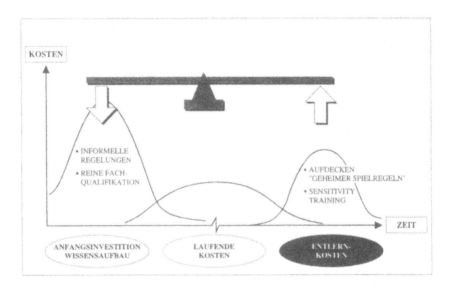

Abb. III.1-25: Kosten im Wissens-Lebenszyklus

Die erste Alternative ist zunächst günstiger und führt vermutlich während der Anwendungsphase des Betriebssystems zu keinen schlechteren Ergebnissen. Die Umstellung auf das darauf folgende Betriebssystem dürfte jedoch schwerer fallen und daher höhere Kosten verursachen, weil sich die erforderlichen Handgriffe vielleicht vollkommen ändern, die grundsätzliche Funktionsweise eines Betriebssystems aber wohl kaum. Damit ist auch klar, daß das Implementierungscontrolling in solchen Fällen sogar die in der Zukunft liegenden Implementierungsprozesse berücksichtigen muß, denn die Entlernkosten für spätere Implementierungsvorhaben werden zum Teil durch die gegenwärtigen Lernprozesse determiniert. Abb. III.1-25 macht dies in Form der Darstellung eines **Wissens-Lebenszyklus** deutlich.

In Abb. III.1-25 wird die angedeutete **Mechanik** zwischen Vorlauf- und Folgekosten dargestellt. Ähnlich dem Zusammenhang bei Produktentwicklungen muß auch hier davon ausgegangen werden, daß anfängliche Kosteneinsparungen (z.b. durch informelle Regelungen oder reine Fachqualifikation) zu höheren Folgekosten (z.b. schwierigere Implementierung in der Zukunft) führen. Dabei ist die Länge des Wissens-Lebenszyklus (vom Wissenserwerb bis zum entlernen) für eine Bewertung von großer Bedeutung, da die in der Zukunft liegenden Kostenvor- oder -nachteile einer Alternative entsprechend diskontiert werden müssen und daher mit der Zeit an Wert verlieren.

Zur Optimierung des Lernprozesses muß ein Implementierungscontrolling schließlich auch zu einer **Koordination** des Lern- und Entlernzeitpunktes beitragen. Grundsätzlich sind hier drei verschiedene Strategien denkbar: die sukzessiv-proaktive, die sukzessiv-reaktive und die synchrone Strategie (vgl. Abb. III.1-26).

Bei der **sukzessiv-proaktiven** Vorgehensweise erfolgt zunächst der erforderliche Wissensaufbau und erst dann setzen die Entlernbemühungen ein. Diese zunächst als besonders sicher anmutende Strategie birgt allerdings den Nachteil der parallelen Existenz von Regelungen.

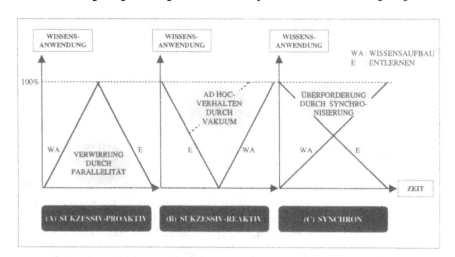

Abb. III.1-26: Reihenfolgeproblem im Lernprozeß

inkonsistentes Verhalten ergeben, weil z.b. unterschiedliche Abteilungen auf unterschiedliches Wissen zurückgreifen. Ein sehr anschauliches Beispiel ist die Implementierung einer neuen Software. Eine parallele Nutzung von alter und neuer Software ist wohl in den seltensten Fällen anzuraten. In der Regel werden in diesem Bereich "Big Bang"-Lösungen bevorzugt. Ist jedoch nach Abschaffung des alten Systems erst noch Aufbauarbeit (z.b. Mitarbeiterqualifikation) für das neue zu leisten (**sukzessiv-reaktive** Strategie), sind entweder Störungen des Geschäftsbetriebs oder eine Kompensation des entstandenen Wissens-Vakuums durch Adhoc-Lösungen vorprogrammiert. Letztere können sich jedoch rasch verfestigen, so daß vor einer Nutzung des neuen Systems weitere Entlernarbeit zu leisten ist.

Die theoretisch zu bevorzugende Strategie ist die **Synchronisierung** von Lern- und Entlernarbeit. Um dies zu gewährleisten, bedarf es allerdings einiger Koordinationsanstrengungen, sowohl auf organisatorischer als auch auf individueller Ebene. Gerade bei den betroffenen Mitarbeitern kann dies leicht zu einer Überforderung führen. Ganz abgesehen davon verbietet sich oftmals ein kontinuierliches Entlernen. Bei der EDV-Einführung verhalten sich altes und neues System selten in der Form komplementär, daß die Nutzung des alten schrittweise abgebaut und die des neuen synchron dazu aufgebaut werden könnte.

1.2.6 Unternehmenswertorientierte Qualifikation in der Implementierung

Als Zusammenfassung dieses Kapitels wird noch einmal explizit der Einfluß unterschiedlicher Qualifikationsalternativen auf den Unternehmenswert dargestellt, da es sich dabei um die oberste Zielsetzung handelt, die durch das zu implementierende Konzept und die Implementierung selbst verbessert werden soll. Aufgrund der in Kapitel II.3.1 vorgestellten Kennzahlenpyramide ist zwar bekannt, daß sich direkte, eindeutig nachweisbare Zusammenhänge zwischen den Implementierungsparametern (hier den Qualifikationsparametern) und dem Unternehmenswert kaum finden lassen. Nichtsdestotrotz können Tendenzaussagen über jene Zusammenhänge gemacht werden, die für das Implementierungscontrolling durchaus als Orientierungsgrößen bei der Bewertung und Steuerung von Qualifikationsmaßnahmen dienen können. Damit soll erreicht werden, daß bei allen Untersuchungen von Alternativen hinsichtlich deren Effektivität und Effizienz nicht die letztendliche Zielausrichtung verloren geht.

Führt man sich die Werttreiber-"Mechanik" zur Schaffung von freiem Cash flow vor Augen (vgl. Kap. II.3.5), wird klar, daß das Einbeziehen von Vorlauf- und Folgekosten, aber auch

von Vorlaufnutzen[126] und Folgenutzen[127] für die mehrjährige Ermittlung der Cash flows unabdingbar ist. Durch die Berücksichtigung des Zeitwertes von Geld durch Abdiskontieren der
Beträge auf den Gegenwartszeitpunkt wird zusätzlich deutlich, daß hohe Folgekosten unter
Umständen höheren Veranstaltungskosten vorzuziehen sind. Dies geht aus der Betrachtung
der Lebenszyklusanalyse nicht hervor.

Ebenfalls direkt aus dem Wertsteigerungsansatz abzuleiten ist das Vermeiden von Investitionen in das Anlagevermögen, wie es z.B. bei Zentralisierung der Qualifizierungsmaßnahmen
immer wieder erforderlich ist. Die durch zentrale Weiterbildungsstätten verursachten Fixkosten führen darüber hinaus zu einer geringeren Flexibilität der Unternehmung. Um jedoch auf
der anderen Seite nicht bei jedem Implementierungsprozeß "das Rad neu erfinden zu müssen",
indem jedesmal neue Qualifizierungskonzepte erstellt, passende Räumlichkeiten gefunden
und geeignete Trainer rekrutiert werden müssen, empfiehlt sich der Aufbau einer **Qualifikationsinfrastruktur**, die mit vergleichsweise geringen Kosten vorgehalten werden muß. Dazu
gehört beispielsweise die Selektion von unternehmungsinternen Multiplikatoren, die zu einem
oder mehreren Fachgebieten bei fast jeder Qualifikationsoffensive verpflichtet werden können. Solche Fachgebiete können beispielsweise DV-Themen, Sozial- und Führungstechniken
oder auch der Umgang mit persönlichen Ängsten gegenüber Veränderungen sein. Ist erst einmal ein Netz solcher nebenberuflicher Multiplikatoren aufgebaut, kann bei jedem Implementierungsvorhaben auf die entsprechenden Kräfte zurückgegriffen werden. In der übrigen Zeit
führen sie ihre eigentliche Tagesarbeit in der Unternehmung aus. Zusätzlich honoriert werden
muß die Zweittätigkeit überhaupt nicht, wenn sie während der Arbeitszeit erfolgt. Zur Förderung der Bereitschaft, sich als Multiplikator zur Verfügung zu stellen, kann dieser Einsatz
allerdings im Rahmen der persönlichen Leistungsbeurteilung eine positive Berücksichtigung
finden. Zusätzlich können unter Umständen Weiterbildungs- oder Auffrischungskurse für die
potentiellen Multiplikatoren erforderlich sein. Ebenfalls als Qualifikationsinfrastruktur, die
allerdings keine großen Investitionen und Fixkosten verursachen soll, kann der Aufbau einer
Datenbank über verschiedene Veranstaltungsorte für Qualifikationsmaßnahmen sein (Grup-
penräume, Kantinen u.ä.).

Der Berücksichtigung des **Risikos** kommt im Wertsteigerungskonzept eine wichtige Rolle zu.
Dies muß bedacht werden, wenn es an die **Auswahl von Pilotbereichen** geht, in denen zunächst Lernprozesse der Implementierung durchlaufen werden sollen. Neben der Berücksich-

---

126 So z.B. eine höhere Motivation des Mitarbeiters bereits dann, wenn er von seiner Seminarteilnahme erfährt
      und nicht erst zu Seminarbeginn oder -ende.
127 Die kann ein verbessertes Arbeitsklima im Anschluß an die Weiterbildungsmaßnahme sein.

tigung von Faktoren, wie "Einfachheit der Implementierung" (sog. "Rosinen") oder "Verbesserungsmöglichkeiten durch die Implementierung", ist auch das Risiko bei einem Scheitern der Implementierung (was nicht zu verwechseln ist mit dem Risiko des Scheiterns) im ausgewählten Pilotbereich zu berücksichtigen. Handelt es sich bei dem Pilotbereich um den Hauptumsatz- oder -ergebnisträger der Gesamtunternehmung, muß bei riskanten Implementierungsvorhaben mit einem Risikozuschlag zu den Kapitalkosten gerechnet werden, welcher die Unternehmung ganz unabhängig vom positiven oder negativen Ausgang des Implementierungsversuchs während der Implementierungszeit zu tragen hat. Diese Feststellung spricht für die Auswahl eines (umsatz- oder ergebnisseitig) weniger bedeutsamen Unternehmensteils als Pilotbereich der Implementierung. Diese Feststellung hat nicht ausschließlich etwas mit dem Effektivitäts-Effizienz-Spannungsfeld zu tun, innerhalb dessen sich die Auswahl des Pilotbereiches ohnehin abspielt.[128] Sie ergänzt dieses vielmehr um den Risikoaspekt bei einem Scheitern des Implementierungsvorhabens und um die potentiellen Auswirkungen auf die Implementierungskosten.

Auch wenn sich der Nutzen der Qualifizierung innerhalb von Implementierungsprozessen nur schwer "rechnen" läßt, so muß doch abschließend noch einmal explizit darauf hingewiesen werden, daß im Zweifelsfall eher höhere Kosten oder ein größerer Zeitbedarf als ein geringerer Qualifizierungsnutzen in Kauf genommen werden sollte. Denn wird der durch die Implementierung entstehende Qualifikationsbedarf nicht vollständig befriedigt, ist mehr als z.B. bei Kommunikationsdefiziten die gesamte Implementierung in Gefahr, im Sande zu verlaufen oder am Widerstand der nicht ausreichend weiterqualifizierten Betroffenen zu scheitern[129] und damit einen Teil des Unternehmenswertes zu vernichten.

---

128 Wird ein großer, wichtiger Unternehmungsteil als Pilotbereich ausgewählt, ist er eher repräsentativ für das Gesamtunternehmen als ein Randbereich, verursacht aber auch höhere Kosten, z.B. dadurch, daß mehr Mitarbeiter betroffen sind oder die sog. "Implementierungsdelle" einen größeren Teil des Unternehmensumsatzes trifft.

129 Kommunikationsdefizite lassen sich meistens auch auf informalem Wege oder u.U. auch im Laufe der Zeit schließen, während selbst bei gutem Willen der Betroffenen die Umsetzung ohne das erforderliche Know how in aller Regel zum Scheitern verurteilt ist.

III.1.3   Controlling der Partizipation in Implementierungsprozessen

1.3.1   Partizipation in der Unternehmung

1.3.1.1   Partizipation - Anspruch und Wirklichkeit

Bei wohl kaum einem Parameter der Implementierungsgestaltung klaffen Theorie und Praxis ähnlich weit auseinander wie bei der Frage nach Art und Umfang der Partizipation von Mitarbeitern.[130] In der einschlägigen Literatur wird regelmäßig eine möglichst starke Einbindung der Betroffenen in die Entscheidungsprozesse gefordert; entsprechend lautet der Leitspruch einer ganzen Zunft von Change Management-Beratern "Betroffene zu Beteiligten machen". Demgegenüber laufen erwiesenermaßen nach wie vor viele Implementierungsvorhaben, von der Einführung eines neuen DV-Systems bis zu Reengineering-Projekten, nach dem Muster des sog. Bombenwurfs ab.[131] Sowohl die Konzept- als auch die Implementierungsplanung laufen unter Ausschluß der Betroffenen ab und werden schließlich für die Mitarbeiter mehr oder weniger überraschend "schlagartig und relativ unwiderruflich in Kraft gesetzt".[132]

Allein aus diesem Dissens zwischen Theorie und Praxis ergibt sich bereits die Notwendigkeit einer wirtschaftlichkeitsorientierten Betrachtung von Partizipation in Implementierungsprozessen. Zum einen könnte es nämlich sein, daß die Theorie bei ihren bisherigen Überlegungen den Wirtschaftlichkeitsaspekt vernachlässigt hat und sich die Erkenntnisse dadurch in der Praxis nicht umsetzen ließen. Andererseits könnte der "Bombenwurf" nur vordergründig die wirtschaftlichere Strategie sein, so daß die Unternehmen Opfer ihrer eigenen unvollständigen Kosten- und Kennzahlensysteme wären.

1.3.1.2   Formen und Quellen der Partizipation

Obwohl eine Teilhabe der Mitarbeiter an Entscheidungsprozessen (Partizipation) in den rationalen Phasenschemata von Managementprozessen nicht explizit auftaucht, wird bereits seit geraumer Zeit vermutet, daß Mitwirkungsmöglichkeiten für die Mitarbeiter, vor allem aber für die von einer Entscheidung Betroffenen, von großer Bedeutung für den Erfolg einer Maßnahme sind. Dieser als **Partizipation-Effizienz-Hypothese** bekannte Zusammenhang ist jedoch nicht die einzige Begründung für partizipative Elemente in der Entscheidungsfindung. Die **Partizipation-Zufriedenheits-Hypothese** legt den Fokus nicht auf die Unternehmungsziele,

---

130   ähnlich auch Kirsch/Esser/Gabele (1979), S. 299
131   vgl. z.B. CSC Index (1994), S. 3 f.
132   Kirsch/Esser/Gabele (1979), S. 180

sondern auf die Ziele, Werte und Vorstellungen der Mitarbeiter. Die Mitarbeiterzufriedenheit ist demnach eine Funktion der Partizipationsmöglichkeiten. Je nach Unternehmungszweck kann dies allein schon eine Rechtfertigung darstellen. Letztlich wird sich eine höhere Mitarbeiterzufriedenheit aber auch für die Unternehmung als Ganzes (also für alle Stakeholder) positiv niederschlagen. Entsprechend werden von Theorieseite partizipative Managementsysteme oft als den autoritären Systemen grundsätzlich überlegen bezeichnet.[133]

Dies wirft allerdings die Frage auf, was genau mit Partizipation gemeint ist. *Reiß* erkennt einen zunehmenden Trend hin zu "symmetrischen Interaktionen zwischen Interaktionspartnern .., die beide wechselseitig aufeinander Einfluß nehmen."[134] Partizipation ist folglich die Möglichkeit (die Erlaubnis) der Einflußnahme einer Person oder Gruppe auf einen Entscheidungsprozeß, der ursprünglich ihrer Mitwirkung entzogen war. Der Trend der zunehmenden Auflösung von Unternehmungsgrenzen bzw. der verstärkte Einfluß von Anspruchsgruppen auf das Unternehmensgeschehen (z.B. Druck der Öffentlichkeit) dehnen bereits heute den Begriff der Partizipation aus. Kunden partizipieren an Produktentwicklungsprozessen und die Öffentlichkeit partizipiert bspw. an der Entscheidung über die Entsorgung einer ausgedienten Ölplattform. Im folgenden wird jedoch lediglich die Partizipation der Mitarbeiter näher untersucht werden. Die Beispiele lassen bereits erkennen, daß unterschiedliche Intensitätsstufen der Partizipation existieren. Diese lassen sich auf einem Kontinuum abbilden, das in Abb. III.1-27 dargestellt ist.

FÜHRUNGSSTIL	◁ AUTORITÄRER FÜHRUNGSSTIL		KOOPERATIVER FÜHRUNGSSTIL ▷	
KOMPETENZ-VERTEILUNG	Entscheidungs-zentralisation	*Partizipation*		Delegation
VERHALTENS-DETERMINATION	Fremdbestimmung	Mitbestimmung		Selbstbestimmung
MANAGEMENT-PRINZIP	Management by Results	Management by Objectives	Management by Exception	Management by Delegation

Abb. III.1-27: Einordnung von Partizipation[135]

133 vgl. z.B. Likert (1967) bzw. dessen Ergebnisse visualisierend Staehle (1994), S. 463
134 Reiß (1996a), S. 242
135 in Anlehnung an Reiß (1996a), S. 243 sowie an Tannenbaum/Schmidt (1958), S. 96

Es läßt sich in Abb. III.1-27 erkennen, daß mit einer bestimmten Intensität von Partizipation andere Führungsdeterminanten eng verknüpft sind. Außerdem wird klar, daß eine enge Auslegung von Partizipation genau eine Intensitätsstufe meint, nämlich die **Mitwirkung im Ent**scheidungsprozeß. Für die Beantwortung der Frage nach dem "optimalen Partizipationsgrad" ist jedoch eine weite Auslegung des Phänomens erforderlich, um überhaupt alle relevanten Alternativen bewerten zu können. Dies bedeutet, daß mit Ausnahme der Extrempunkte "vollkommene Entscheidungszentralisation" und "vollständige Delegation" das Gesamtspektrum der Abb. III.1-27 als Gestaltungsraum für Partizipation betrachtet wird.

Neben normativ-rechtlichen Vorgaben zur Mitarbeiterpartizipation (z.B. Betriebsverfassungsgesetz) sind auch freiwillige Formen der Partizipation möglich. So können die Mitwirkungsrechte des einzelnen Mitarbeiters sowie des Betriebsrates über die im BetrVG genannten Tatbestände hinaus erweitert werden. Die Firma *Opel-Hoppmann* hat bspw. die Befugnisse für den Wirtschaftsausschuß beträchtlich gegenüber den gesetzlichen Vorschriften erweitert, indem sie den Ausschuß z.B. auch über Investitionsprogramme oder über organisatorische Veränderungen mitentscheiden läßt.[136] Die gesetzlichen Regelungen stellen somit immer Mindestanforderungen an die Mitbestimmung dar und grenzen den Entscheidungsspielraum daher "nach unten" ab.

Neben den gesetzlichen Normen ergeben sich weitere Quellen der Partizipation, die sich aus einer entsprechenden **organisatorischen Strukturierung** bzw. deren bewußter Nicht-Existenz (Entscheidungsfreiheit bei nicht-geregelten Sachverhalten) ergeben sowie aus der Art des **Führungsstils** des Vorgesetzten. Dieser ist z.B. in patriarchalischer Manier an den Meinungen und Empfindungen seiner Untergebenen interessiert, auch wenn er schließlich allein entscheidet. Damit gibt er ihnen Einflußmöglichkeiten auf seine Entscheidungen.

Die von *Schanz* vorgenommene, sich gegenseitig ausschließende Trennung von Partizipation und Mitbestimmung wird gemäß Abb. III.1-27 nicht nachvollzogen.[137] Die Einschränkung des Partizipationsbegriffs "auf solche Formen der Teilnahme an Entscheidungen, die gesetzlich nicht vorgeschrieben und insofern aufgrund freiwilliger Vereinbarungen zustande kommen"[138], ändert materiell nichts am Wesen der Partizipation, sondern nur an der Legitimationsbasis. Das zu einem späteren Zeitpunkt folgende Beispiel der "Einigungsstelle" wird deutlich machen, daß auch gesetzliche Regelungen Gestaltungsspielräume lassen, die den Einsatz von Wirtschaftlichkeitsüberlegungen erforderlich machen. Unter Mitbestimmung wird also die Teilhabe an Entscheidungen verstanden, die auf gesetzlichen oder tariflichen Regelungen

---

136 vgl. Hoppmann (1983)
137 vgl. Schanz (1992)
138 ebenda, Sp. 1901 f.

beruht, und insofern in der Regel für mehrere Unternehmen gilt. Die Mitbestimmung stellt daher einen Teilbereich der Partizipation dar, der durch gesetzliche Vorgaben stärker formalisiert ist.[139]

Wichtig für spätere Wirtschaftlichkeitsüberlegungen ist auch der Unterschied, inwieweit der einzelne Beschäftigte individuell oder nur im Rahmen einer Gruppe auf einen Entscheidungsprozeß Einfluß nehmen kann. Der Führungsstil des Vorgesetzten bestimmt in hohem Maße den individuellen Einfluß (vgl. auch Abb. III.1-27). Darüber hinaus läßt sich aus dem BetrVG eindeutig ablesen, daß der einzelne Mitarbeiter ein Anhörungs- und Erörterungsrecht hat, und zwar "in betrieblichen Angelegenheiten, die seine Person betreffen"[140].

Kollektive Einflußmöglichkeiten ergeben sich durch die genannten organisatorischen Regelungen (bzw. durch das Nicht-Regeln von Sachverhalten) sowie über die gesetzlich vorgeschriebenen Institutionen der betrieblichen und unternehmerischen Mitbestimmung. Durch die Wahl der Arbeitnehmervertreter für den Aufsichtsrat eines Unternehmens kann der einzelne zwar einen gewissen Einfluß auf die Unternehmenspolitik nehmen, aber eben nur indirekt über das gewählte Gremium.

Bevor die Mitarbeiterpartizipation in der Implementierung als Subsystem der Unternehmung näher analysiert wird, müssen die grundsätzlich unterschiedlichen, historisch gewachsenen Partizipationsansätze dargestellt und darauf aufbauend die Gestaltungsparameter für die Mitarbeiterpartizipation offengelegt werden.

1.3.1.3 Zielsetzungen von Partizipationsansätzen

Die Frage nach dem Wozu von Mitarbeiterpartizipation an betrieblichen Entscheidungsprozessen wurde und wird je nach Weltbild, ethischen Werten und Ökonomieverständnis unterschiedlich beantwortet. Gemeinhin werden vier Ansätze unterschieden, die zum einen die Wert- und Zielvorstellungen der Mitarbeiter und zum anderen deren Wissen und Können in die Entscheidungen integrieren wollen. Auf dieser grundsätzlichen Unterscheidung beruhen auch die zwei bereits genannten Partizipationshypothesen. Durch die unterschiedliche Berücksichtigung der Mitarbeiter ergibt sich die in Abb. III.1-28 dargestellte Matrix.

Die **Pseudo-Partizipation** hat ihre theoretischen Wurzeln in der Human-Relations-Bewegung. Ziel ist weder die Nutzung des Mitarbeiter-Know how, noch eine echte Berücksichti-

---

139 Partizipation muß also nicht unbedingt "legitimiert" und damit quasi gesetzlich geregelt sein (Rosenstiel 1987a, S. 2), wie es z.B. Gässler (1985) oder Paul (1977) fordern.
140 § 82 Abs. 1 BetrVG

gung der Werte und Bedürfnisse. Vielmehr geht es um eine "Verbesserung der zwischen-menschlichen Beziehungen"[141] durch das vordergründige Interesse an Meinungen und Urtei-len der Belegschaft. Das Ausschöpfen des Fähigkeitspotentials der Mitarbeiter ist Ziel des **Human Resources**-Ansatz, der auf die Integration des Wissens und Könnens der Betroffenen in den Entscheidungsprozeß setzt. Damit soll eine fundiertere und deshalb bessere Entschei-dung vom Vorgesetzten getroffen werden.

In der Regel wird den Mitarbeitern im **Social Values**-Ansatz kein relevantes Know how für den speziellen Entscheidungsprozeß zugetraut. Allerdings soll aus ethisch-sozialen Gründen eine Berücksichtigung ihrer Interessen stattfinden.

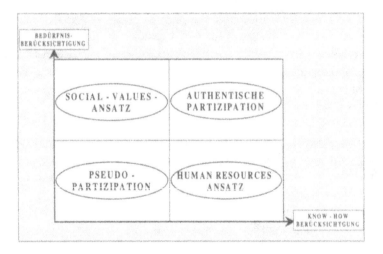

Abb. III.1-28: Partizipationsansätze[142]

Da sich die Betroffenen jedoch in keiner Weise aktiv in den Prozeß einbringen können, bleibt zu befürchten, daß es sich letztendlich um bloße Lippenbekenntnisse der entsprechenden Wer-te handelt.[143] Die **authentische Partizipation** besitzt das höchste Maß an Betroffenenintegra-tion, da sowohl eine Berücksichtigung der Interessen als auch der Fähigkeiten der Mitarbeiter erfolgt.

Kirsch/Esser/Gabele weisen zurecht darauf hin, daß die beiden in Abb. III.1-28 dargestellten Dimensionen nicht unabhängig voneinander sind, da die Werte Einfluß auf den kognitiven

---

141 Kirsch/Esser/Gabele (1979), S. 298
142 vgl. dazu Kirsch/Esser/Gabele (1979), S. 298 f.
143 vgl. ebenda, S. 299

Prozeß der Fähigkeitenbildung haben, andererseits das Wissen die Realisierbarkeit und Vereinbarkeit mit den Werten bestimmt.[144] Insofern liegt beim Social Values- und beim Human Resources-Ansatz eine Asymmetrie vor, die letztlich den Nutzen der Partizipation insgesamt in Frage stellt.

Auf den ersten Blick sollte man meinen, daß die Berücksichtigung der Werte und Interessen zu einer erhöhten Akzeptanz einer Entscheidung führt, während die Wissensintegration die Qualität der Entscheidung verbessern müßte. Bis zu einem gewissen Grad mögen diese "Kurzschlußüberlegungen" zutreffen. Allerdings wird die Akzeptanz nur dann nachhaltig steigen, wenn der Betroffene die Möglichkeit hatte, sich selbst in den Entscheidungsprozeß miteinzubringen - und zwar seine Werte **und** Fähigkeiten. Denn auch durch die Integration des Problemlösungspotentials, also des Wissens und Könnens, steigt die "Konsensmobilisierung in der Belegschaft". Auf der anderen Seite werden die qualitätssteigernden Effekte durch das Mitarbeiter-Know how erst dann realisierbar sein, wenn dieses Wissen im Einklang mit den Interessen der Partizipierenden steht - sonst werden die es verständlicherweise gar nicht erst in den Entscheidungsprozeß einbringen. Akzeptanz und Entscheidungsqualität als Hauptnutzen der Partizipation lassen sich folglich nur durch die authentische Partizipation verwirklichen.

1.3.1.4 Parameter der Partizipation

Bereits Anfang der siebziger Jahre war der Begriff der Partizipation so modern und wahrscheinlich auch deswegen so diffus, daß *Schregle* feststellte: "Worker's participation has become a magic word in many countries. Yet almost everyone who employs the terms thinks of something different."[145] Daran hat sich bis heute nichts wesentliches geändert. Um so wichtiger ist die Bestimmung von Determinanten der Partizipation, die es ermöglichen, deren Wesen hinreichend genau zu charakterisieren.[146]

- **Partizipationssubjekt**: Eine spezifische Partizipationskonfiguration wird zunächst durch die Personen oder Personengruppen näher bestimmt, die an Entscheidungsprozessen beteiligt werden.

- **Partizipationsebenen**: Die Möglichkeit der Einflußnahme bezieht sich immer auf bestimmte Entscheidungsebenen in der Unternehmung.

- **Partizipationsobjekt**: Damit werden die Sachverhalte determiniert, die der Partizipation zugänglich gemacht werden.

---

144 vgl. Kirsch/Esser/Gabele (1979), S. 300
145 Schregle (1970), S. 117
146 Folgende Spezifizierung des Partizipationsphänomens in Anlehnung an Domsch/Reineke (1982), S. 68

- **Partizipationsinstrumente**: Der Einfluß kann nur durch die Anwendung geeigneter Partizipationsverfahren erreicht werden.

- **Partizipationsgrad**: Diese Determinante kennzeichnet das Maß an Einflußmöglichkeit für die Partizipationssubjekte.

- **Partizipationsgrundlage**: Schließlich ist es noch von Bedeutung aufgrund welcher Legitimation es zu Partizipation kommt.

Die genannten Determinanten sind nicht als gänzlich voneinander unabhängig zu betrachten. Durch die Spezifizierung der Partizipationssubjekte (z.b. alle Abteilungsleiter, alle Meister in einem Werk) ist oft schon die Partizipationsebene und damit oft auch das Partizipationsobjekt prädeterminiert. Die Mitwirkungsmöglichkeiten beziehen sich in vielen Fällen auf eine Entscheidungsebene über der regulär, kraft Stelle beeinflußbaren Ebene. Im Normalfall ist das Partizipationsobjekt (Entscheidungen über Investitionen, über eine Beförderung oder über einen neuen Arbeitsablauf) bereits an eine bestimmte Entscheidungsebene geknüpft. Daher wird bei Bewertungen in der Literatur auch nie das gesamte Spektrum der sich durch die Parameter ergebenden Kombinationen überprüft, sondern einige empirisch relevante Konfigurationen.[147]

1.3.2   Partizipation in Implementierungsprozessen

Im Sinne der Definition von Implementierung in Kap. I.2 muß die Optimierung von Partizipation in Implementierungsprozessen bereits in der Konzipierungsphase ansetzen, da diese durch die Konzeptgestaltung einen ganz erheblichen Einfluß auf die Akzeptanz der Mitarbeiter während der Implementierung hat. Entsprechend phasenübergreifend muß das Implementierungscontrolling tätig werden. Die für die Betroffenen-Partizipation zur Disposition stehenden Sachverhalte betreffen sowohl das "Was" als auch das "Wie" des Veränderungsprozesses.

Die im letzten Abschnitt genannten Parameter zur Spezifikation von Mitarbeiterpartizipation müssen auf ihre Relevanz und ihren Zusammenhang mit Implementierung analysiert werden. Anhand des sich so ergebenden Gestaltungsmodells für Implementierungspartizipation lassen sich dann Partizipationskonfigurationen bilden, die es im Hinblick auf die Implementierungs-Zielerreichung zu bewerten gilt.

Wie bei anderen Entscheidungen in der Unternehmung ist auch im Rahmen von Entscheidungen während der Implementierung zu überlegen, welche Personen in welcher Art und Weise an diesen Entscheidungen partizipieren können. Zu unterscheiden ist die direkte Partizipation

---

147 vgl. z.B. Cotton u.a (1988) und die dort angegebenen Untersuchungen

von Mitarbeitern und Mitarbeitergruppen und die indirekte, bei der die unmittelbare Entscheidungsteilhabe bei Repräsentanten der Mitarbeiter liegt. Sehr eng damit verknüpft ist die Frage nach dem Instrumenteneinsatz. Einzelne Instrumente (z.B. Betriebsrat oder eine Einigungsstelle) haben einen impliziten Bedarf an Beteiligten, seien diese Repräsentanten oder unmittelbar Betroffene. Die Kopplung von Partizipationssubjekten und -instrumenten ist aber nicht in jedem Fall zwingend. So ergibt sich bei Mitarbeiterbefragungen durchaus Gestaltungsspielraum bei Anzahl der zu befragenden Mitarbeiter (z.B. Repräsentativbefragungen).

Für die nachfolgenden Überlegungen werden die genannten Parameter zum Involvierungsgrad zusammengefaßt, der in einer dichotomischen Gegenüberstellung die Ausprägungen "indirekte" und "direkte Partizipation" aufweist. Sinnvollerweise geht man jedoch von einem Kontinuum aus, auf dem die in der Praxis vorkommenden Involvierungsgrade abgetragen werden können.[148]

Das Partizipationsobjekt ist im wesentlichen definiert, da es sich um die Entscheidungsprozesse innerhalb der Konzipierungs- und Implementierungsphase eines Veränderungsprozesses handeln soll. Bis zu einem gewissen Grad stehen damit auch die Partizipationsebenen fest. In den seltensten Fällen geht es um Entscheidungen, die ohne Partizipation in den Händen des Top Managements liegen würden (z.B. Vorgehensweise beim Personalabbau, Beraterintegration). In aller Regel sind die mit der Umsetzung verbundenen Entscheidungen auf dem Niveau des mittleren und unteren Managements angesiedelt (Entscheidungen über erforderliche Investitionen, konkrete Änderungen des Arbeitsablaufs, Fragen des Fabrik-Layouts u.a.). In der Klassifikation von *Wall/Lischeron* handelt es sich folglich für die Implementierung meistens um Fragen der Local bzw. Medium Participation.[149]

Die genannten Entscheidungsebenen sind allerdings stark miteinander verwoben, da z.B. die Entscheidungen der mittleren Ebene als Nebenbedingungen in die Entscheidungsprozesse der oberen Ebene Eingang finden und gleichzeitig einen Rahmen für Entscheidungen auf der unteren Ebene setzen. Entsprechend hat auch die jeweilige Partizipation ihre "Fernwirkung" auf die übrigen Ebenen. Im folgenden wird zwischen den genannten Ebenen nicht mehr unterschieden werden, da für sie im Grundsatz mit keiner unterschiedlichen Bewertung zu rechnen ist, so daß die Bewertungssystematik des Implementierungscontrolling generisch für Partizipationsprozesse auf allen Ebenen anwendbar ist. Die unterschiedlichen Kosten durch die Ein-

---

148 Die Bedeutung von Repräsentanten einer Betroffenengruppe für Entscheidungsprozesse wird auch von Vertretern der ökonomischen Politikwissenschaften beschrieben und analysiert, vgl. z.B. Downs (1957), S. 88 ff.
149 vgl. Wall/Lischeron (1980a), S. 78 f. Die Beteiligung an Entscheidungen auf der höchsten Stufe der Organisationshierarchie wird als "distant participation" bezeichnet.

beziehung von Mitarbeitern unterschiedlicher Gehalts- und Lohngruppen (entsprechend der betroffenen Partizipationsebene) finden ihren Niederschlag in der Parameter-Dimension "Involvierungsgrad", und zwar über die Wertkomponente der Beteiligten (Gehalt und Lohn).

Die Parameter "Partizipationsgrad" und "Partizipationsgrundlage" sollen direkt in das vorzustellende Entscheidungsmodell der optimalen Partizipation für Implementierung eingehen. Die Partizipationsgrundlage bezeichnet das institutionelle Arrangement der Mitwirkung von Mitarbeitern und drückt sich im Formalisierungsgrad der Partizipation aus. Dieser wird gekennzeichnet durch das Begriffspaar "formal/informal", wobei ebenfalls wieder kontinuierliche Abstufungen zu berücksichtigen sind. Das materielle Recht der Beteiligung an Entscheidungsprozessen schlägt sich in der Dimension Partizipationsgrad nieder. Sie bezeichnet das Ausmaß der Mitwirkungsmöglichkeiten, von der reinen Beratung (konsultativ) bis hin zum Entscheidungsakt selbst (delegativ).

Aus den genannten drei Dimensionen ergibt sich ein Gestaltungsmodell, das in Abb. III.1-29 dargestellt ist. Durch die Konkretisierung der Ausprägungen einzelner Dimensionen ergeben sich unterschiedliche Partizipationskonfigurationen (Dreiecke in der Ebene in Abb. III.1-29), die im folgenden dann hinsichtlich ihrer Kosten- und Nutzeneffekte bewertet werden müssen.

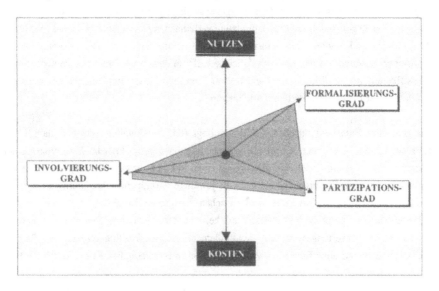

Abb. III.1-29: Gestaltungsmodell für Partizipationskonfigurationen

Die Zielsetzung (Nutzen), die mit der Partizipation in Implementierungsprozessen verfolgt wird, entspricht grundsätzlich der Partizipation in anderen Entscheidungsabläufen: Verbesserung der **Entscheidungsqualität** und Erhöhung der **Akzeptanz** der getroffenen Entscheidung. Ethische Überlegungen und Aspekte der Arbeitszufriedenheit werden - soweit sie sich nicht auf die Implementierungsperformance auswirken - nicht weiter verfolgt.[150] Es kann davon ausgegangen werden, daß in der Praxis der Implementierung ein gewisser Zielschwerpunkt auf der Akzeptanzsteigerung liegt.[151] Trotz dieses "Bias" wird der "Nutzen" der Partizipation grundsätzlich an **beiden** genannten Kriterien zu messen sein. Wie bereits angedeutet, muß es die Aufgabe des Implementierungscontrolling sein, über die Vorteilhaftigkeit einzelner Partizipationskonfigurationen (Varianten der Partizipation mit spezifischen Ausprägungen der genannten Partizipationsdimensionen) aufzuklären und damit die Entscheidungsgrundlage für die Ausgestaltung der Partizipation in der Implementierung zu liefern.

1.3.3 Bewertung der Partizipation

1.3.3.1 Evaluierungsstudien

Da das Wesen der Partizipation die Einflußnahme auf Entscheidungsprozesse ist, läßt sich leicht nachvollziehen, daß von diesem Konzept keine Sogwirkung in der Unternehmenspraxis ausging und auch heute noch in vielen Unternehmen lediglich die gesetzlichen Mindestbestimmungen Berücksichtigung finden. Damit war die Theorie, die das Konzept der Mitarbeiterpartizipation propagierte, seit jeher in einem Begründungszwang, positive Effekte nachweisen zu müssen, um so einen gewissen Übernahmedruck auf die Unternehmen auszuüben. Vor diesem Hintergrund ist die Vielzahl der Evaluierungen von theoretischer Seite kaum verwunderlich.

Den ersten sehr eindrucksvollen Nachweis der Vorteilhaftigkeit von Partizipation führten *Coch/French* bereits 1948 anhand des Beispiels der *Harwood Manufacturing Corporation*. Es wurde nachgewiesen, daß bei der Implementierung neuer Arbeitsmethoden und der Veränderung der Arbeitsinhalte der starke Widerstand der Betroffenen durch deren Einbeziehung in den Veränderungsprozeß verhindert werden konnte. Zuvor war es zu Beschwerden über die neuen Verfahren, zu Leistungsrestriktionen und zu einer beachtlichen Fluktuation gekommen.[152]

---

150 Mit Churchman (1968) könnte man diese Haltung auch als die eines "rein angewandten Forschers" bezeichnen, der die Merkmale, Voraussetzungen und Folgen der Partizipation beschreibt. In Gegensatz dazu steht der "heroisch angewandte Forscher", der nach der Relevanz der Partizipation für den sozialen Fortschritt fragt.
151 vgl. Nippa (1997), S. 37 ff.
152 vgl. Coch/French (1948)

Neuere (zusammenfassende) Erkenntnisse, die die Vorteilhaftigkeit der Partizipation unterstreichen, stammen z.B. von *Cotton u.a.* Sie weisen eine Abhängigkeit des Nutzens von der Partizipationsform (Konfiguration) nach.[153] Der Nutzen wird dabei definiert als "productivity and job satisfaction"[154].

Folgende Partizipationskonfigurationen werden unterschieden:[155]

- Partizipation bzgl. des unmittelbaren Arbeitsumfelds
- Beratende Partizipation
- Kurzfristige Partizipation
- Informelle Partizipation
- Finanzielle Mitarbeiterbeteiligung
- Repräsentative Partizipation

Da nur vorhandenes Datenmaterial ausgewertet wurde[156], ist in den ausgewählten Konfigurationen keine einheitliche Systematik erkennbar. Darüber hinaus sind die einzelnen Formen untereinander keineswegs überschneidungsfrei und auch die ihnen subsumierten Bewertungsstudien alles andere als homogen.[157]

Zusammenfassend will die Studie belegen, daß sich hinsichtlich der Performance lediglich für die Kurzfrist-Partizipation und die repräsentative Partizipation keine positiven Effekte einstellen, auch wenn unklar bleibt, auf welcher Ebene der Unternehmung die positiven Wirkungen ausbleiben.[158] Auf der anderen Seite haben den ausgewerteten Studien zufolge nur die informelle Partizipation und die finanzielle Beteiligung der Mitarbeiter ausschließlich positive Effekte aufzuweisen.

Das große Defizit bei der genannten Untersuchung und den ihr zugrunde liegenden Studien ist die Vernachlässigung des Effizienzaspekts, und damit die Frage, wie sich die Partizipation von Mitarbeitern auf das Zeit- und Kostenziel eines Entscheidungsprozesses auswirkt. Neben

---

153 vgl. Cotton u.a. (1988). Allerdings handelt es sich bei der genannten Studie nicht um eigene empirische Erhebungen, sondern um eine Literaturanalyse, in der Ergebnisse von Bewertungen aus den Jahren 1967 bis 1983 untersucht werden.
154 Cotton u.a. (1988), S. 9
155 zu einer detaillierteren Beschreibung der Partizipationsformen, vgl. Cotton u.a. (1988), S. 9 ff.
156 Die ausgewerteten 91 Studien sind im Anhang von Cotton u.a. (1988) aufgeführt.
157 Gerade auf den letztgenannten Punkt machen auch Leana u.a (1990) aufmerksam. Des weiteren bewerten sie in ihrem Artikel einige Studien anders als Cotton u.a (1988). Generell ändert dies jedoch nichts an der Notwendigkeit differenzierter Aussagen je nach betrachteter Partizipationskonfiguration; vgl. dazu Cotton u.a. (1990).
158 vgl. Rosenstiel (1987b), S. 13 f., der besonders auf das Kriterienproblem aufmerksam macht, vor dem die Partizipationsevaluierung steht.

einer dergestalt differenzierteren Analyse von Partizipationskonfigurationen ist es für die Nennung von Gestaltungsempfehlungen ebenfalls unverzichtbar, die Gründe für die generell positive Einschätzung der Partizipation näher zu beleuchten.

1.3.3.2 Erklärungsmodelle für Partizipationseffekte

Eine grobe Typologisierung von Erklärungsmodellen für Partizipationseffekte ergibt drei Modellgruppen: affektive Modelle, kognitive Modelle und Kontingenzmodelle. Nach einer kurzen Skizzierung der den Modellen zugrundeliegenden Kausalketten wird als kontingenztheoretisches, normatives Modell der Ansatz von *Vroom/Yetton* und die Weiterentwicklung nach *Vroom/Jago* beschrieben.

1.3.3.2.1 Kognitive Modelle

Der zentrale Ansatzpunkt kognitiver Modelle ist die Informationsbasis, die durch die Mitarbeiterpartizipation verbreitert werden kann. Grundlage dafür ist die Annahme, daß der Mitarbeiter vor Ort über mehr und bessere Informationen bezüglich seines eigenen Arbeitsumfelds verfügt als die Entscheider (Management).[159] Konsequenterweise wird daher von der Partizipation in erster Linie die Verbesserung der Entscheidungsqualität erwartet. Gemäß Abb. III.1-28 sind kognitive Modelle als Ergebnis eines Human Resources-Ansatzes zu verstehen.[160] Daß sich auch die Akzeptanz im Anschluß an die Entscheidung verbessert, liegt im wesentlichen ebenfalls wieder an den fundierteren Informationen, die die partizipierenden Mitarbeiter während des Entscheidungsprozesses erhalten haben. Die Akzeptanzsteigerung beruht folglich auf einer verbesserten Umsetzungs**fähigkeit**.[161] Aufgrund der Annahme, daß die Möglichkeit zur Partizipation der Mitarbeiter in direkter Weise weder deren Arbeitszufriedenheit noch deren Produktivität steigert, lassen kognitive Modelle folgende Schlüsse zu:[162]

- Die Partizipation sollte bei arbeitsplatznahen Entscheidungen hoch sein, während sie bei Entscheidungen z.B. auf Werks- oder Unternehmensebene im Grunde irrelevant ist. Denn der Auslöser für die positiven Partizipationseffekte liegt im Informationsvorsprung (Know how) der Mitarbeiter, der mit zunehmender "Entfernung" vom unmittelbaren Arbeitsumfeld der Mitarbeiter abnimmt.[163]
- Zweitens sollten bei den Entscheidungen nur diejenigen Mitarbeiter partizipieren, die an der Entscheidung Interesse und relevante Informationen zum Sachverhalt haben. Damit wird den Partizipationsformen mit niedrigem Involvierungsgrad (repräsentative Mitbestim-

---

159 vgl. Anthony (1978) oder Frost/Wakely/Ruth (1974)
160 vgl. Miles/Ritchie (1971); Ritchie/Miles (1970)
161 vgl. z.B. Maier (1963); Melcher (1976)
162 vgl. Miller/Monge (1986), S. 730
163 vgl. ebenda

mung) eine Absage erteilt. Zwar kann z.b. der Betriebsrat durch einen entsprechend direkten Kontakt zu den Mitarbeitern bis zu einem gewissen Grad auf deren (explizites) Wissen
zurückgreifen, aber es wäre nicht einsichtig, warum die Know how-Träger nicht unmittelbar partizipieren sollten.

• Drittens wäre nach diesen Modellen ein hoher Formalisierungsgrad dann abzulehnen, wenn
  er mit Standardisierung einhergeht. Dies ist z.B. beim Betriebsverfassungsgesetz der Fall,
  nach dem der Betriebsrat immer bei bestimmten Entscheidungstatbeständen partizipieren
  muß. Eine Formalisierung der Mitbestimmungsmöglichkeiten in der Art und Weise, daß
  bei einem spezifischen Entscheidungstyp immer zusätzliches Know how der Mitarbeiter
  aktiviert werden muß, wäre hingegen konform zu den Wirkungszusammenhängen, wie sie
  von den Vertretern kognitiver Modelle gesehen werden.

Akzeptanz in der Nachentscheidungsphase ist (ähnlich wie die Arbeitszufriedenheit) bei kognitiven Modellen kein unmittelbarer Effekt von Partizipation. Vielmehr ist sie Ausfluß der
verbesserten Entscheidungsqualität, so daß letztlich auch von den kognitiven Modellen beide
hier betrachteten positiven Nutzeneffekte der Partizipation bejaht werden.

1.3.3.2.2 Affektive Modelle

Ein direkter Zusammenhang zwischen Partizipation und Mitarbeiterzufriedenheit wird von
den affektiven Modellen hergestellt, deren Anhänger im wesentlichen der "Human Relations"-
Bewegung zuzurechnen sind.[164] Es geht ihnen um die Einbeziehung der Bedürfnisse, Wünsche und Erwartungen von Mitarbeitern um ihrer selbst willen, d.h. um die Zufriedenheit mit
den Arbeitsinhalten, mit dem Arbeitsplatz oder mit dem Arbeitsumfeld zu erhöhen.[165] Durch
die erhöhte Arbeitszufriedenheit, die wiederum auf einer verstärkten Bedürfnisbefriedigung
der Mitarbeiter durch Partizipation gründet, kommt es zu einer Steigerung der Motivation, die
letztendlich die Arbeitsproduktivität ansteigen läßt. Die Verbesserung der Entscheidungsqualität tritt bei diesen Modellen klar in den Hintergrund. Denn Partizipation soll keineswegs nur
den Mitarbeitern mit dem erforderlichen Know how zugestanden werden, sondern vielmehr
möglichst allen, um so zu einer "menschlicheren" und deswegen motivierenderen Arbeitsform
zu gelangen.[166] Aufgrund der durch die Partizipation erreichten höheren Zufriedenheit ist
nicht zwangsläufig auf eine verbesserte Akzeptanz der getroffenen Entscheidung zu schließen.
Denn die Ursache der Zufriedenheit ist bei den affektiven Modellen die Partizipation an sich,
also die Teilhabe an der "Macht des Managements", und nicht etwa die partizipativ getroffene
Entscheidung. Es könnte demnach also sein, daß eine Entscheidung Widerstand hervorruft,
auch wenn sie partizipativ getroffen wurde. Dies läßt den Schluß zu, daß nur bei einem Parti-

---

164 vgl. z.B. Blake/Mouton (1964), Likert (1967), McGregor (1973)
165 vgl. auch das Konzept "Humanisierung der Arbeit" (HdA) z.B. bei Ulich/Großkurth/Bruggemann (1973)
166 Das hinter diesen Modellen stehende Menschenbild ist das der Theorie Y, vgl. McGregor (1973).

zipationsgrad, der ein Vetorecht für die einzelnen Mitarbeiter oder die Einstimmigkeit für Entscheidungen vorsieht, der Effekt einer Akzeptanzsteigerung voll zum Tragen kommt. Hinsichtlich der aus diesen Modellen ableitbaren Schlüsse für eine Partizipationskonfiguration läßt sich folgendes erkennen:

- Involvierungs- und Partizipationsgrad sollten möglichst hoch sein, da nur dann "solch wichtige soziale Bedürfnisse, wie das Bedürfnis nach Anerkennung und Wertschätzung und das Bedürfnis nach Unabhängigkeit"[167] gestillt werden.

- Keine unmittelbaren Aussagen lassen sich aus den affektiven Modellen für den Formalisierungsgrad ableiten, da nur die materiellen Partizipationsmöglichkeiten positiv auf die Arbeitszufriedenheit wirken. Dies belegen empirische Untersuchungen, die z.B. für die formale Mitbestimmung in Deutschland keine positiveren Effekte bezüglich der Arbeitszufriedenheit ausweisen als für die informale Partizipation angelsächsischen Ursprungs.[168]

Schließlich legen affektive Partizipationsmodelle einen Partizipationsschwerpunkt auf bestimmte Partizipationssubjekte, nämlich hierarchisch niedrig angesiedelte Mitarbeiter und greifen damit einen Partizipationsparameter auf, der bei unseren Überlegungen zur Partizipation in Implementierungsprozessen bereits determiniert sein soll. Der Grund für diese Bevorzugung liegt in der Ansicht, daß höhergestellte Manager bereits durch die hierarchische Position und die damit verbundenen Befugnisse ihre Bedürfnisse erfüllen und ihre Interessen in Entscheidungen einfließen lassen können. Da im folgenden nicht unmittelbar auf die Arbeitszufriedenheit als Partizipationseffekt eingegangen wird, ist auch eine differenzierte Betrachtung des Partizipationssubjekts in der beschriebenen Form nicht erforderlich.[169]

Durch die Vernachlässigung von direkten Kausalbeziehungen zwischen Partizipation und den Evaluierungskriterien Entscheidungsqualität und Akzeptanz der Entscheidung sind affektive Modelle als Grundlage für eine Bewertung von Partizipationskonfigurationen im Rahmen des Implementierungscontrolling nicht geeignet.

1.3.3.2.3 Kontingenzmodelle

Der Determinismus der Kausalketten kognitiver und affektiver Modelle zur Erklärung von Partizipationseffekten wird durch Kontingenzmodelle überwunden. Sie gehen davon aus, daß die Partizipationseffekte nicht nur von der Partizipationskonfiguration, sondern auch z.B. von der Persönlichkeit der beteiligten Mitarbeiter und der konkreten Situation (z.B. Verhältnis

---

167 French/Israel/As (1960), S. 5
168 vgl. dazu z.B. Rosenstein (1970), Obradovic (1970), Clarke u.a. (1972) und eine Zusammenfassung empirischer Ergebnisse bei Wall/Lischeron (1980b)
169 vgl. Miller/Monge (1986), S. 731

zwischen Vorgesetztem und Mitarbeiter, Zeitrestriktionen usw.) abhängen. Zunächst von *Vroom* und später in den Modellen von *Fiedler* und *Hersey/Blanchard* wird der Aspekt der Persönlichkeit der Mitarbeiter, aber auch der Vorgesetzten besonders hervorgehoben.[170] *Vroom* geht davon aus, daß es nur dann zu positiven Partizipationseffekten kommt, wenn die Mitarbeiter einen großen Bedarf an Unabhängigkeit haben.[171] Auch die situative Führungstheorie von *Hersey/Blanchard* weist darauf hin, daß partizipative Führung einen gewissen "Reifegrad" der Mitarbeiter erfordert. Dieser wird in eine psychische Reife und in eine aufgabenrelevante Reife unterschieden. Letztere manifestiert sich durch:[172]

- die Fähigkeit, hohe, aber erreichbare Ziele zu setzen,
- die Fähigkeit und Bereitschaft, Verantwortung zu übernehmen,
- die erforderliche Ausbildung und Erfahrung.

Der partizipative Führungsstil wird nur für die Mitarbeiter empfohlen, die eine mittlere bis hohe Reife besitzen. Allerdings wird Partizipation in diesem Modell als die gemeinsame Entscheidung von Vorgesetzten und Mitarbeitern verstanden und somit sehr eng und ausschließlich definiert.[173]

Vroom/Deci sehen einen Zusammenhang zwischen der Adäquanz von Partizipation und dem Typ des Entscheidungsproblems[174], konkret der Partizipationsebene. Sie empfehlen Partizipation weniger für Routineentscheidungen auf niedrigem organisatorischen Niveau, sondern vielmehr für komplexe Probleme höherer Hierarchieebenen, die dann auch eher höherstehenden Mitarbeitern (Partizipationssubjekte) zugänglich gemacht werden. *Singer* wiederum hält Partizipation nur für Unternehmen aus bestimmten Branchen (z.B. Forschungsinstitute, Versicherungen oder Banken) für geeignet, da er im verarbeitenden Gewerbe von einer Vielzahl von Mitarbeitern ausgeht, die aufgrund ihrer persönlichen Bedürfnisse keinerlei Interesse an Partizipation haben, die auch immer Verantwortung für die getroffene Entscheidung bedeutet. Mit dem gleichen Argument empfiehlt er partizipative Entscheidungen nur für Mitarbeiter, die hierarchisch auf der mittleren oder oberen Ebene angesiedelt sind.[175]

---

170 vgl. Hersey/Blanchard (1982); Fiedler (1967)
171 vgl. Vroom (1960)
172 vgl. Hersey/Blanchard (1982), S. 162 f.; Staehle (1994), S. 797 f.
173 Mit zunehmendem Reifegrad der Mitarbeiter soll sich der Führungsstil vom autoritären zum integrierenden, dann zum partizipativen und schließlich zum delegierenden Führungsstil entwickeln (telling, selling, participating, delegating); vgl. Hersey/Blanchard (1982).
174 vgl. Vroom/Deci (1960)
175 vgl. Singer (1974), S. 359 ff.

Entsprechend der situativen Bewertung von Partizipationskonfigurationen können im Gegensatz zu den beiden davor dargestellten Modelltypen keine generellen Schlußfolgerungen für die Ausgestaltung der drei Partizipationsdimensionen gemacht werden. Im folgenden wird das *Vroom/Yetton*-Modell als eines der prominentesten Kontingenzmodelle vorgestellt und auf seine Eignung als "Modellbasis" des Implementierungscontrolling für die Bewertung von Partizipation untersucht.

1.3.3.3   Das Vroom/Yetton-Modell

Als normatives Entscheidungsmodell hat das *Vroom/Yetton*-Modell die Absicht, für eine hinreichend konkretisierte Entscheidungssituation Empfehlungen zum "optimalen" Partizipationsgrad zu geben. Als evaluierungsentscheidend ist in diesem Modell nicht das Führungsverhalten der Vorgesetzten oder der Reifegrad der Mitarbeiter, sondern die Entscheidungssituation (das Problem) mit welcher der Vorgesetzte konfrontiert wird. Eine spezifische Entscheidungssituation kann dem Modell zufolge durch acht Eigenschaften hinreichend spezifiziert werden:[176]

A: Bedeutung der Entscheidungsqualität.

Diese Determinante ist für einzelne Implementierungsprobleme unterschiedlich relevant. Bei der Frage der Reihenfolge der zu schulenden Mitarbeiter hat die Entscheidungsqualität keine vorrangige Bedeutung, so daß in diesem Fall die Mitarbeiterakzeptanz verstärkt berücksichtigt werden kann. Bezüglich der Anzahl der abzubauenden Mitarbeiter ist die Entscheidungsqualität jedoch zentral.

B: Informationsstand des Vorgesetzten.

Hierbei wird die Breite und Güte der Informationsbasis, also die Sachkenntnis des Vorgesetzten angesprochen, die als Bedingung für Entscheidungsqualität gilt. Ist der Vorgesetzte selbst Experte in einem Themengebiet, braucht er nicht notwendigerweise das Mitarbeiter-Know how, um eine hohe Entscheidungsqualität zu erreichen.

C: Informationsstand der Mitarbeiter.

Spiegelbildlich zu B wird man ähnlich der Argumentation der kognitiven Modelle das Know how der Mitarbeiter für die Entscheidung nutzen, wenn die erforderliche Sachkenntnis gegeben ist.

D: Ausmaß der Problemstrukturierung.

Die Methoden der klassischen Entscheidungstheorie lassen sich zwar gut auf strukturierte

---

176 vgl. Vroom/Yetton (1981)

Problemstellungen anwenden[177], unstrukturierte Probleme werden im *Vroom/Yetton*-Modell jedoch eher gruppenorientiert und partizipativ angegangen.

E: Bedeutung der Akzeptanz der Entscheidung durch die Mitarbeiter für eine effektive Implementierung.

Bei dieser Situationseigenschaft wird neben der Entscheidungsqualität auch die Akzeptanz einer Entscheidung durch die Mitarbeiter in die Überlegungen einbezogen. Sind die Mitarbeiter bei der Implementierung gar nicht beteiligt (z.b. Umstellungen des DV-Systems, die die Anwender nicht betreffen), ist auch eine Partizipation aus Akzeptanzgründen nicht erforderlich (zur Know how-Gewinnung eventuell schon).

F: Wahrscheinlichkeit, daß eine autoritär gefaßte Entscheidung des Vorgesetzten von den Mitarbeitern akzeptiert wird.

Kann der Vorgesetzte auf Machtbasen (z.B. Legitimations- oder Expertenmacht) zurückgreifen, die zu einer (nicht vorgetäuschten) Akzeptanz der Mitarbeiter führen, kann auf Partizipation verzichtet werden.

G: Übereinstimmung der Mitarbeiterziele mit den Organisationszielen.

Verlieren die Mitarbeiter auch bei großen Einflußmöglichkeiten die Organisationsziele nicht aus den Augen, kann in verstärktem Maße auf Partizipation gesetzt werden (Parallelen zum Reifegrad der Mitarbeiter bei *Hersey/Blanchard* sind erkennbar).

H: Ausmaß des Konflikts zwischen den Mitarbeitern über Lösungsalternativen.

Sind unter den Mitarbeitern Konflikte über die Ziele oder die dafür einzusetzenden Maßnahmen zu erwarten, muß im Normalfall auf eine Partizipation, die alle Beteiligten einschließt, verzichtet werden. Eine nach Gruppen differenzierte Partizipation erscheint allerdings aus Gleichbehandlungsgrundsätzen nur selten angeraten, weil negative Effekte auf das Betriebsklima zu befürchten sind.

Neben der Spezifizierung der Entscheidungssituation anhand von Merkmalskombinationen (A bis H) werden die möglichen Partizipationsgrade[178] wie folgt charakterisiert:[179]

A I[180]: Das Problem wird vom Vorgesetzten, d.h. ausschließlich mit seinem Informationsstand gelöst und allein entschieden.

---

177 vgl. Leavitt (1958)
178 Bei den Extrempunkten "autokratisch" und "delegierend" handelt es sich streng genommen gar nicht mehr um Partizipation.
179 Es erfolgt an dieser Stelle die Darstellung der Entscheidungstypen für Gruppenprobleme, weil sie gerade für das Implementierungscontrolling relevant sind. Implementierung ist schließlich in den meisten Fällen ein Prozeß, der nicht nur einen einzelnen Mitarbeiter betrifft, weshalb die Individualprobleme in der Personalführung hier ausgeklammert werden.
180 A steht für autokratisch.

A II: Die Entscheidung wird vom Vorgesetzten getroffen, nachdem er die Informationen der Mitarbeiter eingeholt hat.

C I[181]:   Die Entscheidung wird alleine getroffen, allerdings erst nach Beratungen mit einzelnen Mitarbeitern (nicht in der Gruppe).

C II: Das Problem wird in der Gruppe diskutiert, allerdings muß die Entscheidung die Ergebnisse der Beratungen nicht unbedingt berücksichtigen.

G II[182]:   Es werden gemeinsam Lösungsalternativen entwickelt, zusammen beraten und ein Konsens angestrebt, der auch umgesetzt wird, wenn der Vorgesetzte nicht dieser Meinung ist. Der Vorgesetzte hat dabei eine Moderatorenrolle.

Anhand der Situationsausprägungen, der zur Verfügung stehenden Partizipationsgrade und insgesamt sieben Prioritätsregeln werden normative Aussagen über den optimalen Partizipationsgrad gemacht. Insgesamt werden vierzehn Merkmalskombinationen (Problemtypen) mit Hilfe eines Entscheidungsbaumes gebildet, bei dem jeder Ast die Ja- oder Nein-Antwort auf die Frage nach einer Situationsausprägung (Typen A bis H) darstellt. Jedem der vierzehn Problemtypen werden die unter Berücksichtigung der Entscheidungsregeln möglichen Partizipationsgrade zugeordnet. Nach diesem Modell sind allerdings für zwei Problemtypen alle Partizipationsgrade möglich und für vier weitere werden immerhin noch vier Partizipationsgrade angeraten. Lediglich für fünf der vierzehn Problemtypen werden eindeutige Aussagen gemacht, so daß die unmittelbare Hilfestellung durch das Modell eher begrenzt ist.[183]

1.3.3.4   Eignung für das Implementierungscontrolling

Neben der zum Teil eingeschränkten Aussagefähigkeit gibt es weitere Kritikpunkte an diesem Modell, aber auch Gründe, die generelle Funktionsweise des Modells für das Implementierungscontrolling zu nutzen. Das *Vroom/Yetton*-Modell ist vor allem deshalb für das Implementierungscontrolling interessant, weil die Entscheidungssituation genau auf die im Rahmen von Implementierung erforderlichen Zielkriterien "Entscheidungsqualität" und "Akzeptanz"

---

181 C bedeutet beratend (consultative).
182 G heißt gruppenzentriert (group process). G I ist das Pendant zu G II auf der Individualebene. Delegation wird in diesem Modell nur auf Individualebene als Alternative gesehen (D I). Diese Sichtweise ist kritisch zu betrachten, da Entscheidungen auch an Gruppen delegiert werden können. Der Vorgesetzte ist dann überhaupt nicht mehr in die Entscheidung involviert.
183 In ihrer Kritik, die zur Weiterentwicklung des Modells führt, weisen *Vroom/Jago* auf diesen Punkt hin, wenn sie eine durchschnittliche Zahl von 2,38 zulässigen Strategien pro Problemtyp errechnen und daher darauf hinweisen, daß "das normative Modell also letztlich gar nicht so sehr normativ ist", Vroom/Jago (1991), S. 80

untersucht wird.[184] Es muß allerdings klar sein, daß das Modell nur für die Dimension des Partizipationsgrades Aussagen macht, während das Implementierungscontrolling auch Informationen zum Involvierungs- und Formalisierungsgrad liefern soll.

In der Weiterentwicklung des Modells nach *Vroom/Jago* fließen bemerkenswerterweise auch Zeit- und Kostenüberlegungen ein, und zwar in die Problemcharakterisierung. Die acht Situationsmerkmale werden um folgende Fragen ergänzt:[185]

• Existieren Zeitrestriktionen für die Entscheidung?
• Sind die Kosten der Einbeziehung räumlich getrennt arbeitender Mitarbeiter ein Hindernis?
• Ist eine Minimierung der Zeit für die Entscheidungsfindung wichtig?

Schließlich wird ein weiterer Aspekt der Partizipation aufgegriffen, der gerade auch in Implementierungsprozessen nicht vernachlässigt werden sollte:

• Wie wichtig ist es, mittels Partizipation zu einer Mitarbeiterentwicklung zu kommen?

Auch wenn dieser Punkt im folgenden nicht als explizite Zielsetzung der Partizipation betrachtet wird, sollte gerade bei einem "ganzheitlichen Implementierungscontrolling", das auch "Lernprozesse" zu unterstützen hat (vgl. Kapitel III.1.2), dieser Entwicklungsaspekt nicht aus dem Auge verloren werden. Folgerichtig wird daher die Gesamteffektivität (G_{eff}) definiert:[186]

$$G_{eff} = E_{eff} - K_{EZ} + Entw.$$

Die Gesamteffektivität ergibt sich aus der Entscheidungseffektivität (E_{eff}) von der die Kosten der Entscheidungszeit (K_{EZ}) subtrahiert und die positiven Effekte der Personalentwicklung (Entw.) addiert werden. Für die Entscheidungseffektivität wiederum gilt:[187]

$$E_{eff} = E_{Qual} + E_{Akz} - E_{ZN},$$

also die Summe von Entscheidungsqualität (E_{Qual}) und Entscheidungsakzeptanz (E_{akz}) abzüglich der Entscheidungszeitnachteile (E_{ZN}).

---

184 Dieser Punkt wird von Sydow (1981) kritisiert, der richtigerweise Führungserfolg (und das ist das Grundanliegen des Modells) nicht nur mit diesen beiden Kriterien messen möchte. Was für den weiten Begriff des Führungserfolgs sicher ein Kritikpunkt ist, reicht für die Beurteilung des Partizipationserfolgs von Implementierungsbemühungen u.E. aus.
185 vgl. Vroom/Jago (1991), S. 105
186 vgl. ebenda
187 vgl. ebenda

Auch wenn die Brauchbarkeit der dargestellten Formeln durch ihre mangelnde Operationalisierbarkeit und die mangelnde Vergleichbarkeit der Operatoren keinen unmittelbaren praktischen Nutzen hat, so machen sie doch das erforderliche Kosten-/Nutzenkalkül deutlich, das hinter einer Bewertung des Partizipationsgrades und der übrigen Dimensionen stehen muß. Unter Ausklammerung des Personalentwicklungspotentials und mit der sicher realistischen Annahme, daß sich zeitliche Verzögerungen in Kosten (z.b. Opportunitätskosten durch das später implementierte Konzept) ausdrücken lassen, ergibt sich die modifizierte Formel:

$$G_{Part} = E_{Qual} + E_{Akz} - K_{Part}.$$

Der Gesamtvorteil der Partizipation (G_{part}) ergibt sich als Summe von Entscheidungsqualität und Akzeptanz, vermindert um die sowohl personal- als auch zeitbedingten Gesamtkosten der Partizipation (K_{Part}).

Das Implementierungscontrolling kann also grundsätzlich auf den Ausführungen des *Vroom/ Jago*-Modells aufbauen, da die Zielsetzung im wesentlichen übereinstimmt. Das Modell ist jedoch aus mindestens zwei Gründen nicht ausreichend:

Erstens betrachtet es - wie bereits erwähnt - nur eine der drei Dimensionen, die letztlich das Entscheidungsproblem über die Ausgestaltung der Partizipation in Implementierungsprozessen ausmachen. Es werden zusätzlich wirtschaftlichkeitsorientierte Aussagen zum Involvierungs- und Formalisierungsgrad benötigt. Das bereits skizzierte Kosten-/Nutzenkalkül ist daher auf diese Gestaltungsfelder zu übertragen.

Zweitens bleibt die Berücksichtigung von Kosten im *Vroom/Jago*-Modell eher rudimentär, weil zum einen keine Konkretisierung der möglichen Kosten erfolgt, so daß auch eine Beeinflussung schwierig bleibt und zum anderen keine dynamischen Kosteneffekte berücksichtigt werden. So weist bereits der Begriff "Kosten der Entscheidungszeit" darauf hin, daß keine vorlaufenden oder nachlaufenden Kosteneffekte berücksichtigt oder erst gar nicht gesehen werden. Dies bringt dem Modell auch die berechtigte Kritik der Kurzfristorientierung ein[188], die das Implementierungscontrolling vermeiden muß.

Schließlich bleibt die schwierige Frage, inwieweit das Implementierungscontrolling gerade bei der Frage der Partizipation einen situativ-normativen Charakter erhalten soll. Statt des im *Vroom/Yetton*- und *Vroom/Jago*-Modell vorhandenen Automatismus, der von der Spezifizierung der Entscheidungssituation zum "optimalen" Partizipationsgrad führt, wird bei den fol-

---

188 vgl. Sydow (1981)

genden Überlegungen der (im *Vroom/Jago*-Modell implizit vorhandene) Aspekt der Kosten-/ Nutzenabschätzung in den Vordergrund gestellt. Deswegen müssen die bei den "Vroom-Modellen" dargestellten Entscheidungsregeln jedoch keineswegs außer Acht gelassen werden. Die verschiedenen Situationseigenschaften sollen zum Teil als gegeben vorausgesetzt und zum anderen Teil in Kosten transformiert werden und dadurch auch im Rahmen des Implementierungscontrolling Eingang in die verwendeten Modelle finden.

Die Bedeutung der Entscheidungsqualität und der Akzeptanz werden im folgenden als gegeben und wichtig unterstellt. Ist also entweder die Entscheidungsqualität oder auch die Mitarbeiterakzeptanz irrelevant, stellen sich die erwarteten Optimierungsprobleme für das Implementierungscontrolling nicht. Gleiches gilt, wenn die Entscheidung auch bei autoritärer Beschlußfassung von den Mitarbeitern akzeptiert wird. Die Problemstruktur, die Zielkongruenz zwischen Mitarbeitern und Unternehmung sowie die Konflikte zwischen den Mitarbeitern wirken sich auf die Kosten der Partizipation aus und fließen folglich in das Modell ein. Der Informationsstand des Vorgesetzten und der Mitarbeiter nehmen unmittelbaren Einfluß auf die Nutzengröße "Entscheidungsqualität" und sind somit ebenfalls im Modell vertreten. Spiegelbildlich würden die Partizipationskosten steigen, wenn das erforderliche Know how beim Vorgesetzten oder Mitarbeiter fehlt, da sich dann (aufgrund der erforderlichen Wissensgenerierung) der Entscheidungsfindungsprozeß verzögern oder aufgrund der qualitativ schlechteren Entscheidung die Implementierungskosten steigen würden.

1.3.4   Instrumentarium des Implementierungscontrolling von Partizipation

Aufbauend auf zum Teil vereinfachten statischen Kostenbetrachtungen erkennt man Kostentreiber, die es bei der Entscheidung über die Partizipationskonfiguration parallel zu beeinflussen gilt. Für die Gewinnung eines validen Entscheidungsmodells ist in jedem Fall auch eine dynamische Kostenbetrachtung erforderlich, um der Gefahr der Kurzfristorientierung und damit der Fehlorientierung von Implementierungsentscheidungen entgegenzuwirken. Bei der Entscheidung über Partizipation in der Implementierung ist, wie bei anderen Anwendungsfeldern des Implementierungscontrolling (z.B. Projektorganisation) auch, die Veränderung der Kostenstrukturen von großer Bedeutung.

1.3.4.1   Statische Kostenbetrachtungen

Nach dem verwendeten Grundmodell aus Abb. III.1-29 sind sowohl die Kosten als auch der Nutzen der Partizipation Funktionen der drei Partizipationsdimensionen. Diese Zusammenhänge gilt es einzeln pro Dimension darzustellen, um daraus erste Aussagen über die Ausgestaltung der "optimalen" Partizipation treffen zu können. Rein theoretisch betrachtet, sind die drei Partizipationsdimensionen vollkommen unabhängig voneinander. Daß in der Praxis einige Konfigurationen systematisch nicht auftauchen (z.b. die Formalisierung einer alle Mitarbeiter einbeziehenden Partizipation, die endgültige Entscheidungen durch die Mitarbeiter ermöglicht), liegt nicht an einer potentiellen Abhängigkeit der Dimensionen untereinander, da weder theoretische Überlegungen noch faktische Regelungen (z.B. Gesetze) dafür einen Grund liefern. Es sind also alle Verbindungen zwischen beliebigen Ausprägungen der Achsen theoretisch denkbar und letztendlich auch anwendbar. Aufgrund dieser Unabhängigkeit ist eine getrennte Analyse der Dimensionen zulässig. Hinsichtlich der Kosten- und Nutzeneffekte bestehen allerdings in der Tat Verbundbeziehungen zwischen den Partizipationsdimensionen. Das bedeutet, daß es zwischen ihnen positive und negative synergetische Beziehungen geben kann, die bei einer Einzelanalyse nicht erfaßt werden können. Insofern haben die Aussagen über die Partizipationseffekte der einzelnen Dimensionen immer "ceteris paribus"-Charakter.

Um eine direkte Vergleichbarkeit von Kosten- und Nutzeneffekten zu ermöglichen, die dann auch eine Aggregation zuläßt, ist es erforderlich, die beiden Nutzengrößen "Entscheidungsqualität" und "Akzeptanz in der Nachentscheidungsphase" in (Opportunitäts-)Kosten bzw. in die Vermeidung von Kosten zu transformieren.[189] Statt "Entscheidungsqualität" heißt die transformierte Größe dann "Kosten der nicht-optimalen Entscheidung". Dabei kann es sich um Kosten handeln, denen ein realer Werteverzehr zugrunde liegt, oder um Opportunitätskosten, die "entgangenen Gewinn" ausdrücken. Ein Beispiel sind die Verhandlungen zwischen der Geschäftsleitung und dem Betriebsrat der *Deutsche Bahn AG*. Als Verhandlungsergebnis wurde erzielt, daß 10.000 Beschäftigte weniger als zunächst geplant abgebaut werden sollen.[190] In diesem Fall könnte der Implementierungscontroller relativ einfach ermitteln, was dieser aus Unternehmenssicht nicht mehr optimale Personalabbau[191] für Zusatzkosten verursacht oder auch was für Kosteneinsparungen nicht mehr realisiert werden können (Opportunitätskosten). Dies sind die Kosten der nicht-optimalen Entscheidung.[192]

Eine entsprechende Transformation in Kosten ist auch für die zweite hier betrachtete Nutzengröße der Partizipation, die Akzeptanz in der Nachentscheidungsphase, möglich. Wird nach

---

189 Im Gegensatz dazu ziehen Picot/Dietl/Franck (1997), S. 339 f. neben der Kostengröße "Entscheidungskosten" nur die "informatonsbedingten Partizipationsvorteile" (entspricht der Verbesserung der Entscheidungsqualität) ins Kalkül. Durch die besondere Implementierungsrelevanz von Akzeptanzeffekten scheint dies allerdings nicht ausreichend.

190 vgl. Wegscheider (1995) sowie ergänzend hierzu auch Wegscheider (1997)

191 Es wird davon ausgegangen, daß das ursprüngliche Konzept die Unternehmensinteressen bestmöglich berücksichtigte und in diesem Sinne für das Unternehmen optimal war. Zur Schwierigkeit der optimalen Personalabbauentscheidung vgl. auch Kap. III. 2 in dieser Arbeit.

192 Der Optimalitätsbegriff bezieht sich wohlgemerkt nur auf die (theoretische) Konzeptentscheidung. Über den gesamten Veränderungsprozeß hinweg, soll ja gerade die Partizipation ein Gesamtoptimum liefern. Die höhere Akzeptanz der partizipativ getroffenen Entscheidung oder die Vermeidung von Streiks muß daher die "Nachteile" der nicht-optimalen (Konzept-)Entscheidung mindestens aufwiegen.

der Entscheidung nicht die erforderliche Akzeptanz, genauer gesagt das erforderliche Akzeptanzvolumen als Produkt aus Flächendeckung und Akzeptanzgrad erreicht, sind die erwarteten Zeit- oder Kosteneinsparungen nicht erzielbar (z.B. durch "Dienst nach Vorschrift" o.ä.) oder es müssen unter Umständen zusätzliche Anreize für die Umsetzung geschaffen werden. In jedem Fall lassen sich die genannten Effekte kostenseitig erfassen. Allerdings bleibt das Zurechnungsproblem sehr schwierig, da es schwer abzuschätzen ist, welche (Opportunitäts-)Kosten bei einer anderen Partizipationskonfiguration hätten vermieden werden können.

Neben den beiden in Kosten transformierten Nutzengrößen sind immer auch die Kosten der Entscheidungsfindung zu berücksichtigen. Dabei handelt es sich ausnahmslos um Transaktionskosten, die aufgrund der erforderlichen Koordination im Vorfeld der Entscheidung und auch im Rahmen der eigentlichen Entscheidung entstehen. Da bisher nur Ansätze einer Transaktions- bzw. Koordinationskostenrechnung bestehen[193], sind die benötigten Daten in der Regel aus dem vorhandenen Kostenrechnungssystem zu ermitteln (vgl. auch Kap. II.3.2). In "traditionellen" Kostenarten ausgedrückt handelt es sich bei den hier betrachteten Transaktionskosten in erster Linie um Personalkosten. Allerdings sollte auch beachtet werden, daß im Rahmen von sehr partizipativ ablaufenden Entscheidungsprozessen zusätzliche Kosten für Kompensationsslack (vgl. Kap. III 1.7) auftreten können. Um zu einer Entscheidung zu kommen, kann eine "Verhandlungspartei" der anderen Zugeständnisse in einem sachfremden Bereich machen. Dieses "bargaining" ist typisch für "politische" Prozesse, die bekanntermaßen auch in Unternehmen häufig vorkommen.

1.3.4.1.1 Statische Beurteilung des Partizipationsgrades
Der nächstliegende Zugang zu Partizipation ist, wie auch verschiedene Modelle (u.a. das bereits betrachtete *Vroom/Yetton*-Modell) zeigen, der Partizipationsgrad, also das **Ausmaß** der Partizipationsmöglichkeiten für eine Gruppe von Mitarbeitern, die entweder aus Repräsentanten von Betroffenen oder auch aus direkt Betroffenen bestehen kann. Ein maximaler Partizipationsgrad, also eine einstimmige Entscheidung aller am Prozeß Beteiligten bedeutet jedoch nicht bereits die maximale Akzeptanz aller Betroffenen der Entscheidung.

Wenn in Abb. III.1-30 bei einem sehr hohen Partizipationsgrad keine Kosten mangelnder Akzeptanz (K_{MA}) mehr auftauchen, muß man sich bewußt sein, daß sich dies lediglich auf die ceteris paribus festgelegte Partizipationsgruppe (durch die der Involvierungsgrad determiniert wird) bezieht. Für diese Gruppe gilt dann allerdings, daß mit zunehmendem Partizipationsgrad auch die spätere Akzeptanz der partizipativ getroffenen Entscheidung steigt und damit die

---

193 vgl. z.B. Weber (1993); Albach (1988)

Kosten der mangelnden Akzeptanz abnehmen.[194] Daß es sich bei diesem Verlauf selbstverständlich nicht um ein Naturgesetz handelt und damit immer auch andere ("paradoxe") Kostenverläufe möglich sind, läßt sich leicht illustrieren. So kann es bei einem relativ niedrigen Partizipationsgrad, im Rahmen dessen die Mitarbeiter nur beratend am Entscheidungsprozeß mitwirken, zu Reaktanz der Beteiligten kommen, wenn ihre Meinungen und Informationen ignoriert werden.[195] In diesem Fall könnte es zu höheren Kosten aufgrund der Reaktanz kommen als bei von Anfang an autoritärer Entscheidung.

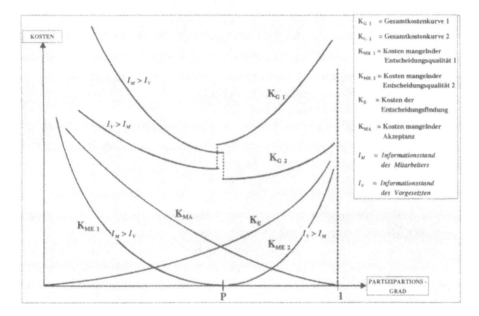

Abb. III.1-30: Zusammenhang zwischen Kosten und Partizipationsgrad[196]

Der Grund für die Reaktanz kann in enttäuschten Erwartungen, der Wahrnehmung des Vorgesetztenverhaltens als Provokation u.ä. liegen. Zu dieser Art eines paradoxen Kostenverlaufs

---

194 vgl. die Bewertungsgröße "externe Kosten" bei der Beurteilung von politischen Entscheidungsregeln, die ausdrücken, mit welchen negativen Effekten ein Individuum rechnen muß, wenn von einer Gruppe eine Entscheidung gegen seinen Willen getroffen werden kann; Frey (1981), S. 37; Buchanan/Tullock (1962), S. 63 ff. Die Reaktion des Mitarbeiters auf solche realen oder vermeintlichen "externen Kosten" ist in der Regel Widerstand gegen den Veränderungsprozeß. Erst dadurch kommt es zu den hier angesprochenen Kosten der mangelnden Akzeptanz. Sie sind damit nicht identisch mit den beschriebenen externen Kosten, im Kostenverlauf jedoch ähnlich.
195 vgl. auch Downs (1957), S. 214 ff.
196 vgl. hierzu auch den Ansatz zur Bestimmung der optimalen Zustimmungserfordernis in der Politikwissenschaft; Frey (1981), S. 39

kann es jedoch nur bei einem Partizipationsgrad kleiner als P kommen. P ist derjenige Partizipationsgrad, ab dem die Beteiligten ihr **Veto** gegen eine Entscheidung einlegen können.[197] Es kann dann nur noch entschieden werden, wenn ein Vorschlag von den Beteiligten zumindest toleriert wird. Dieser Punkt ist auch für weitere Überlegungen von Bedeutung.

Die Kosten der Entscheidungsfindung (K_E) nehmen mit steigendem Partizipationsgrad zu.[198] Zu erklären ist dies in erster Linie mit zeitlichen Verzögerungen (im Vergleich zur autoritären Entscheidung), je mehr die Beteiligten an der Entscheidungsfindung teilhaben können. Bedeutend werden dabei allerdings auch die erwähnten "Kompensationsgeschäfte" zwischen verschiedenen an der Entscheidung beteiligten Gruppen (in aller Regel Arbeitgeber- und Arbeitnehmerseite). Je mehr Druck eine Seite machen kann und je mehr die andere Seite auf eine Entscheidung angewiesen ist, um so eher wächst das Potential von Zugeständnissen, die sich oft relativ einfach in Kosten ausdrücken lassen. Ein Beispiel ist hier die Aufstellung von Sozialplänen, für deren Ausgestaltung es keine gesetzlichen Vorgaben gibt. Das BetrVG räumt dem Betriebsrat allerdings relativ weitgehende Mitbestimmungsrechte (hoher Partizipationsgrad) in Fragen des Personalabbaus ein. Da die Unternehmensseite in der Regel möglichst schnell zu einer Entscheidung kommen will, lassen sich die in dieser Situation entstehenden Kosten durch Zugeständnisse bei den Abfindungen relativ leicht ermitteln.

Hinsichtlich der Abhängigkeit der Entscheidungsqualität (Kosten mangelnder Entscheidungsqualität K_{ME}) vom Partizipationsgrad sind nur bedingte Aussagen zu machen, die vom Informationsstand des Vorgesetzten und der Mitarbeiter beeinflußt werden. Zwei Fälle können unterschieden werden: Der Vorgesetzte hat relativ zu den am Entscheidungsprozeß Beteiligten einen besseren Informationsstand ($I_V > I_M$) oder umgekehrt ($I_V < I_M$). Der zu beurteilende Informationsstand bezieht sich immer spezifisch auf die anstehende Entscheidung. Er ist regelmäßig stark abhängig von der Partizipationsebene. Während bei abteilungs- oder werksübergreifenden Entscheidungen der Vorgesetzte im allgemeinen über mehr Know how verfügt ("Überblick"), sind es bei arbeitsplatznahen Entscheidungsproblemen oftmals die betroffenen Mitarbeiter, die den besseren Informationsstand haben ("Durchblick"). Spätestens hier wird deutlich, daß auch im Rahmen von Implementierungsprozessen von Beginn an eine hierarchische Unterteilung der Implementierungsmaßnahmen erfolgen muß, um den spezifischen Herausforderungen bei der Umsetzung "vor Ort" oder aber im ganzen Unternehmen gerecht zu werden. Darüber hinaus ist für die Beurteilung der Informationsstände wichtig, bereits die Partizipationssubjekte festgelegt bzw. eine Vorauswahl getroffen zu haben.

197 vgl. zu den Effekten bei einer Abstimmung mittels Veto, Mueller (1978)
198 vgl. Frey (1981), S. 38 f.

Durch die Zweiteilung der möglichen Informationsasymmetrien erfolgt bezüglich der Abhängigkeitsbeziehung zwischen Partizipationsgrad und Entscheidungsqualität ein Rückgriff auf situative Modelle (z.B. *Vroom/Jago*-Modell). Abb. III.1-30 veranschaulicht den situativen Einfluß durch zwei (getrennt zu betrachtende) beispielhafte Kostenkurven, die die Kosten mangelnder Entscheidungsqualität (K_{ME1} und K_{ME2}) darstellen. Da von gänzlich unterschiedlichen Bedingungen (Informationsstände) ausgegangen wird, handelt es sich nicht um zwei Äste ein und derselben Kurve, sondern um zwei getrennte Kurven. Je nach Ausmaß der Informationsasymmetrien können die Kurven auch flacher oder steiler verlaufen.

Wichtig ist jedoch der Berührungspunkt der beiden Kurven im Punkt P. Wie bereits angesprochen, haben die beteiligten Mitarbeiter bei einem Partizipationsgrad P oder größer die Möglichkeit, ihre Ansichten durchzusetzen. Was im Falle eines überlegenen Know how der Mitarbeiter von Vorteil ist (Nicht-Existenz von K_{ME1} im Bereich rechts von P), wirkt sich im gegenteiligen Fall entsprechend negativ aus (K_{ME2}). Der Vorgesetzte hat nämlich bis zum Partizipationsgrad P immer noch die Möglichkeit, aufgrund seines überlegenen Know how eine Entscheidung zu treffen, die (geringeres Know how der Mitarbeiter vorausgesetzt) relativ gesehen die höchste Entscheidungsqualität liefert und damit keine entsprechenden Kosten verursacht. Durch die Zweiteilung der "Kosten mangelnder Entscheidungsqualität" ist der Gesamtkostenverlauf unstetig und hat eine Sprungstelle. Das Niveau der einzelnen Kostenverläufe hat nur Beispielcharakter.[199] Aus den Betrachtungen lassen sich folgende Gestaltungshinweise ableiten:

- Autoritäre Entscheidungen sind aus Kostengründen in Implementierungsprozessen (die Akzeptanz als eine der zentralen Performance-Kennzahlen haben müssen) nicht empfehlenswert. Dazu kommen noch Argumente der Arbeitszufriedenheit, Humanisierung usw., die hier nicht ins Kalkül einbezogen werden.
- Das hehre Prinzip der Einstimmigkeit bei Entscheidungen ist unter wirtschaftlichen Gesichtspunkten in Implementierungsprozessen nicht anzustreben. Wenn überhaupt, könnte dies nur mit einer relativ kleinen Beteiligtengruppe realisiert werden, die zudem keine besonders konfliktären (internen) Zielsetzungen hat. Allerdings verliert dann die Nutzengröße "Akzeptanz" an Bedeutung, da sie sich ja nur auf die Gruppe der Beteiligten bezieht.
- Zwischen den beiden Extrempunkten ist es von elementarer Bedeutung, den Informationsstand von Vorgesetzten und Mitarbeitern realistisch einzuschätzen, um so wenigstens einen Anhaltspunkt zu bekommen, ob ein Partizipationsgrad links oder rechts von P gewählt

---

199 Die einzelnen Kostenverläufe dürfen nicht aggregiert werden, da je nach den situativen Bedingungen bspw. die Entscheidungskosten nur einen Bruchteil der Kosten mangelnder Akzeptanz ausmachen.

werden soll. Die Abschätzung der Informationsasymmetrie muß in jedem Fall eine Diagno-
seaufgabe des Implementierungscontrolling sein.

1.3.4.1.2 Statische Beurteilung des Involvierungsgrades

Eine gegebene Zahl von Betroffenen vorausgesetzt, korrespondiert der Involvierungsgrad mit
der Zahl der tatsächlich am Entscheidungsprozeß Partizipierenden. Die Kennzahl für den Involvierungsgrad lautet:

Involvierungsgrad = Zahl der Repräsentanten / Zahl der Betroffenen

Je nach Gruppengröße der Betroffenen ist ein Involvierungsgrad von 1 ("direkte Demokratie",
"Basisdemokratie") mehr oder weniger realistisch. Tatsache ist jedenfalls, daß bei dieser Variante die Kosten der Entscheidungsfindung (K_E) exponentiell ansteigen. Grund dafür ist die
mit der Rate $(n-1)^2$ ansteigende Zahl der Kommunikationsbeziehungen. Selbst bei einem
niedrigen Partizipationsgrad, der für die Kurvenverläufe in Abb. III.1-31 als konstant angenommen wird, bei dem die Mitarbeiter nur beratend auf die Entscheidung Einfluß nehmen
können, verursacht eine "Vollerhebung" bereits ein Mehrfaches der Kosten einer Beteiligung
einzelner Repräsentanten. Den Kosten einer Beratung durch den Betriebsrat müßten hier die
Kosten einer Umfrage unter allen Betroffenen gegenübergestellt werden.

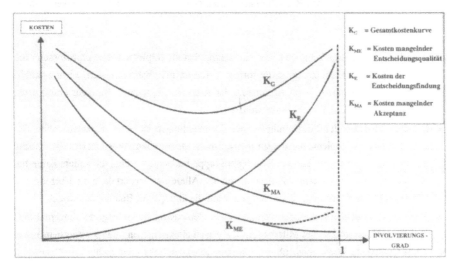

Abb. III.1-31: Zusammenhang zwischen Kosten und Involvierungsgrad[200]

---

200 vgl. ein ähnliches Grundmodell zur Abschätzung der ökonomischen Effekte der repräsentativen Demokratie
     bei Buchanan/Tullock (1962), S. 214 ff.

Der Verlauf der Kostenkurve K_{ME}, die auf den Opportunitätskosten einer mangelnden Entscheidungsqualität beruht, ist weniger eindeutig. Der Idealfall, daß jeder Mitarbeiter die letztendlich zu treffende Entscheidung durch seine Vorschläge und Meinungen verbessert, führt zu einem stetigen Absinken der entsprechenden Kurve, wenn auch in abnehmendem Maße. Letzteres läßt sich damit erklären, daß - ebenfalls wieder im Idealfall - zunächst die "Experten" unter den Betroffenen involviert werden (Fachausschuß des Betriebsrates, Arbeitnehmervertreter im Wirtschaftsausschuß). Auch hier ist der "ceteris paribus"-Hinweis wichtig. Bei wenig formalisierter Partizipation ist es durchaus wahrscheinlich, daß der Vorgesetzte in der genannten Art und Weise vorgeht. Bei formaler Partizipation (Mitbestimmung) hingegen ist es eher Zufall, wenn die gewählten Vertreter bei einem anstehenden Partizipationsobjekt gerade Fachexperten sind, so daß K_{ME} einen entsprechend anderen Verlauf bekommen würde (z.B. zunächst ansteigend und erst später abfallend). Auch eine in Richtung Involvierungsgrad 1 wieder ansteigende Kurve (gestrichelte Linie in Abb. III.1-31) ist möglich; dann nämlich, wenn bei einer vollen Beteiligung der Mitarbeiter auch diejenigen mitwirken, die über wenig Know how bezüglich des Partizipationsobjekts verfügen.

In Abb. III.1-31 wird schließlich auch für die Kosten mangelnder Akzeptanz (K_{MA}) ein Absinken angezeigt, je mehr der Involvierungsgrad steigt. Die aufgrund der Implementierung von den Mitarbeitern vermuteten Nachteile, die eine geringere Akzeptanz zur Folge haben, nehmen mit zunehmender Involvierung ab, "because surely the individual will recognize that his own interests will be represented more adequately and more faithfully the more closely the representation approaches the full membership of the group (Betroffene, der Verf.)"[201]. Ob selbst bei einem Involvierungsgrad von 1 noch Kosten mangelnder Akzeptanz (K_{MA}) auftreten, hängt von der Prämisse ab, welcher Partizipationsgrad gewählt wurde. Eine direkte Beteiligung des einzelnen Betroffenen bei einem gleichzeitig über P (vgl. Abb. III.1-30) liegenden Partizipationsgrad, läßt K_{MA} auf Null absinken. Bei einem geringeren Partizipationsgrad wird selbst bei einem Involvierungsgrad von 1 ein nicht zu vernachlässigender Kostenblock K_{MA} übrigbleiben.[202] So ist z.B. bei einer Implementierungsentscheidung, die mit einfacher Mehrheit der Beteiligten[203] getroffen werden soll, für den einzelnen Mitarbeiter immer noch die Gefahr da, zur "losing coalition" zu gehören und der Entscheidung in der Folge mit Widerstand zu begegnen.

---

201 Buchanan/Tullock (1962), S. 215
202 vgl. auch das Condorcet-Paradoxon, das besagt, daß bei Anwendung der Mehrheitsentscheidung sich nicht
    immer die gesellschaftlich präferierte Alternative durchsetzt, wenn kein Totalvergleich zwischen den Alter-
    nativen durchgeführt wird bzw. durchgeführt werden kann; Frey (1981), S. 132 f.
203 Ein Involvierungsgrad I=1 bedeutet, daß alle Betroffenen am Entscheidungsprozeß beteiligt sind.

Die Gesamtkostenkurve in Abb. III.1-31 läßt nicht unmittelbar die Ermittlung eines Kostenoptimums zu[204], allerdings können aus den genannten Überlegungen über den optimalen Involvierungsgrad und den damit in Verbindung stehenden Implikationen für das Implementierungscontrolling folgende Aussagen gewonnen werden:

- Solange keine gesetzlichen Vorschriften entgegenstehen, sollten die Vertreter der Betroffenen Fachexperten für das Partizipationsobjekt (z.B. neue Entgeltstrukturen) sein. Damit und mit den Entscheidungskosten kann es auch gerechtfertigt werden, daß Entscheidungen über Implementierungsvorhaben auf betrieblicher und Unternehmensebene nicht "basisdemokratisch" (also von allen Betroffenen), sondern mit Repräsentanten der betroffenen Mitarbeiter getroffen werden.

- Die Entscheidungskosten sind, neben der Abhängigkeit vom Involvierungsgrad, immer eine Funktion der Betroffenenzahl. Demgegenüber sind die Kosten der mangelnden Akzeptanz von der Gesamtzahl der Betroffenen weitgehend unabhängig und sehr viel stärker vom Involvierungsgrad (Repräsentationsverhältnis) beeinflußt.[205] Wird der Implementierungsbereich (also die Zahl der Betroffenen) größer gewählt (z.B. keine Entscheidung in jedem einzelnen Center, sondern im gesamten Werk), bleibt K_{MA} im wesentlichen konstant, während K_E entsprechend exponentiell ansteigt. Daraus läßt sich schließen, daß tendenziell kleinere Implementierungsbereiche anzustreben sind. Die Kosten einer suboptimalen Entscheidung können bei dieser Betrachtung vernachlässigt werden, da der Zusammenhang "mehr Entscheider = bessere Entscheidungsqualität" ohnehin nicht zwangsläufig gilt, und schließlich auch bei kleineren Implementierungsbereichen ein Erfahrungstransfer von Experten über die Bereichsgrenzen hinweg (z.B. zwischen betroffenen Centern) möglich ist und auch versucht werden sollte.

1.3.4.1.3 Statische Beurteilung des Formalisierungsgrades

Eine prinzipielle Evaluierung anhand der drei bereits bisher verwendeten Kriterien ist auch für den letzten Gestaltungsparameter von Partizipation in Implementierungsprozessen möglich. Auch in Abb. III.1-32 wird nur der grundsätzliche Zusammenhang zwischen einer unabhängigen Variablen (Formalisierungsgrad) und abhängigen Variablen (Kosteneffekte) in einer statischen, d.h. einperiodigen Sichtweise und unter Hinzuziehung der ceteris paribus-Bedingung aufgezeigt.

Der parabelförmige Verlauf der Entscheidungskosten entspricht der Erfahrung, daß ein System (hier die Partizipation) ohne eine gewisse Formalisierung zum "Chaos" neigt, während

---

204 siehe Fußnote 199
205 vgl. Buchanan/Tullock (1962), S. 216

eine Überregulierung Entscheidungsspielräume einschränkt und damit einen aufwendigeren Entscheidungsprozeß zur Folge hat ("Bürokratie"). Es läßt sich folglich auch bei der Frage, wie stark die Partizipation in der Implementierung formalisiert werden soll (z.B. durch Betriebsvereinbarung, durch "Gewohnheitsrecht" ...), erkennen, daß es einen aus Entscheidungskostenperspektive optimalen Formalisierungsgrad gibt.

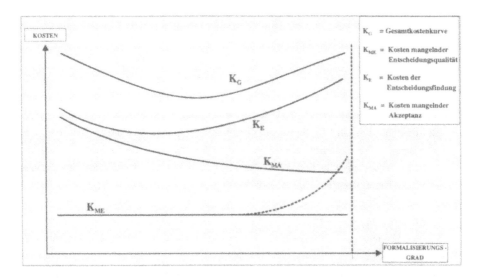

Abb. III.1-32: Zusammenhang zwischen Kosten und Formalisierungsgrad

Liegt die Entscheidung, wie die Mitarbeiter an Konzept- und Implementierungsentscheidungen beteiligt werden sollen, bspw. allein bei einem unerfahrenen Vorgesetzten, so kann sich der Prozeß der Partizipation stark in die Länge ziehen, ebenso wie es bei vollständiger Reglementierung, z.B. durch gesetzliche oder tarifliche Normen, selbst bei dringendem Entscheidungsbedarf keine Möglichkeit zur Umgehung von Mitarbeiterpartizipation gibt. In diesem Sinne muß auch das Implementierungscontrolling mit entscheidungsrelevanten und für verschiedene Implementierungsbereiche "genormten" Informationen dazu beitragen, eine gewisse Einheitlichkeit ohne Überreglementierung bei der Frage der Partizipationsgestaltung zu schaffen. Bei den Kosten mangelnder Akzeptanz und denen mangelnder Entscheidungsqualität liegen keine großen Abhängigkeiten vom Formalisierungsgrad vor.[206] Bei ersteren läßt sich

---

206 Die formalisierte Mitbestimmung nach deutschem Muster und das ehemalige jugoslawische System der Kollektiventscheidungen weist in empirischen Untersuchungen hinsichtlich der Entscheidungsqualität oder des "Commitment" der Mitarbeiter keine Überlegenheit gegenüber der informellen Partizipation nach; vgl. hierzu Wall/Lischeron (1980b) sowie Obradovic (1970). Die bereits erwähnte Studie von Cotton u.a (1988) kommt für die informelle Partizipation sogar zu besseren Ergebnissen.

allenfalls vermuten, daß die eindeutigere und sicherere Grundlage der Mitarbeiterpartizipation bei den Betroffenen zu einer höheren Akzeptanz führt. Ihre Partizipation in der Implementierung wird durch höhere Formalisierung

- transparenter,
- in abnehmendem Maße als "Gnadenakt" oder reiner Opportunismus empfunden und
- sorgt für die Einhaltung des wichtigen Gleichbehandlungsgrundsatzes, der für alle Betroffenen einer Abteilung oder Unternehmung gelten sollte.

Bei den Kosten mangelnder Entscheidungsqualität besteht ebenfalls kein zwingender Kausalzusammenhang, auch wenn mit zunehmendem Formalisierungsgrad die Gefahr stark wächst, daß es durch "Gegengeschäfte", "faule Kompromisse" etc. zu zusätzlichen Kosten kommt[207] (z.B. Slack, vgl. Kap. III 1.6). Neben einer rechtlichen Verankerung ist jedoch auch ein Partizipationsgrad > P erforderlich, um solche Dysfunktionalitäten zu provozieren. Ein entsprechender Kostenverlauf ist in Abb. III.1.32 als gestrichelte Kurve dargestellt. Aus den genannten Gründen kann folgendes festgehalten werden:

- Partizipation in Implementierungsprozessen sollte möglichst einheitlich für alle Implementierungsbereiche geregelt werden. Dies kann eine Aufgabe des Implementierungscontrolling sein.
- Auf eine zu starke Formalisierung, z.B. durch Betriebsvereinbarungen oder Regelungen in Haustarifverträgen, sollte verzichtet bzw. die bereits bestehenden Vorgaben nicht weiter formalisiert werden.

Für die letzte Empfehlung wird auch eine dynamische Betrachtung der Partizipationskosten sprechen.

1.3.4.2   Dynamische Kostenbetrachtungen

Mit Hilfe der Lebenszykluskosten- und der Investitionsrechnung muß das Implementierungscontrolling mehrperiodige Kosten-/Nutzeneffekte der Partizipation in der Implementierung erfassen. Wichtig bei der dynamischen Betrachtung ist:

1. Erkennen des erforderlichen Kostenvorlaufs und -nachlaufs,
2. Berücksichtigung der Zeitwertigkeit des Geldes,
3. Einbeziehung von unternehmensspezifischen Zeitpräferenzen.

---

207 vgl. auch "bargaining costs", Buchanan/Tullock (1962), S. 103 ff..

Letzteres entzieht sich einer allgemeinen Darstellung, ist dabei dennoch von großer Bedeutung für die Aufgabenerfüllung des Implementierungscontrolling. Liegen den Implementierungsbemühungen nämlich z.b. eindeutig präferierte Zeitziele oder aber definitive Zeitrestriktionen zugrunde, müssen die Alternativenbewertungen diese Vorgaben entsprechend widerspiegeln. Auch individuelle Zeitziele oder -restriktionen, z.b. unter Karrieregesichtspunkten, könnten durch das Implementierungscontrolling berücksichtigt werden, allerdings sollte dies nicht zum Nachteil des zu implementierenden Konzepts und damit zum Nachteil der Unternehmung sein.

Auf den ersten Dynamik-Aspekt wird ausgehend von den statischen Kostenbetrachtungen die Lebenszyklus-Methodik angewandt. Dabei wird aus Darstellungsgründen nicht mehr so stark differenziert wie bei der "statischen" Betrachtung. Vielmehr wird eine Bewertung der "extremen" Partizipationskonfigurationen in der Implementierung vorgenommen: rein autoritäre Implementierung (= Bombenwurf) vs. rein partizipative Implementierung mit sehr hohem Partizipations- und Involvierungsgrad. Der Formalisierungsgrad wird zu einem späteren Zeitpunkt noch einmal aufgegriffen werden.

In Abb. III.1-33 ist die zeitliche Entwicklung der Gesamtkosten dargestellt, unterteilt in Vorlauf-, begleitende und Folgekosten der Partizipation in Implementierungsprozessen. Ähnlich wie bei Produktentstehungsprozessen[208] läßt sich auch in Implementierungsprozessen argumentieren: entweder man investiert bereits in die Entscheidungsfindung, erreicht damit eine höhere Akzeptanz und damit geringere Kosten in der Nachentscheidungsphase oder man bevorzugt die umgekehrte Konstellation.[209] Neben der an sich eingängigen Logik, daß nämlich, wenn bereits im Vorfeld alle potentiellen Probleme durchdacht wurden, in der Nachentscheidungsphase die eigentliche Umsetzung zügiger und kostengünstiger vonstatten geht, läßt sich dieser Effekt auch mit Hilfe der dynamischen Kostenbetrachtungen erklären. Die Kosten der Entscheidungsfindung fallen nur in einem sehr begrenzten Zeitraum an, nämlich während der eigentlichen Partizipation (= Entscheidungsfindungsphase), während sich mangelnde Akzeptanz und Entscheidungsqualität noch über viele Perioden lang auswirken können und somit als Folgekosten einer autoritären Entscheidungsfindung zu charakterisieren sind.[210]

Gleichwohl müssen den partizipativen Varianten auch Vorlaufkosten zugerechnet werden, die z.B. das Implementierungscontrolling verursacht; dadurch nämlich, daß erst ermittelt werden

208 vgl. Clark/Fujimoto (1992), S. 110 ff.; vgl. auch Wübbenhorst (1992), S. 253 ff.
209 vgl. die entsprechenden Aussagen über die Entscheidungsfindung in japanischen Unternehmen, Schneidewind (1995), S. 217 f.
210 Wie Abschnitt III.1.3.4.1 gezeigt hat, können diese natürlich auch für partizipative Varianten entstehen, allerdings in weit geringerem Maße.

muß, wie genau die Partizipation der Mitarbeiter aussehen soll. Müssen z.B. erst Vertreter der Betroffenen gewählt werden, Experten unter den Mitarbeitern identifiziert oder eine Mitarbeiterbefragung initiiert und vorbereitet werden, so gehen die dafür anfallenden Kosten bzw. das Kostenäquivalent der dadurch verzögerten Implementierung ebenfalls als Vorlaufkosten in das gezeigte Kalkül ein.

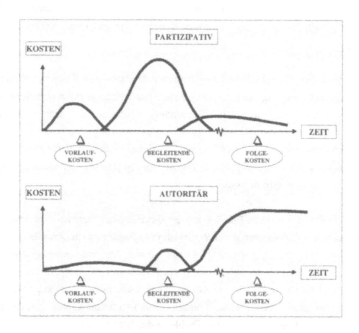

Abb. III.1-33: Partizipationsvergleich auf Basis von Lebenszykluskosten

Die im letzten Abschnitt gezeigten Kostenüberlegungen müssen also in jedem Fall um eine zeitliche Komponente ergänzt werden, wenn die Partizipationsentscheidung mit relevanten Controllinginformationen untermauert werden soll. Die Vermutung, daß auf jeden Fall mehrperiodige Akzeptanzkosten vermieden werden müßten, und deswegen tendenziell stets die Entscheidungen zugunsten von mehr Partizipation getroffen werden sollten, muß durch Einbeziehung der Zeitwertigkeit des Geldes relativiert werden. Dies leistet die Lebenszykluskostenanalyse nicht. Die dargestellten Beträge für Kosten und Nutzen beziehen sich immer auf den jeweiligen Zeitpunkt. Das nachstehende Beispiel wird dies kurz erläutern.

Aus Gründen der Einfachheit werden nur die Entscheidungsfindungskosten und die Kosten mangelnder Akzeptanz berücksichtigt. Den Tabellen III.1-1 und III.1-2 liegt die Prämisse zugrunde, daß sich die partizipative Entscheidungsfindung mit deutlich höheren Entscheidungskosten über einen längeren Zeitraum erstreckt als die autoritäre Variante. Bei dieser kommt es allerdings im Laufe der Zeit zu einem zunehmenden Widerstand, der sich z.b. auch bei nachfolgenden Projekten negativ (z.b. Mißtrauen, voreilige Ablehnung von Vorschlägen) bemerkbar machen kann.

ZEIT / KOSTEN	1	2	3	∞	Σ
Implementierungskosten	0,50	0	0	0	0,50
abgezinst	0,43	0	0	0	0,43
Kosten des Widerstands	0,25	2,50	4,00	4,00	10,75
abgezinst	0,22	1,90	2,60	0,60	5,32
kumulierte Gesamtkosten	0,75	2,50	4,00	4,00	**11,25**
abgezinst	0,65	1,90	2,60	0,60	**5,75**

Tab. III.1-1: Zahlungsreihe bei autoritärer Entscheidungsfindung

ZEIT / KOSTEN	1	2	3	∞	Σ
Implementierungskosten	3,00	3,00	0	0	6,00
abgezinst	2,61	2,27	0	0	4,88
Kosten des Widerstands	0,25	1,00	1,00	1,00	3,25
abgezinst	0,22	0,76	0,66	0,15	1,79
kumulierte Gesamtkosten	3,25	4,00	1,00	1,00	**9,25**
abgezinst	2,83	3,03	0,66	0,15	**6,67**

Tab. III.1-2: Zahlungsreihe bei partizipativer Entscheidungsfindung

Während ohne Abzinsung der Kosten die partizipative Implementierung über die Jahre hinweg um 2 Millionen DM günstiger ist, ergibt sich bei einer Abzinsung mit dem Diskontierungsfaktor 15%[211] eine um knapp 1 Million DM günstigere Implementierung bei autoritärer Entscheidungsfindung, und das sogar, wenn man von einem "ewigen Effekt" mangelnder Akzeptanz bei den Betroffenen ausgeht.

Eine Bewertung von Partizipationsalternativen sollte folglich mit Investitionsrechnungskalkülen angegangen werden. Für die Datenbeschaffung (in erster Linie die potentiellen Kosten) kann entweder **analytisch** vorgegangen werden (z.b. Ermittlung der Mitarbeiterreaktionen auf eine Partizipationskonfiguration oder der Auswirkungen auf die nachhaltige Akzeptanz usw.) oder auf die **Erfahrungen**, die beim Thema Partizipation in fast jedem Unternehmen vorliegen werden, und auf die im letzten Abschnitt erläuterte "Kostenmechanik" zurückgegriffen werden. Letztere Variante dürfte sich als die kostengünstigere darstellen. Unternehmen sollten sich allerdings auch hüten, das Kostenniveau als alleinigen Bewertungsmaßstab für Partizipationsalternativen zu begreifen. Ein zweites Kriterium (wenn auch mit unterschiedlichem Gewicht für unterschiedliche Unternehmen) müssen immer auch die potentiellen Auswirkungen der Entscheidungen auf die Kostenstrukturen sein.

1.3.4.3   Kostenstruktureffekte durch Partizipation

Ex definitione sind die Kosten der Entscheidungsfindung im Rahmen der Implementierungspartizipation Transaktionskosten.[212] Nun handelt es sich bei den Transaktionskosten nicht a priori um besonders "bösartige Kosten". Bei der Erfassung dieser Kosten kann nur begrenzt auf bestehende Kostenrechnungssysteme zurückgegriffen werden und die entsprechenden Kostenbestandteile (in erster Linie Personalkosten) müssen aus der Kostenarten- und Kostenstellenrechnung herausgefiltert werden. Von besonderer Bedeutung sind die beiden Klassifizierungen von Kostenstrukturen in "fixe/variable Kosten" und "Einzel-/Gemeinkosten".

Hauptdeterminante für die **Fixkosten** in diesem Zusammenhang ist der Formalisierungsgrad. Durch eine zunehmende Formalisierung, die in tariflichen und/oder gesetzlichen Regelungen gipfeln kann, werden auch für zukünftige Entscheidungsprozesse mit einem ähnlichen Implementierungsobjekt Partizipationskosten prädeterminiert; sie bekommen zunehmend fixen Charakter. Dieser zeigt sich in der Unmöglichkeit der Umgehung von Partizipation (bei gesetzlichen Vorschriften) oder in der steigenden Höhe der "Ausstiegskosten" aus einer einmal gewählten Partizipationsvariante. So wird in den meisten Fällen der Betriebsrat - wenn überhaupt - erst nach langem, zähen Ringen bereit sein, einmal innegehabte Mitbestimmungsrechte aus Betriebsvereinbarungen wieder zur Disposition zu stellen.

---

211 Hierbei soll es sich entsprechend des CAPM um den gewichteten Kapitalkostensatz der Unternehmung handeln.
212 vgl. z.B. Picot/Dietl/Franck (1997), S. 335 ff.

Diese generelle Überlegung gilt auch bei einem geringeren Formalisierungsgrad. Selbst bei Partizipationsformen, die nur kasuistisch durch einen Vorgesetzten initiiert werden, können Erwartungshaltungen bei den Betroffenen aufgebaut werden, bei zukünftigen Implementierungen ebenso partizipativ zu verfahren. Enttäuschungen können dann unter Umständen sogar zu noch größerem Widerstand gegen eine autoritär getroffene Entscheidung führen. Zusammenfassend haben partizipative Entscheidungsprozesse immer die Tendenz, sich im Zeitablauf zu verfestigen, so daß die Kosten einen zunehmend fixen Charakter bekommen, auch wenn von "echten" fixen Kosten erst ab einem hohen Formalisierungsgrad gesprochen werden kann. Gleichzeitig hat ein zunehmender Formalisierungsgrad aber auch den Effekt, daß die gesamten Kosten und die Kostenstruktur transparenter werden, zwar nicht im Sinne von "transparenten" Gemeinkosten (also einer besseren Zurechenbarkeit), sondern im Sinne einer besseren Beobachtbarkeit. Es erhöht sich die Nachvollziehbarkeit der Kostenentstehung für "prozeßexterne" Beobachter, wenn nicht jeder Vorgesetzte nach seinem Gusto verschiedene Partizipationsvarianten anwendet.

Die für die **Zurechenbarkeit** der (Entscheidungsfindungs-)Kosten bestimmende Größe ist der Involvierungsgrad, der im Normalfall in engem Zusammenhang mit der Einsatzhäufigkeit der Beteiligten für verschiedene Partizipationsobjekte steht. Damit ist gemeint, daß Repräsentanten der Betroffenen oftmals für eine bestimmte Zeit ernannt oder gewählt werden (Betriebsrat, Einigungsstelle). Unter dieser Bedingung verschiebt sich die Kostenstruktur mit zunehmendem Involvierungsgrad zugunsten der Einzelkosten. Die Kosten des Betriebsrates können dem einzelnen Implementierungsprojekt nicht verursachungsgerecht zugewiesen werden. Hingegen sind bei der Einbeziehung aller Betroffenen (z.B. im Rahmen einer Befragung) die dafür entstehenden Kosten eindeutig dem entsprechenden Partizipationsobjekt (Implementierungsprojekt) zurechenbar. Für eine möglichst exakte Erfassung der mit Partizipation in der Implementierung verbundenen Kosten ist einem hohen Involvierungsgrad der Vorzug zu geben. Allerdings wird dies wohl kaum das alleinige Entscheidungskriterium sein. Aber das Implementierungscontrolling hat diese Kostenstruktureffekte bei der Bewertung von Partizipationsalternativen **mit** zu berücksichtigen und entsprechend der Wahl einer Partizipationskonfiguration das System der Kostenerfassung für die Implementierung zu gestalten. Werden Gremien nicht nur für die Partizipation innerhalb eines Implementierungsprozesses gewählt, muß festgelegt werden, nach welchem Modus die dafür anfallenden Kosten auf die unterschiedlichen Implementierungsprojekte verteilt werden.

1.3.5   Gestaltungsfeld "Einigungsstelle"

Zum Abschluß des Themenkomplexes Partizipation in Implementierungsprozessen wird als
Beispiel für ein Implementierungscontrolling "in Aktion" das Gestaltungsfeld Einigungsstelle
skizziert.

Die Stellung und Funktion der Einigungsstelle wird zum größten Teil im § 76 BetrVG geregelt. Danach ist "zur Beilegung von Meinungsverschiedenheiten zwischen Arbeitgeber und
Betriebsrat, Gesamtbetriebsrat oder Konzernbetriebsrat .. bei Bedarf eine Einigungsstelle zu
bilden."[213] Auch eine dauerhafte Etablierung einer Einigungsstelle durch eine Betriebsvereinbarung ist möglich. Die Einigungsstelle wird paritätisch von Arbeitgeber- und Arbeitnehmerseite (d.h. Betriebsrat) besetzt und durch einen unabhängigen Vorsitzenden geleitet. Bei Meinungsverschiedenheiten zwischen den beiden Parteien, die mitbestimmungspflichtige Fragen
betreffen, wird sie bereits auf Antrag nur einer Seite tätig, während sie in allen anderen Fällen
von beiden Seiten angerufen werden muß. Im ersten Fall trifft sie immer eine verbindliche
Entscheidung, im zweiten nur dann, wenn beide Seiten sich im voraus auf die Gültigkeit des
Spruchs der Einigungsstelle verständigen oder ihn im nachhinein akzeptieren.[214] Die Einigungsstelle ist somit ein institutionalisiertes Organ der betrieblichen Mitbestimmung. Im Rahmen von Veränderungsprojekten kommt es immer wieder zu Interessengegensätzen zwischen
Arbeitgeber und Mitarbeitern (Betroffenen), so daß die Einigungsstelle gerade in Implementierungsprozessen die Partizipation der Mitarbeiter sicherstellen kann. Die Gestaltung der Einigungsstelle muß daher durch das Implementierungscontrolling unterstützt werden.

Zunächst wird die Einigungsstelle kurz anhand der drei Dimensionen für Partizipation in der
Implementierung charakterisiert. Im weiteren werden die Kosten thematisiert und eine dynamische Perspektive eingenommen sowie die Effekte auf die Kostenstrukturen untersucht.

Die Einigungsstelle als institutionalisierter Ausdruck der Mitarbeiterpartizipation in Fällen
des Interessengegensatzes zwischen Arbeitgeber und Mitarbeitern während der Implementierung gibt den Betroffenen (bzw. ihren Vertretern) ein hohes Maß an Einwirkungsrechten
(Partizipationsgrad). Da die Einigungsstelle nur mit Mehrheit einen Beschluß fassen kann,
kommt den Arbeitnehmervertretern in einer ersten Abstimmung ein faktisches Vetorecht zu.
Erst in einem zweiten Wahlgang erhält der neutrale Vorsitzende der Einigungsstelle ein
Stimmrecht und kann unter Umständen gegen die Arbeitnehmervertreter stimmen.[215] Der

---

213 § 76 Abs. 1 BetrVG
214 vgl. Gaul (1980) S. 49 ff.
215 vgl. § 76 Abs. 3 BetrVG

Partizipationsgrad bewegt sich folglich gerade um den kritischen Wert P (vgl. Abb. III.1-30). Er liegt damit deutlich höher als in der Mehrzahl der Partizipationsmöglichkeiten für Mitarbeiter. Der Involvierungsgrad der Betroffenen ist allerdings ziemlich gering. Die Beisitzer der Arbeitnehmerseite in der Einigungsstelle werden vom Betriebsrat ernannt und dieser wird in der Regel alle vier Jahre von allen Mitarbeitern gewählt. Von der direkten Involvierung der Betroffenen ausgehend, findet also in mehrfacher Hinsicht eine "Verwässerung" des Involvierungsgrades statt. Zum einen ist der Betriebsrat der Interessenvertreter aller Mitarbeiter und nicht nur der durch die Implementierung Betroffenen. Aber auch der Betriebsrat wird in der Einigungsstelle nur repräsentiert. Somit werden die Betroffenen von Repräsentanten ihrer Repräsentanten vertreten. Bei unterschiedlichen Interessen innerhalb der Mitarbeiterschaft eines Unternehmens können die Betroffenen daher nicht automatisch von einem starken Engagement der Beisitzer für ihre speziellen Vorstellungen ausgehen, so daß der Schiedsspruch keineswegs auf eine besonders große Akzeptanz der Betroffenen stoßen muß. Hinsichtlich der Entscheidungsqualität kann von einem Vorteil für die Einigungsstelle ausgegangen werden, da oftmals Experten ernannt werden. Beim Vorsitzenden allerdings wird in aller Regel auf einschlägig juristisch vorgebildete Persönlichkeiten zurückgegriffen, meistens Arbeitsrichter, die ihr Know how in Verfahrensfragen einbringen.[216]

Der Formalisierungsgrad ist, wie bereits angedeutet, durch die gesetzlichen Regelungen im BetrVG ausgesprochen hoch. Die Positionierung der Einigungsstelle hinsichtlich der drei Partizipationsdimensionen ist folglich qua Gesetz determiniert. Dennoch muß das Implementierungscontrolling im Rahmen seiner Dokumentationsfunktion die Kosten der Einigungsstelle erfassen und - wichtiger noch - innerhalb der Gestaltungsfunktion Aussagen machen können, ob eine dauerhaft eingerichtete Einigungsstelle oder die fallweise Einberufung die vorteilhaftere Variante ist. Dazu sind Kostenniveau-, Kostenverlaufs- und Kostenstrukturbetrachtungen nötig.

Die pagatorischen Kosten einer Einigungsstelle (sie stellen die Entscheidungsfindungskosten in den statischen Betrachtungen dar) setzen sich aus zwei Gruppen zusammen:

- Honorarkosten: Vor einigen Jahren lag das Honorar für den Vorsitzenden der Einigungsstelle pro Streitfall bei durchschnittlich ca. 6.500 DM, wobei die Spanne von 800 DM bis 25.000 DM reichte.[217] Für die (betriebsfremden) Beisitzer wurde in derselben Studie ein Gesamthonorar von ca. 12.000 DM ermittelt.[218]

---

216 vgl. Oechsler/Schönfeld (1989), S. 43
217 vgl. ebenda, S. 51
218 wobei die Arbeitnehmervertreter ein etwas höheres Honorar fordern

• Verwaltungskosten: Die Verwaltungskosten können sich pro Fall auf über 10.000 DM belaufen. Der Durchschnitt lag vor 10 Jahren allerdings bei etwas über 1.000 DM, so daß heute von etwa 2.000 DM ausgegangen werden kann.[219]

Hinsichtlich der variablen Kosten einer Einigungsstelle ergeben sich insofern Unterschiede als die permanent eingerichtete Einigungsstelle Probleme dadurch effizienter lösen kann, daß bei diesen Abstimmprozessen mit der Zeit Lerneffekte realisiert werden (vgl. Abb. III.1-34). Hinsichtlich der bei den Betroffenen zu erzielenden Akzeptanz unterscheiden sich die beiden Varianten wohl kaum. Bei den Kosten mangelnder Entscheidungsqualität allerdings dürfte sich die fallweise Einberufung als die überlegenere Alternative herausstellen. Durch die dauerhafte Besetzung der Einigungsstelle mit den gleichen Mitgliedern kann keine problemspezifische Anpassung erfolgen. So regen *Oechsler/Schönfeld* an, daß bei Problemen mit der Implementierung eines Personalinformationssystems ein EDV-Fachmann oder z.B. ein Wirtschaftsprüfer bei der Erstellung eines Sozialplans als Einigungsstellenvorsitzender eingesetzt wird.[220] In diesen Fällen wäre wohl mit einer verbesserten Entscheidungsqualität und damit mit geringeren Opportunitätskosten zu rechnen.

Als Hauptargument für eine dauerhafte Einrichtung einer Einigungsstelle wird von der Unternehmenspraxis (auch ohne konkrete Kosteninformationen) vorgebracht, daß dies zu Kosteneinsparungen führen würde, weil die jeweils erforderlichen Vorlaufkosten vermieden würden.[221] Darüber hinaus kommt es durch eine permanent eingerichtete Einigungsstelle zu Verkürzungen des zeitlichen Verfahrensablaufs. Wie bereits bekannt, lassen sich auch solche Geschwindigkeitsvorteile in geringeren Kosten oder in früher eintretenden Nutzeneffekten ausdrücken. Die Kosten der Vorbereitung des Einigungsstellenverfahrens liegen im Durchschnitt um fast das Dreifache über den Kosten der eigentlichen Durchführung des Verfahrens.[222] Allerdings ist zu erwarten, daß sich bei der Besetzung der permanenten Einigungsstelle eher Unstimmigkeiten zwischen Arbeitgeber und Betriebsrat ergeben, gerade weil es sich um eine (zeitlich und inhaltlich) weitreichende Entscheidung handelt. Auf der anderen Seite kann davon ausgegangen werden, daß die Vorlaufkosten bei fallweiser Einrichtung eine fallende Tendenz aufweisen, weil es hinsichtlich der Einigungsstellenbesetzung mit der Zahl der Verfahren zu Professionalisierungseffekten (Lerneffekten) kommt, die kostendämpfend wirken. Die beiden beteiligten Parteien haben Erfahrungen im Umgang miteinander und die potentiellen Beisitzer und Vorsitzenden sind bekannt, so daß es hierbei zu einer zügigeren Verständigung kommt. Zu Kostenremanenzen dürfte es im Zusammenhang mit der Einrichtung einer Eini-

219 vgl. Oechsler/Schönfeld (1989), S. 52
220 vgl. ebenda, S. 9
221 vgl. ebenda, S. 56
222 vgl. ebenda, S. 53

gungsstelle nicht kommen, da die Honorar- und zum größten Teil auch die Verwaltungskosten mit Abschluß des Verfahrens entfallen.

Dies gilt auch für die permanent eingerichtete Einigungsstelle, deren Mitglieder kein fixes Gehalt oder ähnliches erhalten. Sie stehen auf Abruf bereit, so daß es sich hierbei um ein "günstiges" Flexibilitätspotential handelt. Zusammenfassend, aber ohne die Entscheidungs- qualität zu berücksichtigen, stellen sich die zeitlichen Kostenverläufe der beiden Einigungs- stellenvarianten wie in Abb. III.1-34 gezeigt dar.

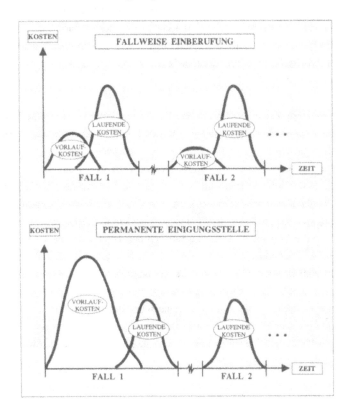

Abb. III.1-34: Kostenverlauf bei fallweiser und permanent eingerichteter Einigungsstelle

Es ist folglich bei beiden Alternativen kein Fixkostenaufbau zu erwarten und auch der Ge- meinkostenblock steigt im Normalfall durch die Kosten der Einigungsstelle nicht an, da das Implementierungsprojekt, welches das Verfahren auslöst, immer identifiziert und mit den ent- sprechenden Kosten belastet werden kann. Zurechnungsschwierigkeiten gibt es vielmehr bei der Ermittlung der Einigungsstellenkosten selbst. Während die Honorarkosten Einzelkosten des Verfahrens sind, muß bei den Verwaltungskosten eine Schlüsselung der Raummieten oder der Sekretärinnenstunden erfolgen. Die Vorlaufkosten zur Zusammenstellung der Mitglieder in der Einigungsstelle schließlich können nur schwerlich ermittelt werden, da diese Transaktionskosten im traditionellen Kostenrechnungssystem nicht getrennt erfaßt werden.

Abschließend kann unter der Voraussetzung einer gegebenen Zahl von Einigungsstellenverfahren die Empfehlung ausgesprochen werden, daß eine permanent eingerichtete Einigungsstelle die kostengünstigere Alternative darstellt, sofern die Entscheidungsqualität nur eine untergeordnete Rolle spielt. Ist dem nicht so, kann eine Zwischenlösung etabliert werden, die auch unter den genannten Kostengesichtspunkten als interessant eingestuft werden kann: die Einigung von Arbeitgeber und Betriebsrat auf einen Verfahrensrahmen zur Abwicklung von Einigungsstellenverfahren.[223]

In einer Betriebsvereinbarung werden mehrere Einigungsstellen (oder tarifliche Schlichtungsstellen bei einem Haustarifvertrag) etabliert, z.B. eine für Interessenausgleich und Sozialpläne und eine andere für alle übrigen Fälle. Des weiteren benennen beide Parteien für sämtliche Einigungsstellen mehrere Kandidaten, die bei jedem Verfahren nach Eignung neu bestellt werden. Auch für den Vorsitzenden wird von Anfang an eine Kandidatenliste aufgestellt, womit sich die Vorlaufaktivitäten bei einem konkreten Verfahren auf die Auswahl einer Person aus der bereits von beiden Seiten grundsätzlich akzeptierten Kandidatenliste beschränkt.[224] Die Verkürzung der Vorlaufzeiten und die Senkung der damit verbundenen Kosten wird so mit den Vorteilen einer höheren Entscheidungsqualität kombiniert. Letzteres wird zum einen durch eine Spezialisierung der Einigungsstellen an sich (ähnlich den unterschiedlichen Kammern bei Gerichten, z.B. zwei Senate beim Bundesverfassungsgericht) und zum anderen durch die verfahrensspezifische Auswahl des Vorsitzenden und der Beisitzer erreicht. Da Kostenremanenzen und Fixkosten nicht zu befürchten sind, kann die "Mehrfachausstattung" eines Unternehmens mit Einigungsstellen auch nicht als kostentreibend charakterisiert werden.

---

223 vgl. Gaul (1980), S. 184 ff.
224 vgl. zu diesem Verfahren ein anonymisiertes Praxisbeispiel bei Oechsler/Schönfeld (1989), S. 57 ff.

III.1.4   Effektivität und Effizienz von Implementierungsorganisationen

1.4.1   Implementierungsorganisation = Projektorganisation?

Die strukturelle Unterstützung der Implementierung als Sonderprozeß in Unternehmungen kann nur bei sehr begrenzten Vorhaben der Standardorganisation überlassen werden. Schließlich unterscheiden sich die zu unterstützenden Programme und Ressourcen bei größer angelegten Implementierungsprojekten so sehr von den Strukturen, die für Routineprozesse erforderlich sind, daß regelmäßig ein spezifisches organisatorisches Anpassungssystem für die Implementierung erforderlich ist.[225] Die Implementierungsorganisation kann daher als eine temporäre Organisationsform bezeichnet werden, die für die Dauer der Implementierung die aufbau- und ablaufseitige Abwicklung aller Implementierungsaktivitäten strukturiert. Da das zu implementierende Konzept allen Kriterien eines Projekts entspricht, kann die Implementierungsorganisation im weitesten Sinne auch als Projektorganisation verstanden werden.[226] Auf der anderen Seite wird sowohl in der Literatur als auch in der Praxis unter Projektorganisation meistens die Überlagerung der Primärorganisation durch Projekte in Form einer Sekundärorganisation verstanden[227] (**duale** Organisationsform[228]). In diesem engeren Sinne darf daher Implementierungs- und Projektorganisation nicht gleichgesetzt werden. Denn neben der dualen Eingliederung kann auch eine modulare oder hybride Strukturierung erfolgen.[229]

Hybride Strukturen "basieren auf dem Prinzip der Selbstkoordination bzw. Selbstabstimmung".[230] Routine- und Sonderaufgaben werden dabei von denselben Einheiten erfüllt, was besondere Anforderungen an das Selbstabstimmungspotential der Mitarbeiter, deren Belastbarkeit und Konfliktfähigkeit stellt. Sowohl der konzeptionelle Ansatz als auch die Anforderungen an die Mitarbeiter stellen Parallelen zur Lernorganisation dar.[231] Im Umkehrschluß bedeutet dies, daß sich als Organisationsform für Implementierungsprozesse auch die Lernorganisation anbietet.

In **modularen** Strukturen findet eine Verteilung von Aufgaben statt, die nach solchen mit Routine- und solchen mit Sondercharakter unterscheidet. Spezialisierte Einheiten (Module) übernehmen die jeweilige Aufgabenerfüllung. Für die Implementierung als Sonderaufgabe

---

225 vgl. Kirsch/Esser/Gabele (1979), S. 57 f.
226 vgl. ebenda, sowie Reiß (1995c), S. 448
227 vgl. zur Unterscheidung von Primär- und Sekundärorganisation, Kanter (1995) sowie Kasper (1990), S. 29
228 vgl. Reiß (1990), S. 9 ff.
229 vgl. Reiß (1995c), S. 454
230 Reiß (1990), S. 29
231 vgl. Hennemann (1997); Senge (1997); Strauß (1996); Probst/Büchel (1994)

bedeutet dies, daß hauptamtliche Einheiten mit deren Abwicklung beauftragt werden.[232] Dies wäre z.b. dann der Fall, wenn eine Art "Venture-Organisationseinheit"[233] mit der Implementierung beauftragt werden würde. In etwas eingeschränktem Maße stellt aber auch die Reine Projektorganisation eine Form der modularen Strukturierung dar.[234] Die Vielfalt möglicher Formen der Implementierungsorganisation ist in Abb. III.1-35 dargestellt.

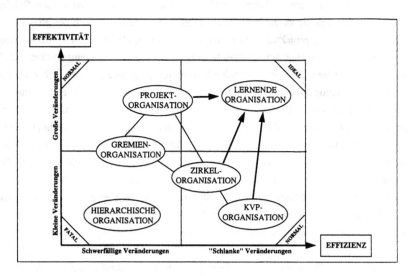

Abb. III.1-35: Formen einer Implementierungsorganisation[235]

Aus Abb. III.1-35 geht hervor, daß die hierarchische Standardorganisation selbst bei kleineren Veränderungsprojekten als eher schwerfällig gilt. Die ungenügende Bewältigung von Anpassungserfordernissen durch die "Hierarchie" stellt oftmals gerade die Ursache für die Notwendigkeit von Restrukturierungen dar.

Die mit "near-the-job"-Gruppen arbeitende Zirkelorganisation[236] und KVP-Organisation[237] sind zwar als organisatorisch effizient zu betrachten, weil sie schnell und kostengünstig eingerichtet werden können. Allerdings sind sie nur für begrenzte Implementierungsprojekte einsetzbar, da der für große Veränderungen erforderliche Implementierungsaufwand aus Kapazi-

---

232 vgl. Reiß (1990), S. 29
233 vgl. z.B. Gaitanides/Wicher (1985)
234 Trotz der Institutionalisierung einer eigenen Projekteinheit in der Primärorganisation schließt dies die temporäre Mitarbeit z.B. von Experten nicht aus, deren Tätigkeit dann aber auch wieder "sekundärorganisatorischer Natur" wäre, weil sie für die Sonderaufgabe lediglich teilweise freigestellt sind.
235 Reiß (1995b), S. 280
236 vgl. z.B. Kunzmann (1991)
237 vgl. z.B. Steinbeck (1994)

tätsgründen nicht "near-the-job" zu bewerkstelligen ist; zumindest nicht, ohne gleichzeitig wieder die Effizienzvorteile zu verlieren. Die lernende Organisation wird zunehmend als der Idealtyp einer Organisationsform beschrieben, weil sie sowohl die Anpassungsleistung an Veränderungen vollbringt als auch gleichzeitig für die Effizienz der Implementierung sorgt.[238] Ob die lernende Organisation allerdings tatsächlich das Spannungsfeld von effektiver und effizienter Implementierungsorganisation auflösen kann, müssen die folgenden Ausführungen zeigen. Denn es muß berücksichtigt werden, daß es sich bei Abb. III.1-35 um eine Überblicksdarstellung handelt, deren Aussagen zur organisatorischen Effektivität und Effizienz von Implementierungsorganisationen sich auf einem sehr hoch aggregierten Niveau befinden. Eine genauere Analyse muß die potentiellen Performance-Größen einzeln untersuchen und zudem deren zeitlichen Verlauf berücksichtigen. Da in der gesamten Arbeit tendenziell eher größere Veränderungsprojekte und deren Implementierung thematisiert werden, ist nach Abb. III.1-35 vor allem die Entscheidungssituation "Projektorganisation oder lernende Organisation als Implementierungsorganisation?" controllingseitig zu unterstützen. Generell ist jedoch die Projektorganisation (im engeren Sinne) immer noch die klassische Organisationsform für Implementierungsprozesse schlechthin.[239] Sie wird daher im folgenden einen zentralen Platz in den Untersuchungen einnehmen.

Im Rahmen von Produktinnovationsprozessen wird dem Projektmanagement vor allem in der Umsetzungsphase einer Innovation ein effektiver Einsatz zugeschrieben.[240] Wie bereits in Kapitel I.4 dargelegt wurde, besteht ein enger Zusammenhang zwischen Produktinnovationsprozessen und Reorganisationsprozessen (z.B. hinsichtlich Phasenschemata), so daß die Eignung von Formen der Projektorganisation auch für Implementierungsprojekte zu erwarten ist.[241] Der größte Teil der Reorganisationsprojekte in der Praxis zeigt daher auch, daß es spätestens in der Implementierungsphase (meistens jedoch viel früher) zu einem Einsatz des Projektmanagements kommt.[242] Die besondere Eignung dieser Organisationsform für die genannten Phasen wird in der Regel auf die klare Verantwortungszuweisung, die flexible Zusammensetzung der Beteiligten und auf die gute Nutzung vorhandener Ressourcen "geschoben".[243] Schließlich kann auch davon ausgegangen werden, daß dem Zeitdruck, den man in der Implementierung von Reorganisationsprojekten hat, am besten durch eine vollzeitliche Organisationsform (100% Freistellungsgrad) mit den vorhandenen Kontakten zur Primärorganisation und den spezialisierten Kenntnissen der Projektmitarbeiter begegnet werden

---

238 vgl. Probst (1994)
239 vgl. Picot/Böhme (1995), S. 237 f.; Reiß (1995b), S. 280; o.V. (1994); o.V. (1993b)
240 vgl. Schmidt (1969), S. 187 ff.; Reber/Strehl (1984), S. 646; Clark/Fujimoto (1992); Wheelwright/Clark (1992); Geschka (1989), S. 66; Osterloh (1993), S. 216
241 vgl. Pellegrinelli/Bowman (1994); Pinkenburg (1980) sowie auch das Fallbeispiel bei Probst (1994)
242 vgl. Frese (1994); Frese/v.Werder (1994)
243 vgl. Schmidt (1969), S. 187 f. oder Frese (1995), S. 495 ff.

kann.[244] Der Stellenwert, der dem Projektmanagement sowohl aus theoretischer als auch aus praktischer Sicht beigemessen wird, rechtfertigt eine genauere Betrachtung durch das Implementierungscontrolling. Untersuchungsgegenstand muß dabei in erster Linie die Projektstruktur darstellen, da ihre konkrete Ausgestaltung als der wesentliche Kostentreiber des gesamten Projektmanagements gesehen werden kann. Schließlich entsteht im Rahmen der Implementierung von Reorganisationen kaum Sachaufwand durch spezifische Investitionen, die tatsächlich vom Projektmanagement zu verantworten sind. Vielmehr betrifft der Großteil der Kosten die "manpower", deren Involvierung in das Projekt durch die Gestaltung der Projektorganisation determiniert wird.

1.4.2   Entscheidungsbedarfe bei der Implementierungsorganisation

Neben dem bereits beschriebenen Entscheidungsbedarf, der sich auf die Wahl der adäquaten Implementierungsorganisation bezieht, sind vor allem im Zusammenhang mit der Projektorganisation noch eine Vielzahl weiterer Optimierungsprobleme durch das Implementierungscontrolling zu unterstützen.

Es taucht z.B. die Frage auf, in welchem Maße die mit der Implementierung beauftragten Mitarbeiter für das Projekt freigestellt werden sollen. Diese Problematik besteht auch bei der hybriden Lösung einer lernenden Organisation, weil entschieden werden muß, welcher Arbeitsanteil für den Veränderungsprozeß aufgebracht werden muß. Allerdings würden sehr hohe Freistellungsgrade dem Prinzip der Lernenden Organisation entgegenlaufen[245], ohne daß jedoch andererseits eine genaue Grenze gezogen werden kann, wann genau eine lernende Organisation vorliegt. Neben den noch zu besprechenden Kosten-, Zeit- und Effektivitätseffekten für das Projekt selbst entscheidet sich mit dieser Frage auch, wie leicht Experten für das Projekt zu rekrutieren sind. Bei einer vollen Freistellung über eine längere Zeitdauer werden die jeweiligen Vorgesetzten oftmals eher die "2. Garde" für das Projekt abstellen. Das Ausmaß der Freistellung entscheidet gleichzeitig aber auch darüber, wie gut und schnell die Projektergebnisse in die "Rest"-Organisation diffundieren. Bei einem hohen Freistellungsgrad bleibt dem Projektmitarbeiter während der Erfüllung seiner "Routineaufgaben" kaum noch Zeit, zur Kommunikation der im Projekt entwickelten Ergebnisse beizutragen. Eng mit dem Freistellungsgrad in Verbindung steht auch die Frage nach der optimalen Projektgröße, wenn man sich für eine duale oder modulare Einbindung der Implementierungsorganisation entschieden hat. Wie Abb. III.1-36 zeigt, bezieht sich die Projektgröße sowohl auf den Aufgaben- als auch auf den Mitgliederumfang und kann damit auch als die Frage nach der optimalen

---

244 vgl. Tebbe (1990), S. 315
245 Eine 100%-Freistellung ist nicht mit dem hybriden Charakter der Lernorganisation vereinbar.

Segmentierung eines Projektes verstanden werden. Die Erfahrungen der Unternehmenspraxis legen eine Teamgröße von 7 bis 10 (dauerhaften) Projektmitarbeitern nahe.[246]

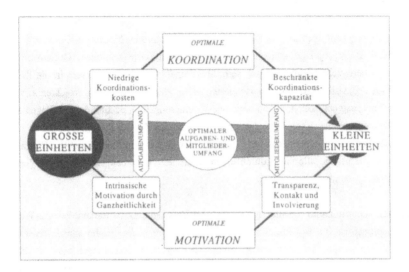

Abb. III.1-36: Optimale Größe von Projektgruppen[247]

Die Zahl der durch Aufspaltung des gesamten Implementierungsobjekts entstandenen Projektsegmente determiniert, wo die Koordinationsarbeit geleistet werden muß. Sind viele Projekte bzw. Projektsegmente entstanden, muß ein oder mehrere übergeordnete Gremien ("Suprastruktur"), z.B. ein Lenkungsausschuß, die Koordination übernehmen und sich dann auch mit Fragen des Multi-Projektmanagements auseinandersetzen, weil die einzelnen Projektsegmente vielleicht programmseitig als komplementär betrachtet werden können, nicht aber ressourcenseitig.[248] Mit anderen Worten bedeutet Koordination durch die Suprastruktur auch Konfliktmanagement, wenn die Projektsegmente z.B. um knappe Ressourcen konkurrieren. Die Kosten für die Suprastruktur fallen folglich bei größeren Einheiten geringer aus, weil es nur wenige oder sogar nur einen Projektleiter gibt, der innerhalb seiner Einheit selbst die Koordinationsaufgaben übernimmt. Motivationsseitig können durch kleine Einheiten die bekannten Dysfunktionalitäten von Gruppenarbeit in größeren Einheiten, wie z.B. mangelhafte Transparenz bezüglich der Attribuierung von Erfolg oder Mißerfolg, "Trittbrettfahrer"-Verhalten,

---

246 vgl. z.B. Bridges (1995), S. 42 f.; Mölleney/v. Arx (1995); Kloubert (1995), Folie 7
247 Reiß (1995d), S. 541
248 Ein Teil der Suprastruktur sind daher in aller Regel auch der oder die Machpromotoren (vgl. Witte 1973, S. 17) der einzelnen Projekte, da nur aus der Suprastruktur heraus die Ressourcenzuweisung erfolgt.

fehlendes Gruppengefühl usw. vermieden werden. Eine zu starke Aufsplittung der Projektaufgabe birgt die Gefahr des mangelnden Überblicks und der Inkompatibilität der einzelnen Pro-
jektsegmentergebnisse in sich.

Projektgruppen benötigen in aller Regel spezifisches Fach- oder Methoden-Know how.[249] Bei
Implementierungsprojekten können dies z.b. Organisationspsychologen, Organisationsent-
wickler, Arbeitsrechtspezialisten usw. sein. Die Frage, ob diese Spezialisten in die Kernpro-
jektgruppe ("Basisstruktur") integriert werden sollen oder verschiedenen Projekten als "Infrastruktur" bereitstehen sollen, ist ein weiteres Optimierungsfeld, da sich daraus Folgen für die
Projektkosten und deren Struktur ergeben (vgl. in diesem Kapitel III.1.4.3). So hatte z.B. die
Lufthansa in ihrer Projektstruktur zur Sanierung des Unternehmens lediglich 5 Mitarbeiter in
der Basisstruktur, die allerdings durch einen "kräftigen" Unterbau und Überbau (Vorstand)
unterstützt wurden (vgl. Kap. I.3.1).

Eine Hauptdeterminante für alle angesprochenen Entscheidungstatbestände ist die Wahl der
Organisationsform für Projekte. Sie muß daher auch unter Einbeziehung aller Interdependenzen getroffen werden, die zwischen den zu entscheidenden Fragestellungen bestehen. Die Ar-
chetypen der Projektorganisationsformen sind die linienintegrierte Projektorganisation, die
Stabs- bzw. Einfluß-Projektorganisation, die Matrix-Projektorganisation und die Reine Projektorganisation.[250]

Die linienintegrierte Projektorganisation erweitert die Routinetätigkeit des Mitarbeiters um
Projektaufgaben. Eine Institutionalisierung des Projekts findet weder in der Primär- noch in
der Sekundärorganisation statt. Sie setzt daher auf eine hybride Aufgabenerledigung, ohne daß
jedoch bereits im Vorfeld gezielt ein Potential zur Projekterfüllung geschaffen worden wäre.
Sie ist damit im Vergleich zur Lernorganisation die "kleine" Hybridlösung. Bei der Stabs-
Projektorganisation bleibt die Mehrzahl der Projektmitarbeiter in die Linie integriert und wirkt
phasenweise am Projekt mit.[251] Der Projektleiter allerdings verantwortet das Projekt als eine
Art Stabsstelle, woraus sich lediglich ein begrenzter Einfluß auf die Primärorganisation ergibt.
Der Stab "Implementierung" ist eine sekundärorganisatorische Einheit. Dieser Umstand trifft
auch für die Matrix-Projektorganisation[252] zu. Es kommt allerdings bereits zu einer Aufteilung
der Entscheidungskompetenz zwischen der Linie und dem projektbezogenen Leitungssystem.

---

249 vgl. auch die im großen und ganzen deckungsgleiche Aufteilung in Fach- und Prozeßpromotoren bei
    Hauschildt/Chakrabarti (1988), S. 384 ff.
250 vgl. Reiß (1996a), S. 292, Reiß (1996c), Sp. 1664 f.; Frese (1995), S. 475 ff.; Burghardt (1995), S. 76 ff.;
    Probst (1992), S. 243 ff.; Grün (1992); Bleicher (1991), S. 142 ff.
251 vgl. z.B. Probst (1992), S. 255
252 vgl. Groetschel (1989)

Je nach Gewicht der Aufteilung handelt es sich bei den Projekt- und Linienstellen um gleichberechtigte Einheiten oder das Projekt wird der Linie unter- bzw. übergeordnet.

Die Reine Projektorganisation bedeutet eine Verankerung des Projekts in der Primärorganisation einer Unternehmung. Der Projektleiter besitzt die volle Verantwortung über Ablauf und Ergebnis des Projekts. Daß die Mitarbeiter bei der linienintegrierten Projektorganisation mit Ausnahme des Projektleiters in geringerem Maße für das Projekt tätig sind und die "reine Projekteinheit" zumindest einen gewissen Stamm an dauerhaft am Projekt mitarbeitenden Personen hat, ergibt sich aus den jeweiligen Definitionen.[253] Dennoch schränkt dies die Vielfalt der Gestaltungsmöglichkeiten nur unwesentlich ein. Daher ergibt sich ein komplexes Geflecht an Interdependenzen zwischen den Gestaltungsparametern. Zum Beispiel: Je mehr Experten in die Basisstruktur eines Projekts integriert werden, um so größer wird die Projekteinheit. Der Freistellungsgrad wird sich dabei regelmäßig in Richtung 100% bewegen, so daß sie gleichzeitig den anderen Projekten und auch der Linie nicht mehr unmittelbar zur Verfügung stehen. Daraus kann sich ein zusätzlicher Koordinationsbedarf für die Suprastruktur ergeben. Außerdem wird der Tatbestand eines hohen Freistellungsgrad die Rekrutierung von Projektmitarbeitern (oder allgemeiner: die Alimentierung des Projekts) erschweren. Dem müßte daher mit einer relativ hohen Projektautonomie, wie sie die Reine Projektorganisation und - je nach Ausgestaltung - auch die Matrix-Projektorganisation besitzt, entgegengewirkt werden.

1.4.3   Kriterien für die Entscheidungsunterstützung

Um die komplexen Zusammenhänge nachvollziehbar bewerten zu können, muß das Implementierungscontrolling auf die Zielgrößen der Implementierung zurückgreifen. Bereits in Abb. III.1-35 wurde eine Bewertung der Organisationsformen anhand der Effektivität und Effizienz vorgenommen. Die zum Teil in der Literatur vorgeschlagenen Kennzahlen für Projekte[254] sind für das Implementierungscontrolling zwar nutzbar, orientieren sich aber zu stark an den Erfordernissen des Projektcontrolling und geben daher zu wenig Unterstützung für Optimierungsfragen (vgl. Kap. I.4.1).

1.4.3.1   Kosten

Die Kosten, die tatsächlich durch die Implementierungsorganisation verursacht sind, werden regelmäßig unterschätzt, und zwar deshalb, weil als Kostentreiber meistens nur das Mengen-

---

253 vgl. Wildemann (1994), S. 29 ff.
254 vgl. z.B. Wasielewski (1993); Wünnenberg/Stadler (1992) oder Schelle (1982)

gerüst der Basisstruktur identifiziert wird.[255] Und selbst dabei bleiben viele Kostenarten unberücksichtigt, so z.B. die Fluktuationskosten, die immer dann entstehen, wenn der Projektmitarbeiter von seiner Routinetätigkeit zur Projektarbeit wechseln muß oder umgekehrt. Er muß seinen Arbeitsstil ändern, muß andere Aufgaben erledigen, mit anderen Kollegen zusammenarbeiten usw. Ein einfaches "mentales Umschalten" der Betroffenen zu erwarten, wäre illusorisch. Da es sich bei den unternehmenseigenen Mitarbeitern für Implementierungsprojekte meistens um fest angestellte Personen handelt, fallen die angesprochenen Kosten als Opportunitätskosten an. Darüber hinaus entstehen Kosten, die zwar einfach zu erkennen, aber bei den meisten Rechnungssystemen der Unternehmen kaum zu quantifizieren sind, wie z.B. die Kosten, derjenigen Mitarbeiter, die als Promotoren oder Sponsoren für das Projekt tätig sind. Bei genauerer Analyse läßt sich erkennen, daß es sich bei den Projektkosten um ein "Eisbergphänomen" handelt, bei dem der größte Teil der Kosten unsichtbar "unter der Wasserlinie" liegt.

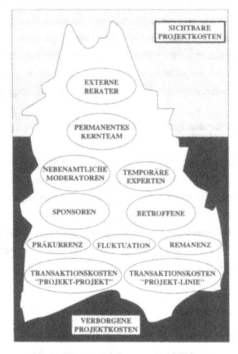

Abb. III.1-37: Projektkosteneisberg[256]

255 Entsprechend wird die Kostenplanung und -ermittlung häufig als recht leichte "Übung" beschrieben, was
      auf die Meßbarkeit und die Anforderungen des Rechnungswesens zurückgeführt wird, vgl. z.B. Wünnen-
      berg/Stadler (1992), S. 12. Vgl. zu dieser Problematik auch Reiß/Grimmeisen (1994), S. 318.
256 Reiß (1994b), S. 449

Bildlich gesprochen muß daher das Implementierungscontrolling dazu beitragen, daß die Wasserlinie abgesenkt wird und alle relevanten Kostendaten in die Bewertung einzelner Konfigurationen der Implementierungsorganisation einfließen können. Abb. III.1-37 zeigt den Projektkosteneisberg.

Die Kosten für externe Berater, die meistens der Basis- oder der Infrastruktur angehören, sind aufgrund der Rechnungsstellung eines Marktpreises vollkommen transparent (vgl. auch Kap. III.1.5). Je nach Art der internen Kostenerfassung und Leistungsverrechnung sind auch die Kosten des Kernteams nachvollziehbar, so z.B. wenn eine eigene Kostenstelle für das Projekt eingerichtet wurde und die Kostensätze der Beteiligten bekannt sind. All diejenigen, die als Experten, Moderatoren, Promotoren, Koordinatoren oder auch als Betroffene am Projekt mitarbeiten, werden jedoch nicht als Projektkosten berücksichtigt; neben der schweren Erfassung dürfte auch die Zugehörigkeit dieser Funktionen zur Infra- oder Suprastruktur ihren Teil dazu beigetragen haben. Je nach Projektsegmentierung und/oder Art der Implementierungsorganisation fällt die Koordinationsarbeit mit unterschiedlichen Kosten ins Gewicht. Je autonomer und autarker die Projekteinheit ist, um so höher fallen die Koordinations- bzw. Transaktionskosten für die Abstimmung von Projekt- und Linieneinheiten aus. Sind die Projektbeteiligten vollständig aus ihrer Linienstelle herausgelöst, können diese - im Gegensatz zu niedrigeren Graden der Freistellung - keine Koordinationsfunktion ausüben (z.B. Versuch der Akzeptanzgewinnung bei den "Linien"-Kollegen für die Projektideen und damit die Vorbereitung einer reibungslosen Ergebnisdiffusion). Je kleiner die Projekteinheiten bei einer gegebenen Aufgabe werden (bzw. je stärker segmentiert wird), um so mehr kommt es zu Transaktionskosten, die für die Abstimmung der einzelnen Teilprojekte oder Projektsegmente untereinander aufzuwenden sind. Zwar konkurrieren die einzelnen Einheiten nur manchmal um die bessere Projektleistung (Mehrfachvergabe einer Projektaufgabe an verschiedene Projektgruppen), fast immer aber um die geforderten Ressourcen.

Neben den bereits angesprochenen Fluktuationskosten hat es das Implementierungscontrolling oft auch mit Phänomenen der Kostenpräkurrenz und -remanenz zu tun (vgl. Abb. III.1-38). Diese beiden Effekte kommen in erster Linie dann zustande, wenn Mitarbeiter zu 100% für ein Projekt abgestellt werden, der Übergang von der Routine- zur Projektarbeit und wieder zurück aber nicht vollkommen perfekt synchronisiert werden kann, so daß Wartezeiten beim Projektstart und bei der Reintegration der Projektbeteiligten in ihre Linieneinheit entstehen.[257] Ein ganz besonders gewichtiger Präkurrenz-Faktor sind die Lernkosten, die bei einer Neurekrutierung für das Projekt anfallen. Die Lernkosten, die zu einem großen Anteil Opportunitätskosten für das Projekt sind, setzen sich aus zwei Bestandteilen zusammen:

---

257 vgl. Volpp (1991), S. 198

• Die geringere Produktivität der neuen Projektmitarbeiter, die sich erst mit den Inhalten und den Arbeitsweisen ihres neuen Arbeitsplatzes vertraut machen müssen. Dies kann mehrere Wochen dauern.

• Für die Einweisung und Einarbeitung der neuen Mitarbeiter müssen in den allermeisten Fällen die bereits erfahrenen Mitarbeiter sorgen, die sich entsprechend weniger um die Projektarbeit kümmern können.

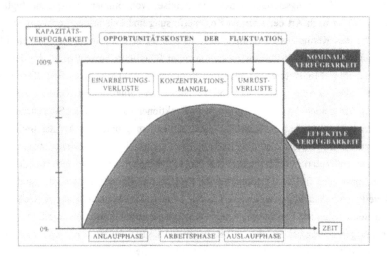

Abb. III.1-38: Verfügbarkeit von Projektmitarbeitern[258]

Den Einfluß aufzeigen, den die Lernprozesse der Projektmitarbeiter für die Kosten der Implementierungsorganisation haben, ist die erste Aufgabe des Implementierungscontrolling. Denn bleiben diese unberücksichtigt und wird von einer sofortigen 100%-Produktivität eines neuen Projektmitarbeiters ausgegangen, sind Kostenüberschreitungen der Implementierung (oder - bei Einhaltung des Budgets - die Nichterfüllung der Zielsetzungen) quasi vorprogrammiert.[259] Die zweite Aufgabe des Implementierungscontrolling ist die Steuerung dieser Lernprozesse und damit auch deren Kosten. Determinanten der Lernkosten sind:

• Dauer der Einarbeitungszeit, die sich sowohl auf die Kosten des Lernens als auch des Lehrens auswirkt.

• Das bereits vorhandene Wissen eines neuen Projektmitglieds. Intern rekrutierte Mitarbeiter haben bereits relevantes Vorwissen und können sich von Anfang an der Projektaufgabe zu

---

258 Reiß/Grimmeisen (1996), S. 49
259 vgl. Nevison (1995), S. 45

einem bestimmten Prozentsatz widmen. Je höher dieser Prozentsatz ist, um so geringer sind die Opportunitätskosten.

* Komplexität und Größe eines Projekts. Diese unmittelbar einleuchtenden Determinanten für den Lernaufwand werden noch um den Projektstatus, also wie weit das Projekt bereits fortgeschritten ist, ergänzt. Je später ein neuer Mitarbeiter zu einem Projekt stößt, desto schwieriger ist es für ihn, sich alle relevanten Informationen zu besorgen und anzueignen.

* Dauer der Hilfestellung durch erfahrenen Projektmitarbeiter, z.B. pro Woche. Dies hängt nicht zuletzt auch mit den pädagogischen Fähigkeiten des "Lehrers" ab.

Bei Softwareprojekten ist durchschnittlich mit einer Einarbeitungszeit von 6 Wochen zu rechnen.[260] Für die Kostenberechnung kann eine Schätzung vorgenommen werden, mit wieviel Vorkenntnissen die neuen Mitarbeiter in das Projekt kommen. Zusätzlich muß erfaßt werden, wie lange erfahrene Mitarbeiter pro Woche dem neuen Kollegen helfend zur Seite stehen müssen. Die so ermittelten Kosten können ins Verhältnis zu den gesamten Implementierungskosten gesetzt werden, um so die Bedeutung der Steuerung dieser Lernprozesse zu untersuchen. Hilfreich ist hierzu auch die Erstellung von Sensitivitätsanalysen, die angeben, wie sich die Kosten bei einer Verlängerung der Einarbeitungszeit, bei einer stärkeren Unterstützung durch die erfahrenen Mitarbeiter oder bei sonstigen Veränderungen der Determinanten verhalten. Schließlich können Analysen angestellt werden, die vor diesem Hintergrund die Größe von Projekteinheiten, den Freistellungsgrad der Mitarbeiter und die Einbindung des Projekts in die Linienorganisation neu bewerten.

1.4.3.2 Zeit und Flexibilität

Die Zeit als Effizienzgröße der Implementierungsorganisation bezieht sich in erster Linie auf die Dauer zur Einrichtung und Auflösung einer entsprechenden Struktur, mithin also auch auf die Flexibilität einer Organisationsform. Der gruppendynamische Prozeß, der erforderlich ist, um aus einer Zahl von Mitarbeitern eine schlagkräftige Gruppe zu machen, erfordert bereits einen nicht unerheblichen Zeit- und Kostenaufwand.[261] Darüber hinaus müssen die Mitarbeiter erst lernen, in der hierarchiearmen Umgebung zu arbeiten. Schließlich erfordert die Projektarbeit fast immer eine fachliche Einarbeitung. Daraus kann abgeleitet werden, daß die notwendige (fachliche, methodische und "soziale") Lernzeit bereits in den Anfangsphasen der Projektarbeit Berücksichtigung finden muß. Denn in der Praxis läßt sich immer wieder der Effekt beobachten, daß Projekte am Anfang ihrem Zeitplan deutlich hinterher hinken und sich

260 vgl. Nevison (1995), S. 46
261 vgl. das Modell der Gruppenentwicklung von Tuckman (1965), der die Phasen "Forming", "Storming", "Norming" als Stufen zur Gruppenfindung unterscheidet, ehe sich dann die "Performing"-Phase als die eigentliche Arbeitsphase anschließt. Vgl. auch Reiß (1995c), S. 456.

gegen Ende eine Hektik abzeichnet, die nur durch (kostenintensive) Überstunden das Projektende zum vereinbarten Zeitpunkt ermöglichen.[262] Die Nicht-Berücksichtigung der Lernzeiten
hat mit Sicherheit einen erheblichen Anteil an diesen Zeitproblemen. Neben dem Bemühen
um realistischere Zeitpläne für Implementierungsprojekte muß das Implementierungscontrolling bei der Beurteilung der Konfigurationen für die Implementierungsorganisation die
positiven Zeit- und Flexibilitätseffekte möglichst kleiner, fachlich homogener Projektsegmente berücksichtigen, da sie bei neuen Projektmitarbeitern einen geringeren Lernbedarf induzieren oder bereits von Beginn an hochspezialisierte Mitarbeiter rekrutiert werden können, die in
fachlich eng gefaßten Teilprojekten mit einem vergleichsweise hohen Produktivitätsniveau
"einsteigen".

Ein weiterer wichtiger Faktor für die Flexibilität der Implementierungsorganisation ist die
Institutionalisierung derselben, die von der Wahl der Organisationsform abhängt. Von der
Linienintegration über die Stabs-, Matrix- hin zur Reinen Projektorganisation nimmt die "In-
stitutionalisierung" des Projekts kontinuierlich zu. Der "Zeltcharakter"[263] ist bei der Reinen
Projektorganisation nur noch ansatzweise vorhanden, weil das Projekt sogar primärorganisa-
torisch verankert wird. Dies bedingt einen entsprechenden Vorlauf und auch die Auflösung
der Einheit hat kaum mehr etwas mit dem Abbau eines Provisoriums zu tun, weil z.B. die
Reintegration der Projektmitarbeiter geplant und umgesetzt werden muß.[264] Eine vollständige
Freistellung der Mitarbeiter für das Projekt geht also ebenso zu Lasten der Flexibilität und des
schnellen Auf- und Abbaus der Projekteinheit, wie deren starke Ausstattung mit Autonomie
und Autarkie, die immer auch mit einer stärkeren Verankerung in der Linienorganisation einhergeht. Da unter diesem Aspekt die linienintegrierte Projektorganisation am besten abschneidet, weil sie in kürzester Zeit ins Leben gerufen und ebenso wieder aufgelöst werden kann, da
die Mitarbeiter überhaupt nicht aus ihrer Routinestelle herausgelöst werden, nimmt es wenig
Wunder, daß auch die Lernorganisation (Hybridmodell) als Alternative zur Projektorganisation diesen Vorteil hat. Das Belassen der Projektaufgabe in der Primärorganisation ohne die
Institutionalisierung einer eigenen Projekteinheit ist demnach unter Zeit- und Flexibilitäts-
gründen gegenüber anderen Alternativen zu präferieren. Wie bereits an anderer Stelle ausgeführt, kann das Implementierungscontrolling zur Quantifizierung der Flexibilitätsvor- oder
-nachteile auf die Optionstheorie zurückgreifen (vgl. Kap. II.3.6). Die Einrichtung einer linienintegrierten Projektorganisation oder das Belassen der Implementierungsaufgabe in der
(bereits vorhandenen) Lernorganisation beinhaltet für eine Bewertung gleichzeitig auch eine
zu berücksichtigende "Verkaufsoption", weil dadurch die Auflösung der Implementierungsor-

---

262 vgl. Grün (1992), Sp. 2106; Nevison (1995), S. 45
263 vgl. zur Gegenüberstellung von "Zelt- und Palastorganisation", Hedberg/Nystrom/Starbuck (1976)
264 vgl. Madauss (1994), S. 112, der der Matrix-Projektorganisation in diesem Punkt eine Überlegenheit gegenüber der Reinen Projektorganisation einräumt.

ganisation, z.b. durch Projektabbruch, mit wesentlich geringeren Kosten verbunden ist als bei anderen Organisationsformen. Diese Option ist bei einem planmäßigen Projektende allerdings deutlich weniger wert, weil dann durch eine entsprechende Planungsleistung der Abbau der Implementierungsorganisation gut vorbereitet und deshalb ebenfalls "geräuschlos" abgewickelt werden kann.

1.4.3.3   Effektivität

Bei den eben angestellten Überlegungen zur Flexibilität einzelner Formen der Implementierungsorganisation wurde deren Effektivität für das Implementierungsprojekt vernachlässigt. Diese Effektivität einer Implementierungsorganisation soll aussagen, inwieweit deren mögliche Konfigurationen überhaupt der an sie gestellten Aufgabe gerecht werden, die Implementierung eines konkreten Projekts strukturell zu unterstützen. Die höchste Leistung im Sinne einer effektiven (Sonder-)Aufgabenerfüllung wird gewöhnlich der Reinen Projektorganisation zugestanden.[265] Mit abnehmender Autonomie und Autarkie werden auch die Einflußmöglichkeiten der Projektmitarbeiter auf das Projektergebnis geringer. Dies hängt damit zusammen, daß nur dann sehr komplexe und umfangreiche Projektaufgaben gelöst werden können, wenn das Projekt mit Vorrang vor der Linie auf die erforderlichen Ressourcen zugreifen kann und die Mitarbeiter in sehr hohem Maße für die Projektarbeit freigestellt sind. Diese Möglichkeiten fehlen bspw. bei der linienintegrierten Projektorganisation. Folgerichtig stellt *Burghardt* die Effektivität der Projektorganisationsformen in Abhängigkeit von der Projektgröße und dem Ausmaß des bereichsübergreifenden Projektcharakters dar, wobei er für große und übergreifende Projekte die Reine Projektorganisation vorschlägt.[266] Durch die Trennung von Routine- und Sonderorganisation können also folgende Vorteile realisiert werden:[267]

- Die höchsten Barrieren für Veränderungen basieren gerade auf der hierarchischen Organisation. Um diese abzubauen, ist Abstand und Unabhängigkeit zur Hierarchie erforderlich.
- Die Sonderorganisation übt eine Signalwirkung für die Gesamtorganisation aus, weil damit die Bedeutung der Implementierung dokumentiert wird.
- Zudem sind leistungsmotivierende "Hawthorne-Effekte" bei den Projektmitarbeitern zu erwarten, weil sie ein besonderes Interesse, z.B. der Geschäftsleitung an ihrem Projekt vermuten.

---

265 vgl. Madauss (1994), S. 112; Thamhain/Wilemon (1977), S. 102; Probst (1992), S. 257. Ebenso stellt Wildemann (1994), S. 29 einen Zusammenhang zwischen den Projektorganisationsformen und A-,B- und C-Projekten (also den Projektbedeutung) dar.
266 vgl. Burghardt (1995), S. 83
267 vgl. Reiß (1995b), S. 280 f.; Kanter (1995)

Mit zunehmendem Freistellungsgrad (Anteil der Arbeitszeit eines Projektmitglieds, den er für die Projektarbeit neben seiner Routinetätigkeit aufbringt) ist eine Art "mentale Befreiung" der Projektmitarbeiter von ihrer Alltagsarbeit zu erwarten.

Durch die Existenz einer Lernorganisation sollen die positiven Effekte einer möglichst autonomen Projektorganisation auch innerhalb der Primärorganisation möglich werden, da die Lernorganisation gerade nicht mehr durch Barrieren und Widerstände gegen Veränderungen gekennzeichnet ist, die betroffenen Mitarbeiter mit Wandel auch innerhalb ihrer Routinetätigkeit umgehen können und schließlich ganz generell die Implementierung von Veränderungskonzepten bereits Routinecharakter bekommen hat und nicht mehr in die Sekundärorganisation ausgelagert werden muß. Die Effektivität dieses Ansatzes läßt sich nicht allgemein bewerten, sondern hängt von der Differenz ab, die im Einzelfall zwischen Anspruch und Realität der Lernorganisation besteht. Es sind jedoch durchaus Zweifel angebracht, ob Unternehmungen der Zielsetzung einer Lernorganisation auf Dauer in hohem Maße gerecht werden können. Die bekannten Effekte der Verkrustung von Strukturen im Zeitablauf bzw. die Herausbildung von Pathologien[268] - gerade auch in guten Zeiten - lassen daran Zweifel aufkommen. Jedenfalls könnte das Idealbild einer Lernorganisation dem Anspruch einer effektiven Implementierungsorganisation gerecht werden, wenn durch sie die Dysfunktionalitäten hierarchischer Strukturen in bezug auf die Projektarbeit ausgeschaltet würden; denn dann wäre in der Tat auch keine Sekundärorganisation erforderlich.

Die skizzierten Überlegungen legen für die Wahl der geeigneten Implementierungsorganisation die Projektaufgabe als Entscheidungsbasis nahe. Größe, Komplexitätsgrad und Bedeutung des Projekts wären demnach die Determinanten für die Konfiguration einer Implementierungsorganisation. Bei den äußerst komplexen und wichtigen Produktentstehungsprozessen in der Automobilindustrie schlägt sich dies in der bevorzugten Anwendung der Reinen Projektorganisation nieder, deren Projektleiter als "Heavyweight-Product Manager" über den gesamten Lebenszyklus des neu entstehenden Produkts die Verantwortung trägt.[269]

Aufgrund der angesprochenen vielfältigen Interdependenzen zwischen den möglichen Bestimmungsfaktoren einer Konfiguration, der großen Bedeutung einer effektiven Projektarbeit für den gesamten Implementierungserfolg und der gleichzeitig entstehenden sichtbaren und unsichtbaren Projektkosten muß dem Implementierungscontrolling das Gegenstromverfahren zur Planung und Entscheidungsvorbereitung für die Auswahl der optimalen Implementierungsorganisation empfohlen werden (vgl. Abb. III.1-39). Ausgangspunkt der Planung ist dabei im einen Fall die Projektaufgabe, im anderen Fall sind es die Kosten der Projektressour-

---

268 vgl. Türk (1980)
269 vgl. Clark/Fujimoto (1992), S. 254 ff.

cen. Während bei der ersten Planungsalternative eher mit Kostenüberschreitungen zu rechnen ist, führt eine strenge Budgeteinhaltung bei der retrograden Alternative eher zu "schlechteren", d.h. vom Pflichtenheft abweichenden Projektergebnissen.

Die holistische Optimierung aller Entscheidungsvariablen dürfte allerdings in den seltensten Fällen simultan gelingen. Im abschließenden Teil dieses Kapitels werden daher drei Optimierungsaufgaben des Implementierungscontrolling ("Arenen") einzeln untersucht, die als Ausgangspunkt für eine sequentielle Gestaltung der Implementierungsorganisation dienen können.

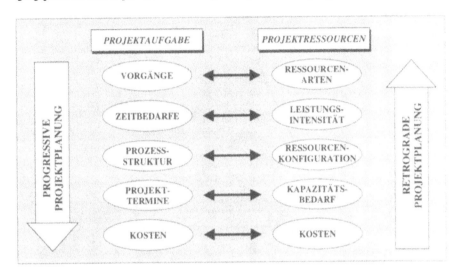

Abb. III.1-39: Integrierte Projektplanung[270]

1.4.4   Optimierungsarenen

Die Optimierungsarenen orientieren sich an den unterschiedlichen organisatorischen Schnittstellen, die durch den Einsatz einer Implementierungsorganisation entstehen (vgl. Abb. III.1-40). Die sog. Extra-Arena stellt die Einbindung der Implementierungsorganisation in die Linienorganisation dar.[271] Sie beschreibt folglich, ob überhaupt eine sekundärorganisatorische Lösung realisiert werden soll. Die Inter-Arena umfaßt das komplexe Feld des Multiprojekt-Managements, bei dem es u.a. zu klären gilt, wie verschiedene Projekte untereinander koordiniert und gesteuert werden sollen. Die Intra-Arena schließlich befaßt sich mit dem "Innen-

---

270 vgl. Reiß (1996c), Sp. 1661 f.
271 vgl. Bleicher (1991), S. 483 f.

leben" eines Projekts.[272] Im Idealfall einer Lernorganisation geht dieser Punkt in der "normalen" Führungsorganisation einer Unternehmung auf, so daß keine implementierungsspezifischen Optimierungsprobleme zu lösen sind. Im realistischeren Fall, nämlich dem Einsatz einer Projektorganisation, ist zu klären, welche Wirkungen durch die möglichen Organisationsformen auf die Implementierungsperformance ausgehen.

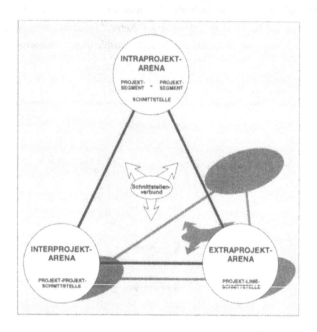

Abb. III.1-40: Optimierungsarenen der Implementierungsorganisation[273]

1.4.4.1 Extra-Arena: Welche Übergangsorganisation?

Hinsichtlich der Möglichkeiten einer Einbindung der Implementierungsorganisation in die
Linienorganisation wird hier zwischen hybrider Lernorganisation und dualer bzw. modularer
Projektorganisation unterschieden. Wie aus den vorangegangenen Darstellungen bereits zu
vermuten ist, ergeben sich Unterschiede zwischen diesen beiden Implementierungsorganisationen in bezug auf deren Leistungsfähigkeit (Effektivität), den durch sie verursachten Kosten und der Zeit, die zu ihrer "Installation" erforderlich ist.

---

272 vgl. Bleicher (1991), S. 485 ff.
273 Reiß (1991), S. 29

Abb. III.1-41 zeigt graphisch den grundsätzlichen Unterschied der beiden alternativen Organisationsformen, der auf der Einbindungsart in die Primärorganisation basiert. Die Darstellung macht klar, daß je nach Leistungskriterium die Effektivität der beiden unterschiedlich beurteilt werden muß. Der zentrale effektivitätsseitige Schwachpunkt der Lernorganisation ist das eingeschränkte Änderungsvolumen. Diese Einschränkung kann bei sehr breiten, revolutionären Vorhaben die Implementierungsgeschwindigkeit begrenzen. Da die betroffenen Mitarbeiter gleichzeitig zur Implementierungsarbeit immer auch ihre Routinearbeit erledigen müssen, ergeben sich für das in einer Lernorganisation verarbeitbare Implementierungsvolumen Grenzen.

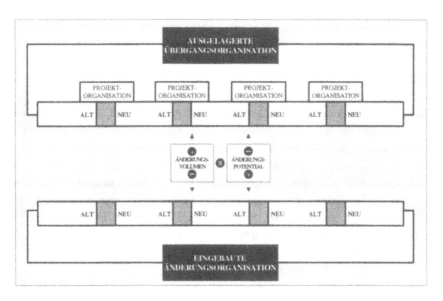

Abb. III.1-41: Organisationsformen für Veränderungsprozesse[274]

Bei der dualen Anpassungsstruktur hingegen können theoretisch alle notwendigen Implementierungsprojekte immer in die Sekundärorganisation ausgelagert werden. Dies verursacht in der Realität zwar Widerstände durch den Abzug von Ressourcen und kann zu einer Art Überflutung eines Unternehmens durch Projekte führen; diese Probleme liegen aber nicht in der Konzeption einer Projektorganisation begründet. Ist die Implementierungszeit ein Effektivitätskriterium (also z.B. explizit ein Leistungskriterium im Pflichtenheft der Implementierung), so kann dies bei großen, komplexen Projekten für die Implementierungsorganisation bedeuten, daß der (sekundärorganisatorischen) Projektorganisation der Vorzug zu geben ist. Bei der

---

274 Reiß (1996d), S. A 18

Lernorganisation muß hingegen durch die kapazitativen Belastungsgrenzen der Mitarbeiter mit einer (je nach Zusatzbelastung) längeren Implementierungsarbeit gerechnet werden.

Das Änderungspotential hingegen, das in der Lernorganisation steckt, ist positiver zu beurteilen als das der Projektorganisation. Unter diesem Effektivitätskriterium schneidet die Lernorganisation deswegen besser ab, weil eine Vielzahl von Schnittstellen vermieden werden kann. Die Ergebnisse der Projektarbeit liegen in der Lernorganisation dort vor, wo sie für die eigentliche Implementierungsarbeit benötigt werden. Das kann zu einer wesentlich verbesserten Akzeptanz führen, wenn die Belastungsgrenze der Mitarbeiter nicht überschritten wird (vgl. oben). Ausgehend von einem Zielsystem einer konkreten Implementierung muß daher die Effektivitätsbewertung der beiden Organisationsalternativen je nach Relevanz der dargestellten Kriterien unterschiedlich ausfallen.

Die unterschiedlichen Zeitbedarfe für die Einrichtung der Organisationsformen liegen auf der Hand. Die Lernorganisation ist für viele Unternehmen in der Realität oft schon deshalb keine Alternative, weil es dazu erst eines tiefgreifenden Kulturwandels bedarf, dessen Hauptcharakteristikum, neben den hohen Implementierungskosten, die lange Implementierungszeit ist.[275] Vielfach geht man bei kulturverändernden Vorhaben, die auch eine Basis für die Lernorganisation darstellen, von einer mehrjährigen Umsetzungsphase aus (z.B. 30 Jahre für das *Toyota Production System*[276]), deren erfolgreicher Ausgang in dieser Zeit keineswegs gesichert ist. Eine Lernorganisation, die erst zusammen mit dem eigentlichen Implementierungsobjekt eingeführt werden soll, ist aus Gründen des erforderlichen zeitlichen Vorlaufs unmöglich. Die konkrete Alternative stellt sich daher nur für Unternehmen, die bereits einige Etappen auf dem Weg zur Lernorganisation zurückgelegt haben.

Neben einer Einzeluntersuchung der Kosten beider Organisationsformen, die alle relevanten Kostenarten umfaßt (vgl. Abb. III.1-37), muß auch ein dynamischer Kostenvergleich erfolgen, wenn man sich die hohen Kosten für die Einrichtung einer Lernorganisation vor Augen führt, die bei kurzfristiger Bewertung immer zu einem Vorteil der Projektorganisation führen würden. Solch einen dynamischen Kostenvergleich zwischen Projekt- und Lernorganisation für die Implementierung zeigt Abb. III.1-42.

"Die Lernorganisation selbst kann bereits als ein riesiges Change-Projekt betrachtet werden, das Veränderungen in den Strategien, Ressourcen und Strukturen erfordert. Die Kosten der Einführung dürften bei den meisten Unternehmen die der Einrichtung einer Projektorganisati-

---

275 vgl. Bullinger/Stiefel (1997), S. 136 ff.
276 vgl. Monden (1996)

on um ein Vielfaches übersteigen."[277] Schließlich müssen flexible Arbeitsmethoden, lernfähige Informationssysteme und das Lernen unterstützende Anreizsysteme eingeführt werden. Von einer hierarchischen Organisation kommend, erfordert dies intensivste Kommunikations-, Qualifikations und Motivationsanstrengungen. Mit anderen Worten bedeutet dies den Einsatz aller Instrumente, die zur Implementierung eines neuen Konzepts, das in diesem Fall "Lernorganisation" heißt, zur Anwendung kommen müssen. Der Vorteil dieser Lösung liegt darin, daß eine einmal funktionstüchtige Lernorganisation auf die Projektorganisation zur Change-Implementierung verzichten kann.

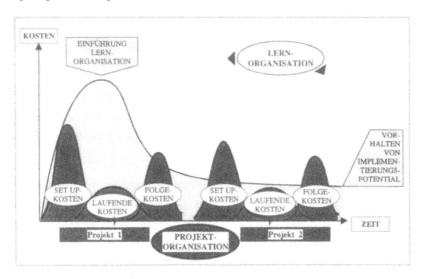

Abb. III.1-42: Kosten von Veränderungsorganisationen[278]

Sie weist - gerade auch bei den Mitarbeitern - eine Flexibilität auf, die kostspielige Informationskampagnen oder "Sensitivity Trainings" entbehrlich macht. Daß die feiner gezeichnete Kurve in Abb. III.1-42 dennoch nach der Einführung der Lernorganisation nicht auf Null abfällt, hängt mit der Flexibilität zusammen, die vorgehalten werden muß, um eine reibungslose Implementierung ohne Sonderorganisation zu ermöglichen (dazu gehört auch bewußt geschaffener Slack, vgl. Kap. III.1.6). Diese Flexibilität ist jedoch nicht zum Nulltarif zu haben. "Die Kosten zur Einrichtung (set up), zum Betrieb und zur Auflösung der Projektorganisation fallen demgegenüber mit jedem Implementierungsprozeß von neuem an - auch wenn bei den Set up- und Folgekosten mit einer fallenden Tendenz aufgrund von Lern- und Routinisierungseffekten zu rechnen ist."[279]

---

277 Grimmeisen (1997), S. 153
278 ebenda, S. 154
279 ebenda

Entscheidend für die Effizienz der einen oder anderen Organisationsvariante ist daher die Zahl der in Zukunft zu erwartenden Change-Programme. "Je mehr der Wandel zur "Tagesordnung" gehört (oder gehören muß), um so eher sollten die hohen Investitionen zur Einführung der Lernorganisation auch unter Effizienzgesichtspunkten getätigt werden."[280]

Fallbeispiel Xerox Corp.[281]

Das US-amerikanische Unternehmen *Xerox* kam Anfang der achtziger Jahre in existentielle Schwierigkeiten, nachdem der Markt für Fotokopierer nach und nach von japanischen Unternehmen erobert wurde. Bessere Antworten auf Kundenwünsche, Preise, zu denen *Xerox* noch nicht einmal seine Geräte herstellen konnte, und eine deutlich verbesserte Qualität der fernöstlichen Konkurrenz führten zu dieser Entwicklung. Die Antwort auf die Krise war ein gewaltiger Restrukturierungsprozeß bei *Xerox*, dessen größter und bekanntester Bestandteil eine Qualitätsoffensive mit dem Namen "Leadership Through Quality" war. Gut 10 Jahre später kann das Unternehmen auf eine erfolgreiche Transformation vom Kopiererhersteller zur wieder weltweit führenden "Document Company" zurückblicken, die vom Gewinn zahlreicher Qualitätspreise (u.a. Malcolm Baldrige Award im Jahre 1989, European Quality Award 1992) begleitet wurde.

Das Management geht von einem sich weiter rasant entwickelnden und verändernden wirtschaftlichen Umfeld aus, so daß das florierende Unternehmen 1992 statt vor einer Überlebenskrise vor einer "Crisis of Opportunity" stand. Es sah das Unternehmen der Schwierigkeit ausgesetzt, sich auch in guten Zeiten ständig an sich verändernde Rahmenbedingungen anzupassen, mithin also einen dauerhaften Change-Prozeß oder zumindest eine Infrastruktur für diesen zu etablieren. Basis für diesen "Nonstop-Change"[282] ist die Vision "*Xerox 2000*", deren Hauptbestandteil die konsequente Prozeßorientierung mit dem Ziel der Schaffung von "Customer Value" ist. Nachdem die Hauptprozesse des Unternehmens identifiziert wurden, schuf man organisatorische Einheiten, die in einem internen Kompetenz-Netzwerk dauerhaft zusammenarbeiten und somit als organisatorischer Unterbau einer Lernorganisation bezeichnet werden können. Dieses "Learning Network" besteht aus den Process Owners, den Process Councils und dem Business Process Board, das sich wiederum aus Vertretern des Top Managements und der Verantwortlichen für die **Kern**prozesse ("Process Champions") zusammensetzt (vgl. Abb. III.1-43).

---

280 Grimmeisen (1997), S. 154
281 in Anlehnung an Ramcharamdas (1994), S. 34 ff.
282 vgl. Bridges (1995), S. 69 ff.

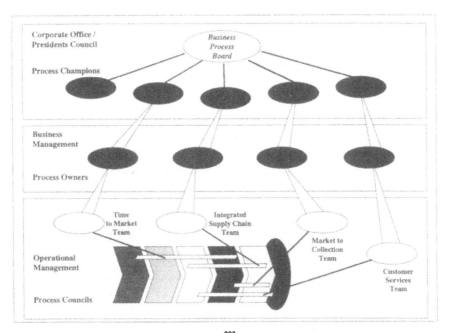

Abb. III.1-43: Das Lern-Netzwerk bei *Xerox*[283]

In den Process Councils treffen sich die Process Champions mit den einzelnen Verantwortlichen der Teilprozesse (Process Owners). Beispiele für den Prozeßfokus der Councils
werden in Abb. III.1-43 aufgeführt. Das permanente Lernen kommt durch den Austausch
von Best Practices in den jeweiligen Councils und zwischen diesen zustande. Bindeglieder
hierfür sind die Process Champions und das Business Process Board. Darüber hinaus werden von den Prozeßverantwortlichen auch permanent gemeinsame Reengineering-Initia-
tiven gestartet, koordiniert und ausgeführt. Für das einzelne Change-Projekt muß folglich
nicht jedesmal eine neue Projektorganisation etabliert werden, sondern es kann auf eine bereits vorhandene Suprastruktur (die Process Councils) zurückgegriffen werden. Als Infrastruktur steht eine Expertenabteilung "Business Process Management" zur Verfügung, die
die unternehmensweiten Erfahrungen sammelt und die in den spezifischen Reengineering-
Methoden geschult ist. Auch externe Berater werden regelmäßig hinzugezogen. Ein weiterer Aspekt des Lernunternehmens *Xerox* ist der extrem häufige Einsatz von externen
Benchmarking-Studien, die einzelne Prozesse immer wieder mit den weltweiten Best Practices konfrontiert.

---

283 Ramcharamdas (1994), S. 37

Xerox scheint mit der beschriebenen organisatorischen Infrastruktur seiner Vision 2000, nämlich der Schaffung von selbststeuernden und -verbessernden Prozessen als Basis für permanentes Lernen, ein gutes Stück näher gekommen zu sein. Der Aufbau des Lern-Netzwerkes (und die dafür erforderlichen Verhaltensänderungen der Betroffenen) dauerte jedoch drei Jahre und konnte wohl nur in einer Zeit der Prosperität des Unternehmens in Angriff genommen werden.

1.4.4.2   Inter-Arena: Welche Koordinationsform?

In dieser Optimierungsarena sind zwei Fälle von Bedeutung: Die Koordination des betrachteten Implementierungsprojekts mit anderen unverbundenen Projekten zum einen und die Koordination mit Projekten, die Teil desselben Konzeptes sind, zum anderen. Im ersten Fall handelt es sich letztlich um ein Multiprojektmanagement, wie es in Unternehmen immer wieder vorkommt. Der zweite Fall ist jedoch für eine Vielzahl aktueller Restrukturierungskonzepte besonders relevant. Unter einem Gesamtprojekt "Lean Management" verbergen sich so verschiedene Projekte wie "Gruppenarbeit", "Just in Time" oder "Kontinuierlicher Verbesserungsprozeß". Diese einzelnen Projekte haben oftmals nur die zugrunde liegende Philosophie gemeinsam (z.B. "Verschwendung vermeiden"), sind aber dennoch nicht unverbunden voneinander zu steuern. Abb. III.1-44 zeigt die möglichen Schnittstellen bei gleichzeitig durchgeführten Projekten auf.

Zwischen Projekten besteht ein...	ERGÄNZUNGSVERBUND (Komplementarität)	VERDRÄNGUNGSVERBUND (Substitutionalität)
PROGRAMM-VERBUND (Output-Interdependenzen)	SYNERGIE	KANNIBALISIERUNG
RESSOURCEN-VERBUND (Input-Interdependenzen)	ECONOMIES OF SCOPE	RIVALITÄT

Abb. III.1-44: Schnittstellen im Projektmanagement[284]

Der Fall einer gegenseitigen Verdrängung auf der Programmseite (Kannibalisierung) sollte bei Change-Projekten selten beobachtbar sein. Die Einzelprojekte sollten vielmehr eine integrati-

---

284 Reiß (1996c), Sp. 1666

ve Umsetzung des Gesamtkonzepts sicherstellen. Bei großen Change-Programmen wird gerade der synergetische Einsatz aller Teilkonzepte als entscheidender Erfolgsfaktor gewertet.[285] Dennoch kann es vorkommen, daß unterschiedliche Veränderungsprogramme in verschiedenen Bereichen eines Unternehmens "lokal" begonnen werden, später auf weitere Unternehmensteile ausgedehnt werden und schließlich "kollidieren". Dies zu vermeiden und die erforderlichen Synergien zwischen Change-Projekten zu realisieren muß Aufgabe eines koordinativen Überbaus der beteiligten Projekte sein.

Die Ressourcenseite kann allerdings sehr wohl durch Rivalität gekennzeichnet sein, wenn bspw. mehrere Lean Management-Teilprojekte gleichzeitig auf den oder die geschulten Moderatoren zurückgreifen wollen. In manchen Fällen sind auch "Economies of Scope" zu erwarten, wenn z.B. durch den gemeinsamen, aber sequentiellen Einsatz von Experten in den Teilprojekten Lerneffekte oder Erfahrungstransfers stattfinden. Das gemeinsam genutzte Personal wird dann zum Integrationsinstrument. Ob die betreffenden Mitarbeiter Teil der Basis- oder Infrastruktur von Projekten sind, hat Einfluß auf deren Verfügbarkeit für die anderen Teilprojekte. Sind sie Mitglied der Basisstruktur, sollte eine übergeordnete Instanz, also z.B. der Lenkungsausschuß, tunlichst keine Umsetzungen anordnen, da dies die Autonomie des Projektleiters unterlaufen und sich daher negativ auf dessen Motivation auswirken könnte. Dieses Problem stellt sich in geringerem Maße, wenn die mehrfach angeforderten Mitarbeiter der gemeinsamen Infrastruktur der verschiedenen Projekte angehören. Deren Verteilung durch einen Lenkungs- oder Synergieausschuß kann dann als akzeptable "Spielregel" eingestuft werden. Ein Schwachpunkt der Koordination via gemeinsamer Suprastruktur ist aber immer deren mangelnder "Durchblick" bezüglich der Notwendigkeit des Ressourceneinsatzes in einem bestimmten Projekt.[286] Die planwirtschaftliche Zuteilung von Projektmitarbeitern und anderen Ressourcen birgt die Gefahr von Fehlallokationen in sich.[287]

Wenn es jedoch um eine Umsetzung von Projektressourcen der Basisstruktur geht, sollten unbedingt marktwirtschaftliche Koordinationsmechanismen zum Einsatz kommen. Dies kann z.B. das "Börsen"- oder das "Basar"-Modell sein.[288] Im ersten Fall wird eine zentrale "Clearing"-Stelle eingerichtet, die im Prinzip nach Angebot und Nachfrage und - wenn nötig - unter Ermittlung eines Verrechnungspreises die Verteilung der knappen Ressourcen vornimmt. Im zweiten Fall kann jeder Teilprojektleiter mit seinen Kollegen einzeln (bilateral) verhandeln, wann und zu welchen Bedingungen Ressourcen umgesetzt werden. Vor allem letzterer Mechanismus kann allerdings zu Vereinbarungen zwischen zwei Projektleitern führen, die für

---

285 vgl. Zeyer (1996), S. 31 ff.
286 vgl. Reiß/Grimmeisen (1996), S. 54 f.
287 vgl. ebenda, S. 55
288 vgl. ebenda, S. 55 ff.

das Gesamtunternehmen als suboptimal zu bezeichnen sind; mangelnder Überblick kann der Grund sein. Auf der anderen Seite wird die Autonomie der Projektleiter voll gewahrt. Hinsichtlich der Effizienz muß für das Börsenmodell, erst recht aber für das Basarmodell von sehr hohen (Transaktions-)Kosten ausgegangen werden, da jeder mit jedem Verhandlungen führen muß. Eine Koordination über die Suprastruktur ist hingegen nicht nur kostengünstiger, sondern auch zeiteffizienter. Die Effektivität spricht hingegen sowohl aus Motivations- als auch aus Allokationsgründen für eine marktwirtschaftliche Koordination.

Dies läßt zusammenfassend den Schluß zu, daß Ressourcen, über die der Teilprojektleiter keine volle Verfügungsgewalt hat (z.b. Mitarbeiter in der Infrastruktur) via Suprastruktur koordiniert werden sollten, während sich umfassende Verfügungsrechte an Ressourcen für den Projektleiter auch so niederschlagen sollten, daß er über deren Umsetzung und die Konditionen selbst entscheiden kann. In jedem Fall sollte zur Vermeidung unnötiger Rivalitäten bzw. zur Realisierung der anfangs genannten Synergieeffekte unter den Teilprojekten darauf geachtet werden, daß die Leistungen des Projektleiters und der Projektmitarbeiter nicht nur anhand des Teilprojekterfolgs bewertet werden, sondern immer auch eine Anreizkomponente einbezogen werden muß, die sich an der Erreichung der Gesamtimplementierungsziele orientiert.

Die Unterscheidung der adäquaten Inter-Projekt-Koordination macht den Bezug zur Projektorganisationsform deutlich. Die Reine Projektorganisation mit ihrer typischerweise stark ausgeprägten Basisstruktur verlangt eher nach marktwirtschaftlicher Koordination, während die linienintegrierte Projektorganisation (die als eine Art "virtuelle" Projektorganisation quasi nur Infrastruktur besitzt) durch eine Suprastruktur-Koordination ihre Flexibilitäts- und Kostenvorteile bewahren kann.

1.4.4.3   Intra-Arena: Welche Organisationsform?

Hat man sich einmal für die Projektorganisation als Implementierungsorganisation entschieden, bleibt noch die Frage, wie die Projektorganisation konkret aussehen soll: Linienintegration, Einrichtung eines Stabes, eines Zwei-Liniensystems (Matrix) oder einer weiteren primärorganisatorischen Einheit (Reine Projektorganisation).

Üblicherweise erfolgt die Abschätzung der Optimalität auf der Basis von Effektivitätsüberlegungen.[289] Die Spezialisierung, die hohe Autonomie und Autarkie der Reinen Projektorganisation prädestiniert diese Organisationsvariante für sehr komplexe und weitreichende Projek-

---

289   vgl. z.B. Burghardt (1995), S. 82 f.; Knoepfel u.a. (1992); Bleicher (1991), S. 485 ff.

te, während sich mit Hilfe der linienintegrierten Projektorganisation durch die Doppelbelastung der Beteiligten eher begrenzte Projekte umsetzen lassen. Der Umfang und die Komplexität bei breit und tief angelegten Restrukturierungsvorhaben spricht daher für eine möglichst große Autonomie, Autarkie und Spezialisierung der Projektmitarbeiter. Auf der anderen Seite spricht die Integrationsleistung der letztgenannten Organisationsform für einen Einsatz bei sehr kontroversen, konfliktbehafteten Projekten, während bei der Reinen Projektorganisation in diesem Fall die Gefahr groß ist, daß die "isoliert" entwickelten Ideen und Lösungen im "Rest"-Unternehmen auf wenig Akzeptanz stoßen. Gerade diese Gefahr wiegt bei Implementierungsprojekten besonders schwer, während z.B. bei der Neuproduktentwicklung die Akzeptanz der Projektergebnisse in der "Rest"-Organisation von nachgeordneter Bedeutung ist. Ergibt bereits die Analyse des Effektivitätskriteriums kein klares Bild über die Adäquanz unterschiedlicher Organisationsvarianten in der Implementierung, so wird die Beurteilung durch die Einbeziehung von Effizienzüberlegungen zusätzlich erschwert. Dennoch ist dies bei Zugrundelegung des in diesem Kapitel unter III.1.5.3 genannten Kriterienkatalogs erforderlich. Gerade die Kosten und hier insbesondere die Kostenstruktur der Varianten bleibt bei einer Bewertung bislang regelmäßig unberücksichtigt.

Die Gemeinkostenstruktur der vier Projektorganisations-Prototypen stellt sich wie in Abb. III.1-45 dar. Ausgangspunkt der Überlegungen ist die Einbeziehung der Supra- und Infrastruktur in das Kostenkalkül. Während die Suprastruktur eines Projektes für dessen Koordination mit anderen Projekten sowie mit der "Linie" zuständig ist, stellt die Infrastruktur einen Experten-Pool dar, auf den das einzelne Projekt bei Bedarf zurückgreifen kann.[290]

In beiden Fällen erfolgt der Ressourceneinsatz folglich nicht dediziert für ein Projekt, sondern vielmehr für mehrere Organisationseinheiten gleichzeitig. Ressourcen-Pooling verursacht aber Gemeinkosten. Es liegt an den konstituierenden Merkmalen der Organisationsformen, daß diese eine unterschiedliche Ausstattung an Supra- und Basisstruktur erfordern. Mit der **Autarkie**, die in Abb. III.1-45 von links nach rechts steigt (ex definitione steigen muß!), verlieren auch die infrastrukturinduzierten Gemeinkosten an Bedeutung. Die Experten werden in die Basisstruktur eines einzelnen Projekts integriert und können daher als Einzelkosten diesem Projekt zugerechnet werden. Führt man diesen Fall allerdings weiter, erkennt man schnell, daß dies immer dann zu höheren Kosten für die Koordination der Projekte führt, wenn andere Projekte oder die Linienorganisation auf einen solchen projektdedizierten Experten zurückgreifen wollen.

---

290 vgl. Reiß (1995d), S. 536

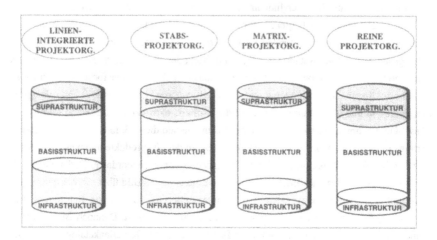

Abb. III.1-45: Gemeinkostenvergleich bei Varianten der Projektorganisation[291]

Die bereits dargestellten Koordinationsmöglichkeiten in solch einem Fall (hierarchisch/
marktwirtschaftlich) unterscheiden sich zwar sicher hinsichtlich des zu erwartenden Kostenniveaus, nicht aber hinsichtlich der Tatsache, daß Gemeinkosten anfallen. Daß diese bei der
Reinen Projektorganisation höher ausfallen als bei den anderen Varianten, liegt an der (in
Abb. III.1-45 ebenfalls von links nach rechts ansteigenden) höheren **Autonomie**.[292] Denn
selbst bei einer hierarchischen Koordination müssen mit dem verantwortlichen Projektleiter
Verhandlungen über die Dauer, die Kompensation und sonstige Bedingungen der Transaktion
geführt werden, will man nicht den Widerstand und die Demotivation des Projektleiters riskieren, der auf die Kongruenz von Autonomie und Verantwortung seiner Stelle vertraut hat.
Ein höherer Koordinationsaufwand wird auch deshalb erforderlich, weil die in sehr autonomen Projekten auftretenden "Zentrifugalkräfte" (z.B. Ergebnisse, die nicht mit dem Unter-
nehmungskontext kompatibel sind) vermieden werden müssen.[293] Bei der Stabs- und der linienintegrierten Projektorganisation ist dies kaum zu befürchten, da die nur teilweise Freistellung der Projektmitarbeiter zur Integration des Projekts in die "Rest"-Organisation beiträgt.
Eine Ausnahme hinsichtlich des mit der Autonomie ansteigenden suprastrukturbedingten Ge-
meinkostenanteils ist die Matrix-Projektorganisation, weil ein Großteil der Abstimmungsar-
beit durch den Projektverantwortlichen und die jeweiligen Linienvorgesetzten geleistet wird.

---

291 vgl. Reiß/Grimmeisen (1994), S. 321
292 vgl. ebenda, S. 319
293 Die beschriebenen Gemeinkosten können auch als Autonomiekosten bezeichnet werden, vgl. Frese (1995),
     S. 122 ff.

Die Suprastruktur wird daher um diese direkt zwischen Linie und Projekt ablaufenden Abstimmprozesse entlastet.[294] Auch wenn dies nicht unbedingt zu geringeren Kosten führen muß, so ist doch die Zurechenbarkeit dieser Transaktionskosten gegeben: für den Linienvorgesetzten gehört die Abstimmung zum Tagesgeschäft und die Kosten des Projektleiters können dem Projekt unmittelbar zugerechnet werden.[295]

Im letzten Abschnitt ist bereits angeklungen, daß die Dedizierung von Projektressourcen auch zu steigenden Fixkosten führen kann, wenn deren Vollauslastung nicht gewährleistet ist und kein Ressourcenausgleich zwischen einzelnen Projekten und/oder zwischen Projekt und Linie vorgenommen wird. Daher kann generell festgehalten werden, daß die Inflexibilität und damit auch die Installations- und Desinstallationsdauer mit der Autarkie der Projektorganisation ansteigt.

Führt man sich abschließend noch einmal die verschiedenen effizienz- und effektivitätsseitigen Vor- und Nachteile der einzelnen Projektorganisationsformen vor Augen, kommt man zu folgenden generellen Empfehlungen: Für Implementierungsprojekte sollte das Implementierungscontrolling zunächst die Eignung der Matrix-Projektorganisation als Implementierungsorganisation prüfen. Abstrahiert von konkreten Situationsmerkmalen kann diese deshalb empfohlen werden, weil sie mit genügend "Promotionskraft" ausgestattet ist, um die Implementierung mit Nachdruck voranzutreiben ("Qualitätsaspekt"). Die gerade für Implementierungsprojekte wichtige Integration der Projektorganisation in die "Rest"-Organisation gelingt der Matrix-Projektorganisation besser als der Reinen Projektorganisation ("Akzeptanzaspekt"). Im Vergleich zu dieser stellen sich außerdem die Fixkostenprobleme - je nach Freistellungsgrad der Mitarbeiter - in geringerem Maße. Zudem liegt bei den Kosten im Bereich der Suprastruktur eine höhere Transparenz vor. Schließlich kann von einer höheren Flexibilität als bei der Reinen Projektorganisation ausgegangen werden, die in der dualorganisatorischen Anpassungsstruktur (statt der modularen, die die Projekteinheit in der Primärorganisation verankern würde) begründet liegt. Voraussetzung für den Einsatz der Matrix-Projektorganisation ist allerdings eine offene, konfliktfähige Unternehmungskultur, die insofern komplexitätssenkend wirken muß, als die "üblichen" Matrixprobleme gemeistert werden müssen, die ihren Grund in der hohen organisatorischen Komplexität der Matrixkonstruktion haben.[296]

Bei den in dieser Arbeit vorrangig betrachteten breit angelegten und oftmals radikal ablaufenden Restrukturierungsprojekten scheiden die linienintegrierte und die Stabs-Projektorganisation oftmals bereits unter Effektivitätsgesichtspunkten als Alternativen aus, weil sie "von

294 vgl. Reiß/Grimmeisen (1994), S. 320
295 vgl. ebenda
296 vgl. Reiß (1994d), S. 7; Peters (1993)

Haus aus" nicht mit der erforderlichen "Promotionspower" ausgestattet sind.[297] Weder könnte der Projektleiter mit einer besonders reichhaltigen Ressourcenausstattung rechnen, noch erregt die Einrichtung einer solchen Projektorganisation eine besonders hohe Aufmerksamkeit im Unternehmen. Die hohe Flexibilität dieser beiden Formen von Projektorganisation sollte das Implementierungscontrolling aber dazu veranlassen, eine Aufteilung des Gesamtprojekts zu prüfen, so daß die einzelnen Projektsegmente dann sehr wohl mittels linienintegrierter oder Stabs-Projektorganisation implementiert werden könnten. Die hierdurch entstehenden Friktionen innerhalb des Projekts (bzw. die nicht realisierbaren Synergien) müssen dem so gewonnen Flexibilitätsvorteil gegenübergestellt werden.

---

297   vgl. Clark/Fujimoto (1992), S. 253 ff.

III.1.5   Controlling der Bereitstellung von Beratungsleistungen in Implementierungsprozessen

1.5.1   Beratungsbedarf in der Implementierung und Entscheidungsproblematik

Die Implementierungsphase wird häufig nicht gerade als das nächstliegende Betätigungsfeld für Berater eingestuft, zumindest wenn sich der Begriff auf externe Berater beschränkt. Die Implementierung wird oft als die zwangsläufig intern zu erledigende Managementaufgabe angesehen.[298] Dies ist im Grundsatz auch richtig, weil die Implementierung immer auf die Mitwirkung der Betroffenen angewiesen ist, schließt allerdings gleichzeitig keineswegs aus, daß auch diese Managementphase beratungsseitig unterstützt wird. Zudem soll im folgenden der Beratungsbegriff nicht auf Externe eingegrenzt werden, da in den Unternehmen auch zunehmend interne Unternehmensberater zur Verfügung stehen, so daß sich gerade daraus ein Optimierungsproblem ergibt, nämlich die Auswahl bzw. Kombination von interner und externer Beratung. In engem Zusammenhang damit steht die Frage welcher Aufgabenumfang extern oder intern erledigt werden soll und welches die jeweiligen Auswirkungen auf die Implementierungsperformance sind. Bezüglich des Beratungsumfangs können bei der Implementierungsberatung ähnlich der generellen Managementberatung unterschiedliche Kooperationsgrade mit dem Klientsystem[299] differenziert werden.

- Beim "Kauf-Modell" wird den (externen oder internen) Beratern eine Diagnose des Implementierungsproblems abgegeben, für welches das beratende Unternehmen einen Veränderungsvorschlag liefern muß. Damit kommt es zu einer sequentiellen Abfolge von Vorschlag und Umsetzung.
- Beim sog. "Doktor-Patienten-Modell" wirkt die Beratung bereits bei der Ermittlung mit, welche Implementierungsprobleme aus welchen Gründen auftreten (z.B. Akzeptanzanalyse unter den Betroffenen) und wie diese zu lösen sind. Dies erfordert zumindest in der Diagnosephase ein relativ hohes Maß an Interaktion mit dem Klientsystem (Betroffene).[300] Die Lösungsermittlung selbst kann in unterschiedlich enger Abstimmung mit den Betroffenen erarbeitet werden.

---

298 Die Konzipierungsphase ist traditionell das Kerngeschäft der Beratungen; vgl. Schwarz (1985); Richter (1979); Steele (1975); Davey (1971). Zur Bedeutung von "Change Management" für die Beratungsunternehmen in Form von Umsatzanteilen, vgl. Burke (1994), S. 13.

299 Das Klientsystem soll insofern vom Klientunternehmen abgegrenzt werden, als es ein Subsystem des letzteren darstellt, in dem konkret die Beratungsbedarfe auftreten. Der Begriff des Klientunternehmens macht folgerichtig auch nur dann Sinn, wenn er in Verbindung mit externen Beratern benutzt wird. Wird die Beratung unternehmungsintern durchgeführt, käme es zu einer "Selbstberatung", die sich nicht mehr mit den gängigen Definitionen von Beratung vereinbaren ließe, vgl. z.B. Sieben/Russ (1982), S. 309.

300 vgl. zu einer Unterscheidung von Klientsystem, Beratersystem und Berater-Klientsystem, Jarmai (1997)

- Beim "Kooperationsmodell" greift die Beratung neben Diagnose und Problemlösung auch in den eigentlichen Umsetzungsprozeß selbst ein, was im Vergleich zu den anderen Beratungsumfängen den höchsten Kooperationsgrad mit dem Klientsystem erfordert.

Um Aussagen über die Fragen nach internem oder externem Bezug von Beratungsdiensten sowie nach den Auswirkungen unterschiedlicher Beratungsumfänge machen zu können, ist es erforderlich das Spektrum der Beratungsleistungen zu analysieren. Es muß klar sein, aus welchem Grund Berater in der Restrukturierung eingesetzt werden sollen.[301] Folgende Möglichkeiten sind relevant:[302]

- Zugriff auf im Klientsystem nicht vorhandenes **Fach- oder Methoden-Know how.**
- Zugriff auf spezielle **Erfahrungen,** die bei der Beratung früherer Klienten erworben wurden.
- Zugriff auf zusätzliche **Kapazitäten,** die im Klientsystem nicht zur Verfügung stehen.
- Nutzung der **Neutralitätsfunktion,** die von einem Berater ex definitione ausgeht, weil er bezüglich des Klientsystems als Drittpartei auftritt. Dies ist besonders dann von Bedeutung, wenn z.B. Widerstand gegen ein Konzept bereits dadurch entsteht, daß es von einem bestimmten Mitarbeiter oder einer Mitarbeitergruppe stammt, die in persönlichen Konflikten mit anderen stehen.
- Eng mit dem letzten Punkt verbunden ist auch eine **Ventil- oder Schwarzer-Peter-Funktion.** Die Leistung des Beraters liegt dabei nicht mehr primär in seiner eigentlichen Tätigkeit begründet, sondern in seiner bloßen Existenz. Der Berater als nur vorübergehender Teil des Unternehmens oder des Klientsystems vereinigt auf sich die Widerstände, Frustrationen und Aggressionen der Betroffenen und stellt damit eine Art Ventil dar, das ein dauerhaft schlechtes Betriebsklima, Wut auf Vorgesetzte und Kollegen und ähnliche Begleiterscheinungen radikaler und schmerzhafter Veränderungen verhindert. Die Unternehmens- oder Projektleitung kann während und nach der Implementierung die Berater, die dann oft schon nicht mehr im Unternehmen sind, für Schwierigkeiten und Fehlentwicklungen verantwortlich machen, um Schaden von sich abzuwenden.[303]
- Nutzung einer **Katalysefunktion,** die zwar nicht zwangsläufig, aber regelmäßig Beratern zu eigen ist. Mit dieser Funktion wird angedeutet, daß die Hinzuziehung eines oder mehrerer Berater den Implementierungsprozeß vereinfacht oder beschleunigt, und zwar ohne daß inhaltliche Veränderungen vorgenommen werden. Allein der Beratereinsatz signalisiert in

---

301 vgl. auch Müller (1981), S. 43 ff.
302 vgl. auch die Gründe, die zur Inanspruchnahme von Beratern führen, bei Meffert (1990), S. 185 ff. oder bei Strasser (1993), S. 15 ff.
303 Etwas polemisch könnte man diese Art von Beratereinsatz auch als "Henkersknecht-Funktion" (Wenny 1995, S. 37) bezeichnen.

den Augen vieler Betroffenen die Relevanz und Dringlichkeit eines Projekts sowie das Commitment höherer Hierarchieebenen für das Projekt.

Die Entscheidung, welche Funktion(en) ein Berater im Implementierungsprozeß übernehmen soll, muß problemspezifisch getroffen werden, wobei manche Anforderungen bereits eine bestimmte Form der Bereitstellung implizieren. So ist bspw. der Rückgriff auf Erfahrungs- und Benchmarkingwissen bezüglich Implementierungsvorhaben anderer Unternehmen oftmals nur durch externe Berater möglich. Die Neutralitäts- und die Ventilfunktion werden in den meisten Fällen ebenfalls besser von externen Beratern erfüllt, da ihre Distanz zum Klientunternehmen größer ist.

Dennoch wäre es falsch, eine Auswahl allein auf der Basis der Beratungs**funktion** zu treffen. Auch wenn externe Berater für einzelne Funktionen besser geeignet sind, können die internen diese Funktionen grundsätzlich auch erfüllen. Schließlich kann auch ein Mitarbeiter aus dem Personalbereich der Zentrale im Implementierungsprozeß eines Geschäftsbereichs den "Sündenbock" spielen, ohne daß dadurch dauerhaft negative Folgen für die Zusammenarbeit "Geschäftsbereich-Zentrale" erwartet werden müßten. Ebenso kann ein Kompetenz-Center "Interne Beratung" oder gar eine unternehmensinterne Beratungsgesellschaft, die ihre Leistungen auch auf dem externen Markt anbieten, den oftmals gewünschten Blick "über den Tellerrand" des eigenen Unternehmens liefern. Die Frage nach der optimalen Bereitstellung von Beratungsdiensten ist folglich durch die Spezifizierung der Beratungsfunktion nicht entschieden.[304]

Eine weitere Systematisierungsdimension von Beratungsleistungen stellen die unterschiedlichen Rollen dar, die Berater in Ausübung ihrer Tätigkeit gegenüber dem Klientsystem einnehmen können.[305] Es kann bereits vermutet werden, daß es sich hierbei um einen Bestimmungfaktor für die optimale Form der Bereitstellung der Leistung handelt, da das Klientunternehmen bei einer stark Einfluß nehmenden Rolle des Beraters Vorkehrungen treffen muß, damit es nicht in eine Form von Abhängigkeit gerät. In Abb. III.1-46 sind die typischen Rollen auf der unteren Achse abgetragen. Dabei steigt der Grad der **direktiven Einflußnahme** von links nach rechts an.[306]

---

304 Dies steht somit im Gegensatz zu einer rein aufgabeninduzierten Entscheidung über die Bereitstellung von Beratungsdiensten, wie sie z.B. Oefinger (1986), S. 134 ff. beschreibt: Ausgehend von einer Beratungsaufgabe, die mittels einer Vielzahl von Kriterien determiniert ist, ergibt sich quasi zwangsläufig die Eignung interner oder externer Berater.
305 vgl. dazu auch die empirische Untersuchung bei Meffert (1990), S. 185
306 vgl. zu einer in Ansätzen ähnlichen Rollen-Typologisierung, Exner/Königswiesner/Titscher (1987)

Der Berater bzw. das Beraterteam als **Krisenmanager** trifft Entscheidungen, was bei einer gegebenen Problemstellung zu tun und zu lassen ist. Dies bedeutet zu einem gewissen Grad eine Substitution der eigentlichen Projektführung durch Berater.[307] Es kommt daher zu einer unmittelbaren Einflußnahme auf das Projekt und dessen Implementierung.

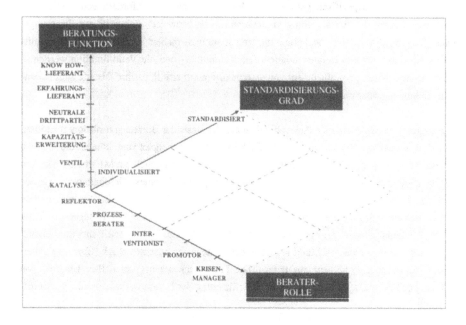

Abb. III.1-46: Systematisierung von Beratungsleistungen

Ist der Berater als **Problemlöser** tätig, bleibt der Projektleitung immer noch die Wahl, ob Lösungsvorschläge angenommen oder abgelehnt werden. Diese Rolle ist - genauso wie die anderen - nicht an einen der beschriebenen Gründe für die Hinzuziehung von Beratern gebunden. Nimmt der Berater die Rolle des Problemlösers ein, bedeutet dies nicht, daß damit unbedingt der Zweck des Know how-Zugriffs verfolgt wird. Ebenso kann er diese Rolle einnehmen, weil bekannt ist, daß die Vorschläge von projektinternen Mitarbeitern in jedem Fall auf Widerstand stoßen würden (Neutralitätsfunktion). Auch mangelnde quantitative Problemlösungskapazität im Klientsystem kann die Rolle eines Problemlösers erforderlich machen.

Die Rolle eines **Promotors** nimmt der Berater dann ein, wenn er an der Lösung eines Problems lediglich beteiligt ist. Er ist dann z.B. Teil eines Restrukturierungsteams, das gemeinsam Veränderungsvorschläge erarbeitet und durchführt.

---

307 vgl. hierzu auch den Ansatz des "Interim-Management", z.B. Frank (1995)

Berater als **Interventionisten** versuchen den Problemlösungsprozeß durch gezielte inhaltsbezogene Eingriffe zu steuern. Die Problemlösung soll allerdings aus dem Klientsystem selbst entwickelt werden. Steht der Know how-Zugriff im Mittelpunkt des Beratungseinsatzes, dann ist bei der Rolle des Interventionisten in erster Linie das Methodenwissen bzw. die Erfahrungen bei anderen Unternehmen gefragt, weniger jedoch das lösungsspezifische Know how.

Der **Prozeßberater** zeichnet sich dadurch aus, daß er sich in die eigentliche Problemlösung nicht mehr einbringt. Er gibt nur noch Hilfe zur Selbsthilfe.

Den geringsten Grad an Einflußnahme übt der **Reflektor** aus. Die problemlösende Einheit präsentiert die Vorschläge einem unabhängigen Dritten, dem Berater, der diese kritisch hinterfragt und weitere Anregungen gibt, ohne weitergehend in die Problemlösung involviert zu werden. Diese Rolle nahmen die Berater der *Lufthansa* (u.a. *Roland Berger und Partner*) in der Phase der Umstrukturierung Anfang der 90er Jahre ein.[308]

Am häufigsten werden Berater mitwirkend (als Interventionisten) und beratend (als Prozeßberater) eingesetzt.[309]

Schließlich muß festgelegt werden, in welchem Maße eine Individualisierung der Leistung eines Beraters bezüglich des Klientsystems erfolgen soll, d.h. welches der akzeptable **Standardisierungsgrad** der Beratungsleistung ist. Dabei ist selbst unter Nutzengesichtspunkten nicht immer eine möglichst individuelle Leistungserstellung anzustreben. Schließlich lassen sich bereits gemachte Erfahrungen aus anderen Beratungssituationen nur dann in einem bestimmten Umfang auf das Klientsystem übertragen, wenn keine allzu starken Veränderungen an der Beratungsleistung vorgenommen werden. Selbst ein grundsätzlich für ein Unternehmen individuell zu erstellendes Gutachten durch einen externen Berater kann bis zu einem gewissen Grad standardisiert sein (z.B. bereits in anderen Fällen angewandte Begutachtungskriterien und -methoden) und somit erst Vergleiche zwischen Unternehmen in einer ähnlichen Situation ermöglichen. Standardisierung heißt im Zusammenhang mit Beratungsleistung folglich nicht ausschließlich die Anwendung von "Patentrezepten", die für alle Unternehmen, gleich welcher Größe oder Branche, gelten sollen, sondern ist in Relation zu einem alternativen Beratungsangebot zu sehen, das eine ähnliche Funktion erfüllen könnte, gleichzeitig aber klientsystemspezifischer erbracht werden würde.

308 vgl. Mölleney/v. Arx (1995)
309 vgl. eine Untersuchung von Thom (1994), die ergab, daß diese beiden Kennzeichnungen für mehr als 50% der Beratereinsätze zutreffend sind. Dies muß allerdings für den spezifischen Beratungsauftrag "Implementierung von Restrukturierungen" keineswegs so sein.

In welchem Maße sich vor allem die beiden letztgenannten Systematisierungsdimensionen "Standardisierungsgrad" und "Einflußnahme des Beraters auf das Klientsystem" als Grundlage und Gestaltungsparameter für das Implementierungscontrolling eignen, wird in diesem Kapitel unter III.1.5.3 zu klären sein.

Für welche Entscheidungsprobleme muß nun aber das Implementierungscontrolling Informationen bereitstellen? Die Spezifikation der Beratungsleistung selbst (also der Standardisierungsgrad, der Einflußgrad und die konkrete Funktion) muß in erster Linie entsprechend den Bedarfen im betrachteten Implementierungsprojekt vorgenommen werden. Das Implementierungscontrolling sollte hierbei durch die Bereitstellung von Kosten- und Zeitinformationen an den betrachteten Alternativen mitwirken. Es geht um die grundlegende Frage, ob eine individuelle Beratungsleistung die dafür anfallenden Kosten und eventuelle Zeitverzögerungen wert ist. Hauptdeterminante und Ausgangspunkt für die Spezifikation der Beratungsleistung ist jedoch der **konkrete Beratungsbedarf** des Klientsystems. Ob dieser Bedarf allerdings durch unternehmensinterne oder -externe Einheiten gedeckt wird, ist für das Klientsystem zunächst zweitrangig. Kostenseitig sind jedoch aufgrund des unterschiedlichen institutionellen Arrangements relevante Differenzen zwischen den Alternativen zu vermuten. Die Optimierung der Bezugsquelle für Beratungsdienste stellt somit die erste unmittelbare Aufgabe des Implementierungscontrolling in diesem Zusammenhang dar. Ist dann klar, von wem die Leistung bezogen wird, stellt sich noch das Entscheidungsproblem, ob sie in der Infra-, Basis- oder Suprastruktur[310] eines Implementierungsprojekts vorgehalten werden soll (vgl. hierzu auch Kap. III.1.4). Während die Suprastruktur Steuerungs- und Koordinationsaufgaben für ein und teilweise auch mehrere Projekte übernimmt, erfolgt aus der Basis- und Infrastruktur heraus die eigentliche Erfüllung der Projektaufgaben bzw. die Unterstützung der mit diesen Aufgaben betrauten Personen und Einheiten. Infra- und Basisstruktur unterscheiden sich in erster Linie durch den Integrationsgrad in ein konkretes Projekt, der z.B. im Freistellungsgrad für die Projektarbeit seinen Ausdruck findet. Die Frage, ob eine Beratungsleistung koordinierenden bzw. steuernden Einfluß nimmt, entscheidet sich bereits bei der Leistungsspezifikation; insofern besteht hier kaum noch Entscheidungs- bzw. Unterstützungsbedarf für das Implementierungscontrolling. Die Frage nach dem Ausmaß der Freistellung und damit die Entscheidung für oder gegen eine Integration der Beratungsdienste in die Basisstruktur ist wiederum sehr wohl durch das Implementierungscontrolling zu unterstützen (vgl. 1.5.4.2).

Die Entscheidungsprobleme bezüglich der Bereitstellung von Beratungsleistungen in Implementierungsprojekten umfassen also neben der Optimierung der Bezugsquelle auch die Frage nach der optimalen Integration der Dienste in die Projektstruktur.

---

310 vgl. Reiß (1995d), S. 536; Reiß (1993c), S. 118 sowie Reiß/Grimmeisen (1994), S. 318

1.5.2   Alternative Bereitstellungsformen für Beratungsdienste

Es wurde bereits angedeutet, daß unter Beratung nicht in jedem Fall der Zukauf einer externen Dienstleistung verstanden werden muß, die eine auftragsindividuell gestaltete Hilfe bei der Identifizierung und Lösung von Problemen eines Unternehmens darstellt.[311] Vielmehr muß auch berücksichtigt werden, daß die Quelle der angedeuteten Hilfe im zu beratenden Unternehmen selbst liegen kann. In diesem Fall muß von unternehmensinterner Beratung gesprochen werden.[312] Denkt man allerdings an ausgegliederte Beratungseinheiten großer Konzerne oder spezialisierte Beratungseinheiten ("Kompetenzzentren") wird klar, daß mit der dichotomen Einteilung in intern und extern bereitgestellte Beratungskapazitäten nur ein äußerst grobes Raster vorgegeben ist. Denn zum einen gibt es für Service-Dienste oder auch Infrastrukturdienste unternehmensintern eine Vielzahl unterschiedlicher Bereitstellungsformen[313] und zum anderen müssen unterschiedliche Varianten der kooperativen Erstellung von Serviceleistungen zwischen internen und externen Serviceeinheiten berücksichtigt werden. Einen Überblick über die generell möglichen Bereitstellungsformen für Beratungsleistungen gibt Abb. III.1-47.

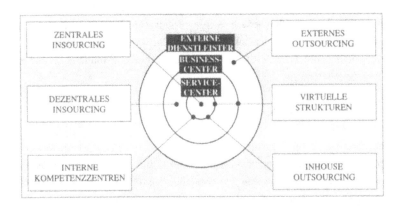

Abb. III.1-47: Spektrum der Bereitstellungsformen für Beratungsleistung[314]

Beim **zentralen Insourcing** erfolgt eine Spezialisierung auf die Beratungstätigkeit einer intern tätigen Service-Einheit, die ihre Leistungen anderen Service Centern, den am Markt operierenden Business Centern oder der Unternehmensleitung ("corporate center") anbietet. Bei **dezentralem Insourcing** werden die Beratungsaufgaben aus den Business Centern heraus

---

311   vgl. Henzler (1993), Sp. 4307 f.; Berekoven (1983), S. 20 ff. sowie Corsten (1993), Sp. 765 ff.
312   vgl. auch Reiß (1995e)
313   vgl. auch Blunck (1993)
314   Reiß/Schuster (1997)

erledigt. **Kompetenzzentren** übernehmen quasi neben ihrer operativen Tätigkeit die "Patenschaft" für spezifische Fachfragen bzw. Zentralisieren das Know how für eine Serviceleistung im Business Center. Ein Geschäftsbereich hat dann in seinen Reihen auch die zentrale Beratungskompetenz im Unternehmen. Beim **externen Outsourcing** wird der Beratungsauftrag an ein außerhalb der Unternehmensgrenzen stehendes, spezialisiertes Unternehmen vergeben. Beim **kooperativen Outsourcing** werden Aufgaben oder Teilumfänge davon in Zusammenarbeit von unternehmensinternen und -externen Beratern angegangen. Durch **Inhouse Outsourcing** wählt man die Bereitstellung von Beratungsdiensten durch zum Klientunternehmen gehörende Einheiten, die sowohl die interne als auch externe Beratung als Geschäftszweck haben und in der Regel als Profit- oder Investment Center geführt werden. In letzter Zeit werden auch zunehmend **virtuelle Strukturen** für Serviceeinheiten beschrieben[315] und gefordert. Für Beratungsleistungen würde dies bedeuten, daß sie durch leistungsspezifische Kooperationen von Business Centern und externen Dienstleistern erstellt würden.

Die konkrete Institutionalisierung der unternehmensinternen Beratung soll im folgenden nicht weiter problematisiert werden, da es sich hierbei nicht um ein spezifisches Problem der Implementierungsberatung, sondern der internen Beratung im allgemeinen handelt. Es bleibt für das Implementierungscontrolling jedoch das Entscheidungsproblem, ob die Beratungsleistung intern oder extern bezogen werden soll. Dabei sind sehr wohl Zwischenformen, wie das Inhouse Outsourcing oder unterschiedliche Formen der Kooperation von internen und externen Beratern, zu berücksichtigen.

1.5.2.1   Make or Buy-Problematik

Die Problemstellung Eigenfertigung oder Fremdbezug (Make or Buy) ist ein Klassiker unter den betriebswirtschaftlichen Optimierungsproblemen. Stand früher dabei eher der Produktionsbereich mit der Bereitstellung von Zwischenprodukten oder Baugruppen im Vordergrund, ist heutzutage - nicht zuletzt aufgrund einer angestrebten Komplexitätsreduktion durch Leistungstiefenverringerung - jede Unternehmensleistung, die nicht dem unmittelbaren Kerngeschäft zuzurechnen ist, auf dem Prüfstand.[316] So ist die Auslagerung von bislang unternehmensintern erbrachten Dienstleistungen, wie EDV, Personalbuchhaltung oder Kantine, an der Tagesordnung.[317] In diesem Kontext nimmt es wenig Wunder, auch Beratungsdienste dem Make or Buy-Fokus zu unterziehen. Tatsache ist, daß die externen Unternehmensberatungsgesellschaften in den letzten Jahren in Deutschland eine rasante Expansion verzeichnen konnten

---

315 vgl. Scholz, Ch. (1995) sowie Reiß/Schuster (1997)
316 vgl. Quinn/Hilmer (1995), S. 49 ff.
317 vgl. hierzu auch Witt (1985a), S. 21 ff.

und auch für die Zukunft erwarten.[318] Allerdings gibt es gravierende Unterschiede zwischen der traditionellen Make or Buy-Frage über Fertigung oder Zukauf von Produkten oder Produktteilen und der Bereitstellung von Beratungsleistung:[319]

- Schlechtere Quantifizierbarkeit von Entscheidungskonsequenzen beim "Beratungs-MoB".
- Größere Relevanz der Leistungsqualität bei Beratungsdiensten.
- Schlechtere Zurechenbarkeit von Beratungsleistungen, während die selbsterstellten oder fremdbezogenen Güter dem Produkt, in das sie eingehen, unmittelbar zurechenbar sind.
- Statt der ausschließlichen Kostenorientierung der traditionellen MoB-Frage gewinnen Nutzenaspekte im Zusammenhang mit der optimalen Beratungsbereitstellung an Bedeutung.

Die Frage nach der optimalen Bereitstellungsform für Beratungsdienste wurde bislang selten aufgeworfen. Eine der wenigen Ausnahmen stellen die Arbeiten von *Wohlgemuth* dar[320], der sich allerdings ausschließlich mit der Organisationsentwicklungsberatung beschäftigt, die jedoch nur eine Form der Beratung in Implementierungsprozessen darstellt. Dennoch kann auf Überlegungen zur Kombination interner und externer Berater im Abschnitt III.1.5.2.2 dieses Kapitels zurückgegriffen werden.

Kehrer/Schade weisen zurecht darauf hin, daß andere Verfasser dem Entscheidungsproblem eine Dichotomie von "interner versus externer Beratung" zugrunde legen, was - wie bereits in Abb. III.1-47 gezeigt wurde - den vielfältigen Zwischenformen nicht gerecht wird.[321] Ähnlich einer Vielzahl von MoB-Untersuchungen (bzw. Untersuchungen zum Kontinuum zwischen "Markt" und "Hierarchie") muß auch bei den Beratungsdiensten von einem Kontinuum an Kombinationsmöglichkeiten interner und externer Bereitstellung ausgegangen werden[322] (vgl. Abb. III.1-48).

Das Kontinuum deutet bereits an, daß die Grenzen zwischen den Extrempunkten fließend sind. So ist es eine Frage der Definition, ob ein rechtlich selbständiges Beratungsunternehmen, das allerdings gleichzeitig Teil eines Konzerns ist, noch als Inhouse Consulting oder

---

318 vgl. Berger (1989)
319 vgl. Perlitz (1975), S. 26 f., wobei sich die Besonderheiten gegenüber der klassischen MoB-Thematik nicht ausschließlich auf Beratungsdienste beschränken, sondern generell für das Make or Buy aller dispositiven Leistungen relevant sind, so z.B. Heinrich (1969), S. 678 f., der zum MoB von IV-Aktivitäten Stellung nimmt oder Witt (1985b).
320 vgl. Wohlgemuth (1985) bzw. Wohlgemuth (1984)
321 vgl. Kehrer/Schade (1995), S. 466. Daraus eine neue Begrifflichkeit mit dem Namen "Make or also Buy-Frage" (S. 467) zu schaffen, ist u.E. nicht unbedingt notwendig, da "or/oder" die beiden Möglichkeiten (Make/Buy) nicht zwangsläufig ausschließt, sondern auch eine Kombination implizieren kann (= einschließendes Oder).
322 vgl. dazu z.B. Picot (1991), S. 339 f.; Büchs (1991); Sydow (1992), S. 246 ff.

bereits als rein extern zu bezeichnen ist. Dies ist bei den nachfolgenden Überlegungen aber zweitrangig, weil die Bewertung von Zwischenformen quasi in Bezugnahme auf interne und externe Leistungserstellung interpoliert werden kann und letztlich in jedem Fall komparative Aussagen für die einzelnen Alternativen entsprechend ihrer Anordnung in Abb. III.1-48 möglich sind.

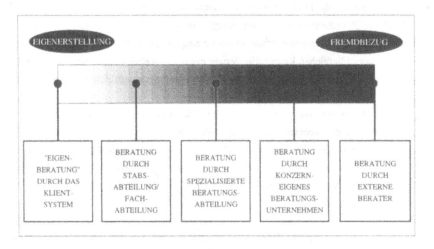

Abb. III.1-48: Kontinuum von Beschaffungsalternativen für Beratungsdienste

1.5.2.1.1 Externe Beratung

Als externe Beratung soll diejenige Bereitstellungsform von Beratungsdiensten bezeichnet werden, die von einzelnen Beratern oder Beratungsunternehmen erbracht werden, ohne daß diese in irgendeiner Form rechtlich oder wirtschaftlich mit dem Klientunternehmen verbunden sind. Nach dieser sehr restriktiven Definition hätte bspw. die Unternehmensberatung *Diebold* (als Tochter von *Debis*) nicht als externer Berater der ehemaligen *Mercedes-Benz AG* (bis vor kurzem ebenso wie *Debis* ein Unternehmensbereich im *Daimler-Benz*-Konzern) bezeichnet werden können. Neben den bekannten, zum Teil weltweit tätigen Beratungsfirmen[323] (z.B. *McKinsey, Arthur Andersen, Boston Consulting Group, Booz Allen & Hamilton* u.a.) können als Beratungsanbieter auch einzelne, selbständige Berater auftreten sowie Spezialisten mit einem konkreten Fach- oder Erfahrungswissen, wie z.B. Wirtschaftsprüfer, Professoren oder Steuerberater.[324] Die Vorteile externer Berater werden immer wieder wie folgt skizziert:[325]

---

323 vgl. zu einer ausführlichen Branchenanalyse und den Tätigkeitsschwerpunkten einzelner Beratungsgesell-
       schaften, Burke (1994), S. 10 ff. sowie Bierach (1995), S. 116 ff.
324 vgl. zu einer ähnlichen Definition auch Henzler (1993), Sp. 4307 f.
325 vgl. Wohlgemuth (1985), S. 84 f.; Perlitz (1975), S. 17 ff.; Fürst (1960), S. 284

- **Distanz** zum Klientsystem und zwar hinsichtlich der dort auftretenden Probleme und der involvierten Personen. Der erste Teilaspekt kann sich positiv auf den potentiellen Innovativitätsgrad der Problemlösung auswirken, der zweite sichert dem Berater eine unabhängige Stellung außerhalb des Betriebsgeschehens sowie hinsichtlich eventueller Freund- oder Feindschaften.

- Die mit dem letzten Punkt in Zusammenhang stehende **Neutralität** des externen Beraters wird in der Regel explizit hervorgehoben. Neben seiner (zwangsläufig gegebenen) Distanz trägt auch seine wirtschaftliche und hierarchische Unabhängigkeit zur Neutralität bei. Der externe Berater ist im Normalfall wirtschaftlich nicht von einem konkreten Projekt abhängig und die Entscheidung über sein Engagement wird meistens von einer Hierarchieebene oberhalb des Klientsystems getroffen, bei einem Restrukturierungsprojekt also typischerweise vom Lenkungsausschuß.

- Die **Unabhängigkeit** externer Berater führt im allgemeinen zu einer höheren Autorität und Objektivität, die allerdings im Einzelfall wieder eingeschränkt werden kann, wenn eine langjährige Beratung des Klientunternehmens (oder auch nur die Absicht hierzu) vorhanden ist ("Hausberatung"[326]) oder wenn es sich um "Herstellerberater" handelt, die durch die Beratung eigene Produkte absetzen wollen (z.B. Beratungseinheiten von Softwareunternehmen).[327]

- Ausschlaggebender Faktor für einen externen Berater ist bei einer rein effektivitätsorientierten Entscheidung oft das von ihm erhoffte **innovative Fach-Know how** oder das Einbringen von Erfahrungswissen aus bereits abgeschlossenen oder noch laufenden Projekten. Das Klientunternehmen kann somit in den Besitz von Wissen gelangen, daß es nur durch kostspieliges Lernen am oder im Modell (vgl. Kap. III.1.2.5.3) oder durch Benchmarking-Studien hätte selbst erzeugen können.

- Ein oftmals nicht erkannter oder gering geschätzter Vorteil ist, daß der Aufwand für die externe Beratung **Einzelkosten** darstellt. Es liegt also ein Höchstmaß an Transparenz hinsichtlich der Kostenverantwortung und -zurechnung vor. Für ein mit der Performance von Implementierungsprojekten beschäftigtes Implementierungscontrolling ist dies ein nicht zu unterschätzender (und kostensparender) Vorteil.

Die Nachteile stellen sich regelmäßig als Spiegelbild der Vorteile dar, so daß auf umfangreiche Erläuterungen verzichtet werden kann:

---

326   wie im Fall der mehr als 10-jährigen Beratungsbeziehung zwischen *McKinsey* und *Daimler-Benz,*
      vgl. Behrens/Bierach (1996), S. 138 ff.
327   vgl. Argyris (1964), S. 702 f.

- Betriebsfremdheit,

- Standardkonzepte, die u.U. bereits bei Wettbewerbern so oder so ähnlich zum Einsatz kamen und daher keinen Wettbewerbsvorsprung mehr ermöglichen.

- Hohe Kosten, nicht zuletzt durch die lange Einarbeitungszeit und die Gewinnerzielungsabsicht bei Beratern, deren Hauptgeschäftszweck die Unternehmensberatung darstellt.

Hinsichtlich der Akzeptanz externer Berater im Klientsystem werden unterschiedliche Meinungen vertreten. Während *Wohlgemuth* bei OE-Beratern davon ausgeht, daß Externe aufgrund Ihrer Neutralität eine tendenziell höhere Akzeptanz im Klientsystem genießen als Interne[328], sprechen eine Reihe von Praxisberichten von einer geringen Akzeptanz bis hin zu Reaktanz der Betroffenen.[329] Ursache für eine geringe Akzeptanz dürften in erster Linie die Erfahrungen sein, die die Mitarbeiter bei vorangegangen Beratungsprojekten gemacht haben. Waren diese in erster Linie auf Personalabbau, Leistungsverdichtung oder aber auch in den Augen der Mitarbeiter durch geringe Erfolge gekennzeichnet ("Das Geld hätte man sich sparen können"), so sinkt die Akzeptanz aktueller oder zukünftiger Beratereinsätze. Auch die in der Presse zunehmende Kritik am Auftreten und Verhalten eines Großteils der Branche[330] trägt zu einem reservierten bis ablehnenden Verhalten der Betroffenen bei. Wichtig ist, daß mangelnde Akzeptanz zu einem unmittelbaren Kostentreiber werden kann, da sich die erforderliche Informationsbeschaffung verzögert oder manche relevanten Daten gar nicht in die Problemlösungsphase einfließen und so das gesamte Beratungsprojekt gefährden.

1.5.2.1.2 Interne Beratung

Durch die enge Fassung des Begriffs "externe Beratung" nimmt die Breite der Bereitstellungsformen, die dem Inhouse Consulting subsumiert werden sollen, zwangsläufig zu. Neben rechtlich selbständigen Beratungsunternehmen, die ihre Dienste innerhalb des Konzerns, dem sie zugehören, anbieten, gehören vor allem spezialisierte Stabseinheiten in diese Gruppe der Beratungsdienste. Dies kann eine eigene Beratungseinheit (die dann auch oft den Namen "Inhouse Consulting" trägt) ebenso sein, wie die interne Revision, die im Rahmen eines Management Audit Beratungshilfe anbietet, oder auch die Controlling-Abteilung. Nicht jeder, der einem Kollegen einen Rat erteilt ist allerdings gleich als Berater im hier verstandenen Sinne aufzufassen. Entscheidungskriterium ist vielmehr die Institutionalisierung einer beratenden Einheit. Eine weitere begriffliche Eingrenzung wird dadurch vorgenommen, daß es sich nur dann um Beratung handeln soll, wenn die Hilfe der Spezialisten freiwillig von einem Ent-

---

328 vgl. Wohlgemuth (1985), S. 84
329 vgl. z.B. Geiger (1994), S. 79 sowie ähnlich Mölleney/v.Arx (1995). Vgl. auch Reiß/Grimmeisen (1996), S. 52.
330 vgl. z.B. Raithel (1991), S. 200 ff.

scheider hinzugezogen wird.[331] Die Einschaltung des Controlling in den regulären Planungsprozeß ist daher nicht als Beratung (im hier verstandenen Sinne) durch Inhouse Consultants anzusehen, während dies im Rahmen von Projekten so aufgefaßt werden kann. Entscheidend ist folglich, ob die Inanspruchnahme von Leistungen einer Stabsabteilung in einer Ablaufroutine oder -prozedur verbindlich festgeschrieben ist oder ob die angesprochene Freiwilligkeit gilt.[332] Stabsabteilungen, die sich auf eine Art von Beratung spezialisiert haben, wie sie auch von selbständigen Beratungsunternehmen angeboten wird, werden organisatorisch oft als Center (Service- oder Profit-Center) strukturiert. Als Profit-Center kann die Beratungseinheit meist auch außerhalb der Unternehmensgrenzen tätig werden, so daß es gegenüber Dritten wiederum als externer Berater auftritt (hybride Berater).

In einigen Großunternehmen hat die Einführung von organisatorischen Centern und damit auch von zunehmend freiwilligen internen Kunden-/Lieferantenbeziehungen zu einer Vielzahl von internen Beratern geführt, wie das Beispiel *Bosch* in Abb. III.1-49 zeigt.

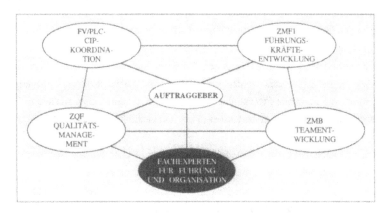

Abb. III.1-49: Netzwerk der internen Berater bei *Bosch*[333]

Es wird in diesem Beispiel deutlich, daß Veränderungsprozesse Know how-Unterstützung von verschiedenster Seite bedürfen. Die Schnittstelle zwischen Restrukturierung und Personalentwicklung wird bei *Bosch* gleich durch zwei Unterstützungseinheiten manifestiert (ZMF1 und ZMB). Die für den "Continuous Improvement Process" verantwortlichen CIP-Koordina-

---

331 Besteht diese Freiwilligkeit nicht, stellt sich aufgrund der Vorgabe nicht mehr unmittelbar das Entscheidungsproblem "interner vs. externer Berater".
332 Dies bedeutet allerdings nicht, daß das Klientsystem selbst freiwillig entscheidet. Vielmehr kommt es auf das zuständige Entscheidungsgremium an. Fordert also der Lenkungsausschuß eines Projekts (auch gegen den Willen des Projektleiters) Unterstützung bei einer internen Stabsabteilung an, so ist dies nach der Definition als Inhouse Consulting zu werten.
333 vgl. zu einer ausführlicheren Beschreibung, Reiß/Schuster (1997)

toren sind in erster Linie für den Einsatz und die Verbreitung ihres Methoden-Know how (z.B. Moderationstechniken) im Einsatz. Die Qualitätssicherung dient ebenfalls der Methodenunterstützung sowie der Verknüpfung mit dem TQM-Gedanken.

Als Vorteile für interne Berater ergeben sich:

- Es besteht eine größere **Nähe** zum Klientsystem und damit ein sehr spezifisches Unternehmenswissen, das in der Regel den Prozeß der Problemdiagnose und der Informationsbeschaffung vereinfacht, oft aber sogar die Voraussetzung für eine effektive Problemlösung schafft.
- Durch interne Berater ist in der Regel eine kurzfristige **Verfüg- und Abrufbarkeit** gegeben, ohne daß erst langwierige Verhandlungen über Konditionen, Leistungen, Geheimhaltung, Konkurrenzausschluß u.ä. getroffen werden müßten.
- Die oftmals **längere Begleitung** eines Beratungsprojekts durch Interne führt dazu, daß einer Untersuchung zufolge die Ergebnisse interner Berater öfters umgesetzt wurden als die vergleichbaren Vorschläge Externer.[334] Entsprechend weist die angesprochene Untersuchung auch einen höheren Zufriedenheitsgrad mit der internen Beratung aus.[335]
- Das im Rahmen des Beratungsprojekts erworbene Know how (sowohl in fachlicher als auch in methodischer Hinsicht) bleibt dem Klientunternehmen bei internen Beratern erhalten. Es kann daher versucht werden, eine Beratungs-"Lernkultur" aufzubauen, die für wiederholt vorkommende Projektinhalte (dies trifft in zunehmendem Maße auch auf Restrukturierungsprojekte zu) einen Kosten-, Zeit- und Qualitätsvorteil darstellen kann.

Nachteilig sind auch in diesem Fall die folgenden Eigenheiten der internen Beratung:
- Mangelndes unternehmensübergreifendes Fach- und Erfahrungswissen.
- Der Berater selbst ist unter Umständen eingebunden in eingefahrene Arbeitsabläufe, Wertvorstellungen, Besitzstandsdenken u.ä. Daraus kann ein geringerer Innovativitätsgrad der Beratungsleistung resultieren.
- Durch hierarchische oder auch persönliche Abhängigkeiten (Kollegen, Freunde ...) kann die Objektivität und die Autorität der externen Berater leiden.
- Schließlich sind oft auch Kostenzurechnungsprobleme zu erwarten, wenn mittels Zuschlagskalkulation die Gemeinkosten (und damit auch die Kosten der internen Beratungsabteilung) auf das Gesamtunternehmen umgelegt werden müssen. Eine Zuordnung der Kosten auf das verursachende Projekt ist dann entweder gar nicht mehr oder nur durch aufwendige Sonderuntersuchungen möglich.

---

334 vgl. Oefinger (1986), S. 194 ff.
335 vgl. ebenda, S. 191 ff.

1.5.2.2   Kombinationsmöglichkeiten

Es liegt nahe, die Vorteile dadurch zu kumulieren (bzw. die Nachteile dadurch abzuschwächen), daß man interne und externe Berater kombiniert.[336] Dies kann dadurch geschehen, daß man für die Dauer eines Projekts ein Beratungsteam einrichtet, das sich aus externen und internen Beratern zusammensetzt (**parallele Kombination**). Abb. III.1-50 stellt das Entscheidungsproblem schematisch dar.

Als Alternative kann eine **zeitlich-sequentielle Kombination** gelten, bei der die unterschiedlichen Berater phasenspezifisch im Beratungsprozeß eingesetzt werden. Allerdings weist *Oefinger* zurecht daraufhin, daß die genannte Arbeitsteilung nicht ausschließlicher Natur sein kann (d.h. in einer Phase würde ausschließlich ein Beratertypus arbeiten), weil es dadurch zu starken Friktionen kommen könnte.[337]

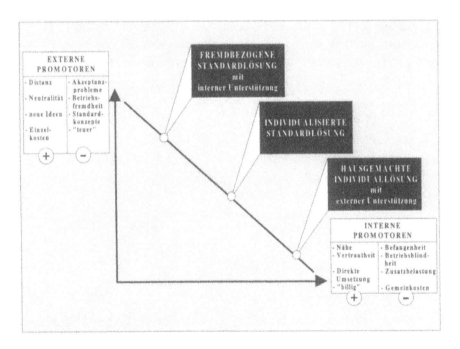

Abb. III.1-50: Kombination interner und externer Berater[338]

---

336   vgl. Staute (1996), S. 216; vgl. auch Wohlgemuth (1985), S. 87 ff. für die Beratung im Rahmen einer Organisationsentwicklung sowie Oefinger (1986), S. 35 ff.
337   vgl. Oefinger (1986), S. 205 ff.
338   Reiß/Grimmeisen (1996), S. 52

Der externe Berater könnte bspw. in der Problemlösungsphase auf andere Daten zurückgreifen wollen, als der interne Berater in der Datenerhebungsphase gesammelt hat. Diese Problematik kann durch eine phasenspezifische Schwerpunktsetzung vermieden werden, bei der ein Beratertyp federführend tätig ist, der andere aber dennoch beteiligt wird und seine Vorstellungen einbringen kann.

Aus den genannten Vor- und Nachteilen einzelner Bereitstellungsalternativen für Beratungsleistungen und deren Kombinationsmöglichkeiten ergibt sich in Implementierungsprozessen eine Entscheidungssituation, die durch ein Implementierungscontrolling unterstützt werden muß, indem eine wirtschaftlichkeitsorientierte Bewertung der verschiedenen Alternativen vorgenommen wird.

1.5.3   Bewertung der Bereitstellungsformen

Grundlage der Bewertung von Beratungsdiensten muß das Implementierungszielsystem sein. Zur Erfassung und Steuerung von relevanten Parametern und Erfolgsgrößen kann das Implementierungscontrolling erneut auf ein Kennzahlensystem zurückgreifen (vgl. Kap. II.3.3), wie es exemplarisch in Abb. III.1-51 dargestellt ist.

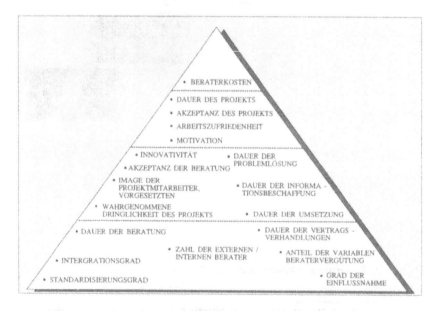

Abb. III.1-51: Kennzahlensystem für Beratungsleistungen

Die traditionelle Bewertung hinsichtlich internem und externem Bezug von Beratern beruht auf Argumentenbilanzen oder Nutzwertanalysen.[339] Diese Instrumente sind auch Teil des Implementierungscontrolling, wobei jedoch vor allem den Kosten und Kostenstrukturen eine erhöhte Aufmerksamkeit zuteil werden sollte, weil die Bewertung explizit um diejenigen Kosten erweitert werden muß, die ihren Grund in der vertraglichen Gestaltung des Bezugs haben. Schließlich handelt es sich dabei um den konstituierenden Unterschied zwischen internen und externen Beratern. Die Weiterentwicklung der Kostenanalyse steht daher auch im Zentrum der folgenden Ausführungen. Die Nutzenseite findet nur insofern eine indirekte Berücksichtigung, als z.B. die Flexibilität des Beratereinsatzes in hohem Maße mit der Vertragsgestaltung korreliert. Nutzengrößen wie "Beraterakzeptanz", "Innovativität"[340] oder "Güte (Qualität) der Beratung" müssen unternehmens- und implementierungsspezifisch ermittelt werden. Sie können zusammen mit den Ergebnissen der Kostenoptimierung in eine integrierte Nutzwertanalyse überführt werden und so ein hohes Maß an Transparenz und intersubjektiver Nachvollziehbarkeit für die Entscheidung der Beraterwahl gewährleisten.

1.5.3.1 Entwicklung eines (Kosten-)Optimierungskalküls

Allen bisherigen Ansätzen zur Bewertung der Make or Buy-Problematik bei Beratungsleistungen ist gemeinsam, daß keine ganzheitliche Evaluierung stattfindet:

- In manchen Fällen beschränkt sich die Bewertung auf den Vergleich der Transaktionskosten (bzw. der Ausprägungen von Einflußgrößen) und einen Vergleich der "Kompatibilität"[341] von Beratern und Klienten.[342] Soll die Bewertung allerdings nicht nur zur Auswahl des institutionellen Arrangements dienen, sondern dem Begriff Controlling gerecht werden, müssen auch die "Herstellkosten" bzw. der "Bezugspreis" explizit erfaßt werden. Auch der Kompatibilitätsansatz zur qualitativen Abschätzung, wie gut Berater und Klientsystem bzw. Beratungsaufgabe zueinander passen[343], muß dann durch eine mehr quantitative Bewertung ersetzt werden.
- Der sehr gute Ansatz von *Heigl* erfaßt bereits die Lebenszykluseffekte unterschiedlicher Bereitstellungsformen.[344] Die Transaktionskosten bleiben jedoch unberücksichtigt.[345]

339 vgl. z.B. Perlitz (1975); Fieten (1979), S. 396 ff.; Reineke/Hennecke (1982)
340 vgl. auch Haritz (1974)
341 vgl. zu diesem Ansatz Laux/Liermann (1993), S. 255 ff.
342 vgl. Kehrer/Schade (1995), S. 468 f.
343 vgl. ebenda, S. 470 ff.
344 vgl. Heigl (1971), S. 6 ff
345 Daß diese keineswegs nur aus theoretischen Gründen nicht vernachlässigt werden dürfen, zeigt eine Studie der *Boston Consulting Group*, wonach eine Vielzahl von Unternehmen nach Outsourcing-Entscheidungen höhere Kosten hinnehmen muß als zu Zeiten der Eigenerstellung. Diese Mehrkosten sind nach Chalos (1995), S. 32 auf zusätzliche Transaktionskosten zurückzuführen.

• Die einfachsten Verfahren der Bewertung beschränken sich auf die Erstellung einer Nutzwertanalyse und eines rudimentären Kostenvergleichs der Alternativen.[346] Dieser sehr pra-
xisnahe, weil mit relativ wenig Aufwand verbundene Ansatz muß nicht zwangsläufig zu
einer falschen Entscheidung führen. Ein Erkennen und vor allem Steuern der verschiedenen
Parameter zur Optimierung der Bereitstellung von Beratung in Implementierungsprozessen
ist damit aber nicht möglich. So besteht noch oft ganz pauschal die Ansicht, daß die Wis-
sensbeschaffung mit Hilfe externer Berater risikoärmer und kostengünstiger ist, zumal
wenn die Bezahlung der Beratungsleistung an einen entsprechenden Beratungserfolg geknüpft wird.[347]

Wie das Implementierungscontrolling an einer Optimierung des Bezugs von Beratungsdiensten mitwirken und welche neuen Einsichten es liefern kann, wird im folgenden darzustellen
sein. In einem ersten Schritt müssen Aussagen über den relevanten Zeithorizont für die Bewertung gemacht werden. Meistens wird bei der Evaluierung von Make or Buy-Alternativen
zwischen kurzfristiger und langfristiger Betrachtung unterschieden.[348] Der Unterschied wird
dabei regelmäßig in der Berücksichtigung der Kapazitätssituation manifest. Langfristig sind
Kapazitäten veränderbar.

Da die Beratung für ein Implementierungsprojekt im Normalfall nicht den Aufbau einer eigenen internen Beratung rechtfertigt, ist die (Beratungs-)**Kapazitätssituation** im Einzelfall als
gegeben anzusehen. Gleichwohl sollten darüber hinaus Gedanken angestellt werden, inwieweit sich eine Beratungssituation wiederholen und sich somit auch langfristig die Frage nach
Eigenerstellung oder Fremdbezug stellen könnte. Das Entscheidungsproblem, ob es zu einem
Aufbau einer internen Beratungsstelle kommen soll[349], ist folglich keine unmittelbare Fragestellung für das Implementierungscontrolling. Es versteht sich von selbst, daß sich bei der an
dieser Stelle angenommenen fixen Kapazitätssituation die Bereitstellungsfrage nur dann stellt,
wenn überhaupt adäquates Beratungs-Know how im Unternehmen vorhanden ist, sonst müssen die Beratungsbedarfe ohnehin von externer Seite befriedigt werden.

Versucht man die Gesamtkosten für die Beratung zu ermitteln, sind zunächst die unmittelbaren Beschaffungskosten bei Externen (Preis) bzw. die Herstellkosten bei Internen (Gehalts-
zahlungen) zu erfassen.

---

346 vgl. z.B. Perlitz (1975)
347 vgl. Schüppel (1996), S. 222
348 vgl. z.B. Männel (1995), S. 197 ff.; Picot (1991), S. 338 ff.; Baur (1990); Anderson/Weitz (1986), S. 5 ff.
349 vgl. z.B. Allanson (1985), S. 317 ff.

Darüber hinaus können folgende zwei Klassifizierungsdimensionen als grundlegende Einfluß-faktoren auf die Beratungskosten gelten: die "Beratungsfunktion" und die "Beraterrolle" bzw. das Ausmaß der Einflußnahme eines Beraters auf das Klientsystem (vgl. in diesem Kapitel unter III.1.5.1). Beide Dimensionen schlagen sich gut nachvollziehbar in den direkten Kosten der internen oder externen Berater nieder. Relevant ist dabei nicht zuletzt das Mengengerüst der direkten Kosten, also die für die Erstellung der Beratungsleistung erforderliche Zeit. Sie ist damit eine der unmittelbaren Kostendeterminanten.[350] Daneben ist die Einbeziehung von engpaßspezifischen Opportunitätskosten bei Zugriff auf bereits ausgelastete Kapazitäten Teil eines jeden MoB-Optimierungskalküls.[351] Die Schäden (der entgangene Nutzen), die durch die Verdrängung eines anderen Veränderungsprojekts entstehen (z.B. zeitliche Verzögerun-gen, nicht realisierte Einsparungen u.ä.), müssen als Opportunitätskosten der Eigenerstellung dem Klientsystem belastet werden. Darüber hinaus muß regelmäßig davon ausgegangen wer-den, daß die Ziele der Beratungseinheit und diejenigen des Klientsystems nicht deckungs-gleich sind. Allein daraus ergibt sich bereits eine näher zu untersuchende Verhaltensunsicher-heit hinsichtlich Engagement und Qualität der Leistungserstellung durch den oder die Berater. Unmittelbar einleuchtend ist auch, daß die Gesamtkosten davon abhängig sind, ob es sich um eine "Standardberatung" handelt oder um eine problem- und unternehmensspezifische Bera-tung. Verhaltensunsicherheit und Beratungsspezifität stellen sich je nach Funktion und Rolle der Beratung unterschiedlich dar, so daß von einer Induktionsbeziehung ausgegangen werden kann: Je nach Funktion und Rolle verändert sich die Relevanz der Unsicherheit und der Spe-zifität, welche wiederum unmittelbar Einfluß auf die Gesamtkosten haben.

Wie noch zu schildern sein wird, haben auch die Kostendeterminanten untereinander einen gegenseitigen Einfluß. So kann man nur ermitteln, ob es im Unternehmen eine ausreichende Beratungskapazität gibt, wenn geklärt ist, wie spezifisch die Beratungsleistung erbracht wer-den soll. Die Verhaltensunsicherheit der Berater wirkt sich um so gravierender aus, je stärker der Berater Einfluß auf das Klientsystem nimmt, je länger der Beratungsprozeß dauern soll und je weniger kapazitative Alternativen das Klientunternehmen hat.

Beratungsleistungen können nicht mit dem gleichen Instrumentarium analysiert und bewertet werden, wie andere Make or Buy-Entscheidungen innerhalb der Unternehmung. Dafür ver-antwortlich zeichnen folgende Besonderheiten des Marktes "Beratungsleistungen":[352]

- Intransparenz des Marktes,
- Beurteilungsschwierigkeiten der Beraterqualifikationen und der Beratungsleistungen,

---

350 vgl. z.B. Reichmann/Palloks (1995); Däumler (1995)
351 vgl. z.B. Fröhling (1995); Brück (1995)
352 in Anlehnung an Kaas/Schade (1995), S. 1068

- Bedeutung der ökonomischen Folgen, die die Beratungsleistungen für das Klientunternehmen besitzen.[353]

Die genannten Marktspezifika machen die Wichtigkeit eines Implementierungscontrolling deutlich. Denn durch die Intransparenz des Beratermarktes liegen Vergleichsmaßstäbe nicht auf der Hand und gleichzeitig erfordert der meist hohe Ressourceneinsatz für Beraterdienste eine solide Entscheidungsunterstützung. Neben den marktlichen Besonderheiten entsteht für das Implementierungscontrolling dadurch eine weitere Herausforderung, daß die Leistungserstellung in der Regel unter

- Informationsasymmetrie zwischen Anbieter und Nachfrager[354] und unter
- Einbeziehung von Mitarbeitern des Klientunternehmens

erfolgt. Diese mangelnde Zurechenbarkeit und Intransparenz erschwert eine eindeutige Bewertung von Beratungsdiensten - auch im Rahmen des Implementierungscontrolling. Die Problematik resultiert daraus, daß es sich bei einer Beratungsleistung um ein Kontraktgut[355] handelt, welches "in einer mehr oder weniger intensiven Kooperation zwischen Anbieter und Nachfrager erstellt"[356] wird. Der Kontrakt verspricht eine zukünftige Leistung, die dadurch zustande kommen soll, daß ein Vertragspartner eine Investition tätigt (Klientunternehmen), wobei die Wirtschaftlichkeit der Leistung vom Verhalten der anderen Vertragspartei (Berater) abhängt.[357] Damit sind Kontraktgüter immer auch sehr spezifische und komplexe sowie meistens auch hochwertige Güter.

Es wird klar, daß relevante Bewertungsinformationen in diesem Fall nicht durch oberflächliche Kostenvergleiche zu gewinnen sind, sondern nur durch die Berücksichtigung der beschriebenen Charakteristika von Beratungsleistungen. Konkret erfordert dies eine Einbeziehung von Transaktionskosten[358] und Agency-Kosten, die sich durch die beschriebene Informationsasymmetrie sowohl im Vorfeld als auch während des Leistungserstellungsprozesses ergeben.[359]

---

353 vgl. auch Kienbaum/Meissner (1979), S. 109 ff.; Klein (1978), S. 105 ff.; Swart/Lippit (1975)
354 vgl. auch Chalos (1995), S. 34
355 Kontraktgüter unterscheiden sich dadurch von Austauschgütern, daß es sich bei ersteren um fertige Produkte handelt, "auf deren Charakteristika im Moment der Übergabe an den Kunden niemand mehr Einfluß nehmen kann, weder der Käufer, noch Verkäufer", Schade/Schott (1993), S. 16.
356 Kaas/Schade (1995), S. 1071
357 vgl. Alchian/Woodward (1988), S. 68
358 vgl. auch den Hinweis auf die Transaktionskosten zur Optimierung interner Dienstleistungen allgemein bei Reiß (1995e), S. 419 f. sowie Walker/Weber (1984). Vgl. hierzu ebenso Bühner/Tuschke (1997), S. 25 ff.
359 Die bereits erwähnte Entscheidungsgröße "Kompatibilität" zwischen Berater und Klientsystem (vgl. Laux/Liermann 1993) wird durch den Ansatz von Agency-Kosten abgedeckt, vgl. dazu Fischer (1992), S. 78 ff.

Das Gesamtoptimierungskalkül sieht daher folgendermaßen aus:

1.5.3.2   Beschaffungs-/ Herstellkosten

Beschaffung zu Marktpreisen

Bei der Ermittlung der Beschaffungskosten für externe Implementierungsberatung ergibt sich für das Implementierungscontrolling weder ein Erfassungs- noch ein Zurechnungsproblem - vorausgesetzt, die Beratung erfolgt ausschließlich für das betrachtete Projekt. Sollen z.B. die Kosten für ein Projekt zur Implementierung von Gruppenarbeit ermittelt werden, die Beratungsdienste gingen aber in ein Rahmenprojekt "Intrapreneuring" ein, so liegt ein auch aus anderen Unternehmensprozessen bekanntes Gemeinkostenproblem vor, weil das Teilprojekt von der Implementierung des Rahmenprojekts profitiert. Hierauf soll an dieser Stelle nicht weiter eingegangen werden, weil Ansätze zur Handhabung dieser Problematik vorliegen.[360]

Die direkten Kosten für diejenigen Inhouse Consultants, die im Konzernverbund ihre Leistungen rechtlich oder faktisch selbständig anbieten bzw. in marktpreisgesteuerten Centern arbeiten, können denen für externe Berater gleichgesetzt und ebenfalls als Beschaffungskosten bezeichnet werden. Schließlich werden von ihnen Rechnungen an die abnehmende Einheit ausgestellt, die sich definitionsgemäß gerade an den Preisen externer Berater orientieren. Die Beschaffungskosten sind nach Beraterqualifikation (bzw. Hierarchiezugehörigkeit im Beratungsunternehmen) gestaffelt:[361]

- Inhaber bzw. Geschäftsführer von Beratungsunternehmen verlangten im Jahr 1995 im Durchschnitt 2.330 DM pro Tag, wobei die Spanne von 1.200 bis 5.000 DM pro Tag reicht.
- Senior-Berater kommen im Durchschnitt auf 2.270 DM/Tag (die Spanne geht bis zu 4.800 DM/Tag) und
- Projektleiter begnügen sich durchschnittlich mit 1.760 DM täglich.
- Einfache Berater verlangen 1.610 DM/Tag und

---

360 vgl. z.B. verschiedene Formen der Gemeinkostenschlüsselung bzw. das gemeinkostenvermeidende Rechnen mit "relativen Einzelkosten", Riebel (1994).
361 Die Angaben stammen aus einer Befragung der 8.700 Mitgliedsfirmen des Bundesverbandes Deutscher Unternehmensberater (BDU) von 1995, o.V. (1995a), S. 1; vgl. ebenfalls Kühn (1996), S. 23.

• Junior Consultants bzw. Assistenten stellen durchschnittlich 1.350 DM/Tag in Rechnung, wobei selbst bei diesen die Spanne bis 2.500 DM/Tag reicht.

Nicht zu vergessen sind bei den Beschaffungskosten die Nebenkosten und Spesen der Berater.[362] Eine wichtige Determinante der Beschaffungskosten stellt die Erfolgsabhängigkeit des Honorars dar. Obwohl sich der Deutsche Beratertag 1995 gegen Erfolgshonorare aussprach, weil diese die Unabhängigkeit der Berater einengen würden, arbeiten immerhin 70% der im BDU zusammengefaßten Beratungsunternehmen mit dieser flexiblen Komponente.[363]

Beschaffung zu "Herstellkosten"
Bei der Beratung durch unternehmensinterne Einheiten, die allerdings nicht als Profit Center gesteuert werden, können entweder die analytisch ermittelten Personalkosten (Arbeitszeit multipliziert mit dem Bruttostundensatz) und die verbrauchsabhängigen Sachkosten oder festgelegte Verrechnungspreise in Ansatz gebracht werden. Darüber hinaus kann eine Verrechnung von Unternehmens- und/oder Beratungsgemeinkosten in Abhängigkeit von den beanspruchten Beratungsstunden erfolgen.[364]

Tendenziell ist zumindest der Stundensatz der internen Berater günstiger, da er im Gegensatz zu gewinnorientierten Unternehmen oder Unternehmenseinheiten keinen Gewinnaufschlag und meistens auch keine anteiligen Gemeinkosten enthält. Daraus allerdings zu schließen, daß hinsichtlich der Beschaffungs- bzw. Herstellkosten ein eindeutiger Vorteil für die internen Berater besteht, wäre voreilig. Schließlich spielt auch die Beratungsdauer eine wesentliche Rolle, die den im allgemeinen gegebenen Vorteil der internen Berater sowohl verstärken als auch verringern kann. Abhängig von der Beratungsfunktion und der geforderten Einflußnahme kann es sein, daß externe Berater eine längere Einarbeitungsphase benötigen, oder daß die internen mit einem speziellen Beratungsproblem weniger vertraut sind und daher längere Zeit für dessen Lösung benötigen.

1.5.3.3   Transaktions- und Agency-Kosten

Bei den Transaktions- und Agency-Kosten handelt es sich um Kosten, die durch die Art des institutionellen Arrangements für die Bereitstellung von Beratungsdiensten hervorgerufen werden. Konkret entstehen Transaktionskosten durch die Erstellung einer grundlegenden

---

362 Lediglich 24% der Berater verlangen keine Spesen, 41,4% rechnen nach Belegen ab und 33% nach Pauschalen, o.V. (1995a), S. 1.
363 vgl. o.V. (1995a), S. 1
364 Die Gemeinkosten der internen Beratung können sehr differenziert erfaßt werden, indem z.B. nach verschiedenen Gemeinkostenarten der Unternehmenseinheit "interne Beratung" unterschieden wird, vgl. Allanson (1985), S. 347 ff.

rechtlichen Vertragsform, die die Austauschbeziehung explizit oder implizit begründet, durch die Erstellung und Anwendung von Mechanismen, die bei ungeplanten Veränderungen des Austauschprozesses zum Einsatz kommen sowie durch Anpassung und Auflösung der geschlossenen Vertragsform.[365] Da die Transaktionskosten selbst nur äußerst schwer erfaßbar sind, wird in der Regel für die Bewertung institutioneller Arrangements auf die Ausprägungen der (Transaktions-)Kostentreiber "Spezifität", "Unsicherheit" und "Häufigkeit der Transaktion" zurückgegriffen.[366]

Die Häufigkeit der Transaktion ist für die hier eingenommene kurzfristige Perspektive zu vernachlässigen. Sie wird dann relevant, wenn für das Unternehmen oder einen Unternehmensteil generell entschieden wird, ob Beratungsdienste intern erstellt werden sollten und damit entsprechende Kapazitäten zu rekrutieren, qualifizieren und in der Folge vorzuhalten sind. Für die Einmalentscheidung über die Bereitstellungsform im Rahmen eines konkreten Implementierungsprojekts sind die vorhandenen Kapazitäten konstant und der Kostentreiber "Häufigkeit" bzw. die davon beeinflußten Transaktionskosten sind für das durch die Einmalentscheidung getroffene institutionelle Arrangement nicht entscheidungsrelevant.

Die mit einer Transaktion verbundene Unsicherheit basiert auf zwei Faktoren:[367]

• Parametrische Unsicherheit und
• Verhaltensunsicherheit.

Die parametrische Unsicherheit thematisiert die situativen, unsicheren Bedingungen der Transaktion.[368] Aus diesen ergeben sich Anpassungsbedarfe, die sich in verschiedenen institutionellen Arrangements mit unterschiedlich hohen Transaktionskosten decken lassen.

Die Verhaltensunsicherheit der (opportunistischen) Transaktionspartner stellt bei einer Leistung, wie der Beratung einen so zentralen Punkt dar, daß er getrennt mit Hilfe der Agency-Theorie analysiert wird. Grundsätzlich könnte auch für diesen Faktor die Transaktionskostentheorie eingesetzt werden; der Agency-Ansatz läßt allerdings einige Sachverhalte und Einflußmöglichkeiten differenzierter analysieren.

---

365 vgl. Ebers/Gotsch (1995), S. 211
366 vgl. z.B. Picot (1985), S. 224 f.
367 vgl. Williamson (1985), S. 57 ff. Vgl. auch Picot (1982), S. 371 ff., der eine Unterteilung der Einflußfaktoren u.a. in Mehrdeutigkeit der Transaktionssituation (Verhaltensunsicherheit und transaktionsspezifische Parameter) und Umweltunsicherheit vornimmt. Eine so angelegte Analyse der Beratungssituation in Implementierungsprozessen käme jedoch zu einem vergleichbaren Ergebnis.
368 vgl. Williamson (1985), S. 59

Exkurs

Die Agency- und die Transaktionskostentheorie weisen einen sehr hohen Grad an Verwandtschaft auf. Dies allein schon deshalb, weil sie beide der Neuen Institutionenökonomie zuzurechnen sind. Darüber hinaus ist der größte Teil der Verhaltensannahmen über die Beteiligten kongruent (z.b. begrenzte Rationalität, Opportunismus, stabile Präferenzordnungen etc.[369]). Der Analysezugang zur betrachteten Austauschbeziehung ist allerdings unterschiedlich: Während die Agenturtheorie informationelle Asymmetrien, Verhaltensunsicherheiten und eine unterschiedliche Risikoverteilung der Akteure in den Mittelpunkt stellt, sind es bei der Transaktionskostentheorie eher die Parameter der Transaktion selbst (Häufigkeit, Unsicherheit) sowie die erforderlichen transaktionsspezifischen Investitionen. Grundsätzlich kann jede Agenturbeziehung als Transaktion aufgefaßt und entsprechend analysiert werden.[370] Der Faktor Unsicherheit ("hidden information" und "hidden action"), der in beiden Ansätzen eine zentrale Rolle spielt[371], kann daher als eine Art Brücke verstanden werden.

Parametrische Unsicherheit

Die Normstrategie bezüglich der Transaktionskostendeterminante "Unsicherheit" besagt, daß je unsicherer eine Transaktion ist, um so eher sollte sie unternehmensintern abgewickelt werden.[372] Es ist noch einmal darauf hinzuweisen, daß an dieser Stelle nur die parametrische Unsicherheit gemeint ist, nämlich z.b. auftretende Veränderungen in der erwarteten Beraterrolle, der eigentlichen Beratungsaufgabe, Schwierigkeiten durch Widerstände, die das Projekt deutlich verzögern, etc. Die Transaktionskostenursache liegt dann im Hinzuziehen zusätzlicher Spezialisten oder freier Beratungskapazitäten und in den damit einhergehenden Verhandlungen. Tendenziell verursachen unternehmungsinterne Einheiten bezüglich der Determinante "(parametrische) Unsicherheit" geringere Transaktionskosten, da die genannten vertraglichen Anpassungsformen unternehmungsintern leichter zu bewerkstelligen sind. Der Grund hierfür liegt entweder in einer vertrauensvollen Zusammenarbeit, innerhalb derer man sich gegenseitig ohne viel Aufhebens aushilft (Ad hoc-Organisation[373]) oder in der Substitution von Verhandlungen durch hierarchische Entscheidungen. Die erste Partialanalyse ergibt daher den in Abb. III.1-52 dargestellten Zusammenhang.

---

369 vgl. z.B. das "Organizational Failures Framework" bei Williamson (1975) und Ouchi (1980) sowie die Charakterisierung von Prinzipal und Agent bei Ebers/Gotsch (1995), S. 196 f.
370 vgl. Ebers/Gotsch (1995), S. 234
371 vgl. die Darstellungen zu "hidden information" und "hidden action" z.B. bei Elschen (1991) oder Wenger/Terberger (1988) sowie bei Windsperger (1985), S. 202
372 vgl. z.B. Picot (1982), S. 372 oder Williamson (1975), S. 21 ff.
373 vgl. Waterman (1992)

Man erkennt in Abb. III.1-52, daß die unterschiedlichen Bereitstellungsformen für Beratungsdienste unterschiedlich steile unsicherheitsabhängige Transaktionskostenverläufe besitzen. Die Entscheidungsregel der Transaktionskostentheorie fordert, dasjenige institutionelle
Arrangement zu wählen, welches bei gegebener Unsicherheit die niedrigsten Transaktionskosten aufweist. Die geringe parametrische Unsicherheit kann neben den entsprechenden Umfeldbedingungen auch durch ein geringes Einflußpotential des Beraters auf den Klienten entstehen, da eventuelle Veränderungen der Transaktion sowohl für den Berater als auch den
Klienten keine schwerwiegenden Folgen bedeuten würden. Bei einer Gutachter- oder Reflek-
torrolle des Beraters sind sowohl die Anbahnungs-, die laufenden und auch die Auflösungs-
kosten kaum von der Bereitstellungsform abhängig. Mit externen und internen Beratern sind
die Aufgaben und die Abwicklungsmodalitäten des Auftrages abzusprechen und zu fixieren.

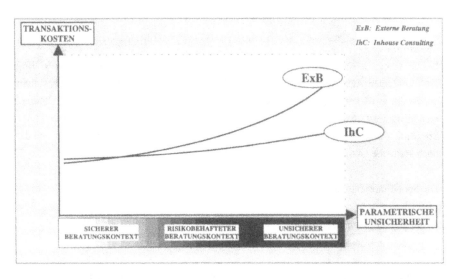

Abb. III.1-52: Parametrische Unsicherheit und Transaktionskosten

Ebenso sind im Normalfall die Bezahlung oder die interne Leistungsverrechnung zu verhandeln. Besondere Kontrollbedarfe während der Beratung sind auch bei Externen kaum zu erkennen. Das vergleichbare Kostenniveau aller Arrangements geht letztendlich darauf zurück,
daß die genannte Beraterrolle keinen schwerwiegenden Einfluß auf das Klientsystem hat und
es daher auch um tendenziell kleinere finanzielle Beträge geht, um die es sich z.B. nicht vor
Gericht zu streiten lohnt. Gewinnt die Beraterrolle allerdings an Gewicht und daher auch die
Bedeutung des Auftrags für die Beratungseinheit (z.B. unter finanziellen oder Kapazitätsaus-
lastungsgesichtspunkten), so steigt auch der Wunsch sich gegen unsichere Entwicklungen auf

beiden Seiten abzusichern. Dies läßt die Transaktionskosten um so mehr steigen, je "externer" die Leistung erstellt wird. Diese Argumentation legt daher nahe, bei einer sehr starken Einflußnahme des Beraters eine unternehmungsinterne Bereitstellung der Beratungsdienste vorzusehen. Dabei ist noch folgendes anzumerken:

- Neben dem Faktor "Beraterrolle" kann auch die Beratungs**funktion** auf die Unsicherheit Einfluß nehmen; dergestalt nämlich, daß je mehr Funktionen durch den Berater zu erfüllen sind, auch die Unsicherheit zunimmt. Dies basiert auf der kumulierten Wahrscheinlichkeit, daß sich bei irgendeiner Funktion ein Anpassungsbedarf ergibt.

- Ab wann genau der Wechsel von unternehmungsinterner zu -externer Bereitstellung erfolgen soll, ist aufgrund der mangelnden Operationalisierbarkeit des Transaktionskostenansatzes unklar.

Spezifität

Bei Beratungsdiensten handelt es sich ex definitione um sehr spezifische Leistungen, die in ihrer konkreten Ausprägung nur von einem Abnehmer, meistens dem Auftraggeber, sinnvoll verwendet werden können. Ein Gutachten für ein Unternehmen ist für ein anderes Unternehmen nichts wert - wenn man von der Konkurrenzinformation absieht. Trotz der generell hohen Spezifität von Beratungsleistungen im Vergleich zu anderen Dienstleistungen lassen sich dennoch graduelle Unterschiede entdecken.[374]

Die Spezifität steigt an mit

- der Einflußmöglichkeit auf das Klientsystem und
- mit dem erwarteten Leistungsniveau der Beratung.

Beim letztgenannten Punkt kommt damit auch eine Nutzenbewertung der Beratung ins Kalkül. Ausgehend vom Anspruchsniveau des Klienten muß vom Berater eine Leistung erbracht werden. Auch die Reflektor- oder Gutachterrolle kann mit entsprechendem Aufwand sehr spezifisch für ein Klientsystem erstellt werden oder es können lediglich gewisse grundsätzliche z.B. branchenindunzierte Veränderungen erfaßt werden, die keinen tiefen Einblick in ein Unternehmen oder einen Unternehmensteil erfordern.

---

374 vgl. Kehrer/Schade (1995), S. 468

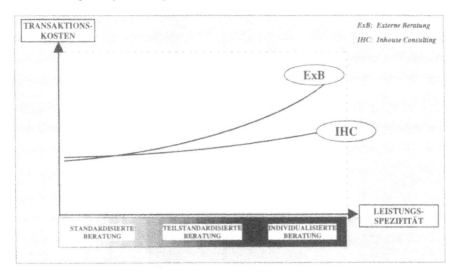

Abb. III.1-53: Leistungsspezifität und Transaktionskosten

Ebenso kann der Krisenmanager die gleiche oder ähnliche Vorgehensweise einschlagen, die er bereits bei früheren Krisenfällen angewandt hatte, oder er kann bei jedem Unternehmen eine spezifische Methodik zur Anwendung bringen. Letztendlich bewegt man sich bei jeder Rolle im Spannungsfeld zwischen Standardlösungen bzw. -diensten und kundenspezifisch erbrachten Leistungen. Es ist daher immer genau zu untersuchen, was für ein Anspruchsniveau ein Klientsystem hinsichtlich des genannten Spannungsfeldes aufweist. Je individualisierter eine Leistung erbracht werden soll, um so höher sind die Transaktionskosten und um so eher sollte sie unter diesem Gesichtspunkt intern erstellt werden[375] (vgl. Abb. III.1-53).

Agenturtheoretische Analyse der Verhaltensunsicherheit
Die hoch spezifische Dienstleistung "Unternehmensberatung", die gekennzeichnet ist durch eine hohe Marktintransparenz und Bewertungsprobleme hinsichtlich Qualifikation und Ergebnis der Berater, führt zu Informationsasymmetrien zwischen Auftraggeber (Prinzipal) und -nehmer (Agent). Die Folge davon kann eine Reduzierung der Leistung des Agenten sein ("shirking") oder die Nutzung von Ressourcen für eigennützige Zwecke, und zwar solange die

---

375 vgl. Williamson (1979), S. 235 ff.

Aufträge des Agenten nicht unmittelbar seinen eigenen Interessen entsprechen.[376] Die Agency-Theorie stellt die Analyse solcher Principal-Agent-Beziehungen in den Mittelpunkt.[377] Im vorliegenden Anwendungsfall, den Beratungsdiensten, ist das Klientsystem in der Rolle eines Prinzipals und der Berater in der Agentenrolle. Der Prinzipal erhofft sich von der Auftragserteilung an den Agenten die Erstellung einer Leistung, wie er sie zum betrachteten Zeitpunkt aus Know how-, Kapazitäts- oder sonstigen Gründen selbst nicht erbringen könnte.[378] Genau dies ist ja der Grund für die Einbeziehung eines Beraters in den Implementierungsprozeß.

Würde man die Verhaltensunsicherheit allein unter Transaktionskostengesichtspunkten untersuchen, käme man zu einem ähnlichen Ergebnis wie bei der parametrischen Unsicherheit. Je größer der Einfluß auf das Klientsystem bzw. die Spezifität der Beratung, desto größer wird auch das verhaltensinduzierte Risiko**potential**. Die damit steigenden Transaktionskosten würden wiederum eine interne Bereitstellung der Beratung nahelegen. Nicht berücksichtigt wird jedoch, welchen Anreiz der Agent tatsächlich hat, unberechtigte Vorteile aus der Beziehung zu erlangen. Mit Hilfe der Agency-Analyse kommt man unter Berücksichtigung von Sanktionsmechanismen zu einer etwas differenzierteren Analyse.

Folgende Gleichungen drücken das Prinzipal-Agenten-Problem formal aus:[379]

$$\max E\ [V(x\ (a,\ \vartheta) - s\ (x\ (a,\ \vartheta)))] \qquad (1)$$

unter den Nebenbedingungen

$$E\ [U\ (s\ (x\ (a,\ \vartheta)),\ a] \geq U^{*} \qquad (2)$$

$$a \in \mathrm{argmax}\ E\ [U\ (s\ (x\ (a,\ \vartheta)),\ a)] \qquad (3),$$

wobei die Variablen folgendes bedeuten:

---

376 vgl. Ebers/Gotsch (1995), S. 199. Auf unterschiedliche Interessen und "moralische Probleme" bei der Beratung weist bereits Benne (1975), S. 501 ff. hin.

377 Mögliche Probleme solcher Beziehungen sind "moral hazard" (Risiko, daß sich der Vertragspartner anders verhält, als er nach außen vorgibt), "adverse selection" (Risiko der Fehlauswahl eines Partners aufgrund unbekannter Informationen) oder "Hold-up" (ein Vertragsteilnehmer zieht unberechtigte Vorteile aus der unzureichenden Spezifikation eines Vertrags); vgl. dazu Arrow (1985), S. 38 ff sowie Spremann (1989), S. 742 f.

378 vgl. z.B. Ebers/Gotsch (1995), S. 200 ff.

379 vgl. zur folgenden formalen Darstellung der Agency-Problematik, Terberger (1995), S. 32 ff. Vgl. auch Hartmann-Wendels (1992), Sp. 73 ff.; Hartmann-Wendels (1989), S. 716 ff. sowie Schmidt/Theilen (1995), S. 483 ff.

E : Erwartungswert

V : Nutzen des Prinzipals

U : Nutzen des Agenten

U* : Mindestnutzen bei der bestmöglichen alternativen Beschäftigung

a : Arbeitseinsatz des Agenten

ϑ : unsicherer Umweltzustand

x (a, ϑ) : finanzielles Ergebnis, abhängig von Arbeitseinsatz und Umweltzustand

s (x (a, ϑ)) : Anteil des Agenten am Ergebnis

Gleichung (1) gibt an, daß die Zielfunktion zu einer Nutzenmaximierung des Prinzipals führen soll. Nur die Information über das finanzielle Ergebnis x ist für den Prinzipal und den Agenten zugänglich. Die vom Agenten dafür aufgebrachte Leistung ist für den Prinzipal nicht erkennbar, da auch Umweltfaktoren das Ergebnis beeinflussen können. Für die Leistung schuldet der Prinzipal dem Agenten ein Entgelt s, das er sinnvollerweise so an das erbrachte Ergebnis knüpft, daß seine eigene Nutzenfunktion maximiert wird. Dabei muß er allerdings die Nebenbedingungen beachten. Gleichung (2) fordert, daß das Entgelt mindestens so hoch ist, wie das der nächst besten, alternativen Beschäftigungsmöglichkeit des Agenten (Kooperationsbedingung). Die dritte Gleichung schließlich beinhaltet das eigentliche Agency-Problem. Der Nutzen des Agenten setzt sich nicht nur aus der Prämienzahlung zusammen, sondern auch aus dem dafür aufgewandten Arbeitseinsatz. Er wird sich dann nicht mehr weiter anstrengen, wenn die dadurch zu erwartende Entgeltsteigerung geringer ist als das ihm dadurch entstehende "Arbeitsleid".[380] Insgesamt führt diese Interessenkonstellation zu folgenden "Agency-Kostenarten":[381]

- Steuerungs- und Kontrollkosten (**monitoring costs**). Ein zu geringer Arbeitseinsatz des Agenten kann durch zusätzliche Kosten für Kontrolle und zusätzliche Anreize (teilweise) vermieden werden.

- Garantiekosten (**bonding costs**): Verpflichtet sich der Agent zur Selbstkontrolle, Rechenschaftslegung oder unter Umständen zu Schadensersatzzahlungen, so entstehen dadurch Kosten, die der Agent entweder auf den von ihm verlangten Preis umlegt oder selbst trägt.

- Residualverlust (**residual loss**): Damit ist der Wohlfahrtsverlust gemeint, der dem Prinzipal durch eine nicht optimale Leistungserstellung des Agenten entsteht.

Ein institutionelles Arrangement ist dann am vorteilhaftesten, wenn es im Vergleich zu anderen geringere Agency-Kosten verursacht. Ein Pareto-Optimum bzw. die Reduktion der Agen-

---

380 vgl. Hartmann-Wendels (1992), Sp. 73 f.
381 vgl. Ebers/Gotsch (1995), S. 197 f.

cy-Kosten auf Null ist in der realen Welt nicht möglich, da dieses eine Entscheidungssituation vollständiger Information erfordert - eine Situation, in der sich dann die Agency-Problematik gar nicht mehr stellt.[382] Analysiert man die Agency-Kosten hinsichtlich ihrer Relevanz und ihrer Determinanten bei unterschiedlichen Bereitstellungsformen für Beratung, so kommt man zu folgenden Erkenntnissen.

Der Residualverlust kann generell dann vermindert werden, wenn die Bezahlung ergebnisabhängig, in gewissem Maße also variabel erfolgt. Diese Entlohnung ist für interne, insbesondere projektintegrierte Berater gänzlich unüblich. Schließlich sind sie beim Klientunternehmen fest angestellt und erhalten ein in der Regel fixes Gehalt. Auch die entsendende Einheit (z.B. die Rechtsabteilung) wird so gut wie nie mit Verrechnungspreisen "belohnt", die abhängig vom geleisteten Ergebnis sind. Im Gegensatz dazu ist es bei externen Beratern bereits recht stark verbreitet, eine variable Vergütung zu vereinbaren (siehe oben). Besonders entscheidend ist hier, daß bei Externen ein weiterer Sanktionsmechanismus zum Tragen kommt, der zum einen dämpfend auf den "residual loss" wirkt und sich zum anderen dennoch nicht in höheren Kontroll- und Steuerungskosten niederschlägt: die Gefahr eines Image- und Vertrauensverlust bei aktuellen und potentiellen Kunden. Verschiedene Untersuchungen haben nachgewiesen, daß die Reputation eines Beratungsunternehmens und seiner Mitarbeiter als das wichtigste Entscheidungsmerkmal für die Beraterwahl gilt.[383] Auch *Meffert* stellt in seiner auf Deutschland abzielenden Untersuchung fest, daß die zentralen Auswahlkriterien für die Klienten die Empfehlungen bzw. Referenzen, die nachgewiesene Kompetenz sowie das Vertrauen sind, das der Klient in einen Berater setzt.[384] Den Beratern ist diese Kundenpräferenz sehr wohl bekannt, da sie die genannten Kriterien ebenfalls als zentral für den Entscheidungsprozeß ihrer Kunden einschätzen.[385] Der Wettbewerb tritt damit in die Rolle des Kontroll- und Sanktionsinstruments für Berater.

Hinsichtlich des Inhouse Consulting gilt dieser Mechanismus nur dann, wenn die Einheit in vollem Maße eigenständig am Markt agiert und es auch keinerlei Verpflichtungen für die Klientsysteme gibt, die interne Beratungseinheit zu beauftragen. Sobald ein Inhouse Consulting Team in irgendeiner Form bevorzugt oder subventioniert wird, kann der genannte Konkurrenzmechanismus nicht mehr in dem Maße funktionieren wie bei Externen. Entsprechend höher sind dann die Agency-Kosten anzusetzen.

---

382 vgl. Ross (1973), S. 138
383 vgl. die Untersuchungen von Dawes u.a. (1992); Askvik (1992); Clark (1993), zitiert nach Clark (1995), S. 70
384 vgl. Meffert (1990), S. 188
385 vgl. ebenda

Man kann zwar davon ausgehen, daß das Monitoring durch den Prinzipal (Klientsystem) bei internen Einheiten leichter fällt als bei externen.[386] Hier ist allerdings einzuschränken, daß damit eigentlich nur die Input-Kontrolle gemeint sein kann. Stundenaufschriebe und verschiedene Wertansätze lassen sich bei eigenen Mitarbeitern leichter und damit kostengünstiger verifizieren (z.B. durch ein Zeiterfassungssystem). Da nun aber bei Beratungsdiensten in extremer Form kein zwingender Zusammenhang zwischen quantitativem Input und qualitativem Output bestehen muß, wirkt sich dies kaum auf die Agency-Kosten aus. Schließlich ist es für den Klienten wenig bedeutsam, ob der Berater die gesamte Zeit im Klientunternehmen verbringt oder am eigenen Schreibtisch in der Beratungsfirma - vorausgesetzt, die Leistung stimmt. Das (relevante) Monitoring des Outputs ist jedoch bei interner und externer Bereitstellung ähnlich schwierig zu bewerkstelligen. Die Problematik liegt hier also weniger in der Bereitstellungsform als vielmehr in den generellen Beobachtungs- und Meßschwierigkeiten des Kontraktgutes "Beratung". Die Monitoring-Kosten sind daher für die Wahl der Bereitstellungsform von Beratungsdiensten kaum entscheidungsrelevant.

Die Vermutung einer generellen Zielkongruenz von Prinzipal und Agent bei interner Leistungserstellung, die auch einer Transaktionskostenanalyse zugrunde liegen würde, ist nicht haltbar. Egal ob es sich um eine autonome interne Beratungseinheit oder um eine Stabseinheit handelt, die einen Spezialisten in ein Projekt entsendet, es kann immer davon ausgegangen werden, daß Klient- und Beratungseinheit keine identischen Zielstrukturen besitzen. Die relevante Betrachtungsebene ist nicht die zwischen Klient**unternehmen** und Beratungseinheit (sie hätten bei interner Bereitstellung je nach Center-Konzept und Anreizsystem ein mehr oder weniger deckungsgleiches Zielsystem, da die Ziele der Beratungseinheit Subziele des Unternehmens sind), sondern die zwischen zwei Subsystemen (dem Klient**system** und der Beratungseinheit), die in der Regel auch innerhalb eines Unternehmens konkurrierende Zielsysteme besitzen. Während z.B. das Implementierungsprojekt gemäß dem Lebenszykluskonzept möglichst geringe Lebenszykluskosten anstrebt und daneben unter anderem an der Einhaltung von Zeitzielen gemessen wird, kann die den Berater entsendende Stabseinheit als Cost Center geführt sein, und dadurch periodisch nach Budgeteinhaltung und Kapazitätsauslastung beurteilt werden. Keineswegs ist es jedenfalls so, daß beide Parteien versuchen, harmonisch den ROI ihres Unternehmens zu steigern und dadurch die Agency-Prämisse "opportunistisches Verhalten" entfallen würde.

---

386 vgl. Clark (1995), S. 105

Hinsichtlich der Kostendeterminante "Verhaltensunsicherheit" läßt all dies den Schluß zu, daß die **externe** Beschaffung von Beratungsdiensten bei steigender Verhaltensunsicherheit das zu präferierende, weil agency-kostengünstigere institutionelle Arrangement darstellt (vgl. Abb. III.1-54).

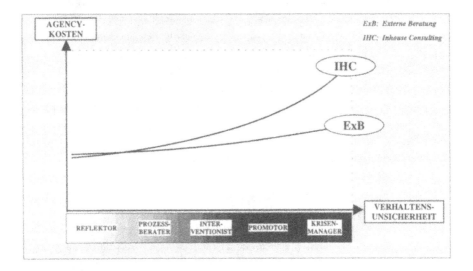

Abb. III.1-54: Verhaltensunsicherheit und Agenturkosten

Die vorangegangen Betrachtungen waren allesamt partialanalytisch angelegt. Erforderlich ist in einem abschließenden Schritt eine integrierende Gesamtbewertung, die auf der Basis der gewonnen Erkenntnisse Gestaltungsempfehlungen für das Optimierungsproblem "Bereitstellung von Implementierungsberatung" und die Folgeentscheidung "Integration in die Projektstruktur" liefert.

1.5.4.   Optimierte Bereitstellungsformen für die Implementierungsberatung

1.5.4.1   Leistungsspezifischer Bezug der Beratungsdienste - Mass Customization

Die "optimale" Bereitstellungsform bei Beratungsleistungen hängt von Parametern ab, die diese Dienstleistung näher spezifizieren. Ist die parametrische Unsicherheit noch weitgehend von Kontextfaktoren der Beratung abhängig, stellen das Ausmaß der Einflußnahme des Beraters auf das Klientsystem sowie der Standardisierungsgrad der erwarteten bzw. gelieferten Beratungsleistung die zentralen Parameter für die Wahl des institutionellen Arrangements dar.

Entsprechend der Entwicklung von Normstrategien beim Einsatz der Portfolio-Methodik werden in Abb. III.1-55 mögliche Bereitstellungsalternativen aufgeführt, die in Abhängigkeit von den beiden festzulegenden Dimensionen "Einflußnahme" und "Standardisierung" zu möglichst geringen Transaktions- bzw. Agency-Kosten führen. Das Gesamtoptimierungskalkül darf jedoch nicht aus den Augen gelassen werden, so daß auch die Herstellkosten bzw. der Beratungspreis sowie die eventuell relevanten Opportunitätskosten berücksichtigt werden müssen.

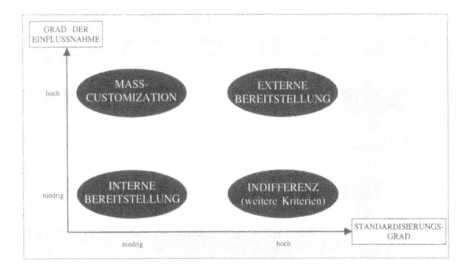

Abb. III.1-55: Transaktions- bzw. agencykostensenkende Bereitstellungsformen

Ist die Einflußnahme auf das Klientsystem gering, hat die Entscheidung bereits von Anfang an eine geringere Bedeutung, und zwar sowohl für den Klienten als auch für den Berater, weil dies u.a. mit einem geringeren zeitlichen und finanziellen Aufwand (bzw. geringeren Einnahmen im Falle des Beraters) einhergeht. Fordert das Klientsystem dann eine sehr individuelle, also hochspezifische Leistungserstellung, liegt tendenziell eine unternehmensinterne Vergabe aus **transaktionskosten- und agencytheoretischer** Sicht näher. Während die Agency-Kosten aufgrund der mit der schwachen Einflußnahme verbundenen geringen Verhaltensunsicherheit des Beraters bei beiden Bereitstellungsformen ungefähr gleichauf liegen, spricht die Spezifität der individuellen Beratung für eine unternehmensinterne Beschaffung der Beratungsdienste.

Soll bei geringer Einflußnahme auf das Klientsystem eine möglichst standardisierte Beratung erworben werden, ergeben die Transaktions- und Agency-Analysen kein klares Bild mehr. Dies machen die Abb. III.1-53 und III.1-54 deutlich, in denen beides Mal bei geringer Merkmalsausprägung auf der Abszisse die Transaktions- bzw. Agency-Kosten auf einem vergleichbaren Niveau liegen. Diese Kosten dürfen daher auch nicht den alleinigen Ausschlag für die eine oder andere Bereitstellung geben. Vielmehr müssen hier in allererster Linie die übrigen Bewertungsfaktoren zum Tragen kommen, wie z.b. die Kapazitätssituation oder einfach der direkte Kostenvergleich. So kann man z.b. erwarten, daß bei Unternehmensexternen beratungsfixe Kosten anfallen; Kosten also, die unabhängig vom Auftragsvolumen entstehen (Akquisitionskosten, gewisse Verwaltungskosten). Daher können, wenn nur eine geringe Einflußnahme erfolgt und damit meistens auch ein geringes Auftragsvolumen verbunden ist, die direkten Kosten von Externen größer sein als der flexible Einsatz von unternehmensinternen Beratern aus Stabseinheiten. Wie man sieht, handelt es sich bei den angestellten Überlegungen aber um den bereits beschriebenen direkten Kostenvergleich und nicht mehr um die Kosten der alternativen institutionellen Arrangements.

Wird bei einem relativ hohen Standardisierungsgrad auch ein relativ starker Einfluß des Beraters auf das Klientsystem erwartet, lassen die angestellten Überlegungen eine externe Beschaffung angeraten sein, um die Kosten des institutionellen Arrangements zu minimieren. Schließlich gehen mit der Bereitstellung externer Beratungsdienste bei einem hohen Potential an Verhaltensunsicherheit, wie es bei einer starken Einflußnahme erwartet werden kann, die im Vergleich zu den internen Alternativen relativ geringeren Agency-Kosten einher. Auf der anderen Seite unterscheiden sich die leistungsspezifitätsinduzierten Transaktionskosten bei einer standardisierten Beratung kaum zwischen den unterschiedlichen Bereitstellungsalternativen.

Weniger eindeutig ist hingegen eine Gestaltungsempfehlung für die optimale Bereitstellung von individualisierten, stark auf das Klientsystem einwirkenden Beratungsleistungen. Es kann auch nicht wie im Falle der standardisierten, geringen Einfluß nehmenden Beratung auf andere Kriterien verwiesen werden, da die verschiedenen Bereitstellungsalternativen durchaus beträchtliche Unterschiede bei Transaktions- bzw. Agency-Kosten aufweisen - allerdings hinsichtlich der einzelnen Parameter gerade entgegengesetzt: während die einflußinduzierten Agency-Kosten für eine externe Beschaffung sprechen, legen die geringeren Transaktionskosten bei einer individualisierten Leistung eine unternehmensinterne Bereitstellung nahe.

Zu einer Minimierung der Transaktions- und Agency-Kosten kann hier eine Kombination von interner und externer Bereitstellung führen. Obwohl aus der Produktionswirtschaft stammend, kann der Mass Customization-Ansatz[387] auch für die Gestaltung von Beratungsleistungen ein Ideengeber sein, zumal er bereits zunehmend für produktionsferne Einsatzfelder, wie Geschäftssegmentierung[388] oder die Gestaltung von Service-Leistungen[389], Anwendung findet. Grundidee ist dabei zwischen kostengünstig zu erstellenden Standardteilen ("Mass") und individualisierten Teilen ("Customizing") zu unterscheiden. Als Normstrategie für Beratungsdienste in Implementierungsprozessen kann dabei ein sequentielles oder auch simultanes Mass Customization zur Anwendung kommen. Ziel muß es sein, daß der Kunde (das Klientsystem), eine spezifisch auf seine Bedarfe zugeschnittene Beratung erhält und dieses "Customizing" von den internen Beratern übernommen wird, so daß entsprechend geringere Transaktionskosten anfallen. Damit ist im Umkehrschluß auch verbunden, daß die externen Berater gerade keine (anderen) spezifischen Leistungen erbringen, sondern sich vielmehr auf die "Mass-Beratungsmodule" beschränken sollten. Diese kamen bereits bei anderen Unternehmen zum Einsatz und erfordern daher keine spezifischen Investitionen der externen Berater mehr. Sie stellen damit bewährtes Know how, Erfahrungen bei anderen Unternehmen, Benchmarkingwissen u.ä. dar. Gleichzeitig ist die gewünschte relativ große Einflußnahme auf das Klientsystem gerade von den Externen zu übernehmen, um zu vergleichsweise geringeren Agency-Kosten zu gelangen.

Ein **sequentielles** MC (vgl. Abb. III.1-56) bedeutet dabei, daß externe und interne Berater mit unterschiedlichem zeitlichen Schwerpunkt zum Einsatz kommen, und zwar je nachdem in welcher zeit-logischen Reihenfolge die spezifischen und die standardisierten Beratungselemente ablaufen.[390] Bei der **simultanen** MC-Beratung bilden externe und interne Berater eine gemeinsame Beratergruppe, in die von den internen Beratern die Unternehmensspezifika eingebracht werden können und von den externen das Benchmarkingwissen (vgl. Abb. III.1-56). In einem gemeinsamen Beratungsteam besteht in weit geringerem Maße das Problem der Leistungszurückhaltung oder ähnlicher potentieller Dysfunktionalitäten interner Berater, da die Externen in gleichem Maße wie bei alleiniger Beratung auf einen erfolgreichen Abschluß des Beratungsprojekts angewiesen sind (vgl. oben). Die Transaktionskosten der insgesamt unternehmensspezifischen Beratung steigen gleichzeitig trotz der Beteiligung externer Berater nicht

---

387 vgl. Pine (1993); Davis (1989), S. 16 ff.
388 vgl. Reiß/Beck (1995a)
389 vgl. Reiß/Beck (1995b)
390 Der Beratereinsatz für das Reengineering-Projekt bei der Firma *Claas oHG* kann als sequentielles Mass Customization aufgefaßt werden. Während der Anfangsphase des Projekts wurde relativ detailliert das Konzept und der weitere "Fahrplan" der Implementierung festgeschrieben, mithin also ein vergleichsweise großer Einfluß auf das Klientsystem genommen. Nach insgesamt 6 Monaten erfolgte die Übergabe des Implementierungsprozesses an das Inhouse Consulting, die dann für die operative Abwicklung des Projekts in den einzelnen Einheiten verantwortlich zeichnete. Die interne Beratung übernahm die Anpassungsleistung des Rahmenkonzepts an die jeweiligen Abteilungsspezifika, vgl. hierzu Kloubert (1995), Folie 18.

an, weil diese auch in einer gemeinsamen Beratergruppe eher für die "Mass-Beratungselemente" zuständig sind. Auch wenn ein Rückzug der externen Berater aus dem Beraterteam angedroht würde, könnte das Klientunternehmen gelassen reagieren, da das bis dahin gesammelte Know how bei den internen Beratern erhalten bliebe. Es kann daher z.B. auf allzu umfangreiche, detaillierte und damit transaktionskostentreibende Verträge verzichtet werden.

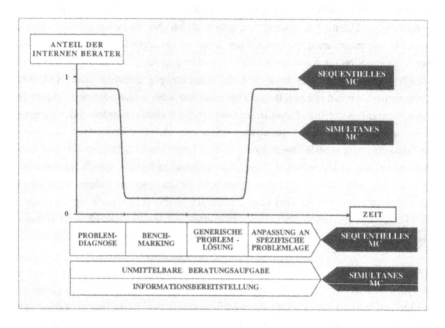

Abb. III.1-56: Simultanes versus sequentielles Mass Customization von Implementierungsberatung

Beide Formen der MC-Implementierungsberatung stellen Kombinationsmöglichkeiten dar, bei denen ein "Beratungs-Customizing" durch die Einbeziehung der internen Berater erreicht wird und sich "Mass"-Effekte durch die externen ergeben. Dies bedeutet, daß sehr individuelle Beratungsbestandteile wie die Informationsbeschaffung bezüglich des Klientsystems und seines Kontexts Sache der internen Berater ist. Die Beteiligung an der Problemlösung selbst (Promotionsfunktion), mit welcher der Berater ein hohes Maß an Einfluß auf das Klientsystem nehmen kann, wird durch die Externen übernommen. Dabei kann der Lösungsansatz durchaus ähnlich sein wie in anderen Unternehmen ("Mass") - das Ergebnis bleibt dennoch eine insgesamt individuelle Beratungsleistung für das Klientsystem. Die Mass-Effekte ergeben sich in diesem Zusammenhang also nicht durch die Übertragung von Standardrezepten, die bei Problemen anderer Unternehmen bereits Erfolg hatten, sondern durch die Übertragung des Methoden-Know how sowie der vielfältigen Erfahrungen externer Berater bei anderen Projekten, die interne Berater regelmäßig nicht in gleichem Umfang besitzen.

Es muß noch einmal darauf hingewiesen werden, daß hier lediglich eine Minimierung der Kosten des jeweiligen institutionellen Arrangements thematisiert wurde. Bezüglich der übrigen Bewertungskriterien muß eine transaktions- und agencykostengünstige Bereitstellung nicht zwangsläufig vorteilhaft sein. Auch die Kombination interner und externer Beratung kann anderen Optimierungsgrundsätzen folgen. So wäre z.b. aus Kapazitätssicht eine Kombination vorteilhaft, bei der interne Beratungseinheiten die Grundversorgung abdecken und Externe für Spitzenlasten eingesetzt würden, und somit keine Opportunitätskosten entstünden, sondern transparente Ausgaben für die externe Beschaffung - unabhängig vom Einfluß- und Standardisierungsgrad der Beratungsleistung.

1.5.4.2   Integration der Implementierungsberatung in die Projektstruktur

Ein Implementierungsprojekt besteht, wie andere Projekte auch, nicht nur aus der problemlösenden Projektgruppe selbst, die auch als **Basisstruktur** bezeichnet werden kann. Vielmehr bedarf es für ein Funktionieren der Projektarbeit eines Überbaus für das Projekt, der **Suprastruktur**. In dieser erfolgt die Koordination eines Projekts mit der sie umgebenden Primärorganisation sowie mit den übrigen Projekten innerhalb einer Unternehmung, sofern es Schnittstellen zwischen diesen gibt. Die Koordination der Projektgruppe selbst obliegt in aller Regel dem Projektleiter, der noch zur Basisstruktur zu rechnen ist. Die **Infrastruktur** hält eine Reihe von projektrelevanten Diensten vor, auf die die Projektgruppe bei Bedarf zurückgreifen kann oder muß. Typisch dafür sind z.b. Controller oder Moderatoren, die nur im Bedarfsfall hinzugezogen werden, um ihr Fach- oder Methoden-Know how einzubringen. Letztendlich lassen sich ihre Aufgaben und Leistungen für das Projekt kaum von denen der Basisstruktur unterscheiden, so daß als Kriterium für eine Zuordnung oftmals die zeitliche Einbindung in das Projekt dient, ausgedrückt z.b. durch den Freistellungsgrad für das Projekt (vgl. Kap. III.1.4). Dies bedeutet gleichzeitig, daß sich die Zuordnung von Personen oder Einheiten zu diesen zwei Strukturebenen über die Zeit verändern kann. Ein Controller kann z.b. in der Projektplanungsphase ganz für das Projekt abgestellt sein und damit zur Basisstruktur zählen, während er in anderen Phasen nur sporadisch hinzugezogen wird und mithin ein Teil der Infrastruktur darstellt.

Die Aufgabe der Suprastruktur hingegen ist klar zu unterscheiden. Typischerweise sind Machtpromotoren daran beteiligt, Prioritätensetzungen zwischen konkurrierenden Projekten, Abbruchentscheidungen für einzelne Projekte u.ä. auf der Basis ihrer hierarchischen oder seltener ihrer informellen Macht zu treffen.

Grundsätzlich können sowohl interne als auch externe Berater allen genannten Strukturebenen eines Projekts angehören.[391] Klar ist allerdings, daß die Zuordnung zur koordinierenden Suprastruktur einerseits oder zur Basis- bzw. Infrastruktur andererseits in erster Linie vom Beratungsbedarf abhängt. Denn während von den Beratern in der Suprastruktur Koordination und Motivationsleistung gefordert wird, müssen sie in der Basis- und Infrastruktur zur konkreten Lösung oder zur Lösungsunterstützung der Projektaufgaben beitragen. Es ergibt sich daher für das Implementierungscontrolling keine unmittelbar zu unterstützende Entscheidungssituation.

Die Frage, ob die Beratungseinheiten für ein Projekt dediziert sind (Basisstruktur) oder bedarfsgemäß aus der Infrastruktur abgerufen werden können, muß unter Wirtschaftlichkeitsgesichtspunkten entschieden werden. Die beiden Alternativen bewegen sich in den Spannungsfeldern aus **Kapazitätsauslastung** und **Koordinations- bzw. Integrationsvorteilen** sowie aus **Unabhängigkeit** und **Zielkongruenz** (vgl. Abb. III.1-57).

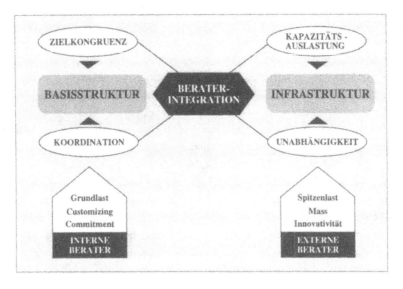

Abb. III.1-57: Formen der Beraterintegration in die Projektstruktur

---

391 vgl. auch die Beraterintegration im "Promotorenmodell", wo zwar in der Regel die Hauptinformationsbeziehungen zum Machtpromotor verlaufen, jedoch auch Informationsbeziehungen zum Prozess-Promotor vorhanden sein können, vgl. Hauschildt/Chakrabarti (1988), S. 384

Die Einbindung der Berater in die Basisstruktur erlaubt die Ausnutzung von Integrationsvorteilen durch eine enge Zusammenarbeit mit dem Klientsystem (restliche Basisstruktur). Dies führt zu geringeren Abstimm- und Kommunikationszeiten, so daß sich Transaktionskosten vermeiden lassen. Dieser engere Kontakt zum Klientsystem muß allerdings unter Umständen durch Leerkosten "erkauft" werden, die dann entstehen, wenn in manchen Perioden ein geringerer Beratungsbedarf besteht, der oder die Berater aber dennoch dediziert einem Projekt zugeordnet sind (zu möglichen Ausgleichsmechanismen, vgl. Kap. III.1.4).

Durch die Integration von Beratern in der Infrastruktur bewahrt man die Distanz zum Klientsystem und sichert daher die Unabhängigkeit der Berater, derer sie gerade für die Neutralitätsfunktion bedürfen. Will man hingegen ein Höchstmaß an Zielkongruenz zwischen Berater und Klientsystem schaffen, liegt eine Integration in die Basisstruktur nahe. Legt man diese Aussage einer sehr allgemeinen Entscheidungsregel zugrunde, sollten externe Berater grundsätzlich eher der Infrastruktur und interne Berater eher der Basisstruktur zugeteilt werden (vgl. Abb. III.1-57). Die größere Unabhängigkeit der Externen kann so gewahrt werden, während die Internen Integrationsvorteile nutzen können.

Bei eventuell auftretenden Leerkosten durch eine Unterauslastung der (internen) Beraterkapazität können die im Vergleich zu externen Beratern günstigeren Stundensätze angesetzt werden. Entsprechend sollte die Zuordnung zur Basis- bzw. Infrastruktur bei einem kombinierten Einsatz interner und externer Berater vorgenommen werden. Die das Customizing besorgenden internen Berater stehen als Mitglieder der Basisstruktur in engerem und sich über längere Zeit erstreckenden Kontakt mit den restlichen Projektmitarbeitern und dem Projektleiter. Externe Berater werden hingegen bedarfsgerecht hinzugezogen. Damit entspricht diese Zuordnung auch der bereits an anderer Stelle vorgeschlagenen Arbeitsteilung von internen und externen Beratern: Interne decken den permanenten Beratungsbedarf eines Projekts aus der Basisstruktur heraus ab, Externe werden für Spitzenbedarfe hinzugezogen und sind damit Teil der Infrastruktur. Es soll jedoch nicht unerwähnt bleiben, daß die Beraterintegration in die Projektstruktur auch von projektspezifischen Faktoren beeinflußt sein sollte. Je komplexer, im Sinne von beratungsintensiver ein Projekt wird, um so eher sollten Berater Teil der Basisstruktur werden, da die Gefahr von Leerkosten tendenziell abnimmt, die Integrationsvorteile jedoch zunehmen. Auch die Zielkongruenz zwischen Berater- und Klientsystemzielen wird für den Beratungserfolg entscheidender, da das Projekt aufgrund der größeren Bedeutung für Berater und Klientsystem mit einer höheren Verhaltensunsicherheit dieser Partner behaftet ist. Die höhere Zielkongruenz durch eine Integration der Berater in die Basisstruktur bewirkt, daß Agency-Kosten verringert werden.

III.1.6   Controlling von Implementierungsslack

1.6.1   Slack - zwei Seiten einer Medaille

Gerade in wirtschaftlich schweren Zeiten, in denen ein straffes Kostenmanagement im Vordergrund stehen muß, liegt das Hauptaugenmerk der Sanierer auf den vermeintlich unwirtschaftlichen Reserven, die oft auch als "Wasserkopf", "Fettschicht" oder "Polster" bezeichnet werden. Dabei ist offenkundig, daß in einem Unternehmen Reserve nicht gleich Reserve ist und damit sehr schnell die Gefahr besteht, daß aus dem "Zurechtstutzen von Wildwuchs" ein "Kahlschlag" wird. Letztlich stellt jedoch jede Form der Reserve eine Art Unwirtschaftlichkeit dar, weil sie im besten Fall Kapital bindet (z.B. bei vorsichtiger Kassenhaltung können Mittel nicht in rentablere Bereiche geleitet werden), im schlechtesten Fall jedoch auch noch das Risiko der Obsoleszenz in sich trägt (z.B. Mitarbeiterqualifikationen, die veralten, oder Lagerbestände mit verderblicher Ware).

Unabhängig vom konkreten Zweck einer Reserve läßt sie sich auf die Unsicherheit der Zukunft, auf das Beharrungsvermögen überkommener Zustände oder schlicht auf einen "Wildwuchs" der Ressourcenausstattung zurückführen.

Die (positive) Kehrseite dieser Medaille ist jedoch, daß Reserven ein Flexibilitätspotential zur Verfügung stellen, mit welcher der Planungsunsicherheit begegnet werden kann.[392] Somit läßt sich eine Trade-off-Beziehung erkennen, bei der das mit steigenden Reserven einhergehende Flexibilitätspotential mit einem höheren Kostenniveau, einer ungünstigeren Kostenstruktur oder mit Zeitverlusten (z.B. längere Entscheidungswege durch Doppelunterstellungen) "erkauft" werden muß.[393]

Gleichwohl kann durch unterschiedlichste Maßnahmen versucht werden, das Ausmaß der Reservehaltung möglichst gering zu halten, ohne daß die Flexibilität der Unternehmung und damit deren langfristiger Erfolg und Existenz gefährdet werden. Dadurch kristallisiert sich der Umgang mit Reserven (Slack) als Managementfunktion heraus, die sowohl strategische (z.B. Existenzsicherung) als auch operative Bedeutung (z.B. Kostenbegrenzung) hat.

Im folgenden soll das Problem der Slack-Haltung in Implementierungsprozessen unter Controlling-Gesichtspunkten analysiert werden, um so Handlungsempfehlungen für eine Slack-Optimierung bei der Implementierung von Restrukturierungsvorhaben liefern zu können.

---

392 vgl. Reiß (1996a), S. 290 f.
393 vgl. auch Dunk (1995), S. 62 ff.

1.6.2 Bedeutungsvielfalt des Slack-Begriffs

Bevor im folgenden Abschnitt auf die Slack-Problematik innerhalb von Implementierungsvorhaben eingegangen wird, muß zunächst ein Überblick geschaffen werden, der die verschiedenen Interpretationen von Slack in der Literatur darstellt. Daraus muß ein für den Zweck dieser Arbeit geeignetes Verständnis von Slack entwickelt werden.

Durch den jeweils unterschiedlichen Untersuchungsgegenstand bedingt, lassen sich zwischen den Autoren erhebliche Unterschiede im Bedeutungsinhalt von Slack feststellen. In aller Regel definiert als die Differenz zwischen den notwendigen und den darüber hinausgehenden, verfügbaren Ressourcen einer Organisation[394], stellen manche Autoren lediglich darauf ab, daß es sich bei Slack um Ressourcenverbräuche oder -verwendungen handelt, die insgesamt als überflüssig gelten können.[395] Andere hingegen halten Slack für die Aufrechterhaltung des Gleichgewichts des Systems Unternehmung für unabdingbar.[396] *Cyert* und *March* unterstellen eine grundsätzlich positive Wirkung von Slack auf die Anpassungsfähigkeit von Unternehmungen.[397] Demgegenüber verweist *Williamson* auf den absichtlichen Slack-Aufbau durch Organisationsmitglieder und folgert daraus eine Remanenz von Slack in wirtschaftlich ungünstigeren Zeiten, in denen es theoretisch wieder zum Abbau kommen sollte.[398] Die Funktionalität von Slack ist also nur in beschränktem Maße vorhanden, weshalb sich das Ziel der Unternehmung auch eher auf das Aufspüren und den Abbau von Slack richten sollte. Dazu paßt der aus der Budgetierungspraxis bekannte Effekt des Aufbaus von Budgetslack durch bewußtes Manipulieren der Prognosedaten ("budget game"). Dies stellt den Forschungsschwerpunkt einer Vielzahl von Arbeiten zum Organizational Slack dar, die in der Regel aus den Bereichen Organisationsverhalten, Motivationsforschung, Principal-Agent-Theory und Budgetierung stammen.[399]

Neuere Arbeiten gestehen dem Slack-Phänomen gleichermaßen positive und negative Eigenschaften zu.[400] Slack wird dabei als Voraussetzung bewertet, die für die Aufrechterhaltung der Anpassungsfähigkeit der Unternehmung unabdingbar ist.[401] Dazu unterscheidet *Weidermann* systemnotwendigen und nicht-systemnotwendigen Slack. Bei letzterem ist noch die Unterscheidung in beabsichtigt (intended) und unbeabsichtigt (unintended) entstandenen Slack

394 vgl. Cyert/March (1963)
395 vgl. Morgan (1986); Williamson (1975); Schiff/Lewin (1970), Wolf (1971)
396 vgl. z.B. Bleicher (1979), S. 59 ff.; Ansoff (1980), S. 72 ff.
397 vgl. Cyert/March (1963)
398 vgl. Williamson (1975), S. 33 ff.
399 vgl. z.B. Moses (1992); van der Fehr (1992); Singh (1986)
400 vgl. Staehle (1994); Weidermann (1984); Scharfenkamp (1987)
401 vgl. Staehle (1994), S. 319 ff.; vgl. auch Landau (1969), der der Unternehmung zu langfristigem Schutz durch Slack statt zu Erzielung kurzfristiger Wirtschaftlichkeitsverbesserungen durch Slackabbau rät.

wichtig. Den systemnotwendigen Slack unterscheidet er in intersystemnotwendigen Slack, der zur Aufrechterhaltung des äußeren Gleichgewichts dient, und in intrasystemnotwendigen Slack, der das interne Gleichgewicht aufrecht erhalten soll.[402] Während sich *Weidermann* also eher mit der Slack-Entstehung aus individueller Sicht befaßt (Aufbau durch einzelne Personen)[403], nimmt *Scharfenkamp* die Unternehmungsperspektive ein und thematisiert Slack als Verteilungsproblem von überschüssigem Gewinn.[404]

Für die im folgenden zu behandelnden Fragestellungen des Slack-Managements im Rahmen eines Implementierungscontrollings ist die Frage nach den bewußt steuer- und kontrollierbaren Slack-Potentialen von Interesse, so daß der "unintended" Slack an dieser Stelle vernachlässigt wird. Schließlich steht nicht die generelle Slackdiagnose bzw. der Slackabbau im Mittelpunkt der Ausführungen, sondern der zielgerichtete Slackeinsatz. Intersystemnotwendiger Slack liegt z.B. dann vor, wenn ein Hersteller sein Programm zur Verbesserung und Intensivierung der Zuliefererbeziehungen (z.B. "Tandem" bei *Mercedes-Benz*) so weit offen hält, daß weitere Lieferanten zu einem späteren Zeitpunkt aufgenommen werden können. Die vorsorgliche Zuteilung zusätzlicher Ressourcen für Abteilungen, die mit der Implementierungsarbeit beauftragt werden, stellt intrasystemnotwendigen (Implementierungs-)Slack dar.

Auf der Basis der Lokalisierung von Slack in den drei Unternehmungssektoren (vgl. Abb. III.1-58) soll unter Slack die positive Differenz verstanden werden zwischen in der Unternehmung tatsächlich vorgehaltenen Leistungen, Potentialen, Ressourcen und Regelungen und denen, die die Unternehmung gerade zur Erreichung des Anspruchsniveaus ihrer Ziele benötigen würde, wenn sie unter vollkommener Sicherheit planen und entscheiden könnte.[405]

Um Mißverständnisse bezüglich des Organisationsbegriffes zu vermeiden, soll hier lediglich allgemein von Slack gesprochen werden (statt von Organizational Slack) und mit Organisationsslack wird lediglich der in den strukturellen Regelungen vorhandene Slack bezeichnet (instrumenteller Organisationsbegriff).

Auf dem Gebiet der Evaluierung von Slack ist der Ansatz von *Bourgeois* exemplarisch.[406] Darin werden Indikatoren dargestellt, welche die Veränderungen des Slack erkennen lassen sollen. Als Zeichen, daß sich der Slack in einem Unternehmen erhöht, sieht er eine Zunahme der thesaurierten Gewinne, eine Zunahme der Verwaltungsaufwendungen, eine Erhöhung des Working Capital im Verhältnis zum Umsatz, eine Verbesserung der Unternehmensbonität (da

---

402   vgl. Weidermann (1984), S. 129 ff.
403   vgl. ebenda, S. 164 ff.
404   vgl. Scharfenkamp (1987), S. 60 ff.
405   vgl. ähnlich auch Staehle (1994), S. 314
406   vgl. hier und im folgenden Bourgeois III (1981), S. 38

in der Folge weniger Zinsen zu zahlen sind) und eine Verbesserung des Kurs/Gewinn-Ver-
hältnisses (KGV) der Anteilsscheine (verbesserte Möglichkeit zur Finanzierung über eine
Kapitalerhöhung). Eine Abnahme des Slack kann bei zunehmender Gewinnausschüttung, zunehmenden Zinszahlungen (Zunahme des Verschuldungsgrades) oder bei einer Verschlechterung der Kreditwürdigkeit vermutet werden.

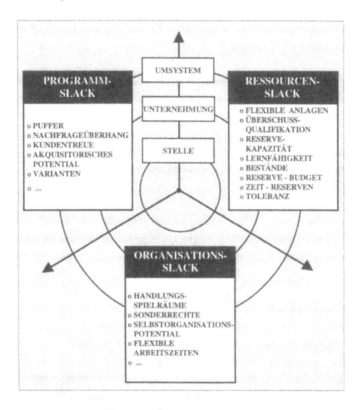

Abb. III.1-58: Slack-Landkarte[407]

Kritisch ist zu diesem Ansatz anzumerken, daß er ausschließlich auf Zahlen des externen
Rechnungswesen beruht und letztlich nur Tendenzaussagen über Slack-Veränderungen, kei-
neswegs jedoch eine echte Messung im Sinne einer Operationalisierung des Slack erlaubt.
Schließlich werden auch bewußt keine Ursachen ermittelt und gemessen. Die Methode muß
daher als Hilfsmittel für externe Bilanzleser gewertet werden, nicht jedoch als Instrument zur
Steuerung von Slack in der Unternehmung.

---

407 vgl. Reiß (1996b)

1.6.3   Das Slack-Phänomen in Implementierungsprozessen

Implementierungsvorhaben als Prozesse der Umsetzung von Restrukturierungskonzepten sind quasi von Natur aus mit einem besonders hohen Maß an Unsicherheit und Risiko ausgestattet. Ein Indikator dafür ist bspw. die zum Teil extrem hohe Rate des Scheiterns von Change-Programmen in der betrieblichen Praxis.[408] Daß es sich dabei nicht um konzeptimmanente Probleme handelt, machen auf der anderen Seite die positiven Beispiele deutlich, bei denen den Unternehmen zum Teil Quantensprünge in der Performance geglückt sind.[409]

Inwieweit die Unsicherheiten im Rahmen der Implementierung durch Slacks in unterschiedlichen Bereichen des Unternehmens verringert und damit die Erfolgsaussichten von Unternehmensrestrukturierungen verbessert werden können (vgl. Zielsetzung "Flexibilität" in Kapitel II.1.5), soll im folgenden dargestellt werden. Darüber hinaus müssen jedoch auch effizienzsenkende Wirkungen von Slack aller Art Berücksichtigung finden, so daß sich letztlich ein Optimierungsproblem bezüglich der Dimensionierung von Slack in Implementierungsprozessen ergibt.[410]

Dazu soll zunächst genauer auf Erscheinungsformen von Implementierungsslack eingegangen und versucht werden, eine implementierungsspezifische Klassifizierung nach den für die Entstehung verantwortlichen Parameter sowie nach deren konkreten Erscheinungsformen vorzunehmen.

1.6.3.1   Ursprung von Implementierungsslack

Für die Entstehung von Implementierungsslack können grundsätzlich folgende Phänomene verantwortlich gemacht werden: Unsicherheit im gesamten Restrukturierungsprozeß, Widerstände bei den Betroffenen, opportunistisches Verhalten der mit der Implementierung betrauten dezentralen Einheiten und die eingeschränkte Teilbarkeit mancher Ressourcen. Letzteres stellt ein altbekanntes Problem der Betriebswirtschaftslehre dar, nämlich die Leerkostenproblematik. Hier ist die sich aus den ungenutzten Ressourcen ergebende Flexibilität quasi nur ein Nebeneffekt, der jedoch auch in Implementierungsprozessen zu beachten ist, um nicht durch ein übertriebenes Zusammenstreichen von Überkapazitäten unflexibel und damit krisenanfällig zu werden. Bei einem Kapazitätsauslastungsgrad, der sich in relevanten Bereichen nahe 100% oder darüber bewegt, wird es nicht möglich sein, eine effektive Implementierung

---

408 vgl. eine Studie von Grant Thornton (1993), die besagt, daß ca. 70% der Reengineering-Bemühungen nach kurzer Zeit "im Sande verlaufen".

409 vgl. z.B. Hall/Rosenthal/Wade (1993), S. 126 f.; vgl. auch die Beispiele im Beitrag des AK Organisation der Schmalenbach-Gesellschaft/Deutsche Gesellschaft für Betriebswirtschaft e.V. (1996)

410 vgl. Kieser (1970), S. 102 ff.

von Restrukturierungsprojekten durchzuführen, weil schlicht die Ressourcen und die Zeit fehlen.

Werden implementierungsrelevante Ressourcen dediziert für die Restrukturierung bereitgehalten und stehen damit der für die Implementierung verantwortlich zeichnenden Einheit (z.B. Change-Projektteam) ständig zur Verfügung, kann sich ein Problem der Unterauslastung dieser Ressourcen ergeben (**Autarkieslack**).

Besonders wichtig sind Überlegungen zur Slack-Gestaltung aufgrund der Unsicherheit (**Unsicherheitsslack**), die gerade bei der Implementierung tiefer und breit angelegter Reformprogramme von großer Bedeutung ist. Kennt man die Gefahren für die Implementierung durch plötzliche, unvorhergesehene Ereignisse, muß ein bewußtes Gestalten von Flexibilitätspotentialen an die Stelle von "Feuerwehraktionen" treten. Solche Potentiale stellen Slack dar, denn sie sind praktisch immer mit Kosten verbunden, die im Falle einer Implementierung unter Sicherheit hätten gewinnsteigernd verhindert werden können. Unvorhersehbare Ereignisse können von außerhalb der Unternehmung kommen (konjunkturelle Änderungen, Eigentümerwechsel, staatliche Auflagen ...) oder auch von innerhalb (Veränderungen der Organisationsstruktur, überraschend starker Widerstand bei Betroffenen, Änderungen innerhalb der Promotions- oder Oppositionskräfte ...). Viele Ereignisse könnten zwar durch eine ausgefeiltere Prognose und Planung antizipiert werden. Dadurch entstehen jedoch nicht unerhebliche Kosten, so daß aus unternehmensspezifischer Perspektive eine Entscheidung zwischen detaillierterer Planung und Ausmaß des Slack getroffen werden muß.

Neben dem bewußt eingesetzten Implementierungsslack zur Erhöhung der Flexibilität (**Unsicherheitsslack**) kann Slack schließlich noch durch Delegation von Implementierungsarbeit an dezentrale Einheiten (**Delegationsslack** bzw. **Autonomieslack**) entstehen sowie durch Zugeständnisse an durch die Implementierung betroffene Einheiten, die dadurch ihren Widerstand aufgeben sollen (**Kompensationsslack**).

Bezüglich des Delegationsslack läßt sich empirisch nachweisen, daß durch die Delegation von Aufgaben generell die Gefahr des opportunistischen Ausnutzens von Handlungsspielräumen wächst.[411] Im Rahmen von Implementierung kann sich dies z.B. in einem Finanzmittelbedarf zeigen, der über dem notwendigen Maß liegt, was jedoch oft nicht nachweisbar ist. Dahinter steht die sicherlich realistische Vermutung, daß es im Normalfall keine vollständige Kongruenz zwischen den Zielen der Gesamtunternehmung und denen der dezentralen Einheiten bzw. den individuellen Zielsetzungen gibt.

411 vgl. Astley (1978), S. 42 ff.; Argyris (1953), S. 98 ff.

Die Überwindung von Widerstand mittels Zugeständnissen, die das Konzept, die Ressourcen oder die organisatorischen Regelungen innerhalb oder außerhalb des Implementierungsprozesses betreffen, ist gerade bei Restrukturierungen, die sich für gewöhnlich durch Akzeptanzschwierigkeiten bei den Organisationsmitgliedern auszeichnen, von Wichtigkeit. Dies läßt auch das Ergebnis einer Untersuchung von *Moch* und *Pondy* erkennen, in der eine Zunahme der Konflikte in Entscheidungsprozessen festgestellt wird, sobald Slack reduziert wurde.[412] Im Ergebnis führt dies oftmals zu Garantien der Besitzstandswahrung oder der Statussicherung. Eine Unterlassung der Slack-Rückführung ist dann als Konfliktvermeidungsstrategie ebenfalls dem Typus "Kompensationsslack" zuzuordnen. Auch dabei handelt es sich um bewußt geschaffenen, zielgerichteten Slack, denn er verringert den Widerstand. Sowohl bei Kompensationsslack als auch bei Delegationsslack hängt deren Steuerbarkeit und damit deren Flexibilität für die Implementierung vom tatsächlichen Einsatz des Slack ab.

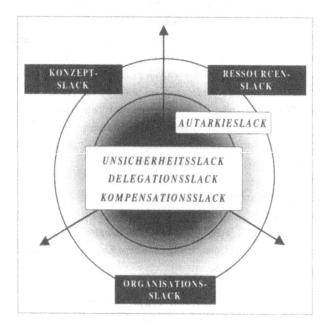

Abb. III.1-59: Formen von Implementierungsslack

Das diesem Kapitel zugrunde liegende Klassifikationsmodell ist in Abb. III.1-59 dargestellt. Zwei Dimensionen werden unterschieden: erstens kann Slack in allen Unternehmenssektoren auftreten (vgl. Abb. III.1-58) und zweitens sind unterschiedliche Entstehungsgründe für Slack

---

412 vgl. Moch/Pondy (1977), S. 357

festzustellen. Während Autarkieslack nur für Ressourcen relevant sein kann, können unsicherheits-, delegations- und kompensationsbedingte Reserven in allen Unternehmenssektoren auftauchen.

Es muß an dieser Stelle angemerkt werden, daß sich die Leistungsseite bei internen Restrukturierungsprojekten als das Restrukturierungs**konzept** darstellt, das es mit einem möglichst geringen Ressourceneinsatz umzusetzen gilt. Damit kann der Programmslack im Ausgangsmodell in Abb. III.1-59 als **Konzeptslack** spezifiziert werden.

1.6.3.2 Erscheinungsformen von Implementierungsslack

Bereits in der Konzipierungsphase wird in der Regel das generelle Restrukturierungskonzept auf die einzelnen Bereiche des Unternehmens (den Kontext) angepaßt. Dabei besteht die Möglichkeit, in das Konzept selbst Flexibilitätspotentiale zu integrieren, die dann eine kontextspezifische Anpassung erlauben. Dahinter steckt das gleiche Gedankengut, wie es ursprünglich aus dem Bereich der Produktionsstrategie unter dem Stichwort "Mass Customization" bekanntgeworden ist (vgl. auch Kap. III.1.5).[413] Das "Neuprodukt" Reengineering verläßt die Konzeptionsphase als grob umrissene Idee (Forschungsergebnis), worauf in der Phase der Implementierungsplanung Spezifikationen vorgenommen werden, die das Konzept bereits an die Bedingungen der Bereiche anpassen, in denen es implementiert werden soll. Dies bedingt den Einbau von Slack in das Restrukturierungskonzept (Konzeptslack).

Die dadurch erreichte höhere Flexibilität ist jedoch nicht zum Nulltarif zu haben. Konzeptslack bringt eine geringere Effizienz und/oder eine geringere Effektivität der Implementierung mit sich, ausgedrückt durch die zusätzlichen Kosten bzw. den entgangenen "Gewinn" (Opportunitätskosten) eines "optimal" umgesetzten Konzepts. So kann man sich bspw. vorstellen, daß ein Unternehmensbereich als erstes eine Just in Time-Steuerung implementiert, während ein anderer zunächst mit Gruppenarbeit beginnt. Daß dabei Friktionen und daher auch (Opportunitäts-)Kosten entstehen, ist nachvollziehbar. Jedoch wird dies aufgrund der vermuteten leichteren Implementierung (im Vergleich zu einem zentralen, rationalen Konzept) oft bewußt in Kauf genommen (realistisches Konzept).

In den betroffenen Bereichen können nämlich die Implementierungsaktivitäten flexibel und kontextspezifisch durchgeführt werden. Ein in der Praxis anzutreffendes Beispiel ist die Flexibilität im Zusammenhang mit einer zeitlichen Aufspaltung des Konzepts. Dies bedeutet, daß je nach Dringlichkeit der Restrukturierungen, den Interessen der Betroffenen oder den bereits

---

413 vgl. Pine (1993); Reiß/Beck (1995a)

vor der aktuellen Restrukturierung mit anderen Change-Initiativen gemachten Erfahrungen
eine unterschiedliche zeitliche Abfolge der einzelnen Teilkonzepte (Module) gewählt werden
kann (Unsicherheits-Konzeptslack).[414] Dadurch daß die Konzeptimplementierung zunächst
generisch mit flexiblen Modulen geplant wird, entsteht ein Konzeptslack, der sich bspw. in
nicht realisierbaren Synergien zwischen den einzelnen Implementierungsbereichen oder mit
einer weniger effektiven, weil nicht aufeinander abgestimmten Umsetzung der Restrukturie-
rungsteilkonzepte zunächst performanceseitig negativ bemerkbar macht. Bei *Mercedes-Benz*
konnten die Bausteine des "*MB-Erfolgsprogramms*" von den einzelnen Werken weitgehend
autonom umgesetzt werden, was das Wirksamwerden des Gesamtprogramms verzögerte
(Delegations-Konzeptslack). Wird bereits mit Akzeptanzproblemen bei die Restrukturierung
gerechnet, können Konzeptanpassung auch zur Schwächung des Widerstandes eingesetzt
werden, indem "Sonderwege" möglich gemacht werden, welche die spezifischen Vorbehalte
der Teileinheit berücksichtigen (Kompensations-Konzeptslack).

Den offensichtlicheren Teil von Slack in Implementierungsprozessen stellt jedoch der **Res-
sourcen-** und **Organisationsslack** dar. Mit beiden Spielarten von Slack wird versucht sicherzustellen, daß Implementierungsbemühungen die notwendige Anpassungsfähigkeit und
-bereitschaft der betroffenen Ressourcen und Organisationssubsysteme vorfinden. Als Ressourcenslack in Wandelprozessen können z.B. flexible Budgets gelten, bei denen Finanzressourcen vorgehalten werden, um bei ungeplanten Verzögerungen oder Widerständen weitere
Investitionen in die Implementierung tätigen zu können (vgl. Abb. II.3-8 zur "Reaktivierung"
im Implementierungslebenszyklus in Kap. II.3.4). Auch die latent bei Mitarbeitern vorhandene
Bereitschaft, sich mit einem Wandel des Arbeitsplatzes oder der Arbeitsinhalte einverstanden
zu erklären, kann als (Human-)Ressourcenslack bezeichnet werden, der vor allem in der Phase
des Personalmarketing, der Personalakquisition sowie bei Personalentwicklungsprogrammen
gezielt gesteuert werden muß. Dazu muß diese "geistige" Flexibilität Teil der Anforderungs-
kriterien bei Einstellungs- und Aufstiegsentscheidungen werden.[415] Slack wird damit auch zu
einem Kernelement der Lernorganisation.[416]

Die Fähigkeitsseite der Mitarbeiter wird bei vielen Unternehmen erst zum Zeitpunkt des Bedarfs an zusätzlicher Qualifikation problematisiert. Ein proaktives Vorgehen würde es nahele-

---

414 vgl. auch die Empfehlung, eine "Konzeptplattform" für ein Gesamtunternehmen zu schaffen, auf der die
     einzelnen Unternehmens- oder Geschäftsbereiche ihre spezifischen Konzepte aufbauen, AK Organisation
     der Schmalenbach-Gesellschaft/Deutsche Gesellschaft für Betriebswirtschaft e.V. (1996), S. 625
415 vgl. Schüppel (1996), S. 197 ff.
416 vgl. auch Probst/Büchel (1994), S. 50 ff., die grundsätzlich von einem positiven Effekt von bewußtem Res-
     sourcenslack auf interne Veränderungs- und Lernprozesse ausgehen. Vgl. ebenso das Plädoyer für Ressour-
     cenüberschuß (Slack), der als für die Umsetzung von Wandel im allgemeinen und der Lernorganisation im
     besonderen als sehr bedeutend angesehen wird, AK Organisation der Schmalenbach-Gesellschaft/Deutsche
     Gesellschaft für Betriebswirtschaft e.V. (1996), S. 626 und 648.

gen, Schulungs- und sonstige Weiterbildungsmaßnahmen in Zusammenhang mit der geplanten Restrukturierung bereits vor der eigentlichen Implementierungsphase zu starten, um damit
zum einen eine Beschleunigung der Implementierung, zum anderen aber auch eine Entzerrung
der Qualifizierungsmaßnahmen zu erreichen. Dies ist vor allem bei einer sehr breit (viele Mitarbeiter müssen geschult werden) und tief (Mitarbeiter müssen sehr lang und intensiv geschult
werden) angelegten Restrukturierung zu beachten, weil dabei in der Praxis regelmäßig das
Problem der Prioritätensetzung zwischen der Routinearbeit und der Implementierung auftaucht. Diese Entzerrung hat jedoch ihre Kosten (vgl. in diesem Kapitel III.1.6.4.3). Zunächst
herrscht die Unsicherheit, ob die Schulungsinhalte überhaupt zum letztlich zu implementierenden Konzept passen. Es kann sich somit im schlimmsten Fall herausstellen, daß Fehlinvestitionen getätigt wurden.

Darüber hinaus gehen Qualifizierungsmaßnahmen, vor allem wenn sie das Fach-Know how
der Mitarbeiter betreffen, oft mit höheren Entgelten einher. Einen Ausweg können hierbei
generische Fähigkeiten der Sozial- oder Methodenkompetenz darstellen (vgl. Kap. III.1.2). Im
Bereich der Technikressourcen gelten flexible Fertigungsanlagen als Beispiel für Slack. Damit
sind Umstellungen des Produktionsablaufes oder auch der Produktionsinhalte während Restrukturierungsprojekten mit relativ geringem Aufwand möglich, obwohl diese Anlagen in der
Regel einen höheren Anschaffungspreis bzw. eine geringere Produktivität haben als vergleichbare Anlagen ohne Flexibilitätspotentiale. Auch wenn es bisher eher selten der Fall war,
daß eine flexible Maschinenausstattung ihren Grund in Restrukturierungsprozessen hat, muß
dies bei zunehmendem Wandel verstärkt berücksichtigt werden. Ein restrukturierungsbeding-
ter Bedarf an neuer Maschinen und Anlagen wäre ein ganz erheblicher Kostenfaktor, der
durch die dargestellte Form von Slack vermieden werden kann.

Beim Organisationsslack können nochmals zwei Unterformen unterschieden werden. Zum
einen der Slack, der bereits in der Primärorganisation vorhanden ist und einen Wandel fördert.
Zum anderen der in der Sekundärorganisation existierende Slack, der konzept- und kon-
textabhängig bewußt geschaffen wurde, um eine konkrete Restrukturierung effektiv und effizient realisieren zu können. Grundsätzlich handelt es sich sowohl beim primär- als auch beim
sekundärorganisatorischen Slack um die gleichen Phänomene, wie z.B. zugestandene Hand-
lungs- und Entscheidungsspielräume durch flexible Regeln, zusätzliche Rechte für einzelne
Stellen bzw. Einheiten oder auch durch Doppelbesetzung von erfolgskritischen Stellen. Konkret kann bspw. die Aufgabe der Machtpromotion eines Restrukturierungs(teil)projekts an
mehrere Personen mit hierarchischem Potential vergeben werden, um damit einer Projektge-
fährdung durch das Ausscheiden oder die Versetzung eines Machtpromotors entgegenzuwirken. Ebenso kann Flexibilität innerhalb der Projektorganisation, die mit der Implementierung

der Restrukturierung betraut ist, dadurch erreicht werden, daß die Projektmitarbeiter über das zu einem bestimmten Zeitpunkt unbedingt erforderliche Maß von ihrer Linientätigkeit freigestellt werden. Dieser höhere Freistellungsgrad, der ebenfalls wieder ungeplante Entwicklungen des Kapazitätsbedarfs der Implementierung kompensieren soll, geht ganz unmittelbar in eine Projektkostenrechnung ein und ist daher ebenso unter Kosten-/Nutzengesichtspunkten zu optimieren.[417]

1.6.4   Evaluierung von Implementierungsslack

Wenn es um die Evaluierung von Slack, d.h. um die optimale Dimensionierung und Wahl einer geeigneten Slackform geht, kann von der Literatur keine besonders große Hilfe erwartet werden.[418] *Probst* fordert zwar, daß es zur Aufgabe eines Managers gehört, für ein Gleichgewicht zwischen der Tendenz zur Redundanz und der Optimierung des Ressourceneinsatzes zu sorgen[419], läßt jedoch offen, wo denn ein solches Gleichgewicht liegen könnte bzw. wie es zu bestimmen wäre.

Bereits im ersten Kapitel wurde darauf hingewiesen, daß die mit Slack verbundenen Flexibilitätsbedarfe in der Regel nicht zum Nulltarif zu erhalten sind.[420] Slack fungiert somit fast immer auch als Kostentreiber. Ausgehend von den slackverursachten Kosten und der Flexibilität, die Slack mit sich bringt, läßt sich ein Portfolio zur generellen Bewertung von Slack erstellen (vgl. Abb. III.1-60). Während sich ungeplante Reserven meistens nach und nach akkumulieren, einzeln betrachtet jedoch eher geringe Kosten- und Flexibilitätseffekte haben, kann durch die bewußte Schaffung großer Flexibilitätspotentiale (zu entsprechend hohen Kosten) eine Art "Luxusreserve" aufgebaut werden. Ein Beispiel hierfür ist eine möglichst breite Qualifizierung der Beschäftigten ohne bereits konkretisierte Bedarfe aus dem Veränderungsprozeß.

Allerdings ist es auch möglich, diesen Zusammenhang zumindest teilweise zu entkoppeln. Im negativen Fall wird in den Aufbau von Slack investiert, obwohl damit keine zusätzliche Flexibilität geschaffen wird bzw. diese nicht zielorientiert eingesetzt werden kann (Verschwendung). Beispiele hierfür sind die unbeabsichtigt entstandenen Slacks, die mangels Wissen um ihre Existenz auch nicht flexibilitätserhöhend eingesetzt werden können, oder der Delegationsslack, der zur Erreichung partikulärer Interessen oder Ziele dient. Im positiven Fall erreicht man eine zunehmende Flexibilität in der Unternehmung oder in Implementierungsprozessen, ohne daß damit nennenswerte Ausgaben verbunden sind. Diese "ideale" Slack-Form

---

417 vgl. Reiß/Grimmeisen (1994), S. 323
418 vgl. z.B. Bourgeois III (1981)
419 vgl. Probst (1992), S. 487; ähnlich auch Bleicher (1979), S. 61
420 "Kostenloser" Slack wäre z.B. eine hohe Verhaltensflexibilität der Mitarbeiter, außerhalb der Arbeitszeit besuchte Weiterbildungsveranstaltungen usw.

kann z.B. in Form der Bereitschaft von Mitarbeitern zum Wandel, hoher Toleranz u.ä. vorhanden sein. Durch die kostengünstige Bereitstellung von Flexibilitätspotentialen wird Slack in diesem Fall zu einem Erfolgsfaktor des Veränderungsprozesses.

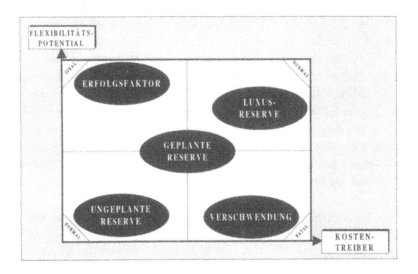

Abb. III.1-60: Bewertung von Slackformen

Für eine exaktere Evaluierung müssen jedoch beide Dimensionen der Abb. III.1-60 genauer beleuchtet und darüber hinaus in das Oberziel "Wertsteigerung" integriert werden.

1.6.4.1   Slack als Flexibilitätspotential

Ein wesentlicher Grund für eine bewußte Dimensionierung von Slack ist die Unsicherheitsreduktion durch den Aufbau von Flexibilitätspotentialen. Den verschiedenen unter III.1.6.3.1 genannten Slack-Formen wohnen jedoch unterschiedlich große Flexibilitätspotentiale inne. So liefert bspw. das Einplanen von zeitlichen Puffern in Implementierungsprozessen eine geringere Flexibilität als das bewußte Vorhalten von Lernbereitschaft und Aufgeschlossenheit gegenüber technischen oder organisatorischen Neuerungen bei Mitarbeitern. Ein Implementierungscontrolling muß eine Evaluierung der Flexibilitätspotentiale ermöglichen, die durch einen bestimmten Implementierungsslack hervorgerufen werden. Ein geeignetes Instrument dafür bietet das bereits dargestellte Optionspreismodell (vgl. Kap. II.3.6).

Dabei wird versucht Überlegungen, die im Rahmen der finanzwirtschaftlichen Theorie für Optionen auf Real- oder Nominalgüter angestellt wurden, auf Investitionen im allgemeinen anzuwenden.[421] Unter Option ist dabei das Recht zu verstehen zu einem bestimmten Termin (europäische Variante) bzw. innerhalb einer bestimmten Periode (amerikanische Variante) ein Gut zu kaufen (Call) oder zu verkaufen (Put). Im übertragenen Sinne können unter einer Option verschiedene Handlungsalternativen verstanden werden, die zu einem späteren Zeitpunkt realisiert werden können, aber nicht realisiert werden müssen. Insofern müssen sich auch Slackformen im Rahmen von Implementierungsprozessen daran messen lassen, in welchem Maße sie zukünftige Handlungsalternativen generieren oder Risiken vermeiden. Bei obigem Beispiel bedeutet dies, daß der Zeitpuffer lediglich einen gewissen Zeitraum schafft, innerhalb dessen eine Projektleistung erbracht oder begonnen werden muß, während ohne diesen ein bestimmter Zeitpunkt determiniert wäre. Die grundsätzliche Änderungsbereitschaft der Mitarbeiter hingegen erfordert noch nicht einmal eine Spezifikation des konkreten Restrukturierungskonzeptes, geschweige denn zeitliche oder räumliche Festlegungen.

Es stehen dem Unternehmen bzw. dem Implementierungsmanagement größere Handlungsspielräume offen. Damit ist mit dem zweitgenannten Slack ein größerer Wert für die Implementierung verbunden. Der Aufbau des Slack ist mit Kosten verbunden, die dem Optionspreis entsprechen. Die später bei der Realisierung einer Handlungsalternative anfallenden Kosten (z.B. spezifische Mitarbeiterschulungen nach Festlegung eines Konzepts) entspricht dem Basispreis.

Options- und Basispreis dürfen für eine Evaluierung nicht einfach denjenigen Kosten oder Erträgen gegenübergestellt werden, die entstanden wären, wenn zu einem bestimmten Zeitpunkt eine definitive Entscheidung und/oder Investition getätigt worden wäre. Denn man hatte für eine bestimmte Zeitdauer die Möglichkeit, andere Alternativen zu berücksichtigen oder das Flexibilitätspotential überhaupt nicht auszuschöpfen. Bei der Investition in die Änderungsbereitschaft des Personals vor Festlegung des Konzepts hatte man bei vergleichsweise geringen Kosten ständig die Möglichkeit das Konzept anzupassen und zu ändern, ohne daß davon die bereits getätigte Investition berührt worden wäre. Selbst bei Unterlassung der Restrukturierung, z.B. aufgrund des Erkennens von unüberwindlichen Akzeptanzproblemen, hätte man nur den Optionspreis (Kosten der Mitarbeiterschulung vor dem Konzept) verloren, wohingegen in einer späteren Phase diese Handlungsmöglichkeiten nicht mehr oder nur bei überproportional hohen Kosten bestehen (z.B. Abbruch des Gesamtkonzepts oder Durchsetzung auch gegen den Widerstand der Mitarbeiter).

---

421 vgl. Myers (1984)

Copeland/Koller/Murrin sprechen bei Rechten, die die unternehmerische Flexibilität erhöhen von sog. Aktivoptionen.[422] Dieser Begriff kommt daher, daß sie davon ausgehen, daß sich Flexibilitätspotentiale stets auf der Aktivseite der Bilanz niederschlagen. Dies ist sicher für einen gewissen Teil der Flexibilitätspotentiale in einer Unternehmung richtig (z.B. flexible Fertigungssysteme, Ausdehnungsmöglichkeiten für einen Werksneubau etc.). Da jedoch das Humankapital oder flexible Organisationsformen keinen Niederschlag in der Bilanz finden, ist es angebrachter an dieser Stelle wieder den Slack-Begriff anzuwenden und damit statt von Aktivoptionen allgemeiner von slackinduzierten Optionen zu sprechen. Unter diesen lassen sich nun vor allem folgende (sich ausschließende) Kategorien unterscheiden (vgl. zu einer generellen Erläuterung auch Kap. II.3.6):[423]

- Abbruchsoption,
- Aufschuboption,
- Erweiterungsoption,
- Einschränkungsoption,
- Umstellungsoption.

Diese Klassifizierung unterscheidet verschiedene Slack-Formen nach der Art der jeweils damit verbundenen Flexibilität. Sie werden im folgenden mit ihrer konkreten Anwendung auf Implementierungsprozesse besprochen werden.

Bei der **Abbruchsoption** hat die Unternehmung stets noch die Möglichkeit das Restrukturierungsprogramm aufzugeben bzw. erst gar nicht zu beginnen. Dies ist nur dann gegeben, wenn die bisherigen Strukturen der Unternehmung weiterbestehen. Man "erwirbt" eine Option, indem man die Kosten und allgemein die Nachteile auf sich nimmt, die erfahrungsgemäß mit der Parallelität alter und neuer Strukturen (z.B. Konfusion, zu lange Dauer, erhöhte Widerstände) einhergehen (vgl. auch Lern- und Entlernsequenzen in Kap. III.1.2). Ob sich eine Abbruchsoption bzw. der damit verbundene Implementierungsslack für ein Unternehmen lohnt, hängt also vom Wert ab, den die Unternehmung diesem Flexibilitätspotential beimißt, und von den Kosten, die durch das Nebeneinander von neuer und alter Struktur verursacht werden. Der Geschäftsbereich Pharma der *Bayer AG* hat sich dafür entschieden keine Abbruchsoption zu "erwerben", um damit deutlich zu machen, daß es keinen Weg zurück mehr gibt und somit schnelle Umlernprozesse zu fördern sowie Widerstände gegen das Neue zu vermeiden.[424] Den geringeren Kosten durch keine zusätzlichen Slacks steht die - allerdings gewollte - geringere Flexibilität gegenüber.

---

422 vgl. Copeland/Koller/Murrin (1995), S. 346
423 vgl. ebenda, S. 355
424 vgl. Grimmeisen (1995a), S. 293

Die **Aufschuboption** legt den Fokus auf den Zeitpunkt der möglichen Restrukturierung. Klares Beispiel ist dafür die frühzeitige Qualifikation der Mitarbeiter. Der Preis der Option sind dabei nicht die Kosten für die Qualifizierungsaktivitäten an sich, sondern vielmehr der damit verbundene potentielle Anstieg der Personalkosten. Dem gegenüber steht die Möglichkeit zu einem beliebigen Zeitpunkt die Restrukturierung zu beginnen und relativ schnell zu implementieren, weil nur noch eine geringe Zusatzqualifikation der Mitarbeiter für das spezifische Restrukturierungskonzept erforderlich ist. Allerdings muß man realistischerweise davon ausgehen, daß diese Art von Option oftmals über die Zeit hinweg einen stetigen Wertverlust erleidet, weil z.B. die Halbwertszeit des Wissens und der Qualifikation immer kürzer wird und sich außerdem durch die Personalfluktuation ein Aushöhlen des Qualifikationsslack ergibt.

Die **Erweiterungs- und Einschränkungsoption** hebt auf die Breite und Tiefe der Implementierung ab. Ein spezifisches Konzept für einen einzigen Geschäftsbereich stellt u.U. das Kostenoptimum für diesen Bereich dar. Soll jedoch bei erfolgreicher Implementierung eine Ausdehnung auf andere Bereiche des Unternehmens vorgenommen werden, fehlt dazu möglicherweise eine Erweiterungsoption. Ohne sie muß entweder ein völlig neues Implementierungskonzept erstellt werden oder das alte wird mit allen Risiken einer inadäquaten Lösung übertragen. Die Kosten für das Gesamtunternehmen sind in jedem Fall nicht mehr als optimal zu bezeichnen. Wenn also eine Erweiterung der Implementierungsaktivitäten auf andere Teile des Unternehmens oder auf andere Restrukturierungsteilprojekte (z.B. zusätzlich zur Gruppenarbeit noch die Implementierung eines JiT-Konzept) generell in Betracht kommt, muß das Konzept dies bereits antizipieren. Das für den einzelnen Unternehmensbereich nicht optimale, weil nicht auf dessen spezifische Bedürfnisse maßgeschneiderte Konzept verursacht gegenüber dem maßgefertigten Konzept Zusatzkosten, die als Optionspreis interpretiert werden können. Aus Gesamtunternehmenssicht muß letztlich der Optionspreis (Kosten für den Konzeptslack) zuzüglich der eigentlichen Implementierungskosten für das Gesamtkonzept unter der Summe der Kosten liegen, die in den einzelnen Bereichen bei der Implementierung der bereichsspezifischen Konzepte entstehen würden.

Bei der Einschränkungsoption erhält man sich die Möglichkeit, die Implementierung in Breite und/oder Tiefe zu reduzieren, ohne damit das Projekt als Ganzes zu gefährden. Dies ist besonders dann von Bedeutung, wenn Einflüsse der Unternehmungsumwelt zu einer Einschränkung des Projekts zwingen. Dies kann z.B. eine plötzliche Krisensituation für das Unternehmen sein, die sich negativ auf die für das Projekt geplanten Finanzressourcen auswirkt, oder aber auch auftretende Lieferschwierigkeiten durch eine erhöhte Nachfrage, die keine Kapazitäten mehr für die Restrukturierung beläßt. Durch einen in Breite und Tiefe modularen Aufbau des Konzepts kann sich das Unternehmen flexibel auf geänderte Umweltsituationen einstellen.

Die Kosten, die sich durch diesen Konzeptslack ergeben, sowie die daraus ableitbare Optimierungsregel stellen sich ähnlich dar wie bei der Erweiterungsoption.

Wie gesehen, läßt ein modularer Konzeptaufbau eine in Breite und Tiefe flexible Implementierung zu, womit man den damit verbundenen Slack auch als **Umstellungsoption** betrachten kann, da er auch eine Kombination von Erweiterungs- (Calls) und Einschränkungsoptionen (Puts) miteinschließt. Mit einer Umstellungsoption ist also sowohl eine Erweiterung als auch eine Einschränkung der Implementierung möglich, was ihr einen zusätzlichen Wert verleiht. Der Einsatz von Umstellungsoptionen ist auch vergleichbar mit dem Planungsprinzip der "robusten Schritte".[425]

1.6.4.2 Slack und der Einfluß auf die Implementierungsziele

Die in Kapitel II.1 genannten Zielgrößen eines Implementierungscontrolling geben den Rahmen für die Slack-Beurteilung vor.

Für die Frage nach dem Einfluß von Implementierungsslack auf die Dauer von Implementierungsprozessen muß man sich aus Controlling-Sicht aus zweierlei Gründen interessieren. Zum einen ist die Dauer ein eigenständiges Ziel, das es zu verfolgen gilt. Denn schließlich hängen die Effektivität und vor allem die Effizienz der Implementierung davon ab.

Zum zweiten ist die Dauer bzw. die Geschwindigkeit des Wandels auch eine bedeutende Einflußgröße auf andere Ziele, wie z.B. die Akzeptanz des Wandels bei den Mitarbeitern oder die Kosten der Implementierung. Der Effekt von Implementierungsslack auf verschiedene (hoch aggregierte) Zielgrößen ist in Abb. III.1-61 dargestellt. Dabei sind drei Phänomene, die im folgenden genauer erklärt werden, von besonderer Bedeutung.

Das für eine Vielzahl von Implementierungsprozessen typische "Tal der Tränen", also die Verschlechterung der Unternehmungsperformance während der anfänglichen Implementierungsaktivitäten[426], wird durch Implementierungsslack zum einen gedämpft, zum anderen aber auch zeitlich ausgedehnt. Dies kann mit dem beschriebenen Kompensationsslack erklärt werden, der bei einer Implementierung gerade zum Abbau von Widerstand bzw. zur Erhöhung der Akzeptanz eingesetzt wird.

---

425 vgl. Hanssmann (1989), Sp. 1758 ff.; Rosenhead (1967)
426 vgl. z.B. in der Schilderung eines Praxisfalles bei Hild/Schwarzgruber/Rombach (1997), S. 215 ff.

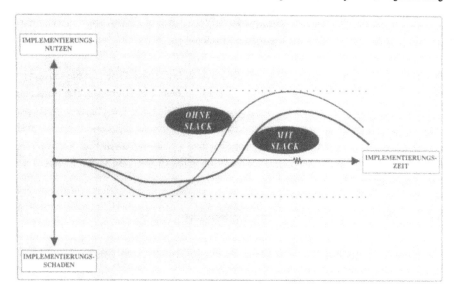

Abb. III.1-61: Einfluß von Slack auf Implementierungsziele[427]

Konkret kann dieses Ergebnis so gedeutet werden, daß z.B. durch Kompensationsausgaben die Zustimmung von Promotoren gesichert wird oder daß zunächst in der Übergangsphase eine Parallelität von alter und neuer Struktur aufrecht erhalten wird, die dafür sorgt, daß es nach dem Abbruch der alten Strukturen nicht zu einer ausgeprägten Konfusionsphase kommt, wie auf volkswirtschaftlicher Ebene derzeit immer noch in Rußland zu beobachten ist. Auch das Beispiel "Überqualifizierung" rechtfertigt den abgemilderten Verlauf der Performance-Kurve, da die Mitarbeiter dem Wandel fähigkeits- und bereitschaftsseitig bereits besser gewachsen sind.

Aus Sicht der Unternehmenspraxis vielleicht noch wichtiger ist jedoch der Hinweis, daß mit einer Verlängerung dieser "Durststrecke" zu rechnen ist. Dies rührt daher, daß bei einer durch Slack "abgedämpften" Transformation nicht mit dem gleichen Implementierungsdruck (Leidensdruck) zu rechnen ist wie bei mehr oder weniger slackfreier Implementierung.[428] Da die Performance nicht so stark sinkt, ist weder der Druck durch Vorgesetzte noch durch den Markt oder den Aufsichtsrat so groß, daß eine ähnliche Dringlichkeit geschaffen wird wie bei einer Umsetzung ohne Slack. Auch bei Konzeptslack, der sich z.B. in einer bereichsspezifi-

427 Grimmeisen (1995a), S. 295
428 vgl. dazu auch Poensgen (1980), Sp. 1132. Dort wird ebenfalls ein Zusammenhang zwischen "Druck von
      außen" und Slack dargestellt, allerdings in umgekehrter Wirkungsrichtung, so daß in der Realität von einer
      wechselseitigen Beeinflussung ausgegangen werden kann.

schen, angepaßten Implementierung niederschlägt, ist zu vermuten, daß die Implementierung aus Gesamtunternehmenssicht länger dauern wird und damit auch die Phase der Konfusion.

Im Normalfall ist die durch die Restrukturierung theoretisch erreichbare Performance nicht zu erzielen, da stets die Kosten des Slack in Abzug zu bringen sind. Gleichwohl muß die unterschiedliche Risikohaftigkeit der beiden Kurven berücksichtigt werden, die aus Abb. III.1-61 nicht hervorgeht. Wie bereits im letzten Abschnitt deutlich wurde, ist die Kurve ohne Slack wesentlich kritischer bezüglich ihrer Umsetzungschancen zu beurteilen, weil ihr die Flexibilität des Implementierungsslack fehlt.

Für den Autarkieslack, der sich nur auf Ressourcen bezieht (vgl. Abb. III.1-59), ist durchaus die Ideallinie in der Performance zu erreichen (in Abb. III.1-61 entspricht dies zunächst dem Ast der Kurve mit Slack und nach dem Schnittpunkt beider Kurven dem Ast der "Ohne-Slack-Kurve"), nämlich für den Fall, daß der Slack "richtig" dimensioniert wird. Beim Slack "Überqualifikation der Mitarbeiter" heißt dies, daß das vorgehaltene Qualifikationspotential gerade dem Qualifikationsbedarf der Implementierung entspricht. Dies ist allerdings nur ex post festzustellen.

1.6.4.3   Kostenanalyse von Implementierungsslack

Bei den Kosten des Implementierungsslack handelt es sich um eine Einflußgröße des im letzten Abschnitt beschriebenen "Implementierungsschadens". Da absolute Kosten (Betrachtungen des Kostenniveaus) einzelfallabhängig sind, werden in diesem Abschnitt Kostendeterminanten und Kostenverläufe im Mittelpunkt stehen.

Zwei **Kostendeterminanten** spielen eine herausragende Rolle, nämlich das Ausmaß der Dezentralisierung von Implementierungsaufgaben und die Parameter des zu implementierenden Konzepts. Hinsichtlich der Dezentralisierung ergeben sich Fragen nach der auf die einzelnen Einheiten der Unternehmung (Abteilungen, Unternehmensbereiche) stattfindenden Delegation von Implementierungsaufgaben, mithin also nach der ihnen zugestandenen Autarkie und Autonomie und damit einhergehend nach den Möglichkeiten zur Kontrolle dieser Einheiten durch eine Zentraleinheit. Es können folgende **Thesen** aufgestellt werden:[429]

- Delegation erhöht das Slack-Potential
- Autarkie erhöht das Slack-Potential
- Kontrolle senkt das Slack-Potential
- Vertrauen senkt das Slack-Potential

---

429 vgl. Weidermann (1984), S. 164 ff. sowie Ouchi (1980)

Die genannten Slack-Determinanten sind nicht unabhängig voneinander. Alle Thesen beruhen auf Überlegungen zu unternehmungsinternen Transaktionen und den damit verbundenen Kosten. Wenn Aufgaben, die bisher zentral gesteuert, implementiert oder realisiert wurden, "nach unten" delegiert werden, bedeutet dies höhere Koordinations- bzw. Transaktionskosten, da genaue Vorgaben gegeben werden müssen, die daraufhin auch zu überwachen und zu kontrollieren sind.[430] Scheut man diese Kontrollkosten, muß im Gegenzug davon ausgegangen werden, daß von den dezentralen Einheiten Slacks aufgebaut wird[431] (vgl. Abb. III.1-62).

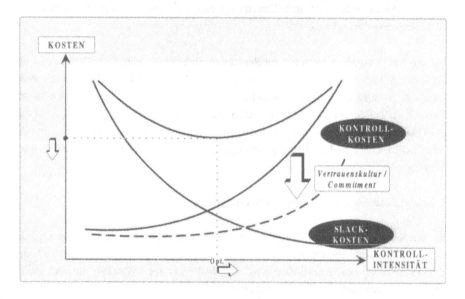

Abb. III.1-62: Zusammenhang von Slack und Kontrolle

Der Entstehungsgrund für Slack ist hier das bereits beschriebene opportunistische Verhalten der Bereiche, denen Implementierungsaufgaben delegiert werden (Delegationsslack) sowie die Informationsasymmetrie zwischen dem Agenten (implementierungsausführende Einheit) und dem Prinzipal (ressourcenbereitstellende Einheit).[432] So kann man sich bspw. vorstellen, daß ein Geschäftsbereich Slack aufbaut, der ihm ein Maximum an Flexibilität bei der Umsetzung des Restrukturierungskonzepts einräumt, solange er nicht für die Kosten dieses Slack verantwortlich ist. So kann er zusätzlichen Personalbedarf anmelden oder seinen Mitarbeitern groß-

---

430 vgl. Picot (1982), S. 370
431 Daher kommt z.B. Welge (1987), S. 498 ff. auch zu dem Schluß, daß eine divisionale Organisation tendenziell mehr Slack aufweist als eine funktionale Organisation. Dies kann sowohl mit Delegations- als auch mit Autarkieslack erklärt werden.
432 vgl. Dunk (1993), S. 400 ff. Vgl. außerdem die Agency-Literatur, z.B. Schmidt/Theilen (1995); Hartmann-Wendels (1992); Elschen (1991); Arrow (1985)

zügige Schulungen zukommen lassen. Dabei ist zu beachten, daß mit solchen Slacks teilweise auch persönliche oder zumindest keine implementierungsrelevanten Zwecke verfolgt werden.[433] Die übergeordnete Einheit (Prinzipal) hat dabei oftmals nur sehr wenig Möglichkeiten, die Richtigkeit und Dringlichkeit der Ressourcenanforderung für Implementierungsaufgaben zu beurteilen (asymmetrische Informationsverteilung).

Indem ihm jedoch neben der Implementierungsverantwortung auch die Kostenverantwortung zugewiesen wird, können solche dysfunktionalen Slacks in weiten Bereichen vermieden werden. Man erkennt in Abb. III.1-62, daß durch ein höheres **Commitment**[434] für die gemeinsamen Zielsetzungen bzw. eine Vertrauenskultur[435] zwischen den implementierungsbeteiligten Einheiten die Kontrollkosten gesenkt werden können, obwohl letztlich die Kontrollintensität der Implementierungsaktivitäten aufrecht erhalten wird.[436] Dies resultiert daher, daß tendenziell teurere Fremdkontrolle (bei wenig Vertrauen) durch Selbstkontrolle ersetzt wird, mithin also das bereits bekannte Prinzip des Management by Objectives verfolgt wird. Aus dem in Abb. III.1-62 skizzierten Zusammenhang kann nun weiter gefolgert werden, daß durch die mit Hilfe eines Implementierungs-Commitment verbundene Aufrechterhaltung oder gar Steigerung der (Selbst-)Kontrollintensität keine Ausweitung von Delegationsslack zu erwarten ist.[437] Die Kosten für diese Art von Slack werden tendenziell eher verringert.[438]

Eine zunehmende Autonomie für dezentrale Implementierungseinheiten hat oft auch Einfluß auf eine weitere Slack-Form, den Autarkieslack, der durch die Dedizierung von Ressourcen für (teil-)autonome Einheiten entsteht, wenn diese aus Kapazitätsgründen nicht voll ausgelastet sind (Leerkosten). Im Rahmen einer Reinen Projektorganisation zur Implementierung muß die Projekteinheit mit den entsprechenden Verfügungsrechten an qualifiziertem Personal, Technik- und Finanzressourcen ausgestattet werden. Folglich muß davon ausgegangen werden, daß man sich durch eine zunehmende Autonomie für die einzelnen Implementierungseinheiten zwar je nach Auslastung eine verstärkte Leerkostenproblematik einhandelt, jedoch mit einem geringeren Delegationsslack rechnen muß. Unter Einbeziehung der Flexibilität, d.h.

---

433 vgl. dazu auch die Annahmen innerhalb der Theorie der Verfügungsrechte und der Agenturtheorie, z.B. bei Ebers/Gotsch (1995), S. 186 ff.

434 Commitment soll hier verstanden werden als Zielakzeptanz, vgl. Frese (1995), S. 139 f.

435 Entsprechend sieht auch der AK Organisation der Schmalenbach-Gesellschaft/Deutsche Gesellschaft für Betriebswirtschaft e.V. (1996), S. 653 in einer "Vertrauensorganisation" einen bedeutenden Einflußfaktor für den Implementierungserfolg von Restrukturierungen.

436 Dabei handelt es sich um zentrale Charakteristika einer Clan-Organisation, wie sie bei Ouchi (1980) beschrieben wird.

437 vgl. das Plädoyer für mehr Commitment bei Nouri (1994), S. 289 ff.; Antle/Fellingham (1990) sowie die empirische Erkenntnis, daß die Vertrauenskultur und das Commitment in japanischen Unternehmen zu geringerem Budget- bzw. Delegationsslack führt als in US-Unternehmen, Ueno/Sekaran (1992), S. 659 ff.

438 Jedoch darf nicht übersehen werden, daß die Schaffung einer Vertrauenskultur bzw. die konkrete Schaffung von Commitment für die Implementierungsziele ebenfalls mit Kosten verbunden ist, so z.B. für eine umfassende Implementierungskommunikation (vgl. III.1.1); vgl. auch Luhmann (1989).

der Form und des Ausmaßes der mit dem Slack verbundenen Option(en), spricht dies eindeutig für mehr Autonomie der implementierenden Einheiten in der Unternehmung, da den dysfunktional von den Bereichsleitern eingesetzten Slack-Ressourcen offensichtlich nicht die gleiche zielgerichtete, d.h. für Implementierungszwecke geeignete Flexibilität innewohnt, wie den Ressourcen, die durch schlechte Teilbarkeit und zu geringe Kapazitätsausnutzung rein quantitativen Slack darstellen.

Nachdem die bisher dargestellten Einflußfaktoren auf der Organisation der Restrukturierung sowie auf dem dabei vorgefundenen Kontext beruhten, ist noch zu beleuchten, inwieweit das Restrukturierungskonzept (vgl. Kap. I.2.2) auf die Höhe und damit die Kosten von Implementierungsslack einwirkt.

Das Ausmaß einer Unternehmenstransformation kann differenziert werden in die Breite, Tiefe und Geschwindigkeit des Wandels. Bei den zwei ersten Faktoren kann man davon ausgehen, daß sie tendenziell den Slack-Bedarf in der Implementierung erhöhen. Bei wachsender Breite (also einer zunehmenden Zahl von betroffenen Bereichen) erfordert dies grundsätzlich auch eine quantitative Zunahme von Slack in der Unternehmung. Durch die Tiefe des Wandels wird beschrieben, wie stark sich die betroffenen Unternehmensbereiche wandeln müssen, d.h. wie stark sich z.B. Verhaltensweisen, Normen, die Ressourcen, die zu erbringenden Leistungen usw. verändern müssen.[439] Ebenso wie bei der Breite muß auch hier von einem erhöhten Maß an Unsicherheit ausgegangen werden, das im Slack-Aufbau seinen Niederschlag findet. Konkret muß im Konzept mehr Flexibilität eingebaut sein, z.B. durch großzügigere Pufferzeiten zwischen einzelnen Implementierungsaktivitäten oder eine geringere Spezifikation dieser Aktivitäten nach Inhalt oder Abfolge, um der höheren Komplexität der Implementierungsaufgabe durch mehr Flexibilität in Konzept und Kontext zu begegnen. Auf Ressourcen- und Organisationsseite geht diese Flexibilisierung in der Regel mit einer Ausweitung der Autonomie und Autarkie z.B. der mit der Implementierung beauftragten Projektorganisation einher. Dies führt zu den bereits oben dargelegten Einflußfaktoren auf den Slack-Bedarf.

Des weiteren ist bei erweitertem Umfang der Restrukturierung mit mehr Widerstand der betroffenen Manager und der Belegschaft zu rechnen, sofern sich diese als "Verlierer" des Wandels sehen. Dies wird oft zu wachsendem Kompensationsslack führen. Dieser kann sich dann sowohl als Konzeptslack, als Ressourcenslack oder als Organisationsslack niederschlagen. So können den "widerspenstigen" Einheiten z.B. zeitliche Zugeständnisse bei der Implementierung (Konzept), eine finanzielle Entschädigung (Ressourcen) der Verlierer bzw. "Opfer" oder auch gewisse Sonderrechte (Organisation) eingeräumt werden.

---

439   vgl. Reiß (1997b), S. 17 ff.

Wie bereits dargelegt, ist Slack für einen möglichst schnellen Wandel eher hinderlich, da er oftmals ein Ambiente der operativen Dringlichkeit verhindert.[440] Insofern sind die Geschwindigkeit von Wandel und Slack negativ korreliert. Andererseits ist ein gewisses Maß an Slack unabdingbar, um überhaupt die Implementierung von Veränderungen bewerkstelligen zu können.[441] Sind die Mitarbeiter bereits mit dem Tagesgeschäft zu mehr als 100% ausgelastet, sind Engagement und Commitment für die Veränderungsaufgabe kaum mehr zu erwarten.[442] Slack stellt daher auch eine Voraussetzung für Implementierung dar. Mit anderen Worten kann von einem U-förmigen Zusammenhang von Slack und Implementierungskosten ausgegangen werden, wie ihn Abb. III.1-63 darstellt.

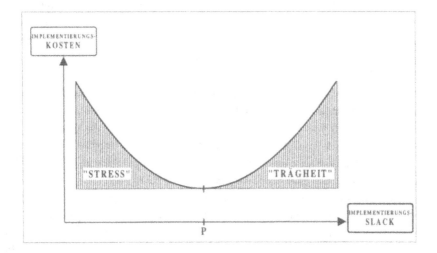

Abb. III.1-63: Slack und Implementierungskosten

Rechts des Optimalpunktes P entstehen Kosten für die Implementierung durch Ressourcenverschwendung oder nicht optimal dimensionierte Programm- und Organisationsstrukturen. Mit anderen Worten führt der Slack zu Trägheit in einer Unternehmung oder deren einzelnen Bereichen, die eine angemessen zügige und konzentrierte Umsetzung verhindert. Links von P hingegen entstehen die Kosten durch Verzögerungen der Implementierung des Veränderungskonzepts oder durch inhaltliche Einschränkungen des ursprünglichen Konzepts aus Mangel an Ressourcen bzw. aus Mangel an Flexibilität des Programm-, Ressourcen oder Organisationssektors einer Unternehmung, die in der Folge zu einer Überlastung bzw. Überforderung der

---

440 Entsprechend wird Slack teilweise als Hindernis für Innovation ganz allgemein betrachtet, vgl. z.B. Morgan (1986).
441 vgl. Hage (1988); Pinchot (1985); Schienstock (1975)
442 vgl. Fallgatter (1995)

Strukturen führt ("stress").[443] Gleichzeitig ist noch der Sachverhalt zu beachten, daß es bei zügiger Implementierung eines geringeren Slack-Einsatzes bedarf. Dies wird mittels der Überlegung deutlich, daß Slack zur Kompensation der Unsicherheit dient. Gemäß den Überlegungen des "Time-based Managements" können durch eine schnelle Umsetzung von Entscheidungen Unsicherheiten verringert werden, da dies ein frühzeitigeres Feed back und damit auch die Möglichkeit zu frühzeitigeren Korrekturen ermöglicht.[444] Dadurch wird Slack zu einem gewissen Maß überflüssig.

Neben den Kostendeterminanten interessiert im Rahmen einer Kostenanalyse stets auch die zeitliche Entwicklung des Kostenanfalls, also die **Kostenverläufe** bei Implementierungsslack. Es gehört zum Wesen von Implementierungsslack, während der Phase der Implementierung Flexibilitätspotentiale in Form von überschüssigen Ressourcen, Puffern innerhalb des Konzepts oder von Handlungsspielräumen innerhalb der organisatorischen Regelungen vorzuhalten. Aus Evaluierungssicht ist jedoch von Bedeutung zu wissen, ob die durch Slack entstehenden Kosten auch einen zeitlichen Vorlauf (**Kostenpräkurrenz**) oder Nachlauf (**Kostenremanenz**) haben. Der Verdacht liegt nahe, daß es sich in beiden Fällen um reine Verschwendung handeln könnte, weil sie nicht zur Unsicherheitsabsorption während der Implementierung beitragen. Doch trotz dieser Gemeinsamkeit kann die Präkurrenz im Gegensatz zur Remanenz von den Entscheidungsträgern intendiert sein. Schließlich eröffnet Slack im Vorfeld der Implementierung die Option eines zeitpunktoptimalen Starts der Restrukturierung, z.B. in einer Phase der Unterbeschäftigung des Unternehmens oder auch ein Anpassen des Restrukturierungskonzept an Umweltbedingungen bis "zur letzten Minute", ohne dabei anschließend eine rechtzeitige Implementierung zu gefährden. Bei der Remanenz hingegen handelt es sich nach Abschluß der Implementierungsaktivitäten lediglich um Verschwendung, die keinerlei Optionen und damit realistische Flexibilitätspotentiale beinhaltet, es sei denn, der entsprechende Slack wird bereits wieder als präkurrent aufgefaßt, was z.B. in einer lernenden Organisation vorstellbar ist. Präkurrenz von Slackkosten ergibt sich entweder durch bewußte Schaffung von Optionen oder durch unsicheres Timing. Bei der Kostenremanenz fällt die planmäßige Gestaltung als Entstehungsgrund aus. Es sei denn, daß der Slack aus "politischen" Gründen beibehalten wird ("Besitzstandswahrung").

Zwischen den unterschiedlichen Slackarten sind bezüglich der Kostenverläufe Unterschiede auszumachen. Der unbeabsichtigte Kostenvorlauf tritt am ehesten bei Autarkieslack und bei

---

443 vgl. zu dieser Argumentation des "optimalen Slackumfangs" die empirische Untersuchung über den Zusammenhang von Slack und Innovationstätigkeit in einem Unternehmen bei Nohria/Gulati (1996), S. 1246 ff. Diese weisen einen umgekehrt U-förmigen Zusammenhang zwischen beiden Phänomenen nach. Diese Überlegung steht auch hinter der These vom "optimalen Streß" für Innovationen, der im Spannungsfeld von "pressure" und Nachlässigkeit liegt; vgl. Kieser (1970), S. 103 sowie Schienstock (1975), S. 109 f.
444 vgl. Stalk/Hout (1992)

Kompensationsslack auf. Bei beiden ist es durch die zeitliche Unsicherheit, die in Restruktu-rierungsprojekten steckt, leicht möglich, daß ein Slackaufbau durch Zugeständnisse (konzept-, ressourcen- oder organisationsseitiger Art) und eine autarke Ressourcenausstattung bereits vor Beginn der eigentlichen Implementierungsmaßnahmen stattfindet. Selbstverständlich wohnt auch diesem präkurrenten Slack ein Flexibilitätspotential inne, das im Zweifelsfall ausge-schöpft werden kann. Die Wahrscheinlichkeit, daß es zur Ausübung dieser Option kommen wird, ist jedoch geringer als bei den bewußt gestalteten Slack-Formen, deren Optionswerte daher auch höher anzusetzen sind. Überschüssige Kapazität nach der Implementierung (Autar-kieslack) wird in aller Regel problemlos zurück in die Linie überführt (z.B. Wiedereingliede-rung von freigestellten Projektmitarbeitern) bzw. veräußert, so daß kein dauerhafter Slack entstehen muß.

Der durch Delegation von Implementierungsaufgaben an dezentrale Einheiten mögliche Slackaufbau kann erst mit Beginn der Implementierung eintreten, weil das hierbei unterstellte opportunistische, slackinduzierende Ausschöpfen von Handlungsspielräumen erst zu diesem Zeitpunkt auftreten kann. Daß dieser Delegationsslack jedoch auch nach Ende des Restruktu-rierungsprojekt von den dezentralen Einheiten beibehalten wird, ist wahrscheinlich, weil dabei das bereits skizzierte Beharrungsvermögen und das Festhalten an Sonderrechten und Ressour-cen zum Tragen kommt. Aus genau dem gleichen Grund ist der Abbau von Slack, der zur Überwindung von Widerständen einzelnen Einheiten zugestanden wurde (Kompensations-slack), mit einem Fragezeichen zu versehen. Oftmals wird der so entstandene Slack erst wie-der durch Gemeinkostensenkungsprogramme bzw. Rationalisierungsinitiativen abgebaut.

1.6.4.4 Einfluß auf den Unternehmenswert

Ziel der Bemühungen im Rahmen von Restrukturierungsprogrammen muß es sein, den Unter-nehmenswert zu erhöhen (vgl. Kap. II.1). So muß sich auch ein Implementierungscontrolling im allgemeinen und ein Management von Implementierungsslack im besonderen an dieser Zielsetzung messen lassen. Dies ist unmittelbar einleuchtend, weil Konzepte, Strategien und Programme für sich genommen keinen Mehrwert für das Unternehmen schaffen. Nur deren effektive und effiziente Implementierung und die daran anschließende Realisierung machen aus einem grundsätzlich für eine bestimmte Unternehmung mehr oder weniger geeigneten Konzept eine Restrukturierung, die Wert generiert. Daher muß ein Implementierungscon-trolling Aussagen dazu machen, welche Wertgeneratoren durch welche Implementierungs-maßnahmen in welchem Ausmaß verändert werden. Das Problem im Rahmen von Überlegun-gen zur Optimierung von Slack liegt jedoch in seiner teilweise nicht vorhandenen Evidenz. Es kann verständlicherweise nur optimiert werden, was überhaupt bekannt ist. Der verborgene Teil von Slack muß zwangsläufig unberücksichtigt bleiben. Entsprechend gegenläufig sind empirische Studien über den Zusammenhang von Slack und Unternehmenswert.[445]

Bei dem hier interessierenden Implementierungsslack ist jedoch bei einer planvollen und pro-aktiven Dimensionierung auch von einer ausreichenden Steuerbarkeit und Evaluierungsfähig-keit auszugehen. Die folgende Zusammenstellung (Tab. III.1-3) verdeutlicht die in den voran-gegangen Kapiteln gefundenen Erkenntnisse über Slackwirkungen auf den Unternehmenswert bzw. auf dessen Wertgeneratoren.[446] Diese Zusammenstellung kann freilich nur einen grober Anhaltspunkt der Effekte von Implementierungsslack auf das Wertsteigerungspotential einer Restrukturierung darstellen. Da sich die nutzenseitigen Auswirkungen von Implementie-rungsslack nur sehr unzureichend darstellen lassen, macht es wenig Sinn eine Wertverände-rung allein durch eine modifizierte Anpassung der Slack-Dimensionierung feststellen zu wol-len. Vielmehr muß sich die Implementierung des Gesamtkonzeptes als wertsteigernd heraus-stellen. In genau diese Evaluierung fließt Slack in der in Tab. III.1-3 skizzierten Weise ein.

WERTGENERATOR	EINFLUSS DURCH SLACK
Wachstumsrate des Umsatzes	O
Betriebliche Gewinnmarge	-
Investitionen ins Umlaufvermögen	O (-)
Investitionen ins Anlagevermögen	O
Kapitalkosten	+

Tab. III.1-3: Einfluß von Implementierungsslack auf die Wertgeneratoren
("+" = positiver, "-" = negativer, "O" = kein Einfluß auf den Unternehmenswert)

Die unterschiedlichen Formen von Implementierungsslack stellen in weiten Bereichen zusätz-liche Kosten für den Implementierungsprozeß dar. Diese höheren Kosten verringern damit die betriebliche Gewinnmarge und wirken damit tendenziell wertmindernd.

Ein weiterer wertmindernder Faktor kann sich durch Investitionen ins Umlaufvermögen erge-ben, die slackinduziert sind. Als Beispiel kann die Erhöhung der Fertigproduktbestände über das betriebsbedingt notwendige Maß hinaus dienen, die den Zweck verfolgt, "Luft" für Im-plementierungsaktivitäten zu schaffen, ohne daß dadurch der Lieferservice und damit die

---

445 vgl. Smith/Kim (1994), die negative Auswirkungen von Slack auf Unternehmensübernahmen nachweisen. Die beste Akquisitionsrentabilität stellt sich demnach bei der Übernahme von möglichst "slack-freien" Unternehmen ein. Daß die Existenz von Slack eher einen Anreiz zur Übernahme von Unternehmen darstellt, ist das Ergebnis von Davis/Stout (1992).
446 zu den Wertgeneratoren, vgl. Rappaport (1995), S. 79

Kundenzufriedenheit leidet. Dieser Slack bindet für die Dauer der Implementierung Cash flow im Umlaufvermögen. Theoretisch könnte man sich auch den Fall vorstellen, daß man bewußt eine Verschlechterung des Lieferservice in Kauf nimmt, um damit die Bestandserhöhung zu vermeiden, was jedoch bei der heutigen Konkurrenz- und Marktsituation für die Mehrheit der Unternehmen keine echte Alternative darstellt. Aber auch dies würde in einer an der Wertsteigerung orientierten Slack-Evaluierung Berücksichtigung finden, nämlich in einem geringeren Umsatzwachstum oder in einer verringerten Gewinnspanne der Produkte aufgrund von Preisnachlässen.

Auf der anderen Seite wurden bereits die dem Slack innewohnenden Flexibilitätspotentiale deutlich gemacht. Damit sinkt für das Unternehmen das systematische Risiko der Umstrukturierung. Nach den Annahmen des Capital Asset Pricing Models (CAPM)[447] verlangen die (Eigen-)Kapitalgeber bei einem geringeren unternehmensspezifischen Risiko eine geringere Verzinsung ihres eingesetzten Kapitals. Mit niedrigeren Kapitalkosten wiederum wird ein höherer frei verfügbarer Cash-Flow erwirtschaftet (vgl. Kap. II.3.5).

Dies führt zum bislang ungelösten Problem der Operationalisierung des Slack-Einflusses auf den Kapitalkostensatz. Wie bei anderen Investitionsrechenverfahren auch können Risiko- bzw. Flexibilitätsaspekte nur durch grobe Veränderungen der Ausgangsgrößen[448] (Veränderung des Kalkulationszinsfusses oder der Zahlungsreihe in der Investitionsrechnung), die letztlich rein subjektiv vorgenommen werden, berücksichtigt werden. Auch ein Benchmarking mit anderen Unternehmen, die sich vergleichbaren Restrukturierungen unterziehen, ist in diesem Fall keine Lösung, da sich der von den Kapitalgebern geforderte unternehmensspezifische Risikozuschlag nicht "sezieren" (und damit auch nicht auf den Slack zurückführen) läßt. Man kann also nicht ermitteln, welcher Teil dieses Zuschlags auf das Konto der Implementierungsbemühungen und des damit verbundenen Risikos geht. Da eine Operationalisierung in diesem Punkt folglich ausscheidet, bleibt nur der Hinweis, daß Slacks nicht nur einen wertmindernden, sondern via Kapitalkosten in jedem Fall auch einen wertsteigernden Charakter haben.

1.6.5   Empfehlungen zur Gestaltung von Implementierungsslack

Wie im vorangegangenen Abschnitt dargelegt wurde, ist die Dimensionierung von Slack in die Gesamtevaluierung der Implementierung einzubetten. Dabei stellt sich jedoch vor allem das Problem der Beschaffung relevanter und valider Daten für eine Auswertung innerhalb der Methodik der Shareholder Value-Analyse.

---

447 vgl. z.B. Serfling/Marx (1990)
448 vgl. z.B. Kruschwitz (1995), S. 264 ff.

Für eine Umsetzung dieses Ansatzes in der Praxis müssen die Kosten der Slacks zumindest im groben darstellbar sein. Die Literatur macht zu diesem Thema kaum Aussagen. *Laux* und *Liermann* weisen auf den Opportunitätskostencharakter von Slack hin[449], obwohl Slack auch als bewußte Investition mit ausgabewirksamen Kosten verstanden werden sollte. Bei der ex ante-Planung von Implementierungsslack können die Kostenwirkungen relativ einfach erfaßt werden, da die Effekte von bewußt geschaffenem Slack genau analysiert werden können, nämlich hinsichtlich der davon betroffenen Kostenarten, der Kostenverursacher und der Dauer des Kostenanfalls (z.B. Remanenz-Problem).

Bei einer ex post-Untersuchung über bereits existenten Slack, der zwar auch bewußt geschaffen, jedoch nicht hinsichtlich seiner Kostenwirkungen beurteilt wurde, gestaltet sich die Ermittlung der Slack-Kosten schwieriger. Als Näherungslösung muß versucht werden zu ermitteln, wie hoch der Leistungsgrad der Mitarbeiter und der übrigen Ressourcen bei vollkommener Planbarkeit der Implementierung und bei vollkommener Akzeptanz derselben wäre. Dazu bietet es sich am ehesten an, interne Experten der Restrukturierung und der Arbeitsvorbereitung zu dieser fiktiven Frage Schätzwerte abgeben zu lassen. Um den Aufwand möglichst gering zu halten, muß zuvor eine Eingrenzung der betrachteten Slackbereiche nach deren Relevanz (z.B. 80/20-Regel) vorgenommen werden. In Anlehnung an die in diesem Kapitel unter III.1.6.2 verwendete Definition sind von den tatsächlich vorhandenen Kosten für die Implementierung (z.B. Personalkosten, Abschreibungen ...) die durch Expertenbefragung ermittelten fiktiven Implementierungskosten (ohne Slack) abzuziehen.

In jedem Fall muß davon ausgegangen werden, daß nur eine mehr oder weniger gut fundierte Schätzung für die Slackkosten ermittelt werden kann, was auch die im Rahmen der Wertsteigerungsanalyse gefundenen Ergebnisse relativiert.

Da die Integration von Slack in die SHV-Methodik mit Umsetzungsproblemen behaftet ist, sollte zur Abschätzung des Kosten-/Nutzen-Verhältnisses von Implementierungsslack auch eine isolierte Slack-Betrachtung vorgenommen werden, d.h. daß verschiedenen Slackformen direkt miteinander bzw. mit der Alternative verglichen werden, ohne nennenswerten Slack auszukommen. Dazu muß der mit dem Slack verbundene Optionswert mit den dafür entstehenden Kosten verglichen werden. Die Datenbeschaffung für die Ermittlung und die Berechnung des Optionswertes sind aber nur in einfachen Fällen problemlos möglich[450], so daß Ansätze gefunden werden müssen, eine nicht-finanzielle Bewertung der mit Slack verbundenen Ressourcen vorzunehmen.[451]

---

449 vgl. Laux/Liermann (1993), S. 287
450 vgl. Herter (1992), S. 324
451 vgl. dazu auch den Vorschlag von Herter (1992), S. 324 ff.

Im folgenden wird eine Evaluierung mittels eines Scoring-Modells vorgeschlagen.[452] Dazu muß als erstes noch einmal das Gesamtspektrum der Formen von Implementierungsslack in Erinnerung gerufen werden: Beim Aufbau von Slack sollten nicht nur die bereits bekannten Slackformen beachtet werden (Ressourcen- und Organisationsslack), sondern auch der Konzeptslack, der eine Flexibilisierung des Restrukturierungskonzepts vorsieht.

Darauf aufbauend kann eine Nutzwertanalyse der verschiedenen Slackalternativen erstellt werden. Mit dieser sollte das mit dem Slack verbundene Flexibilitätspotential sowie die Kosten abgeschätzt werden. Dazu muß folgendes ermittelt werden:

• Art und Umfang der mit jeder Slackalternative verbundenen Option. Dabei muß anschlie-ßend eine unternehmens- und situationsspezifische Evaluierung des mit der Option ver-bundenen Wertes durchgeführt werden.

Dabei gilt:

1. Je höher die Zielausrichtung des Slack ist, um so mehr ist die damit verbundene Option wert. Mit Zielausrichtung ist das Flexibilitätspotential gemeint, das im Sinne der Im-plementierung eingesetzt werden kann. Bei Delegationsslack fällt dies gering aus, weil der von den dezentralen Einheiten selbständig geschaffene Slack nicht unbedingt für die Implementierung eingesetzt wird, selbst wenn dies nötig wäre.

2. Je geringer die Spezifität von Slack ist, um so größer ist der Wert. Sehr "generischer" Slack, wie z.B. ein vertrauensbestimmtes Verhältnis zwischen Management und Beleg-schaft oder die generell bei den Mitarbeitern vorhandene Bereitschaft zur Akzeptanz neuer Ideen, schafft Flexibilität für eine größere Zahl potentieller Konzepte. Eine vorge-zogene Qualifizierung der Mitarbeiter für ein bestimmtes Projekt schafft hingegen le-diglich Flexibilität bezüglich des Implementierungsbeginns.

3. Je länger der Slack seine Funktion behält, je länger also die Laufzeit der Option ist, um so größer ist der Wert derselben einzuschätzen.[453]

4. Je höher das Planungsrisiko ist, um so höher ist generell der Optionswert von Slack ein-zuschätzen.[454]

• Die Kosten müssen als Summe von Optionspreis (Kosten des Slack) und Basispreis (ver-bleibende Kosten der Implementierung) ermittelt und den Implementierungskosten ohne den betrachteten Slack gegenübergestellt werden. Die sich daraus ergebende Differenz kann als zu zahlender "Preis" für die mit dem Slack zusätzlich verbundene Flexibilität be-trachtet werden.[455]

452 vgl. Zangemeister (1973)
453 vgl. Herter (1992), S. 326
454 vgl. ebenda
455 Bei sehr exakter Ermittlung müssen die zukünftigen Kosten abgezinst werden.

- Damit verbunden ist auch die Notwendigkeit, den mit dem Slack verbundenen Kostenverlauf in die Bewertung einzubeziehen. Es muß vermieden werden, daß es zur Remanenz von
  Slackkosten über den Implementierungsprozeß hinaus kommt. Dies spricht gegen Delegationsslack und gegen Kompensationsslack. Statt dessen sollten die implementierenden dezentralen Einheiten durch Commitment mit den Implementierungszielen ein Eigeninteresse
  am Implementierungserfolg entwickeln (Vermeidung von Delegationsslack). Des weiteren
  kann durch einen gezielten Einsatz des Implementierungsinstrumentariums (vor allem
  durch rechtzeitige und umfassende Information) bis zu einem gewissen Grad vermieden
  werden, daß zur Sicherstellung der Akzeptanz Kompensationsslack benötigt wird.

- Bei Bedarf können auch die sich durch Slack verändernden Kostenstrukturen als Kriterium
  in die Nutzwertanalyse einbezogen werden.

Die Gewichtung der einzelnen Kriterien ist einzelfallabhängig und wird auch wesentlich vom
Risikoverhalten des Entscheiders (Risikosympathie vs. Risikoaversion) bestimmt.

III.2   CONTROLLING VON PERSONALANPASSUNGEN

III.2.1   Implementierung von Personalanpassungsmaßnahmen

Der Begriff der Personalanpassung wird von betriebswirtschaftlicher und teilweise auch politischer Seite oftmals euphemistisch für Personalabbau gebraucht bzw. auch mißbraucht. Der
nicht unerhebliche Unterschied dabei besteht jedoch darin, daß im Falle der Personalanpassung die Belegschaftsstärke einer Unternehmung oder Unternehmungseinheit im wesentlichen
konstant bleibt, es dabei jedoch durchaus zu Versetzungen, vorübergehenden Veränderungen
(Verringerungen) der Arbeitszeit oder geänderten Arbeitsinhalten kommen kann, während der
Personalabbau die definitive Freisetzung[1] von bislang abhängig Beschäftigten einer Unternehmung bedeutet und damit deren Verfügbarkeit für den (externen) Arbeitsmarkt zur Folge
hat.

Neben der Unterscheidung in Anpassungsmaßnahmen und den Spezialfall Abbaumaßnahmen
ist noch zwischen der Anpassung im Rahmen der Implementierung eines geplanten **organisatorischen Wandels** (1), der Anpassungsnotwendigkeit durch eine latente bzw. bereits zu Tage
getretene **Unternehmungskrise** (2) und dem Abbau bzw. der Substitution von Führungskräften als **Implementierungsmaßnahme** (3) zu differenzieren.

(1) Durch hohe Personalkosten, strukturelle Probleme und rezessive Tendenzen gelangte die
    Thematik der (kontraktiven) Personalanpassung bei einer Vielzahl von Unternehmen auf
    die geschäftspolitische Tagesordnung. Die gängigen Umstrukturierungskonzepte, wie
    TQM, Lean Management oder Business Process Reengineering hatten zwar keineswegs
    notwendigerweise einen Personalabbau zum Ziel. Gleichwohl waren in der Praxis die
    meisten Restrukturierungskonzepte mit einem mehr oder weniger umfangreichen Perso-
    nalabbauprogramm verbunden.[2] Die Ursache hierfür war entweder eine aus Unterneh-
    menssicht tatsächlich positive Folge der Restrukturierung, die Teile der Mitarbeiterschaft
    entbehrlich machte, oder eine "Verschleierungstaktik", die unter dem Deckmantel der
    Umstrukturierung einen "schlichten" Personalabbau umsetzte. Im ersten Fall ist der Perso-
    nalabbau also eine Folgemaßnahme im Rahmen der Implementierung des Restrukturie-
    rungskonzepts. Da sich die Verbesserungen der Unternehmensperformance zumindest
    kurzfristig in erster Linie durch die möglich gewordenen Personaleinsparungen rechnen,
    muß die Effektivität und Effizienz gerade dieser Teilimplementierung einen besonders ho-

---

1   Andere Autoren stufen auch innerbetriebliche Umsetzungen als Freisetzung ein, vgl. z.B. Wagner (1992),
     Sp. 1546 oder Zander (1987).
2   vgl. Kleb/Svoboda (1994); Wyatt (1993)

hen Stellenwert einnehmen, um die Wirtschaftlichkeit der Gesamtrestrukturierung sicherzustellen.

Im zweiten Fall, der Verschleierung, stellt die Implementierung des Personalabbaus den
zentralen Konzeptbestandteil dar und muß insofern ohnehin Dreh- und Angelpunkt der
Bemühungen um Wirtschaftlichkeit des Wandels sein.

(2) Befindet sich ein Unternehmen in einer Krise, die Personalanpassungen erfordert, wird
deren Optimierung unter den dann gegebenen Rahmenbedingungen zur Existenzfrage für
das Unternehmen. Das Vermeiden hoher Anpassungskosten und eine schnelle Kostenentlastung bekommen in solchen Situationen zentrale Bedeutung.

(3) Schließlich kann noch ein drittes Argument für die Relevanz von Personalanpassungen in
Implementierungsprozessen angeführt werden: die Kontextanpassung durch Substitution
einzelner Mitarbeiter.[3] Dies bedeutet, daß sich die Unternehmung von Mitarbeitern trennt,
die aus fachlichen, persönlichen oder sozialen Gründen nicht bereit sind, die Implementierung zu akzeptieren. Der Personalabbau ist in diesem Fall nicht das Implementierungsobjekt, sondern ein Implementierungsinstrument. In der Praxis wird diese Implementierungsstrategie vor allem bei oberen Führungskräften angewandt, denen nicht zugetraut
wird, den Wandel und die sich daraus ergebenden Konsequenzen mitzutragen und die
somit potentielle oder erklärte Gegner der Restrukturierung und ihrer Implementierung
sind.

Die regelmäßig hohen Abfindungssummen sowie die Medienwirksamkeit solcher Maßnahmen rechtfertigen in jedem Fall wissenschaftliche Überlegungen zur Optimierung der Anpas-
sungsentscheidungen und -konditionen.

III.2.2   Relevanz von Implementierungscontrolling

Zunächst muß gezeigt werden, daß das Implementierungscontrolling zur Sicherstellung von
Effektivität und Effizienz der Bemühungen um Personalanpassung bzw. -abbau beitragen
kann. Dazu soll in die bereits genannten Unternehmungssituationen "Personalanpassung im
Rahmen eines geplanten organisatorischen Wandels", "Personalanpassung als unverzichtbare
Sanierungsmaßnahme in einer Unternehmenskrise" und "Personalabbau als Implementie-
rungsmaßnahme" unterschieden werden.

---

3   Allerdings gehörte diese "Lean"-Maßnahme bei den von *Top Business* befragten Unternehmen mit nur 3%
     zu den weniger wichtigen (o.V. 1994). Zu beachten ist jedoch, daß es sich bei den Befragten um die Vorrei-
     ter der Umsetzung von Lean Management handelte, was an sich bereits auf einen Veränderungswillen des
     Managements schließen läßt und damit dessen Entlassung wohl wenig wahrscheinlich macht.

Bei Restrukturierungsprogrammen, die zur Verbesserung der Unternehmungsperformance oder zur "strategischen Fitneß" dienen sollen und dabei auch einen Personalabbau erfordern, sollte es selbstverständlich sein, daß auch dessen Implementierung den Anforderungen nach Nutzen- und Kostenoptimalität genügen muß. Die Planung der Veränderung als ein konstituierendes Merkmal des "planned organizational change" ermöglicht es dem Implementierungscontrolling, Gestaltungsspielräume in der Implementierungsphase zu sichern.

Etwas weniger einsichtig ist die Rechtfertigung eines Personalabbaucontrolling in Implementierungsprozessen im Falle der latenten oder gar der akuten Krise einer Unternehmung (ungeplanter Wandel), wo es vermeintlich nicht mehr um einen möglichst geräuschlosen, sozial verträglichen, sondern einzig und allein um einen schnellen, radikalen Abbau geht, der die Fortführung der Unternehmenseinheit oder des Gesamtunternehmens sicherstellt. Hat es Sinn, über die Effektivität und Effizienz der Implementierung von Personalabbau nachzudenken, wenn bereits die Gläubiger "Schlange stehen"? Auch in diesen Fällen ist es gerechtfertigt und notwendig, eine effektive und effiziente Planung und Steuerung von Abbaumaßnahmen zu fordern. Selbstverständlich ändern sich die Zielsetzungen, d.h. es ändert sich das, was unter effektivem Abbau verstanden wird. Sind es im Falle des geplanten Wandels Ziele wie Wahrung eines positiven Image, welches das Unternehmen als attraktiven Arbeitgeber ausweist oder möglichst wenig Probleme mit dem Betriebsrat, so heißen sie im Krisenfall eher Liquiditätssicherung oder Verkürzung der Zeitspanne zwischen Kündigung und tatsächlichem Ausscheiden der Mitarbeiter. Deren Einhaltung sollte ebenso überwacht werden, wie die für die Abbaumaßnahmen aufzuwendenden Kosten. Aber auch gestaltungsseitig hat das Implementierungscontrolling im Falle der krisenbedingten Personalreduktion Freiräume, die freilich geringer sind als beim geplanten Wandel.

Von der Substitution von Führungskräften, denen man nicht zutraut, mit den Folgen der Implementierung zurechtzukommen, hängt sogar die Effektivität des Gesamtkonzepts ab. Da diese Implementierungsstrategie dazu dient, Opponenten aus dem Unternehmen "zu entfernen" oder "kaltzustellen", besagt der Umkehrschluß, daß die Gesamtimplementierung mit einer höheren Wahrscheinlichkeit scheitern wird, wenn die betreffenden Mitarbeiter nicht ersetzt werden. Kostenseitig kommen auf das Unternehmen in diesen Fällen die Aufwendungen für Outplacement-Aktivitäten oder auch Entschädigungen für Wettbewerbsverbote nach § 74 ff. HGB zu.

III.2.3   Gestaltung von Personalanpassung durch ein Implementierungscontrolling

Eine wachsende Zahl von Unternehmen setzt auf ein **Personalcontrolling**, um eine an den Unternehmenszielen ausgerichtete entscheidungsunterstützende Planung, Kontrolle und Analyse aller personalbezogenen Kosten und Aktivitäten sicherzustellen.[4] Gleichzeitig muß damit eine Sicherung der Personalverfügbarkeit und die positive Beeinflussung des Leistungsverhaltens des Personals erreicht werden.[5] Ausgehend von den Zielen und Aufgaben für ein Implementierungscontrolling erscheint dessen Untersystem, das sich mit Personalanpassung beschäftigt, als Teilgebiet des Personalcontrolling. *Gerpott* unterscheidet drei Teilbereiche des Personalcontrolling: die Personalinformationsversorgung, das Personalkostencontrolling und das Controlling von Personalprogrammen[6], für das er Aufgaben beschreibt, die in einem sehr hohen Maße für eine Personalanpassung im Rahmen von Implementierungsprozessen relevant sind, u.a. ex ante- und ex post-Wirtschaftlichkeitsanalysen sowie die Erstellung und Verfolgung eines Budgets für die Personalanpassung.[7] Überraschenderweise weist er die genannten Aufgaben allerdings ausschließlich dem operativen Personalcontrolling zu. Wie im folgenden erkennbar sein wird, sind für das Implementierungscontrolling von Personalanpassung auch strategische Aspekte von Bedeutung. Es sei hier lediglich auf den Zeithorizont und die Tragweite unterschiedlicher "Abbauphilosophien" (radikal versus inkremental) hingewiesen. Nichtsdestotrotz wird das Implementierungscontrolling als Steuerungsinstrument für ein konkretes Personalprogramm, nämlich die implementierungsinduzierte Personalanpassung, auf die Instrumente und Erfahrungen des Personalcontrolling zurückgreifen können.[8] Nicht zuletzt dies dürfte der Grund sein, daß einige Unternehmen (*Lufthansa*[9], *Deutsche Bahn*[10]) ihre Veränderungsprozesse mit diesem Teilbereich des Implementierungscontrolling begleitet haben. Insofern könnte dieses Teilsystem in manchen Unternehmen auch die Keimzelle eines umfassenderen Implementierungscontrolling darstellen.

Die Diagnose, die der Implementierungsphase vorangeht, muß den Überhang an Personalkapazitäten ermitteln. Das daraus resultierende "kapazitätsmäßige Abbauvolumen" ist grundsätzlich für das Implementierungscontrolling ein Datum. Da jedoch in der überwiegenden

---

4   vgl. Gerpott (1995a), S. 5
5   vgl. Wunderer/Schlagenhaufer (1994), S. 17 ff.; Gerpott (1995a), S. 8; Hentze/Kammel (1993), S. 20 ff.;
     Scholz (1994), S. 647
6   vgl. Gerpott (1995a), S. 15
7   vgl. ebenda
8   vgl. z.B. Kennzahlen aus dem Bereich der Personalbedarfsplanung oder der Personalfreisetzung,
     Schulte (1989)
9   vgl. Mölleney/Beck/Grimmeisen (1995), S. 9
10   vgl. Wegscheider (1997)

Zahl der Fälle nicht der Mengeneffekt, sondern der damit verbundene Kosteneffekt im Mittelpunkt der Abbaubemühungen steht, kann in der Umsetzung versucht werden, den Kostenabbau von der Mengenreduktion (Abbau der "Köpfe") zu entkoppeln. Daher ergeben sich für das Implementierungscontrolling im Bereich der Personalanpassung folgende Gestaltungsfelder, die eine gegenseitige Abhängigkeit aufweisen.

Zunächst muß das Implementierungscontrolling das Spektrum der potentiellen **Anpassungs- und Abbauformen** und damit die Möglichkeiten (Kombinationen von Anpassungsinstrumenten) zur Erreichung der Einsparziele aufzeigen. Daraus ergibt sich die Zahl der tatsächlich abzubauenden Mitarbeiter (**Abbauumfang**) und die einzusetzenden Instrumente, die bei grundsätzlichem Personalerhalt dennoch zu einer Personalkostensenkung führen. Durch den Einsatz des Abbauinstrumentariums wird zu einem großen Teil bereits die **Abbaurate** festgelegt, d.h. in wievielen Stufen der Abbau vollzogen wird. Selbstverständlich ist auch eine anders aufgebaute Kausalkette denkbar. So kann bspw. durch Gläubiger, die ein Ultimatum setzen, die erforderliche Geschwindigkeit der zu erzielenden Kostenreduktion bereits vorgegeben sein, so daß damit auch im wesentlichen die Abbaurate determiniert ist und sich daraus der Umfang des Personalabbaus ergibt und damit auch die einzusetzenden Abbauformen.

Insgesamt muß das Implementierungscontrolling innerhalb der drei genannten Gestaltungsfelder Anhaltspunkte für die Auswahl einer möglichst effektiven und effizienten Realisierung der Kostenreduktionsziele geben. Daß dabei in der Praxis oft Restriktionen zu beachten sind, wie ein absolutes Maximum beim Abbauvolumen (z.B. aus politischen Erwägungen eines staatlichen Anteilseigners) oder gewisse Auflagen von Gläubigerbanken, schränkt zwar den Gestaltungsspielraum des Implementierungscontrolling ein, macht es jedoch nicht überflüssig, weil die Restriktionen in der Regel nur einen oder wenige Parameter betreffen und sich auch in einem eingeschränkten Gestaltungsfeld Optimierungsüberlegungen anstellen lassen. Folgendes Praxisbeispiel des Luft- und Raumfahrtunternehmens *DASA* gibt einen Einblick in die Komplexität von Personalabbauprozessen:

Chronologie eines Personalabbaus[11]
April 1995: *DASA* revidiert die Ertragsprognose und kündigt für das laufende Jahr Verluste an. Ein möglicher Abbau von 10.000 bis 20.000 Arbeitsplätzen wird angesprochen. *McKinsey* erstellt eine Studie mit dem Namen "Dolores" (Dollar Low Rescue).
Juli 1995: Die damals noch zum *DASA*-Konzern gehörende niederländische Gesellschaft *Fokker* meldet für das erste Halbjahr '95 einen Rekordverlust von mehr als 500 Millionen DM.

---

11   vgl. DASA (1996)

August 1995: Der Betriebsrat der *DASA* veröffentlicht Zahlen, aus denen hervorgeht, daß rund 15.000 Stellen bis 1998 gestrichen werden sollen (8.000 bei *Airbus*, 800 bei *Dornier*, 800 bei *MTU* und 2.400 bei *Fokker*).

Ab September 1995: Spitzengespräche von Bundes- und Landespolitikern mit allen Beteiligten.

Bis Ende des Jahres 1995 kam es nur zu einer vergleichsweise geringen Zahl von betriebsbedingten Kündigungen.

März 1996: *Fokker* muß Konkurs anmelden.

Anfang 1996: Die vorgesehen Schließung bzw. der Verkauf von vier Werken im Rahmen des Dolores-Programms wurde noch nicht realisiert. Es laufen immer noch Verhandlungen mit dem Betriebsrat im Zuge des Interessenausgleichs über Art und Weise des Personalabbaus.

Man erkennt am Beispiel *DASA*, mit welchen Vorlaufzeiten bei einem radikalen Personalabbau zu rechnen ist. Diesen Vorgang vor Augen gewinnt eine Optimierung der Abbaurate und damit eng gekoppelt der optimale Abbauzeitpunkt große Relevanz. Das Implementierungscontrolling muß je nach Abbaurate und -zeitpunkt mit höchst unterschiedlichen Zeithorizonten für das Wirksamwerden der Abbaukosten und der Kosteneinsparungen operieren. Bei einem rationalen Entscheidungsansatz sind die sich daraus ergebenden Effekte auf die Vorteilhaftigkeit einer Abbaustrategie ermittel- und nachweisbar.

Um den gesamten Handlungsspielraum des Implementierungscontrolling aufzeigen zu können, wird im folgenden von dem Fall ausgegangen, daß keine Restriktionen vorliegen, daß also aus der Planungsphase nur der Wert der zu erzielenden Kosteneinsparungen vorgegeben wird und den Implementierungsverantwortlichen bei der Aufgabe, wie diese Einsparungen realisiert werden können, "freie Hand" gelassen wird.

Natürlich hat jede Form von Personalanpassung für die betroffenen Menschen zum Teil schwerwiegende ökonomische, psychische und familiäre Konsequenzen. Diese Einzelschicksale müssen bei einer Bewertung auf Unternehmens- bzw. Betriebsebene, wie es das Implementierungscontrolling erfordert, tendenziell unberücksichtigt bleiben. Trotz oder gerade wegen des "technokratischen" Controlling-Instrumentariums sollte jedoch nie außer Acht gelassen werden, daß hinter Abbauzahlen und Anpassungsstrategien Menschen stecken. In der betrieblichen Realität sollte sich dies auch in der entsprechenden Begriffswahl (Zahl der Entlassungen statt Abbauvolumen) niederschlagen, ohne daß damit Entscheidungen sprachlich verharmlost werden sollten (z.B. Personalanpassung, obwohl in jedem Fall ausschließlich Personalabbau gemeint ist). Dies kann in diesem sensiblen Bereich zu einer verbesserten Akzeptanz des Implementierungscontrolling führen. Ganz abgesehen davon ist die Berücksichtigung von Einzelfällen, z.b. innerhalb der Sozialauswahl, teilweise auch für das Implementierungscontrolling gesetzlich vorgeschrieben.

Welches aus Controllingsicht die "richtige" Abbaustrategie (oder Abbaurate) darstellt, wird an den Anfang der Überlegungen gestellt, also noch bevor auf das Anpassungsinstrumentarium eingegangen wird. Dabei geht es um die Frage, ob ein festgestellter Anpassungsbedarf "auf einen Schlag" (radikal) oder schrittweise (inkremental) implementiert werden soll. Dies wurde bislang noch nicht explizit unter Controllinggesichtspunkten untersucht, sondern in der Regel aufgrund anderer, zumeist zeitlicher Restriktionen entschieden. Erst in einem zweiten Schritt werden dann einzelne Maßnahmen der Personalanpassung hinsichtlich ihrer Effektivität und Effizienz bewertet[12], nachdem die relevanten Zielkriterien kurz skizziert wurden. Ob sich dadurch auch Hinweise auf die Veränderung des Unternehmenswertes ergeben, wird im Anschluß daran untersucht.

III.2.4   Optimierung der Abbaurate

Exemplarisch werden Bewertungsansätze im Rahmen eines Implementierungscontrolling für einen "**inkrementalen** Personalabbau" und einen "**radikalen** Personalabbau" dargestellt. Mit den genannten Strategien sind keine definierten Abbauvolumina pro Zeiteinheit festgelegt. Die Charakterisierung eines Personalabbaus als inkremental oder radikal ist im Regelfall nur komparativ möglich. Ausnahmen bilden hier nur die Extrempunkte eines Kontinuums unterschiedlicher Abbauraten, nämlich die "radikalste Lösung", den gesamten Abbaubedarf auf einmal zu bewältigen, und die "inkrementalste Variante", den Personalabbau nur über die "natürliche" Fluktuation umzusetzen.

Die **Abbaurate** kann folgendermaßen definiert werden:

Abbaurate = Abbauvolumen einer Maßnahme / Gesamtes Abbauvolumen des Konzepts
➔Abbaustufen = 1 / Abbaurate,

vorausgesetzt bei jeder "Entlassungswelle" wird die gleiche Zahl an Mitarbeitern freigesetzt.

Die genannten Zusammenhänge legen eine Überprüfung nahe, inwieweit Analogien zum Losgrößenproblem ("optimale Losgröße") gezogen werden können, durch dessen Übertragung Hinweise zur optimalen Abbaurate möglich wären. Dies impliziert jedoch gleichzeitig eine reine Kostenbetrachtung, die in jedem Fall durch eine Nutzenbetrachtung ergänzt werden

---

12   vgl. zum Optimierungsgedanken beim Einsatz von Personalanpassungsmaßnahmen, Schüren (1997) oder Jochum/Meyer (1995)

muß. Reine Kosten-/Nutzenüberlegungen sind jedoch immer ein Ausfluß einer vollkommen rationalen Vorgehensweise, die in der Realität oft nicht haltbar oder praktizierbar ist. Eine realistische Perspektive, die sich dann allerdings kaum mehr quantifizieren und folglich nur noch schlecht steuern läßt, sollte dennoch durch ein Implementierungscontrolling berücksichtigt werden.

Um eine Vergleichbarkeit zwischen den beiden Strategien "Inkrementaler Personalabbau" und "Radikaler Personalabbau" zu gewährleisten, muß von einem gleich großen Abbauvolumen ausgegangen werden.

2.4.1 Rationaler Ansatz zur Optimierung der Abbaurate

Entscheidungssituationen sind innerhalb des rationalen Ansatzes durch folgende Annahmen gekennzeichnet:[13]

- Der Entscheider oder das Entscheidungsgremium strebt nach Nutzenmaximierung, unabhängig von persönlichen Werten oder Gruppennormen.
- Ein in sich schlüssiges Zielsystem mit entsprechenden Entscheidungspräferenzen liegt vor.
- Das Entscheidungsproblem ist bekannt und kann eindeutig formuliert werden.
- Sämtliche Alternativen sowie deren Konsequenzen sind bekannt und werden in die Entscheidungsfindung mit einbezogen.
- Es gibt keine Restriktionen hinsichtlich Informationsbeschaffung, Quantifizierbarkeit oder Komplexität der Berechnungen der Konsequenzen von Alternativen.

Die Anforderungen an das Datenmaterial zur Evaluierung von Alternativen erfüllen im betriebswirtschaftlichen Bereich oftmals nur Kostengrößen und Hilfskonstrukte für die Nutzenbewertung (Umsatzsteigerung, Verbesserung der Mitarbeiterzufriedenheit u.ä.). Instrumentenseitig bedeutet dies die Anwendung von Kosten-/Nutzenanalysen.[14] Sind zu große Schwierigkeiten bei der Nutzenermittlung vorhanden, begnügt man sich auch mit Kostenvergleichsrechnungen.[15] Unsicherheitsaspekte und Risiko können ermittelt werden und führen mittels Entscheidungsregeln zu einer rational begründeten Alternativenwahl.[16]

---

13 vgl. Staehle (1994), S. 492 f.; Laux (1982); Kirsch (1977)
14 vgl. z.B. bei Schmidt/Hunter/Pearlman (1982); Landy/Farr/Jacobs (1982); Engelhard/Wonigeit (1989). Sämtliche Aufwendungen und Erträge von Alternativen werden bei der Kosten-/Nutzenanalyse zu monetären Größen zusammengefaßt, vgl. Domsch/Reineke (1989), Sp. 150
15 vgl. z.B. Stehle/Barthel (1984); Gerpott (1990), S. 40; Wunderer/Schlagenhaufer (1994), S. 58
16 vgl. z.B. Laux (1993); Eisenführ/Weber (1994)

Aufbauend auf der Annahme, daß durch die Wahl der Abbaurate noch keine Vorentscheidung für die anzuwendenden Abbauinstrumente gefallen ist, wird weiterhin angenommen, daß sich auch keine unmittelbaren Unterschiede in den variablen Abbaukosten ergeben. Dies bedeutet: Unabhängig von der Abbaurate kostet die Entlassung eines Mitarbeiters immer gleich viel (z.B. gleich hohe Abfindungen oder Sozialplankosten pro Mitarbeiter, egal ob 100 oder 1.000 Mitarbeiter auf einmal entlassen werden). Der Unterschied zwischen radikalem und inkrementalem Abbau liegt bei diesen Annahmen folglich im Bereich der fixen bzw. sprungfixen Kosten, die pro "Entlassungswelle" entstehen. Abb. III.2-1 skizziert den grundsätzlich zu erwartenden Kostenverlauf der beiden Abbaualternativen. Die Steigungen der Geraden sind in beiden Fällen gleich und drücken damit die oben genannte Annahme bzgl. der variablen Kosten aus.

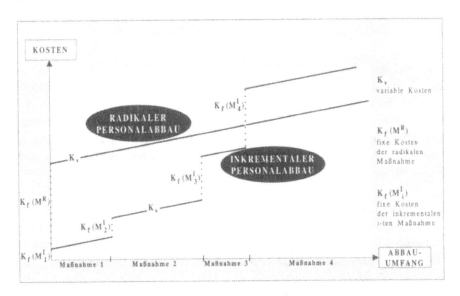

Abb. III.2-1: Kostenvergleich "radikaler vs. inkrementaler Personalabbau"

Durch die bei inkrementalem Vorgehen jedesmal aufs neue anfallenden Fixkosten ergibt sich die Empfehlung, daß bei einer großen Zahl von zu entlassenden Mitarbeitern tendenziell eher radikal vorgegangen werden sollte. Folgende Kostenarten stellen **Fixkosten** für jeden Abbauvorgang dar:

- Kosten der Verhandlungen mit den Arbeitnehmervertretern (vgl. auch in diesem Kapitel 5.3.2[17]), worunter z.b. auch Verhandlungen im Rahmen des Interessenausgleichs oder der Erstellung eines Sozialplans fallen,
- Kosten der Ermittlung von Abfindungsleistungen,
- Kosten, die durch den Widerstand der Arbeitnehmer gegen Personalabbau hervorgerufen werden,
- Kosten der internen Kommunikation jeder Maßnahme,
- Kosten der Kriterienauswahl im Rahmen der Sozialauswahl (vgl. in diesem Kapitel 5.3.3).

Die unterschiedliche Höhe der Fixkosten bei radikalem und inkrementalem Vorgehen entsteht zum einen durch den Schwierigkeitsgrad der Verhandlungen zwischen Arbeitgebern und Arbeitnehmervertretern sowie z.b. durch die spezifischen Kosten der Massenentlassung, sobald ein bestimmtes Abbaulimit überschritten wird (vgl. in diesem Kapitel 5.3.4).

Ein exaktes Ermitteln des Abbauumfangs, ab dem ein Radikalschritt die insgesamt kostengünstigere Alternative wäre, ist mit vertretbarem Aufwand sicher nicht machbar. Gleichwohl sollte das Implementierungscontrolling überschlägig die beiden Alternativen bewerten und eine ungefähre Vorstellung entwickeln, bei welchen Abbauzahlen die inkrementale Vorgehensweise vermieden werden sollte. Sollte ein inkrementaler Abbau präferiert werden, ist durch Abb. III.2-1 jedoch noch nichts über die Anzahl der Abbaustufen und folglich auch noch nichts über die Rate des Personalabbaus gesagt.

Die Entscheidungssituation stellt sich bei rein rationaler Betrachtung ähnlich dem Losgrößenmodell bzw. der Bestellmengenoptimierung[18] dar. Die einfachste Version, die zum Aufzeigen der grundsätzlichen Optimierungsüberlegung ausreicht, ist in ihrer Übertragung auf die "optimale" Abbaurate in Abb. III.2-2 dargestellt.

Wie bereits erläutert, entstehen bei jedem Abbauvorgang Kosten, die mehr oder weniger fix sind. Mehr oder weniger deshalb, weil der Abbauumfang zwar als Determinante für die Schwierigkeit der Verhandlungen mit den Arbeitnehmervertretern gelten kann, andere Kostendeterminanten jedoch vom Abbauvolumen unabhängig sind.

---

17 Dort wird auf den Abbauumfang als Determinante für den Schwierigkeitsgrad der Verhandlungen hingewiesen.
18 vgl. Schweitzer (1994), S. 492 ff.; Reichwald/Dietel (1991), S. 536 ff.; Pack (1963)

Das gleiche gilt für die verschiedenen Kosten der Verwaltung und Abwicklung von Personalabbaumaßnahmen. Während das Ausstellen von Arbeitszeugnissen mit dem Abbauumfang
variiert, sind die Kosten für einen Großteil der Kommunikationsmaßnahmen (z.b. Betriebsversammlungen) im wesentlichen fix. Der vollkommen fixe Teil der Kosten, die bei jedem
Abbauvorgang anfallen (unabhängig vom Abbauvolumen dieses Vorgangs), unterliegt einer
Fixkostendegression, die bei einer Proportionalisierung der Fixkosten auf die einzelne Kündigung mit zunehmendem Abbauumfang pro Abbauvorgang zu einem geringeren Fixkostenan-
teil pro Kündigung führt (Kurve K_F/y in Abb. III.2-2).

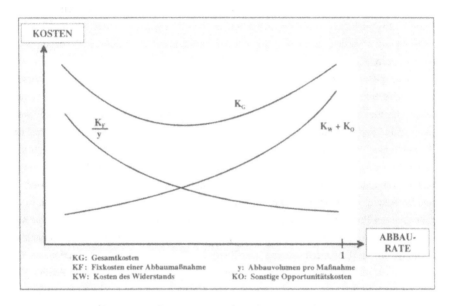

Abb. III.2-2: Optimale Abbaurate

Die mit der Abbaurate ansteigende Kurve in Abb. III.2-2 ergibt sich durch Kosten oder Ko-
stenpotentiale, die oftmals bei Abbauentscheidungen zu unrecht vernachlässigt werden. Der
zu erwartende Widerstand der Belegschaft und die daraus entstehenden Kosten, z.B. für Pro-
duktionsausfälle bei Streikhandlungen, steigen mit der Abbaurate an. Ebenso gilt dies für
weitere Opportunitätskosten, die in der Folge von Personalabbau entstehen können, weil z.B.
Aufgaben "von heute auf morgen" von anderen Mitarbeitern übernommen werden müssen.

Bei zunehmendem Abbau erhöht sich die Gefahr der Konfusion in der Restbelegschaft.[19] Auch wenn die Analogie der Abbaurate zur optimalen Losgröße die Ermittlung eines Kostenoptimums ermöglicht, kann dieses doch nur als Anhaltspunkt dienen, da zum einen die Kosten nur sehr schwer ermittel- und zurechenbar sind und zum anderen zusätzliche Bewertungsgrößen sinnvoll sind, die im folgenden angesprochen werden.

2.4.2   Realistischer Ansatz zur Optimierung der Abbaurate

In der Unternehmenspraxis laufen Entscheidungsprozesse nicht immer nach rein rationalen Kriterien ab. Auch bei der Wahl einer optimalen Abbaurate können weitere Bewertungsfaktoren einbezogen werden, so z.B. die persönlichen Präferenzen des Entscheiders (soziale Wertvorstellungen, Karriereüberlegungen) oder andere "weiche" Faktoren. Als Instrument wird dabei häufig eine Nutzwertanalyse zur Anwendung gebracht.[20] Bei Berücksichtigung persönlicher Präferenzen findet die Nutzwertanalyse u.U. "im Kopf" des Entscheiders statt. Gerade dabei schneidet dann oftmals die inkrementale Vorgehensweise besser ab, weil sie die "weitreichendere" Radikallösung vermeiden hilft (vgl. Exkurs in Kap. II.2). Es kann hier auf den "Evaluierungseisberg" in Abb. III.2-3 zurückgegriffen werden. Neben den Bewertungsgrößen "oberhalb der Wasserlinie", die auch im rationalen Ansatz ihren Niederschlag finden, liegen andere Evaluierungskriterien im verborgenen, die (ebenfalls rational) zwar wünschenswert für eine Bewertung wären, aber sich nur mit erheblichem Aufwand erfassen lassen - wenn es die methodischen Probleme überhaupt gestatten. Andere Größen hingegen, wie persönliche Karriereüberlegungen oder das "Prinzip Hoffnung" (z.B. Hoffen auf eine rechtzeitige Konjunkturerholung, die die Personalanpassung überflüssig machen würde), sind unter rationalen Gesichtspunkten nicht relevant. Tatsache ist jedoch, daß auch diese Aspekte in der Realität Einfluß auf die Entscheidung der Abbaurate nehmen. Dadurch, daß sich solche Kriterien faktisch einer Bewertung und damit auch Steuerung entziehen, verlieren sie für das Implementierungscontrolling als Parameter an Bedeutung. Wichtig ist jedoch, daß sich das Implementierungscontrolling nicht auf den Standpunkt stellt, daß nicht sein kann, was nicht sein darf. Realistische Einflußgrößen müssen als Faktum in die Bestimmung der Abbaurate bzw. in die Überprüfung von Abbauentscheidungen einbezogen werden.

---

19 Der in Abb. III.2-2 dargestellte Zusammenhang von gegenläufigen Kostenfunktionen gilt nicht für die Extrempunkte der Abszisse, weshalb die Kurven auch nicht bis zur Ordinate reichen. Im Extremfall der Einzelkündigung entstehen in dem genannten Sinne oftmals keine Fixkosten (z.B. bei einem Aufhebungsvertrag), da die entsprechenden Abbaumaßnahmen dann z.B. die Einbeziehung der Betriebsverfassungsorgane in weit geringerem Maße erfordern. Auch andere Kostentreiber, wie Sozialplanerstellung, Kommunikation der Maßnahmen nach innen und außen, entfallen bei einem sehr geringen Abbauvolumen. Andererseits ist auch die vollkommen radikale Lösung des einmaligen Abbaus nicht korrekt erfaßt, da in diesem Fall, wie bereits zuvor begründet, ein signifikant unterschiedliches Fixkostenniveau zu erwarten wäre.

20 vgl. Gerpott (1995a), S. 27; Hoss (1989), S. 210 ff.

Abb. III.2-3: Bewertungskriterien für Personalabbau

2.4.3   Zwischenresumee

Die Herausforderung für das Implementierungscontrolling ist - bildlich gesprochen - das "Absenken des Wasserspiegels" in Abb. III.2-3, so daß die Entscheidung über die Abbaurate auf eine solidere (rationalere) Bewertungsbasis gestellt wird. Dazu ist es erforderlich, neben den direkten (sichtbaren) Kosten auch die vom Abbauumfang unabhängigen, fixen Kosten sowie eine finanzielle Bewertung der Flexibilität in die Rechnung zu integrieren. Für letztere stellt die bereits mehrfach erwähnte Optionspreistheorie ein Instrument dar. Darüber hinaus ist die Zeitwertigkeit des Geldes explizit zu berücksichtigen. Die Einsparungen, die bei inkrementaler Vorgehensweise erst in der Zukunft liegen, stellen zum heutigen Zeitpunkt einen geringeren Wert dar als sofortige Einsparungen. Schließlich muß versucht werden, die mit dem Abbau verbundenen Leistungseinbußen ebenfalls finanziell zu berücksichtigen. Daß intrapersonelle Entscheidungs- und Evaluierungsgrößen dabei nicht berücksichtigt sind, liegt in der Natur der Sache; sie sollten jedoch qualitativ in die Überlegungen miteinbezogen werden.

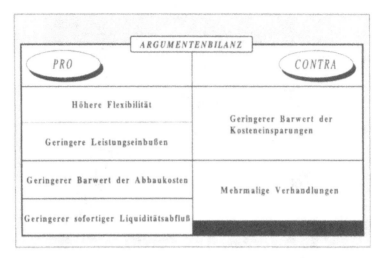

ARGUMENTENBILANZ

PRO

Höhere Flexibilität	
Geringere Leistungseinbußen	**CONTRA**
	Geringerer Barwert der Kosteneinsparungen
Geringerer Barwert der Abbaukosten	
	Mehrmalige Verhandlungen
Geringerer sofortiger Liquiditätsabfluß	

Abb. III.2-4: Argumentenbilanz "Inkrementaler Personalabbau"

Zusammenfassend wird in den Abb. III.2-4 und III.2-5 ein Überblick über Vor- und Nachteile sowohl der inkrementalen als auch der radikalen Abbaustrategie gegeben. Die Entscheidung, welcher der beiden Vorgehensweisen dann im Einzelfall der Vorrang zu geben ist, muß Aufgabe des Implementierungsmanagement sein. Die für die Argumentenbilanzen erforderlichen Informationen sind vom Implementierungscontrolling bereitzustellen.

ARGUMENTENBILANZ

PRO · **CONTRA**

Schnelle Kosteneinsparung	Geringere Flexibilität
Höherer Barwert der Kosteneinsparung	Stärkere Leistungseinbußen
Einmalige Transaktionskosten	Höherer Barwert der Abbaukosten
	Höherer Liquiditätsabfluß

Abb. III.2-5: Argumentenbilanz "Radikaler Personalabbau"

III.2.5   Optimierung des Einsatzes von Anpassungsmaßnahmen

Als Anpassungsmaßnahme wird die Art und Weise bezeichnet, wie die Personalanpassung konkret vollzogen wird, so z.B. die betriebsbedingte Kündigung oder die vorzeitige Pensionierung. Durch die Wahl einer oder mehrerer Anpassungsmaßnahmen kommt es zu den vom Unternehmen gewünschten Auflösungen von Arbeitsverhältnissen bzw. zur erforderlichen Kapazitätsreduktion hinsichtlich der Humanressourcen.

Mit der Wahl einer inkrementalen oder radikalen Abbaustrategie ist noch **nicht** unmittelbar der Einsatz der Abbaumaßnahmen vorgegeben, auch wenn der Schluß naheliegt, daß eine Massenentlassung immer ein radikaler Schritt und der Vorruhestand eher eine Maßnahme ist, die der inkrementalen Strategie entspricht. Diesem Urteil liegt das Mißverständnis zugrunde, daß die absolute Zahl der Kündigungen mit der gewählten Abbaustrategie korrespondiert. Wie bereits erwähnt, können allerdings sowohl 50.000 Personen als auch 5.000 Personen entweder radikal oder inkremental abgebaut werden. Vorruhestandsregelungen können z.B. inkremental eingesetzt werden, wenn die Altersgrenze schrittweise von 58 Jahre auf 55 Jahre gesenkt wird, statt bereits zu Beginn der Maßnahme alle Mitarbeiter mit 55 und mehr Jahren in das Programm einzubeziehen.

Um nun allerdings eine Bewertung der verschiedenen Anpassungsalternativen durchführen zu können, muß zunächst das Instrumentenspektrum, das der Unternehmung zur Personalanpassung im Normalfall zur Verfügung steht, ermittelt werden. Daraufhin müssen die Bewertungsmaßstäbe (die Zielkriterien) offengelegt werden.

2.5.1   Spektrum der Anpassungsmaßnahmen

Die Abb. III.2-6 macht die Vielzahl der möglichen Instrumente zur Personalanpassung deutlich. Von Personalabbau kann dann gesprochen werden, wenn die Arbeitskräfte dem externen Arbeitsmarkt zur Verfügung gestellt werden (rechter Teil der Abbildung). Dabei setzt die reaktive Anpassung regelmäßig am Mengengerüst der Personalkosten an, während durch proaktive Befristung der Vertragsbeziehung[21] in erster Linie das strukturelle Wertgerüst (z.B. Abbaubarkeit von Fixkosten) beeinflußt wird.[22] Der Schwerpunkt liegt in diesem Kapitel auf den verschiedenen Formen der **Personalfreisetzung**. Er wird ausgeweitet durch die ebenfalls besonders praxisrelevanten Anpassungsinstrumente Altersteilzeit und Kurzarbeit sowie die Einrichtung von Beschäftigungs- und Mitarbeitergesellschaften (die anzusprechenden Instrumen-

---

21   vgl. z.B. Sowka (1994), S. 1001 ff.
22   vgl. zu einer ähnlichen Typologisierung von Anpassungsinstrumenten, Drumm (1995), S. 223 ff.

te sind in Abb. III.2-6 in Großbuchstaben dargestellt). Das aufgezeigte Gesamtspektrum macht gleichzeitig deutlich, daß das Repertoire der Anpassungsinstrumente deutlich über die gängige reaktive Anpassung hinausreicht.

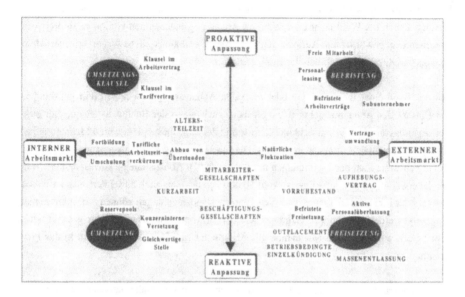

Abb. III.2-6: Typologisierung von Personalanpassungsmaßnahmen

Beim dauerhaften Personalabbau[23] können grob drei Maßnahmenbereiche unterschieden werden:

- Abbau mit Hilfe von Aufhebungsverträgen
- Vorzeitige Pensionierung (Vorruhestandsregelungen)
- Betriebsbedingte Kündigung.

Beim letzten Punkt kann zwischen Einzelkündigungen und Massenentlassungen differenziert werden. Dieser Unterscheidung wird insoweit hier nicht gefolgt, als grundsätzlich beide Formen der betriebsbedingten Kündigung nach einem einheitlichen Schema ablaufen. Die Massenentlassung wird daher als ein Sonderfall der betriebsbedingten Kündigung betrachtet, zu dem noch ergänzende Hinweise zu geben sind (vgl. Abschnitt III.2.5.3.4). Zu den genannten drei Maßnahmenbereichen kommt als weiteres Anpassungsinstrument die Verkürzung der

---

23   Zu Personalüberlassungen als befristete Freisetzung von Mitarbeitern, vgl. Sommer (1994), S. 25 f., der die Einrichtung eines "Pilot Pools" bei *Lufthansa* beschreibt.

Arbeitszeit ("zeitliche Anpassung") hinzu. Sie war in der Vergangenheit zwar meistens vorübergehender Natur (Kurzarbeit), bekommt aber als Maßnahme im Rahmen von "Bündnissen
für Arbeit" oder "Beschäftigungspakten" einen zunehmend dauerhaften Charakter.

Neben den genannten, eher "konventionellen" Instrumenten kann auch versucht werden, einen
sozialverträglichen Personalabbau mit Hilfe spezieller Betreuungsdienste für den Entlassenen
(Outplacement) sowie kollektiv durch die Gründung von Beschäftigungs- und Mitarbeitergesellschaften durchzuführen. Letztere sind in Abb. III.2-6 deswegen zwischen "Freisetzung auf
den externen Arbeitsmarkt" und "Freisetzung auf den internen Arbeitsmarkt" positioniert, weil
die Betroffenen zwar faktisch das Unternehmen verlassen, gleichzeitig jedoch nicht zwangsläufig dem externen Arbeitsmarkt zur Verfügung stehen, da ihre Weiterbeschäftigung zunächst gesichert ist.

Bei **betriebsbedingten Kündigungen** möchte der Arbeitgeber einseitig den Arbeitsvertrag
lösen. Mit Blick auf die Tragweite für den einzelnen betroffenen Mitarbeiter hat der Gesetzgeber und die Tarifparteien eine Vielzahl von Schutzvorkehrungen getroffen, welche die Arbeitnehmer vor allzu großen sozialen Härten bewahren sollen. So stehen bestimmte Mitarbeiter unter dem besonderen Schutz des Gesetzes und sind faktisch unkündbar (z.B. Schwerbehinderte, Schwangere, Wehr- und Zivildienstleistende u.a.), während im Normalfall eine Sozialauswahl (vgl. in diesem Kapitel III.2.5.3.3) im Vorfeld der Kündigungen vorgenommen
werden muß. Darüber hinaus treten die verschiedenen Mitbestimmungsrechte nach dem
BetrVG in Kraft. Massenentlassungen heben sich vom "Normalfall" der Einzelkündigung
durch die große Zahl der zu entlassenden Mitarbeiter ab. Nach § 17 KSchG wird die Einlei-
tung von Massenentlassungen zusätzlich erschwert.

Wichtigstes Merkmal bei **Aufhebungsverträgen** ist die Freiwilligkeit mit der beide Vertrags-
parteien den Arbeitsvertrag auflösen. Nach § 305 BGB ("Vertragsfreiheit") können sich Arbeitgeber und Arbeitnehmer in gegenseitigem Einvernehmen darüber verständigen, das Ar-
beitsverhältnis zu beenden. Die Mitwirkung des Betriebsrates ist bei dieser Art des Personalabbaus nicht zwingend erforderlich, aber ratsam. Gleiches gilt für den Einsatz von Sozialplänen, die bei Aufhebungsvertragaktionen bereits von vielen Unternehmen freiwillig abgeschlossen werden.

In den letzten Jahren erfreute sich der sog. **Vorruhestand** bei den Unternehmen (und teilweise auch bei den Betroffenen) großer Beliebtheit. Unter dem Banner des sozialverträglichen
Personalabbaus wurde jedoch übersehen, daß ein Teil der älteren Mitarbeiter nur unter Druck
dem "freiwilligen Vorruhestand" zustimmte. Zudem wurde in jüngster Zeit nicht zuletzt aus

politischen Kreisen eine volkswirtschaftliche Kritik laut, welche die Externalisierung eines Teils der Abbaukosten (Überwälzung der eigentlich unternehmungsinternen Kosten auf staatliche Stellen) an den Pranger stellte, da die Kosten für den Vorruhestand teilweise von den Rentenversicherungsträgern aufgebracht werden müssen.[24]

Die Reduktion der **betrieblichen Arbeitszeit** im Rahmen von Kurzarbeit wird bereits seit vielen Jahren als Instrument zum Ausgleich vorübergehender Kapazitätsschwankungen eingesetzt. In jüngster Zeit werden vermehrt Stimmen laut, die einer Verringerung der individuellen Arbeitszeit (ohne Lohnausgleich) das Wort reden[25], um so - neben positiven volkswirtschaftlichen und sozialpolitischen Aspekten - die grundsätzlichen Nachteile des Personalabbaus, wie z.B. ein definitiver Know how-Abfluß, zu vermeiden. Diese Maßnahme besitzt zudem ein hohes Maß an Flexibilität und kann relativ schnell eingesetzt werden.

2.5.2   Evaluierungskriterien

Für die Evaluierung von Anpassungsmaßnahmen müssen Kriterien gefunden werden, die sowohl die Effektivität als auch die Effizienz von Anpassungsvorhaben sicherstellen. Abb. III.2-7 gibt einen Überblick über ein integriertes Kriteriensystem und faßt die vielfältigen Bewertungsgrößen aus Abb. III.2-3 klassifizierend zusammen.

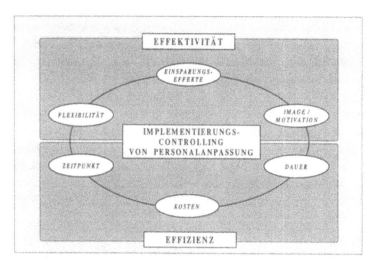

Abb. III.2-7: Zielkriterien für Maßnahmen der Personalanpassung[26]

---

24 vgl. Köster (1996), S. 4
25 vgl. z.B. Schüren (1997); Heckelmann (1994), S. 65 ff.
26 in Anlehnung an Reiß (1993b), S. 453

Im Gegensatz zu Check-Listen[27] wird bei Zugrundelegung des hier vorgeschlagenen Kriteriensystems ein höheres Maß an Transparenz und Objektivität der Abbauentscheidung möglich. Zusätzlich ist eine weitreichende Quantifizierung der Beurteilungskriterien erforderlich. Die Entscheidung über Personalanpassungen wird dann plan- und steuerbarer, als dies ohne Implementierungscontrolling der Fall wäre.

2.5.2.1 Kosten und Kosteneinsparungen des Personalabbaus

Auf die Kosten als Bewertungskriterium für Abbauentscheidungen wurde bereits in den Abbildungen III.2-1 und III.2-2 hingewiesen. Zusätzlich ist es erforderlich, den gesamten Kostenblock, der von den leicht nachvollziehbaren Sozialplankosten bis zu den schwerer zu ermittelnden Kosten für die Verhandlungen mit dem Betriebsrat reicht, genauer zu analysieren. Mit Hilfe von Kennzahlensystemen kann versucht werden, die unterschiedlichen Kostenelemente zu erfassen und zu gliedern (vgl. Abb. III.2-8).

Mindestens genauso wichtig und in der Regel auch ebenso gut erfaßbar sind die unmittelbaren Kosteneinsparungen, die durch den Personalabbau realisiert werden können. Selbst bei einem niedrigen Entwicklungsstand eines Implementierungscontrolling in einem Unternehmen sollte das in Abb. III.2-8 dargestellte Kennzahlensystem für die Evaluierung der verschiedenen Abbaualternativen eingesetzt werden, stellt es doch gerade die unmittelbar dem Abbau zurechenbaren Kosten und Nutzengrößen dar.

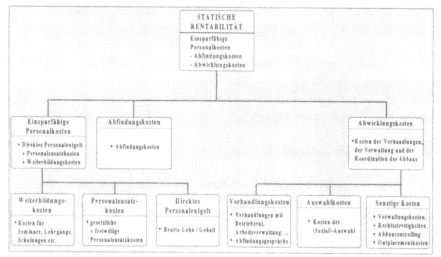

Abb. III.2-8: Kennzahlensystem: Kosten und Kosteneinsparungen bei Personalabbau

---

27   vgl. z.B. Böckly (1995), S. 36

Bei den Abfindungskosten, die sowohl freiwillige Abfindungen als auch Abfindungen im Rahmen von Sozialplänen erfassen, handelt es sich um Einzelkosten der Abbauentscheidung. Sie sind variabel hinsichtlich der Bezugsgröße "Zahl der Kündigungen" (Abbauvolumen). Bei den Abfindungs- und Abwicklungskosten handelt es sich zum größten Teil um Transaktionskosten, die bei der Anbahnung, Realisierung und Kontrolle des Eigentumsübergangs von Verfügungsrechten (property rights) entstehen. So werden bei der Auflösung eines Arbeitsvertrages Verfügungsrechtsübertragungen ausgehandelt.[28] Dies kann mit den einzelnen Betroffenen geschehen oder mit der Vertretung einer Betroffenengruppe, wie sie regelmäßig der Betriebsrat darstellt. Auch die Abfindungskosten stellen daher Transaktionskosten dar, weil sie dazu beitragen, das Vertragsverhältnis von Arbeitgeber und Arbeitnehmer aufzulösen.

Bei der Auswahl der zu kündigenden Mitarbeiter kommt es oftmals zu einem zeit- und kostenaufwendigen Abgleich von Arbeitgeberinteressen und den Interessen der Betroffenen. Verwaltungsseitig führen die Kündigungen und Entlassungen zu Abwicklungskosten, die z.B. durch den Schriftverkehr, die persönlichen Gespräche mit den Betroffenen, die Ausstellung eines Arbeitszeugnisses und dergleichen mehr entstehen. Schließlich ergeben sich bei Entlassungen des öfteren Rechtsstreitigkeiten, die in z.T. langwierigen Arbeitsgerichtsverfahren ausgetragen werden und die dem Unternehmen Rechtsanwaltskosten oder Kosten der eigenen Rechtsabteilung verursachen. Auch wenn der Personalabbau in der Regel nicht zum Aufbau von Kapazitäten z.B. in der Personal- oder Rechtsabteilung führt (es sich in diesem Sinne also nicht um entscheidungsrelevante Kosten handelt), müssen die Kosten zumindest als Opportunitätskosten angesehen werden und daher in eine Rentabilitätsrechnung einfließen.

Die statische Rentabilität sagt folglich aus, in welchem Verhältnis der Nutzen (als Kennzahl werden in Abb. III.2-8 nur die Kosteneinsparungen erfaßt) zu den Kosten des Personalabbaus steht, ohne daß zeitlich nachgelagerte Effekte berücksichtigt würden. Vergleichbar den statischen Verfahren der Investitionsrechnungen kann auf diese Art eine "Pay back"-Periode oder der "Break even"-Punkt ermittelt werden.[29]

2.5.2.2   Zeitpunkt und Dauer

Der Zeitpunkt und die Dauer der Abbaumaßnahmen sind neben den Kosten weitere Effizienzkriterien. Der Zeitpunkt des frühestmöglichen Inkrafttretens des Personalabbaus und damit der Beginn der Kosteneinsparungen wird bestimmt durch den Vorlauf, den einzelne Ab-

---

28   Dabei handelt es sich um die Rückübertragung des Arbeitgeberrechts an der Arbeitskraft des Mitarbeiters und an dessen Arbeitsergebnissen. Im Gegenzug verliert der Mitarbeiter den Anspruch auf Lohn-/Gehaltszahlung. Vgl. zur Theorie der Verfügungsrechte, Ebers/Gotsch (1995).

29   vgl. hierzu auch Fröhling/Haiber (1995), S. 508 f.

bauinstrumente erfordern. Weniger kontroverse Abbaumaßnahmen, wie die Vorruhestandsregelung benötigen geringere Vorlaufzeiten als z.b. Massenentlassungen, die zudem noch einer Anmeldung beim zuständigen Arbeitsamt erfordern. Ähnliches gilt für die Dauer der Umsetzung des Gesamtabbaus. Neben dem grundsätzlichen Optimierungsproblem "radikaler vs. inkrementaler Personalabbau" implizieren auch die verschiedenen Abbauinstrumente unterschiedliche **Zeithorizonte** für den Abschluß der Maßnahmen. Viele Unternehmen, wie z.b. *BASF* und *Bayer*[30], setzen bei Personalüberhängen generell oder in einem ersten Schritt auf Kapazitätsverringerung durch die "normale" Fluktuation (bei gleichzeitiger Nichtbesetzung der frei werdenden Stellen). Diese Vorgehensweise bedingt zwangsläufig eine relativ lange Umsetzungsdauer. Betriebsbedingte Kündigungen haben hingegen keine immanente Determinierung der Abbaudauer. Bei einer dynamischen Betrachtung der Rentabilität müssen zukünftige Kosten, aber auch die zukünftigen Kosteneinsparungen mit dem Kapitalkostensatz diskontiert werden, um die verschiedenen Maßnahmen "gleichnamig" zu machen (vgl. Abb. III.2-9). Zu den Kosten der Vorlaufzeit zählen neben den in dieser Zeit entgangenen Kosteneinsparungen auch die Kosten aufgrund der geringeren Arbeitsleistung in der Zeit zwischen Ausspruch der Kündigung und dem tatsächlichen Ausscheiden des Mitarbeiters aus dem Unternehmen. Grund dafür sind die bei manchen Abbauinstrumenten auftretenden Demotivationseffekte bei den Betroffenen (vgl. in diesem Kapitel 2.5.2.5).

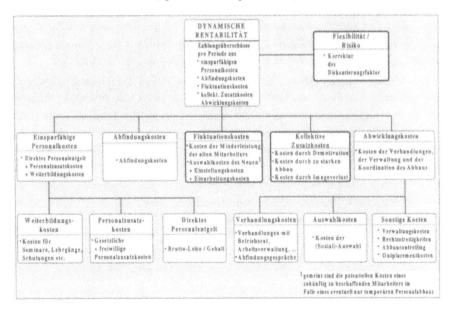

Abb. III.2-9: Dynamisches Kennzahlensystem zum Personalabbau

---

30   vgl. o.V. (1996b), S. 22

Die weiteren Einflußfaktoren auf die (dynamische) Rentabilität des Implementierungssubsystems "Personalanpassung", wie sie in Abb. III.2-9 vorgeschlagen werden, sind auf den folgenden Seiten näher erläutert.

2.5.2.3   Flexibilität

Flexibilität hat immer dann in einer Alternativenbewertung einen eigenen Wert, wenn die Entscheidung unter Unsicherheit zu treffen ist. Durch Flexibilität ist man in geringerem Maße auf eine einmal getroffene Entscheidung festgelegt. Anders ausgedrückt kann die Korrektur einer Entscheidung durch eine Flexibilitätsoption leichter, d.h. kostengünstiger getätigt werden. Im Zusammenhang mit Personalabbau heißt Flexibilität in erster Linie **Reversibilität** einer Maßnahme, was die Möglichkeit impliziert, einen Personalabbau teilweise oder gänzlich rückgängig zu machen. Gerade beim Abbau von Personalkapazitäten ist dies von besonderer Bedeutung, da die Vergangenheit zeigt, daß Personalüberhänge oftmals konjunkturelle Ursachen haben. In Zeiten des Aufschwungs müssen daher erneut Arbeitnehmer eingestellt werden.[31] Es handelt sich dabei zu einem gewissen Teil um ein zyklisches Problem. Es wird deutlich, daß Maßnahmen, die nicht die dauerhafte Freisetzung der Mitarbeiter auf den externen Arbeitsmarkt zum Ziel haben, eindeutig flexibler und daher in diesem Punkt im Vorteil sind.

Vor nicht allzu langer Zeit konnte z.B. die *Audi AG* ihre Verkürzung der Wochenarbeitszeit (ähnlich wie bei *VW*) beenden, da durch eine steigende Nachfrage kein Anpassungsbedarf mehr bestand. In solch einer Situation profitiert das Unternehmen vor allem davon, daß neuerliche Einstellungsaktivitäten und die dafür anfallenden Kosten der Personalbeschaffung[32] und Personalqualifikation vermieden werden. Zwar lassen sich auch einvernehmlich ausgeschiedene Mitarbeiter oftmals wieder anwerben. Allerdings ist dies das Eingeständnis von Fehlplanung und Fehlinvestitionen. So mußten 1992 bei der *Linotype-Hell AG* durch einen "plötzlichen" Auftragsboom gerade erst teuer abgefundene Mitarbeiter wieder eingestellt werden. Bei betriebsbedingt Entlassenen, die als Spezialisten auf dem Arbeitsmarkt gute Chancen haben, dürfte selbst eine solch teure "Rückholaktion" nicht mehr möglich sein.[33] Folgende Auswirkungen auf die Bewertung von Personalanpassungsmaßnahmen sollten durch ein Implementierungscontrolling berücksichtigt werden:

---

31 Dieser Vorgang des übereilten Personalabbaus mit anschließend erneuter, sehr kostspieliger Aufstockung des Personals innerhalb weniger Jahre haben jüngst wieder Personalberater in den USA festgestellt, o.V. (1997a), S. 162.
32 Diese belaufen sich je nach eingesetztem Selektionsverfahren auf einen Betrag, der sich auf 2.000 - 7.000 DM pro Bewerber (Führungsnachwuchskraft) beläuft, vgl. Gerpott (1995b), S. V.
33 vgl. Grimmeisen (1995a), S. 294

- Erstens müssen im Rahmen der Kostenerfassung diejenigen (kalkulatorischen) Kosten einbezogen werden, die für den Fall der Neueinstellung von Mitarbeitern aufgrund eines übermäßigen Personalabbaus anfallen würden. Bei erfolgreicher Fortführung der Unternehmung kann oftmals von einem zukünftigen Personalaufbau ausgegangen werden, z.B. durch Verbesserung der konjunkturellen Situation. Dies bedeutet, daß die individuell anfallenden, potentiellen Fluktuationskosten Berücksichtigung finden müssen.[34] Bei einem absehbaren Personalaufbau können allein diese Fluktuationskosten höher sein, als die eingesparten Personalaufwendungen während der Vakanz der Stelle. Solche Fluktuationskosten können Anwerbekosten, Kosten für Auswahl und Einstellung, eine zeitweise Trennungsentschädigung und - als meistens größter Block - die Einarbeitungskosten sein.[35] Die von *Streim* ebenfalls als Fluktuationskosten eingestuften "Entlassungskosten"[36] werden im hier verfolgten Ansatz gesondert erfaßt (vgl. Abb. III.2-9). Die Fluktuationskosten können als Kostenäquivalent für (fehlende) Flexibilität angesetzt werden. Bei einer geplanten Massenentlassung sollte zumindest als Szenario durchgerechnet werden, wie hoch die zukünftigen Kosten bei erforderlichen Neueinstellungen wären. Durch ein realistisches Abschätzen der Unternehmensentwicklung unter verschiedenen Bedingungen können Wahrscheinlichkeiten für diese Kostenentstehung angegeben werden und in das Kalkül zur Bewertung der Abbaumaßnahmen einfließen.

- Zweitens muß berücksichtigt werden, daß in der Zeit nach Aussprache der Kündigung vom Betroffenen eine geringere Leistung und nur noch wenig Engagement erwartet werden kann. Dies kann bis zur inneren Kündigung des Mitarbeiters führen, die dann der richtigen Kündigung vorausgeht.[37] Dabei wird die Vorlaufzeit, die zwischen Bekanntwerden der Kündigung und dem tatsächlichen Ausscheiden liegt, zu einem unmittelbaren Kostenfaktor, der bei den Fluktuationskosten berücksichtigt werden muß.

- Drittens kommt es vor, daß das Personal in einer Organisationseinheit so stark abgebaut wird, daß der verbleibende Teil der Belegschaft nicht in der Lage ist, die Arbeit der Ausgeschiedenen mitzuerledigen. Es kann daher zumindest für eine Übergangszeit zu Friktionen in den Arbeitsabläufen kommen, die ebenfalls als Mangel an Flexibilität gewertet werden können. Durch flexible Anpassungsformen, die eine stufenweise Kapazitätsreduktion ermöglichen (z.B. Arbeitszeitverkürzungen), kann dies vermieden werden. Die dafür anzusetzenden Kosten werden in Abb. III.2-9 den kollektiven Zusatzkosten subsumiert, da sie nur der Gesamtheit des Personalabbaus und nicht der einzelnen Entlassung zugerechnet werden können.

---

34 vgl. Hentze (1995), S. 290 ff.; Mitchell (1985)
35 vgl. Streim (1982), S. 139
36 vgl. ebenda
37 vgl. Krystek (1995); Hilb (Hrsg., 1992)

• Viertens erhöht sich bei geringerer Flexibilität der Abbaumaßnahmen das allgemeine Unternehmensrisiko, da die Reaktionsmöglichkeiten auf unerwartete Entwicklungen schwinden (Slackabbau, vgl. Kap. III.1.6). Im Falle von *Linotype-Hell* entgingen dem Unternehmen kurzfristig Aufträge und auch das Image eines zuverlässigen Lieferanten kann in solch einer Situation Schaden nehmen. In einer dynamischen Rentabilitätsrechnung (basierend auf der Discounted Cash Flow-Methode; vgl. Kap. II.3.4) müssen sich solche Risiken nach dem Capital Asset Pricing Model in einem höheren Kapitalisierungssatz niederschlagen[38], der zu einem geringeren Barwert der zukünftigen (positiven) Cash flows des Personalabbaus, als Differenz aus den Personalkosteneinsparungen und den abbaubedingten Kosten, führt. Da die Ermittlung von Korrekturfaktoren für den Kapitalkostensatz methodisch sehr schwierig ist, kann alternativ auch eine Einbeziehung von Optionswerten zur Bewertung der Flexibilität einzelner Maßnahmen vorgenommen werden (z.B. die Optionen "Ausweitung der Personalkapazitäten ohne Kosten für Neueinstellungen" oder "Sicherstellung der Reaktionsfähigkeit auch unter unerwarteten Situationsveränderungen"). Dadurch können unterschiedlich risikobehaftete Anpassungsinstrumente vergleichbar gemacht werden (vgl. auch Kap. II.3.6).

2.5.2.4   Imageeffekte

Eng mit den negativen Auswirkungen auf die Personalstruktur verbunden sind die Effekte auf das Unternehmensimage. Das frühzeitige, freiwillige Ausscheiden eines Leistungsträgers aus einem "kränkelnden" Unternehmen hängt vor allem damit zusammen, daß nicht solange gewartet wird, bis das Image des Unternehmens als Arbeitgeber aus externer Sicht Schaden genommen hat.

Grundsätzlich muß davon ausgegangen werden, daß bei einem starken Personalabbau, verstärkt durch weitere negative Unternehmensnachrichten, das Image des Unternehmens bei allen relevanten **Anspruchsgruppen** (Stakeholdern) in Mitleidenschaft gezogen wird - wenn auch in unterschiedlichem Maße. Dies kann in Krisenzeiten zu einem selbstverstärkenden Kreislauf führen. Von den Stakeholdern kann ein massiver Arbeitsplatzabbau als Beginn einer Krise gewertet werden, was einzelne Gruppen veranlassen könnte, sich aus der Geschäftsbeziehung mit dem betreffenden Unternehmen zurückzuziehen. Handelt es sich dabei z.B. um einen Schlüssellieferanten oder -kunden, kann sich der Personalabbau als äußerst schmerzlich für das Unternehmen erweisen. Ebenso kann das schlechter werdende Arbeitgeberimage die Rekrutierung von Spezialisten oder Führungskräften erschweren. Es ist also vor einer endgül-

---

38   vgl. Spremann (1992), S. 378

tigen Evaluierung eines Abbauinstruments eine sorgfältige Analyse der Stakeholder-Beziehungen durchzuführen, um potentielle Risiken rechtzeitig erkennen zu können.[39]

Besonderes Augenmerk sollte auf die Personalabbau-Reaktionen der aktuellen oder potentiellen Investoren gelegt werden. Generell werden entsprechende Nachrichten von den Finanzkreisen eher positiv aufgenommen. So fordern gerade Banken oftmals von ihren Gläubigerunternehmen starke Einschnitte in die Lohn- und Gehaltslisten, um weiteren Krediten oder Stundungen zuzustimmen. Bei fortgesetztem Personalabbau ziehen sich jedoch besonders risikobewußte Anleger relativ schnell zurück, was den Aktienkurs bei börsennotierten Gesellschaften unter Druck setzen kann. Zusätzlich kann es zu Rückstufungen bei den Bonitätsbewertungen durch Rating-Institute (z.B. *Moody's, S&P*) kommen, was die Kreditaufnahme durch höhere Zinsen verteuert. Dies geschah z.B. bei *Daimler-Benz* im Sommer 1994. Die negativen Aussichten des Konzerns bezüglich der Marktentwicklungen in Kerngeschäftsfeldern des Unternehmens (Kostendruck im Automobilbau, Reduktion der staatlichen Verteidigungsetats ...) und der damit verbundene Zwang zu kostspieligen Personalabbaumaßnahmen ließ das Unternehmensrating von "AA" auf "AA-" fallen.[40]

Durch den unmittelbaren Einfluß auf die finanzielle Lage der Unternehmung ist eine Detailanalyse unterschiedlicher Investoren (Stock- und Bondholder, unterschiedliche Aktionärsgruppen ...) von besonderem Interesse im Rahmen der Stakeholder-Untersuchungen. Zwar wäre es übertrieben zu vermuten, daß es allein durch Personalabbaumaßnahmen zu einer Verschlechterung des Unternehmensimage kommen würde. Schließlich zeigten und zeigen die meisten deutschen Großunternehmen, daß auch große Personalstreichungen sich in der genannten Hinsicht nicht immer negativ auswirken. Entscheidend ist jedoch die Art des Abbaus, also die Wahl der Abbauform, von der auf deren Ursachen geschlossen wird. Massenentlassungen deuten eher auf eine akute Krise hin als Vorruhestand und Aufhebungsverträge. Entsprechend differenziert müssen die Wirkungen der zur Disposition stehenden Abbauinstrumente auf die einzelnen Anspruchsgruppen und deren Reaktionen darauf prognostiziert und analysiert werden. So hat z.B. die *Mercedes-Benz AG* in den letzten Jahren über 150.000 Stellen gestrichen.[41] Durch die größtenteils vermiedenen betriebsbedingten Kündigungen konnte das Unternehmen deutlich machen, daß es sich in keiner akuten Krise befand. Gerade beim Hauptumsatz- und vor allem Hauptgewinnträger, der PKW-Sparte mit einem stark emotionalen Produkt, wäre ein "Krisen- oder Verliererimage" aus Marketingsicht verheerend. Allerdings hat das Image des Stuttgarter Automobilunternehmens als potentieller Arbeitgeber in den letzten Jahren sicherlich auch aufgrund des Stellenabbaus gelitten. War *Mercedes-Benz*

39 vgl. Dyllick (1984)
40 vgl. Middelmann (1994), S. 23
41 vgl. Done (1994), S. II

noch vor ein paar Jahren die beliebteste Anlaufstelle für die Bewerbungen des akademischen Nachwuchses, war dies 1994 die *BMW AG* und *Mercedes* lag nur noch im vorderen Mittelfeld.[42]

Gelingt es nicht, die dargestellten Imageeffekte monetär zu erfassen (z.b. durch höhere Kapitalmarktzinsen), müssen sie als (geschätzte) Nutzwerte Eingang in die Evaluierung der Abbauinstrumente finden.[43]

2.5.2.5   Motivation

Demotivationseffekte, die mit bestimmten Anpassungsmaßnahmen verbunden sind, müssen als quantitativ schwer faßbares Phänomen gelten. Betriebsbedingte Kündigungen schaffen ein Klima der Verunsicherung, oft sogar der Angst. Allerdings sind auch manche "freiwilligen" Übereinkünfte, so z.b. bei Vorruhestandsregelungen, bei näherem Hinsehen gar nicht mehr so freiwillig. Es kann davon ausgegangen werden, daß die betroffenen Mitarbeiter in der Zeit bis zu ihrem endgültigen Ausscheiden, teilweise auch noch weit länger, dem Betriebsklima schaden können, indem sie bei den Verbleibenden Unsicherheit oder auch Aggressionen über vermeintlich ungerechte Behandlungen hervorrufen. Besonders bei entlassenen Mitarbeitern, die als Meinungsführer gelten, tritt das Problem der "Negativ-Propaganda" besonders zu Tage. Bei diesen Arbeitnehmern hat ein schnelles Verlassen des Unternehmens einen zusätzlichen Nutzen.

Außerdem ist mit einer Demotivation der verbleibenden Mitarbeiter zu rechnen, wenn das Unternehmen keine besondere "Fürsorge" beim Abbau an den Tag legt. Dies wird zum Teil mit dem "schlechten Gewissen" der Verbliebenen begründet, die ihren Arbeitsplatz quasi "auf Kosten" der Entlassenen behalten konnten. Zum Teil herrscht in einer solchen Phase aber auch Angst, zu einem späteren Zeitpunkt deren Schicksal teilen zu müssen.[44]

2.5.2.6   Sonstige potentielle Kriterien

Neben dem bereits besprochenen Hauptnutzen, der Kosteneinsparung, gibt es weitere positive Nutzeneffekte, die unmittelbar auf den Personalabbau zurückzuführen sind, allerdings weniger leicht zu quantifizieren sind.

---

42   vgl. Schlote/Linden (1995), S. 32
43   vgl. Jochum/Meyer (1995), S. 260 ff.
44   vgl. Brockner u.a. (1987), S. 538

Ein in der Praxis immer wieder vorzufindendes Phänomen ist die rückläufige **Absentismus-rate** (Fernbleiben von der Arbeit aufgrund von Krankheit, Kuren oder unentschuldigtem Fehlen), wenn ein Personalabbau vermutet oder angekündigt wird. Die Angst um den eigenen Arbeitsplatz wirkt sich auf die Anwesenheitsdisziplin vorteilhaft aus. Häufig geht diese Disziplin dann allerdings soweit, daß selbst bei Krankheiten oder Rekonvaleszenzmaßnahmen, die eine Abwesenheit vom Arbeitsplatz erzwingen, die Gesundheit zurückgestellt wird und der Arbeitsplatz aufgesucht wird. Dies kann durchaus zum Schaden des Unternehmens sein, besonders dann, wenn es sich z.B. um ansteckende Krankheiten handelt. Obwohl sich eine geringere Absentismusrate in Kosteneinsparungen ausdrücken läßt, muß zusätzlich berücksichtigt werden, daß dies nicht mit einer steigenden Arbeitsproduktivität gleichgesetzt werden kann. Denn die bloße Anwesenheit muß - vor allem im administrativen Bereich - keine unmittelbare Mehrung und Verbesserung der Arbeitsleistung bedeuten. Erst recht nicht, wenn es zu krankheitsbedingten Unaufmerksamkeiten und Fehlleistungen kommt, die schnell ein Vielfaches der Kosteneinsparungen ausmachen können.

Immer wieder stellen Unternehmen allerdings auch fest, daß es eine eindeutige Korrelation zwischen der Absentismusrate und der Arbeitsmarktlage gibt. Sofern sich die Absentismusreduktion auf das unbegründete Fehlen am Arbeitsplatz ("Blaumachen") beschränkt, kann bei bestimmten Abbauformen, wie der betriebsbedingten Kündigung, von einem zusätzlichen Einsparungseffekt durch geringere Fehlzeiten ausgegangen werden. Auch dies sollte bei der Wahl der Abbauform beachtet werden.

Mit der gleichen Argumentation des drohenden Arbeitsplatzverlustes kommt es oft auch zu einem erhöhten **Leistungsdruck,** der sich bis zu einem gewissen Grad (abhängig vom vorhandenen Slack; siehe Kap. III.1.6) positiv auf die Arbeitsproduktivität auswirkt. Durch den Abbau von bestimmten Stellen, teilweise sogar ganzer Hierarchieebenen, kommt es außerdem nicht selten zu einer "erzwungenen" Verbesserung (Vereinfachung) von Arbeits- und Entscheidungsprozessen, die ihren "Weg durch die Hierarchien" nach dem Abbau schneller bewältigen und so (ausgehend von Veränderungen der Aufbaustruktur) auch die Ablauforganisation eines Unternehmens verbessern. Allerdings fällt die Zuordnung solcher Nutzeneffekte auf den Personalabbau in der Regel sehr schwer, da bei Restrukturierungen nicht nur Arbeitsplätze gestrichen werden, sondern in der Regel auch weitere Veränderungen implementiert werden.

Von manchen Autoren wird in der Folge eines Personalabbaus auch von einer Verbesserung des **Arbeitsklimas** gesprochen, die so zu erklären ist, daß "Querulanten" und sonstige "unliebsame" Mitarbeiter als erstes das Unternehmen verlassen müssen.[45] Dazu ist jedoch ein schrittweiser Abbau erforderlich, der dieses Ziel - wenn es denn überhaupt erstrebenswert ist, Querdenker aus dem eigenen Unternehmen zu "eliminieren" - durch entsprechende Auswahl- kriterien unterstützt.

Zusammenfassend gibt es neben Kosteneinsparungen noch eine ganze Reihe weiterer Nutzen- aspekte, die bei der Wahl der optimalen Abbauform zu berücksichtigen und in das Implemen- tierungscontrolling für Personalabbau zu integrieren sind. Dies kann z.B. mit Hilfe von **Nutz- wertanalysen** geschehen, mit denen die schlecht bis gar nicht quantifizierbaren Evaluierungs- kriterien in die Entscheidungsfindung einfließen.[46]

Neben den direkt ermittelbaren Kosten für die Personalabbaumaßnahmen muß als weiterer negativer Effekt auf den damit einhergehenden **Know how-Verlust** hingewiesen werden. Dieser kommt verstärkt bei den Abbauformen zum Tragen, die es dem Unternehmen nicht ermöglichen, eine nach eigenen Erfordernissen gestaltete Auswahl der zu kündigenden Mitar- beiter zu treffen. Bei dem Angebot an die Belegschaft, freiwillig unter Zahlung von Abfin- dungen einen Aufhebungsvertrag zu unterzeichnen, kann immer wieder festgestellt werden, daß sich vor allem die "Leistungsträger" des Unternehmens dazu bereit erklären. Was genau unter dieser Mitarbeitergruppe zu verstehen ist, muß situations- und unternehmensspezifisch geklärt werden. Es können z.B. die geschicktesten und fleißigsten Arbeiter, die erfolgreichsten Verkäufer oder die kreativsten Designer sein, die sich durch die Abfindungszahlungen ihr Ausscheiden zusätzlich "vergolden" lassen.[47] Denn diejenigen, die große Chancen haben, in- nerhalb kurzer Zeit eine gleichwertige oder gar bessere Arbeitsstelle zu finden, werden nicht warten, bis das Unternehmen betriebsbedingt entläßt oder gar Konkurs anmelden muß.

Zwar sind bei der Sozialauswahl (vgl. in diesem Kapitel 2.5.3.3) auch die Betriebsinteressen zu berücksichtigen; Tatsache ist jedoch, daß sich bei einem Personalabbau, dem eine latente oder offenkundige Krise des Betriebs oder des ganzen Unternehmens zugrunde liegt, die Al- tersstruktur (jüngere Arbeitnehmer finden leichter einen neuen Arbeitsplatz als ältere) und die "Kompetenzstruktur" für das Unternehmen negativ verändern. Unter diesem Aspekt sollten auch die Vorruhestandsregelungen betrachtet werden, die zwar den Altersdurchschnitt der Belegschaft absenken, aber ebenfalls zu einem starken Abfluß von Erfahrungswissen führen. Dies kann zwar in manchen Fällen durchaus erwünscht sein, um tradierte, die Wettbewerbs- fähigkeit verringernde Handlungsweisen schneller zu "entlernen". Oftmals ist damit jedoch auch ein beträchtlicher "Schaden" für das Unternehmen verbunden, vor allem wenn sich das

---

45   vgl. z.B. Mitchell (1985), S. 73 ff.; Sabathil (1977), S. 32 ff.
46   vgl. Hoss (1989)
47   vgl. Welslau (1994a), S. 75 f.

Erfahrungswissen auf die verschiedenen Aspekte des "Beziehungsmanagements"[48] erstreckt (persönliche Kundenkontakte, Kontakte zu Lieferanten oder Großinvestoren usw.).

2.5.3 Rechtliche Vorgaben und ihre controllingrelevanten Effekte

Gerade bei Maßnahmen, die Personalanpassungen oder Personalabbau zum Inhalt haben, ist die Berücksichtigung rechtlicher Rahmenbedingungen von außerordentlicher Bedeutung. Schließlich greifen dabei die verschiedenen mitbestimmungsrelevanten Gesetze. Die darin vorgeschriebenen Verfahrensschritte determinieren auch einen großen Teil der Kosten und weiterer Evaluierungskriterien einzelner Personalanpassungsmaßnahmen.

2.5.3.1 Interessenausgleich

Die Vorstufe zu den Sozialplanverhandlungen ist der Interessenausgleich. Nachdem die Geschäftsleitung den Betriebsrat rechtzeitig und umfassend über die beabsichtigte Betriebsänderung[49] informiert und sich mit ihm beraten hat, wird im Rahmen des Interessenausgleichs versucht, die Interessen des Arbeitgebers und die der Arbeitnehmer auf einen gemeinsamen Nenner zu bringen und eine problem- und kontextgerechte Lösung zu finden (vgl. Kap. I.2.1). Da ein Interessenausgleich jedoch von keiner Seite erzwungen werden kann, ist das Einvernehmen von Unternehmensleitung und Betriebsrat Voraussetzung für dessen Zustandekommen. Sollten diese Verhandlungen scheitern, kann der Arbeitgeber auch ohne Betriebsratszustimmung eine Betriebsänderung durchsetzen.[50] Zweierlei ist dabei jedoch zu beachten:

1. Es ist erforderlich, daß der Arbeitgeber "ernsthaft" versucht haben muß, den Interessenausgleich herbeizuführen, wenn er nicht die anschließende Anfechtung der Betriebsänderung via einstweiliger Verfügung riskieren will. Diese Ernsthaftigkeit kommt z.B. durch die Einschaltung des Landesarbeitsamt-Präsidenten oder durch die Anrufung einer Einigungsstelle zum Ausdruck. Die dabei auftretenden Verzögerungen und zusätzlich entstehenden Kosten sind durch ein Implementierungscontrolling zu ermitteln und in die Überlegungen zu einer effizienten Implementierung von Personalabbau einzubeziehen. Auch die Möglichkeit einer gerichtlichen Auseinandersetzung muß in der Entscheidungsvorbereitung berücksichtigt werden.

2. Die Durchsetzung von Maßnahmen zur Betriebsänderung ohne die Zustimmung der Arbeitnehmervertreter mag unter kurzfristigen Zeit- und Kostenüberlegungen durchaus posi-

---

48 vgl. Diller/Kusterer (1988), S. 212 ff.
49 Der Sachverhalt der Betriebsänderung ist in § 111 BetrVG geregelt.
50 vgl. Kadel (1990), S. 188

tiv beurteilt werden, auch und gerade wenn sie mit einem Personalabbau verbunden sind. Mittel- bis langfristig dürfte sich dies allerdings negativ auf die Zusammenarbeit mit dem Betriebsrat, auf das Betriebsklima und damit auch nachteilig auf die Motivation der Belegschaft auswirken. Im Sinne von Lebenszykluskostenüberlegungen bezüglich des zeitlichen Kostenanfalls der Abbaumaßnahme dürfte sich im Normalfall der zusätzliche Aufwand (Vorlaufkosten), der durch weitere Verhandlungen mit dem Betriebsrat über den Interessenausgleich entsteht, lohnen, da er hohe Folgekosten vermeiden hilft.

Egal ob es zu einem Interessenausgleich kommt oder nicht, ist der Arbeitgeber in der Folge dazu verpflichtet, Verhandlungen über den Ausgleich von Nachteilen der betroffenen Belegschaft zu führen. Diese führen zum Sozialplan.

2.5.3.2 Sozialplanpflicht

Obwohl der Sozialplan - sowohl was den Umfang als auch den Inhalt angeht - nicht gesetzlich definiert oder schematisch fixiert ist[51], ist der Kernpunkt praktisch immer die Festlegung von Abfindungsbeträgen, die wenigstens einen Teil des materiellen Verlustes (geringeres Entgelt, Umschulungsaufwand, höherer Aufwand zum Erreichen eines weiter entfernten Arbeitsplatzes[52]) der betroffenen Mitarbeiter kompensieren sollen. Bei den meisten Formen des Personalabbaus wird zum Ausgleich der Arbeitnehmernachteile das betriebsverfassungsrechtliche Instrument Sozialplan eingesetzt. Zunächst muß untersucht werden, ob es überhaupt zur Aufstellung eines Sozialplanes und der mit ihm verbundenen Kosten kommen muß.

Es lassen sich folgende sozialplanpflichtigen Maßnahmen (Betriebsänderungen) unterscheiden:

- Betriebsstillegungen (§ 111 Satz 2 Nr. 1),
- Verlegung des Betriebs (§ 111 Satz 2 Nr. 2),
- Zusammenschlußtatbestände (§ 111 Satz 2 Nr. 3),
- Zweck- und Organisationsänderungen (§ 111 Satz 2 Nr. 4),
- Neue Arbeitsmethoden und Fertigungsverfahren (§ 111 Satz 2 Nr. 5),
- Sonderfall Betriebsaufspaltung.

Die genannten Tatbestände haben eine unterschiedliche Relevanz für die betrachteten Restrukturierungsprozesse. So ist im Rahmen von kriseninduziertem Wandel der Sachverhalt der Be-

---

51   vgl. Roemheld (1994), S. 357
52   vgl. ebenda

triebsstillegung von besonderer Bedeutung. Da jedoch keine Einschränkung hinsichtlich der Art oder des Ausmaßes des zu implementierenden Wandels getroffen werden soll, werden die genannten Tatbestände kurz erläutert.

Eine Betriebsänderung liegt bei Einschränkung und Stillegung des ganzen Betriebs oder eines relevanten Betriebsteils vor. Die Aufgabe des Betriebszwecks unter gleichzeitiger Auflösung der Betriebsorganisation wird als Betriebsstillegung bezeichnet. § 112a BetrVG spricht von einer Betriebseinschränkung, wenn eine erhebliche, ungewöhnliche und nicht nur vorüberge- hende Herabsetzung der Betriebsleistungen vorgenommen wird, sei es durch die Außerbe- triebsetzung von Betriebsanlagen, sei es durch reinen Personalabbau. Dieser muß jedoch im Verhältnis zu den zuvor Beschäftigten "erheblich" sein. Als Richtwert für die Erheblichkeit dient in der Regel ein Personalabbau in der Höhe von 5% der Belegschaft des Betriebs.[53] Dem daraus eventuell voreilig zu ziehenden Schluß, diese Prozentzahl durch stufenweisen Abbau zu unterlaufen, wurde ein Riegel vorgeschoben. Die Rechtsprechung spricht dann von einem Personalabbau als einer Einheit, wenn er auf einem einheitlichen Beschluß beruht, auch wenn dieser in Etappen vollzogen wird.[54] Hier ergibt sich folglich kein Ansatzpunkt für ein ko- stenminimales Vorgehen. Besteht die geplante Betriebsänderung jedoch ausschließlich aus dem Abbau von Personal, so ist ein Sozialplan nur unter bestimmten Voraussetzungen, die sich auf die Höhe des Personalabbaus beziehen, erzwingbar (vgl. Tab. III.2-1). Folglich kann im Rahmen eines geplanten organisatorischen Wandels, der einen Teil der Arbeitskräfte über- flüssig macht, ohne dabei die Betriebsleistung einzuschränken, ein gewisser Prozentsatz der Mitarbeiter ohne Sozialplan abgebaut werden.

Zahl der regelmäßig Beschäftigten (Betriebsgröße)	Erzwingbarer Sozialplan bei Freisetzung von ... Mitarbeitern
mehr als 20, weniger als 60	20%, aber mindestens 6
mindestens 60, weniger als 250	20 %, oder mindestens 37
mindestens 250, weniger als 500	15 %, oder mindestens 60
mindestens 500	10 %, aber mindestens 60

Tabelle III.2-1: Sozialplanpflicht bei Betriebsänderung (Personalabbau) nach § 112a BetrVG

Allerdings ist dabei zu beachten, daß dies nur dann gilt, wenn mit dem Wandel nicht auch eine "grundlegende Änderung der Betriebsorganisation, des Betriebszwecks oder der Be-

---

53   vgl. Bauer (1992), S. 697 ff.
54   vgl. dazu § 17 Abs. 1 KSchG

triebsanlagen" oder "die Einführung grundlegend neuer Arbeitsmethoden und Fertigungsverfahren" bezweckt wird, wie es z.B. bei der Einführung von Gruppenarbeit der Fall ist.[55]

Wichtig für einen Vergleich verschiedener Abbaumaßnahmen ist die Feststellung, daß ein
Ausnutzen der "natürlichen" Personalfluktuation keine Betriebsänderung darstellt. Ein Mitbestimmungsrecht des Betriebsrates kommt hier lediglich unter dem Gesichtspunkt der Personalplanung (§ 92 BetrVG) zum Tragen. Mit einer Verlegung des Betriebs, als weiterem Grund
für eine Betriebsänderung, ist eine wesentliche Veränderung der örtlichen Lage eines Betriebs
oder eines wesentlichen Betriebsteils gemeint. Was genau darunter zu verstehen ist, wird von
den Gerichten fallweise entschieden.[56]

Die in § 111 Satz 2 Nr. 3 BetrVG genannten **Zusammenschlußtatbestände** beziehen sich auf
die unterschiedlichen Möglichkeiten der Zusammenlegung von Betrieben oder Betriebsteilen.
Wichtig für Restrukturierungen zur Bildung von Centern innerhalb des Unternehmens ist die
Tatsache, daß auch die Zusammenlegung einer selbständigen Betriebsabteilung mit dem eigenen Hauptbetrieb eine Betriebsänderung darstellt. Dabei kommt es auf die Rechtsform des neu
entstandenen Gebildes nicht an.[57]

Die im Zusammenhang mit Gruppenarbeit bereits angesprochenen Modifikationen der **Betriebsorganisation**, des Betriebszwecks oder der Betriebsanlagen ergeben sich bei einer Vielzahl von Restrukturierungsansätzen. So dürfte z.B. Reengineering bei erfolgreichem Einsatz
durchaus zu "einer Änderung des Betriebsaufbaus, der Gliederung des Betriebs oder zu veränderten Zuständigkeiten innerhalb des Betriebs"[58] führen. Diese ziehen dann eine Sozialplanpflicht nach sich, wenn sie erhebliche Auswirkungen auf den Betriebsablauf haben oder einen
Sprung in der technisch-wirtschaftlichen Entwicklung des Unternehmens darstellen. Kleinere
Schritte als Strategie der Betriebsänderung ändern an diesem Tatbestand erneut nichts, da
vermutet wird, daß die Entwicklung auf einer Gesamtplanung beruht.

Die Änderung des **Betriebszwecks** hebt auf Modifikationen des arbeitstechnischen Zwecks
des Betriebs ab, nicht aber auf den wirtschaftlichen Zweck. Dies kann bereits durch die Hin-
zufügung einer weiteren Abteilung geschehen. Gleiches gilt für Änderungen der Betriebsanlagen, bei denen es entscheidend auf den Grad der technischen Änderung ankommt. Eine Betriebsänderung liegt allerdings nur bei einer qualitativen Ausweitung des Leistungsangebots
vor, nicht jedoch bei einer rein quantitativen Erweiterung. Auf die Gestaltung der Arbeit

---

55   vgl. § 111 Satz 2 Nr. 4 und Nr. 5
56   vgl. Welslau (1994b), S. 63
57   vgl. ebenda
58   ebenda

durch **neue Arbeitsmethoden** und/oder **Fertigungsverfahren** stellt Satz 2 Nr. 5 des § 111
BetrVG ab. Dabei kommt es nicht darauf an, ob ein Verfahren insgesamt eine technische
Novität darstellt, sondern lediglich, ob es für den betreffenden Betrieb eine Neuheit ist.

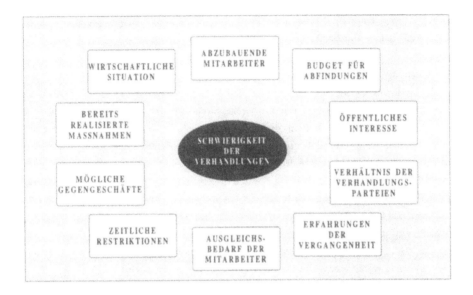

Abb. III.2-10: Einflußfaktoren auf die Schwierigkeit von Sozialplanverhandlungen

Im Rahmen von groß angelegten Restrukturierungsprogrammen greifen regelmäßig gleich
mehrere der genannten Tatbestände für Betriebsänderungen, so daß ein Sozialplan in den seltensten Fällen zu umgehen ist. Dies bedeutet, daß auch für den Fall, daß personalabbauseitig
(d.h. aufgrund des geringen geplanten Abbauvolumens, vgl. Tab. III.2-1) ein Sozialplan vermieden werden kann, es trotzdem zu einem solchen kommen muß. Allerdings ändern sich je
nach Anlaß selbstverständlich die Inhalte (die auszugleichenden Nachteile der Mitarbeiter)
und damit auch die Dauer und Konfliktträchtigkeit der Sozialplanverhandlungen. In
Abb. III.2-10 sind die wichtigsten Einflußgrößen auf die Schwierigkeit der Verhandlungen
dargestellt. Die Verhandlungsschwierigkeit kann neben den rechtlichen Bestimmungen als
Hauptkostentreiber für die Transaktionskosten des Personalabbaus gelten.

Den stärksten Einfluß dürfte dabei die wirtschaftliche Situation der Unternehmung und der
Ausgleichsbedarf der betroffenen Mitarbeiter haben. Je geringer der Verteilungsspielraum der
Unternehmung ist, weil sie z.B. in einer akuten Krise steckt, um so härter und daher zeit- und
kostspieliger werden die Verhandlungen. Daher muß in einem solchen Fall sorgfältig abge-

wägt werden, ab wann die Vorteile einer arbeitgeberfreundlicheren Ausgestaltung des Sozialplans durch die zunehmenden Verhandlungskosten und die Dauer bis zur tatsächlichen Kostenentlastung überkompensiert werden. Daß die wirtschaftliche Situation des (Gesamt-)-
Unternehmens eine große Rolle spielt, zeigt eine Umfrage des *Instituts der Deutschen Wirtschaft* aus dem Jahre 1988[59], bei dem Sozialpläne in konzernabhängigen Unternehmen die
Sozialpläne in konzernunabhängigen Unternehmen bei weitem übertreffen.

Die Hälfte der abhängigen Unternehmen hatte Sozialplanvolumina, die 1,1 Mio. DM über-
stiegen, während bei den Unabhängigen die Hälfte lediglich einen Wert von 400.000 DM als
Sozialplanvolumina überstieg.[60] Bei Konzerngesellschaften steht offensichtlich trotz wirtschaftlicher Probleme eher ein (von der Muttergesellschaft zur Verfügung gestelltes) umfang-
reiches Budget für die Sozialplanforderungen bereit und ermöglicht damit auch ein schnelle-
res Eingehen auf die Forderungen der Betriebsräte.

Ist die Krise jedoch bereits so weit fortgeschritten, daß die Gesamtexistenz des Unternehmens
auf dem Spiel steht, sind den Forderungen der Arbeitnehmer frühzeitig Grenzen gesetzt. Dies
deshalb, weil in § 112 Abs. 4 und 5 ausdrücklich darauf hingewiesen wird, daß durch die So-
zialplanleistungen der Fortbestand des Unternehmens und die nach der Durchführung der Betriebsänderung verbliebenen Arbeitsplätze nicht gefährdet werden dürfen.

Bereits weiter oben wurde darauf hingewiesen, daß Erfahrungen aus der Vergangenheit und
das Verhältnis zu den Belegschaftsvertretern einen starken Einfluß auf die Art und Weise der
Verhandlungen haben. Kurzfristige Kostenvorteile durch Mißachtung der Mitbestimmungsorgane können sich langfristig stark negativ auswirken. Schließlich wird der Betriebsrat bei zukünftigen Verhandlungen besonders mißtrauisch und dadurch zeit- und kostenintensiv verhandeln wollen. Wichtig für ein Implementierungscontrolling ist in diesem Zusammenhang
auch die Erfahrung, daß normalerweise die in der Vergangenheit ausgehandelten Sozialpläne
Vorbildcharakter für zukünftige Verhandlungen haben. Oft werden diese sogar fast vollständig und nur in den Abfindungsbeträgen leicht modifiziert übernommen.[61] Daher können sich
ungeschickt geführte und nicht alle relevanten Informationen berücksichtigende Verhandlungen dauerhaft zum Nachteil des Unternehmens auswirken und damit Folgekosten der Abbaumaßnahme induzieren.

Auch das Interesse, das die **Öffentlichkeit** den Sozialplanverhandlungen entgegenbringt,
wirkt sich auf Dauer und Härte der Gespräche aus. Bei großer Öffentlichkeit können nämlich

---

59   vgl. Hemmer (1988)
60   vgl. Hemmer (1989), S. 189 f.
61   vgl. ebenda, S. 193

noch zusätzlich "politische" oder Verbandsinteressen Eingang in die Verhandlungen finden und diese so erschweren. Die Wahrscheinlichkeit hierfür ist um so größer, je "dramatischer" und umfangreicher der Abbau geplant ist. Dies sollte auch im Zusammenhang mit der optimalen Abbaustrategie berücksichtigt werden. Unter diesem Aspekt sollte nach Möglichkeit die Austragung unternehmungsinterner Konflikte in der Öffentlichkeit unterbleiben.

Schließlich muß noch darauf hingewiesen werden, daß sich durch Gegengeschäfte zwischen den Verhandlungsparteien festgefahrene Verhandlungen wieder in Gang bringen lassen. Solch ein **Gegengeschäfte** könnte bspw. der Verzicht der Belegschaft auf Sozialleistungen bei gleichzeitigem Verzicht der Unternehmensleitung auf Personalabbau (Beschäftigungsgarantien) sein[62], was in der Summe zu einer ungefähr vergleichbaren Kostenentlastung führen kann. Es entsteht dabei jedoch ein zusätzlicher Controllingbedarf, weil nicht davon ausgegangen werden kann, daß diese Gegengeschäfte immer aufkommensneutral für das Unternehmen sind.

Im Unterschied zum Interessenausgleich **müssen** die Sozialplanverhandlungen in jedem Fall zu einem Ergebnis führen. Durch die bereits angedeutete Schwierigkeit bei der Findung eines Kompromisses läßt sich auch der Befund aus der Praxis verstehen, daß in der überwiegenden Anzahl der Verhandlungen ein Sozialplan nicht einvernehmlich durch Arbeitgeber und Betriebsrat zustande kommt[63], sondern durch die **Einigungsstelle** (vgl. Kap. III.1.3). Es kommt dadurch zu weiteren Verzögerungen beim Personalabbau und zusätzlichen Transaktionskosten. Da der Spruch der Einigungsstelle allerdings bindend für beide Parteien ist, sind weitere rechtliche Schritte nicht mehr zu erwarten. Eine Anfechtbarkeit des Einigungsstellenurteils ist nur dann gegeben, wenn diese ihr Ermessen überschritten hat, was jedoch regelmäßig von keiner Partei nachgewiesen werden kann. Die Überlegungen des Implementierungscontrolling in diesem Zusammenhang sollen daher auch dazu dienen festzustellen, bis zu welchem Zeitpunkt den Arbeitnehmervertretern neue Angebote unterbreitet werden können, um die Einschaltung der Einigungsstelle zu vermeiden.

2.5.3.3 Sozialauswahl

Mitwirken muß das Implementierungscontrolling auch bei der Auswahl der vom Abbau betroffenen Mitarbeiter. Denn die Auswahl bestimmt sämtliche Kosten und Nutzengrößen des Personalabbaus wesentlich mit. Neben den Abfindungsleistungen und den einzusparenden Personalkosten wird mittelfristig auch der Personalstamm (die nicht abgebauten Mitarbeiter)

---

62 vgl. die Beschäftigungspakte in allen deutschen Automobilwerken der *Daimler-Banz AG*, o.V. (1996c), S. 15
63 vgl. Roemheld (1994), S. 358

determiniert und damit die **zukünftige Leistungsfähigkeit** des Unternehmens. Auch bei dieser Thematik gibt es rechtliche Restriktionen zu beachten. Bei betriebsbedingten Kündigungen ist dabei in erster Linie an die Sozialauswahl (§ 1 Abs. 3 KSchG) zu denken, die eine Selektion der zu entlassenden Mitarbeiter unter sozialen Gesichtspunkten verlangt. Grundsätzlich sind in die Auswahl zunächst alle Mitarbeiter einzubeziehen, die "funktionell vergleichbar"[64] sind, was bedeutet, daß sie räumlich (vergleichbare Arbeitsplätze im selben Betrieb), horizontal (gleiche Berufsgruppe, gleiche Ausbildung) und vertikal (Wertigkeit des Arbeitsplatzes) sehr ähnlich sind.[65] Kriterien, die bei der Sozialauswahl in der Praxis Berücksichtigung finden, sind:[66]

- Dauer der Betriebszugehörigkeit,
- Lebensalter,
- Familienstand,
- Vermögensverhältnisse,
- Unterhaltsbelastungen,
- Nebeneinkünfte,
- Gesundheitsbeeinträchtigungen,
- Pflegebedürftigkeit einer unterhaltsberechtigten Person.

Wichtig für die Beurteilung der Kosten der Sozialauswahl ("Auswahlkosten") ist die Entscheidung des Bundesarbeitsgerichts (BAG), daß eine Einzelfallprüfung unumgänglich und daher auch mit der (kostensparenden) Methode der Schematisierung z.B. durch ein Punktesystem nicht vereinbar sei.[67] Allerdings wird von der Rechtsprechung (basierend auf § 1 Abs. 3 KSchG) auch darauf hingewiesen, daß die betrieblichen[68] Belange bei der Sozialauswahl berücksichtigt werden müssen. Solche "berechtigten betrieblichen Bedürfnisse" sind z.B.:

- Weiterbeschäftigung leistungsstarker Arbeitnehmer,
- Weiterbeschäftigung von besonders qualifizierten und vielseitig einsetzbaren Arbeitnehmern,
- Weiterbeschäftigung von Arbeitnehmern mit geringer Krankheitsanfälligkeit,

---

64   Berkowsky (1985), S. 50
65   vgl. Schaub (1996), S. 923
66   vgl. Herschel/Löwisch (1984), S. 146 ff.
67   vgl. BAG Arbeitsrechtliche Praxis Nr. 12 zu § 1 KSchG
68   Die Sozialauswahl hat als Bezugsbasis immer den einzelnen Betrieb und nicht das Unternehmen. Der Betriebsbegriff im KSchG deckt sich mit dem des BetrVG.

- Weiterbeschäftigung von Arbeitnehmern, die eine hohe Wertschätzung bei Vorgesetzten, Kollegen und Untergebenen erfahren,
- Weiterbeschäftigung von Arbeitnehmern mit geringen Fehlzeiten.[69]

Durch die Änderung des § 1 KSchG vom November 1996 sollen die negativen sozialauswahlbedingten Folgen für das entlassende Unternehmen zusätzlich verringert werden, indem der Sicherstellung einer "gesunden" Personalstruktur für das Unternehmen eine größere Bedeutung beigemessen wird. Inwieweit sich diese Absicht auch in der Rechtsprechung niederschlagen wird, bleibt für die Zukunft abzuwarten. Klar ist nur, daß die betrieblichen Belange um so schwerer wiegen müssen, je höher die Schutzbedürftigkeit des Mitarbeiters einzustufen ist. Besonderen Schutz genießende Mitarbeiter (Betriebsräte, Schwerbehinderte usw.) werden ohnehin auch in Zukunft nicht in die Gruppe der zur Auswahl stehenden Mitarbeiter aufgenommen.

2.5.3.4   Massenentlassungen

Besondere Effekte auf den Prozeß des Personalabbaus sind bei Massenentlassungen zu erwarten, die der Gesetzgeber in § 17 KSchG geregelt hat. Das Kernstück dieser Regelung ist eine **Anzeigepflicht** des Arbeitgebers beim zuständigen Arbeitsamt, wenn es sich um "großzahlige Entlassungen" handelt. Außerdem läuft vom Tag der Anzeige an eine einmonatige Frist, während der die Entlassungen noch **nicht** wirksam werden. Im Einzelfall kann das Landesarbeitsamt darüber hinaus bestimmen, daß die Entlassungen erst zwei Monate nach Eingang der Anzeige wirksam werden. Neben dem Arbeitsamt ist nach § 17 Abs. 2 bei anzeigepflichtigen Entlassungen auch dem Betriebsrat folgendes rechtzeitig mitzuteilen:

- Gründe für die geplanten Entlassungen,
- Zahl und Berufsgruppen der Betroffenen,
- Zeitraum für die Vornahme der Entlassungen,
- vorgesehene Kriterien für die Auswahl der Betroffenen sowie
- Kriterien für die Berechnung der etwaigen Abfindungen.

Folgende drei Bedingungen müssen für den Tatbestand der Massenentlassung im einzelnen erfüllt sein:

Innerhalb von 30 Kalendertagen (1) muß in einem Betrieb (2) mit mehr als 20 regelmäßig Beschäftigten ein gewisser Anteil der Beschäftigten (3) entlassen werden. Neben der Er-

---

69   vgl. Vogt (1984), S. 1476

kenntnis, daß lediglich der einzelne Betrieb und nicht etwa das Gesamtunternehmen betrachtet werden, ist vor allem das Entlassungsverhältnis, das nach Betriebsgröße variiert, von Interesse (vgl. Tab. III.2-2).

Zahl der regelmäßig Beschäftigten (Betriebsgröße)	Massenentlassung bei Freisetzung von monatlich ... Mitarbeitern
mehr als 20, weniger als 60	mehr als 5
mindestens 60, weniger als 500	10 % oder mehr als 25
mindestens 500	mindestens 30

Tabelle III.2-2: Kriterien für Massenentlassungen

Da im Gesetz ausdrücklich von Entlassungen und nicht von Kündigungen die Rede ist, kann innerhalb von 30 Tagen durchaus mehr Beschäftigten als den in Tab. III.2-2 genannten die Kündigung ausgesprochen werden, wenn diese z.B. durch unterschiedliche Kündigungsfristen nicht alle innerhalb desselben Monats wirksam werden.[70] Durch die Neuregelung des § 17 Abs.1 KSchG im Rahmen der Umsetzung der sog. EG-Massenentlassungs-Richtlinie wurden andere Beendigungen von Arbeitsverhältnissen, die vom Arbeitgeber veranlaßt werden, den Entlassungen gleichgestellt.[71] Dies bedeutet, daß zu den Entlassungen diejenigen Mitarbeiter hinzuzuzählen sind, die aufgrund eines Aufhebungs- oder Abwicklungsvertrags oder aber auch aufgrund einer vom Arbeitgeber veranlaßten Eigenkündigung aus dem Unternehmen ausgeschieden sind. Die Frage, wann von einer Veranlassung durch den Arbeitgeber auszugehen ist, dürfte in Zukunft noch die Arbeitsgerichte beschäftigen.

Obwohl § 17 KSchG nicht darauf angelegt ist, Massenentlassungen zu verhindern, sondern lediglich diese hinauszuschieben bzw. zeitlich zu verteilen[72], sind die Auswirkungen auf die Implementierungsperformance relevant, nicht zuletzt durch die Abbauverzögerung. Durch die einmonatige Frist bis zum Wirksamwerden der Entlassungen kommt es zu einer weiteren Verlängerung der Vorlaufzeit von Abbaumaßnahmen.

Allein durch den Umstand, daß es sich bei einem Personalabbau um eine Massenentlassung handelt, kommt es daher zu folgenden Effekten:

---

70 vgl. Kadel (1990), S. 128
71 vgl. Artikel 5 der Änderung des KSchG
72 vgl. Zöllner/Loritz (1996), S. 251

• Erhöhte Kosten durch die einmonatige Verzögerung der Reduktion der Personalkapazitäten (Lohn- und Gehaltskosten) bzw. entgangene Kosteneinsparungen in derselben Höhe.

• Starke Publizitätswirkung durch die Offenlegung der Abbaumaßnahmen und -wirkungen vor dem Arbeitsamt mit den entsprechenden negativen Auswirkungen auf das Unternehmensimage.

Der zusätzliche Verwaltungsaufwand durch die Anzeigepflicht dürfte sich in so begrenztem Umfang halten, daß eine explizite Berücksichtigung nicht erforderlich ist. Es kommt folglich zu keiner Einschränkung des grundsätzlichen Abbauumfangs und daher auch zu keinen Kosten, die aus einem nicht realisierten Personalabbau resultieren würden, wohl aber zu "Verzögerungskosten". Das Umgehen der Regelungen zur Massenentlassung kann jedoch ebenfalls zu zusätzlichen Kosten führen, da dann der für richtig erachtete Personalabbau verzögert und in kleineren "Tranchen" durchgeführt wird. Die Steuerungsmöglichkeiten des Implementierungscontrolling sind folglich insofern eingeschränkt, als Verzögerungskosten sowohl bei radikalem Abbau (Massenentlassung) als auch (ex definitione) bei schrittweisem Abbau entstehen. Gleichwohl sind auch die übrigen Beurteilungskriterien zu berücksichtigen, so daß auch ohne eindeutige Kostenvorteile eine Entscheidung für oder gegen eine Massenentlassung durch ein Implementierungscontrolling fundiert werden kann.

2.5.4 Evaluierung einzelner Anpassungsmaßnahmen

2.5.4.1 Betriebsbedingte Kündigung

Bei der betriebsbedingten Kündigung kommt es zur einseitig bekundeten Auflösung des Arbeitsverhältnisses[73] durch den Arbeitgeber, und zwar aus dringenden betrieblichen Erfordernissen. Der Gesetzgeber hat jedoch zum Schutz der Arbeitnehmer eine Vielzahl von Regelungen erlassen, die eine betriebsbedingte Kündigung für den Arbeitgeber erschweren. Grundsätzlich ist bei jeder Kündigung nach § 102 Abs. 1 BetrVG der Betriebsrat anzuhören. Dieser kann der Kündigung widersprechen, wenn einer der Gründe des § 102 Abs. 3 BetrVG vorliegt (vgl. nächster Absatz). Ist aufgrund einer Betriebsänderung der Abbau einer Vielzahl von Beschäftigten vorgesehen, so kommt es quasi zwangsläufig zu einem Interessenausgleich, der dann bereits meist mit der Aufstellung eines Sozialplans einhergeht. Werden die Grenzen des § 17 KSchG (Massenentlassung) überschritten, so ist ein Sozialplan sogar erzwingbar.

Eine betriebsbedingte Kündigung ist nur dann wirksam, wenn sie **nicht** als **sozial ungerechtfertigt** bezeichnet werden muß. Ist diese Bedingung nicht erfüllt, besitzt der Betriebsrat ein

---

73 vgl. Hoyningen-Huene (1994), S. 5

364 Teil III: Anwendungsfelder eines Implementierungscontrolling

Widerspruchsrecht (§ 102 Abs. 3 BetrVG). Dies ist immer dann möglich, wenn keine Sozialauswahl getroffen wurde, wenn der Arbeitnehmer an einem anderen Arbeitsplatz (auch in einem anderen Betrieb des Unternehmens) hätte weiterbeschäftigt werden können oder wenn
die Kündigung durch sonstige Maßnahmen auf technischem, organisatorischem oder wirt-
schaftlichem Gebiet hätte vermieden werden können.[74] Gerade die letztgenannte Regelung
macht deutlich, daß vor dem Einsatz der betriebsbedingten Kündigung bereits alles versucht
werden mußte (z.B. Nicht-Verlängerung von Zeitarbeitsverträgen, Angebote für Vorruhestand
und freiwillige Aufhebungsverträge), um die ausgesprochene Kündigung nicht von vornherein
unwirksam werden zu lassen. Die bereits erläuterte Sozialauswahl kann zu der bereits erwähnten Verschlechterung der Personalstruktur (Alter, Qualifikation) führen.

Das Risiko von Klagen der betroffenen Arbeitnehmer gegen ihre Entlassung ist vergleichsweise hoch.[75] Damit sind die letztendlichen Kosten der betriebsbedingten Kündigung und
auch die definitive Dauer bis zur Kostenentlastung unsicher. Die Vorlaufzeit bis zur Realisierung der Kosteneinsparungen ist ohnehin verhältnismäßig hoch, da neben den Kündigungsfristen auch die Verhandlungen mit dem Betriebsrat und unter Umständen die Frist bei Massenentlassungen abgewartet werden müssen. In dieser Zeit ist mit wesentlich verschlechterten
Arbeitsleistungen der Betroffenen zu rechnen sowie mit starken demotivierenden Effekten auf
die verbleibende Belegschaft. Zusätzlich sind negative Imageeffekte möglich, sofern es dem
Unternehmen nicht gelingt, gleichzeitig an die Stakeholder zu kommunizieren, daß es sich bei
der Abbaumaßnahme um einen Schlußstrich unter eine Unternehmenskrise oder gar um den
Erfolg einer Restrukturierung zur Steigerung der Wettbewerbsfähigkeit handelt. Gerade letzteres ist in der vergangenen Zeit vielen Unternehmen hinsichtlich ihrer Kapitalgeber gelungen,
wie die steigenden Kurse in Zusammenhang mit Entlassungsankündigungen beweisen.

Ein Vorteil der betriebsbedingten Kündigung ist für die Unternehmung der praktisch unbegrenzt mögliche Personalabbau, der mit diesem Instrument realisiert werden kann. Darüber
hinaus sind die Kosten pro Mitarbeiter gerade bei einem großzahligen Abbau relativ gering,
weil die Arbeitnehmervertreter in der ernsten wirtschaftlichen Situation, in der ein Unternehmen stecken muß, um dieses Instrument überhaupt zum Einsatz bringen zu können, keine allzu hohen Sozialplanforderungen stellen können, so daß diese sicher immer unter den freiwillig bezahlten Abfindungen im Rahmen von Aufhebungsverträgen liegen. Schließlich darf das
Fortbestehen des Unternehmens und die Sicherheit der verbleibenden Arbeitsplätze durch den
Sozialplan nicht gefährdet werden.

---

74   vgl. z.B. Fischer (1983), S. 286 sowie Berkowsky (1985), S. 35
75   vgl. z.B. Wank (1992), Sp. 1186

2.5.4.2 Personalabbau durch Aufhebungsverträge

Die Besonderheit bei Aufhebungsverträgen ist die jederzeitige Möglichkeit, das Vertragsverhältnis mit sofortiger Wirkung oder mit einer Auslauffrist zu beendigen. Es sind also keine gesetzlichen oder tarifvertraglichen Kündigungsfristen zu beachten.[76] Ebenso ist die Einschaltung des Betriebsrates **nicht** erforderlich.[77] Daraus ergibt sich eine sehr geringe Vorlaufzeit, die höchstens durch das Volumen an Aufhebungsverträgen verlängert wird. In aller Regel werden allerdings die Konditionen des Vertrags, insbesondere die Abfindungszahlung, nicht individuell mit dem Arbeitnehmer geregelt, sondern als "offene Vertragsangebote"[78] allen oder einer Gruppe von Arbeitnehmern unterbreitet. Eine gezielte Ansprache einzelner Personen und Gruppen ist möglich, so daß keine Verschlechterung der Personalstruktur zu befürchten ist.[79] Der Aufhebungsvertrag als eine beidseitige Willenserklärung stellt ein sozialverträgliches Abbauinstrument dar, da der Betroffene freiwillig seinem Ausscheiden aus der Unternehmung zustimmt. Überredung von seiten des Arbeitgebers oder gar die Androhung einer Kündigung für den Fall der Nichtakzeptanz des Aufhebungsvertrags sind Gründe für dessen Anfechtung.[80] Aufgrund der dadurch wieder entstehenden Unsicherheit über gerichtliche "Nachspiele" sollten die genannten Anfechtungsgründe vermieden werden.

Durch die Sozialverträglichkeit können viele der negativen Effekte von Personalabbau vermieden werden. Die Leistungsträger können im Unternehmen gehalten werden, das Image des Unternehmens an den Faktormärkten und in der Öffentlichkeit leidet nicht und auch Demotivation bei den Verbleibenden ist kaum zu befürchten, da die "Abgänger" in aller Regel keinen Grund zur Unzufriedenheit haben. Dies kann sogar zur Folge haben, daß diese Arbeitskräfte dem abbauenden Unternehmen auch zu einem späteren Zeitpunkt wieder zur Verfügung stehen, mithin also eine gewisse Reversibilität des Abbaus gegeben ist. Die Flexibilität kann bei einer Quantifizierung der Kosten- und Nutzeneffekte einzelner Anpassungsmaßnahmen mit Optionswerten berücksichtigt werden. Nachteilig sind in erster Linie die verhältnismäßig hohen Kosten bei Aufhebungsverträgen. Sie müssen schließlich einen Anreiz schaffen, das Unternehmen freiwillig zu verlassen. Gerade in Zeiten eines "Arbeitskraft-Überangebots" am Arbeitsmarkt dürfte die Zahl der Arbeitnehmer, die Aufhebungsverträge als attraktives Angebot einstufen, eher gering sein, so daß der potentielle Abbauumfang mittels dieses Instruments relativ klein ist. Eine größere Zahl wäre nur durch höhere Abfindungen (höhere Kosten des Abbaus) oder eine Ausweitung des Angebots auf Mitarbeiter mit guten Arbeitsmarktchancen (Verschlechterung der Personalstruktur) zu erreichen. Im Rahmen des finanziell Machbaren

---

76 vgl. Zöllner/Loritz (1996), S. 220
77 vgl. Hagemeier (1984), S. 1105
78 Kadel (1990), S. 82
79 vgl. Wimmer (1985), S. 129
80 vgl. Schaub (1996), S. 812

muß immer zuerst versucht werden, den Personalabbau mittels Aufhebungsverträgen und Vorruhestandsregelungen bzw. Altersteilzeit zu realisieren - nicht zuletzt, weil dies eine Bedingung für betriebsbedingte Kündigungen ist.[81]

2.5.4.3 Vorzeitige Pensionierung und Altersteilzeit

Von vorzeitiger Pensionierung der Mitarbeiter wird in der Regel dann gesprochen, wenn diese bereits vor Vollendung des 65. Lebensjahres aus dem Berufsleben ausscheiden. Ende des Jahres 1996 galt darüber hinaus jedoch eine flexible Altersgrenze von 60 Jahren bei Frauen und 63 Jahren bei Männern, nach deren Erreichen meistens ebenfalls nicht mehr von vorzeitiger Pensionierung gesprochen wurde.[82] Vielmehr wird darunter gemeinhin ein Ausscheiden aus dem Berufsleben vor diesen Altersgrenzen verstanden. Umgangssprachlich wird dabei oft auch vom sog. Vorruhestand gesprochen, der gesetzlich geregelt wurde, um so zusätzliche Arbeitsplätze für Berufseinsteiger und verbesserte Aufstiegsmöglichkeiten für jüngere Arbeitskräfte zu schaffen. In der aktuellen Diskussion ist der Vorruhestand jedoch ins politische Kreuzfeuer geraten, da angeblich Kosten des Personalabbaus von den Unternehmen externalisiert werden. Die Folge war ein Auslaufen der für Arbeitgeber und Arbeitnehmer besonders attraktiven Vorruhestandsregelungen zum Ende des Jahres 1996.[83] Bei einer veränderten Finanzierung (z.B. vollständige Übernahme der Rentenbeitragszahlungen durch den Arbeitgeber) kann das Instrument jedoch nach wie vor eingesetzt werden. Im folgenden werden die Implikationen näher beleuchtet, die für das Implementierungscontrolling relevant sind.

Die Umsetzung des Vorruhestands ist grundsätzlich von der Zustimmung der betroffenen Mitarbeiter abhängig. Durch den Individualcharakter der Regelung besitzt der Betriebsrat kein Mitbestimmungsrecht. Nach § 92 BetrVG ergibt sich jedoch eine Beratungspflicht mit dem Betriebsrat, sofern eine größere Anzahl von Mitarbeitern betroffen ist.

Direkte Kosten des materiellen Ausgleichs der "Vorruheständler" ergeben sich aus der Pflicht des Arbeitgebers zur Zahlung eines zwanzigprozentigen Aufstockungsbetrags auf das zunächst zu zahlende Arbeitslosengeld und später Arbeitslosenhilfe sowie der ebenfalls durch den Arbeitgeber zu bezahlenden Höherversicherung in der Rentenversicherung. Diese Beiträge entsprechen den fiktiven Pflichtbeiträgen, mit denen die Entgeltdifferenz zwischen 90% des Vollzeit-Arbeitsentgelts und dem tatsächlichen Einkommen aus Arbeitslosengeld bzw. -hilfe ausgeglichen wird. Der Aufstockungsbetrag sowie die Höherversicherung können von

---

81 vgl. auch in diesem Kapitel III.2.5.4.1: § 102 Abs. 3 BetrVG verlangt vom Arbeitgeber sowohl die Prüfung eines internen Stellenwechsels, einer Umschulungs- oder Fortbildungsmaßnahme sowie einer potentiellen Vertragsänderung.
82 vgl. Köster (1996), S. 4
83 vgl. ebenda

der Bundesanstalt für Arbeit übernommen werden, wenn dafür ein neuer Mitarbeiter (vorzugsweise ein Bezieher von Arbeitslosengeld oder -hilfe) bzw. die Übernahme eines Auszubildenden garantiert wird.[84] Damit sind dann allerdings auch die Möglichkeiten der kontraktiven Personalanpassung stark eingeschränkt. Bei einem tatsächlichen Abbau von Personalkapazitäten handelt es sich um einen relativ teuren Ansatz, da die direkten Kosten des Abbaus beträchtlich sind. Darüber hinaus ist noch mit beträchtlichen Zusatzkosten sowohl individueller als auch kollektiver Natur zu rechnen. Schließlich geht mit dem Ausscheiden der meist langjährigen Mitarbeiter ein großes Potential von Erfahrungswissen unwiederbringlich für das Unternehmen verloren. Bei einer zu einem späteren Zeitpunkt notwendigen Neueinstellung ist daher oft von beträchtlichen Einarbeitungskosten auszugehen, wobei dies durch das Implementierungscontrolling im Einzelfall zu prüfen ist (Stellenbeschreibung, Offenheit des Stellenvorgängers ...). Bei den kollektiven Zusatzkosten muß berücksichtigt werden, daß die Maßnahme der Frühverrentung von Mitarbeitern in aller Regel keine revidierbare Entscheidung ist und somit bei unerwarteten Wirtschaftsentwicklungen von zusätzlichen Fluktuationskosten auszugehen ist.

Bei einer großen Zahl von Betroffenen steigen zudem die **Abwicklungskosten** (vor allem die Verwaltungskosten) deutlich an, da mit dem einzelnen Mitarbeiter eine Übereinkunft erzielt werden muß. Ebenso muß es dann, wie bereits erwähnt, auch zu Konsultationen mit dem Betriebsrat kommen. Die Auswahl der potentiell Betroffenen ist allerdings durch die Altersrestriktion wenig aufwendig. Prozedurale Schwierigkeiten aufgrund der Mitbestimmung oder Klagen von betroffenen Mitarbeitern vor den Arbeitsgerichten sind bei diesem Instrument kaum zu erwarten. Im Normalfall sind darüber hinaus keine negativen Imageauswirkungen in der Öffentlichkeit, bei den Kunden oder den Investoren des Unternehmens zu erwarten. Schließlich ist der Vorruhestand freiwillig und auch jüngere Mitarbeiter empfinden den Vorruhestand als Instrument des fairen Ausgleichs zwischen Arbeitgeberinteressen, den Interessen der Betroffenen und nicht zuletzt ihren eigenen Interessen.[85] Die Motivation unter der Restbelegschaft leidet daher wohl kaum unter dieser Art des Personalabbaus.

Letztlich ist das beschriebene Instrumentarium des Vorruhestands nur etwas für die Firmen, die es sich leisten können, einen möglichst sozialverträglichen Personalabbau zu implementieren. Sozialverträglichkeit läßt sich aber kaum in einer Kennzahl messen, so daß der Nutzenaspekt durch ein Implementierungscontrolling nur sehr schwer erfaßt werden kann.

---

84   vgl. Köster (1996), S. 4
85   vgl. ebenda

In enger Verbindung mit der vorzeitigen Pensionierung stehen Überlegungen zur **Altersteilzeit**, die auch bisweilen als Teilrente bezeichnet wird. Sie stellt eine Form der Reduktion der wöchentlichen Arbeitszeit dar, allerdings nur für eine spezifische Mitarbeitergruppe, nämlich die Beschäftigten, die bereits das 55. Lebensjahr vollendet haben. Die gesetzlichen Regelungen bezüglich des Entgelts in der Teilzeitphase (70% des vorherigen Entgelts) verhindern bislang eine breite Akzeptanz der potentiell davon Betroffenen.[86] Durch das "Hineingleiten" in den Ruhestand zwischen dem 55. und 60. Lebensjahr lassen sich in der Tat einige negative Effekte des Vorruhestands vermeiden.

Der bereits beschriebene Know how-Abfluß, der bei einem abrupten Ausscheiden des Mitarbeiters von der Unternehmung zu verkraften ist, wird durch die Altersteilzeit weitgehend vermieden. Im Idealfall findet eine Zusammenarbeit zwischen dem Stellennachfolger und dessen Vorgänger statt, die das spezifische Erfahrungswissen (internes, individuelles Wissen) des ehemaligen Stelleninhabers für das Unternehmen sichert (Weitergabe des internen Wissens oder Explizierung desselben).[87]

Unter Akzeptanzgesichtspunkten bei der (Rest-)Belegschaft dürfte dieses Modell noch besser abschneiden, als der Vorruhestand, weil es in besonderem Maße den Interessen des ausscheidenden Mitarbeiters angepaßt werden kann und damit als besonders "fair" empfunden wird. Gleichwohl darf dabei nicht übersehen werden, daß der Einsparungseffekt bezüglich der Personalkosten als sehr gering einzuschätzen ist. Nicht nur, daß lediglich Teile der Arbeitszeit abgebaut werden und damit natürlich auch nur Teile der Kosten. Der Sinn dieses Modells liegt gerade in der komplementären Besetzung der Stelle durch die Einstellung eines neuen Mitarbeiters. Darüber hinaus ist - gleich dem Vorruhestand - ein Ansteigen des durchschnittlichen Stundenlohns (durch die Teilkompensation von Lohn- und Gehaltseinbußen) nur durch die Wiederbesetzung der Stelle zu vermeiden. Ohne diese Bedingung kommt es zu keiner Übernahme des materiellen Ausgleichs durch die *Bundesanstalt für Arbeit* und damit zu im Vergleich zur Arbeitszeitreduktion nur stark unterproportional abnehmenden Personalkosten. Da die Altersteilzeit auch als "abgemilderter Vorruhestand" angesehen werden kann, bei dem die Arbeitszeit in Schritten auf Null reduziert wird, ist der gleiche Abbauumfang oder die gleiche Personalkostensenkung nur über eine im Vergleich zum Vorruhestand längere Zeitdauer möglich. Rechtliche Schwierigkeiten sowie Mitbestimmungsprobleme sind bei der Altersteilzeit ebenso wenig zu erwarten wie beim Vorruhestand, da diese Instrumente immer nur mit Zustimmung der Betroffenen einzusetzen sind.

86	vgl. o.V. (1997b), S. 5
87	vgl. hierzu Nonaka (1992)

Weitere Parallelen zum Vorruhestand bestehen bezüglich des jeweils möglichen Abbauumfangs. Dieser ist aufgrund der Altersrestriktionen stark eingeschränkt. Aufgrund der eher mittelfristig angelegten Konzeption der Altersteilzeit, die darüber hinaus nur einer verhältnismäßig kleinen Gruppe von Arbeitnehmern angeboten werden kann, ist dieses Instrument in Zeiten eines starken Personalüberhangs und einer gewissen Dringlichkeit des Personalkostenabbaus nur wenig oder nur als flankierende Maßnahme geeignet. Betriebswirtschaftlich macht es nur dann Sinn, wenn es zu Wiederbesetzungen der teilweise vakanten Stellen kommt. Die Altersteilzeit ist daher eher als eine Möglichkeit zu betrachten, wie der "Generationenwechsel" in einem Unternehmen vollzogen werden kann, ohne daß es zu Know how-Verlusten oder ähnlichen negativen Effekten für das Unternehmen kommt. Entsprechend eignet sich dieses Anpassungsinstrument daher vor allem bei der Implementierung einer Lernorganisation. Sind ältere Mitarbeiter nicht bereit oder nicht in der Lage, sich den Herausforderungen dieses Konzepts zu stellen, kann es sich bei der Altersteilzeit um das geeignete Anpassungsinstrument handeln.

2.5.4.4 Personalerhalt durch Anpassung der Arbeitszeit

Neben der Reduktion der Lebensarbeitszeit steht auch zunehmend die reguläre Arbeitszeit (in der Regel die Wochenarbeitszeit) auf dem Katalog der potentiellen Instrumente zur Anpassung von Personalkapazitäten[88], obwohl generell ein mangelndes Bewußtsein für die Arbeitszeitthematik zu beklagen ist.[89] Ziel muß es sein, die Zahl der Beschäftigten zu halten und damit die negativen Effekte durch den Abgang von Mitarbeitern zu vermeiden. Grundsätzlich ist die Idee nicht neu, wie das Beispiel der Kurzarbeit zeigt. Nach einer kurzen Beschreibung des bekannten Instruments "Kurzarbeit", die dessen controllingrelevanten Effekte berücksichtigt, wird auf neuere Formen der Arbeitszeitreduktion eingegangen (z.B. *VW*-Modell). Flächentarifvertragliche Arbeitszeitverkürzungen werden nicht gesondert behandelt, da sie von der einzelnen Unternehmung nur in begrenztem Rahmen beeinflußt werden können und somit kein Entscheidungstatbestand im Rahmen von Restrukturierungen vorliegt, der unmittelbar durch das Implementierungscontrolling unterstützt werden müßte. Allerdings sollten die sich daraus ergebenden Möglichkeiten der Reduktion von Personalkapazitäten genutzt werden, indem potentielle Entwicklungen in diesem Bereich in die mittel- und längerfristige Planung des Personalbedarfs oder des Personalabbaubedarfs integriert werden.

---

88 vgl. auch die Ausführungen zur Arbeitszeitgestaltung einschließlich eines Kosten-/Nutzen-Bewertungsansatzes bei Ackermann/Hofmann (1988), S. 95 ff.
89 vgl. Ackermann (1990), S. 22

2.5.4.4.1   Kurzarbeit

Kurzarbeit ist die wohl bekannteste Form der Arbeitszeitreduktion auf **betrieblicher Ebene**, mit der seit längerer Zeit vorübergehende Auslastungsschwierigkeiten der personellen Kapazitäten abgefangen werden. Von Kurzarbeit soll im folgenden nur dann gesprochen werden, wenn die spezielle Rechtsgrundlage des Arbeitsförderungsgesetzes (AFG) gegeben ist. Veränderungen der Arbeitszeit auf der Grundlage von Tarifverträgen, Betriebsvereinbarungen oder Einzelarbeitsverträgen (nach § 19 Abs. 1 KSchG) sind zusätzlich zu beachten.[90] Schließlich sind auch Änderungskündigungen bzw. die freiwillige Zustimmung der Betroffenen zur Arbeitszeitverkürzung möglich, was erst im nächsten Abschnitt näher erläutert wird. Voraussetzungen der Kurzarbeit bzw. der Gewährung von Kurzarbeitergeld durch das Arbeitsamt sind die Befristung und die Unvermeidbarkeit des Arbeitsausfalls.[91] Der Arbeitsausfall darf des weiteren nicht als branchenüblich, betriebsüblich oder saisonbedingt bezeichnet werden können und auch nicht auf ausschließlich betriebsorganisatorischen Gründen (z.B. Umzug in eine neue Fabrikhalle) beruhen.[92] Letzteres ist für ein Implementierungscontrolling von großer Bedeutung, weil sich manche kleinere Implementierungsmaßnahme gerade auf solche betriebsorganisatorischen Veränderungen beschränkt.

Die Attraktivität der Maßnahme für den Betrieb liegt in erster Linie in der möglichen **Externalisierung** von Kosten für die Reduktion von Personalkapazitäten[93], da die Arbeitsämter bei Vorliegen der Voraussetzungen zur Zahlung von Kurzarbeitergeld nach § 63 f. AFG verpflichtet sind. Entgegen anders lautenden Urteilen aus der Literatur, die ein sehr positives Bild dieses Instrumentes zeichnen[94], muß bei einer Überprüfung der in diesem Kapitel unter III.2.5.2 vorgestellten Kriterien vor einem unüberlegten Einsatz gewarnt werden. Die Vorlaufzeit umfaßt bei der Kurzarbeit die innerbetrieblichen Abstimmungsprozesse aufgrund der Mitbestimmungsrechte und darüber hinaus noch das behördliche Genehmigungsverfahren. Nachdem nämlich der Betriebsrat der Kurzarbeit zugestimmt hat und empfehlenswerterweise eine Betriebsvereinbarung darüber abgeschlossen wurde, muß dem Arbeitsamt eine schriftliche Begründung des Arbeitgebers zugehen, in der nachgewiesen wird, daß die erforderlichen Voraussetzungen erfüllt sind und an anderer Stelle des Betriebs z.B. keine Überstunden geleistet werden.[95] Ergänzt wird dieser Antrag durch eine Stellungnahme der Arbeitnehmervertretung. Es schließt sich das arbeitsamtliche Prüfverfahren an, das zwischen 1 und 8 Tagen dau-

---

90   vgl. RKW (1996), S. 536
91   Das Unternehmen muß sich bemüht haben, den Arbeitsausfall abzuwenden oder zu mildern. Vgl. Bundesanstalt für Arbeit (1996).
92   vgl. ebenda
93   vgl. Engelen-Kefer (1992), Sp. 1195 f.; Flechsenhar (1978)
94   vgl. z.B. RKW (1996), S. 214
95   vgl. ebenda, S. 214 ff.

ert. Der Gesamtprozeß von der Planung bis zur Verwirklichung der Kurzarbeit dauert erfahrungsgemäß ungefähr 6 Wochen.[96] Der genannte Ablauf bestimmt im wesentlichen auch die
Kosten dieses Instruments, da direkte Zahlungen des Unternehmens an die Mitarbeiter nicht
erfolgen. Der größte Teil dieser ablaufdeterminierten Kosten wiederum entsteht durch den
geschilderten Vorlauf von Kurzarbeit, da in dieser Zeit trotz geringeren Arbeitsanfalls die
Löhne und Gehälter weiter bezahlt werden müssen. Mit rechtlichen Hindernissen ist jedoch
kaum zu rechnen, so daß der gesamte Prozeß relativ gut kalkulierbar ist und normalerweise
auch keine Kosten durch gerichtliche Streitereien mit sich bringt.[97] Kurzarbeit kann zwar auf
einzelne Betriebsteile beschränkt werden, weitergehende Handlungsspielräume der Personal-
auswahl stehen dem Unternehmen jedoch nicht zur Verfügung.[98] Die mit Kurzarbeit verbundene Flexibilität ergibt sich aus dem Vermeiden von Entlassungen. Da der nur temporäre Arbeitsausfall allerdings eine Voraussetzung für das Kurzarbeitergeld ist, kommt das Unternehmen nach einer gewissen Zeit in den Handlungsdruck, Anschlußmaßnahmen einleiten zu
müssen, weil das Kurzarbeitergeld gestrichen wird. Eher kritisch sind auch die Effekte auf die
Motivation der Belegschaft, auf den längerfristigen Know how-Erhalt und auf das Image des
Unternehmens zu bewerten. Durch die lange "Tradition" der Kurzarbeit haftet ihr oftmals das
Stigma an, nur ein erster Schritt zu weitergehenden Abbaumaßnahmen (i.d.R. Entlassungen)
zu sein.[99] Kann diese Einschätzung von seiten der Belegschaft durch die Unternehmensleitung
nicht vermieden werden, kommt es in der Regel fast unvermeidlich zu negativen Motivations-
effekten, die z.B. mit dem Abgang von Leistungsträgern verbunden sind. Die leistungsfähig-
sten Mitarbeiter warten normalerweise selten auf eine Entlassung und suchen sich bereits zu
einem früheren Zeitpunkt (z.B. während der Kurzarbeit) eine neue Stelle. Auch in der Öffentlichkeit finden Ankündigungen von Kurzarbeit in aller Regel eine hohe Aufmerksamkeit und
werden zusätzlich oft als deutlicher Krisenindikator gewertet, so daß durchaus negative
Imageeffekte aus diesem Umstand zu befürchten sind.[100]

Zusammenfassend kann die Kurzarbeit als ein Instrument bezeichnet werden, das zwar dem
Unternehmen geringere Abbaukosten aufbürdet, jedoch mit einer längeren Vorlaufzeit bis zur
effektiven Kostenentlastung einhergeht. Des weiteren sind die Dysfunktionalitäten eindeutig
höher als bei anderen Verfahren der Arbeitszeitreduktion. Dies trifft vor allem für diejenigen
Unternehmen zu, die in der Vergangenheit bereits Kurzarbeit einsetzen mußten und schließlich Folgemaßnahmen in Form von Freisetzungen doch nicht verhindern konnten.

---

96   vgl. RKW (1996), S. 217
97   vgl. Böckly (1995), S. 124
98   vgl. RKW (1996), S. 217
99   vgl. Böckly (1995), S. 125
100   vgl. RKW (1996), S. 217

Schließlich - und dies ist wohl eines der Hauptargumente - ist die Kurzarbeit bereits von Anfang an nur auf begrenzte Zeit ausgelegt, so daß sie keine dauerhafte Beschäftigungssicherung im Zuge von Umstrukturierungsmaßnahmen garantieren kann.

2.5.4.4.2   Weitere Formen des Arbeitszeitabbaus

Seit 1994 bei *VW* zur Vermeidung von betriebsbedingten Kündigungen eine Reduktion der wöchentlichen Arbeitszeit auf 28,2 Stunden vereinbart wurde, ist diese "solidarische" Form des kollektiven Verzichts auf Arbeit und die damit verbundene Senkung der Löhne und Gehälter (bei *VW* um 20%) verstärkt in die öffentliche Diskussion geraten, und zwar als Lösungsmöglichkeit der volkswirtschaftlichen Arbeitsplatzprobleme. Für eine Evaluierung der damit verbundenen Konsequenzen muß jedoch ähnlich wie beim Arbeitsplatzabbau zwischen Regelungen unterschieden werden, denen der betroffene Arbeitnehmer freiwillig zustimmt und denen, die gegen seinen Willen durchgesetzt werden.

Die parallele Konstruktion zum Aufhebungsvertrag (als Vereinbarung über das Verlassen der Unternehmung im Einvernehmen von Arbeitgeber und Arbeitnehmer) stellt der **Änderungsvertrag** dar, in dem Änderungen der ursprünglich im Arbeitsvertrag fixierten Regelungen vorgenommen werden, also auch Änderungen des Stundendeputats eines einzelnen Mitarbeiters. Die Vorteile liegen im Umgehen der betrieblichen Mitbestimmung, was bei einer größeren Zahl solcher Verträge allerdings zum Nachteil werden kann, wenn statt den stellvertretenden Verhandlungen mit den Mitbestimmungsorganen, eine Vielzahl von Einzelverhandlungen durchzuführen sind. Eine überschlägige Rechnung für den dafür erforderlichen Verhandlungsaufwand, der sich entsprechend auf die Zeit- und Kostenziele auswirkt, muß in jedem Fall erfolgen. Die in diesem Kapitel unter III.2.5.2.6 genannten potentiellen Dysfunktionalitäten werden weitgehend vermieden. Weder ein Know how-Abfluß noch negative Auswirkungen auf das Unternehmungsimage sind in diesen Fällen zu befürchten. Durch eine gezielte Ansprache der Mitarbeiter kann verhindert werden, daß die Leistungsträger das Unternehmen verlassen, da diese im Normalfall nicht für den Arbeitszeitabbau vorgesehen werden. Die Flexibilität ist durch die Reversibilität der Maßnahme in vollem Umfang gewährleistet. Bei einem Anstieg des Arbeitsvolumens (z.B. durch zusätzliche Aufträge) können die einzelvertraglich verabredeten Arbeitszeitverkürzungen in der Regel problemlos rückgängig gemacht werden. Es sind dann lediglich "sunk costs" in Höhe der vereinbarten Kompensation für die Arbeitszeitreduktion entstanden. Fluktuationskosten fallen ex definitione nicht an.

Die Motivation für einen Mitarbeiter, freiwillig Arbeitszeitverkürzungen zuzustimmen, kann vielerlei Wurzeln haben. Neben privaten Gründen (familiäre Verhältnisse, Freizeitbedürfnis), die vom Arbeitgeber keine weitere Kompensationen oder Zugeständnisse erfordern (allerdings dann unter Umständen doch eine spätere Wiederaufstockung der Arbeitszeit verhindern und damit die Flexibilität senken), müssen regelmäßig finanzielle Zugeständnisse oder Arbeitsplatzgarantien gegeben werden.[101] Eine Möglichkeit, den Verhandlungsaufwand auch im Falle einer größeren Zahl von Änderungsverträgen zu begrenzen, stellt die Standardisierung des "Kompensationsangebots" dar. "Erkauft" werden muß dieser Kostenvorteil allerdings durch den Verlust von Handlungsspielraum bei der Auswahl der in Frage kommenden Mitarbeiter. Konkret könnte dann allen Mitarbeitern oder bestimmten (homogenen) Mitarbeitergruppen das Angebot gemacht werden, bei gleichzeitiger Arbeitsplatzgarantie eine 30%-Arbeitszeitsenkung zu akzeptieren. Über die Kompensation müßte folglich nicht mehr einzeln verhandelt werden. Allerdings ist dann auch kein Eingehen auf die spezifischen Beweggründe der Mitarbeiter möglich, deren Arbeitszeit vorrangig reduziert werden soll. Auch werden auf eine Arbeitsplatzgarantie vor allem die Mitarbeiter reagieren, die nicht zu den Leistungsträgern des Unternehmens gehören und daher bereits um ihren Arbeitsplatz fürchten. Insgesamt kann aber ein standardisiertes Angebot unter Controllinggesichtspunkten empfohlen werden. *Schüren* weist jedoch darauf hin, daß die Auswirkungen von einzelnen Arbeitsplatzgarantien auf eine später vorzunehmende Sozialauswahl (wenn eben doch noch Arbeitsplätze abgebaut werden müssen) rechtlich noch nicht eindeutig geklärt sind.[102]

Im Normalfall läßt sich ein umfangreicher Abbau von Personalkapazitäten via Arbeitszeitreduktionen nicht vollständig auf freiwilliger Basis vollziehen. In diesem Fall kommt die Unternehmung nicht umhin, Änderungskündigungen auszusprechen, die allerdings für den Arbeitgeber mit erheblichen Unsicherheiten verbunden sind. Diese resultieren aus der Möglichkeit für den Betroffenen sich mit einer Änderungsschutzklage zu wehren. Dies schlägt sich in entsprechenden Zeit- und Kosteneffekten nieder. Hinsichtlich Know how-Verlust, Flexibilität und Image sind keine negativen Konsequenzen zu erwarten. Unternehmungsintern kann das Betriebsklima und damit die Motivation der Belegschaft Schaden nehmen, wenn die Maßnahme gegen den Willen der Belegschaft und erst recht, wenn sie gegen den Betriebsrat durchgesetzt wird. Bei einer Akzeptanz der Mitbestimmungsorgane kann sich dies sowohl auf die Unternehmungsunsicherheit aufgrund potentieller Arbeitsgerichtsverfahren als auch auf die Motivation der Mitarbeiter positiv auswirken. Entsprechend sind auch die Kosten für den Prozeß der Arbeitszeitverkürzung anzusetzen. Eine eindeutige Rechtsprechung zur Frage nach der Verpflichtung zu einer Sozialauswahl bei Änderungskündigungen liegt nicht vor.[103] Sicherheitshalber sollte jedoch davon ausgegangen werden, daß diese genauso wie bei Beendigungskündigungen durchzuführen ist. Während bei der Freisetzung von Mitarbeitern allerdings vor allem ältere Mitarbeiter besonders geschützt werden, dürfte dieser Schutz bei den

---

101 vgl. Schüren (1995), S. 131 f.
102 vgl. ebenda, S. 132
103 vgl. ebenda, S. 133

Änderungskündigungen vor allem den finanziell belasteten "mittleren Jahrgängen" zu gute kommen (z.B. junge Familienväter oder verschuldete Eigenheimbesitzer, denen eine Lohn- oder Gehaltskürzung nicht ohne weiteres zugemutet werden kann). Man sieht, daß auch bei dieser Maßnahme die Unternehmung Einschränkungen ihres Handlungsspielraums hinnehmen muß. Allerdings braucht dabei keine Verschlechterung der Altersstruktur befürchtet werden.

2.5.4.5   Outplacement und Outplacement-Controlling

Unter Outplacement wird im allgemeinen die Freisetzung von Mitarbeitern verstanden, die bei diesem Vorgang spezifisch von der entlassenden Unternehmung unterstützt werden.[104] Diese Unterstützung kann vielfältige Formen annehmen, wie z.B. im einfachsten Fall eine telefoni- sche Kontaktaufnahme des Personalchefs mit persönlich oder geschäftlich befreundeten Kol- legen, denen die Gekündigten "angeboten" oder empfohlen werden. Diese sehr effektive und zugleich hocheffiziente Art des informellen Outplacement bedarf keiner Unterstützung durch ein speziellen Outplacement-Controlling. Diese Möglichkeit sollte immer in vollem Umfang ausgeschöpft werden, bevor auf die internen oder externen Outplacement-Berater zurückge- griffen wird. Die Wirtschaftlichkeit des Bezugs von Beratungsleistungen, die von externen, auf Outplacement spezialisierten Consulting-Firmen oder auch intern von der Personalabtei- lung angeboten werden, ist Gegenstand des Outplacement-Controlling.[105]

Da diese Art von (formalisiertem) Outplacement im Vergleich zu sonstigen Maßnahmen des Personalabbaus als zeit- und kostenintensiv gilt[106], ist der Kreis der Personen, der in den Ge- nuß solcher Outplacement-Aktivitäten kommt, bislang regelmäßig stark eingeschränkt - mei- stens auf obere und oberste Führungskräfte. Daher wird diese Form des Personalabbaus im Normalfall nicht aus Kostensenkungszielen, sondern vielmehr zum Abbau von Implementie- rungsgegnern eingesetzt ("Kontextsubstitution"). Die Zahl der Unternehmen, die dieses In- strumentarium nutzen, ist in Deutschland recht gering. Noch vor wenigen Jahren gaben nur 4% der befragten Firmen an, sie hätten ein ausgebautes Outplacement-Programm.[107] Die Gründe für den Einsatz von Outplacement liegen nach Auskunft von Unternehmen in erster Linie in der sozialen Verantwortung gegenüber den ausscheidenden Mitarbeitern, bei Großun- ternehmen aber auch in der Vermeidung von Rechtsstreitigkeiten.[108]

---

104   vgl. z.B. Mayrhofer (1992), Sp. 1524 ff.; Watzka (1990), S. 25; Mayrhofer (1989)
105   vgl. zum Make or Buy-Problem der Outplacement-Beratung, Sauer (1991), S. 98 ff.
106   vgl. Kirsch/Hendricks (1995), S. 965 f.
107   vgl. Töpfer/Zeidler (1987), S. 201 f.
108   vgl. Kirsch/Hendricks (1995), S. 965 f.

Die Kosten für die individuelle Beratung durch einen Outplacement-Berater belaufen sich im Durchschnitt auf ca. 15 - 20% des Jahresverdienstes des Betroffenen. Beim durchschnittlichen Outplacement-Kandidaten (46 Jahre, männlich, seit 14 Jahren im Unternehmen) mit einem Jahreseinkommen von 175.000 DM[109] summiert sich dieser Prozentsatz bereits bei 30 abzubauenden Mitarbeitern auf einen einstelligen Millionenbetrag. Zu ähnlichen Kosten für das Outplacement kommen *Shuchman/White*, die den Durchschnitt (allerdings für die USA) mit 28.000 DM angeben.[110]

Eine Ausweitung der Outplacement-Bemühungen auf größere Mitarbeiterkreise ist durch eine **Gruppenberatung** möglich. Hier reichen die Honorare von 500 - 900 DM pro Tag und Teilnehmer.[111] Pauschalpreise liegen für Gruppen in der Regel zwischen 18.000 und 40.000 DM.[112] *Shuchman/White* gehen von insgesamt 7.000 DM Outplacement-Kosten für Mitarbeiter aus, die oberen oder obersten Hierarchieebenen angehören.[113] Zunehmend stellt das Outplacement daher auch eine Alternative bei größerem Anpassungsbedarf dar.

Durch die Offenkundigkeit bzw. direkte Ergebniswirksamkeit dieser Kosten finden sie in der Literatur und Praxis auch Beachtung. Meistens werden jedoch lediglich die Honorare der Outplacement-Beratung erfaßt, nicht jedoch die Kosten des gesamten Outplacement-Prozesses. *Mercer* stellt z.B. eine recht einfache Kosten-/Nutzenrechnung für Outplacement an, die sich allerdings genau auf die sichtbaren Beratungskosten und den dadurch erzielbaren Nutzen beschränkt. Für ein Unternehmen, das im Jahr 900.000 DM für Outplacement-Beratung aufwendet, wird ein interner Outplacement-Beratungsservice vorgeschlagen, der dann nur noch 240.000 DM pro Jahr kosten soll. Der Nutzen wird unkommentiert mit 660.000 DM angegeben, ohne jedoch die konkreten "Nutzenstifter" zu benennen.[114] Grundsätzlich sind solche Kosten-/Nutzenüberlegungen wichtig, um die Wirtschaftlichkeit dieses speziellen Abbauinstrumentariums in den Griff zu bekommen. Zu den Kosten dürfen jedoch nicht nur die Honorare der Berater gerechnet werden, sondern auch die Kosten für die Auswahl eines solchen sowie für die vorgelagerte Entscheidung, ob überhaupt ein Externer mit dieser Aufgabe betraut wird oder ob eher die unternehmenseigene Personalabteilung beauftragt wird.

---

109 vgl. Kirsch/Hendricks (1995), S. 966; sie weisen auch darauf hin, daß das Honorar in jedem Fall mindestens 20.000 - 30.000 DM beträgt.
110 vgl. Shuchman/White (1995), S. 189
111 vgl. Kirsch/Hendricks (1995), S. 968
112 vgl. ebenda
113 vgl. Schuchman/White (1995), S. 189
114 vgl. Mercer (1989), S. 198 f.

Wichtig ist zudem eine nachvollziehbare Evaluierung des Nutzens dieses eher kostspieligen Abbauverfahrens. Als Kriterien für die Effektivität der Outplacement-Bemühungen schlägt *Bailey* vor:[115]

- Wahrnehmung des Unternehmens (Image) durch den entlassenen Mitarbeiter im Vergleich zur Meinung ohne Outplacement-Aktivitäten,
- Anzahl der Arbeitsgerichtsverfahren, die ihren Grund in der Entlassung haben,
- Zeitraum bis zum Antritt einer neuen Stelle,
- Prozentsatz der Entlassenen, die durch das Outplacement einen gehaltsmäßig besseren oder gleichwertigen Arbeitsplatz erhalten haben,
- Vergleich der Arbeitszufriedenheit bei altem und neuem Arbeitgeber.

Während die letzten drei Kriterien die Effektivität des Outplacement eher aus der Sicht der Betroffenen beurteilen (was sich allerdings mittelbar auf die übrigen Kriterien auswirkt), bedeuten die ersten zwei Kennzahlen reale Kosteneinsparungen bzw. einen meßbaren Nutzen aus den Outplacement-Aktivitäten. Gerade im Zuge der Implementierung von Restrukturierungen ist es besonders wichtig, die genannten Kriterien genau zu beobachten, weil durch die Zahl der Entlassungen das Image des Unternehmens als Arbeitgeber nachhaltig beschädigt bzw. die Rechtsabteilung noch über Jahre hinweg mit entlassungsbedingten Prozessen beschäftigt sein kann. Existieren bereits innerhalb des Unternehmens oder durch Erfahrungen bei anderen Unternehmen Richtwerte für den Prozentsatz der Betroffenen, der vor Gericht zieht, lassen sich damit leicht die vermiedenen Gerichts- und Anwaltskosten (oder Kosten der Rechtsabteilung) den Beratungskosten gegenüberstellen. Die Verbesserung des Arbeitgeberimage (bzw. Vermeidung der Verschlechterung) kann hilfsweise mit den Kosten quantifiziert werden, die im Rahmen der Öffentlichkeitsarbeit oder des Personalmarketing ausgegeben werden müssen, um einen vergleichbaren Imageeffekt zu erzielen.[116] Auch bei den anderen Stakeholders kann bei Einsatz von Outplacement von einem verbesserten Image ausgegangen werden. In der Praxis erkennt man jedoch, daß die Unternehmen, trotz positiver potentieller Effekte auf das Unternehmensimage, das Thema Outplacement möglichst wenig kommunizieren, da sie die negativen Imagefolgen aufgrund der Entlassungen als gewichtiger einschätzen.[117]

Neben geringeren Abwicklungskosten (vermiedene Rechtsstreitigkeiten) und einer Verbesserung (bzw. zumindest keine Verschlechterung) des Unternehmensimage lassen sich außerdem

---

115 vgl. Bailey (1980)
116 vgl. z.B. Abrell (1985), S. 248 ff.; Stybel/Cooper/Peabody (1982), S. 74 f.
117 vgl. Kirsch/Hendricks (1995), S. 966

die Kosten durch Demotivation der verbleibenden Mitarbeiter vermeiden.[118] Erkennt die Restbelegschaft, daß sich das Unternehmen um die ausgeschiedenen Mitarbeiter kümmert und somit seiner sozialen Verantwortung gerecht wird, hat dies motivierende Effekte zur Folge.[119]

Schließlich muß auch berücksichtigt werden, daß mit einem durch Outplacement abgebauten Mitarbeiter eine spätere Zusammenarbeit noch möglich ist. Dies muß nicht unbedingt eine Wiedereinstellung bedeuten. Auch die bloße Aufrechterhaltung eines Kontakts kann für das Unternehmen wichtig sein, wenn der Entlassene bei einem Lieferanten oder Kunden eine neue Anstellung findet. Es besteht daher eine Option auf eine zukünftige Zusammenarbeit. In der Untersuchung von *Kirsch/Hendricks* war die Zufriedenheit der befragten Unternehmen mit Outplacement hoch, so daß alle dieses Instrument auch zukünftig einsetzen wollen und 67% gar eine ansteigende Bedeutung dieser Abbauform sehen.[120] Dies läßt darauf schließen, daß sich die beträchtlichen Kosten durch den angesprochenen Nutzen amortisieren.

2.5.4.6 Beschäftigungs- und Mitarbeitergesellschaften

Die Besonderheit sowohl der Beschäftigungs- als auch der Mitarbeitergesellschaft im Vergleich zu den bisherigen Maßnahmen ist das prinzipielle Ausscheiden der Mitarbeiter aus dem bisherigen Unternehmen bei gleichzeitigem Eintritt in ein neues Unternehmen, das mit dem ehemaligen in einer Verbindung steht.

Beschäftigungsgesellschaften (Gesellschaften zur Arbeitsförderung, Beschäftigung und Strukturentwicklung ABS bzw. Arbeitsförderungsgesellschaften AFG) werden gegründet, wenn ein größeres Unternehmen in Schwierigkeiten gerät und daher einen starken Personalabbau oder gar Betriebsschließungen durchführen muß oder wenn ganze Regionen aufgrund von Strukturschwächen eine besonders hohe Arbeitslosigkeit aufweisen.[121] Zweck dieser nicht auf Gewinnmaximierung ausgerichteten Unternehmen ist in erster Linie die (Weiter-)Beschäftigung von Personen, die von Arbeitslosigkeit akut bedroht sind bzw. ihre Stelle bereits verloren haben. Hierunter sind erstens die verschiedenen Formen von **Arbeitsbeschaffungsmaßnahmen** (ABM) zu fassen, die in gemeinnützigen Tätigkeiten z.B. eine Verbesserung der öffentlichen Infrastruktur anstreben.[122] Ein zweiter Zweck, der aber vor allem in den neuen Bundesländern einen relativ geringen Stellenwert einnimmt, sind die Maßnahmen der Fortbildung und Um-

118 vgl. z.B. Stybel (1982), S. 50 ff.
119 vgl. Brockner u.a (1987), S. 526 ff.
120 vgl. Kirsch/Hendricks (1995), S. 968
121 vgl. Wagner (1994), S. 73 ff.; Lindner/Lehmann (1995), S. 168 f.
122 vgl. Krull (1993), S. 191

schulung (FuU, in denen lediglich 15% der ABS-Teilnehmer tätig sind im Vergleich zu 52%
in ABM[123]). Denn Beschäftigungsgesellschaften haben auch eine Personalentwicklungsfunk-
tion, indem die Teilnehmer auf Existenzgründungen vorbereitet werden oder für neue Tätig-
keitsfelder motiviert werden sollen.[124] Im Unterschied zur internen Qualifizierung der Betroffenen bleiben die Mitarbeiter **nicht** auf der Gehaltsliste des entlassenden Unternehmens. Ihre
Bezahlung und die Gesamtfinanzierung dieser Projekte erfolgt typischerweise durch die Zu-
sammenführung von Mitteln öffentlicher Institutionen (z.B. Mittel der *Bundesanstalt für Arbeit* gemäß Arbeitsförderungsgesetz, Mittel des Bundes, der Länder und Kommunen) sowie
meistens auch Mitteln des entlassenden Unternehmens. Die Brauerei *Schultheiß* in Berlin, die
ihr Berliner Werk Anfang des Jahres 1994 schloß und deswegen knapp 500 Mitarbeitern
kündigen mußte, stellte neben Abfindungs- und Vorruhestandsregelungen auch 500.000 DM
für eine Beschäftigungsgesellschaft zur Verfügung.[125] Darüber hinaus wurde vom Betriebsrat
angestrebt, das bisherige Werksgelände für die ABS-Gesellschaft nutzen zu können, was jedoch von der Brauerei abgelehnt wurde. Neben dem Übergang von Mitarbeitern stellt also im
wesentlichen die finanzielle Unterstützung (soweit überhaupt noch möglich) die Verbindung
zwischen Beschäftigungsgesellschaft und personalabbauendem Unternehmen dar. Allerdings
sind Beschäftigungsgesellschaften immer nur Übergangslösungen.

Ein Vorteil dieser Anpassungsmaßnahme ist, daß die direkten Kosten nicht unbedingt höher
sein müssen als bei betriebsbedingten Kündigungen, weil die Aufwendungen für einen Sozialplan entsprechend der Teilnahme an der ABS-Gesellschaft reduziert werden können.[126] Wäre die Beschäftigungsgesellschaft bei *Schultheiß* nicht zustande gekommen, wären die dafür
vorgesehenen Mittel in den Sozialplan (bzw. einen eigens gegründeten "Härtefonds") geflos-
sen. In der Regel vereinfachen sich beim Angebot einer ABS-Gesellschaft die Verhandlungen
mit den Arbeitnehmervertretern, was zu geringeren Transaktionskosten und einer kürzeren
Vorlaufzeit führt. Klar ist natürlich, daß diese Lösung nur dann funktioniert, wenn auch die
übrigen Kapitalgeber dazu bereit sind. Insofern unterliegt diese Anpassungsmaßnahme nicht
der alleinigen Entscheidungsgewalt von Geschäftsführung und Betriebsrat. Des weiteren
dürften demotivierende Auswirkungen auf die Restbelegschaft ausbleiben, weil die ehemaligen Kollegen zumindest für eine Übergangszeit weiterhin Arbeit haben. Mit einem verbesserten Image ist indes nicht zu rechnen. Schließlich wird bei der Gründung einer Beschäftigungsgesellschaft das ganze Ausmaß einer Unternehmenskrise für alle Seiten, insbesondere
auch für die Öffentlichkeit, offenbar. Meistens kommt es nur durch die Dramatik eines starken

123   vgl. Wagner (1994), S. 77
124   vgl. Krull (1993), S. 191
125   vgl. Kaß (1993)
126   Die Sozialplanabfindungen können u.U. nach Beendigung der Beschäftigung in der ABS-Gesellschaft an
      den Betroffenen ausbezahlt werden, wobei die Zinsgewinne zur Deckung der Verwaltungs- und zusätzlicher
      Sozialaufwendungen dienen, vgl. Noth (1994), S. 17.

Personalabbaus zur Bewilligung öffentlicher Mittel. Das Beispiel *Bremer Vulkan Verbund AG* macht dies deutlich. Werksschließungen und Beschäftigungsgesellschaften haben Lieferanten und auch Kunden, die davon gar nicht unmittelbar betroffen waren, tief verunsichert. Durch den zeitweiligen Rückzug der Lieferanten von den Werften kam das Unternehmen in einen Teufelskreis des endgültigen Niedergangs - bis dann im Frühjahr 1996 der Konkurs nicht mehr abzuwenden war.[127]

Das Know how der Mitarbeiter wird bei Beschäftigungsgesellschaften grundsätzlich erhalten, so daß das entlassende Unternehmen u.U. Dienste oder Produkte von der neuen Gesellschaft beziehen kann, was allerdings nicht die Regel ist. Die durchaus vorhandene Flexibilität dieses Instruments für das abbauende Unternehmen ist in der Praxis selten relevant, da eine Wiedereinstellung kaum vermutet werden darf, wenn öffentliche Gelder für ABM- oder FuU-Maßnahmen bewilligt wurden.

Trotz der wenigen spezifischen Nutzeneffekte kann die Gründung einer Beschäftigungsgesellschaft für ein Unternehmen attraktiv sein, da sie ihm mit Hilfe öffentlicher Gelder erlaubt, den Personalabbau in geordneten, einigermaßen sozialverträglichen "Bahnen" durchzuführen. Das negative Image dieses Instruments muß jedoch in einer Alternativenbewertung angemessen berücksichtigt werden. Wendet man das Instrument der Beschäftigungsgesellschaft unternehmensintern an - man spricht dann auch von sog. Reserve-Pools, wie bei *ARBED Luxemburg*[128] oder von "Restrukturierungsabteilungen" wie bei der *Deutschen Bahn AG*[129] -, lassen sich sowohl das Negativ-Image weitgehend vermeiden als auch die Flexibilität deutlich verbessern, da bei einem zukünftigen Bedarf die neu qualifizierten Mitarbeiter problemlos in das Stammunternehmen übernommen werden können. Allerdings sind mit diesem Modell die Kosteneinsparungen weit geringer, da die Betroffenen nach wie vor auf der "payroll" des Unternehmens stehen und lediglich ein Zuschuß der Bundesanstalt für Arbeit zu erwarten ist. Da also keine "echte" Personalanpassung (Ausgleich von interner Personalnachfrage und -angebot) auf Dauer erfolgt, ist diese Ausprägung einer Beschäftigungsgesellschaft mit den anderen Maßnahmen nicht unmittelbar zu vergleichen.

Bei **Mitarbeitergesellschaften** wird ein Teil des Unternehmens ausgegliedert und von den betroffenen Mitarbeitern übernommen. Es stellt somit eine Abwandlung des bekannten Management-Buyout dar.[130] Die Ausgaben für den Sozialplan fließen nicht den einzelnen Mitarbeitern zu, sondern der neuen Gesellschaft als Ganzes. Es ist daher zum einen nicht mit höheren

---

127 vgl. o.V. (1996d), S. 13
128 vgl. RKW (1996), S. 226
129 vgl. Wegscheider (1995)
130 vgl. z.B. Ziegler (1995)

ses Modells - ist nur ein Teil dieser Kosten ausgabenwirksam. Bei der Firma *Ditec* (vgl. folgendes Praxisbeispiel) wurde von der ehemaligen Muttergesellschaft *Digital* nur die Hälfte der Sozialplankosten cash-wirksam als Anschubfinanzierung aufgebracht. Die andere Hälfte bestand aus der Überlassung ("Verkauf") des Geschäftsfeldes samt Anlage- und Umlaufvermögen an die Mitarbeitergesellschaft *Ditec*.

Fallbeispiel Ditec[131]

Die *Ditec Informationstechnologie GmbH & Co. KG* mit Sitz in München wurde im Oktober 1994 gegründet und hat ca. 1.300 Mitarbeiter, die zuvor allesamt beim *Digital*-Konzern beschäftigt waren.

Nachdem *Digital* Anfang der neunziger Jahre beschloß, die Produktpalette zu verkleinern und sich auf seine Kernkompetenzen zu beschränken (Hardware, Großrechner, Netzwerktechnologie), standen die Mitarbeiter vor Entlassungen, Vorruhestand und Aufhebungsverträgen. Der Sozialplan stand weitgehend fest, weil bei seiner Erstellung auf frühere Versionen zurückgegriffen wurde. Das Gesamtvolumen des Sozialplans hätte sich auf mehr als 250 Millionen DM belaufen und damit die Liquidität des Gesamtunternehmens gefährdet. Die Mitarbeitergesellschaft wurde daher zum Nutzen beider Seiten ins Leben gerufen. EDV-Spezialisten und Service-Techniker konnten weiterhin ihren hochqualifizierten Beruf ausüben und blieben in ihrem Arbeitsumfeld. Arbeitsteams blieben erhalten. *Digital* stattete das neu gegründete Unternehmen mit 150 Millionen DM aus ("Anschubfinanzierung") und hatte auf diese Weise einen fast halb so hohen Cash-Abfluß als zunächst geplant. Darüber hinaus überschrieb *Digital* Kundenverträge im Wert von 60 Millionen DM, garantierte für das erste Jahr ein bestimmtes Auftragsvolumen und übergab Mobiliar und Arbeitsgeräte. Schließlich konnte *Ditec* das interne Kommunikationsnetz von *Digital* weiter benutzen und in den ersten beiden Jahren mietfrei in den alten Büroräumen bleiben. Somit verfügte das neue Unternehmen bereits von Beginn an über ein breites Netz an Niederlassungen in ganz Deutschland.

Auch für *Digital* rechnet sich die Ausgründung, da dem Unternehmen die Kompetenz des ehemaligen Unternehmensbereichs in Form des neuen Lieferanten *Ditec* weiterhin zur Verfügung steht sowie das Konzernimage nicht durch Abbauankündigungen, Arbeitsgerichtsverfahren u.ä. in Mitleidenschaft gezogen wurde, was bei dem genannten Abbauvolumen von über 1.000 Personen sicher unweigerlich passiert wäre.

---

131 Ditec (1996); Wolf (1996)

Der zweite große Vorteil von Mitarbeitergesellschaften ist der **Erhalt des Mitarbeiter-Know how** und die damit verbundene **Flexibilität**. Die Arbeitnehmer bleiben in ihrem Beruf und oft sogar auf der gleichen Stelle tätig, was den Erhalt von Geschäftsbeziehungen und Erfahrungswissen ermöglicht. Auf dieses Know how kann überdies auch weiterhin von der entlassenden Firma zugegriffen werden. Denn regelmäßig bleiben die rechtlich und finanziell unabhängigen Mitarbeitergesellschaften in sehr engen Geschäftsbeziehungen mit der ehemaligen "Mutter", nicht zuletzt durch zeitlich begrenzte, vertraglich garantierte Abnahmeverpflichtungen. Auch ehemalige Mitarbeiter können aus den Reihen der neuen Gesellschaft wieder rekrutiert werden, so daß die inhärente Flexibilität dieser Maßnahme als hoch einzustufen ist. Schließlich verschlechtert dieses Vorgehen nicht das Image des Unternehmens bei den Stakeholdern und eine Demotivation bei den verbleibenden Mitarbeitern ist ebenfalls nicht zu befürchten, da die ehemaligen Kollegen weiterhin ihre Stelle behalten können. Es wird bei dieser Maßnahme deutlich, daß sich das Unternehmen um die Belange seiner Mitarbeiter kümmert und dazu auch neue, innovative Wege zu gehen bereit ist. Das Problem bei Mitarbeitergesellschaften ist allerdings die Existenz eines profitablen Geschäftsfeldes, das eine solche Auslagerung überhaupt erst ermöglicht. Es kann vermutet werden, daß dies nur bei rentablen, zukunftsträchtigen Bereichen möglich ist, die - wie im Falle *Ditec* - im Rahmen einer Konzentration auf Kernkompetenzen von der Muttergesellschaft abgestoßen werden. Bei Produkten und Dienstleistungen, die aufgrund eines Absatzproblems zu Werksschließungen führen, sind die Erfolgsaussichten auch für Mitarbeitergesellschaften sehr gering. Dennoch sollte von den Unternehmen mehr Phantasie entwickelt werden, um dieses sowohl relativ kostengünstige als auch mit hohen Nutzwerten ausgestattete Instrument verstärkt einsetzen zu können.

Schließlich sind auch **Kombinationen** von Mitarbeiter- und Beschäftigungsgesellschaft möglich, wie das Beispiel der *AT&T Global Information Solutions Deutschland (GIS)* zeigt. Hier war zumindest geplant, einen Teil der 800 von Entlassung bedrohten Mitarbeiter in der PC-Fertigung weiterzubeschäftigen, die durch ein Management-Buyout neue Eigentümer bekommen sollte, und den Rest in einer Projekt- und Trainingsgesellschaft (PTG) "unterzubringen".[132] Daß letztendlich nur die Beschäftigungsgesellschaft PTG realisiert wurde, hatte unternehmensinterne Gründe.

2.5.4.7 Ein Kosten-/Wirksamkeitstableau als Instrument zur Alternativenbewertung

Die aus Controllingsicht wünschenswerte Form der Alternativenbewertung ist die unter Rentabilitätsgesichtspunkten, wie sie bereits im erweiterten Kennzahlensystem (Abb. III.2-9) dar-

---

132 vgl. Roß (1995)

gestellt wurde. Gleichzeitig wurde aber auch klar, daß es in aller Regel unmöglich ist, sämtliche Nutzeneffekte und Dysfunktionalitäten einzelner Anpassungsmaßnahmen in Kosten bzw. monetär erfaßbare Nutzengrößen zu transformieren. Bei einer rein qualitativen Bewertung der Alternativen, wie sie z.B. in Form von Argumentenbilanzen durchgeführt werden könnte, ergeben sich keine Hinweise auf die tatsächlich zu erwartenden Kosten, so daß das traditionelle Instrumentarium eher besser abschneidet, weil man dessen Effekte besser abschätzen kann und zudem den Verantwortlichen der Umgang mit diesen Maßnahmen besser vertraut ist.[133]

Aufgrund dieser Unzulänglichkeiten wird eine **Kosten-/Wirksamkeitsanalyse**[134] in Form eines integrierten Tableaus zur Bewertung der Vorteilhaftigkeit von Personalanpassungsmaßnahmen vorgeschlagen[135] (Abb. III.2-11).

Kosten		Betriebsbed. Kündigung	Aufhebungs-vertrag	Vorruhe-stand	Zeitl. Anpassung	Out-placement	Beschäftigungs-gesellschaft	Mitarbeiter-gesellschaft
					in 100 TDM			
• Direkte Kosten		50	80	40	10/Jahr	70	50	50
• Opportunitätskosten des zu starken Abbaus		0,5	-	0,5	-	-	0,5	-
• Verhandlungen (mit Betriebsrat)		8	-	2	4	1	4	4
• Rechts-streitigkeiten		0,2	-	-	0,1	-	0,1	0,1
Gesamtkosten		58,7	80	42,5	10/Jahr + 4,1	71	54,6	54,1
Nutzwerte	*Gewicht*							
• Image	0,5	1	6	6	6	9	0	9
• Know how "Erhalt"	0,3	0	3	1	10	8	6	9
• Flexibilität	0,2	0	3	0	10	5	4	8
Nutzwert-einheiten	1	0,5	4,5	3,3	8,0	7,9	2,6	8,8
Ergebnis	Kosten	58,7	80	42,5	4,1+10/Jahr	71	54,6	54,1
	NWE	0,5	4,5	3,3	8,0	7,9	2,6	8,8

Abb. III.2-11: Kosten-/Wirksamkeitstableau für Personalanpassungsinstrumente

Ausgehend von den in diesem Kapitel unter III.2.5.2 genannten Evaluierungskriterien bzw. deren **Kostenäquivalenten** in Abb. III.2-9, die in den Zeilen der Abb. III.2-11 aufgelistet

---

133　zur vermuteten Präferenz traditioneller Instrumente, vgl. auch Schüren (1995), S. 134
134　vgl. hierzu Wolter/Karaüc (1994); Hentze/Kammel (1993); Hoss (1989); Domsch (1980)
135　vgl. auch den Einsatz dieses Instruments zur Evaluierung der Vorteilhaftigkeit von Personalanpassungsmaßnahmen bei der Firma *Wandel & Goltermann*, Jochum/Meyer (1995), S. 298

werden, und den zur Disposition stehenden, horizontal abgetragenen Anpassungsinstrumenten erfolgt eine Ermittlung der jeweils zuordenbaren Kosten - soweit dies möglich ist. Erscheint es einem Unternehmen unmöglich oder aufgrund des erforderlichen Ermittlungsaufwands unnötig, sämtliche potentiellen Kosten zu ermitteln, erfolgt die Evaluierung durch ein Abschätzen der qualitativen Effekte (ähnlich der Ermittlung von Nutzwerten[136]).

Die direkten Kosten einer Maßnahme (z.b. Sozialplan, freiwillige Abfindungen, Zusatzzahlungen des Arbeitgebers an die Rentenversicherung ...) sollten mindestens erfaßt und in die oberste Zeile eingetragen werden. Bei allen anderen Kostenarten kann das Unternehmen entscheiden, ob eine Kostenermittlung erfolgen oder ob ein **Teilnutzwert** eingetragen werden soll, nachdem zuvor die **Gewichte** der einzelnen Kriterien (Summe der Gewichte ist 1) unternehmensspezifisch festgelegt wurden. Je nach dem, wie gut eine Quantifizierung der Beurteilungskriterien gelingt, fällt die Anzahl der Kosten- und Nutzenzeilen in Abb. III.2-11 unterschiedlich aus. Die Zielwirkungen (Wirksamkeiten) können z.b. Werte von 0 (Kriterium schlecht erfüllt bzw. es muß mit hohen zugehörigen Kosten gerechnet werden) bis 10 (es sind keine Kosten zu erwarten bzw. Kriterium ist in hohen Maße erfüllt) annehmen.

Das Ergebnis des Kosten-/Wirksamkeitstableaus sind die (ermittelten) Gesamtkosten sowie die zugehörige (nicht-monetäre) Gesamtzielwirkung pro Maßnahme. Im Extremfall einer vollständigen Quantifizierung in Form von Kosten und monetärem Nutzen führt diese Vorgehensweise zur bereits beschriebenen Rentabilität einer Maßnahme, im anderen Extremfall, der Nicht-Erfassung jeglicher Kosten, entspricht das Tableau einer Scoring-Tabelle.[137]

Um die bei den diversen Abbaumaßnahmen unterschiedliche zeitliche Entwicklung der Kriterien zu berücksichtigen, muß das Tableau über die Zeitachse **mehrfach** erstellt und die Kosten entsprechend **diskontiert** werden. Auf diese Weise finden auch die Zielkriterien "Dauer" und "Vorlaufzeit" Eingang in diese Analyse. Bei einer exakten Ermittlung von Kosten und Zielwirkungen muß das Tableau beim Auftreten der ersten Kosten jeder Maßnahme und dann z.B. halbjährlich bis zur Beendigung der letzten Maßnahme aufgestellt werden. Durch das Diskontieren der Kosten auf einen beliebigen Zeitpunkt erhält man vergleichbare Werte. Dies ist für die Zielwirkungen natürlich nicht möglich.

Die Ergebnisse der einzelnen Maßnahmen sind erst dann miteinander vergleichbar, wenn von einem gegebenen Anpassungsvolumen bzw. Kosteneinsparvolumen ausgegangen wird (im

---

136 vgl. Zangemeister (1973)
137 vgl. ebenda

Beispiel in Abb. III.2-11 sind dies die Personalkosten, die einem Abbau von 100 Personen entsprechen, die jedoch nicht zwangsläufig durch Abbau eingespart werden müssen). Zur besseren Interpretation der Ergebnisse kann versucht werden, unter Berücksichtigung unternehmungs- und implementierungsspezifischer Bedingungen ein "Kostenäquivalent" für eine "Wirksamkeitseinheit" anzugeben (z.B. 1 Nutzwert-Punkt entspricht unter spezifischen Bedingungen 500.000 DM). Schätzt man dieses Verfahren als zu spekulativ ein, kann immer noch bestimmt werden, welche Anpassungsmaßnahme bei annähernd gleichen Kosten die höchste Gesamtzielwirkung hat (Nebenbedingungskonzept[138]). Der Vorteil des Tableaus liegt folglich darin, daß bei gegebenen Bemühungen um Quantifizierung ein Höchstmaß an Transparenz zu erwarten ist und teilweise unmittelbar auf Basis der Tableauergebnisse Entscheidungen getroffen werden können.

III.2.6   Unternehmenswertorientierte Personalanpassung

Neben einem direkten Vergleich der einzelnen Maßnahmen zur Personalanpassung, dem die unmittelbar angestrebten Zielkriterien als Beurteilungsmaßstab zugrunde liegen, müssen im Verständnis eines sich am Unternehmenswert orientierenden Implementierungscontrolling (vgl. Kap. II.1.2) immer auch die Auswirkungen **einzelner** Entscheidungen (z.B. welche Anpassungsmaßnahme) auf diesen Unternehmenswert berücksichtigt werden.

Bezüglich der untersuchten Anpassungsmaßnahmen kann es keine allgemeingültige, vom Einzelfall abstrahierende Bewertung der **Cash flow-** und **Kapitalkosteneffekte** geben. Dies bedeutet allerdings nicht, daß dies auch für einen konkreten Praxisfall unmöglich wäre. Bei vielen (vor allem großen) Unternehmen erfolgt bereits ein Controlling von Anpassungsmaßnahmen, indem z.B. der Finanzierungsbedarf von Abfindungszahlungen im Vorfeld ermittelt wird, wie dies bei *Lufthansa* geschehen ist (Sanierungscontrolling).[139] Es können also sehr wohl die Auswirkungen der Maßnahmen auf den Cash flow ermittelt werden.[140] Während man bei Kündigungen mit Sozialplan und Aufhebungsverträgen mit Abfindungen von Investitionen sprechen kann, deren Erträge (Kosteneinsparungen) erst in den Folgeperioden nach der Anfangsauszahlung wirksam werden, fällt der größte Teil der Kosten (mit Ausnahme der Abwicklungskosten) bei Vorruhestand und Anpassung der Arbeitszeit zeitlich parallel zu den "Erträgen" an. In jedem Fall muß die Cash flow-Wirkung der Maßnahmen gut prognostiziert werden - allerdings unter Berücksichtigung auch derjenigen Kosten, die in der Praxis noch vernachlässigt werden (vgl. Abb. III.2-9). Letzten Endes wird der Werttreiber "Gewinnmarge" (vgl. Kap. II.3.5) zunächst der Dreh- und Angelpunkt der Einflußabschätzung sein. Dies ver-

---

138 vgl. z.B. Adam (1996), S. 380 ff.
139 vgl. Mölleney (1995)
140 vgl. dazu auch Drumm (1995), S. 236

wundert nicht weiter, da gerade zum Zweck der Verbesserung der Kostenposition die meisten Anpassungsprogramme initiiert werden. Bezüglich des Zeithorizontes handelt es sich mit Ausnahme des Vorruhestands immer um zeitlich unbegrenzte Maßnahmen, deren Zahlungsfolgen entsprechend "verrentet" werden können.[141] Beim Vorruhestand muß berücksichtigt werden, daß die Auszahlungen (Differenzzahlungen) und die Einsparungen zum ursprünglichen Gehalt mit Erreichen des Rentenalters hinfällig werden, da der Mitarbeiter zu diesem Zeitpunkt ohnehin das Unternehmen verlassen hätte.

Die bereits genannten Evaluierungskriterien haben auch Einfluß auf andere Werttreiber. Motivations- und Imageverluste bei der Restbelegschaft bzw. bei den Marktpartnern (Kunde, Lieferant) wirken sich auch auf die Umsatzentwicklung und unter Umständen ebenfalls auf die Gewinnmarge aus, allerdings mit negativem Vorzeichen. Positive oder negative Cash flow-Wirkungen können auch durch eine Veränderung der Altersstruktur entstehen. Mit dem Weggang älterer Mitarbeiter können langjährige Geschäftskontakte des Unternehmens gefährdet werden, ebenso wie mit dem Ausscheiden jüngerer Beschäftigter die zukünftige Basis von Leistungsträgern wegbrechen kann. Die Auswirkungen dieser Kriterien auf die Werttreiber sind natürlich weit schwerer abzuschätzen als die Ein- und Auszahlungsgrößen. Trotzdem sollte es möglich sein, bei einer sorgfältigen Analyse der Betroffenen und deren Beitrag zum Unternehmenserfolg sowie einer Analyse der Auswirkungen auf die wichtigsten Stakeholder zu nachvollziehbaren Cash flow-Entwicklungen zu kommen.

Die **Kapitalkosten** als Ausdruck der Risikosituation einer Unternehmung können auf die Veränderungen in der Unternehmung reagieren. Schließlich steigt die Unsicherheit bei Maßnahmen, die keine oder nur eine eingeschränkte Reversibilität aufweisen. Andererseits kann das unternehmensspezifische Risiko (das die Eigenkapitalkosten beeinflußt) durch den Abbau der Belegschaft durchaus gesenkt werden, weil ein Unternehmen damit etwa strukturelle Veränderungen (z.B. Abbau von Überkapazitäten) nachvollzieht und damit die Unternehmenszukunft sicherer wird als bei einem Unternehmen, das über Jahre durch personelle Überkapazitäten belastet wird. Aussagen über die Effekte einzelner Anpassungsinstrumente auf die Kapitalkosten sind vor diesem Hintergrund oftmals spekulativ. Um so wichtiger wird dann das Instrumentarium der Optionspreistheorie zum Abschätzen des Flexibilitätspotentials einer Anpassungsmaßnahme. Der Unternehmenswert bzw. dessen Beeinflussung durch einzelne Personalanpassungsmaßnahmen sollte deswegen um den dieser Maßnahme inhärenten **Options-wert** ergänzt werden.

---

141 Vergleicht man zwei Alternativen, so kann die Zahlungsreihe in der Periode abbrechen, in der beide Alternativen die Personalanpassung abgeschlossen haben. Die Einsparung von Personalkosten bei betriebsbedingter Kündigung sind im direkten Vergleich mit der "natürlichen" Fluktuation in dem Moment nicht mehr relevant, wenn der Abbau durch die letztgenannte Maßnahme ebenfalls beendet ist.

TEIL IV GRENZEN UND ENTWICKLUNGSMÖGLICHKEITEN FÜR EIN IMPLEMENTIERUNGSCONTROLLING

IV.1 ZUSAMMENFASSUNG

Ausgangspunkt dieser Arbeit war die Feststellung einer zunehmenden Bedeutung von organisatorischen Veränderungsprozessen in Unternehmungen. Die Implementierung der Restrukturierungen wird gleichzeitig sowohl von Theorie als auch Praxis immer mehr als kritischer Erfolgsfaktor für den Erfolg von Veränderungsbemühungen eingeschätzt. Diesen Erfolgsfaktor einer besseren und breiteren Steuerung zugänglich zu machen ist das Hauptanliegen des Implementierungscontrolling. Die Wirtschaftlichkeit von Implementierungsprozessen soll durch Offenlegung von Optimierungsbedarfen und Hilfestellung zu deren Handhabung verbessert werden. Hierzu wurde ein integriertes Modell entworfen, das durch seine Dokumentations- und Gestaltungsaufgabe zur Transparenz und Steuerung von Implementierungsprozessen beitragen kann.

Es haben sich im Verlauf der Arbeit keine Hinweise ergeben, die eine Einschränkung des Implementierungscontrolling auf bestimmte Restrukturierungstypen, Branchen, Unternehmensgrößen o.ä. erfordert hätten. Auch bei kriseninduzierten Veränderungen treten eine Vielzahl der angesprochenen Optimierungsprobleme auf, so daß auch in den Fällen einer unvermeidbaren Implementierung ein Einsatz des Implementierungscontrolling sinnvoll erscheint.

Gleichwohl gibt es nicht "das" Implementierungscontrolling, das unverändert für alle Restrukturierungen zum Einsatz kommen könnte. Da die Basis des Ansatzes eine strikte und unbedingte Orientierung aller Implementierungsmaßnahmen am Zielsystem der Implementierung darstellt, muß zwangsläufig je nach den spezifischen Zielsetzungen eine Anpassung des Instrumentariums eines Implementierungscontrolling vorgenommen werden.

Zunächst muß ein Implementierungscontrolling dazu beitragen, daß aus dem Zielsystem der Gesamtunternehmung die Restrukturierungsziele und daraus schließlich das Zielsystem der Implementierung abgeleitet werden. Dieses stellt den Bezugspunkt für alle Strategie- und Instrumentenbewertungen dar. Unter Kenntnis des unternehmens- und situationsspezifischen Bedingungsrahmens für die Implementierung müssen bereits in der Konzipierungsphase die implementierungsbedingten Effekte auf die Performance des Veränderungskonzepts berücksichtigt werden, um den Gesamtprozeß der Veränderung zu optimieren.

Während der Implementierung ist vor allem die Ausgestaltung und Steuerung der einzelnen Implementierungsinstrumente die Hauptaufgabe des Implementierungscontrolling. In weiten Teilen kann hierzu auf bereits bewährte Controllinginstrumente, wie z.B. Kostenrechnung, Investitionsrechnung, Kennzahlensysteme, zurückgegriffen werden. Diese sind lediglich in Einzelpunkten an die spezifischen Anforderungen eines Implementierungscontrolling anzupassen. Hinweise hierfür wurden in dieser Arbeit gegeben. Damit ist auch sichergestellt, daß kein neues Controllingsystem für Veränderungsprozesse neben das bereits vorhandene für Routineprozesse gestellt werden muß. Vielmehr ist die Ausgestaltung des Implementierungscontrolling als Subsystem des Controllingsystems in einer Unternehmung möglich und sogar erforderlich, weil z.B. auf vorhandene IV-Strukturen zugegriffen werden muß.

Andererseits bedürfen einige spezifische Fragestellungen durch ein Implementierungscontrolling eines Einsatzes innovativer Controllinginstrumente. So ist in besonderer Weise eine Bewertung der Flexibilitätswirkungen einzelner Implementierungsmaßnahmen erforderlich, da es zum Wesen der Implementierung gehört, daß der gesamte Prozeß ein sehr hohes Maß an Unwägbarkeiten und Unsicherheit aufweist. Der Schaffung von Handlungsspielräumen durch einzelne Maßnahmen kommt daher mehr noch als bei Routineprozessen ein eigener Wert zu, der entsprechend in einer Evaluierung zu berücksichtigen ist. Durch bislang wenig verbreitete Instrumente, wie die Anwendung der Shareholder Value-Methodik auf Implementierungsprobleme oder der Berücksichtigung von Optionswerten einzelner Handlungsalternativen wurde den spezifischen Herausforderungen an ein Implementierungscontrolling Rechnung getragen.

IV.2   GRENZEN EINES IMPLEMENTIERUNGSCONTROLLING

Es kann bei einem Implementierungscontrolling in keinem Fall um den Versuch der rein technokratischen Steuerung von Implementierungsprozessen gehen. Da sich Implementierungsbemühungen als Sonderprozesse in einer Unternehmung einer vollkommenen Planbarkeit entziehen und darüber hinaus regelmäßig von vergleichsweise starken Emotionen aller Beteiligten begleitet werden, wäre die Mißachtung des "menschlichen Faktors" ein Fehler. Die Ergebnisse eines so verstandenen Implementierungscontrolling wären zwar unter rein rationalen Gesichtspunkten als optimal zu bezeichnen, im Alltag der Implementierungspraxis allerdings wären sie wenig hilfreich, weil der Implementierungskontext nicht realistisch abgebildet würde. Abb. IV.2-1 gibt einen Überblick über Steuerungskonzepte für Implementierungsprozesse.

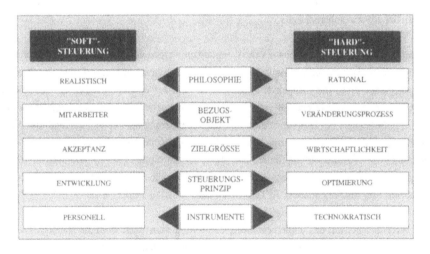

Abb. IV.2-1: Steuerungskonzepte in Implementierungsprozessen[1]

Die Polarität der Steuerungskonzepte, wie sie in Abb. IV.2-1 wiedergegeben wird, legt eine Kombination beider "Philosophien" nahe, um damit sowohl dem Rationalitätsanspruch des Controlling als auch dem für die Implementierung unabdingbaren Realitätssinn gerecht zu werden. Entsprechend wurde auch das in dieser Arbeit vorgelegte Konzept eines Implementierungscontrolling angelegt. Würde der Mitarbeiter nur als eine unter vielen Variablen in Veränderungsprozessen betrachtet, blieben auch die zentralen Optimierungsprobleme beim Einsatz der mitarbeiterfokussierten Implementierungsinstrumente (Kommunikation, Qualifikati-

---

1   Grimmeisen (1997), S. 157

on, Motivation, Partizipation) größten Teils unberücksichtigt. Es wurde ebenfalls dargestellt, daß das Implementierungscontrolling zwar einen zusätzlichen Fokus auf die Wirtschaftlichkeit der Implementierung legen muß, daß aber gleichzeitig diese Zielsetzung nicht konfliktär, sondern nur komplementär zur bisherigen Zielsetzung "Akzeptanz der betroffenen Mitarbeiter" gesehen werden kann.

Das Implementierungscontrolling hat bezüglich der Steuerungsphilosophie einen Balanceakt zu bestehen. Es muß zwar zum einen dafür sorgen, daß bislang nicht berücksichtigte Aspekte der Effektivität und Effizienz von Implementierungsmaßnahmen transparent und steuerbar werden, gleichzeitig darf es aber zum anderen nicht Ausdruck eines "Machbarkeitswahns" werden, der von der totalen Plan- und Steuerbarkeit von Implementierungsprozessen ausgeht. Fehlentscheidungen aufgrund von Kontextfaktoren, die sich einer Planung entziehen, und Reaktanz der Betroffenen, die sich völlig dem Wirtschaftlichkeitspostulat untergeordnet fühlen, wären die unvermeidbare Folge.

Ohnehin ist in einer Anfangsphase von Akzeptanzproblemen der Beteiligten hinsichtlich des Implementierungscontrolling auszugehen. Bereits im Tagesgeschäft klagen Controller über ihr Negativimage sowie die mangelnde Akzeptanz sowohl bei den Mitarbeitern als auch beim Management.[2] Die Emotionalität von Veränderungsprozessen läßt daher erst recht erwarten, daß die "Gewinner" ein "Kaputtrechnen" der Implementierung befürchten, während die "Verlierer" die zielorientierte Steuerung des von ihnen abgelehnten Wandels als zusätzliche Bedrohung oder Provokation empfinden. Hier kann nur ein diplomatischer, stufenweiser Überzeugungsprozeß Abhilfe schaffen, der im Laufe der Zeit die Vorteile einer emotionsfreieren Steuerung von Implementierung zu Tage treten läßt.

Die Wirtschaftlichkeit des Implementierungscontrolling selbst setzt wohl die Hauptgrenze für seine zukünftige Entwicklung. Es darf nicht vergessen werden, daß es zur Natur der zu steuernden Veränderungsprozesse gehört, daß sie unregelmäßig und - im Vergleich zu Routineprozessen - trotz einer generellen Zunahme verhältnismäßig selten anfallen. Darüber hinaus sind die einzelnen Implementierungsprojekte untereinander derart unterschiedlich, daß ein standardisiertes und detailliertes Implementierungscontrollingsystem unrealistisch, weil unwirtschaftlich erscheint. Unter Wirtschaftlichkeitsgesichtspunkten kann daher ein Implementierungscontrolling nie die gleichen Ansprüche wie das Routine-Controlling erfüllen. An einigen Stellen dieser Arbeit wurde darauf hingewiesen, daß mit einem entsprechenden Ressourcenaufwand eine größere Genauigkeit bei der Ermittlung von Kosten oder Nutzengrößen erreichbar wäre. Auch ließen sich durch sehr detaillierte Analysen verbesserte Kausalbeziehun-

---

2   vgl. Landsberg/Mayer (1988)

gen zwischen Implementierungsparametern und Ergebnisgrößen der Restrukturierung aufstellen. In der Regel würde dies allerdings dazu führen, daß zum einen die bereits beschriebene Gefahr der Technokratisierung wächst und zum anderen der Aufwand für ein Implementierungscontrolling nicht mehr durch den zu erwartenden Nutzen gedeckt würde. Insofern kann durch die Einbeziehung qualitativer Größen und einer gewissen "Hemdsärmeligkeit" bei der Ermittlung von Daten sowohl der Wirtschaftlichkeit des Implementierungscontrolling gedient werden als auch der Gefahr einer unkritischen Übernahme scheinbar objektiver und unfehlbarer Controllinginformationen für die Entscheidungsfindung entgegengewirkt werden. Wichtig ist allerdings, daß auch die weniger präzisen Daten immer intersubjektiv nachvollziehbar, d.h. nach definierten und akzeptierten Methoden ermittelt werden und sich am konkreten Entscheidungsproblem sowie am spezifischen Implementierungszielsystem ausrichten.

Aus dem Spannungsfeld von Genauigkeit und Wirtschaftlichkeit, in dem sich das Implementierungscontrolling - ebenso wie auch das Routine-Controlling - bewegt, lassen sich auch einige der Herausforderungen an diesen Ansatz ableiten.

IV.3   ZUKÜNFTIGE HERAUSFORDERUNGEN FÜR EIN IMPLEMENTIERUNGSCONTROLLING

In erster Linie muß die weitere Forschung zu einem Implementierungscontrolling eine empirische Überprüfung der Leistungsfähigkeit des Gesamtkonzepts und des vorgestellten Instrumentariums vornehmen. Die in dieser Arbeit entwickelten Gedanken und Hypothesen lassen die erforderlichen empirischen Untersuchungen zu.

Im Hinblick auf eine Weiterentwicklung des hier vorgestellten Ansatzes eines Implementierungscontrolling müssen zukünftig noch Ansätze für eine verbesserte Quantifizierung von Nutzengrößen entwickelt werden, da diese in Implementierungsprozessen besonders schwer faßbar sind und sie dementsprechend in der vorliegenden Arbeit oft lediglich als zu schätzende Nutzwerte erwähnt werden konnten. Hier muß vor allem geklärt werden, welche Möglichkeiten es für die Entwicklung von Kostenäquivalenten gibt, um Kosten- und Nutzengrößen "gleichnamig" zu machen. Sowohl das Rechnen mit Transaktionskosten, die institutionelle Arrangements quantitativ abbilden als auch Überlegungen zu einer Differenzzahlenrechnung, mit der schwer faßbare Verbundbeziehungen in strategischen Fragestellungen erfaßt werden sollen, weisen die Richtung.[3]

Parallel hierzu muß untersucht werden, wie sich Bewertungen von Implementierungsmaßnahmen auch mit nicht-monetären Kennzahlen durchführen lassen. Dabei könnten z.B. mehrdimensionale Zielsysteme nach Art einer Balanced Scorecard[4] für Implementierungszwecke entwickelt werden. Aus diesen Bewertungen könnten dann auch konkrete Zielvorgaben für einzelne Implementierungsverantwortliche abgeleitet werden. Dies könnte die Diffusion der Philosophie und der konkreten Steuerungsinformationen eines Implementierungscontrolling verbessern und beschleunigen.

Eine weitere zentrale Herausforderung für das Implementierungscontrolling stellt die Art und das Ausmaß seiner Integration mit dem bereits in einem Unternehmen vorhandenen Controllingsystem dar. Dadurch wird determiniert, wie schnell und mit welchem Aufwand der vorgestellte Ansatz zum Einsatz kommen kann. Während Instrumente des Planungs- und Kontrollsystems häufig mit geringen Modifikationen direkt für die Zwecke eines Implementierungscontrolling eingesetzt werden können, stellt die informationelle Basis eine besondere Integrationsschwierigkeit dar, weil sowohl bei der Fristigkeit als auch den Bezugsobjekten und der Aggregationsstufe der Informationen Unterschiede zwischen Implementierungs- und

---

3   vgl. Holzwarth (1993)
4   vgl. Kaplan/Norton (1992); Kaplan/Norton (1996)

Routine-Controlling erwachsen. Dies Unterschiede sind zudem systemimmanent, d.h. sie ergeben sich aus den unterschiedlichen Zwecken, die mit beiden Systemen verfolgt werden (z.B.
periodengerechte Verrechnung von Kosten auf Kostenträger vs. Kostenzurechnung auf den
Lebenszyklus eines Projekts). Die Herausforderungen, denen sich bei Einsatz des Implementierungscontrolling das IV-System einer Unternehmung gegenübersieht, sollte als Chance ergriffen werden, die informationelle Basis des Controlling zweckneutraler zu gestalten. Dies
könnte sich auch positiv auf die Weiterentwicklung des Routine-Controlling auswirken, indem z.B. vermehrt auch strategische Fragestellungen ("strategische Kostenrechnung") Berücksichtigung fänden.

Ein besonderes Augenmerk sollte zukünftig auch auf die Frage nach der organisatorischen
Einbindung eines Implementierungscontrolling gelegt werden. Zum einen handelt es sich dabei um die Frage, ob das Implementierungscontrolling außerhalb der Projektorganisation stehen soll und damit ein hohes Maß an Unabhängigkeit gegenüber dem Implementierungssy-
stem aufweist, ob es als Teil der Suprastruktur konkrete Steuerungsaufgaben übernehmen soll
oder ob es schließlich in die Basis- oder Infrastruktur des Implementierungsprojekts integriert
werden muß, um so ein Höchstmaß an Nähe zu den täglichen Optimierungsproblemen der
Projektarbeit zu bekommen.

Nicht zuletzt aufgrund der Grenzen, die dem Implementierungscontrolling durch Wirtschaftlichkeitsüberlegungen gesetzt sind, müssen Implementierungsprojekte eine Klassifizierung
erfahren, die klärt, für welche Projekte der Einsatz eines Implementierungscontrolling überhaupt sinnvoll, d.h. wirtschaftlich ist. Auch wenn von konzeptioneller Seite keine Einschränkung des Ansatzes erforderlich ist (vgl. Kap. IV.1), muß doch verhindert werden, daß "mit
Kanonen auf Spatzen geschossen" wird. Als Klassifikationskriterium reicht aber keineswegs
eine bloße Abschätzung des vermuteten Implementierungsbudgets oder die Anzahl der betroffenen Mitarbeiter. Vielmehr sollte verstärkt versucht werden, eine Typologie von Implementierungsprozessen auf der Basis ihrer jeweiligen Erfolgsfaktoren zu entwickeln. Eine Konzentration des Instrumentariums eines Implementierungscontrolling auf die jeweiligen Erfolgsfaktoren könnte dann in vielen Fällen ausreichen. Ein Implementierungscontrolling würde sich
dann z.B. auf die Optimierung der Implementierungsmaßnahmen in einer kleinen Piloteinheit
oder bei einer bestimmten Mitarbeitergruppe beschränken.

LITERATURVERZEICHNIS

Abell, D.F. (1980), Defining the Business. The Starting Point of Strategic Planning, Englewood Cliffs, N.J. 1980

Abrell, R. (1985), Outplacement Counseling in Education, in: Clearing House, 58, 1985, 6, S. 248 - 250

Abt, J., Tschirky, H., Kohler, O. (1992), Zeit. Eine neue strategische Größe der Unternehmensführung, Zürich 1992

Ackermann, K.-F. (1990), Arbeitszeitmanagement im "Kritischen Erfolgsfaktoren-Konzept" der strategischen Unternehmensführung, in: Ackermann, K.-F., Hofmann, M. (Hrsg., 1990), S. 5 - 28

Ackermann, K.-F. (1994), Die Personalabteilung am Scheideweg, in: Ackermann, K.-F. (Hrsg., 1994), S. 3 - 21

Ackermann, K.-F. (Hrsg., 1991), Personalmanagement für die 90er Jahre, Stuttgart 1991

Ackermann, K.-F. (Hrsg., 1994), Reorganisation der Personalabteilung, Stuttgart 1994

Ackermann, K.-F., Blumenstock, H. (1993), Personalmanagement in mittelständischen Unternehmen. Neubewertung und Weiterentwicklungsmöglichkeiten im Lichte neuerer Forschungsergebnisse, in: Ackermann, K.-F., Blumenstock, H. (Hrsg., 1993), S. 3 - 70

Ackermann, K.-F., Blumenstock, H. (Hrsg., 1993), Personalmanagement in mittelständischen Unternehmen, Stuttgart 1993

Ackermann, K.-F., Danert, G., Horváth, P. (Hrsg. 1989), Personalmanagement im Wandel, Stuttgart 1989

Ackermann, K.-F., Hofmann, M. (1988), Systematische Arbeitszeitgestaltung. Handbuch für ein Planungskonzept, Köln 1988

Ackermann, K.-F., Hofmann, M. (Hrsg., 1990), Innovatives Arbeitszeit- und Betriebszeitmanagement, Frankfurt 1990

Adam, D. (1979), Kostendegressionen und -progressionen, in: Kern, W. (Hrsg., 1979), Handwörterbuch der Produktionswirtschaft, Stuttgart 1979, Sp. 939 - 955

Adam, D. (1996), Planung und Entscheidung. Modelle, Ziele, Methoden, 4. Aufl., Wiesbaden 1996

Aggteleky, B., Bajna, N. (1992), Projektplanung, München, Wien 1992

Agthe, K. (1961), Unternehmenswachstum und Unternehmensorganisation, in: Schnaufer, E., Agthe, K. (Hrsg., 1961), Organisation, Berlin, Baden-Baden 1961, S. 463 - 485

AK Organisation der Schmalenbach-Gesellschaft/Deutsche Gesellschaft für Betriebswirtschaft e.V. (1996), Organisation im Umbruch. (Was) Kann man aus den bisherigen Erfahrungen lernen, in: ZfbF, 48, 1996, 6, S. 621 - 665

Albach, H. (1988), Kosten, Transaktionen und externe Effekte im betrieblichen Rechnungswesen, in: ZfB, 58, 1988, S. 1143 - 1179

Alchian, A.A., Woodward, S. (1988), The Firm is Dead; Long Live the Firm. A Review for Oliver E. Williamson's "The Economic Institutions of Capitalism", in: Journal of Economic Literature, 26, 1988, March, S. 65 - 79

Allanson, S.P. (1985), Interne Beratung - Strukturen, Formen, Arbeitsweisen, St. Gallen 1985

Allison, G.T. (1975), Implementation Analysis: "The Missing Chapter" in Conventional Analysis. A Teaching Experience, in: Zeckhauser, R. (Hrsg., 1975), Benefit Costs and Policy Analysis, Chicago 1975, S. 369 ff.

Allport, F.H. (1969), Institutional Behavior - Essays Toward a Re-Interpreting of Contemporary Social Organization, New York 1969

Ambrosy, R. (1982), Personalplanung bei variabler Organisationsstruktur, Frankfurt/M., Bern 1982

Anderson, E., Weitz, B.A. (1986), Make-or-Buy Decisions: Vertical Integration and Marketing Productivity, in: Sloan Management Review, 37, 1986, 1, S. 3 - 19

Ansoff, H.I. (1980), Strategic Management, London 1980

Anthony, W.P. (1978), Participative Management, Reading, Mass. 1978

Antle, R., Eppen, G. (1985), Capital Rationing and Organizational Slack in Capital Budgeting, in: Management Science, 1985, February, S. 163 - 174

Antle, R., Fellingham, J. (1990), Resource Rationing and Organizational Slack in a Two-Period Model, in: Journal of Accounting Research, 28, 1990, 1, S. 1 - 24

Arbeitskreis Hax der Schmalenbachgesellschaft (1983), Die Produktprogrammpolitik der Unternehmung, in: ZfbF-Sonderheft, 1983, Nr. 15, S. 96 - 109

Argyris, Ch. (1953), Human Problems with Budgets, in: Harvard Business Review, 31, 1953, 1, S. 97 - 110

Argyris, Ch. (1964), On Consulting, in: Interpersonal Dynamics, 1964, S. 702 ff.

Armbrecht, W. (1992), Innerbetriebliche Public Relations, Opladen 1992

Arnold, R. (1996), Von der Erfolgskontrolle zur entwicklungsorientierten Evaluierung, in: Münch, J. (Hrsg., 1996), Ökonomie betrieblicher Bildungsarbeit, Berlin 1996, S. 251 - 267

Arrow, K.J. (1985), The Economics of Agency, in: Pratt, J.W., Zeckhauser, R.J. (Hrsg., 1985), Principals and Agents: The Structure of Business, Boston 1985, S. 37 - 51

Askvik, S. (1992), Choosing Consultants for OD assignments. Paper presented to the International Organization Development Association World Conference, University of Coventry, November 1992

Astley, W.G. (1978), Sources of Power in Organizational Life, Washington 1978

Back-Hock, A. (1988), Lebenszyklusorientiertes Produktcontrolling: Ansätze zur computergestützten Realisierung mit einer Rechnungswesen-Daten- und Methodenbank, Berlin, Heidelberg, New York 1988

Back-Hock, A. (1992), Produktlebenszyklusorientierte Ergebnisrechnung, in: Männel, W. (Hrsg., 1992), Handbuch Kostenrechnung, Wiesbaden 1992, S. 703 - 714

Bailey, T. (1980), Industrial Outplacement at Goodyear, in: Personnel Administrator, 25, 1980, 3, S. 42 - 45

Baker, J.K., Schaffer, R.H. (1969), Making Staff Consulting More Effective, in: Harvard Business Review, 47, 1969, 1, S. 62 - 71

Ballwieser, W. (1993), Methoden der Unternehmensbewertung, in: Gebhardt, G., Gerke, W., Steiner, M. (Hrsg., 1993), Handbuch des Finanzmanagements, München 1993, S. 151 - 176

Bardeleben, R.v., Böll, G., Kühn, H. (1986), Strukturen betrieblicher Weiterbildung. Ergebnisse einer empirischen Kostenuntersuchung, Berlin, Bonn 1986

Bass, F.M. (1969), A New Product Growth Model for Consumer Durables, in: Management Science, 15, 1969, S. 215 - 227

Bauer, R. (1992), Coaching, in: Die Betriebswirtschaft, 52, 1992, 5, S. 697 - 701

Baur, C. (1990), Make-or-Buy-Entscheidungen in einem Unternehmen der Automobilindustrie, München 1990

Baytos, L. (1986), The Human Side of Acquisitions and Divestitures, in: HRP, 9, 1986, 4, S. 167 - 175

Becker, G.M. (1995), Shareholder Value Analysis als Instrument der strategischen Planung, in: WISU, 1995, 2, S. 122 - 124

Becker, M. (1995), Bildungscontrolling. Möglichkeiten und Grenzen aus wissenschafts-
theoretischer und bildungspraktischer Sicht, in: Landsberg, G.v., Weiß, R. (Hrsg., 1995),
Bildungscontrolling, 2. Aufl., Stuttgart 1995, S. 57 - 80

Beckhard, R. (1969), Organization Development: Strategies and Models, Reading/Mass. 1969

Behrens, B., Bierach, B. (1996), Kehrwoche in Stuttgart, in: Wirtschaftswoche, 1996, Nr. 43
v. 17.10.1996, S. 138 - 145

Behrens, G. (1976), Werbewirkungsanalyse, Opladen 1976

Bendixen, P. (1980), Der theoretische und pragmatische Anspruch der Organisationsentwicklung, in: Die Betriebswirtschaft, 40, 1980, S. 187 - 203

Benne, K.D. (1975), Einige moralische Probleme bei der Beratung von Gruppen und Organisationen, in: Bennis, W.G., Benne, K.D., Chin, R. (Hrsg., 1975), Änderung des Sozialverhaltens, Stuttgart 1975, S. 501 - 514

Bennis, W.G. (1969), Organization Development: It's Nature, Origins, and Prospects,
Reading/Mass. 1969

Bennis, W.G., Benne, K.D., Chin, R. (Hrsg. 1975), The planning of change, 4. Aufl., New
York 1984; deutsche Übersetzung: Änderung des Sozialverhaltens, Stuttgart 1975

Berekoven, L. (1983), Der Dienstleistungsmarkt in der Bundesrepublik Deutschland, Band 1,
Göttingen 1983

Berger, R. (1989), Consulting aus der Sicht eines Multispezialisten, in: Meffert, H., Wagner,
H. (Hrsg., 1989), Unternehmensberatung - Was bringt Consulting, Arbeitspapier Nr. 51,
Münster 1989, S. 35 - 46

Berkowsky, W. (1985), Die betriebsbedingte Kündigung. Eine umfassende Darstellung unter
Berücksichtigung des Betriebsverfassungsgesetz und des Arbeitsgerichtsverfahrens,
2. Aufl., München 1985

Berndt, R. (1978), Optimale Werbeträger- und Werbemittelselektion, Wiesbaden 1978

Bickel, W. (1981), Über den Umgang mit Beratern, in: ZfO, 50, 1981, S. 43 - 46

Bierach, B. (1995), Wie ein Hans Dampf, in: Wirtschaftswoche, 1995, Nr. 46 v. 9.11.1995,
S. 116 - 125

Bischoff, J. (1994), Das Shareholder Value-Konzept. Darstellung-Probleme-Handhabungs-
möglichkeiten, Wiesbaden 1994

Black, F., Scholes, M. (1973), The Pricing of Options and Corporate Liabilities, in: Journal of
Political Economies, 81, 1973, 3, S. 637 - 659

Blake, R.R., Mouton, J.S. (1964), The Managerial Grid, Houston 1964

Blake, R.R., Mouton, J.S. (1976), Consultation, Reading/Mass. u.a. 1976

Bleicher, K. (1976), Unternehmungsentwicklung und Organisationsplanung, in: ZfO, 45, 1976, S. 4 - 12

Bleicher, K. (1979), Unternehmungsentwicklung und organisatorische Gestaltung, Stuttgart, New York 1979

Bleicher, K. (1991), Organisation. Strategien - Strukturen - Kulturen, 2. Aufl., Wiesbaden 1991

Blohm, H., Lüder, K. (1995), Investition, 8. Aufl., Stuttgart 1995

Blunck, Th. (1993), Funktionen und Gestaltung institutionalisierter interner Beratungsleistungen, Bern, Berlin, Frankfurt/M. u.a. 1993

BMW (1995), Geschäftsbericht der BMW AG. Geschäftsjahr 1994, München 1995

BMW (1996), Geschäftsbericht der BMW AG. Geschäftsjahr 1995, München 1996

Böcker, F. (1988), Marketing-Kontrolle, Stuttgart u.a. 1988

Böcker, F. (1996), Marketing, 6. Aufl., Stuttgart, New York 1996

Böckly, W. (1995), Personalanpassung, Ludwigshafen 1995

Boehm, B.W. (1981), Software Engineering Economics, Englewood Cliffs, N.J. 1981

Bohnert, W., Klitzsch, W. (1980), Gesellschaftliche Selbstregulierung und staatliche Steuerung. Steuerungstheoretische Anmerkungen zur Implementation politischer Programme, in: Mayntz, R. (Hrsg., 1980), Implementation politischer Programme, Königstein 1980, S. 200 ff.

Bonin, J., Marcus, A. (1979), Information, Motivation, and Control in Decentralized Planning: The Case of Discretionary Managerial Behavior, in: Journal Comparative Economics, 1979, September, S. 235 - 253

Born, J. (1995), Teilzeit oder Übervollzeit?, in: Personalwirtschaft, 1995, 10, S. 41 - 42

Börsig, C. (1993), Unternehmenswert und Unternehmensbewertung, in: ZfbF, Heft 1, S. 79 - 91

Bösenberg, D., Metzen, H. (1995), Lean Management. Vorsprung durch schlanke Konzepte, 5. Aufl., Landsberg/Lech 1995

Bosetzky, H. (1978), Interne Machtverteilung und Chancen von organisatorischen Änderungen, in: ZfO, 1978, 4, S. 219 - 227

Botta, V. (1996a), Kennzahlen, in: Schulte, Ch. (Hrsg., 1996), Lexikon des Controlling, München, Wien 1996, S. 404 – 409

Botta, V. (1996b), Kennzahlensysteme, in: Schulte, Ch. (Hrsg., 1996), Lexikon des Controlling, München, Wien 1996, S. 409 - 416

Bourgeois III, L.J. (1981), On the Measurement of Organizational Slack, AMR, 6, 1981, 1, S. 29 - 39

Bourgeois, L.J., Brodwin, D.R. (1984), Strategic Implementation, in: Strategic Management Journal, 5, 1984, S. 241 - 264

Böventer, E.v. (1995), Einführung in die Mikroökonomie, 8. Aufl., Wien, München 1995

Bracht, R., Kalmbach, A. (1995), Einführung von Bildungscontrolling, in: Personal, 1995, 1, S. 26 - 30

Brandstätter, G. (1991), Organisationsmarketing, Wien 1991

Brealey, R.A., Myers, St.C. (1996), Principles of Corporate Finance, 5. Aufl., New York 1996

Bridges, W. (1995), Managing Transitions. Making the Most of Change, London 1995

Brockhoff, K. (1994), Forschung und Entwicklung - Planung und Kontrolle, 4. Aufl., München, Wien 1994

Brockner, J., Grover, St., Reed, Th., Fewitt, R., O'Malley, M. (1987), Survivor's Reactions to Layoffs: We Get by with a Little Help for Our Friends, in: Administrative Science Quarterly, 32, 1987, S. 526 - 541

Bronner, R., Schröder, W. (1983), Weiterbildungserfolg, München 1983

Brose, P., Corsten, H. (1983), Partizipation in der Unternehmung, München 1983

Brück, F. (1995), Make versus Buy: The Wrong Decisions Cost, in: McKinsey Quarterly, 1995, 1, S. 28 - 47

Bruhn, M. (1995a), Internes Marketing als Baustein der Kundenorientierung, in: Die Unternehmung, 1995, 6, S. 381 - 402

Bruhn, M. (1995b), Internes Marketing als Forschungsgebiet der Marketingwissenschaft, in: Bruhn, M. (Hrsg., 1995), Internes Marketing. Integration der Kunden- und Mitarbeiterorientierung, Wiesbaden 1995, S. 13 - 61

Bruhn, M. (1995c), Verfahren zur Messung der Qualität interner Dienstleistungen. Ansätze für einen Methodentransfer aus dem (externen) Dienstleistungsmarketing, in: Bruhn, M. (Hrsg., 1995), Internes Marketing. Integration der Kunden- und Mitarbeiterorientierung, Wiesbaden 1995, S. 611 - 649

Bruhn, M. (Hrsg., 1989), Handbuch des Marketing, München 1989

Bruhn, M. (Hrsg., 1995), Internes Marketing. Integration der Kunden- und Mitarbeiterorientierung, Wiesbaden 1995

Buch, J. (1991), Entscheidungsorientierte Projektrechnung, Frankfurt/M. u.a. 1991

Buchanan, J.M., Tullock, G. (1962), The Calculus of Consent, Ann Arbor 1962

Buchner, R. (1994), Zum Shareholder Value-Ansatz, in: WiSt, 1994, 10, S. 513 - 516

Büchs, M.J. (1991), Zwischen Markt und Hierarchie - Kooperationen als alternative Koordinationsform, in: ZfB, 61, 1991, Ergänzungsheft 1, S. 1 - 37

Bühner, R. (1990): Das Management-Wert-Konzept, Strategien zur Schaffung von mehr Wert im Unternehmen, Stuttgart

Bühner, R., Tuschke, A. (1997), Outsourcing, in: Die Betriebswirtschaft, 57, 1997, 1, S. 20 - 30

Bullinger, H.-J., Stiefel, K.-P. (1997), Unternehmungskultur und Implementierungsstrategien, in: Nippa, M., Scharfenberg, H. (Hrsg., 1997), Implementierungsmanagement. Über die Kunst, Reengineeringkonzepte erfolgreich umzusetzen, Wiesbaden 1997, S. 133 - 154

Bundesanstalt für Arbeit (1996), Merkblatt über Kurzarbeitergeld, Nürnberg 1996

Bürgel, H.D. (1989), Projektcontrolling. Planung, Steuerung und Kontrolle von Projekten, in: Controlling, 1, 1989, 1, S. 4 - 9

Bürgel, H.D. (1996), Projektcontrolling, in: Schulte, Ch. (Hrsg., 1996), Lexikon des Controlling, S. 626 - 630

Burghardt, M. (1995), Projektmanagement, 3. Aufl., Berlin, München 1995

Burke, S. (1994), European Growth Rates Hit Bottom, in: Management Consultant International, 1994, August, S. 10 - 15

Cameron, K.S., Freeman, S.J., Mishra, A.K. (1991), Best Practices in White-Collar Downsizing: Managing Contradictions, in: Academy of Management Executive, 5, 1991, 3, S. 57 - 73

Cantin, F., Thom, N.: Innerbetriebliche Kommunikation, in: ZFO, 1992, 5, S. 287 - 292

Capital (1993), Deutsche Konzerne auf Diät, in: Capital, 1993, 9, S. 206 - 215

Caplan, E.H. (1988), Behavioral Accounting Research - An Overview, in: Ferris, K.R. (Hrsg., 1988), Behavioral Accounting Research: A Critical Analysis, Columbus/Ohio 1988, S. 3 - 11

Chalos, P. (1995), Costing, Control, and Strategic Analysis in Outsourcing Decisions, in: Journal of Cost Management, 1995, Winter, S. 31 - 37

Chin, R., Benne, K.D. (1975), Strategien zur Veränderung sozialer Systeme, in: Bennis, W.G., Benne, K.D., Chin, R. (Hrsg., 1975), Änderung des Sozialverhaltens, Stuttgart 1975, S. 43 – 78

Chmielewicz, K. (1994), Forschungskonzeptionen der Wirtschaftswissenschaft, 3. Aufl., Stuttgart 1994

Churchman, C.W. (1968), Challenge to Reason, New York 1968

Clark, K.B., Fujimoto, T. (1992), Product Development Performance, Boston, Mass. 1992

Clark, T. (1993), The Market Provision of Management Services, Information Asymmetries and Service Quality - Some Market Solutions. An Empirical Example, in: British Journal of Management, 4, 1993, S. 235 - 251

Clark, T. (1995), Managing Consultants, Buckingham, Philadelphia 1995

Clarke, R.O., Fatchett, D.J., Roberts, B.C. (1972), Worker's Participation in Management in Britain, London 1972

Clausius, E.H.J. (1993), Controlling in Forschung und Entwicklung, Frankfurt/M. u.a. 1993

Clauss, M. (1989), Die Strategie der Implementierung in der Unternehmung, Pfaffen-weiler 1989

Coch, L., French, J.R. (1948), Overcoming Resistance to Change, in: Human Relations, 1, 1948, S. 512 - 532

Coenenberg, A., Fischer, Th.M. (1996), Kostenrechnung und Controlling, in: Schulte, Ch. (Hrsg., 1996), Lexikon des Controlling, München, Wien 1996, S. 456 - 460

Comelli, G. (1995), Organisationsentwicklung, in: Rosenstiel, L.v., Regnet, E., Domsch, M. (Hrsg., 1995), Führung von Mitarbeitern, 3. Aufl., Stuttgart 1995, S. 587 - 607

Copeland, Th.E., Koller, T., Murrin, J. (1995), Valuation. Measuring and Managing the Value of Companies, 2. Aufl., New York 1995

Corsten, H. (1993), Dienstleistungsproduktion, in: Wittmann, W., Kern, W., Köhler, R., Küpper, H.-U., Wysocki, K.v. (Hrsg., 1993), Handwörterbuch der Betriebswirtschafts-lehre, Band 1, 5. Aufl., Stuttgart 1993, Sp. 765 - 775

Corsten, H. (Hrsg., 1995), Lexikon der Betriebswirtschaftslehre, 3. Auflage, München, Wien 1995

Corsten, H., Reiß, M. (Hrsg., 1996), Betriebswirtschaftslehre, 2. Auflage, München, Wien 1996

Corsten, H., Will, Th. (Hrsg., 1993), Lean Production - schlanke Produktionsstrukturen als Erfolgsfaktor, Stuttgart, Berlin, Köln 1993

Cotton, J.L., Vollrath, D.A., Froggatt, K.L., Lengnick-Hall, M.L., Jennings, K.R. (1988), Employee Participation: Diverse Forms and Different Outcomes, in: Academy of Management Review, 13, 1988, 1, S. 8 – 22

Cotton, J.L., Vollrath, D.A., Lengnick-Hall, M.L., Froggatt, K.L. (1990), Fact: The Form of Participation Does Matter - A Rebuttal to Leana, Locke, and Schweiger, in: Academy of Management Review, 15, 1990, 1, S. 147 - 153

Cramer, B. (1987), Marketing für innerbetriebliche Weiterbildungsleistungen, Frankfurt/M. u.a. 1987

Cristofolini, P.M. (1989), Verkaufsförderung als Baustein der Marketingkommunikation, in: Bruhn, M. (Hrsg., 1989), S. 454 - 472

CSC Index (1994), State of Reengineering Report. Executive Summary, Cambridge, Mass. 1994

Cummings, Th.G., Huse, E.F. (1989), Organization Development and Change, 4. Aufl., St. Paul u.a. 1989

Cyert, R.M., March, J.G. (1963), A Behavioral Theory of the Firm, Englewood Cliffs, N.J. 1963

DASA (1996), Unterlagen der Öffentlichkeitsarbeit, München 1996

Däumler, K.-D. (1995), Eigenfertigung oder Fremdbezug - Wegweiser zur Entscheidungsfindung, in: Bilanz & Buchhaltung, 1995, 7/8, S. 279 - 287

Davenport, Th.H. (1994), Process Innovation. Reengineering Work through Information Technology, Boston/Mass. 1994

Davey, N.G. (1971), The Consultant's Role in Organizational Change, in: MSU Business Topics, 1971, Spring

Davis, G.F., Stout, S.K. (1992), Organization Theory and the Market for Corporate control. A Dynamic Analysis of the Characteristics of Large Takeover Targets - 1980 - 1990, in: Administrative Science Quarterly, 37, 1992, 4, S. 605 - 633

Davis, S.M. (1989), Mass Customizing, in: Planning Review, 18, 1989, 4, S. 16 - 21

Dawes, P.C., Dowling, G.R., Patterson, P.G. (1992), Criteria Used to Select Management Consultants, in: Industrial Marketing Management, 21, 1992, S. 187 - 193

DeGeus, A. (1988), Planning as Learning. At Shell, Planning Means Changing Minds, Not Making Plans, in: Harvard Business Review, 1988, March/April, S. 70 - 74

Dellmann, K., Pedell, K.L. (Hrsg., 1994), Controlling von Produktivität, Wirtschaftlichkeit und Ergebnissen, Stuttgart 1994

Deusinger, P. (1993), Bildungscontrolling als ganzheitliches System, in: Jahrbuch Weiterbildung 1993, Düsseldorf 1993, S. 206 - 208

Deutsch, Ch. (1996), Stochern im Nebel, in: Wirtschaftswoche, 1996, Nr. 26 v. 20.6.1996, S. 86 – 87

Dhallah, N.K., Yuspeh, S. (1976), Forget the Product Life Cycle Concept, in: Harvard Business Review, 54, 1976, 1, S. 102 - 112

Diebold (1994), Fit aus der Krise. Hat die deutsche Wirtschaft die richtigen Weichen gestellt?, Studie der Diebold Deutschland GmbH, Eschborn 1994

Dieterle, W.K.M. (1983), Betriebliche Weiterbildung. Problemfelder und Konzeptionen, Göttingen 1983

Diller, H. (1995), Beziehungs-Marketing, in: WiSt, 1995, 9, S. 442 - 448

Diller, H., Kusterer, M. (1988), Beziehungsmanagement. Theoretische Grundlagen und praktische Befunde, in: Marketing-ZFP, 10, 1988, S. 211 - 226

Ditec (1996), Unternehmensporträt, München 1996

Domsch, M.E. (1980), Systemgestützte Personalarbeit, Wiesbaden 1980

Domsch, M.E., Ladwig, D.H., Siemers, S. (1995), Innovation durch Partizipation, Stuttgart 1995

Domsch, M.E., Reineke, P. (1982), Partizipative Personalentwicklung, in: ZfbF, Sonderheft 14, Wiesbaden 1982, S. 64 - 81

Domsch, M.E., Reineke, P. (1989), Bewertungstechniken, in: Szyperski, N. (Hrsg., 1989), Handwörterbuch der Planung, Stuttgart 1989, Sp. 143 - 155

Done, K. (1994), A formidable challenge still, in: Financial Times, 1994 v. 4.10.1994, S. II

Dorau, D. (1996), Lernteams: Lernen in der Organisation, in: Personalführung, 1996, 5, S. 368 - 377

Dörle, M., Grimmeisen, M. (1995), Fit For Customer bei Alcatel SEL - Konzept und Implementierung, in: ZFO, 64, 1995, 5, S. 310 - 315

Downs, A. (1957), An Economic Theory of Democracy, New York 1957

Droege, M. (1995), Gleitzeit ohne Kernzeit, in: Personalwirtschaft, Supplement Zeitwirtschaft, 1995, 12, S. 31 - 33

Drumm, H.J. (1995), Personalwirtschaftslehre, 3. Aufl., Berlin, Heidelberg, New York u.a. 1995

Dunk, A.S. (1990), Budgetary Participation, Agreement on Evaluation Criteria and Managerial Performance: A research note, in: Accounting, Organizations and Society, 15, 1990, 3, S. 171 - 178

Dunk, A.S. (1993), The Effect of Budget Emphasis and Information Asymmetry on the Relation between Budgetary Participation and Slack, in: Accounting Review, 68, 1993, 2, S. 400 – 410

Dunk, A.S. (1995), The Joint Effects of Budgetary Slack and Uncertainty on Submit Performance, in: Accounting & Finance, 35, 1995, 2, S. 61 - 75

Dutton, J.E., Ashford, S.J. (1993), Selling Issues to Top Management, in: Academy of Management Review, 18, 1993, 3, S. 397 - 428

Dyllick, Th. (1984), Erfasen der Umweltbeziehungen der Unternehmung, in: io Management Zeitschrift, 53, 1984, 2, S. 74 - 78

Ebers, M., Gotsch, W. (1995), Institutionenökonomische Theorie der Organisation, in: Kieser, A. (Hrsg., 1995), Organisationstheorien, 2. Aufl., Stuttgart 1995, S. 185 - 235

Ehmann, H.-M. (1994), So wird die Krise zur Chance, in: Personalführung, 1994, 1, S. 8 - 15

Eilhauer, H.-D. (1993), F&E-Controlling, Wiesbaden 1993

Einsiedler, H.E., Streich, R.K. (1995), Organisationsentwicklung im Führungszusammenhang, in: Rosenstiel, L.v., Regnet, E., Domsch, M. (Hrsg., 1995), Führung von Mitarbeitern. Handbuch für erfolgreiches Personalmanagement, 3. Aufl., 1995, S. 101 - 109

Eisenführ, F., Weber, M. (1994), Rationales Entscheiden, 2. Aufl., Berlin, Heidelberg, New York u.a. 1994

Elfgen, R., Klaile, B. (1987), Unternehmensberatung. Angebot, Nachfrage, Zusammenarbeit, Stuttgart 1987

Elschen, R. (1991), Gegenstand und Anwendungsmöglichkeiten der Agency-Theorie, in: ZfbF, 43, 1991, 11, S. 1002 - 1012

Engelen-Kefer, U. (1992), Kurzarbeit, in: Gaugler, E., Weber, W. (Hrsg., 1992), Handwörterbuch des Personalwesens, 2. Aufl., Stuttgart 1992, Sp. 1191 - 1202

Engelhard, J., Wonigeit, J. (1989), Ökonomische Analyse von Selektionsstrategien in der Personalbeschaffung, in: Die Betriebswirtschaft, 49, 1989, S. 321 - 336

Etzioni, A. (1961), Industrial Sociology: The Study of Economic Organizations, in: Etzioni, A. (Hrsg., 1961), Complex Organizations, New York u.a. 1961, S. 130 - 141

Ewert, R. (1996), Kostenrechnungssysteme, in: Schulte, Ch. (Hrsg., 1996), Lexikon des Controlling, München, Wien 1996, S. 453 - 456

Ewert, R., Wagenhofer, A. (1995), Interne Unternehmensrechnung, 2. Aufl., Berlin, Heidelberg 1995

Exner, A., Königswiesner, R., Titscher, St. (1987), Unternehmensberatung - systemisch, in: DBW, 47, 1987, 3, S. 265 - 284

Falk, R. (1982), Kosten der betrieblichen Aus- und Weiterbildung, in: Göbel, U., Schlaffke, W. (Hrsg., 1982), Berichte zur Bildungspolitik 1982/83 des Instituts der deutschen Wirtschaft, Köln 1982, S. 63 – 172

Faller, M. (1993), Innere Kündigung. Ursachen und Folgen, 2. Aufl., München, Mering 1993

Fallgatter, M. (1995), Grenzen der Schlankheit: Lean Management braucht Organizational Slack, in: ZFO, 64, 1995, 4, S. 215 - 220

Farrell, J. (1994), A Practical Guide for Implementing Reengineering, in: Planning Review, 1994, March/April, S. 40 - 45

Feggeler, A., Schuhmann, R. (1993), Effiziente Einführung von Gruppenstrukturen in der Produktion, in: REFA-Nachrichten, 46, 1993, 6, S. 11 - 18

Feige, U., Feige, W. (1995), Lean-Management lernen, in: Schwuchow, K., Gutmann, J. (Hrsg., 1995), Jahrbuch Weiterbildung 1995, 5. Jg., Düsseldorf 1995, S. 144 - 147

Feige, W. (1993), Bildungscontrolling - Anspruch und Wirklichkeit, in: Personal, 1993, 11, S. 515 - 519

Festinger, L. (1954), A Theory of Social Comparison Processes, in: Human Relations, 7, 1954, S. 117 - 140

Fickert, R. (1992), Shareholder Value - Ansatz zur Bewertung von Strategien, in: Weilenmann, P., Fickert, R. (Hrsg., 1992), Strategie-Controlling in Theorie und Praxis, Bern, Stuttgart 1992, S. 47 - 92

Fiedler, F.E. (1967), A Theory of Leadership Effectiveness, New York u. a. 1967

Fieten, R. (1979), Der Einsatz externer Berater bei der organisatorischen Gestaltung, in: ZfO, 48, 1979, S. 395 - 400

Fischer, F.W. (1983), Kernprobleme des Personalabbaus, in: Die Betriebswirtschaft, 36, 1983, S. 284 - 288

Fischer, H. (1971), Widerstand gegen Veränderungen in der Unternehmung als Führungsproblem, in: Bühlmann, R., Fischer, H., Lattmann, Ch., Ries, H. (Hrsg., 1971), Psychologie in Betrieb, Schule, Berufsberatung und Umwelt, Bern 1971, S. 11 - 26

Fischer, M. (1992), Make-or-Buy-Entscheidungen im Marketing, Wiesbaden 1992

Fischer, Th.M., Schmitz, J. (1994), Ansätze zur Messung von kontinuierlichen Prozeßverbesserungen, in: Controlling, 5, 1994, 4, S. 196 - 203

Fischer, Th.M., Schmitz, J. (1995), Half-Life-Konzept, in: Controlling, 6, 1995, 3, S. 139

Fisher, J.C., Pry, R.H. (1971), A Simple Substitution Model For Technological Change, in: Technological Forecasting and Social Change, 2, 1971, S. 75 - 88

Flechsenhar, H.R. (1978), Kurzarbeit - Kosten und Finanzierung, in: MittAB, 11, 1978, S. 443 – 456

Foster, R.N. (1982), Boosting the Payoff from R&D, in: Research Management, 25, 1982, 1, S. 22 - 27

Foster, R.N. (1986), Assessing Technological Threats, in: Research Management, 29, 1986, 4, S. 17 - 20

Fourt, L.A., Woodlock, J.W. (1960), Early Predection of Market Success for New Grocery Products, in: Journal of Marketing, 1960, Oct., S. 31 - 38

Frank, K. (1995), Interim Management. Rent a head, Ratingen 1995

Franke, A. (1993), Projekt-Controlling, in: Projektmanagement, 1993, 1, S. 31 – 38

Frankenreiter, J. (1996), Möglichkeiten und Grenzen der indirekten prozeßbezogenen Erfolgsbeurteilung von betrieblichen Weiterbildungsmaßnahmen, Darmstadt 1996

Frehr, H.U. (1994), Total Quality Management. Unternehmensweite Qualitätsverbesserung, 2. Aufl., München, Wien 1994

Freimuth, J. (1992), Die personalpolitische Absicherung von Projektmanagement, in: ZFO, 61, 1992, S. 220 - 225

French, J.R.P., Israel, J., As, D. (1960), An experiment in a Norwegian factory: Interpersonal dimensions in decision-making, in: Human Relations, 13, 1960, S. 3 - 19

French, W., Bell, C. (1978), Organization Development: Behavioral Science Interventions for Organization Improvement, Englewood Cliffs, N.J. 1978

Frese, E. (1994), Aktuelle Organisationskonzepte und Informationstechnologie, in: Management und Computer, 2, 1994, 2, S. 129 - 134

Frese, E. (1995), Grundlagen der Organisation, 6. Aufl., Wiesbaden 1995

Frese, E. (Hrsg., 1992), Handwörterbuch der Organisation, 3. Aufl., Stuttgart 1992

Frese, E., Werder, A.v. (1994), Organisation als strategischer Wettbewerbsfaktor. Organisationstheoretische Analyse gegenwärtiger Umstrukturierungen, in: Frese, E., Maly, W. (Hrsg., 1994), Organisationsstrategien zur Sicherung der Wettbewerbsfähigkeit, ZfbF-Sonderheft 33, Düsseldorf, Frankfurt 1994

Freter, H. (1983), Marktsegmentierung, Stuttgart u.a. 1983

Frey, B.S. (1981), Theorie demokratischer Wirtschaftspolitik, München 1981

Fröhling, O. (1990), Integriertes Personal-Controlling als zyklusorientiertes Konzept, in: Controller Magazin, 1990, 3, S. 117 - 122

Fröhling, O. (1995), Make-or-buy - Die Kosten richtig rechnen!, in: Controller Magazin, 20, 1995, 1, S. 15 – 22

Fröhling, O., Haiber, Th. (1995), Lohnt sich der Abbau von Leistungsträgern eines Unternehmens aus betriebwirtschaftlicher Sicht?, in: ZfB, 65, 1995, 5, S. 495 - 515

Frost, C.H., Wakely, J.H., Ruth, R.A. (1974), The Scanlon Plan for Organization Development: Identity, participation, and equity, East Lansing 1974

Fuchs, K. (1985), Project Controlling im Wandel der Zeit, in: Dworatschek, S., Reschke, H., Schelle, H. (Hrsg., 1985), Projektmanagement. Beiträge zur Jahrestagung 1985, München 1985

Fürnrohr, M. (1992), Parametrische Projektkostenschätzung, in: Projektmanagement, 1992, 2, S. 26 - 33

Fürst, R. (1960), Der Betriebswirt als Berater des Top-Management industrieller Unternehmen, in: ZfB, 30, 1960, S. 274 ff.

Gabele, E. (1992), Reorganisation, in: Frese, E. (Hrsg., 1992), Handwörterbuch der Organisation, 3. Aufl., Stuttgart 1992, Sp. 2196 - 2211

Gage, G.H. (1982), On Acceptance of Strategic Planning, in: Lorange, P. (Hrsg.), Implementation of Strategic Planning, Englewood Cliffs, N.J. 1982, S. 171 - 182

Gaitanides, M., Wicher, H. (1985), Venture Management - Strategien und Strukturen der Unternehmensentwicklung, in: Die Betriebswirtschaft, 45, 1985, 4, S. 414 - 426

Garvin, D.A. (1993), Building a Learning Organization, in: Harvard Business Review, 71, 1993, 4, S. 78 - 91

Gässler, I. (1985), Partizipation und Mitbestimmung bei der Unternehmensplanung, München 1985

Gaugler, E. (1987), Kosten der Weiterbildung, in: Göbel, U., Schlaffke, W. (Hrsg., 1987), Kongreß Beruf und Weiterbildung, Köln 1987, S. 108 - 123

Gaugler, E., Mungenast, M. (1992), Organisation der Aus- und Weiterbildung, in: Frese, E. (Hrsg., 1992), Handwörterbuch der Organisation, 3. Aufl., Stuttgart 1992, Sp. 237 - 252

Gaul, D. (1980), Die betriebliche Einigungsstelle, 2. Aufl., Stuttgart 1980

Gaul, D., Gajewski, P. (1993), Die Betriebsänderung. Interessenausgleich, Sozialplangestaltung, Betriebsbedingte Kündigung, Rechtsstellung leitender Angestellter, Ehningen, Köln 1993

Gebert, D. (1977), Organisation und Umwelt, Stuttgart 1977

Geiger, H. (1994), "Schulterschluss": Erfahrungen mit Erfolgsfaktoren, in: io Management, 63, 1994, 5, S. 77 - 82

Gentner, A. (1994), Entwurf eines Kennzahlensystems zur Effektivitäts- und Effizienzsteigerung von Entwicklungsprojekten, München 1994

Gerauer, A. (1995), Keine Mitbestimmung bei Versetzung aufgrund einer Umsetzungs- oder Versetzungsklausel, in: Betriebs-Berater, 1995, 8, S. 406 - 407

Gerpott, T.J. (1990), Erfolgswirkungen von Personalauswahlverfahren: Zur Bestimmung des ökonomischen Nutzens von Auswahlverfahren als Instrument des Personalcontrolling, in: ZFO, 59, 1990, S. 37 - 44

Gerpott, T.J. (1995a), Controlling von Personalprogrammen als Teilfeld des operativen Personal-Controlling, in: Gerpott, T.J., Siemers, S.H. (Hrsg., 1995), Controlling von Personalprogrammen, Stuttgart 1995, S. 3 - 56

Gerpott, T.J. (1995b), Vorwort, in: Gerpott, T.J., Siemers, S.H. (Hrsg., 1995), Controlling von Personalprogrammen, Stuttgart 1995, S. V - VII

Gersick, C.J.G. (1991), Revolutionary Change Theories: a Multilevel Exploration of the Punctuated Equilibrium Paradigm, in: Academy of Management Review, 16, 1991, 1, S. 10 - 36

Geschka, H. (1989), Voraussetzungen für erfolgreiche Innovationen - Beachtung von Hindernissen und Erfolgsfaktoren bei der Innovationsplanung, in: Corsten, H. (Hrsg., 1989), Die Gestaltung von Innovationsprozessen. Hindernisse und Erfolgsfaktoren im Organisations-, Finanz- und Informationsbereich, Berlin 1989, S. 57 - 69

Gierl, H. (1987), Die Erklärung der Diffusion technischer Produkte, Berlin 1987

Ginzberg, M.J. (1975), A Process Approach to Management Science Implementation, Cambridge, Mass. 1975

Glasl, F. (1997), Konfliktmanagement, 5. Aufl., Bern 1997

GOE (1980), Leitbild und Grundsätze der Gesellschaft für Organisationsentwicklung (GOE)

Gomez, P. (1993), Wertmanagement, Düsseldorf u.a. 1993

Gomez, P., Weber, B. (1989), Akquisitionsstrategie, Wertsteigerung durch Übernahme von Unternehmungen, Stuttgart 1989

Göpfert, I., Hoppenheit, Ch. (1991), Controlling in Forschung und Entwicklung, in: Albach, H., Weber, J. (Hrsg., 1991), Controlling, ZfB-Ergänzungsheft 3/91, Wiesbaden 1991, S. 147 - 166

Gramoll, E., Lisson, F. (1989), Gemeinkosten-Wertanalyse, Darmstadt 1989

Grant Thornton (1993), Grant Thornton Survey of American Manufacturers Annual Report, Chicago 1993

Greiner, L.E. (1970), Patterns of Organizational Change, in: Dalton, G.W., Lawrence, P.R., Greiner, L.E. (Hrsg., 1970), Organizational Change and Developments, Homewood, Ill. 1970, S. 213 – 229

Grimmeisen, M. (1995a), Perspektiven eines Implementierungscontrolling, in: ZFO, 64, 1995, 5, S. 290 - 296

Grimmeisen, M. (1995b), Schulterschluß zwischen Schweizer Banken. SKA und SVB stellen sich dem Wandel, Fallstudie am BWI der Universität Stuttgart, Lehrstuhl für Organisation, Stuttgart 1995

Grimmeisen, M. (1996), Turnaround der Metallgesellschaft, Fallstudie am BWI der Universität Stuttgart, Lehrstuhl für Organisation, Stuttgart 1996

Grimmeisen, M. (1997), Controllingunterstützung im Change Management, in: Reiß, M., Rosenstiel, L.v., Lanz, A. (Hrsg., 1997), Change Management. Programme, Projekte und Prozesse, Stuttgart 1997, S. 145 - 158

Grochla, E. (1978), Einführung in die Organisationstheorie, Stuttgart 1978

Grochla, E. (1980), Die Bedeutung verhaltenstheoretischer Ansätze für die Entwicklung einer praxeologischen Organisationstheorie, in: Rippe, W., Haarland, H.-P. (Hrsg.,1980), Wirtschaftstheorie als Verhaltenstheorie, Berlin 1982, S. 107 - 122

Grochla, E. (1995), Grundlagen der organisatorischen Gestaltung, Stuttgart 1995

Grochla, E. (Hrsg., 1972), Unternehmungsorganisation, Reinbek 1972

Groetschel, E. (1989), Matrixprojektorganisation, München 1989

Groth, U., Kammel, A. (1993), Personal-Controlling: Von der Konzeptionalisierung zur Implementierung, in: ZfP, 1993, 4, S. 468 - 489

Grün, O. (1992), Projektorganisation, in: Frese, E. (Hrsg., 1992), Handwörterbuch der Organisation, 3. Aufl., Stuttgart 1992

Grünewald, U., Moraal, D. (1995), Kosten der betrieblichen Weiterbildung in Deutschland, Berlin, Bonn 1995

Grunwald, W., Lilge, H.-G. (Hrsg., 1980), Partizipative Führung, Bern, Stuttgart 1980

Günther, G. (1968), Kritische Bemerkungen zur gegenwärtigen Wissenschaftstheorie, in: Soziale Welt, 19, 1968, S. 328 - 341

Günther, Th. (1991), Erfolgswirkung des Strategischen Controlling, in: Albach, H., Weber, J. (Hrsg., 1991), Controlling, ZfB-Ergänzungsheft 3/91, Wiesbaden 1991, S. 61 - 87

Hachmeister, D. (1995), Der Discounted Cash Flow als Maßstab der Unternehmenswertsteigerung, Frankfurt/M. 1995

Hachmeister, D. (1996), Der Discounted Cash Flow als Unternehmenswert, in: WISU, 1996, 4, S. 357 – 366

Hage, J. (Hrsg., 1988), Futures of Organizations, Lexington, Toronto 1988

Hagemeier, C. (1984), Personalabbau in wirtschaftlichen Krisenzeiten. Personalpolitische, arbeits- und sozialrechtliche Fragestellungen, in: Betriebs-Berater, 1984, 39, S. 1100 - 1108

Hahn, D. (1991), Strategische Führung und Strategisches Controlling, in: Albach, H., Weber, J. (Hrsg., 1991), Controlling, ZfB-Ergänzungsheft 3/91, Wiesbaden 1991, S. 121 - 146

Hahn, D. (1996), PuK: Planung und Kontrolle, Planungs- und Kontrollsysteme, Planungs- und Kontrollrechnung, 5. Aufl., Wiesbaden 1996

Haines, G.H. (1964), A Theory of Market Behavior After Innovation, in: Management Science, 10, 1964, 4, S. 634 - 658

Hall, G., Rosenthal, J., Wade, J. (1993), How to Make Reengineering Really Work, in: Harvard Business Review, 1993, Nov./Dec., S. 119 - 131

Hamel, W. (1981), Berücksichtigung von Akzeptanzbarrieren bei der Konstruktion betriebswirtschaftlicher Entscheidungsmodelle, in: Die Betriebswirtschaft, 41, 1981, 4, S. 615 - 625

Hammer, M., Champy, J. (1993), Reengineering the Corporation. A Manifesto for Business Revolution, New York 1993

Hammer, M., Stanton, St.A. (1995), Die Reengineering-Revolution. Handbuch für die Praxis, Frankfurt 1995

Hamprecht, M. (1995), Grundlagen eines betrieblichen Zeitmanagements, in: Zeitschrift für Planung, 1995, 6, S. 111 - 126

Hansen, U., Stauss, B. (1983), Marketing als marktorientierte Unternehmenspolitik oder als deren integrativer Bestandteil, Marketing-ZFP, 1983, 2, S. 77 - 86

Hanser, P. (1993), Reicht Make-up für Kundennähe, in: Absatzwirtschaft, 1993, 10, S. 36 - 47

Hanssmann, F. (1989), Robuste Planung, in: Szyperski, N. (Hrsg., 1989), Handwörterbuch der Planung, Stuttgart 1989, Sp. 1758 - 1764

Haritz, J. (1974), Der Unternehmensberater als Innovator, in: ZfO, 43, 1974, S. 273 - 275

Harrington, H.J. (1991), Business Process Improvement, New York 1991

Hartmann-Wendels, Th. (1989), Principal-Agent-Theorie und asymmetrische Informationsverteilung, in: ZfB, 59, 1989, 7, S. 714 - 734

Hartmann-Wendels, Th. (1992), Agency Theorie, in: Frese, E. (Hrsg., 1992), Handwörterbuch der Organisation, 3. Aufl., Stuttgart 1992, Sp. 72 – 79

412   Literaturverzeichnis

Hauschildt, J. (1997), Innovationsmanagement, 2. Aufl., München 1997

Hauschildt, J., Chakrabarti, A.K. (1988), Arbeitsteilung im Innovationsmanagement: Forschungsergebnisse, Kriterien und Modelle, in: ZFO, 57, 1988, 6, S. 378 - 388

Haveman, H.A. (1993), Organizational Size and Change: Diversification in the Savings and Loan Industry after Deregulation, in: Administrative Science Quarterly, 38, 1993, 1, S. 20 - 50

Haygroup (1996), Survey on Change Initiatives, in: www.haygroup.com, am 1.12.1996

Heckelmann, G. (1994), Wahlrecht bei 4-Tage-Woche?, in: Personalwirtschaft, 1994, 5, S. 65 - 67

Hedberg, B. (1981), How Organizations Learn an Unlearn, in: Nystrom, P.C., Starbuck, W.H., (Hrsg., 1981), Handbook of Organizational Design, Oxford 1981, S. 3 - 27

Hedberg, B., Nystrom, P.C., Starbuck, W.H. (1976), Camping on Seasaws. Prescription for a Self-Designing Organization, in: Administrative Science Quarterly, 21, 1976, S. 41 - 65

Heeg, F.-J. (1993), Projektmanagement, 2. Aufl., München 1993

Heigl, A. (1971), Zum Entscheidungsproblem: fremde oder eigene Unternehmensberatung, in: Zeitschrift Interne Revision, 6, 1971, 1, S. 1 - 13

Heinrich, L.J. (1969), Zur Frage "Eigenfertigung oder Fremdbezug" bei der Informationsverarbeitung, in: ZfbF, 1969, S. 676 ff.

Helbling, C. (1991), Unternehmensbewertung und Steuern, 6. Aufl., Düsseldorf 1991

Helle, Th. (1995), Know-how-Transfer mit Multiplikatoren, in: Schwuchow, K., Gutmann, J. (Hrsg., 1995), Jahrbuch Weiterbildung 1995, 5. Jg., Düsseldorf 1995, S. 182 - 185

Hemmer, E. (1988), Sozialplanpraxis in der Bundesrepublik. Eine empirische Untersuchung, Köln 1988

Hemmer, E. (1989), Sozialpläne, in: Personal, 1989, 5, S. 188 - 193

Hemmie, D., Dionisus, S. (1994), Lernen in der Linie, in: Schwuchow, K., Gutmann, J., Scherer, H.-P. (Hrsg., 1994), Jahrbuch Weiterbildung 1994, Düsseldorf 1994, S. 76 - 80

Hennemann, C. (1997), Organisationales Lernen und die lernende Organisation, München 1997

Hentze, J. (1987), Akzeptanzprobleme bei der Implementierung von Planungssystemen, in: WISU, 1987, 1, S. 23 - 28

Hentze, J. (1994), Personalwirtschaftslehre 1, 6. Aufl., Bern, Stuttgart 1994

Hentze, J. (1995), Personalwirtschaftslehre 2, 6. Aufl., Bern, Stuttgart 1995

Hentze, J., Kammel, A. (1993), Personalcontrolling, Bern u.a 1993

Henzler, H.A. (1993) Unternehmensberatung, in: Wittmann, W. u.a. (Hrsg., 1992), Handwörterbuch der Betriebswirtschaft, 5. Aufl., Stuttgart 1993, Sp. 4307 - 4315

Hermann, U. (1984), Die Implementierung betrieblicher Rationalisierungshandlungen, Göttingen 1984

Herschel, W., Löwisch, M. (1984), Kommentar zum Kündigungsschutzgesetz, 6. Aufl., Heidelberg 1984

Hersey, P., Blanchard, K.H. (1982), Management of Organizational Behavior, 4. Aufl., Englewood Cliffs, N.J. 1982

Herter, R.N. (1992), Berücksichtigung von Optionen bei der Bewertung von strategischen Investitionen, in: Controlling, 4, 1992, 6, S. 320 - 327

Herter, R.N. (1994), Unternehmenswertorientiertes Management, München 1994

Hilb, M. (Hrsg., 1992), Innere Kündigung. Ursachen und Lösungsansätze, Zürich 1992

Hild, M., Schwarzgruber, M., Rombach, G. (1997), Business Process Reengineering bei der Süddeutschen Klassenlotterie, in: Nippa, M., Scharfenberg, H. (Hrsg., 1997), Implementierungsmanagement. Über die Kunst, Reengineeringkonzepte erfolgreich umzusetzen, Wiesbaden 1997, S. 201 - 220

Hill, Ch.W.L., Jones, G.R. (1995), Strategic Management. An Integrated Approach, Boston u.a. 1995

Hill, W., Fehlbaum, R., Ulrich, P. (1992), Organisationslehre, Band 2, 4. Aufl., Bern, Stuttgart 1992

Hill, W., Fehlbaum, R., Ulrich, P. (1994), Organisationslehre, Band 1, 5. Aufl., Bern, Stuttgart 1994

Hillebrecht, St.W. (1996), Internes Marketing, WISU, 1996, 2, S. 121

Hinkel, H. (1993), Der kontinuierliche Verbesserungsprozeß als Weg zum schlanken Unternehmen: Über den Continuous Improvement Process (CIP) zu Lean Production bei Robert Bosch, in: Bullinger, H.-J. (Hrsg., 1993), Wege aus der Krise. Geschäftsprozeßoptimierung und Informationslogistik, Unterlagen zur 12. IAO-Arbeitstagung, Berlin u.a. 1993, S. 97 - 108

Hiromoto, T. (1988), Another Hidden Edge - Japanese Management Accounting, in: Harvard Business Review, 66, 1988, July/August, S. 22 - 26

Hiromoto, T. (1989), Das Rechnungswesen als Innovationsmotor - In Japan sind Kostenrechner Wegbereiter für den Markterfolg, in: Harvard Manager, 11, 1989, 1, S. 129 - 133

Hirschmann, A.O. (1974), Abwanderung und Widerspruch, Tübingen 1974

414   Literaturverzeichnis

Höft, U. (1992), Lebenszykluskonzepte. Grundlage für das strategische Marketing- und Technologiemanagement, Berlin 1992

Höller, H. (1978), Verhaltenswirkungen betrieblicher Planungs- und Kontrollsysteme, München 1978

Holzwarth, J. (1993), Strategische Kostenrechnung? Zum Bedarf an einer modifizierten Kostenrechnung für die Bewertung der Alternativen strategischer Entscheidungen, Stuttgart 1993

Hoppmann, K. (1983), Von Mitwirkung zu Partnerschaft - Gedanken zu einer neuen Betriebsverfassung, in: Personalwirtschaft, 2, 1983, S. 81 - 86

Horsky, D. (1990), A Diffusion Model Incorporating Benefits, Income and Information, in: Management Science, 9, 1990, 4, S. 342 - 365

Horváth, P. (1978), Controlling - Entwicklung und Stand einer Konzeption zur Lösung der Adaptions- und Koordinationsprobleme der Führung, in: ZfB, 48, 1978, S. 194 - 208

Horváth, P. (1995), Instrumente des F&E-Controlling, in: Zahn, E. (Hrsg., 1995), Handbuch Technologiemanagement, Stuttgart 1995, S. 705 - 723

Horváth, P. (1996), Controlling, 6. Aufl., München 1996

Horváth, P., Gentner, A. (1992), Integrative Controllingsysteme, in: Hanssen, R.A., Kern, W. (Hrsg., 1992), Integrationsmanagement für neue Produkte, ZfB-Sonderheft 30, Düsseldorf, Frankfurt/M. 1992, S. 169 - 182

Hoss, G. (1989), Personalcontrolling im industriellen Unternehmen, Krefeld 1989

House, Ch.H., Price, R.L. (1991), The Return Map: Tracking Product Teams, in: Harvard Business Review, 69, 1991, January/February, S. 92 - 100

Howaldt, J. (1994), KVP: Kaizen auf Deutsch?, in: Die Mitbestimmung, 40, 1994, 11, S. 29 - 31

Hoyningen-Huene, G.v. (1994), Kündigungsvorschriften im Arbeitsrecht, 2. Aufl., München 1994

Huber, R. (1987), Gemeinkosten-Wertanalyse. Methoden der Gemeinkosten-Wertanalyse (GWA) als Element einer Führungsstrategie für die Unternehmungsverwaltung, 2. Aufl., Bern, Stuttgart 1987

Hummel, S., Männel, W. (1995), Kostenrechnung, Band 1, 4. Aufl., Wiesbaden 1995

Huppertz, J., Frank, U., Lampe, D. (1995), Instrumente zur Ermittlung des Bildungsbedarfs, in: Personalführung, 1995, 3, S. 186 - 191

Huse, E.F., Beer, M. (1971), Eclectic Approach to Organizational Development, in: Harvard Business Review, 49, 1971, Sept./Oct., S. 103 – 113

Hypo-Bank (1991), Im Mittelpunkt - der Dialog. Übersicht über die Kommunikationsinfrastruktur der Hypo-Bank, München 1991

Imai, M. (1994), Kaizen - Der Schlüssel zum Erfolg der Japaner im Wettbewerb, 12. Aufl., München 1994

Irle, M. (1971), Macht und Entscheidung in Organisationen: Studie gegen das Linie-Stab-Prinzip, Frankfurt/M. 1971

IW-Institut der deutschen Wirtschaft (1994), Zahlen zur wirtschaftlichen Entwicklung, Köln 1994

Janisch, M. (1993), Das strategische Anspruchsgruppenmanagement, Bern, Stuttgart 1993

Jarmai, H. (1997), Die Rolle externer Berater im Change Management, in: Reiß, M., Rosenstiel, L.v., Lanz, A. (Hrsg., 1997), Change Management, Stuttgart 1997, S. 171 - 185

Jehle, E. (1982), Gemeinkosten-Management, in: Die Unternehmung, 1982, 1, S. 59 - 76

Jehle, E. (1991), Wertanalyse - ein System zum Lösen komplexer Probleme, in: WiSt, 20, 1991, 6, S. 287 - 294

Jehle, E. (1992), Gemeinkostenmanagement, in: Männel, W. (Hrsg., 1992), Handbuch Kostenrechnung, Wiesbaden 1992, S. 1506 - 1523

Jochum, E., Meyer, M. (1995), Evaluation eines Personalfreisetzungsprogramms - Eine Fallstudie, in: Gerpott, T.J., Siemers, S.H. (Hrsg., 1995), Controlling von Personalprogrammen, Stuttgart 1995, S. 253 - 302

Jones, R.D., Niebisch, K. (1975), Cost Estimating Techniques, Internet Expert Seminar on Cost Control in Project Control, Zürich 1975

Joseph, J., Knauth, P., Gemünden, H.G. (1992), Determinanten der individuellen Akzeptanz neuer Technologien, in: Die Betriebswirtschaft, 52, 1992, 1, S. 59 - 69

Kaas, K.P. (1973), Diffusion und Marketing. Das Konsumverhalten bei der Einführung neuer Produkte, Stuttgart 1973

Kaas, K.P., Schade, Ch. (1995), Unternehmensberater im Wettbewerb. Eine empirische Untersuchung aus der Perspektive der Neuen Institutionenlehre, in: ZfB, 65, 1995, 10, S. 1067 - 1089

Kadel, P. (1990), Die Personalabbauplanung im arbeitsrechtlichen Kontext, München, Mering 1990

Kailer, N. (1996), Controlling in der Weiterbildung, in: Münch, J. (Hrsg., 1996), Ökonomie betrieblicher Bildungsarbeit, Berlin 1996, S. 233 – 250

Kaltwasser, A. (1994), Wissenserwerb für Forschung & Entwicklung. Eine Make-or-Buy-Entscheidung, Wiesbaden 1994

Kanter, R.M. (1995), The Change Masters. Corporate Entrepreneurs at Work, 4. Aufl., London, Sydney, Wellington 1995

Kaplan, R.S. (1986), CIM-Investitionen sind keine Glaubensfragen, in: Harvard Manager, 8, 1986, 3, S. 78 - 85

Kaplan, R.S., Norton, D.P. (1992), The Balanced Scorecard - Measures that Drive Performance, in: Harvard Business Review, 62, 1992, 1/2, S. 71 - 79

Kaplan, R.S., Norton, D.P. (1996), Using the Balanced Scorecard as a Strategic Management System, in: Harvard Business Review, 66, 1996, 1/2, S. 75 - 85

Kasper, H. (1990), Die Handhabung des Neuen in organisierten Sozialsystemen, Berlin u.a. 1990

Kaß, St. (1993), Beschäftigungsgesellschaft bei Schultheiß, in: Kreuzberg Online, 17.5.1993

Katzenbach, J.R. (1996), Pioniere des Wandels, Wien 1996

Keating, P.J. (1995), A Framework for Classifying and Evaluating the Theoretical Contributions of Case Research in Management Accounting, in: Journal of Management Accounting Research, 1995, Fall, S. 66 - 86

Kehlenbach, H.-P., Stricker, M. (1996), Neue Wege im Umgang mit Personalfreisetzungen, in: Personalführung, 1996, 5, S. 400 - 404

Kehrer, R., Schade, Ch. (1995), Interne Problemlösung oder Konsultation von Unternehmensberatern?, in: Die Betriebswirtschaft, 55, 1995, 4, S. 465 - 479

Kelley, R.E. (1981), Mehr Erfolg durch interne Berater, in: Harvard Manager, 3, 1981, 1, S. 74 - 84

Kelly, J., Cohen, N. (1996), The Bitter Bills to Swallow, in: Financial Times, 16.3.1996, S. 9

Kern, W. (1976), Grundzüge der Investitionsrechnung, Stuttgart 1976

Kester, W.C. (1984), Today's Options for Tomorrow's Growth, in: Harvard Business Review, 62, 1984, March/April, S. 153 - 160

Kevenhörster, P., Windhoff-Heritier, A. (1978), Policy Analyse und Policy Implementation, in: Kevenhörster, P., Wollmann, H. (Hrsg., 1978), Kommunalpolitische Praxis und lokale Politikforschung, Referate der Arbeitsgruppe Kommunalpolitik und Politikwissenschaft anläßlich des Kongresses 1977 der Deutschen Vereinigung für Politische Wissenschaft, Berlin 1978, S. 150 - 158

Kienbaum, G., Meissner, D. (1979), Zur Problematik des Effizienznachweises von Beratung, in: BFuP, 31, 1979, S. 109 – 116

Kieser, A. (1970), Unternehmungswachstum und Produktinnovation, Berlin 1970

Kieser, A. (1995), Evolutionstheoretische Ansätze, in: Kieser, A. (Hrsg., 1995), Organisationstheorien, 2. Aufl., Stuttgart 1995, S. 237 - 268

Kieser, A. (1996), Moden & Mythen des Organisierens, in: Die Betriebswirtschaft, 56, 1996, 1, S. 21 - 39

Kieser, A. (1997), Implementierungsmanagement im Zeichen von Moden und Mythen des Organisierens, in: Nippa, M., Scharfenberg, H. (Hrsg., 1997), Implementierungsmanagement. Über die Kunst, Reengineeringkonzepte erfolgreich umzusetzen, Wiesbaden 1997, S. 81 - 102

Kirsch, H.-J., Krause, C. (1996), Kritische Überlegungen zur Discounted Cash Flow-Methode, in: ZfB, 66, 1996, 7, S. 793 - 812

Kirsch, J., Hendricks, N. (1995), 15 Jahre Outplacement in Deutschland, in: Personalführung, 1995, 11, S. 964 - 968

Kirsch, W. (1971), Entscheidungsprozesse, Wiesbaden 1971

Kirsch, W. (1977), Einführung in die Theorie der Entscheidungsprozesse, 2. Aufl., Wiesbaden 1977

Kirsch, W., Esser, W.-M., Gabele, E. (1979), Das Management des geplanten Wandels von Organisationen, Stuttgart 1979

Kirton, M.J. (1984), Adapters and Innovators - Why New Initiatives Get Blocked, in: Long Range Planning, 17, 1984, 2, S. 137 - 143

Kleb, R.-H., Svoboda, M. (1994), Trends und Erfahrungen im Lean Management, Teil I und II, in: ZFO, 63, 1994, 4 und 5, S. 249 - 254 und S. 299 - 304

Klein, D. (1975), Einige Bemerkungen zur Dynamik des Widerstandes gegen Innovationen: Die Rolle der Opponenten, in: Bennis, W.G., Benne, K.D., Chin, R. (Hrsg., 1975), Änderung des Sozialverhaltens, Stuttgart 1975, S. 429 - 441

Klein, H. (1978), Zur Messung des Beratungserfolgs, in: ZfO, 47, 1978, S. 105 - 110

Kloubert, U., (1995), Business Reengineering, die Radikalkur für das Unternehmen, Tagungsunterlagen zur Handelsblatt-Konferenz "Management und Unternehmen im Wandel", 13./14. März 1995, Düsseldorf 1995

Knoepfel, H. u.a. (1992), Projektorganisationsformen: Internationale Studie über ihre Verwendung und ihren Erfolg, in: Projektmanagement, 1992, 1, S. 3 - 14

Knyphausen, D. zu (1992), Wertorientiertes strategisches Management, in: Zeitschrift für Planung, 1992, 4, S. 331 – 352

Knyphausen, D. zu (1993), Überleben in turbulenten Umwelten: Zur Behandlung der Zeit-problematik im Strategischen Management, in: Zeitschrift für Planung, 1993, 2, S. 143 - 162

Koeppler, K. (1984), Opinion leaders, Hamburg 1984

Koller, T. (1994), What is Value-Based Management, in: The McKinsey Quarterly, 1994, 3, S. 87 - 101

Kosiol, E. (1964), Betriebswirtschaftslehre und Unternehmensforschung, in: ZfB, 34, 1964, S. 743 - 762

Kosiol, E. (1972), Die Unternehmung als wirtschaftliches Aktionszentrum. Einführung in die Betriebswirtschaftslehre, 2. Aufl., Reinbek 1972

Köster, J. (1969), Die Organisation und ihre Planung - Grundlage einer Organisationstheorie der wachsenden Unternehmung, Bern, Stuttgart 1969

Köster, M. (1996), Königsweg aus der Arbeitslosigkeit, in: Stuttgarter Nachrichten, Nr. 40, 17.2.1996, S. 4

Kotler, Ph. (1972), A Generic Concept of Marketing, in: Journal of Marketing, 36, 1972, S. 46 - 54

Kotler, Ph., Bliemel, F. (1995), Marketing-Management. Analyse, Planung, Umsetzung und Steuerung, 8. Aufl., Stuttgart 1995

Kotler, Ph., Zaltman, G. (1972), Social Marketing - An Approach to Planned Social Change, in: Zaltman, G., Kotler, Ph., Kaufman, I. (Hrsg., 1972), Creating Social Change, New York u.a. 1972

Kreikebaum, H. (1983), Zur Akzeptanz strategischer Planungssysteme, in: Marketing-ZfP, 1983, 2, S. 103 - 107

Kroeber-Riel, W. (1996), Konsumentenverhalten, 6. Aufl., München 1996

Krubasik, E.G. (1982), Strategische Waffe, in: Wirtschaftswoche, 1982, Nr. 25, S. 28 - 33

Krüger, W. (1981), Theorie unternehmungsbezogener Konflikte, 51, 1981, 9, S. 910 - 952

Krüger, W. (1994a), Umsetzung neuer Organisationsstrategien: Das Implementierungspro-blem, in: Frese, E., Maly, W. (Hrsg., 1994), Organisationsstrategien zur Sicherung der Wettbewerbsfähigkeit, ZfbF-Sonderheft Nr. 33, Düsseldorf, Frankfurt/M. 1994, S. 197 - 221

Krüger, W. (1994b), Transformations-Management, in: Gomez, P., Hahn, D., Müller-Stewens, G., Wunderer, R. (Hrsg., 1994), Unternehmerischer Wandel. Konzepte zur organisatorischen Erneuerung, Wiesbaden 1994, S. 199 – 228

Kruglanski, A.W., Mayseless, O. (1987), Motivation in Social Comparison, in: Journal of Social and Personality Psychology, 53, 1987, S. 834 - 842

Krull, F. (1993), Ausgestaltung und Wirksamkeit von Beschäftigungsgesellschaften, in: Steinle, C., Bruch, H. (Hrsg., 1993), Führung und Qualifizierung. Handlungshinweise für die Praxis in den neuen Bundesländern, Frankfurt/M. 1993, S. 189 - 206

Kruschwitz, L. (1995), Investitionsrechnung, 6. Aufl., Berlin, New York 1995

Krystek, U. (1995), Innere Kündigung: Die lautlose Erfolgsgefährdung, in: Gablers Magazin, 1995, 11/12, S. 46 - 49

Kühlmann, T.M. (1988), Technische und organisatorische Neuerungen im Erleben betroffener Arbeitnehmer, Stuttgart 1988

Kühlmann, T.M. (1991), Mitarbeiterinformation bei betrieblichen Neuerungsvorhaben, in: ZFO, 1991, 1, S. 26 - 28

Kühn, W. (1996), Beraten und verkauft?, in: PC Magazin, 1996, Nr. 49 v. 04.12.1996, S. 22 - 25

Kunesch, H. (1993), Grundlagen des Prozeßmanagements, Wien 1993

Kunzmann, E.M. (1991), Zirkelarbeit. Evaluation von Kleingruppen in der Praxis, Hamburg 1991

Küpper, H.-U. (1987), Konzeption des Controlling aus betriebswirtschaftlicher Sicht, in: Scheer, A.-W. (Hrsg., 1987), Rechnungswesen und EDV, 8. Saarbrücker Arbeitstagung, Heidelberg 1987, S. 82 - 116

Küpper, H.-U. (1991), Gegenstand, theoretische Fundierung und Instrumente des Investitions-Controlling, in: Albach, H., Weber, J. (Hrsg., 1991), Controlling, ZfB-Ergänzungsheft 3/91, Wiesbaden 1991, S. 167 - 192

Küpper, H.-U. (1997), Controlling. Konzeption, Aufgaben und Instrumente, 2. Aufl., Stuttgart 1997

Küpper, H.-U., Weber, J., Zünd, A. (1990), Zum Verständnis des Controlling - Thesen zur Konsensbildung, in: ZfB, 60, 1990, S. 281 - 293

Kupsch, P. (1979), Unternehmensziele, New York, Stuttgart 1979

Kurbel, K., Dornhoff, P. (1993), Aufwandschätzung für Software-Entwicklungsprojekte mit Hilfe fallbasierter Wissensverarbeitung, in: ZfB, 63, 1993, 10, S. 1047 - 1065

Ladensack, K. (1992), Beschäftigungsgesellschaften: Pro und contra, in: Arbeit und Arbeitsrecht, 1992, 11, S. 326 - 329

Lakatos, I. (1974), Falsifikation und die Methodologie wissenschaftlicher Forschungsprogramme, in: Lakatos, I., Musgrave, A. (Hrsg., 1974), Kritik und Erkenntnisfortschritt, Braunschweig 1974, S. 89 – 190

Landau, M. (1973), On the Concept of a Self-Correcting Organization, in: Public Administration Review, 33, 1973, S. 533 – 542

Landsberg, G.v., Mayer, E. (1988), Berufsbild des Controllers, Stuttgart 1988

Landy, F.J., Farr, J.L., Jacobs, R.R. (1982), Utility Concepts in Performance Measurement, in: Organizational Behavior and Human Performance, 30, 1982, S. 15 - 40

Laux, H. (1982), Entscheidungstheorie. Grundlagen, Berlin u.a. 1987

Laux, H. (1993), Entscheidungstheorie II, 3. Aufl., Berlin u.a. 1993

Laux, H., Liermann, F. (1993), Grundlagen der Organisation, 3. Aufl., Berlin u.a. 1993

Lawrence, P.R. (1954), How to Deal with Resistance to Change, in: Harvard Buiness Review, 32, 1954, S. 49 - 57

Layer, M. (1992), Prognose, Planung und Kontrolle fixer Kosten, in: Kostenrechnungspraxis, 1992, 2, S. 69 - 76

Leana, C.R., Locke, E.A., Schweiger, D.M. (1990), Fact and Fiction in Analyzing Research on Participative Decision Making: A Critique of Cotton, Vollrath, Froggatt, Lengnick-Hall, and Jennings, in: Academy of Management Review, 15, 1990, 1, S. 137 - 146

Leavitt, H.J. (1958), Managerial Psychology, Chicago 1958

Lehmann, F.O. (1991), Strategische Budgetierung, in: Albach, H., Weber, J. (Hrsg., 1991), Controlling, ZfB-Ergänzungsheft 3/91, Wiesbaden 1991, S. 101 - 120

Leutiger, I. (1987), Cash Flow. Entscheidungsgrundlage für die Gestaltung der Unternehmenszukunft, Landsberg/Lech 1987

Lewin, K. (1951), Field Theory in Social Science, New York 1951

Likert, R. (1967), The Human Organization, New York 1967

Lilien, G.L. (1980), The Implication of Diffusion Models for Accelerating the Diffusion of Innovation, in: Technological Forecasting and Social Change, 17, 1980, S. 339 - 351

Lindner, J., Lehmann, O. (1995), Stichwort: ABS-Gesellschaften, BR-Info, 1995, 11, S. 168 - 169

Lingnau, V. (1995), Kritischer Rationalismus und Betriebswirtschaftslehre, in: WiSt, 1995, 3, S. 124 - 129

Litke, H.-D. (1995), Projektmanagement, 3. Aufl., München 1995

Little, J.D.C. (1970), Models and Managers: The Concept of a Decision Calculus, in: Management Science, 16, 1970, 8, S. 466 - 485

Lorange, P. (1982), Where Do We Go from Here: Implementation Challenges for the 1980s, in: Lorange, P. (Hrsg.), Implementation of Strategic Planning, Englewood Cliffs, N.J. 1982, S. 209 - 225

Löwisch, M. (1993), Viertagewoche durch Änderungskündigung?, in: Betriebs-Berater, 1993, 33, S. 2371 - 2373

Lucas, H. (1975), Why Information Systems Fail, New York 1975

Luhmann, N. (1964), Funktionen und Folgen der formalen Organisation, Berlin 1964

Luhmann, N. (1970), Soziologische Aufklärung, in: Luhmann, N. (Hrsg., 1970), Soziologische Aufklärung - Aufsätze zur Theorie sozialer Systeme, Köln, Opladen 1970, S. 66 - 91

Luhmann, N. (1977), Interpenetration - Zum Verhältnis personaler und sozialer Systeme, in: Zeitschrift für Soziologie, 6, 1977, S. 62 - 76

Luhmann, N. (1989), Vertrauen. Ein Mechanismus der Reduktion sozialer Komplexität, 3. Aufl., Stuttgart 1989

Macharzina, K. (1995), Unternehmensführung, 2. Aufl., Wiesbaden 1995

Madauss, B.J. (1994), Handbuch Projektmanagement, 5. Aufl., Stuttgart 1994

Maier, N.R.F. (1963), Problem solving discussions and conferences: Leadership methods and skills, New York 1963

Mainsfield, E. (1961), Technological Change and the Rate of Imitation, in: Econometrica, 29, 1961, S. 741 - 766

Maisberger, P. (1993), Weiterbildung / Personalentwicklung in deutschen Unternehmen und Behörden - Planung, Kosten und Erfolgsmessung, in: Institute for International Research, Dokumentation zur Veranstaltung Bildungscontrolling, Köln 1993, S. 1 - 7

Männel, W. (1995), Eigenfertigung und Fremdbezug, in: Corsten, H. (Hrsg., 1995), Lexikon der Betriebswirtschaft, 2. Aufl., München, Wien 1995, S. 193 - 199

Manz, U. (1983), Zur Einordnung der Akzeptanzforschung in das Programm sozialwissenschaftlicher Begleitforschung, München 1983

Marmer Solomon, Ch. (1995), Unlock the Potential of Older Workers, in: Personnel Journal, 1995, 10, S. 56 - 66

Marr, R., Kötting, M. (1992), Implementierung, organisatorische, in: Frese, E. (Hrsg., 1992), Handwörterbuch der Organisation, 3. Aufl., Stuttgart 1993, Sp. 827 – 841

Mayrhofer, W. (1989), Trennung von der Organisation, Wiesbaden 1989

Mayrhofer, W. (1992), Outplacement, in: Gaugler, E., Weber, W. (Hrsg., 1992), Handwörterbuch des Personalwesens, 2. Aufl., Stuttgart 1992, Sp. 1523 - 1534

Mazanec, J. (1975), Das Konzept des "Decision Calculus" - Fortschrittsfähiger Ansatz der
Modellkonstruktion oder Immunisierungsstrategie?, in: WiSt, 1975, 7, S. 317 - 324

McGregor, D. (1973), Der Mensch im Unternehmen, 3. Aufl., Düsseldorf 1973

McLaren, R.I. (1982), Organizational Dilemmas, Chichester, New York, Brisbane u.a. 1982

Meffert, H. (1990), Unternehmensberatung und Unternehmensführung - Eine empirische
Bestandsaufnahme, in: Die Betriebswirtschaft, 50, 1990, 2, S. 181 - 197

Meffert, H. (1991), Marketing. Grundlagen der Absatzpolitik, 7. Aufl., Wiesbaden 1991

Meffert, H. (1995), Dienstleistungsmarketing, Wiesbaden 1995

Meier, H., Schindler, U. (1992), Aus- und Fortbildung für Führungskräfte, in: Gaugler, E.,
Weber, W. (Hrsg., 1992), Handwörterbuch des Personalwesens, 2. Aufl., Stuttgart 1992,
Sp. 510 - 524

Meissner, D. (1979), Zur Problematik des Effizienznachweises von Beratung, in: BFuP, 31,
1979, S. 109 - 116

Melcher, A.J. (1976), Participation: A critical review of research findings, in: Human
Resource Management, 15, 1976, 2, S. 12 - 21

Mercer, M.W. (1989), Tuning Your Human Resources Department into a Profit Center,
New York 1989

Merkle, E. (1982), Betriebswirtschaftliche Formeln und Kennzahlen und deren betriebswirtschaftliche Relevanz, in: WiSt, 1982, 7, S. 325 - 330

Merton, R.C. (1973), Theory of Rational Pricing, in: Bell Journal of Economics and Management Science, 4, 1973, 1, S. 141 - 183

Meyer, B.W. (1994), Das "High-Commitment Work System" - ein Ansatz bei Colgate
Palmolive. Projektarbeit als hierarchie- und funktionsübergreifendes Instrument zur
Schaffung einer Hochleistungsorganisation: Projekterfahrungen im Betriebsbereich der
Colgate Palmolive GmbH in Hamburg, in: Steinle, C. (Hrsg., 1994), Lean Management -
Visionen, Konzepte, Erfahrungen, Tagungsunterlagen v. 2.6.1994 an der Universität
Hannover, Hannover 1994

Meyer, C. (1976), Betriebswirtschaftliche Kennzahlen und Kennzahlen-Systeme, 2. Aufl.,
Stuttgart 1994

Meyer-Piening, A. (1990), Zero-Base-Planning, Köln 1990

Meyersiek, D. (1991), Unternehmenswert und Branchendynamik, in: BFuP, 1991, S. 233 - 240

Michel, R.M., Michel, T.R., Koehler, H. (1996), Projektcontrolling und Reporting, 2. Aufl., Heidelberg, Zürich 1996

Middelmann, C. (1994), S&P downgrades Daimler Benz, in: Financial Times, 26.9.1994, S. 23

Miles, R.E., Ritchie, J.B. (1971), Participative Management: Quality vs. quantity, in: California Management Review, 13, 1971, 4, S. 48 - 56

Miller, D., Friesen, P.H. (1984), Organizations: A Quantum View, Englewood Cliffs, N.J. 1984

Miller, D., Mintzberg, H. (1983), The Case of Configuration, in: Morgan, G. (Hrsg., 1983), Beyond Method. Strategies for Social Research, Beverly Hills 1983, S. 57 - 73

Miller, K.I., Monge, P.R. (1986), Participation, Satisfaction, and Productivity: A Meta-Analytical Review, in: Academy of Management Journal, 28, 1986, 4, S. 727 - 753

Mitchell, O.S. (1985), Fringe Benefits and the Cost of Changing Jobs, in: Industrial and Labor Relations Review, 37, 1985, 1, S. 70 - 78

Moch, M.K., Pondy, L.R. (1977), The Structure of Chaos: Organized Anarchy as a Response to Ambiguity, in: Administrative Science Quarterly, 22, 1977, 2, S. 351 - 362

Möhn, H.-J. (1995), Gibt es ein entscheidendes Kriterium bei der Sozialauswahl?, in: Betriebs-Berater, 1995, 11, S. 563 - 564

Mölleney, M. (1995), Protokoll eines Interviews am 14.3.1995, Betriebswirtschaftliches Institut der Universität Stuttgart, Lehrstuhl für Organisation, Stuttgart 1995

Mölleney, M., Arx, S.v. (1995), "Management of change" bei Lufthansa - durch teamorientierte Sanierungsgruppen, in: Wunderer, R., Kuhn, Th. (Hrsg., 1995), Innovatives Personalmanagement, Neuwied u.a. 1995, S. 527 - 554

Mölleney, M., Beck, Th.C., Grimmeisen, M. (1995), Take-off des Kranichs - Sanierung, Restrukturierung und Innovation als Etappen eines Change Management bei der Deutschen Lufthansa AG 1993-1995, Fallstudie, BWI der Uni Stuttgart, Lehrstuhl für Organisation, Stuttgart 1995

Mölleney, M., Grimmeisen, M. (1997), Neuausrichtung der Personalentwicklung im Ressort Marketing der Lufthansa - Implementierung einer Internationalisierungsstrategie, in: Reiß, M., Rosenstiel, L.v., Lanz, A. (Hrsg., 1997), Change Management, Stuttgart 1997, S. 301 - 311

Monden, Y. (1996), Toyota Production System. An Integrated Approach to Just-in-Time, 2. Aufl., Norcross 1996

Morgan, G. (1986), Images of Organization, Beverly Hills u.a. 1986

Morris, D., Brandon, J. (1994), Revolution im Unternehmen. Reengineering für die Zukunft, Landsberg/Lech 1994

Moses, O.D. (1992), Organizational Slack and Risk-Taking Behaviours. Tests of Product Pricing Strategy, in: Journal of Organizational Change Management, 5, 1992, 3, S. 38 - 54

Mueller, D.C. (1978), Voting by Veto, in: Journal of Public Economics, 10, 1978, Aug., S. 57 - 75

Mühlfelder, P., Nippa, M. (1989), Erfolgsfaktoren des Projektmanagements, in: ZFO, 58, 1989, S. 368 - 380

Mülder, W. (1984), Organisatorische Implementierung von computergestützten Personal-Informationssystemen, Berlin u.a. 1984

Müller, H., Zeyer, U. (1994), Dauerbrenner Gruppenarbeit, in: io Management Zeitschrift, 63, 1994, 6, S. 32 - 36

Müller, W. (1974), Die Koordination von Informationsbedarf und Informationsbeschaffung als zentrale Aufgabe des Controlling, in: ZfbF, 26, 1974, S. 683 - 693

Müller, W.R. (1981), Funktionen der Organisationsberatung, in: Die Unternehmung, 35, 1981, S. 41 - 50

Müller-Böling, D., Müller, M. (1986), Akzeptanzfaktoren der Bürokommunikation, München, Wien 1986

Myers, S.C. (1984), Finance Theory and Financial Strategy, in: Interfaces, 14, 1984, 1, S. 126 - 137

Nayak, P.R. (1990), Planning Speeds Technological Development, in: Planning Review, 1990, Nov./Dec., S. 14 - 19

Nevison, J.M. (1995), Up to Speed: the Cost of Learning on a White-Collar Project, in: IEEE Engineering Management Review, 1995, Winter, S. 45 - 49

Nieder, P. (1985), Der Innovationsprozeß von Industrierobotern - Probleme der Akzeptanz und der Qualifikation, in: BFuP, 35, 1985, 5, S. 480 - 490

Nienhüser, W. (1989), Die praktische Nutzung theoretischer Erkenntnisse in der Betriebswirtschaftslehre, Stuttgart 1989

Nieschlag, R., Dichtl, E., Hörschgen, H. (1997), Marketing, 18. Aufl., Berlin 1997

Nippa, M. (1997), Erfolgsfaktoren organisatorischer Veränderungsprozesse in Unternehmen. Ergebnisse einer Expertenbefragung, in: Nippa, M., Scharfenberg, H. (Hrsg., 1997), Implementierungsmanagement, Wiesbaden 1997, S. 21 – 57

Nohria, N., Gulati, R. (1996), Is Slack Good or Bad for Innnovation?, in: Academy of Management Journal, 39, 1996, 5, S. 1245 - 1264

Nölke, K.D. (1988), Projektmanagement - Marketing, in: Reschke, H., Schelle, H. (Hrsg., 1988): Projektmanagement: Beiträge zum Projektmanagement-Forum 1988, München 1988

Nonaka, I. (1992), Wie japanische Konzerne Wissen erzeugen, in: Harvard Manager, 14, 1992, 2, S. 95 - 103

Noth, D.W. (1994), Bildung und Beschäftigung, in: Personalführung, 1994, 1, S. 16 - 22

Noth, T. (1987), Unterstützung des Managements von Software-Projekten durch eine Erfahrungsdatenbank, Berlin u.a. 1987

Noth, T., Kretzschmar, M. (1984), Aufwandschätzung von DV-Projekten: Darstellung und Praxisvergleich der wichtigsten Verfahren, Berlin u.a. 1984

Nouri, H. (1994), Using Organizational Commitment and Job Involvement to Predict Budgetary Slack: A Research Note, in: Acccounting, Organizations & Society, 19, 1994, 3, S. 289 - 295

Nutt, P.C. (1983), Implementation Approaches for Planning, in: Academy of Management Review, 8, 1983, S. 600 - 611

Nutt, P.C. (1986), Tactics of Implementation, in: Academy of Management Journal, 29, 1986, 2, S. 230 - 261

o.V. (1986), 33.000 Mark, bis ein neuer Meister seinen Lohn wert ist, in: Impulse, 1986, 7, S. 102 - 104

o.V. (1993a), Kaizen darf nichts kosten, in: Betriebstechnik, 1993, 12, S. 8 - 10

o.V. (1993b), Deutsche Konzerne auf Diät, in: Capital, 1993, 9, S. 206 - 215

o.V. (1994), Therapie an Leib und Seele, in: Top Business, 1994, 1, S. 16 - 26

o.V. (1995a), Deutscher Beratertag des BDU, in: Blick durch die Wirtschaft, 38, 1995, Nr. 204 v. 23.10.1995, S. 1

o.V. (1995b), Auf Service setzen statt entlassen, in: Personalwirtschaft, 1995, 4, S. 17 - 21

o.V. (1996a), Verstößt das Shareholder-Value-Konzept gegen die Sozialbindung des Eigentums?, in: Wirtschaftswoche, 1996, Nr. 26 v. 20.6.1996, S. 88

o.V. (1996b), Chemie-Konzern Bayer peilt neuen Rekordgewinn an, in: Süddeutsche Zeitung, 20.3.1996, S. 22

o.V. (1996c), Sichere Arbeitsplätze, in: Intern, 1996, 4, S. 15

o.V. (1996d); Beschäftigungsfirma soll Entlassungen verhindern, in: Handelsblatt, 1996, Nr. 75 v. 17.4.1996, S. 13

o.V. (1997a), Traumstart für den Nachwuchs, in: Wirtschaftswoche, 1997, Nr. 26 v. 19.6.1997, S. 162

o.V. (1997b), Bündnis der Generationen, in: Metall, 49, 1997, 6, S. 5

Oakland, J. (1995), Total Quality Management. The Route to Improving Performance, 2. Aufl., Oxford 1995

Oberkampf, V. (1976), Systemtheoretische Grundlagen einer Theorie der Unternehmensplanung, Berlin 1976

Obradovic, J. (1970), Participation and Work Attitude in Yugoslavia, in: Industrial Relations, 9, 1970, S. 161 - 169

Oechsler, W.A., Schönfeld, Th. (1989), Die Einigungsstelle als Konfliktlösungsmechanismus, Frankfurt/M. 1989

Oecking, G.F. (1993), Strategisches und operatives Fixkostenmanagement, in: Controlling, 1993, 2, S. 82 - 90

Oefinger, Th. (1986), Erfüllung von Beratungsaufgaben in Unternehmungen durch interne und externe Berater - eine theoretisch-empirische Analyse, Augsburg 1986

Olesch, G. (1994), Aspekte des Bildungscontrolling, in: Personal, 1994, 11, S. 528 - 531

Onsi, M. (1973), Factor Analysis of Behavioral Variables Affecting Budgetary Slack, in: The Accounting Review, 1973, July, S. 535 - 548

Oppelland, H.J. (1989), Implementierungstechniken, in: Szyperski, N., Winand, U. (Hrsg., 1989), Handwörterbuch der Planung, Stuttgart 1989

Ossadnik, W., Maus, St. (1995), Strategische Kostenrechnung?, in: Die Unternehmung, 49, 1995, 2, S. 143 - 158

Osterloh, M. (1993), Innovation und Routine, in: ZFO, 62, 1993, 4, S. 214 - 220

Ouchi, W.G. (1980), Markets, Bureaucracies, and Clans, in: Administrative Science Quarterly, 25, 1980, S. 129 - 141

Pack, L. (1963), Optimale Bestellmenge und optimale Losgröße. Zu einigen Problemen ihrer Ermittlung, in: ZfB, 33, 1963, S. 465 - 492

Panse, W., Stegmann, W. (1996), Kostenfaktor Angst, Landsberg/Lech 1996

Paul, G. (1977), Bedürfnisberücksichtigung durch Mitbestimmung, München 1977

Pechtl, H. (1991), Innovatoren und Imitatoren im Adoptionsprozeß von technischen Neuerungen, Bergisch Gladbach, Köln 1991

Pellegrinelli, S., Bowman, C. (1994), Implementing Strategy Through Projects, in: Long Range Planning, 27, 1994, 4, S. 125 - 132

Pepels, W. (1996a), Werbeeffizienzmessung, Stuttgart 1996

Pepels, W. (1996b), Kommunikationsmanagement, 2. Aufl., Stuttgart 1996

Perich, R. (1992), Unternehmungsdynamik, Stuttgart, Wien 1992

Perich, R. (1994), Wie können Vorgesetzte und Mitarbeiter Veränderungen erfolgreich bewältigen?, in: io Management Zeitschrift, 63, 1994, 1, S. 33 - 37

Perlitz, W. (1975), Zum Entscheidungsproblem: Eigenerstellung / Fremdbezug von Unternehmensberatungsleistungen, Nürnberg 1975

Perridon, L., Steiner, M. (1997), Finanzwirtschaft der Unternehmung, 9. Aufl., München 1997

Peters, T. (1993), Jenseits der Hierarchien, Düsseldorf 1993

Petersen, K., Patzke, H. (1986), Individuelles Informationsverhalten als Gegenstand des "Behavioral Accounting", Forschungsbericht, Institut für Betriebswirtschaftslehre, Universität Kiel, Kiel 1986

Pettigrew, A.M. (1988), The Management of Strategic Change, Oxford, New York 1988

Pfaff, D. (1995), Kostenrechnung, Verhaltenssteuerung und Controlling, in: Die Unternehmung, 49, 1995, 6, S. 437 - 455

Pfeiffer, W., Randolph, R. (1981), Überlegungen zu einer allgemeinen Rationalisierungslehre, Forschungsbericht Nr. 7, Nürnberg 1981

Pfeiffer, W., Weiß, E. (1994), Lean Management. Grundlagen der Führung und Organisation industrieller Unternehmen, 2. Aufl., Berlin 1994

Pfohl, H.-Ch., Wübbenhorst, K.L. (1982), Einflüsse externer Anspruchsgruppen auf die strategische Planung von Elektrizitätsversorgungsunternehmen, in: Die Betriebswirtschaft, 42, 1982, 4, S. 561 - 574

Pfohl, H.-Ch., Zettelmeyer, B (1987), Strategisches Controlling?, in: ZfB, 57, 1987, S. 145 - 175

Picot, A. (1982), Transaktionskostenansatz in der Organisationstheorie: Stand der Diskussion und Aussagewert, in: Die Betriebswirtschaft, 42, 1982, 2, S. 267 - 284

Picot, A. (1985), Transaktionskosten, in: Die Betriebswirtschaft, 45, 1985, 2, S. 224 – 225

Picot, A. (1991), Ein neuer Ansatz zur Gestaltung der Leistungstiefe, in: ZfbF, 43, 1991, 4, S. 336 - 357

Picot, A., Böhme, M. (1995), Zum Stand der prozeßorientierten Umgestaltung in Deutschland, in: Nippa, M., Picot, A. (Hrsg., 1995), Prozeßmanagement und Reengineering, Frankfurt/M., New York 1995, S. 227 - 247

Picot, A., Dietl, H., Franck, E. (1997), Organisation. Eine ökonomische Perspektive, Stuttgart 1997

Picot, A., Reichwald, R. (1986), Bürokommunikation, München 1986

Piercy, N., Morgan, N. (1990), Internal marketing: Making Marketing Happen, in: Marketing Intelligence and Planning, 8, 1990, 1, S. 4 - 6

Pinchot, G. (1985), Intrapreneuring, New York 1985

Pine, B.J. (1993), Mass Customization: The New Frontier in Business Competition, Boston, Mass. 1993

Pinkenburg, H.F.W. (1980), Projektmanagement als Führungskonzeption in Prozessen tiefgreifenden organisatorischen Wandels, München 1980

Poensgen, O.H. (1980), Koordination, in: Grochla, E. (Hrsg.), Handwörterbuch der Organisation, Stuttgart 1980, Sp. 1130 - 1141

Pope, P.F. (1984), Information Asymmetrics in Participative Budgeting: A Bargaining Approach, in: Journal of Business Finance & Accounting, 1984, Spring, S. 41 - 59

Popper, K.R. (1962), Die Logik der Sozialwissenschaften, in: Kölner Zeitschrift für Soziologie und Sozialpsychologie, 14, 1962, 2, S. 233 - 248

Popper, K.R. (1987), Über Wissen und Nichtwissen, in: Popper, K.R. (1987), Auf der Suche nach einer besseren Welt, 2. Aufl., München, Zürich 1987, S. 41 - 54

Probst, G.J.B. (1992), Organisation. Strukturen, Lenkungsinstrumente, Entwicklungsperspektiven, Landsberg/Lech 1992

Probst, G.J.B. (1994), Organisationales Lernen und die Bewältigung von Wandel, in: Gomez, P., Hahn, D., Müller-Stevens, G., Wunderer, R. (Hrsg., 1994), Unternehmerischer Wandel. Konzepte zur organisatorischen Erneuerung, Wiesbaden 1994, S. 295 - 320

Probst, G.J.B., Büchel, B.S.T. (1994), Organisationales Lernen. Wettbewerbsvorteil der Zukunft, Wiesbaden 1994

Pümpin, C. (1990), Das Dynamik-Prinzip, 2. Aufl., Düsseldorf u.a. 1990

Quinn, J.B. (1980), Strategies for Change. Logical Incrementalism, Homewood, Ill. 1980

Quinn, J.B., Hilmer, F.G. (1995), Strategic Outsourcing, in: McKinsey Quarterly, 1995, 1, S. 48 - 70

Rademacher, G. (1984), Projekt Controlling, Funktion und Organisation, in: GPM (Hrsg., 1984), Projektmanagement - Beiträge zur Jahrestagung 1984, München 1984, S. 193 - 213

Radnitzky, G. (1981), Wertfreiheitsthese: Wissenschaft, Ethik und Politik, in: Radnitzky, G., Andersson, G. (Hrsg., 1981), Voraussetzungen und Grenzen der Wissenschaft, Tübingen 1981, S. 47 - 126

Raithel, H. (1991), Die Klagen der Klienten, in: Manager Magazin, 1991, 11, S. 200 - 213

Ram, S. (1989), Successful Innovation Using Strategies to Reduce Consumer Resistance, in: Journal of Product Innovation Management, 1989, 6, S. 20 - 34

Ramcharamdas, E. (1994), Xerox Creates a Continuous Learning Environment for Business Transformation, in: Planning Review, 1994, March/April, S. 34 - 38

Rappaport, A. (1986), Creating Shareholder Value, New York 1986

Rappaport, A. (1995), Shareholder Value. Maßstab für die Unternehmensführung, Stuttgart 1995

Raster, M. (1995), Shareholder-Value-Management. Ermittlung und Steigerung des Unternehmenswertes, Wiesbaden 1995

Reber, G. (1992), Organisationales Lernen, in: Frese, E. (Hrsg., 1992), Handwörterbuch der Organisation, 3. Aufl., Stuttgart 1992, Sp. 1240 - 1255

Reber, G., Strehl, F. (1984), Organisatorische Bedingungen von Produkt-Innovationen, in: Mazanec, J., Scheuch, F. (Hrsg., 1984), Marktorientierte Unternehmungsführung, Wien 1984, S. 625 - 649

Reichmann, Th. (1993), Kennzahlensysteme, in: Wittmann, W. u.a. (Hrsg., 1993), Handwörterbuch der Betriebswirtschaft, 5. Aufl., Stuttgart 1993, Sp. 2159 - 2174

Reichmann, Th. (1997), Controlling mit Kennzahlen und Managementberichten, 5. Aufl., München 1997

Reichmann, Th., Fröhling, O. (1994), Produktlebenszyklusorientierte Planungs- und Kontrollrechnungen als Bausteine eines dynamischen Kosten- und Erfolgs-Controlling, in: Dellmann, K., Franz, K.P. (Hrsg., 1994), Neuere Entwicklungen im Kostenmanagement, Bern, Stuttgart 1993, S. 281 - 333

Reichmann, Th., Lange, C. (1985), Aufgaben und Instrumente des Investitions-Controlling, in: Die Betriebswirtschaft, 45, 1985, S. 454 - 466

Reichmann, Th., Palloks, M. (1995), Make-or-Buy-Entscheidungen, in: Controlling, 7, 1995, 1, S. 4 – 11

Reichwald, R. (1978), Zur Notwendigkeit der Akzeptanzforschung bei der Entwicklung neuer Systeme der Bürotechnik, München 1978

Reichwald, R., Benz, C. (Hrsg., 1982), Neue Systeme der Bürotechnik, Berlin 1982

Reichwald, R., Dietel, B. (1991), Produktionswirtschaft, in: Heinen, E. (Hrsg., 1991), Industriebetriebslehre, 9. Aufl., Wiesbaden 1991, S. 395 - 622

Reineke, W., Hennecke, J.H. (1982), Die Unternehmensberatung, Profil-Nutzen-Prozeß, Heidelberg 1982

Reiß, M. (1982), Betriebswirtschaftliche Gestaltungsempfehlungen: Technologische Modelle versus Entscheidungsmodelle, in: WiSt, 11, 1982, 4, S. 186 - 190

Reiß, M. (1990), Projektorganisation als Schnittstellenmanagement, Arbeitspapier Universität Stuttgart, Stuttgart 1990

Reiß, M. (1991), Eine Spielanleitung für die Organisation von Projekten, in: io Management Zeitschrift, 60, 1991, 7/8, S. 27 - 31

Reiß, M. (1992a), Personalstruktur meistern: Gemeinkostenmanagement, in: Personalwirtschaft, 1992, 4, S. 25 - 29

Reiß, M. (1992b), Mit Blut, Schweiß und Tränen zur schlanken Organisation, in: Harvard Manager, 14, 1992, 2, S. 57 - 62

Reiß, M. (1993a), Führungsaufgabe "Implementierung", in: Personal, 45, 1993, 12, S. 551 - 555

Reiß, M. (1993b), Implementierung als Erfolgsbasis des Lean Managements, in: gfmt (Hrsg., 1993), Lean Management. Der Weg zur schlanken Fabrik, St. Gallen 1993, S. 447 - 484

Reiß, M. (1993c), Implementierung integrierter Gruppenkonzepte - ein kritischer Erfolgsfaktor des Lean Managements, in: Corsten, H., Will, Th. (Hrsg., 1993), Lean Production. Schlanke Produktionsstrukturen als Erfolgsfaktor, Stuttgart u.a. 1993, S. 109 - 134

Reiß, M. (1993d), Komplexitätsmanagement (I), in: Das Wirtschaftsstudium, 22, 1993, 1, S. 54 - 60

Reiß, M. (1994a), Implementierung dezentraler Produktionskonzepte, in: Corsten, H. (Hrsg., 1994), Handbuch Produktionsmanagement, Wiesbaden 1994, S. 403 - 417

Reiß, M. (1994b), Unternehmertum als Herausforderung für das Controlling, in: Scheer, A.-W. (Hrsg., 1994), 15. Saarbrücker Arbeitstagung 1994, Rechnungswesen und EDV, Heidelberg 1994, S. 439 - 454

Reiß, M. (1994c), Kann die Reengineering-Revolution gelingen?, in: Absatzwirtschaft, 1994, 10, S. 38 – 44

Reiß, M. (1994d), Schlanke Matrix, in: ZFO, 63, 1994, 1, S. 6 - 10

Reiß, M. (1995a), Implementierung, in: Corsten, H., Reiß, M. (Hrsg., 1995), Handbuch Unternehmungsführung, Wiesbaden 1995, S. 291 - 301

Reiß, M. (1995b), Dienstleistungen als Infrastruktur für dezentrale Organisationsformen, in: Bullinger, H.-J. (Hrsg., 1995), Dienstleistung der Zukunft, Wiesbaden 1995, S. 408 - 426

Reiß, M. (1995b), Implementierungsarbeit im Spannungsfeld zwischen Effektivität und Effizienz, in: ZFO, 64, 1995, 5, S. 278 - 282

Reiß, M. (1995c), Projektmanagement, in: Corsten, H., Reiß, M. (Hrsg., 1995), Handbuch Unternehmungsführung, Wiesbaden 1995, S. 447 - 457

Reiß, M. (1995d), Temporäre Organisationsformen des Technologiemanagements, in: Zahn, E. (Hrsg., 1995), Handbuch Technologiemanagement, Stuttgart 1995, S. 521 - 552

Reiß, M. (1996a), Führung, in: Corsten, H., Reiß, M. (Hrsg., 1996), Betriebswirtschaftslehre, 2. Aufl., München, Wien 1996, S. 233 - 343

Reiß, M. (1996b), Unveröffentlichtes Manuskript, Betriebswirtschaftliches Institut der Universität Stuttgart, Lehrstuhl für Organisation, Stuttgart 1996

Reiß, M. (1996c), Projektmanagement, in: Kern, W., Schröder, H.-H., Weber, J. (Hrsg., 1996), Handwörterbuch der Produktionswirtschaft, 2. Aufl., Stuttgart 1996, Sp. 1656 - 1668

Reiß, M. (1996d), Organisatorische Gestaltungsfelder, Vorlesungsunterlagen, Betriebswirtschaftliches Institut der Universität Stuttgart, Lehrstuhl für Organisation, Stuttgart 1996

Reiß, M. (1997a), Aktuelle Konzepte des Wandels, in: Reiß, M., Rosenstiel, L.v., Lanz, A. (Hrsg., 1997), Change Management, Stuttgart 1997, S. 31 - 90

Reiß, M. (1997b), Change Management als Herausforderung, in: Reiß, M., Rosenstiel, L.v., Lanz, A. (Hrsg., 1997), Change Management, Stuttgart 1997, S. 5 - 29

Reiß, M. (1997c), Instrumente der Implementierung, in: Reiß, M., Rosenstiel, L.v., Lanz, A. (Hrsg., 1997), Change Management, Stuttgart 1997, S. 91 - 108

Reiß, M. (1997d), Optimierung des Wandels, in: Reiß, M., Rosenstiel, L.v., Lanz, A. (Hrsg., 1997), Change Management, Stuttgart 1997, S. 123 - 144

Reiß, M. (1997e), Chancen- und Risikenmanagement im Change Management, in: Reiß, M., Rosenstiel, L.v., Lanz, A. (Hrsg., 1997), Change Management, Stuttgart 1997, S. 109 - 121

Reiß, M., Beck, Th. (1995a), Mass Customization-Geschäfte: Kostengünstige Kundennähe durch zweigleisige Geschäftssegmentierung, in: Thexis, 12, 1995, 3, S. 30 – 34

Reiß, M., Beck, Th. (1995b), Mass Customization: Kostenverträglichen Service anbieten, in: Gablers Magazin, 1995, 1, S. 24 - 27

Reiß, M., Corsten, H. (1992), Gestaltungsdomänen des Kostenmanagement, in: Männel, W. (Hrsg., 1992), Handbuch Kostenrechnung, Wiesbaden 1992, S. 1478 - 1491

Reiß, M., Grimmeisen, M. (1994), Kostentransparenz im strategischen Projektcontrolling, in: Kostenrechnungspraxis, 1994, 5, S. 317 - 323

Reiß, M., Grimmeisen, M. (1995), Unternehmertum erfolgreich einführen, Fallstudie am Betriebswirtschaftlichen Institut der Universität Stuttgart, Lehrstuhl für Organisation, Stuttgart 1995

Reiß, M., Grimmeisen, M. (1996), Komplexitätsmanagement im Dienste des Controlling - Optimierte Projektkostenstrukturen durch komplexitätsorientiertes Schnittstellenmanagement, in: Steinle, C., Eggers, B., Lawa, D. (Hrsg., 1996), Zukunftsgerichtetes Controlling. Unterstützung und Steuerungssystem für das Management, 2. Aufl., Wiesbaden 1996, S. 39 - 59

Reiß, M., Schuster, H. (1996), Der "interne Kunde" im Fokus zentraler Service-Bereiche, in: Bruch, H., Eickhoff, M., Thiem, H. (Hrsg., 1996), Zukunftsorientiertes Management, Frankfurt/M. 1996, S. 153 - 172

Reiß, M., Schuster, H. (1997), Kunden- und Kostenorientierung interner Service-Bereiche, in: Meyer, A. (Hrsg., 1997), Handbuch Dienstleistungsmarketing, Stuttgart 1997, erscheint demnächst

Reiß, M., Zeyer, U. (1994a), Transitionsstrategien im Management des Wandels, in: Organisationsentwicklung, 1994, 4, S. 36 - 44

Reiß, M., Zeyer, U. (1994b), Widerstände vermeiden durch Opportunismus, in: io Management Zeitschrift, 63, 1994, 7/8, S. 87 - 90

Richter, M. (1979), Der Einsatz von Beratern in Problemlösungsprozessen, in: BFuP, 31, 1979, S. 127 - 157

Riebel, P. (1979), Gestaltungsprobleme einer zweckneutralen Grundrechnung, in: ZfbF, 31, 1979, 10/11, S. 785 - 798

Riebel, P. (1984), Ansätze und Entwicklungen des Rechnens mit relativen Einzelkosten und Deckungsbeiträgen, in: Kostenrechnungspraxis, 1984, S. 173 - 178 und 215 - 220

Riebel, P. (1994), Einzelkosten- und Deckungsbeitragsrechnung, 7. Aufl., Wiesbaden 1994

Riebel, P., Sinzig, W., Heesch, M. (1992), Fortschritte bei der Realisierung der Einzelkostenrechnung mit dem SAP-System, in: Controlling, 4, 1992, S. 100 - 105

Riedl, J.E., Wirth, W., Kretschmer, H. (1985), Kalkulation von Softwareprojekten zur Unterstützung des Controlling in Forschung und Entwicklung, in: ZfbF, 37, 1985, 11, S. 993 – 1006

Rieger, H.-Ch. (1967), Begriff und Logik der Planung, Wiesbaden 1967

Rieker, J. (1995), Prinzip Schneeball, in: Manager Magazin, 1995, Okt., S. 152 - 155

Riekhof, H.-Ch. (1985), Strategien des Partizipationsmanagements, in: Personalwirtschaft, 1985, S. 28 - 33

Ritchie, J.B., Miles, R.E. (1970), An analysis of quantity and quality of participation as mediating variables in the participative decision making process, in: Personnel Psychology, 23, 1970, S. 347 - 359

RKW (1996), Handbuch Personalplanung, Rationalisierungs-Kuratorium der Deutschen Wirtschaft, 3. Aufl., Neuwied 1994

Roemheld, B. (1994), Sozialplan, in: WiSt, 1994, 7, S. 357 - 358

Roll, R., Ross, St.A. (1980), An Empirical Investigation of the Arbitrage Pricing Theory, in: Journal of Finance, 35, 1980, Dec., S. 1073 - 1103

Rosenhead, J. (1967), Robustness and Optimality as Criteria for Strategic Decisions, in: Operational Research Quarterly, 23, 1967, S. 413 - 431

Rosenstein, E. (1970), Histadrut's Search for a Participation Program, in: Industrial Relations, 9, 1970, S. 170 - 186

Rosenstiel, L.v. (1987a), Partizipation und Veränderung im Unternehmen, in: Rosenstiel, L.v., Einsiedler, H.E., Streich, R.K., Rau, A. (Hrsg., 1987), Motivation durch Mitwirkung, Stuttgart 1987, S. 1 - 11

Rosenstiel, L.v. (1987b), Was "bringen" partizipative Veränderungsstrategien, in: Rosenstiel, L.v., Einsiedler, H.E., Streich, R.K., Rau, A. (Hrsg., 1987), Motivation durch Mitwirkung, Stuttgart 1987, S. 12 - 24

Rosenstiel, L.v., Einsiedler, H.E., Streich, R.K., Rau, A. (Hrsg., 1987), Motivation durch Mitwirkung, Stuttgart 1987

Roß, A. (1995), Firma schließt trotz schwarzer Zahlen, in: Süddeutsche Zeitung, 1995, 23.11.1995, S. 48

Ross, St. A. (1973), The Economic Theory of Agency: The Principal's Problem, in: American Economic Review, 62, 1973, S. 134 - 139

Sabathil, P. (1977), Fluktuation von Arbeitskräften. Determinanten, Kosten und Nutzen aus betriebswirtschaftlicher Sicht, München 1977

Salz, J., Fischer, M. (1997), Genug Arbeit für die Iren, in: Wirtschaftswoche, 1997, Nr. 6 v. 30.1.1997, S. 38 – 40

434   Literaturverzeichnis

Sanchez, R. (1991), Strategic Flexibility, Real Options, and Product-Based Strategy, Cambridge, Mass. 1991

Sanchez, R. (1993), Strategic Flexibility, Firm Organization, and Managerial Work in Dynamic Markets: A Strategic Options Perspective, in: Advances in Strategic Management, 9, 1993, S. 251 - 291

Sattelberger, Th. (Hrsg., 1996), Die lernende Organisation. Konzepte für eine neue Qualität der Unternehmensentwicklung, 3. Aufl., Wiesbaden 1996

Sauer, M. (1991), Outplacement-Beratung. Konzeption und organisatorische Gestaltung, Wiesbaden 1991

Schad, G., Schenk, I.v. (1991), Bereichs- und Projekt-Controlling bei der AEG Aktiengesellschaft, in: Albach, H., Weber, J. (Hrsg., 1991), Controlling, ZfB-Ergänzungsheft 3/91, Wiesbaden 1991, S. 251 - 268

Schade, Ch., Schott, E. (1993), Kontraktgüter im Marketing, in: Marketing-ZFP, 13, 1993, 1, S. 15 - 25

Schaefer, S. (1996), Investitions-Controlling, in: Schulte, Ch. (Hrsg., 1996), Lexikon des Controlling, S. 378 - 382

Schanz, G. (1992), Partizipation, in: Frese, E. (Hrsg., 1992), Sp. 1901 - 1914

Scharfenberg, H. (1997), Implementierungsmanagement - effektiv und effizient, in: Nippa, M., Scharfenberg, H. (Hrsg., 1997), Implementierungsmanagement. Über die Kunst, Reengineeringkonzepte erfolgreich umzusetzen, Wiesbaden 1997, S. 11 - 17

Scharfenkamp, N. (1987), Organisatorische Gestaltung und wirtschaftlicher Erfolg. Organizational Slack als Ergebnis und Einflußfaktor der formalen Organisationsstruktur, Berlin, New York 1987

Schaub, G. (1993), Personalabbau im Betrieb und neueste Rechtsprechung zum Kündigungsschutzrecht, insbesondere zur betriebsbedingten Kündigung, in: Betriebs-Berater, 1993, 16, S. 1089 - 1095

Schaub, G. (1996), Arbeitsrechts-Handbuch. Systematische Darstellung und Nachschlagewerk für die Praxis, 8. Aufl., München 1996

Schelle, H. (1982), Projektkennzahlen und Projektkennzahlensysteme, in: Angewandte Systemanalyse, 3, 1982, 3, S. 118 - 132

Schienstock, G. (1975), Organisation innovativer Rollenkomplexe, Meisenheim 1975

Schiff, M., Lewin, A.Y. (1970), The Impact of People on Budgets, in: Accounting Review, 45, 1970, 2, S. 259 – 268

Schlote, St., Linden, F.A. (1995), Münchner Himmel, in: Manager Magazin, 25, 1995, 2, S. 31 - 43

Schmalen, H. (1989), Das Bass-Modell zur Diffusionsforschung, in: ZfbF, 1989, 3, S. 210 - 226

Schmalen, H. (1992), Kommunikationspolitik, 2. Aufl., Stuttgart 1992

Schmalen, H., Binninger, F.-M. (1994), Ist die klassische Diffusionsforschung wirklich am Ende?, in: Marketing-ZFP, 1994, 1, S. 5 - 11

Schmalen, H., Binninger, F.-M., Pechtl, H. (1993), Diffusionsmodelle als Entscheidungshilfe zur Planung absatzpolitischer Maßnahmen bei Neuprodukteinführungen, in: DBW, 53, 1993, 4, S. 513 - 527

Schmaling, N.G. (1992), Konzeptionsentwurf - Gruppenarbeit in der ZETA-Fertigung, Motorenwerke Ford Köln, Arbeitspapier des Instituts Medien und Kommunikation, Bochum 1992

Schmaling, N.G. (1993), Teamerfahrung im Out-Door-Training - eine sinnvolle Unterstützung der Gruppenarbeit in der Automobilindustrie, Arbeitspapier des Instituts Medien und Kommunikation, Bochum 1993

Schmelzer, H.J. (1992), Organisation und Controlling von Produktentwicklungen, Stuttgart 1992

Schmidt, F.L., Hunter, J.E., Pearlman, K. (1982), Assessing the Economic Impact of Personnel Programs on Workforce Productivity, in: Personnel Psychology, 35, 1982, S. 333 - 347

Schmidt, G. (1969), Produkt-Innovation und Organisation, Gießen 1969

Schmidt, J.G. (1995), Die Discounted Cash-flow-Methode - nur eine kleine Abwandlung der Ertragswertmethode, in: ZfbF, 47, 1995, 12, S. 1088 - 1118

Schmidt, R. (1996), Shareholder Value, in: Schulte, Ch. (Hrsg., 1996), Lexikon des Controlling, München, Wien 1996, S. 679 - 683

Schmidt, U., Theilen, B. (1995), Prinzipal- und Agententheorie, in: WiSt, 1995, 9, S. 483 - 486

Schmitz, H., Windhausen, M.P. (1986), Projektplanung und Projektcontrolling. Planung und Überwachung von besonderen Vorhaben, 3. Aufl., Düsseldorf 1986

Schneiderman, A.M. (1988), Setting Quality Goals, in: Quality Progress, 1988, April, S. 51 - 57

Schneidewind, D. (1995), Japanische Management-Konzepte, in: Corsten, H., Reiß, M. (Hrsg., 1992), Handbuch Unternehmungsführung, Wiesbaden 1995, S. 215 – 224

Scholz, Ch. (1994), Personalmanagement, 4. Aufl., München 1994

Scholz, Ch. (1995), Ein Denkmodell für das Jahr 2000? Die virtuelle Personalabteilung, in: Personalführung, 28, 1995, S. 398 - 403

Scholz, J.M. (1995), Aus Beratersicht: Bildungscontrolling im Veränderungsmanagement, in: Landsberg, G.v., Weiß, R. (Hrsg., 1995), Bildungscontrolling, 2. Aufl., Stuttgart 1995, S. 93 - 107

Schönecker, H.G. (1980), Bedienerakzeptanz und technische Innovation. Akzeptanzrelevante Aspekte bei der Einführung neuer Bürotechniksysteme, München 1980

Schorb, M. (1994), Verhaltensorientiertes FuE-Controlling, München 1994

Schrade, K. (1994), Sicherung des sozialen Netzes durch Umschulungsmodell, in: Personalführung, 1994, 1, S. 24 - 26

Schregle, J. (1970), Forms of Participation in Management, in: Industrial Relations, 9, 1970, S. 117 - 122

Schröder, H.-H. (1995), Forschung und Entwicklung, in: Corsten, H. (Hrsg., 1995), Lexikon der Betriebswirtschaftslehre, 2. Aufl., München, Wien 1995, S. 251 - 257

Schröder, W. (1994), Entlassungen mit Sozialplan versus aktives Personalmanagement, in: Personalführung, 1994, 10, S. 932 - 937

Schulte, Ch. (1989), Personal-Controlling mit Kennzahlen, München 1989

Schulte, Ch. (1995), Kennzahlengestütztes Weiterbildungs-Controlling als Voraussetzung für den Weiterbildungserfolg, in: Landsberg, G.v., Weiß, R. (Hrsg., 1995), Bildungscontrolling, 2. Aufl., Stuttgart 1995, S. 265 - 281

Schulz, D. (1989), Outplacement: Personalfreisetzung und Karrierestrategie, Wiesbaden 1989

Schüppel, J. (1996), Wissensmanagement. Organisatorisches Lernen im Spannungsfeld von Wissens- und Lernbarrieren, Wiesbaden 1996

Schüren, P. (1995), Arbeitszeitverkürzung und Flexibilisierung - Kostensenkung durch Arbeitszeitabbau und bedarfsorientierte Arbeitszeiten aus arbeitsrechtlicher Sicht, in: DAI (Hrsg., 1995), Brennpunkte des Arbeitsrechts 1995. Thesen und Ergebnisse der 6. Arbeitsrechtlichen Jahrestagung vom November 1994 in Bad Homburg, Herne, Berlin 1995, S. 129 - 152

Schüren, P. (1997), Arbeitsrecht als Bestandteil strategischer Planung von Veränderungen im Unternehmen: Innovative Personalanpassung als Beispiel, in: Reiß, M., Rosenstiel, L.v., Lanz, A. (Hrsg., 1997), Change Management. Programme, Projekte und Prozesse, Stuttgart 1997, S. 159 – 170

Schusser, W.H. (1989), Formen flexibler Arbeitszeitregelungen: Betriebs- und personalwirtschaftliche Effekte, in: Ackermann, K.-F., Danert, G., Horváth, P. (Hrsg., 1989), Personalmanagement im Wandel, Stuttgart 1989, S. 85 - 96

Schwarz, H. (1985), Umorganisation durch interne oder externe Organisationsberater, in: Kreese, W., Rössle, W. (Hrsg., 1985), Jahrbuch für Betriebswirte 1985, Stuttgart 1985, S. 67 - 71

Schweitzer, M. (1994), Industriebetriebslehre. Das Wirtschaften in Industrieunternehmungen, 2. Aufl., München 1994

Schweitzer, M. (1997), Gegenstand der Betriebswirtschaftslehre, in: Bea, F.X., Dichtl, E., Schweitzer, M. (Hrsg., 1988), Allgemeine Betriebswirtschftslehre, Band 1: Grundfragen, 7. Aufl., Stuttgart 1997, S. 11 - 48

Scott-Morgan, P. (1995), Die heimlichen Spielregeln. Die Macht der ungeschriebenen Gesetze im Unternehmen, 3. Aufl., Frankfurt/M., New York 1995

Senge, P.M. (1997), Die fünfte Disziplin. Kunst und Praxis der lernenden Organisation, 4. Aufl., Stuttgart 1997

Serfling, K., Marx, M. (1990), Das Capital Asset Pricing Model (CAPM), in: WISU, 19, 1990, 6 und 7, S. 364 - 369 und S. 425 - 429

Sharp, D.J. (1991), Uncovering the Hidden Value in High-Risk Investments, in: Sloan Management Review, 33, 1991, Summer, S. 69 - 74

Shingo, S. (1993), Das Erfolgsgeheimnis der Toyota-Produktion. Eine Studie über das Toyota-Produktionssystem - genannt die "Schlanke Produktion", 2. Aufl., Landsberg/Lech 1993

Shuchman, M.L., White, J.S. (1995), Die Kunst des Turnarounds. Wie Sie ein Unternehmen retten, Düsseldorf 1995

Sieben, G., Russ, W. (1982), Consulting, in: Die Betriebswirtschaft, 41, 1982, S. 309 - 310

Siegwart, H. (1994), Der Cash flow als finanz- und ertragswirtschaftliche Lenkungsgröße, 3. Aufl., Stuttgart 1994

Siemens (1995), Stand des Top-Projekts, in: SiemensWelt, 1995, Heft 2, S. 8 - 11

Siemer, St. (1991), Diversifizieren mit Venture Management, Berlin 1991

Simon-Christ, K. (1993), Evaluation betrieblicher Weiterbildung, in: Jahrbuch Weiterbildung 1993, Düsseldorf 1993, S. 198 - 201

Singer, J.N. (1974), Participative decision-making about work: An overdue look at variables which mediate ist effects, in: Sociology of Work and Occupations, 1, 1974, S. 347 – 371

Singh, J.V. (1986), Perfomance, Slack, and Risk Taking in Organizational Decision Making, in: Academy of Management Journal, 29, 1986, 3, S. 562 - 585

Smith, P.C. (1976), Behaviors, results, and organizational effectiveness: The Problem of criteria, in: Dunnette, M.D. (Hrsg., 1976), Handbook of industrial and organizational psychology, Chicago 1976, S. 749

Smith, R.L., Kim, J.H. (1994), The Combined Effects of Free Cash Flow and Financial Slack on Bidder and Target Stock Returns, in: Journal of Business, 67, 1994, 2, S. 281 - 310

Sommer, K.-J. (1994), Kranich auf Erfolgskurs, in: Personalwirtschaft, 1994, 7, S. 25 - 26

Sowka, H.H. (1994), Befristete Arbeitsverhältnisse, in: Betriebs-Berater, 1994, 14, S. 1001 - 1009

Spalinger, B. (1992), Kosten und Nutzen neuer Projekte, in: Spremann, K., Zur, E. (Hrsg., 1992), Controlling, Wiesbaden 1992, S. 433 - 446

Spreitzer, G.M. (1995), Psychological Empowerment in the Workplace: Dimensions, Measurement and Validation, in: Academy of Management Journal, Vol. 38, 1995, 5, S. 1442 - 1465

Spremann, K. (1989), Stakeholder-Ansatz versus Agency-Theorie, in: ZfB, 59, 1989, S. 742 - 746

Spremann, K. (1992), Projekt-Denken versus Perioden-Denken, in: Spremann, K., Zur, E. (Hrsg., 1992), Controlling, Wiesbaden 1992, S. 363 - 380

Springer, R. (1994), "Was halten Sie von der Gruppenarbeit?" - Mitarbeiterbefragung in Berlin und Sindelfingen, in: Intern, Mitarbeiterzeitschrift der Mercedes-Benz AG, 1994, 3, S. 26 - 29

Staehle, W.H. (1991), Redundanz, Slack und lose Kopplung in Organisationen: eine Verschwendung von Ressourcen?, in: Staehle, W.H., Sydow, J. (Hrsg., 1991), Managementforschung 1, Berlin, New York 1991, S. 313 - 345

Staehle, W.H. (1994), Management. Eine verhaltenswissenschaftliche Perspektive, 7. Aufl., München 1994

Stahlknecht, P. (1995), Einführung in die Wirtschaftsinformatik, 7. Aufl., Berlin, Heidelberg 1995

Stalk, G., Hout, Th.M. (1992), Zeitwettbewerb. Schnelligkeit entscheidet auf den Märkten der Zukunft, 3. Aufl., Frankfurt/M., New York 1992

Stata, R. (1989), Organizational Learning - The Key to Management Innovation, in: Sloan Management Review, 30, 1989, Spring, S. 63 - 74

Stauss, B. (1995), Internes Marketing, in: Corsten, H. (Hrsg., 1995), S. 387 – 390

Stauss, B., Schulze, H. (1990), Internes Marketing, in: Marketing-ZFP, 12, 1990, 3, S. 149 - 158

Staute, J. (1996), Der Consulting-Report, Frankfurt/M., New York 1996

Staw, B.M. (1980), Rationality and Justification in Organizational Life, in: Staw, B.M. (Hrsg., 1980), Research in Organizational Behavior, Bd. 2, Greenwich, Conn. 1980, S. 45 - 80

Staw, W. (1981), The Escalation of Commitment to a Course of Action, in: Academy of Management Review, 6, 1981, S. 577 - 587

Steele, F.I. (1975), Consulting for Organizational Change, Amherst/MA 1975

Stehle, W., Barthel, E. (1984), Lohnen sich psychologische Auswahlverfahren, in: Personalwirtschaft, 11, 1984, S. 381 - 386

Steiger, W. (1987), Wahrscheinlichkeit von Planungen und Prognosen, Zürich 1987

Steinbeck, H.-H. (Hrsg., 1994), CIP, Kaizen, KVP. Die kontinuierliche Verbesserung von Produkt und Prozeß, Landsberg/Lech 1994

Stinner, R. (1976), Konsumenten als Organisationsteilnehmer, Frankfurt/M. 1976

Strasser, H. (1993), Unternehmensberatung aus der Sicht des Kunden, Zürich 1993

Strauß, R.E. (1996), Determinanten und Dynamik des Organizational Learning, Wiesbaden 1996

Strebel, P. (1982), Using the Stock Market to Assess Strategic Position, in: The Journal of Business Strategy 1982, S. 77 - 83

Streim, H. (1982), Fluktuationskosten und ihre Ermittlung, in: ZfbF, 34, 1982, 2, S. 128 - 146

Stybel, L.J. (1982), Linking Strategic Planning and Management Manpower Planning, in: California Management Review, 25, 1, 1982, S. 48 - 56

Stybel, L.J., Cooper, R., Peabody, M. (1982), Planning Executive Dismissals: How to Fire a Friend, in: California Management Review, 25, 3, 1982, S. 73 - 80

Suffel, W. (1981), Widerstand von Geschäftsbereichsleitern im Entwicklungsprozeß der strategischen Planung, Thun, Frankfurt/M. 1981

Swart, D.H., Lippit, G.L. (1975), Evaluating the Consulting Process, in: Journal of European Training, 1975, Fall

Sydow, J. (1981), Der normative Entscheidungsansatz von Vroom/Yetton - Kritik einer situativen Führungstheorie, in: Die Unternehmung, 1981, 1, S. 1 – 17

Sydow, J. (1992), Strategische Netzwerke und Transaktionskosten, in: Staehle, W.H., Conrad, P. (Hrsg., 1992), Managementforschung, Berlin, New York 1992, S. 239 - 311

Szyperski, N. (1981), Dimensionen der Modellimplementation, in: Fandel, G., Fischer, D., Pfohl, H.-Ch. (Hrsg., 1981), Operations Research Proceedings - Paper of the Annual Meeting. Vorträge der Jahrestagung 1980 der Deutschen Gesellschaft Operations Research e.V., S. 387 - 399

Tannenbaum, R., Schmidt, W.H. (1958), How to Choose a Leadership Pattern, in: Harvard Business Review, 1958, March/April, S. 95 - 101

Tannenbaum, R., Weschler, I.R., Massarik, T. (1961), Leaderhip and Organization, New York u.a. 1961

Tebbe, K. (1990), Die Organisation von Produktinnovationsprozessen, Stuttgart 1990

Teisberg, E. (1994), An Option Valuation Analysis of Investment Choices by a Regulated Firm, in: Management Science, 40, 1994, S. 535 - 548

Terberger, E. (1995), Agency-Theorie, in: Corsten, H. (Hrsg., 1995), Lexikon der Betriebswirtschaft, 2. Aufl., München, Wien 1995, S. 29 - 34

Thamhain, H.J., Wilemon, D.L. (1977), Leadership Effectiveness in Program Management, in: IEEE Transactions on Engineering Management, 24, 1977, 3, S. 102

Thierau, H., Stangel-Meseke, M., Wottawa, H. (1992), Evaluation von Personalentwicklungsmaßnahmen, in: Sonntag, K. (Hrsg., 1992), Personalentwicklung in Organisationen, Göttingen u.a. 1992, S. 229 - 249

Thom, N. (1980), Grundlagen des betrieblichen Innovationsmanagements, Königstein/Ts. 1980

Thom, N. (1992), Organisationsentwicklung, in: Frese, E. (Hrsg., 1992), Handwörterbuch der Organisation, 3. Aufl., Stuttgart 1992, Sp. 1477 - 1491

Thom, N. (1994), Der Organisator als Schnittstellenmanager, Unterlagen zum 18. Workshop der Kommission "Organisation" im Verband der Hochschullehrer für Betriebswirtschaft, Schleiden 1994

Thom, N., Bayard, N. (1997), Ideenrealisierung in Innovationsprozessen, in: Nippa, M., Scharfenberg, H. (Hrsg., 1997), Implementierungsmanagement. Über die Kunst, Reengineeringkonzepte erfolgreich umzusetzen, Wiesbaden 1997, S. 155 - 166

Thom, N., Blunck, Th. (1995), Strategisches Weiterbildungs-Controlling, in: Landsberg, G. v., Weiß, R. (Hrsg, 1995), Bildungscontrolling, 2. Aufl., Stuttgart 1995, S. 35 - 46

Thoma, W. (1989), Erfolgsorientierte Beurteilung von F&E-Projekten, Darmstadt 1989

Thomsen, K., Whitwell, K. (1993), Managing Your Internal Customer. The Key to Getting Better Results, London 1993

Töpfel, A., Zeidler, M. (1987), Aufgabenfelder des betrieblichen Personalwesens für die 90er Jahre, in: Personalwirtschaft, 14, 1987, 5, S. 197 - 204

Trigeorgis, L. (1993), Real Options and Interactions with Financial Flexibility, in: Financial Management, 1993, S. 202 - 224

Trist, E.L., Bamforth, K.W. (1951), Some Social and Psychological Consequences of the Longwall Method of Goal Setting, in: Human Relations, 4, 1951, S. 3 - 38

Tuckman, B.W. (1965), Development Sequence in Small Groups, in: Psychological Bulletin, 1965, S. 384 - 396

Türk, K. (1980), Pathologien der Organisation, in: Grochla, E. (Hrsg., 1980), Handwörterbuch der Organisation, 2. Aufl., Stuttgart 1980

Tushman, M.L., Romaneli, E. (1985), Organizational Evolution: a Metamorphosis Model of Convergence and Reorientation, in: Cummings, L.L., Staw, B.M. (Hrsg., 1985), Research in Organizational Behavior, Vol. 7, Greewich, Conn. 1985, S. 171 - 222

Ueno, S., Sekaran, U. (1992), The Influence of Culture on Budget Control Practices in the US and Japan: An Empirical Study, in: Journal of International Business Studies, 23, 1992, 4, S. 659 - 674

Uepping, H. (1994), Die Kompetenz des Alters nutzen, in: Personalwirtschaft, 1994, 3, S. 49 - 52

Uhl, O.W. (1993), Innovationsmanagement bei 3M, in ZFO, 62, 1993, 4, S. 221 - 225

Ulich, E., Großkurth, P., Bruggemann, A. (1973), Neue Formen der Arbeitsgestaltung - Möglichkeiten und Probleme einer Verbesserung der Qualität des Arbeitslebens, Frankfurt/M. 1973

Ulrich, H. (1970), Die Unternehmung als produktives soziales System. Grundlagen der allgemeinen Unternehmungslehre, 2. Aufl., Bern, Stuttgart 1970

Unzeitig, E., Köthner, D. (1995), Shareholder Value Analyse, Stuttgart 1995

van der Fehr, N.-H. M. (1992), How Entry Threats Induce Slack, in: International Journal of Industrial Management, 10, 1992, 2, S. 231 - 249

Vogt, A. (1984), Soziale Auswahlkriterien und betriebliche Bedürfnisse bei betriebsbedingter Kündigung, in: Der Betrieb, 37, 1984, S. 1467 - 1476

Voigt, K.-I. (1992), Strategische Planung und Unsicherheit, Wiesbaden 1992

Volpp, U. (1991), Reintegration des Projektpersonals in die Linienorganisation, in: JfB, 41, 1991, S. 194 – 207

Vorwerk, K. (1994), Die Akzeptanz einer neuen Organisationsstruktur in Abhängigkeit von Implementierungsstrategie und Merkmalen der Arbeitssituation, Frankfurt/M. 1994

Vroom, V.H. (1960), Some Personality Determinants of the Effects of Participation, Englewood Cliffs, N.J. 1960

Vroom, V.H., Deci, E.L. (Hrsg., 1960), Management and Motivation, Baltimore 1960

Vroom, V.H., Jago, A.G. (1991), Flexible Führungsentscheidungen, Stuttgart 1991

Vroom, V.H., Yetton, Ph.W. (1981), Leadership and Decision Making, London 1981

Wagenhofer, A., Riegler, Ch. (1994), Verhaltenssteuerung durch die Wahl von Bezugsgrößen, in: Dellmann, K., Franz, K.P. (Hrsg., 1994), Neuere Entwicklungen im Kostenmanagement, Bern, Stuttgart 1993, S. 463 - 494

Wagner, A. (1994), Gesellschaften zur Arbeitsförderung, Beschäftigung und Strukturentwicklung (ABS) im Transformationsprozeß Ostdeutschlands, in: WSI Mitteilungen, 47, 1994, 2, S. 73 - 84

Wagner, D. (1992), Personalabbau / -freisetzung, in: Gaugler, E., Weber, W. (Hrsg., 1992), Handwörterbuch des Personalwesens, 2. Aufl., Stuttgart 1992, Sp. 1545 - 1556

Walker, G., Weber, D. (1984), A Transaction Cost Approach to Make or Buy Decisions, in: Administrative Science Quarterly, 29, 1984, S. 373 - 391

Wall, T.D., Lischeron, J.A. (1980a), Zum Begriff der Partizipation, in: Grunwald, W., Lilge, H.-G. (Hrsg., 1980), S. 73 - 79

Wall, T.D., Lischeron, J.A. (1980b), Ergebnisse der empirischen Partizipationsforschung im Überblick, in: Grunwald, W., Lilge, H.-G. (Hrsg., 1980), S. 99 - 128

Waller, W.S. (1988), Slack in Participative Budgeting: The Joint Effect of a Truth-Inducing Pay Scheme and Risk Preferences, in: Accounting, Organizations and Society, 13, 1988, 1, S. 87 - 98

Walsh, J. (1987), Instrumente und Verfahren des strategischen Personalmanagements, in: FPM (Hrsg., 1987), Personal-Controlling - ökonomische Instrumente der Personalarbeit, Tagungsunterlagen, Zürich 1987, o.S.

Wank, R. (1992), Kündigung und Kündigungsschutz, in: Gaugler, E., Weber, W. (Hrsg., 1992), Handwörterbuch des Personalwesens, 2. Aufl., Stuttgart 1992, Sp. 1180 - 1191

Wasielewski, E.v. (1993), Projektkennzahlen, Teil 1 und 2, in: Projekt Management, 1993, 2 und 3, S. 27 - 30 und 29 - 37

Waterman, R.H. (1992), Adhocracy. The Power to Change, New York 1992

Watson, G. (1975), Widerstand gegen Veränderungen in Bennis, W.G., Benne, K.D., Chin, R. (Hrsg., 1975), Änderung des Sozialverhaltens, Stuttgart 1975, S. 415 - 429

Watzka, K. (1990), Outplacement, in: WISU, 1990, 1, S. 25

Weber, J. (1993a), Produktions-, Transaktions und Koordinationskostenrechnung, in: Becker, W., Warnick, B. (Gasthrsg., 1993), Kostenpolitik und Controlling, KRP-Sonderheft 1/1993, S. 19 - 23

Weber, J. (1994b), Kostenrechnung zwischen Verhaltens- und Entscheidungsorientierung, in: Kostenrechnungspraxis, 1994, 2, S. 99 - 104

Weber, J. (1995), Einführung in das Controlling, Teil 1: Konzeptionelle Grundlagen, 6. Aufl., Stuttgart 1995

Weber, J. (1995), Kostenrechnung-(s)-Dynamik - Einflüsse hoher unternehmensex- und -interner Veränderungen auf die Gestaltung der Kostenrechnung, in: BFuP, 1995, 6, S. 565 - 581

Wegscheider, W. (1995), Herausforderungen an das Controlling im Zuge der Bahnreform, Vortrag im Rahmen des Kolloquiums Privatisierung und Deregulierung am 13.12.1995, Betriebswirtschaftliches Institut der Universität Stuttgart, Lehrstuhl für Organisation, Stuttgart 1995

Wegscheider, W. (1997), Herausforderungen an das Controlling im Zuge der Bahnreform, in: Reiß, M., Rosenstiel, L.v., Lanz, A. (Hrsg., 1997), Change Management. Programme, Projekte und Prozesse, Stuttgart 1997, S. 287 - 299

Weiber, R., Stockert, A. (1987), Rechtseinflüsse auf Personalentscheidungen, Stuttgart 1987

Weidermann, P.H. (1984), Das Management des Organizational Slack, Wiesbaden 1984

Weinberg, P. (1986), Nonverbale Marktkommunikation, Heidelberg 1986

Weiß, R. (1990), Betriebliche Weiterbildung. Ergebnisse der Weiterbildungserhebung der Wirtschaft, Köln 1990

Weiß, R. (1994), Elemente eines Bildungscontrolling, in: Qualität und Effizienz betrieblicher Bildungsarbeit, Kölner Texte & Thesen Nr. 16, Köln 1994, S. 28 - 49

Weiß, R. (1996), Arten, Strukturen und Entwicklungen der Weiterbildungskosten, in: Münch, J. (Hrsg., 1996), Ökonomie betrieblicher Bildungsarbeit, Berlin 1996, S. 138 - 158

Welge, M.K. (1987), Unternehmungsführung, Bd. 2: Organisation, Stuttgart 1987

Welslau, D. (1994a), Abfindung: Aus für Absahner, in: Personalwirtschaft, 1994, 10, S. 75 - 76

Welslau, D. (1994b), Ausgewählte Probleme des Sozialplanrechts (I), in: Personalwirtschaft, 1994, 3, S. 62 – 68

Weltz, F.O. (1972), Organisationsumstellung, in: Degelmann, A. (Hrsg., 1972), Organisationsleiter-Handbuch, 2. Aufl., München 1972, S. 1453 - 1487

Wenger, E., Terberger, E. (1988), Die Beziehung zwischen Agent und Prinzipal als Baustein einer ökonomischen Theorie der Organisation, in: WiSt, 17, 1988, 10, S. 506 - 514

Wenny, C. (1995), Die neuen Softies, in: Industriemagazin, 1995, Dez./Jän., S. 36 - 39

Werner, H. (1995), Qualität durch Prozeßorientierung, in: Schwuchow, K., Gutmann, J. (Hrsg., 1995), Jahrbuch Weiterbildung 1995, 5. Jg., Düsseldorf 1995, S. 48 - 50

Wheelwright, St., Clark, K.B. (1992) Revolutionizing Product Development, New York u.a. 1992

Wieandt, A. (1994), Versunkene Kosten und Unternehmensführung, in: ZfB, 64, 1994, 8, S. 1027 - 1044

Wiendieck, G. (1992), Akzeptanz, in: Frese, E. (Hrsg., 1992), Handwörterbuch der Organisation, 3. Aufl., Stuttgart 1992

Wiener, J.L., Doescher, T.A. (1991), A Framework for Promoting Cooperation, in: Journal of Marketing, 55, 1991, S. 38 - 47

Wild, J. (1974), Grundlagen der Unternehmungsplanung, Reinbek 1974

Wildemann, H. (1992), Zeit als Wettbewerbsinstrument in der Informations- und Wertschöpfungskette, in: Wildemann, H. (Hrsg., 1992), Zeitmanagement - Strategien zur Steigerung der Wettbewerbsfähigkeit, Frankfurt/M. 1992, S. 15 - 37

Wildemann, H. (1994), Organisation und Projektabwicklung für das Just-In-Time-Konzept in F&E und Konstruktion (Teil I), in: ZFO, 63, 1, S. 27 - 33

Wildemann, H. (1995), Ein Ansatz zur Steigerung der Reorganisationsgeschwindigkeit von Unternehmen: Die Lernende Organisation, in: Albach, H., Wildemann, H. (Hrsg., 1995), Lernende Unternehmen, ZfB-Ergänzungsheft 3/95, Wiesbaden 1995, S. 1 - 23

Wilkening, O.S. (1986), Bildungs-Controllinginstrumente zur Effizienzsteigerung der Personalentwicklung, in: Riekhof, H.-Ch. (Hrsg., 1986), Strategien der Personalentwicklung, Wiesbaden 1996, S. 299 - 325

Williamson, O.E. (1974), The Economics of Discretionary Behaviour: Managerial Objectives in a Theory of the Firm, 2. Aufl., London 1974

Williamson, O.E. (1975), Markets and Hierarchies. Analysis and Antitrust Implications, New York, London 1975

Williamson, O.E. (1979), Transaction-Cost Economics: The Governance of Contractual Relations, in: The Journal of Law and Economics, 22, 1979, Oct., S. 233 - 261

Williamson, O.E. (1985), The Economic Institutions of Capitalism, New York 1985

Wimmer, P. (1985), Personalplanung. Problemorientierter Überblick - theoretische Vertiefung, Stuttgart 1985

Windsperger, J. (1985), Transaktionskosten und das Organisationsdesign von Koordinationsmechanismen, in: Jahrbuch für Neue Politische Ökonomie, Band 4, 1985, S. 199 - 218

Witt, F.J. (1985a), Make-or-Buy von Verwaltungsleistungen, Harvard Manager, 1985, 3, S. 21 - 24

Witt, F.J. (1985b), Marketing für innerbetriebliche Leistungen, in: BFuP, 1985, 2, S. 162 - 175

Witte, E. (1973), Organisation für Innovationsentscheidungen. Das Promotorenmodell, Göttingen 1973

Witte, E. (1976), Kraft und Gegenkraft im Entscheidungsprozeß, in: ZfB, 46, 1976, S. 319 - 326

Wohlgemuth, A.C. (1983), Unternehmensberater unter der Lupe, in: Die Unternehmung, 37, 1983, 4, S. 342 - 356

Wohlgemuth, A.C. (1984), Das Beratungskonzept der Organisationsentwicklung: Neue Form der Unternehmensberatung auf der Grundlage des sozio-technischen Systemansatzes, Bern u.a. 1985

Wohlgemuth, A.C. (1985), Berater für Organisationsentwicklung: externe, interne oder kombinierte Integration?, in: ZfO, 54, 1985, 2, S. 81 - 89

Wolf, C. (1971), An Investigation into the Theory of Organizational Slack, New York 1971

Wolf, H.-C. (1996), Protokoll eines Telefon-Interviews am 6.3.1996, Betriebswirtschaftliches Institut der Universität Stuttgart, Lehrstuhl für Organisation, Stuttgart 1996

Wollnik, M. (1986), Implementierung computergestützter Informationssysteme, Berlin 1986

Wolter, O., Karaüc, M. (1994), Wie lassen sich Erträge von Weiterbildungsinvestitionen bestimmen, in: io Management Zeitschrift, 63, 1994, 7/8, S. 44 - 47

Wolverton, R. (1974), The Cost of Developing Large-Scale Software, in: IEEE Transactions on Computers, 23, 1974, 6, S. 615 - 636

Wübbenhorst, K.L. (1984), Konzept der Lebenszykluskosten, Darmstadt 1984

Wübbenhorst, K.L. (1992), Lebenszykluskosten, in: Schulte, Ch. (Hrsg., 1992), Effektives Kostenmanagement, Stuttgart 1992, S. 245 - 272

Wübbenhorst, K.L. (1996), Lebenszykluskosten, in: Schulte, Ch. (Hrsg., 1996), Lexikon des Controlling, München, Wien 1996, S. 493 – 495

Wunderer, R., Schlagenhaufer, P. (1994), Personalcontrolling. Funktionen, Instrumente, Praxisbeispiele, Stuttgart 1994

Wunderer, R., Weibler, J. (1992), Vertikale und laterale Einflußstrategien: Zur Replikation und Kritik des "Profiles of Organizational Influence Strategies (POIS)" und seiner konzeptionellen Weiterführung, in: Zeitschrift für Planung, 1992, 4, S. 515 - 536

Wünnenberg, H., Stadler, U. (1992), Die Projekt-Status-Analyse, in: Projektmanagement, 1992, 4, S. 12 - 24

Wyatt (1993) Best Practices in Corporate Restructuring. Wyatt's 1993 Survey of Corporate Restructuring, Chicago, Ill. 1993

Young, M. (1985), Participative Budgeting: The Effects of Risk Aversion and Asymmetric Information on Budgetary Slack, in: Journal of Accounting Research, 1985, Autumn, S. 829 - 842

Zand, D.E., Sorensen, R.E. (1975), Theory of Change and the Effective Use of Management Science, in: Administrative Science Quarterly, 20, 1975, S. 532 - 545

Zander, A. (1967), Resistance to Change, in: Schoderbeck, P.P. (Hrsg., 1967), Management Systems, New York u.a. 1967, S. 200 - 203

Zander, E. (1987), Freisetzung von Führungskräften, in: Kieser, A., Reber, G., Wunderer, R. (Hrsg., 1987), Handwörterbuch der Führung, Stuttgart 1987, Sp. 348 - 357

Zangemeister, Ch. (1973), Nutzwertanalyse in der Systemtechnik. Eine Methodik zur multidimensionalen Bewertung und Auswahl von Projektalternativen, München 1973

Zehbold, C. (1996), Lebenszykluskostenrechnung, Wiesbaden 1996

Zettel, W. (1994), Organisation zur Steigerung des Unternehmungswertes, St. Gallen 1994

Zeyer, U. (1995), Zeitaspekte der Implementierung aktueller Managementkonzepte, in: ZFO, 64, 1995, 5, S. 283 - 289

Zeyer, U. (1996), Implementierungsmanagement. Ein konzeptioneller Ansatz am Beispiel der Implementierung von Lean Management, München, Mering 1996

Ziegler, U. (1995), Gestaltungsalternativen beim Management Buy-Out einer GmbH, Würzburg 1995

Zink, K.J. (1994), Total Quality Management, Zink, K.J. (Hrsg., 1994), Qualität als Managementaufgabe, 3. Aufl., Landsberg/Lech 1994

Zink, K.J. (1995), Qualitätsmanagement, in: Corsten, H., Reiß, M. (Hrsg., 1995), Handbuch Unternehmungsführung, Wiesbaden 1995, S. 881 - 893

Zöllner, W., Loritz, K.-G. (1996), Arbeitsrecht, 5. Aufl., München 1996

ZVEI (Hrsg., 1982), Forschungs- und Entwicklungsvorhaben, Frankfurt/M. 1982

Deutscher Universitäts Verlag
GABLER·VIEWEG·WESTDEUTSCHER VERLAG

"Information - Organisation - Produktion"

Herausgeber: Prof. Dr. Hans Corsten, Prof. Dr. Michael Reiß,
Prof. Dr. Claus Steinle, Prof. Dr. Stephan Zelewski
GABLER EDITION WISSENSCHAFT

Sven Behrens
Stoffgemische als Erkenntnisobjekt der Betriebswirtschaftslehre
1998. XVII, 201 Seiten, 11 Abb., Broschur DM 89,-/ ÖS 650,-/ SFr 81,-
ISBN 3-8244-6674-0
Die Stoffe, die in Produktionsprozessen umgesetzt werden, sind selten Reinsub-
stanzen, sondern liegen in der Regel vermischt vor. Anhand von Beispielen zeigt
der Autor, wie dies die Entscheidungen beeinflusst.

Heike Bruch
Intra- und interorganisationale Delegation
Management - Handlungsspielräume - Outsourcingpraxis
1996. XXII, 412 Seiten, Broschur DM 118,-/ ÖS 861,-/ SFr 105,-
ISBN 3-8244-6407-1
Die auf empirischen Untersuchungen basierenden Handlungsempfehlungen zei-
gen ein facettenreiches Instrumentenspektrum für eine flexible Delegation.

Hans-Jürgen Bruns
Organisationale Lernprozesse bei Managementunterstützungssystemen
1998. XVI, 338 Seiten, 47 Abb., Broschur DM 118,-/ ÖS 861,-/ SFr 105,-
ISBN 3-8244-6583-3
Der Autor analysiert auf der Basis organisationaler Lerntheorien die Einführung
von Managementunterstützungssystemen, die einen wesentlichen Baustein in
aktuellen betrieblichen Reorganisationsprozessen darstellen.

Hans Corsten u. a.
Neuronale Netze zur Prozeßsteuerung in der Zementindustrie
1997. XI, 117 Seiten, Broschur DM 78,-/ ÖS 569,-/ SFr 71,-
ISBN 3-8244-6519-1
Anhand eines konkreten Beispiels zeigen die Autoren das Einsatzpotential Neu-
ronaler Netze auf, stellen die Konzeption eines Softwaretools vor und präsentie-
ren die Realisierung dieses Tools.

Marion Halfmann
Industrielles Reduktionsmanagement
Planungsaufgaben bei der Bewältigung von Produktionsrückständen
1996. XXVIII, 378 Seiten, Broschur DM 118,-/ ÖS 861,-/ SFr 105,-
ISBN 3-8244-6424-1
In diesem Buch wird eine systematische Analyse der Prozesse des Recyclings
und der Entsorgung von Produktionsrückständen entwickelt.

 **Deutscher Universitäts Verlag**

GABLER·VIEWEG·WESTDEUTSCHER VERLAG

Robert Höge
Organisatorische Segmentierung
Ein Instrument zur Komplexitätshandhabung
1995. XVIII, 350 Seiten, Broschur DM 118,-/ ÖS 861,-/ SFr 105,-
ISBN 3-8244-6187-0
Das konkrete Anliegen der Organisatorischen Segmentierung liegt darin, zu weniger fragmenthaften, schnittstellenärmeren Formen der Arbeitsteilung zu gelangen, bezogen auf alle Unternehmensebenen - von der Arbeitsorganisation bis hin zur Führungsorganisation.

Andrea Kaltwasser
Wissenserwerb für Forschung und Entwicklung
Eine Make-or-Buy-Entscheidung
1994. XXI, 223 Seiten, Broschur DM 89,-/ ÖS 650,-/ SFr 81,-
ISBN 3-8244-6096-3
Andrea Kaltwasser entwickelt auf konzeptioneller Ebene kosten-, leistungs- und zeitbezogene Effizienzkriterien, die zur Auswahl zwischen den verschiedenen Alternativen der internen und/oder externen Beschaffung technologischen Wissens beitragen.

Constantin May
PPS mit Neuronalen Netzen
Analyse unter Berücksichtigung der Besonderheiten der Verfahrensindustrie
1996. XV, 226 Seiten, Broschur DM 89,-/ ÖS 650,-/ SFr 81,-
ISBN 3-8244-6370-9
Aufbauend auf den Grundlagen der Produktionsplanung und -steuerung und den Spezifika der Verfahrensindustrie untersucht Constantin May, welchen Beitrag Neuronale Netze zur Produktionsplanung und -steuerung zu leisten vermögen.

Michael Thiele
Kernkompetenzorientierte Unternehmensstrukturen
Ansätze zur Neugestaltung von Geschäftsbereichsorganisationen
1997. XVIII, 290 Seiten, Broschur DM 98,-/ ÖS 715,-/ SFr 89,-
ISBN 3-8244-6442-X
Michael Thiele zeigt, wie Primär- und Sekundärstrukturen der Unternehmung an die Erfordernisse einer ressourcenorientierten Unternehmensführung angepaßt werden können.

Hartmut Werner
Strategisches Forschungs- und Entwicklungs-Controlling
1997. XXXI, 387 Seiten, Broschur DM 118,-/ ÖS 861,-/ SFr 105,-
ISBN 3-8244-6416-0
Bei der Durchführung von F&E-Vorhaben müssen Unternehmungen geeignete Voraussetzungen schaffen, um Chancen auszunutzen und Risiken zu vermeiden. Deshalb wächst die Forderung, F&E-Aktivitäten verstärkt in das Planungs-, Steuerungs- und Kontrollsystem einzubinden.